Guglielmo Piombini

50 CLASSICI DEL PENSIERO LIBERALE E LIBERTARIO

Tramedoro – Monolateral

50 Classici del Pensiero Liberale e Libertario

ISBN: 978-1-946374-20-2 (brossura)
ISBN: 978-1-946374-19-6 (Kindle)
Prima edizione: settembre 2020 (revisionata: aprile 2021)

Copyright © 2020 Guglielmo Piombini

La statua della libertà sulla copertina creata da Freevector.com

Tramedoro Edizioni
via Emilia Ponente 90
40133 Bologna
tel. 051-389394

MonolateralTM
editore@monolateral.com
https://monolateral.com
Richardson, Texas 75094 (USA)

Indice

50 CLASSICI DEL PENSIERO
LIBERALE E LIBERTARIO

PREFAZIONE

Le idee che hanno fatto la storia moderna

Il libro che avete tra le mani ha una storia particolare. Più o meno cinque anni fa decisi di scrivere un volume che raccogliesse in forma condensata le principali opere del pensiero liberale e libertario, a scopo soprattutto divulgativo. Quell'ispirazione iniziale, tuttavia, venne realizzata in maniera diversa, secondo un progetto ancor più ampio e ambizioso: il sito *Tramedoro. I grandi libri delle scienze sociali in pillole* (www.tramedoro.eu), che a tutt'oggi raccoglie oltre 300 riassunti ragionati di importanti libri di saggistica (filosofia, politica, economia, storia, sociologia, psicologia), riguardanti non solo il pensiero liberale, ma ogni orientamento ideologico. L'iniziativa *Tramedoro* ha avuto un ottimo accoglimento tra gli appassionati delle scienze sociali, e ha visto dalla sua nascita nell'ottobre 2016 un costante aumento degli iscritti. L'idea iniziale del libro sui 50 classici del pensiero liberale era stata quindi temporaneamente accantonata, ma oggi – dopo tanto lavoro sul sito – è venuto finalmente il momento di riprendere, e portare a termine, quel progetto originario.

Grazie alle 50 schede già uscite sul sito *Tramedoro* raccolte in questo libro, il lettore potrà esplorare, in un affascinante viaggio nella storia delle idee, le grandi opere che nel corso dei secoli hanno edificato la grandiosa costruzione intellettuale del pensiero liberale classico, fino ai più recenti sviluppi in senso libertario e anarco-capitalista. Questa antologia di classici può risultare estremamente utile anche al lettore già abbonato a *Tramedoro*, perché ora ha a disposizione, in un unico e comodo volume cartaceo o digitale, una selezione tematica di sintesi ordinate in senso cronologico. Per l'occasione, il modello delle schede è stato modificato e adattato al formato di un libro: le citazioni rilevanti, ad esempio, sono state poste in piacevoli box inseriti all'interno del testo.

Ma cosa intendiamo per "classici"? A questo riguardo, facciamo nostre le parole dell'Istituto Bruno Leoni: «*Cosa fa sì che un autore sia un "classico"? Cosa gli conferisce quell'autorevolezza e quell'importanza che, anche dopo secoli, in qualche modo obbliga a ritornare a lui? Con ogni probabilità, è classico ciò che resiste anche dopo molti anni e quindi è progressivamente selezionato dal confronto delle opinioni di quanti, in mille luoghi diversi, discutono tra loro. Sembra si possa dire che, di fronte alle produzioni dell'ingegno umano, il tempo è galantuomo: operando come un setaccio che trattiene quanto vale davvero e che magari porta nuovamente alla luce – a distanza di un secolo – quanto era stato irresponsabilmente perduto (come è accaduto a un autore come Frédéric Bastiat, molto famoso in vita, in seguito dimenticato e ora ampiamente riscoperto e rivalorizzato). Hanno insomma la statura dei classici quegli scritti e quegli autori che sono in grado, pure a distanza di tanto tempo, di suscitare interesse*».[1]

Le 50 opere trattate sono state divise in cinque capitoli di 10 opere ciascuno: i primi

---

1 https://www.leoniblog.it/2013/06/25/classici-in-e-book-per-pensare-il-futuro/

quattro sono in ordine cronologico, mentre l'ultimo capitolo, sul pensiero libertario, ha carattere tematico. Si è rispettato il criterio di inserire una sola opera per ogni autore, anche nei casi non infrequenti in cui uno stesso autore – pensiamo ad esempio a Ludwig von Mises o a Friedrich A. von Hayek – abbia arricchito la tradizione liberale con molte opere importanti. Il capitolo 1 riunisce dieci autori che abbiamo chiamato i "precursori" del liberalismo, vissuti nell'arco temporale che va dal sedicesimo all'inizio del diciannovesimo secolo. Nel secondo capitolo sono state inserite le opere di dieci autori vissuti tra il 1815 e il 1914, l'epoca "gloriosa" del liberalismo classico.[2] In quest'arco di tempo, grazie alla rivoluzione industriale e alla diffusione dei principi di libertà, il liberalismo ha cambiato per sempre la storia dell'umanità, creando un mondo di abbondanza e di progresso prima di allora inimmaginabile.

La prima guerra mondiale, tuttavia, ha posto bruscamente fine all'epoca liberale, quella che il grande scrittore austriaco Stefan Zweig ha chiamato, con acuto senso di nostalgia, "Il mondo di ieri".[3] Nel terzo capitolo vengono quindi presentate dieci opere rappresentative dell'epoca più buia per la libertà, nella quale emergono con una forza terribile le ideologie collettiviste e antiliberali del nazionalismo, del socialismo e del comunismo. Non è un caso che l'era dello Stato onnipotente sia anche l'era delle catastrofi: due guerre mondiali e la guerra fredda, le tirannie dei regimi totalitari, i genocidi, i lager e i gulag, le carestie di massa. Negli anni Sessanta e Settanta l'ideale liberale appare morto e sepolto. Il futuro sembra appartenere al socialismo.

Dopo la discesa negli abissi degli orrori novecenteschi, il quarto capitolo testimonia la sorprendente rinascita del liberalismo negli ultimi decenni del XX secolo.[4] Come una "fenice" (l'espressione è di Juval Noah Harari), il liberalismo risorge ancora una volta dalle sue ceneri.[5] Negli anni Ottanta e Novanta si assiste infatti all'affermazione di Margaret Thatcher nel Regno Unito, di Ronald Reagan negli Stati Uniti, alla crisi del *welfare state* socialdemocratico, alla caduta improvvisa dei regimi comunisti, alle privatizzazioni e liberalizzazioni, all'avvento della globalizzazione e alla diffusione di internet. L'ultimo capitolo, infine, apre la strada al liberalismo futuro raccogliendo le sintesi delle 10 opere più significative del pensiero libertario, che rappresenta la versione più moderna, coerente e radicale del liberalismo classico.

Questo volume, che tratta 50 opere in oltre 500 pagine, offre quindi al lettore una panoramica approfondita dell'evoluzione del pensiero liberale dalle sue origini ai nostri giorni. Ogni libro recensito riflette le concezioni di una determinata epoca, e il risultato finale è una sorta di atlante storico delle idee liberali, nel quale il pensiero degli autori risulta strettamente legato agli avvenimenti e alle problematiche della stagione in cui è vissuto. Il liberalismo, da questo percorso di lettura, ne esce a testa alta, rivelandosi una dottrina fecondissima di scoperte intellettuali nel campo filosofico, politico ed

2 Guglielmo Piombini, "La gloriosa epoca del liberalismo classico. 1776-1914", *Il Miglioverde*, gennaio 2015 (https://www.miglioverde.eu/1776-1914-la-gloriosa-epoca-del-liberalismo-classico/). Per la tesi contraria, che sottolinea gli sviluppi illiberali del XIX secolo (come l'imperialismo, il protezionismo e il nazionalismo) consiglio la lettura del brillante studio di Beniamino Di Martino, *La Grande Guerra 1914-1918. Stato Onnipotente e catastrofe della civiltà*, Monolateral, Plano (TX, USA), 2018.

3 Stefan Zweig, *Il mondo di ieri. Ricordi di un europeo*, Mondadori, Milano, 2017 (1942).

4 Cfr. Antonio Masala, *Crisi e rinascita del liberalismo classico*, Ets, Lungarno Mediceo (PI), 2012.

5 Juval Noah Harari, *21 lezioni per il XXI secolo*, Bompiani, Milano, 2019 (2018).

economico.[6] Nel corso del tempo, il capitalismo di libero mercato ha dimostrato di saper adattarsi al cambiamento meglio dei suoi ricorrenti avversari, mostrando un dinamismo e una capacità di resistenza che si è dimostrata la sua dote maggiore. La storia dell'idea liberale, di per sé stupefacente, è la storia di un sofisticato organismo evolutivo di idee e principi.[7] Non solo: appare ormai chiaro che il liberalismo non è una delle tante dottrine politiche nate in Occidente, ma è *la* dottrina dell'Occidente. È l'individualismo liberale, non il nazionalismo o il socialismo, la peculiarità che ha reso l'Occidente differente dalle altre società.[8] Tutte le maggiori civiltà della storia hanno conosciuto il dispotismo imperiale e l'onnipotenza del governo burocratico e centralizzato: si pensi alla Cina, all'India, alla Persia, all'Islam, all'impero bizantino, alla Russia, agli Incas, agli Aztechi, e alla stessa Europa occidentale negli ultimi secoli dell'impero romano. Tuttavia solo nell'Europa occidentale, a partire dal Medioevo, si sono affermati l'individualismo, l'inviolabilità della proprietà privata, la società mercantile, il capitalismo, la libertà di ricerca scientifica. Possiamo riassumere tutti questi aspetti con una sola parola: *liberalismo*. Infatti, come ha scritto lo storico Ralph Raico, «*Il liberalismo classico – o più semplicemente il liberalismo, come veniva chiamato alla fine del diciannovesimo secolo – è la filosofia politica caratteristica della civiltà occidentale*».[9] Se togliamo questa tradizione, le differenze con le altre civiltà si fanno molto più labili.

A questo punto non mi rimangono che i ringraziamenti. Non avrei potuto realizzare questo libro senza l'apporto degli amici che mi hanno aiutato fattivamente a scrivere le sintesi per *Tramedoro*, in particolare Cristian Merlo (coautore della recensione del libro di Michael Huemer presente nel libro), Pietro Agriesti (coautore della sintesi del libro di David Friedman), Carlo Zucchi (autore della recensione del libro di Alexis de Tocqueville), Piero Vernaglione (autore della recensione del libro di Robert Nozick), Federico Cartelli, Riccardo Canaletti, Stefano Bosi, Federico Tagliavini. Molti altri amici hanno sostenuto il progetto *Tramedoro*, facendone pubblicità e dandomi ottimi consigli. Fra tutti vorrei ricordare Leonardo Facco e Paolo Pamini. Un ringraziamento particolare va infine all'editore americano Michael Brennen, forse più veneto che statunitense, che ha curato con grande professionalità l'impaginazione del libro.

---

6 Come scrive giustamente Giovanni Birindelli, «in campo economico, le teorie coerentemente liberali (basti pensare alla teoria dei cicli economici della Scuola Austriaca) sono per esempio le uniche in grado di spiegare la crisi economica e finanziaria attuale mantenendo una coerenza fra microeconomia e macroeconomia. In campo filosofico, il liberalismo è l'unico che quanto meno si è potuto strutturalmente il problema della coerenza astratta tra fra economia e filosofia, fra i più elementari e irrinunciabili comportamenti individuali e i più generali princìpi filosofici ... forse non c'è nessuna scuola di pensiero che ha avuto più successo (non nel senso di consenso, ma nel senso di solidità degli argomenti) del liberalismo classico in generale e della Scuola Austriaca in particolare» (Giovanni Birindelli, *La sovranità della Legge*, Leonardo Facco Editore, Treviglio [BG], 2014, p. 156-157).

7 Cfr. *L'autunno della liberal democrazia. La narrazione liberale da Stuart Mill all'Economist*, a cura di Mario Mancini con un saggio di Girolamo Cotroneo, goWare, Firenze, 2018, p. 26.

8 Così anche Beniamino Di Martino: «Eppure l'intero sviluppo della civiltà occidentale si è fondato sull'intangibilità delle libertà individuali e, quindi, sul rispetto del principio individualistico. È l'individualismo ad aver costituito il tratto peculiare dell'Occidente fornendo ad esso le condizioni di rigoglio e di progresso.» (*La Grande Guerra 1914-1918. Stato Onnipotente e catastrofe della civiltà*, p. 125).

9 Ralph Raico, *La storia del liberalismo e della civiltà occidentale*, IBL Occasional Paper, http://www.brunoleonimedia.it/public/OP/1_Raico.pdf

I PRECURSORI
1550–1815

La selezione delle 50 opere più rappresentative del pensiero liberale inizia con un capitolo dedicato a dieci libri scritti tra il 1550 e il 1815. Ho definito questi autori come "precursori", perché sarà nell'epoca seguente, nei cent'anni successivi al Congresso di Vienna, che il liberalismo classico conoscerà la sua massima fioritura. Ma per quale motivo questa storia intellettuale del liberalismo prende il via da un libro del sedicesimo secolo, il *Discorso sulla servitù volontaria* (1550) di **Étienne de La Boétie**? Anche nell'antichità e nel medioevo, si potrebbe obiettare, hanno visto la luce molte importanti riflessioni sulla libertà, come la "libertà sotto la legge" della *polis* greca, il diritto pretorio romano, la dottrina stoica del diritto naturale, la filosofia tomista, la *common law* anglosassone.

Il liberalismo, tuttavia, è una teoria esclusivamente moderna perché non rappresenta una generica riflessione sull'importanza della libertà umana, ma una specifica teoria della resistenza della società civile nei confronti del crescente accentramento del potere sovrano che avviene in età moderna. Per questa ragione Carlo Lottieri ha definito il liberalismo come una "reazione" nei confronti della modernità. La concezione politica liberale di de La Boétie e dei suoi successori esprime infatti la *reazione* della società di fronte all'avanzata dello Stato che, dal sedicesimo secolo in poi ha progressivamente ridotto gli spazi di libertà degli individui proprietari, delle comunità locali, delle consuetudini giuridiche emerse in epoca medievale.

Il liberalismo classico, così come il libertarismo contemporaneo, sono dunque dottrine moderne da un punto di vista cronologico, ma antimoderne nel contenuto. Se prima della modernità non c'era una teoria liberale, ciò significa che di tale teoria non se ne sentiva il bisogno. Non essendoci lo Stato accentrato e burocratizzato come lo conosciamo noi, non vi era nemmeno l'esigenza di reagire al suo monopolio. La teoria liberale nasce quindi a difesa della società civile, minacciata e oppressa dal trionfo dello Stato moderno.[1]

Il capitolo prosegue illustrando *Il re e la sua educazione* (1599) di **Juan de Mariana**, coraggioso erudito nella Spagna del secolo d'oro, e con il *Secondo trattato del governo* (1690) di **John Locke**, opera che nei cent'anni successivi eserciterà in Inghilterra e

---

1 Carlo Lottieri, Liberali, quindi reazionari, *Il Domenicale*, 10 maggio 2003.

negli Stati Uniti un'influenza decisiva. Con Locke, hanno scritto Luigi Marco Bassani e Alberto Mingardi, ha inizio il lungo viaggio del liberalismo dentro la statualità, nel tentativo di addomesticare il Leviatano nel nome della libertà.[2]

Seguono altre due pietre miliari: il celebre *Lo spirito delle leggi* (1748) di **Montesquieu** e *La ricchezza delle nazioni* (1776) di **Adam Smith**, forse l'opera liberale più influente di tutti i tempi, capace di segnare l'impronta intellettuale del secolo successivo. L'anno di pubblicazione del libro di Smith è anche l'anno della Dichiarazione d'Indipendenza americana, un episodio chiave nel cammino della libertà politica. Tra i protagonisti intellettuali della Rivoluzione americana vi fu **Thomas Paine**, autore di un libro fortemente polemico contro le monarchie del tempo: *I diritti dell'uomo* (1791-92).

Nello stesso periodo in Germania la bandiera del liberalismo viene tenuta alta da **Wilhelm von Humboldt** con il suo *Saggio sui limiti dello Stato* (1792), ma è in Francia che, nei primi decenni del XIX secolo, le idee liberali trovano lo sviluppo più fecondo. Il *Trattato di economia politica* di **Jean-Baptiste Say** (1803) e l'omonimo testo di **Destutt de Tracy** (1815) espongono in maniera brillante la dottrina economica del *laissez-faire*, e avranno un grandissimo successo nel paese che simboleggia la libera iniziativa, i neonati Stati Uniti d'America. A questi due autori si aggiunge il famoso **Benjamin Constant** che, con il libro *Conquista e usurpazione* (1813), traccia la distinzione tra il vecchio mondo della gloria militare e delle guerre di conquista, e il nuovo mondo liberale pacifico e civilizzato, basato sui commerci e rispettoso della sfera privata degli individui.

---

2 Luigi Marco Bassani, Alberto Mingardi, *Dalla Polis allo Stato. Introduzione alla storia del pensiero politico*, Giappichelli, Torino, 2015, p. 106.

1

Étienne de La Boétie

Discorso sulla servitù volontaria
1550

Per abbattere il tiranno basta smettere di obbedirgli

Il *Discorso sulla servitù volontaria* può essere considerato non solo come uno dei testi fondativi della filosofia politica francese, ma come la prima importante espressione della teoria liberale. *Il Discours* viene scritto infatti intorno al 1550, in un'epoca in cui si sta affermando quella costruzione politica tipica della modernità che è lo Stato nazionale centralizzato. Cronologicamente si situa quindi tra la stesura de *Il Principe* di Niccolò Machiavelli e *I sei libri della Repubblica* di Jean Bodin, l'opera che fonda il concetto di sovranità statuale. Ma mentre Bodin e Machiavelli scrivono per giustificare, ampliare e consolidare il potere del sovrano, La Boétie discute i modi di rovesciarlo per recuperare così la libertà naturale dell'individuo.

Riassunto

Il mistero dell'obbedienza civile

Perché i tanti si sottomettono ai pochi? La massa del popolo detiene una forza incomparabilmente superiore a quella del governante: perché allora obbedisce supinamente? È questo "mistero dell'obbedienza civile" che, a metà del XVI secolo, il giovane studente di legge Étienne de La Boétie si propone di svelare in un breve libello di filosofia politica che, per il contenuto radicale, non pubblicò mai nel corso della sua vita. Il testo fu redatto probabilmente intorno al 1550 e circolò clandestinamente fino al 1576 (tredici anni dopo la morte del suo autore), quando venne pubblicato con il titolo di *Contr'Un*.

La scoperta basilare di Étienne de La Boétie è che tutti i governanti, compresi i peggiori tiranni, detengono il potere solo perché i sudditi sono disposti a concedergielo. Ogni tirannia deve necessariamente fondarsi sul generale consenso popolare, perché in sua mancanza nessun genere di governo potrebbe durare a lungo. Un governo non ha bisogno di essere eletto dal popolo per godere dell'appoggio popolare, perché quest'ultimo si rivela nella durata stessa del governo, e questo vale anche per il più oppressivo dei dispotismi. Per qualche enigmatica ragione, che La Boétie cerca di svelare, le masse popolari acconsentono quindi alla propria sottomissione.

Tutte le tirannidi si fondano sul consenso popolare

Il tiranno è solo un uomo, e con le sole sue forze potrebbe a stento imporre l'obbedienza a un altro uomo. Come può allora assoggettare un intero paese composto da migliaia o milioni di uomini, se non fossero proprio questi ultimi a fornirgli tutti gli strumenti del suo dominio: il denaro, le armi, i servitori, le guardie e i soldati? Sfrutta forse la loro vigliaccheria? No, osserva La Boétie, perché se mille, un milione di uomini, se mille città non si difendono da uno solo, non può trattarsi di viltà, perché questo vizio non giunge mai a tanto.

Perfino gli animali mostrano l'istinto naturale di essere liberi, e prima di farsi catturare lottano con tutte le loro forze. Solo l'uomo, nato per essere libero, è capace di rinunciare tanto facilmente a questo suo diritto naturale. Cosa ha potuto snaturarlo al punto da fargli perdere il ricordo del suo stato originario e il desiderio di riacquistarlo?

Secondo La Boétie la causa prima della servitù volontaria è la forza dell'abitudine. La ripetizione giorno dopo giorno, per anni, di taluni comportamenti tende a riformare completamente un individuo come pure la maggior parte delle possibilità della sua condotta. Uomini che hanno trascorso la loro vita in prigione fino alla vecchiaia domandano di rientrarvi quando vengono posti in libertà. L'abitudine, infatti, è come una seconda natura.

> *I popoli si incatenano da soli*
> «Non c'è bisogno di combattere questo tiranno, né di toglierlo di mezzo; si sconfigge da solo, a patto che il popolo non acconsenta alla propria servitù. Non occorre sottrargli qualcosa, basta non dargli nulla. Non è necessario che il paese si affanni a fare qualcosa per il proprio bene, a patto che non faccia nulla a proprio danno. Sono dunque i popoli stessi che si lasciano incatenare, perché se smettessero di servire sarebbero liberi». (p. 7)

Per questa ragione l'instaurazione della tirannia è difficile soprattutto all'inizio, quando viene imposta la prima volta. All'inizio gli uomini servono per costrizione e controvoglia; tuttavia, una volta instaurata, la tirannia si mantiene facilmente per lungo tempo facendo leva sull'abitudine del popolo alla schiavitù.

Se non coltivata, infatti, l'inclinazione naturale dell'uomo alla libertà va perduta, soffocata dall'educazione ricevuta: i servi dicono di essere stati sempre sottomessi, così come i loro padri e i loro nonni, e non sanno immaginarsi una condizione diversa. Fondano quindi sulla lunghezza del tempo trascorso il diritto di coloro che li tiranneggiano. Chi nasce schiavo, quindi, va compatito e perdonato, perché non avendo mai visto nemmeno l'ombra della libertà e non avendone avuto esperienza, non si rende conto di quanto sia penosa la sua condizione servile.

La gerarchia piramidale del privilegio

La seconda ragione che spiega il mistero dell'obbedienza civile è che i governanti incoraggiano e organizzano attivamente il consenso attraverso tre strumenti: il panem, i circenses e l'inganno. La distribuzione di ricchezze al popolo è sempre stato uno dei metodi più astuti con cui le classi politiche fanno credere alle masse di trarre beneficio dal governo esistente. In realtà il popolo non si rende conto di ricevere solo una minuscola parte di quello che gli era stato precedentemente tolto con le tasse. Il secondo metodo è quello di organizzare degli spettacoli di intrattenimento, come gli spettacoli teatrali e sportivi, vere e proprie esche per stordire e inebetire il popolo in vani e sciocchi piaceri.

Il terzo metodo per abbindolare le masse è il ricorso all'imbroglio ideologico, per far credere che il governante è buono, giusto e saggio, fregiandosi di titoli mistificatori (come quello di "Tribuno del Popolo" assunto dagli imperatori romani), comparendo raramente in pubblico per suscitare un'aura di mistero, o attribuendosi addirittura una natura divina. Più in generale, osserva La Boétie, tutte le volte che i governanti commettono dei crimini anche molto gravi (rapine, furti, omicidi) li ammantano con qualche bel discorso sul bene pubblico e sull'interesse comune.

Con il bottino ottenuto mediante la tassazione il governante crea una gerarchia piramidale di favoritismi concedendo dei privilegi ai propri stretti sostenitori, cioè a quel gruppetto ristretto di cinque o sei persone che detiene le più alte cariche di governo. Questi a loro volta mantengono, con i frutti del saccheggio, seicento profit-tatori, e questi a loro volta ne hanno sotto si sé altri seimila, ai quali fanno fare carriera offrendo cariche e amministrazione del denaro pubblico. In breve, gli uomini più ambiziosi si raccolgono intorno al tiranno e lo sostengono per avere parte del bottino ottenuto con le tasse e per diventare, all'ombra del tiranno, piccoli tiranni essi stessi.

> *Il tiranno possiede solo quello che gli date*
> «Dove ha preso tutti gli occhi con cui vi spia, se non glieli avete prestati voi? Come può avere tante mani per colpirvi, se non prendendole da voi? I piedi con cui calpesta le vostre città da dove gli verrebbero, se non fossero i vostri? Ha qualche potere su di voi che non gli derivi da voi stessi? Come oserebbe aggredirvi, se non potesse contare sulla vostra complicità?» (p. 9)

Questa gerarchia si ramifica sempre più, finendo col pervadere tutta la società, finché, dice La Boétie, non sono seimila, ma centomila, milioni, le persone che rimangono legate al tiranno con questa fune. Tra favori e vantaggi, protezioni e profitti ottenuti grazie ai tiranni, si arriva al punto che quanti ritengono vantaggiosa la tirannia sono quasi altrettanto numerosi di quelli che preferirebbero la libertà.

La Boétie mette però in luce come la vita dei despoti e dei loro cortigiani sia miserabile, infelice, umiliante, dominata dalla paura e dal sospetto del tradimento. Al contrario, in mezzo al popolo sfruttato non tutti si lasceranno ingannare o accetteranno la sottomissione per abitudine. Vi sarà sempre una piccola élite consapevole della reale situazione, che ricorderà alla gente quanto sia grande il bene della libertà, e quanto inconsistenti siano i miti a difesa del potere e i benefici elargiti dai governi. È a questi intellettuali libertari, osteggiati e perseguitati, che La Boétie affida il compito di aprire gli occhi delle persone sulla reale natura e sui metodi del potere, per preparare un futuro di libertà.

La via della disobbedienza civile

Non c'è bisogno, tuttavia, di ricorrere alla forza per abbattere i tiranni. La Boétie non auspica rivoluzioni o congiure di gente ambiziosa interessata soltanto a «far cadere una corona, non togliere il re, cacciare sì il despota, ma tenere in vita la tirannide», ma desidera una liberazione più profonda dal potere.

Étienne de La Boétie fu infatti uno dei primi a proporre la resistenza non violenta di massa, cioè la disobbedienza civile, come mezzo per far cadere il tiranno. Se quest'ultimo governa con il consenso del popolo, allora per privarlo del potere occorre semplicemente revocare in massa quel consenso, non obbedendogli e negandogli ogni risorsa. Più il popolo è arrendevole, scrive La Boétie, più i despoti diventano potenti, ma se in grande maggioranza le persone rifiutano di eseguire i suoi ordini, allora rimangono «nudi e sconfitti».

Questo richiamo alla disobbedienza civile di massa entusiasmò molti esponenti del ramo pacifista dell'anarchismo, come Henry David Thoreau e Leon Tolstoj. L'analisi di La Boétie, infatti, colpisce al cuore non solo le tirannie, ma la natura stessa del potere. Il dispotismo riguarda anche i governi democratici, dato che «avere parecchi padroni equivale ad essere parecchie volte sventurati». Egli spiega infatti che vi sono tre tipi di tiranni: alcuni ottengono il potere con l'elezione popolare, altri con la forza delle armi, e altri ancora per successione famigliare.

> *L'inganno assistenzialista*
> «I tiranni largheggiavano nel distribuire quarti di grano, qualche sestario di vino e un po' di sesterzi; ed era allora uno spettacolo penoso sentir gridare: "Viva il re!". Quegli sciocchi non si rendevano conto che stavano solo recuperando una parte dei loro averi, che il tiranno non avrebbe potuto restituire loro se prima non gliel'avesse sottratta» (p. 25)

La lezione di La Boetiè è anche oggi estremamente attuale. Negli odierni sistemi politici lo sfruttamento feroce di certi gruppi privilegiati (le caste parassitarie dominanti) su altri gruppi sociali (i ceti produttivi) può compiersi indisturbata, e accrescersi sempre più, perché i secondi considerano legittimo il dominio dei primi, e quindi acconsentono di essere tartassati, minacciati, criminalizzati, perseguitati e insultati. L'obiettivo di La Boétie era quello di aprire gli occhi a tutte le vittime della spoliazione e dell'oppressione statale.

Punti da Ricordare

- Per abbattere il tiranno basta smettere di obbedirgli
- Ogni tirannia si fonda necessariamente sul consenso popolare
- La causa prima della servitù volontaria è l'abitudine
- I governanti incoraggiano e pianificano il consenso corrompendo e ingannando il popolo
- Nella società si forma una gerarchia piramidale di dominio che lega quasi tutti gli individui al despota
- Solo una piccola élite consapevole continua a ricercare la libertà
- La vita dei tiranni e dei loro favoriti è miserevole, terribile e infelice
- La semplice revoca in massa del consenso abbatterebbe pacificamente la tirannia

L'autore

Étienne de La Boétie (1530-1563) nasce il 1º novembre del 1530 a Sarlat, piccola città della regione francese del Périgord. Rimasto orfano in giovane età, viene allevato e avviato agli studi dallo zio curato. Finiti gli studi collegiali si iscrive alla Facoltà di Diritto dell'Università di Orléans, assai all'avanguardia all'epoca, con l'idea di far carriera in magistratura. In questi anni giovanili scrive l'esplosivo *Discorso sulla servitù volontaria*, senza però mai pubblicarlo. La Boétie si laurea in giurisprudenza nel settembre del 1553, e l'anno successivo diviene Consigliere al Parlamento di Bordeaux. Tre anni dopo anche un altro grande pensatore francese, Michel de Montaigne, diveta consigliere nello stesso parlamento: in questo modo i due stringono quella celebre amicizia che Montaigne descriverà nei suoi *Essais*. In questo periodo di scontri dovuti al diffondersi della Riforma protestante, La Boétie sostiene la politica di conciliazione religiosa della reggente Caterina de Medici e del suo cancelliere Michel de L'Hospital, pubblicando nel 1562 le *Memorie sull'editto di gennaio*, in cui denuncia i pericoli connessi agli scontri religiosi e l'inutilità, se non la dannosità, della repressione violenta. Per La Boétie bisogna fermare gli scontri in modo pacifico, pena la lacerazione del Regno di Francia. La sua carriera politica stava cominciando ad assumere una certa rilevanza nazionale quando improvvisamente si ammala. Il 18 agosto 1563 egli muore tra le braccia dell'amico Montaigne, nominato suo esecutore testamentario, che era accorso al suo capezzale.

Nota Bibliografica

Étienne de La Boétie, *Discorso sulla servitù volontaria*, Liberilibri, Macerata, 2004, p. 54, Traduzione di Carla Maggiori, introduzione di Murray N. Rothbard, postfazione di Nicola Iannello e Carlo Lottieri. Titolo originale: *Discours de la servitude volontaire*.

2

Juan de Mariana

Il re e la sua educazione
1599

È legittimo ribellarsi al re che viola le leggi del regno

Negli ultimi anni un crescente numero di ricercatori ha individuato negli studiosi tardo-scolastici iberici vissuti durante il "secolo d'oro" della Spagna, nella seconda metà del '500 e nel '600, i precursori di un pensiero liberale moderno. Questi eruditi, quasi tutti gesuiti o domenicani, per la maggior parte insegnavano teologia e morale presso l'Università di Salamanca. Fra tutti, il teologo gesuita Juan de Mariana fu probabilmente il più estremista, e il primo libro in cui de Mariana esprime le sue radicali è il De Rege et Regis Institutione, tradotto in italiano col titolo Il re e la sua educazione. Qui compare, per la prima volta nel mondo cattolico, la teorizzazione della legittimità del tirannicidio.

Riassunto

Un erudito coraggioso

In quest'opera Mariana affermò coraggiosamente che qualunque cittadino ha il diritto di uccidere un re che si sia trasformato in tiranno. A causa di questo suo scritto venne accusato di aver istigato gli assassini dei re di Francia Enrico III, colpito a morte nel 1588 da un giovane frate domenicano, Jacques Clément, ed Enrico V, ucciso dal cattolico Ravaillac nel 1610. Nel furore dell'indignazione, il libro di Mariana venne messo al rogo a Parigi il 4 luglio 1610 su ordine del parlamento francese.

Anche in Spagna il *De Rege* fu guardato con un certo sospetto dalle autorità, ma l'autore venne lasciato in pace. In realtà Mariana non aveva fatto altro che portare alle logiche conseguenze l'idea che il diritto naturale è moralmente superiore al potere dello Stato. Questa idea era già stata sviluppata dal domenicano Francisco de Vitoria (1485-1546), il grande fondatore del diritto internazionale che aveva dato inizio alla tradizione scolastica iberica di denuncia dei soprusi legati alla conquista americana, soprattutto l'oppressione subita dagli indigeni ad opera dei conquistatori spagnoli.

Mariana incontrò maggiori problemi con le autorità quando pubblicò nel 1609 un testo molto radicale dedicato alle questioni monetarie, *De monetae mutatione* ("Dell'alterazione della moneta"), in cui criticò fortemente, sul piano morale ed economico, la pratica dei governi di ridurre la quantità di metalli preziosi presente nelle monete mediante la "tosatura". Egli giudicava il trasferimento di ricchezza per mezzo della svalutazione monetaria un "infame latrocinio" paragonabile all'azione di chi si introduce in granai privati per rubare parti del raccolto immagazzinato. Sentendosi indirettamente criticate, le autorità spagnole condannarono Mariana a quattro mesi di prigione per lesa maestà. Tutte le copie del trattato monetario venero purgate, distrutte o messe all'indice dall'Inquisizione, e per tale ragione il libro è rimasto sconosciuto per 250 anni.

Stato di natura e monarchia

Fervente oppositore della crescente marea dell'assolutismo in Europa e della dottrina, affermata tra gli altri da Giacomo I d'Inghilterra, secondo cui il potere assoluto del re si fonda sul diritto divino, Mariana converte la dottrina scolastica del tiranno da un concetto astratto in un'arma con la quale colpire i sovrani del passato. Egli denuncia infatti Ciro il grande, Alessandro Magno e Giulio Cesare come tiranni che hanno conquistato il potere con l'ingiustizia e la violenza: «Ciro, Alessandro, e Cesare, che furono i primi a fondare e costituire grandi imperi, non sembra siano stati Re legittimi, non avendo domato il mostro della tirannia diffuso nel mondo, né estirpato i vizi, come invece in apparenza volevano fare; sembra invece si siano comportati come una banda di ladri, per quanto celebrati dall'opinione comune con immense lodi e gloria» (p. 22).

Altri importanti esponenti della scolastica spagnola, come Francisco Suarez, sono dell'idea che il popolo possa ratificare l'ingiusta usurpazione a fatto compiuto con il suo consenso, rendendo quindi legittimo il governo dell'usurpatore. Mariana tuttavia non è disposto a riconoscere con tanta rapidità il consenso del popolo. In contrasto con altri scolastici, che ponevano la titolarità del potere in capo al re, egli sottolinea che il popolo ha il diritto di reclamare il proprio potere politico ogni volta che il re ne abusi.

Mariana infatti sostiene che quando il popolo è uscito dallo stato di natura trasferendo il suo potere politico originario al re, ha conservato importanti diritti per sé, come il già ricordato diritto di reclamare la sovranità, il controllo della tassazione, il veto alle leggi, il diritto di decidere sulla successione se il re muore senza eredi: «A mio modo di vedere, quando il potere reale, se è legittimo, ha avuto origine dai cittadini, con il consenso di questi ultimi i primi re furono collocati nello stato al vertice delle pubbliche cariche; il loro potere fu limitato da leggi e statuti, affinché non crescesse troppo e non andasse a danno dei suoi sudditi, degenerando, in ultimo, in tirannia» (p. 60).

Per tale ragione Mariana può essere considerato il vero predecessore della teoria del consenso popolare di John Locke, basata sulla continua superiorità del popolo sul governo. Mariana inoltre anticipa Locke quando sostiene che gli uomini abbandonano lo stato di natura e costituiscono un governo allo scopo di preservare i loro diritti di proprietà privata: «poiché la vita di ognuno era esposta ai mali esterni, e neppure i consanguinei tra loro e i congiunti si astenevano da mutue violenze, quanti erano oppressi dai più forti cominciarono a stringersi con altri in un mutuo accordo di società e a rivolgersi ad uno solo che primeggiasse in giustizia e lealtà, con l'aiuto del quale fossero impediti i soprusi interni ed esterni» (p. 19).

L'intento "costituzionalistico" di Mariana è quello di vincolare il monarca non tanto alle leggi da lui stesso emanate quanto, piuttosto, al diritto consuetudinario e tradizionale in vigore, «specialmente perché molte leggi non sono state date dai principi, ma stabilite dalla volontà di tutta la repubblica, la cui autorità e il cui potere di comandare come di proibire, sono superiori a quelli del Principe … Non solo il Principe deve obbedire a tali leggi, ma non gli è consentito mutarle senza il consenso e il parere dell'assemblea: tra queste rientrano quelle della successione reale, dei tributi, e della forma di religione» (p. 68).

La liceità del tirannicidio

L'aspetto più estremista, e più noto, della teoria politica di Mariana è la sua creativa innovazione della teoria scolastica del tirannicidio. La liceità dell'uccisione del tiranno da parte del popolo era già da tempo una dottrina riconosciuta. Mariana però la amplia notevolmente sotto due significativi aspetti. In primo luogo espande la definizione di tiranno, che è qualsiasi governante che viola le leggi della religione, che impone tasse senza il consenso del popolo, o che impedisce la riunione di un parlamento democratico. In secondo luogo, ancor più radicalmente, per Mariana qualsiasi individuo può giustamente uccidere il tiranno, usando qualsiasi mezzo necessario.

L'assassinio non richiede quindi qualche sorta di decisione collettiva popolare, perché «il tiranno è una belva crudele e feroce che ovunque si volge, devasta, distrugge, brucia ogni cosa, fa luttuose stragi coi denti, le unghie, le corna. Credi giusto che ciò si debba sopportare in silenzio? Non elogerai piuttosto, se qualcuno, mettendo a rischio la propria vita, riscatti la salvezza pubblica? Non credi che il tiranno debba essere incalzato dai dardi di tutti, come fosse un mostro crudele che minaccia la terra e che, finché viva, non compirà altro che stragi?» (p. 53).

> *Il Re rimane subordinato alla comunità*
>
> «Inoltre, un sovrano che opprime lo stato con i suoi perversi costumi e che degenera apertamente in tiranno, chi potrebbe privarlo della repubblica e spogliarlo del governo e, se fosse necessario, della stessa vita, se non si fosse riservato per sé maggior potere di quello che delegò al suo Re? Né è verosimile che tutti i cittadini si siano voluti spogliare del tutto della loro autorità e trasferirla ad un altro senza limiti, senza deliberazione, senza motivo; dotando un Principe, uomo soggetto come tutti a corruzione e malvagità, di un potere superiore a quello della comunità, questa avrebbe fatto ciò che non era necessario: sarebbe stato come rendere superiore il feto alla partoriente, il rivolo alla fonte. Chi potrebbe mai credere che proprio la repubblica che ha maggiori forze e un numero maggiore di truppe rispetto al Principe, non abbia poi anche una maggiore autorità, nel caso in cui tra loro scoppiasse un dissidio?» (p. 61).

In realtà Mariana non pensa che un individuo debba impegnarsi a cuor leggero nell'uccisione del tiranno. Innanzitutto deve cercare di riunire il popolo per rendere nota la sua decisione cruciale, affinché sia discussa. Se questo risulta impossibile, dovrebbe almeno consultare degli uomini "sapienti e autorevoli", a meno che il lamento popolare contro il tiranno sia così fortemente manifesto da rendere non necessaria la consultazione.

Mariana, in frasi che anticipano nuovamente Locke e la Dichiarazione d'Indipendenza americana sulla giustificazione del diritto di ribellione, aggiunge che la perturbazione dell'ordine pubblico causata dalle tante persone che cercano di mettere in atto il tirannicidio non deve destare preoccupazione. Si tratta infatti di un'impresa molto rischiosa, e pochi sono disposti a mettere a rischio la propria vita in questo modo.

Infatti, del numero smisurato di tiranni che sono esistiti dall'antichità ad oggi, pochi se ne possono contare che siano stati uccisi dai cittadini. Il popolo, comunque, ha sempre salutato il tirannicida come un eroe.

Contro le più comuni obiezioni alla teoria del tirannicidio, Mariana conclude affermando che è salutare il fatto che i governanti temano il popolo, e che si rendano conto che eccedere nella tirannia potrebbe portarli a rispondere dei loro crimini: «È un salutare oggetto di meditazione per i Principi il riflettere che, se opprimessero lo stato, non solo non avrebbero il diritto di vi-

> ### Il tiranno
> «Il tiranno pone tutti i suoi sforzi nel recare oltraggiose offese, nel fiaccare la capacità di resistenza di tutti i sudditi, ma il suo assalto si dirige in maniera particolare contro gli uomini ricchi e onesti. I tiranni nutrono sospetti assai maggiori verso i buoni che verso i malvagi, e sempre temono la virtù altrui … Vuole estenuare le forze di tutti perché non siano in grado di ribellarsi, imponendo ogni giorno nuovi tributi, provocando contese tra i cittadini, intrecciando guerre a guerre; e non cessa di fabbricare grandi opere pubbliche d'ingente mole, a spese dei cittadini e con loro pianto … Inevitabilmente il tiranno è costretto a temere quegli stessi cui incute timore … A tale scopo deve togliere loro tutti i mezzi di difesa … E perciò vieta ai cittadini di tenere riunioni e di parlare di questioni riguardanti lo stato; per mezzo di spie segrete toglie loro ogni libertà di parola e di ascolto (ed è questo il supremo grado della servitù)» (p. 61).

vere finché dura tale situazione, ma sarà perfino titolo di gloria l'ucciderli. Può darsi che tale timore trattenga qualcuno di loro dal darsi del tutto in braccio alla corruzione, ai vizi, agli adulatori, e ponga dei freni alla loro follia. Ciò che è l'essenziale, è che il Principe si persuada che l'autorità di tutto lo stato è nel suo insieme superiore alla sua» (p. 53).

Armi, commercio e tasse

Nel *De Rege* viene trattato anche un tema di particolare importanza che in seguito diventerà molto caro alla pubblicistica libertaria: il disarmo della società civile. Secondo il teologo spagnolo un governante saggio «non ha bisogno di portare via ai cittadini armi e cavalli, lasciandoli marcire nell'ozio e nella pigrizia, come fanno i tiranni, che usano fiaccare la tempra del popolo costringendolo ad attività sedentarie … avrà cura al contrario che i cittadini si esercitino alla lotta e al combattimento, al salto, alla corsa a cavallo o a piedi, inermi e armati, considerando la loro forza un presidio ben più valido che non le mali arti e la frode» (p. 42).

Desta infatti sospetto un governo che teme i propri cittadini e che non intende concedergli fiducia. Una popolazione armata, inoltre, difenderebbe al meglio la patria in caso di invasione esterna. Contro la smilitarizzazione della società, Mariana insiste in maniera decisa che «Occorre dare le armi ai sudditi piuttosto che agli stranieri, ottenendo maggiori vantaggi con minori spese … Tenere infatti il regno disarmato per non fidarsi dei sudditi e comprare con oro un esercito straniero, è proprio di un tiranno, non di un Re legittimo» (p. 195).

Mariana difende poi il libero scambio e l'attività mercantile. Lo scambio, infatti, è alla base della società: «Abolito il mutuo scambio di merci, la società tra gli uomini morirà e tutti noi mortali ritorneremo a vivere da soli a tal punto che neppure il figlio si fiderà del genitore, né il genitore del figlio. Per quale motivo è stata costituita la società, se non perché potessimo supplire alla scarsezza con il mutuo scambio dei beni di tutti?» (p. 228).

Conviene quindi, continua Mariana, favorire il commercio con le altre nazioni con modici tributi piuttosto che impedirlo con gravose imposte: «Occorre facilitare, sia per mare che per terra, l'importazione e l'esportazione degli articoli necessari. Accadrà in tal modo di poter scambiare ciò che in alcune nazioni abbonda con ciò che in alcune nazioni manca, e viceversa: vero oggetto e scopo del commercio, a cui questa arte deve tendere» (p. 208). In definitiva, per Mariana occorre sostenere con le leggi e con il diritto quest'arte "che tanto giova alla salute dello stato".

Più in generale la tassazione deve essere moderata, e i nuovi tributi possono essere introdotti solo in casi eccezionali. È comunque da escludersi che il Re possa imporre nuovi tributi senza l'approvazione popolare perché, come si è detto, nelle questioni fiscali l'autorità del sovrano è inferiore a quella della comunità. Il sovrano, inoltre, non dovrebbe cercare di aggirare questi limiti ricorrendo al debito, ma dovrebbe ridurre piuttosto le spese eccessive, in particolare quelle destinate agli inutili funzionari pubblici: «Il principe deve inoltre cercare che gli uomini oziosi con il vano titolo di pittori, storici, sacerdoti regi non si prendano gioco dello stato incassando uno stipendio annuale, senza recare nessuno vantaggio. Si impegni in modo particolare a che i nobili non mettano le loro avide mani rapaci sulle ricchezze dello stato, dalle quali attingono per spendere privatamente» (p. 204).

In particolare Mariana ha parole di fuoco contro i cattivi consiglieri, tanto numerosi anche ai giorni nostri, che spingono il sovrano ad aumentare le tasse e le spese: «Questi adulatori, falsi e ciarlatani, in gran numero, sono un male sicuro proprio perché attraente. Nulla infatti è più gradito ai Re, immersi in guerre e in grandi imprese e ostacolati dalla penuria di contanti, di colui che prospetta nuovi modi per raccogliere denaro. Niente è più gravoso per il regno che pensare tutti i giorni a nuovi mezzi per spogliare i miseri ed estenuare i cittadini» (p. 207). Parole dure e veritiere, che il grande teologo spagnolo ha continuato con rigore morale a rinfacciare ai potenti, senza paura di pagare in prima persona per le proprie idee.

> *Il sovrano saggio riduce la spesa e il debito.*
> «Per questo il principe cercherà prima di tutto che, eliminate tutte le spese superflue, siano regolati i tributi; egli deve comportarsi come farebbero gli uomini sobri, che pensano con attenzione a conservare il loro patrimonio, affinché le spese pubbliche, se non minori, almeno non siano maggiori delle entrate reali; altrimenti sarebbe costretto a chiedere un prestito, e a consumare le risorse dell'impero nel pagare interessi che crescono di giorno in giorno … Se le spese regie saranno a lungo molto maggiori delle entrate, il male che ne deriverà sarà inevitabile: per la necessità di imporre ogni giorno nuovi tributi, si renderanno sordi i cittadini e si esaspereranno gli animi» (p. 203-204).

Punti da Ricordare

• Quando il popolo è uscito dallo stato di natura trasferendo il suo potere politico originario al re, ha conservato importanti diritti per sé
• Tra questi vi sono il diritto di reclamare la sovranità, il controllo della tassazione, il veto alle leggi, il diritto di decidere sulla successione se il re muore senza eredi
• Il potere reale quindi non è assoluto, ma soggiace alle leggi del regno
• Un re che viole queste leggi diventa un tiranno, contro il quale è legittimo ribellarsi
• È lecito uccidere un tiranno
• Il suddito non può prendere questa decisione a cuor leggero, ma deve consultarsi con il popolo e con gli uomini più sapienti
• È salutare il fatto che i governanti temano il popolo
• Il governo non deve disarmare i civili
• L'attività mercantile è di grande utilità per il regno e va incoraggiata
• Il re dovrebbe moderare il più possibile le imposte e le spese

L'autore

Juan de Mariana (1535 o 1536-1624) nasce a Talavera, vicino a Toledo, secondo alcuni verso la fine del 1535, secondo altri nel 1536 (malgrado tutti gli studi fatti si ignora la data esatta). Nel 1554 entra nei gesuiti. Rivela subito grandi capacità nello studio della teologia e della filosofia, e nel 1551 viene inviato a Roma a insegnare Teologia e Sacra Scrittura. Nello stesso anno prende gli Ordini sacri. Successivamente insegna a Loreto, a Palermo e a Parigi. Nel 1574 per motivi di salute è costretto a tornare in patria. Qui, fra le tante attività ecclesiastiche, si dedica alla stesura di un'imponente storia della Spagna, la cui prima edizione in venti libri esce in latino a Toledo nel 1592. Il grande successo dell'opera spinge Mariana a pubblicarla anche in lingua spagnola, nel 1601 con il titolo Historia general de Espana. Nel 1599 pubblica *De Rege et Regis Institutiones*, le cui tesi sul tirannicidio vengono denunciate in Francia come ispiratrici della mano di Ravaillac, l'assassino del re Enrico IV, il quale però dichiara di non conoscere l'opera di Mariana. La pubblicazione nel 1609 di *De Monetae Mutatione*, in cui condanna la gestione truffaldina della moneta da parte dei governi, lo mette invece nei guai con le autorità spagnole. Mariana subisce il carcere, mentre il libro viene condannato alla distruzione dall'Inquisizione. Muore a Toledo il 17 (per altri il 16) febbraio 1624. L'anno successivo esce postuma, a Bordeaux, la sua opera sugli errori della Compagnia di Gesù.

Nota Bibliografica

Juan de Mariana, *Il re e la sua educazione*, Edizioni Scientifiche Italiane, Napoli, 1996, traduzione e saggio introduttivo di Natascia Villani, p. 344. Titolo originale: *De Rege et Regis Institutiones*.

3

John Locke

Il secondo trattato sul governo
1690

Gli uomini si uniscono in società per
proteggere i loro diritti naturali

Quest'opera del grande filosofo inglese ha un'importanza capitale nella storia del pensiero politico perché rappresenta la prima grande esposizione della dottrina liberale fondata sulla teoria dei diritti naturali. Il filosofo inglese lo scrisse negli anni 1681-82 al ritorno dal suo esilio in Olanda, fortemente colpito dal successo di un paese che, a quel tempo, era il più libero e ricco d'Europa grazie alla sua dedizione al commercio, alla pace e al governo limitato. Ebbe però la possibilità di pubblicarlo a Londra solo nel 1690, poco dopo il trionfo della Gloriosa Rivoluzione inglese, in forma anonima perché consapevole del carattere rivoluzionario di quanto aveva scritto. Solo una settimana prima di morire, nel 1704, Locke rivelò di essere l'autore di questa e di altre opere anonime. Nei cent'anni successivi alla sua pubblicazione questo libro eserciterà in Inghilterra e negli Stati Uniti un'influenza superiore a qualsiasi altro testo, favorendo così l'affermazione di governi limitati rispettosi dei diritti individuali. Con quest'opera ha inizio quindi il lungo e difficoltoso tentativo del liberalismo di arginare il potere del Leviatano statale in nome della libertà.

Riassunto

La giustificazione della proprietà privata

Per sviluppare il suo ragionamento Locke adotta lo schema tipico di quasi tutti i filosofi della politica dell'epoca (come Ugo Grozio, Samuel Pufendorf e Thomas Hobbes), basato sulle tre fasi successive dello stato di natura originario, del patto di unione, e della nascita della società civile. Locke cioè parte dall'analisi dello stato di natura in cui gli uomini vivono senza un governo, e ipotizza che, per sopperire agli inconvenienti di questa situazione, gli uomini decidano, mediante un patto o contratto, di delegare il potere di applicazione della giustizia a un organo comune, lo Stato.

La legittimazione della proprietà privata gioca un ruolo centrale nel pensiero di

Locke. Mentre per Hobbes la proprietà privata esiste solo nella società politica, cioè dopo la nascita dello Stato, Locke la colloca, analogamente a Grozio e Pufendorf, nello stato di natura. Questi due pensatori però avevano attribuito alla proprietà un'origine convenzionale, in quanto nello stato di natura gli uomini si sarebbero messi d'accordo per istituirla. Locke introduce invece su questo punto una novità decisiva, dimostrando come la proprietà sorga sulla base della legge naturale, senza bisogno del consenso di nessuno.

Locke non nega che all'inizio Dio abbia dato la terra e i suoi beni in comune a tutti gli uomini. Malgrado questa difficoltà, ritiene di poter spiegare come si possa arrivare alla proprietà privata senza violare i principi di giustizia. Dio ha dato il mondo in comune agli uomini non perché questi lo lascino inerte e abbandonato, ma affinché lo usino per la propria sussistenza e per il proprio benessere. Ci deve quindi essere per forza un modo di appropriarsene. Per poter prendere un pesce del mare o un frutto di un albero l'uomo non può

> *Prima dello Stato*
> «Lo stato di natura è governato dalla legge di natura che è per tutti vincolante, e la ragione – che è quella legge stessa – insegna a tutti gli uomini, purché vogliano consultarla, che essendo tutti uguali e indipendenti, nessuno deve recar danno ad altri nella vita, nella salute, nella libertà e negli averi» (p. 67).

aspettare l'autorizzazione da parte di tutta la restante parte dell'umanità, perché se fosse stato necessario un consenso del genere, egli sarebbe morto di fame, nonostante l'abbondanza che Dio gli ha dato.

Una persona acquista la proprietà di qualcosa che non appartiene ancora a nessuno mischiando ad essa il proprio lavoro. Ognuno infatti è incontestabilmente proprietario di sé e dei prodotti del suo lavoro. Le cose materiali, una volta rimosse dallo stato naturale e congiunte al lavoro umano, acquisiscono qualcosa che le esclude dal diritto comune di altri. Anche la terra si acquista nello stesso modo. Se un uomo occupasse il terreno che un altro ha per primo recintato, bonificato, arato e coltivato, o ne cogliesse i frutti, ruberebbe il lavoro altrui ormai inestricabilmente mescolato a quella terra e ai suoi prodotti. Si tratta di un principio intuitivo e razionale di giustizia naturale che gli uomini hanno sempre rispettato spontaneamente. Locke, però, gli ha dato un solido fondamento filosofico.

Ma in questo modo non c'è il rischio che il primo arrivato si prenda tutto e non lasci nulla agli altri che vengono dopo di lui? Di fatto è impossibile, perché esistono limiti fisici a quello che un singolo uomo può consumare o lavorare. In ogni caso Locke stabilisce due clausole finalizzate a impedire eccessivi accaparramenti: debbono essere lasciate agli altri cose sufficienti e altrettanto buone, e non si possono rovinare o distruggere le cose che potrebbero servire agli altri. Questi due limiti morali valgono però solo all'inizio, e sono ben presto superati dallo sviluppo della civiltà. L'uso della moneta e dei metalli preziosi durevoli permette infatti agli uomini, secondo Locke, di accumulare anche enormi ricchezze senza togliere nulla agli altri.

Lo stato di natura originario

Mentre per Hobbes prima della nascita dello Stato esiste solo una situazione di guerra di tutti contro tutti, per Locke nello stato di natura l'uomo non vive nel caos, ma in una condizione ordinata dalla legge di natura: la legge, cioè, che l'uomo riesce a scoprire con la sua ragione, e che - salvo in caso di legittima difesa - vieta di aggredire il prossimo nella sua vita, nella sua libertà e nei suoi beni.

Locke quindi concepisce la società senza Stato come un luogo in cui gli uomini convivono in modo tutto sommato ordinato, pacifico e progredito dal punto di vista sociale ed economico. In questo stato di natura esistono infatti famiglie, comunità, proprietà, monete, scambi, commerci e punizioni dei criminali. Si tratta di un'ipotesi che pecca di eccessivo ottimismo? Molti ritengono che la visione pessimistica di Hobbes sia più realistica, ma alcune considerazioni storiche e antropologiche sembrano avvalorare maggiormente la concezione di Locke.

Gli stati attuali, ad esempio, si trovano fra loro in uno stato di natura perché non esiste un potere superiore, cioè un governo mondiale, che li sovrasti. Malgrado ciò, non si trovano in uno stato di guerra perpetua, ma tendono a regolare i reciproci rapporti sulla base di un diritto internazionale che ricalca la legge naturale. Lo stesso si può dire per le popolazioni selvagge o primitive. Gli indiani del Nord America, ad esempio, hanno sempre vissuto senza un governo centrale. Per quanto i conflitti tra le diverse tribù fossero frequenti, la vita dei pellerossa americani era ben diversa da quella "solitaria, misera, ripugnante, brutale, e breve" descritta da Hobbes.

> *Terra vergine + lavoro = proprietà privata.*
> «Qualunque cosa, allora egli rimuova dallo stato in cui la natura l'ha prodotta e lasciata, mescola ad essa il proprio lavoro e vi unisce qualcosa che gli è proprio, e con ciò la rende una sua proprietà. Rimuovendola dallo stato comune in cui la natura l'ha posta, vi ha connesso con il suo lavoro qualcosa che esclude il comune diritto degli altri uomini. In quanto lavoro è proprietà incontestabile del lavoratore, lui soltanto può aver diritto a ciò che è stato aggiunto mediante esso, almeno laddove ci sono beni sufficienti, e altrettanto buoni lasciati in comune per gli altri» (p. 97).

Si possono guardare inoltre le esperienze di colonizzazione delle terre vergini avvenute senza la regolamentazione dello Stato, quando questo era assente o troppo lontano. Forse Locke, se fosse vissuto due secoli dopo, avrebbe potuto riconoscere nelle istituzioni del Far West l'incarnazione vivente dello stato di natura descritto nel suo trattato. Nella frontiera infatti molti americani vissero realmente l'esperienza di applicare il loro lavoro a una terra selvaggia e farla propria. Alcuni parteciparono persino a veri e propri contratti sociali, creando nuovi governi in aree selvagge dove nessuna forma di organizzazione esisteva prima.

La nascita del governo e i suoi limiti

Se lo stato di natura è così vivibile e ordinato, perché gli uomini fuoriescono da questa situazione non disprezzabile per costituire una società politica dotata di un governo centralizzato? Il motivo, spiega Locke, è che anche lo stato di natura presenta degli inconvenienti, soprattutto per quanto riguarda il mantenimento della legge e dell'ordine, dato che l'unico mezzo per risolvere le dispute è quello dell'autotutela, cioè della giustizia privata. Non sembra però ragionevole che gli uomini siano giudici della propria causa, perché le passioni e gli interessi li spingono a essere parziali verso sé stessi. Il governo civile è dunque per Locke il giusto rimedio per risolvere questo problema dello stato di natura.

Per mezzo di un contratto unanime gli uomini decidono quindi di rinunciare al potere di farsi giustizia da soli, attribuendolo al governo. Così facendo, si badi bene, non rinunciano affatto ai propri diritti naturali, ma solo al diritto di autotutela. Il governo avrà quindi il solo e unico scopo di proteggere la proprietà degli individui (intesa in senso ampio: vita, incolumità personale, libertà, beni materiali). Per essere legittimo un governo deve dunque rispettare due condizioni: proteggere i diritti naturali degli individui, e avere il loro consenso per farlo. Neanche a maggioranza un governo può violare questi diritti.

> *L'appropriazione privata aumenta la ricchezza dell'umanità.*
> «Chi si appropria della terra con il suo lavoro non diminuisce ma incrementa gli approvvigionamenti comuni dell'umanità. Infatti le provviste che servono al sostentamento della vita umana prodotte da un acro di terra recintata e coltivata sono, a dir poco, dieci volte maggiori di quelle prodotte da un acro di terra di uguale fertilità, ma lasciata incolta e in comune. E perciò di colui che recinge la terra e ottiene da dieci acri un'abbondanza di mezzi di sussistenza maggiore di quella che otterrebbe da cento acri lasciati allo stato naturale, si può veramente dire che ha dato all'umanità novanta acri» (p. 109).

Per evitare abusi del potere, Locke spiega che il potere dev'essere diviso. Nel titolo del capitolo XII elenca i tre poteri legislativo, esecutivo e federativo. Il primo fa le leggi; il secondo le fa eseguire; il terzo, che rientra nel potere esecutivo, consiste nel «potere di guerra e di pace, di costituire leghe e alleanze e tutti i negoziati con tutte le persone e le comunità che sono fuori dello Stato» (p. 261). Egli non menziona il potere giudiziario perché lo considera una parte essenziale del potere legislativo.

Il diritto di resistenza

I poteri essenziali dello Stato sono dunque il legislativo-giudiziario e l'esecutivo. Il secondo però dev'essere subordinato al primo. Se dunque il potere esecutivo, che è in possesso della forza pubblica, se ne serve per impedire la convocazione e l'azione del potere legislativo, si pone in stato di guerra con il popolo, che ha il diritto di riportare il legislativo nell'esercizio del suo potere, anche con la forza.

Anche il potere legislativo, a sua volta, può essere destituito dal popolo, quando delibera contro la fiducia in esso riposta. Se i legislatori, per ambizione, timore follia o corruzione, attentano alla vita, alla libertà e alla proprietà dei cittadini, violano il loro mandato e perdono il potere che il popolo ha posto nelle loro mani. Il potere dunque ritorna al popolo, che ha il diritto di riprendere la sua libertà originaria e istituire un nuovo potere legislativo, per provvedere alla propria salvezza e sicurezza, che è il fine in vista del quale si è costituito in società.

Per proteggere gli individui dagli sconfinamenti del governo, Locke attribuisce quindi al popolo, in chiusura del suo sistema, il diritto di resistenza mediante "l'appello al Cielo", cioè a un potere superiore a quello dei governanti. Non solo dunque lo Stato teorizzato da Locke nasce estremamente limitato nei suoi compiti, ma è anche sottoposto al rischio di rivoluzioni legittime quando il suo agire si rivela contrario agli scopi per cui era stato istituito.

La differenza con il Leviatano teorizzato da Hobbes è abissale. Per quest'ultimo il governo rappresenta l'unica salvezza da uno stato di natura caratterizzato dal conflitto generalizzato, e per poter assolvere i suoi compiti di garante della pace non può essere in alcun modo limitato. Gli individui devono pertanto rinunciare ai propri diritti, e trasferire il pieno controllo delle vite e delle proprietà a un singolo uomo o a un'assemblea che esercita la sovranità. Si tratta di un patto unilaterale che vincola solo i contraenti, non il sovrano che ha potere assoluto. Malgrado il rischio di tirannia, questa situazione pacificata è per Hobbes comunque di gran lunga migliore rispetto all'anarchia della guerra di tutti contro tutti presente nello stato di natura.

La rivoluzione come diritto naturale
«Poiché non si può mai supporre rappresenti la volontà della società che il legislativo abbia il potere di distruggere ciò che ciascuno intende garantire entrando in società e sottomettendosi ai legislatori costituiti come tale al popolo stesso, ogniqualvolta i legislatori tentato di sottrarre o di distruggere la proprietà del popolo, o di ridurlo in schiavitù sotto un potere arbitrario, si pongono in stato di guerra con esso; ed esso è perciò esentato da ogni ulteriore obbedienza e torna libero di ricorrere al comune rimedio che Dio ha messo a disposizione di tutti gli uomini contro la forza e la violenza» (p. 363).

Per Locke un tale potere dispotico, che può togliere arbitrariamente la vita o i beni a chiunque, non è conferito dalla natura, e non può essere neanche trasmesso da un contratto. Un sovrano assoluto non avrebbe alcun potere sopra di sé, quindi rispetto agli individui rimarrebbe nello stato di natura. In questo modo, però, sarebbe del tutto vanificato il fine essenziale della società politica, che è quello di proteggere i diritti delle persone da ogni violazione, da qualsiasi parte provengano, compreso il sovrano.

Punti da Ricordare

• La proprietà non nasce a seguito di un accordo tra gli uomini, ma preesiste nello stato di natura
• La proprietà originaria della terra si acquisisce mischiando ad essa il proprio lavoro
• Prima della costituzione dello Stato vige comunque tra gli uomini la legge naturale, che garantisce a tutti l'uguale libertà e il diritto di proprietà
• Gli uomini si uniscono in società per proteggere i diritti naturali di proprietà
• A questo scopo rinunciano a farsi giustizia da soli, conferendo questo potere a un governo mediante un patto unanime.
• Il governo non può mai, neanche a maggioranza, violare i diritti naturali degli individui
• Il potere esecutivo è subordinato a quello legislativo
• Il popolo ha il diritto di resistere ai governi che abusano del proprio potere e di deporli

L'autore

John Locke (1632-1704) è stato uno dei massimi filosofi inglesi. All'inizio, nei suoi anni di studi medici a Oxford, Locke era un sostenitore della restaurazione monarchica di Carlo II. Le sue idee politiche cambiarono intorno al 1667, quando divenne segretario personale e consigliere di Anthony Ashley Cooper, primo conte di Shaftesbury. Fu quest'ultimo che coinvolse Locke nell'attività pubblica, negli

intrighi rivoluzionari e negli studi di filosofia politica ed economica, convertendolo in un ardente sostenitore della libertà naturale dell'uomo, della proprietà privata, del libero scambio e della tolleranza
religiosa. Fu dunque Lord Shaftesbury che stimolò lo sviluppo del sistema liberale che Locke espose
nei *Due trattati sul governo*. Le sue opere principali sono: *Due trattati sul governo* (1690), *Saggio sull'intelletto umano* (1690), *Saggio sulla ragionevolezza del cristianesimo* (1695) e diversi scritti a favore della
tolleranza: un saggio nel 1667 e quattro epistole tra il 1685 e il 1704.

Nota Bibiblografica

John Locke, *Il secondo trattato sul governo*, Rizzoli, Milano, 1998, p. 260, introduzione di Tito Magri,
traduzione di Anna Gialluca. Titolo originale: *Two Treatises on Government*.

4

Montesquieu

Lo spirito delle leggi
1748

'Occorre che il potere freni il potere'

Montesquieu fu, insieme a Rousseau, il più importante di tutti i filosofi francesi del diciottesimo secolo, e *L'Esprit des lois* è la sua opera fondamentale. Fin dalla sua pubblicazione nel 1748, il suo influsso è stato enorme non solo sul pensiero politico, ma anche sulla storia politica: basti pensare che le prime costituzioni scritte, la Costituzione americana del 1787 e quella francese del 1791, furono considerate applicazioni della sua sue celebre teoria della separazione dei poteri. Il libro, frutto di una vasta elaborazione ventennale, presenta anche una nuova tripartizione dei sistemi di governo differente da quella classica, l'ammirazione per il sistema costituzionale inglese, l'elogio del "dolce" commercio come fattore di pacificazione e civilizzazione delle nazioni, una teoria che collega i climi e le altre caratteristiche fisiche e culturali di un paese allo spirito delle sue leggi. La critica del dispotismo e la passione per la libertà che pervade l'opera ne hanno fatto un classico del pensiero liberale.

Riassunto

Una distinzione qualitativa dei governi

Il primo importante contributo di Montesquieu al pensiero politico consiste nell'aver rinnovato la tipologia dei governi. Egli infatti distingue tra tre diverse forme di governo: repubblica, monarchia e dispotismo. I tre governi enunciati divengono però immediatamente quattro, dato che l'etichetta repubblica comprende sia la democrazia sia l'aristocrazia: il governo *repubblicano* è quello nel quale tutto il popolo (democrazia) o una parte di esso (aristocrazia) detiene il potere supremo. Il governo *monarchico* è quello nel quale governa uno solo, ma secondo leggi fisse e stabilite. Nel governo *dispotico* governa uno solo, ma in maniera arbitraria.

Montesquieu abbandona dunque la classica distinzione tra democrazia, aristocrazia e monarchia, divenuta canonica da Aristotele in poi. Il criterio aristotelico è essenzialmente quantitativo, in quanto prevede tre forme di governo a seconda del numero di coloro che detengono il potere: la monarchia è il governo di uno solo; l'aristocrazia è il governo di pochi; la democrazia è il governo di tutti. Questa classificazione quantitativa non è considerata rilevante dal filosofo francese, dato che monarchia e dispotismo, pur essendo entrambi governi di un solo individuo, vengono considerate forme di governo completamente diverse: la prima si fonda su leggi prestabilite e inviolabili, la seconda sull'assenza di leggi e sul capriccio del despota.

La vera e propria discriminante passa tra repubblica e monarchia da un lato, che sono forme di governo in cui i cittadini sono tutelati dagli abusi del potere, e dispotismo dall'altro, in cui il suddito è alla completa mercé del potere. Quella che interessa al filosofo francese è dunque una distinzione di tipo *qualitativo*, fondata sui concetti di legalità e illegalità, e di prevedibilità o arbitrarietà, nell'esercizio del potere: una distinzione fondamentale del pensiero liberale.

Inopportunità della democrazia diretta

La repubblica democratica è l'unica forma di governo in cui il popolo è sovrano nella sua interezza. Montesquieu tuttavia, sebbene faccia diversi riferimenti alle *polis* antiche, non guarda con favore alla democrazia diretta. Egli afferma infatti che il popolo che gode del potere supremo deve fare da solo tutto ciò che può fare bene, ma ciò che non può fare bene lo deve affidare ai suoi ministri. Il popolo è capace di scegliere coloro ai quali affidare parte della propria autorità, ma è incapace di fare politica in prima persona, senza mediazioni. I cittadini, ad esempio, sanno benissimo chi ha avuto successo in guerra, e quindi sono in grado di eleggere un generale; oppure sanno che un certo giudice lavora con assiduità, che nessuno lo ha mai sospettato di corruzione, che la gente esce soddisfatta dai tribunali, e quindi è perfettamente in grado di eleggere un pretore.

Nello stesso tempo, tuttavia, il popolo è incapace «di condurre un affare, di riconoscere i luoghi, le occasioni, i momenti propizi, e di approfittarne» (II,2). Il popolo è sempre troppo, o troppo poco, attivo. A volte agisce troppo in fretta, altre volte troppo lentamente: talvolta, scrive Montesquieu, con centomila braccia travolge ogni cosa, altre volte con centomila piedi non va più spedito di un insetto. La folla popolare per sua natura agisce spinta dalla passione, e per questa ragione deve essere illuminata dalle persone più importanti e rispettare la gravità di alcune personalità. Egli dunque, pur tenendo fermo il principio della sovranità popolare, ha una concezione realistica e non idealistica del popolo. Per questo attribuisce un grande peso agli istituti della rappresentanza e soprattutto al ruolo delle élite naturali, persone di riconosciuta competenza che hanno il compito di illuminare e moderare le istintive passioni popolari.

L'importanza dei corpi intermedi

Nella monarchia uno solo governa grazie a leggi fondamentali, senza le quali non ci sarebbe monarchia, ma dispotismo. Ma accanto a queste leggi costituzionali, nella monarchia hanno un ruolo molto importante anche i corpi intermedi, come la nobiltà, le città libere, il clero e così via. Il loro ruolo è così importante, scrive Montesquieu, che essi costituiscono la natura stessa del governo monarchico. Senza i poteri intermedi, con i loro diritti, le loro prerogative e i loro privilegi, nello Stato esisterebbe soltanto la volontà momentanea e capricciosa del monarca, e nulla sarebbe stabile o fisso: «Abolite in una monarchia le prerogative dei signori, del clero, della nobiltà e delle città, ed avrete ben presto o uno Stato popolare o uno Stato dispotico» (II,4). Pur senza dirlo, Montesquieu sta pensando alla monarchia francese, minacciata dalla centralizzazione assolutistica e dall'attacco a tutti i poteri autonomi della società iniziato con Luigi XIV.

Accanto ai corpi intermedi occorrono anche dei "depositi delle leggi": i Parlamenti, il cui compito è quello di render note le leggi, costudirle ed esigerne il rispetto. I Parlamenti, che a quel tempo erano essenzialmente delle corti giudiziarie, dovevano annunciare le leggi quando venivano fatte e richiamarle alla memoria quando venivano dimenticate. Il loro ruolo era di grande importanza perché «l'ignoranza naturale dei nobili, la loro poca attenzione e il loro disprezzo per il governo civile, esigono l'esistenza di un corpo che tragga incessantemente dalla polvere le leggi, ove rimarrebbero seppellite» (II,4). Questo compito non potrebbe essere assolto in maniera conveniente dal consiglio del principe, perché per sua natura riflette soltanto la volontà momentanea del principe stesso.

Senza "deposito delle leggi" e senza corpi politici come i Parlamenti, che le custodiscano e le facciano valere, cioè senza un corpo di giudici indipendenti, la monarchia degenera in dispotismo. Negli Stati dispotici, privi di leggi fondamentali, non esiste nemmeno un deposito delle leggi e quindi nemmeno

> *Che cos'è lo spirito delle leggi*
>
> «La legge, in generale, è la ragione umana, in quanto governa tutti i popoli della terra, e le leggi politiche e civili di ogni nazione non devono costituire che i casi particolari ai quali si applica questa ragione umana. Esse devono adattarsi così bene al popolo per cui sono state fatte, che solo in casi rarissimi quelle di una nazione potrebbero convenire a un'altra. È necessario che siano relative alla natura e al principio del governo stabilito o che si vuole stabilire … Devono corrispondere alle caratteristiche fisiche del paese; al clima, freddo, torrido o temperato; alle qualità del suolo, alla sua situazione, alla sua ampiezza; al genere di vita dei popoli, agricoltori, cacciatori o pastori; devono essere in rapporto al grado di libertà che la costituzione può tollerare; alla religione degli abitanti, alle loro inclinazioni, alla loro ricchezza, al numero, al commercio, agli usi e costumi … È quindi necessario che vengano considerate sotto tutti questi punti di vista. Questa è l'impresa che io ho tentato nella mia opera. Esaminerò tutte queste relazioni che costituiscono, nel loro insieme, quello che si chiama *lo spirito delle leggi*.» (I,3)

un corpo di giudici chiamati a farle rispettare. Infatti negli Stati dispotici, afferma Montesquieu, «uno solo, senza né leggi né freni, trascina tutto e tutti dietro la sua volontà e i suoi capricci» (II,4).

Con questa raffigurazione della funzione del corpo dei giudici, Montesquieu raccoglieva e sviluppava la tendenza, che in quel tempo si andava affermando nei Parlamenti francesi, a rivendicare una sorta di controllo di costituzionalità sulle leggi regie, utilizzando l'istituto della registrazione. Il Parlamento di Parigi, ad esempio, esaminava se in esse non vi fosse niente di contrario "agli interessi di Vostra Maestà e dello Stato, e alle leggi fondamentali del regno". I Parlamenti accentuarono questa tendenza nella seconda metà del '700, richiamandosi proprio all'autorità dell'autore dello *Spirito delle leggi*, nel tentativo di salvaguardare l'autonomia della società civile dalle intromissioni dal potere regio.

Lo spirito animatore delle forme di governo

Dopo aver analizzato la struttura "statica" dei governi, Montesquieu affronta i loro principi "dinamici", cioè le forze che li animano e li fanno funzionare, le passioni umane che li fanno muovere. Il principio animatore della repubblica democratica è la *virtù* dei cittadini, intesa non in senso morale o religioso, ma in senso politico. È la virtù repubblicana dell'amor di patria, che si sostanzia nell'amore dell'eguaglianza e della frugalità. Se non c'è una certa uguaglianza delle condizioni e una certa frugalità nei costumi, i cittadini non possono riconoscersi nel bene comune. È difficile quindi che si radichi quel senso civico indispensabile alla gestione comune della cosa pubblica.

Il principio animatore della monarchia è invece l'*onore*, che è «capace di ispirare le azioni più belle e, unito alla forza delle leggi, di condurre il governo al suo obiettivo, proprio come la stessa virtù» (III,6). Il vantaggio della monarchia ben regolata è che tutti sono più o meno buoni cittadini, mentre molto rari sono i cittadini veramente virtuosi, che amino e si identifichino con la cosa pubblica.

Il filosofo francese aggiunge che è nella natura della repubblica avere un territorio ridotto. In uno Stato di piccole dimensioni, infatti, il bene pubblico è più vicino a ciascuno cittadino, e quindi conosciuto e apprezzato; anche le grandi ricchezze e gli abusi sono meno diffusi. Uno Stato di medie dimensioni, invece, è retto meglio da una monarchia perché, essendo caratterizzato da un'ampia disuguaglianza dei patrimoni e da una complessa articolazione sociale, richiede un delicato meccanismo politico-istituzionale. Un grande impero, infine, può essere governato solo da un'autorità dispotica. Occorre infatti che la prontezza degli ordini supplica alla distanza dei luoghi in cui vengono inviati, e che la paura impedisca la negligenza dei governatori e dei funzionari lontani.

Governi moderati e immoderati

La differenza tra governi repubblicani e monarchici è per Montesquieu molto meno rilevante di quella tra governi moderati e governi immoderati. Un governo moderato, oggi diremmo limitato, è quello nel quale esiste un opportuno bilanciamento o equilibrio tra i vari poteri o dei vari corpi intermedi che lo compongono, dato che ciascuno limita gli altri senza prevaricare su di essi. Ogni potere, quindi, non agisce arbitrariamente ma si muove all'interno di confini ben delineati. Che uno Stato passi da un governo moderato ad un altro governo moderato, dalla repubblica alla monarchia, o dalla monarchia alla repubblica, non è grave. La vera disgrazia è quando precipita dal governo moderato al dispotismo.

Infatti, se la monarchia e la repubblica possono essere governi moderati, i governi dispotici sono sempre immoderati. Il loro principio non è né la virtù né l'onore, ma la *paura*, dato che il despota ha poteri assoluti, e i sudditi gli devono un'obbedienza incondizionata. È impossibile proporre temperamenti, modifiche, accomodamenti, rinvii, controproposte, discussioni, rimostranze. Gli uomini sono trattati come animali, perché non gli rimane che la scelta tra obbedienza e castigo. La tranquillità cui mira il governo dispotico non è la pace, ma il silenzio di quelle città che il nemico è sul punto di occupare. Il governo dispotico, infatti, è corrotto per sua stessa natura.

La maggioranza dei popoli europei, avverte l'autore, è ancora governata dalle tradizioni, ma se, per un lungo abuso di potere o per una grande conquista, ad un certo punto si stabilisse il dispotismo, non ci sarebbero tradizioni e climi che terrebbero, e in questa bella parte del mondo, scrive Montesquieu, la natura umana soffrirebbe gli insulti che le vengono fatti negli altri continenti.

La separazione dei poteri

Questo pericolo alle libertà degli individui proviene da chi detiene il potere politico supremo. È infatti un'esperienza eterna, afferma Montesquieu in uno dei passaggi chiave dello *Spirito delle leggi*, che ogni uomo, il quale ha in mano il potere, è portato ad abusarne, procedendo fino a quando non trova dei limiti: «Perché non si possa abusare del potere, bisogna che, per la disposizione delle cose, il potere freni il potere» (XI,6). Per raggiungere questo fondamentale obiettivo, di frenare il potere mediante il potere, occorre attuare una particolare tecnica costituzionale di separazione dei poteri, che egli ricava dall'osservazione del sistema politico inglese.

Nel celebre libro XI della sua opera, Montesquieu individua infatti la caratteristica distintiva dei governi moderati nella divisione dei poteri, così come si era realizzata storicamente in Inghilterra dopo la Gloriosa Rivoluzione del 1688. Quando nella stessa persona o nello stesso corpo di magistratura il potere legislativo è unito al potere esecutivo, spiega il filosofo francese, non vi è libertà, perché si può temere che lo stesso monarca o lo stesso senato facciano leggi tiranniche per attuarle tirannicamente. Non vi è libertà se il potere giudiziario non è separato dal potere legislativo e da quello esecutivo. Se esso fosse unito al potere legislativo, il potere sulla vita e la libertà dei cittadini sarebbe arbitrario, poiché il giudice sarebbe al tempo stesso legislatore. Se fosse unito con il potere esecutivo, il giudice potrebbe avere la forza di un oppressore.

Tutto quindi sarebbe perduto se la stessa persona o lo stesso corpo di nobili o di popolo esercitasse questi tre poteri: quello di fare le leggi, quello di eseguire le pubbliche risoluzioni, e quello di giudicare i delitti o le liti dei privati: «I prìncipi che hanno voluto rendersi tiranni hanno sempre cominciato col riunire nella loro persona tutte le magistrature» (XI,6). L'equilibrio costituzionale però non deve essere artificioso, ma deve riflettere la composizione sociale dell'organismo politico, cioè i diversi interessi espressi dalle forze vive della società, come la nobiltà e il popolo.

La teoria dell'ambiente e dei climi

Per il filosofo francese, infatti, non esiste un governo migliore in assoluto. Il miglior governo è quello che si adatta meglio a ogni particolare nazione, a seconda della sua storia e delle sue caratteristiche. Egli considera la monarchia inglese come un tipo di governo moderato superiore agli altri, ma non pensa che sia esportabile meccanicamente perché è sorto in determinate circostanze storiche ed è adatto ad esse. Le leggi di un paese, per di più, sono in rapporto non solo con i suoi fattori storici e culturali, ma anche con i fattori fisici e naturali.

Si è già visto l'influsso delle dimensioni del territorio sulla forma di governo: le piccole dimensioni favoriscono la nascita di repubbliche e le grandi dimensioni l'affermarsi del dispotismo. Anche la conformazione fisica dell'ambiente influisce sul governo e sulle leggi. L'enorme distesa delle pianure asiatiche è favorevole al dispotismo, mentre in Europa, dove la divisione naturale forma stati di media estensione, il governo moderato è possibile senza compromettere l'esistenza dello Stato: «il che ha determinato in questo felice continente un genio di libertà che rende difficile, in ogni sua parte, la conquista e la sottomissione ad una forza straniera. Al contrario, regna in Asia uno spirito di servitù che non l'ha mai lasciata; e in tutta la storia di questo paese non è possibile trovare un solo tratto che indichi uno spirito libero» (XVII,4).

Montesquieu approfondisce questa sua prospettiva "relativista" nella parte dello *Spirito delle leggi* in cui evidenzia ed esamina gli effetti del clima sul carattere degli individui: il freddo irrobustisce il corpo, dà coraggio e aspirazione alla libertà, e quindi più fiducia in se stessi, maggiore consapevolezza della propria superiorità, maggior senso di sicurezza e audacia nell'azione; da cui deriverebbero meno desideri di vendetta, meno sospetti, meno politica

> *Il governo limitato è complesso; il governo dispotico è semplice*
>
> «Dopo tutto ciò che abbiamo detto sembrerebbe che la natura umana si dovesse sollevare incessantemente contro il governo dispotico; ma, malgrado l'amore degli uomini per la libertà, malgrado il loro odio contro la violenza, la maggioranza delle persone vi è sottomessa; il che è facile a capirsi. Per formare un governo moderato, è necessario combinare i poteri, regolarli, temperarli, farli agire; dare, per così dire, zavorra all'uno per metterlo in condizione di resistere all'altro è un capolavoro di legislazione che il caso produce raramente e che raramente si lascia produrre dalla prudenza. Un governo dispotico, al contrario, salta, per così dire, agli occhi; è uniforme ovunque; dal momento che alla sua costituzione non abbisognano che passioni, tutti vi sono adatti.» (V,14)

ed astuzia, più franchezza. Il caldo invece agisce in modo contrario, predisponendo le persone all'ozio, alla viltà e alla schiavitù.

I popoli dei paesi freddi, in altre parole, sono coraggiosi come i giovani, quelli dei paesi caldi sono vili come lo sono i vecchi: «Il calore in certi climi può essere così eccessivo da privare totalmente il corpo della sua forza. La fiacchezza si comunicherà allora allo spirito stesso; non si avrà più alcuna curiosità, alcun desiderio di nobili imprese, alcun sentimento generoso; le inclinazioni saranno tutte passive; la felicità sarà identificata con la pigrizia» (XIV,13).

Il dolce commercio

Montesquieu riconosce al commercio molte virtù, prima fra tutte quella di addolcire e ingentilire, cioè civilizzare, i costumi di una nazione. A suo avviso esiste un rapporto diretto tra l'espansione dei traffici e la riduzione della violenza: «è regola pressoché generale che dovunque vi siano costumi gentili, vi è commercio; e che dovunque vi sia commercio, vi sono costumi gentili» (XX,1). Probabilmente, per l'autore, la "dolcezza" indotta dal commercio non riguarda solo i mercanti e gli addetti agli scambi, ma più largamente tutti coloro che usano e consumano i beni che il commercio mette a disposizione.

Nella prima parte dell'opera il filosofo francese aveva sostenuto, secondo la linea repubblicana classica, che una repubblica può sopravvivere solo a condizione che la ricchezza non sia eccessiva né troppo inegualmente distribuita. Nello stesso tempo, però, aveva formulato un'importante eccezione alla regola in favore delle repubbliche fondate sul commercio, affermando che «è lo spirito di commercio a convogliare con sé quello di frugalità, di economia, di moderazione, di laboriosità, di saggezza, di tranquillità, d'ordine e di regola. Così, finché questo spirito sussiste, le ricchezze che esso produce non hanno alcun effetto dannoso» (V, 7). Più avanti, nei libri dedicati al commercio e alla moneta, espone una teoria ancor più approfondita sui benefici effetti del commercio, valida non solo per le repubbliche ma per tutti i sistemi politici.

Descrivendo il modo in cui "il commercio si fece strada in Europa attraverso la barbarie", Montesquieu narra come da principio il commercio fosse stato ostacolato dalla proibizione della Chiesa di percepire interessi, e per conseguenza fosse stato praticato dagli ebrei; come gli ebrei e in generale i mercanti subirono violenze e continue estorsioni da parte dei nobili e dei sovrani; e come infine reagirono inventando la lettera di cambio. Grazie a questo strumento il commercio fu in grado di eludere la violenza e mantenersi vivo dappertutto, dato che il più ricco negoziante aveva beni invisibili che potevano essere inviati dappertutto senza lasciare traccia in alcun luogo. Così, osserva il filosofo francese, dobbiamo all'avidità dei principi l'affermarsi di una cosa che in qualche modo pone il commercio al di fuori del loro potere.

> *L'assolutismo corrompe la monarchia*
>
> «Le monarchie si corrompono allorché si tolgono, a poco a poco, le prerogative ai corpi o i privilegi alle città, e si va verso il dispotismo di un solo individuo. Ciò che fece decadere le dinastie dei Tsin e dei Soui, dice un autore cinese, fu il fatto che, invece di limitarsi, come gli antichi, ad un'ispezione generale, l'unica veramente degna di un sovrano, i principi vollero governare tutto direttamente da sé. L'autore cinese ci fornisce qui la causa della corruzione di quasi tutte le monarchie. La monarchia decade allorché un principe crede di mostrare maggiormente la sua potenza cambiando l'ordine delle cose che non seguendolo, allorché sospende le funzioni naturali degli uni per affidarle arbitrariamente ad altri; e allorché si lascia guidare più dalle proprie fantasie che dalla propria volontà. La monarchia decade allorché il principe, accentrando tutto in se stesso, trasferisce lo Stato nella sua capitale, la capitale nella sua corte, e la corte nella sua sola persona.» (VIII,6)

Da allora i prìncipi furono costretti a comportarsi con più saggezza di quella che si sarebbero proposta; poiché adesso i grandi "colpi d'autorità" risultano così maldestri, che solo il buongoverno oramai può procurare prosperità allo stesso principe. Espropriazioni e requisizioni oggi non sarebbero, indipendentemente dall'orrore, che delle imprudenze. Abbiamo cominciato così a guarire dal machiavellismo, scrive Montesquieu, e giorno per giorno ne guariremo: «Ed è una fortuna per gli uomini essere in una situazione nella quale, sebbene le passioni ispirino loro la voglia di essere malvagi, essi hanno tuttavia interesse a non esserlo» (XXI, 20). Gli interessi dettati dal commercio e dai suoi strumenti, come la lettera di cambio, hanno dunque avuto il merito di trattenere i potenti dal compiere quelle azioni malvage che le passioni gli ispirano.

Lo stesso discorso può dirsi riguardo l'alterazione della moneta. Gli imperatori romani la adottarono con grande gusto e profitto, ma in tempi più recenti la svalutazione della moneta si è dimostrata controproducente a causa delle vaste speculazioni sui cambi internazionali e degli arbitraggi che immediatamente ne seguirebbero. I brutali procedimenti di adulterazione monetaria, osserva l'autore, non possono aver luogo ai giorni nostri, perché il prìncipe ingannerebbe se stesso senza ingannare nessun altro. Il cambio ha insegnato al banchiere a confrontare tutte le monete del mondo e a pesarle al loro giusto valore. Gli scambi valutari internazionali hanno quindi contribuito ad eliminare i maggiori abusi dell'autorità, o per lo meno il loro successo.

«L'effetto naturale del commercio», conclude Montesquieu, «è di condurre alla pace. Due nazioni che hanno traffici tra loro si rendono reciprocamente dipendenti: se una ha interesse a comprare, l'altra ha interesse a vendere; e tutte le unioni sono fondate sui mutui bisogni» (XX, 2). Anche il commercio, proprio come la separazione dei poteri e il pluralismo sociale, concorre dunque a moderare il dispotismo dei governi, che è la preoccupazione fondamentale del filosofo francese.

Punti da Ricordare

* Le forme di governo sono tre: repubblica, monarchia, dispotismo
* La repubblica è adatta ai piccoli Stati, la monarchia agli Stati di medie dimensioni, il dispotismo ai grandi imperi
* La repubblica può essere democratica o aristocratica
* La democrazia diretta è spesso inopportuna
* Nella monarchia il sovrano governa secondo leggi certe, nel dispotismo secondo il proprio arbitrio
* Nella monarchia è indispensabile l'autonomia dei corpi intermedi della società
* Il principio animatore della repubblica è la virtù civica, della monarchia l'onore, del dispotismo la paura
* La differenza decisiva è tra governi moderati (repubblicani o monarchici) e governi immoderati (dispotici)
* Chi detiene il potere supremo è inevitabilmente portato ad abusarne fino a quando non incontri dei limiti
* Per evitare gli abusi, bisogna che il potere freni il potere
* Per garantire la libertà occorre separare i poteri esecutivo, legislativo e giudiziario
* L'Inghilterra rappresenta il miglior esempio di governo fondato sulla divisione dei poteri
* I climi freddi favoriscono temperamenti attivi e audaci, i climi caldi l'indolenza e la passività
* Le grandi pianure dell'Asia hanno favorito le grandi dimensioni statuali
* La geografia dell'Europa ha favorito gli Stati di medie o piccole dimensioni
* Il "dolce commercio" riduce la violenza e civilizza le nazioni
* La attività commerciali internazionali hanno limitato gli arbitri dei sovrani

L'autore

Charles-Louis de Secondat, barone di La Brède e di Montesquieu, meglio noto solamente come Montesquieu (1689-1755), nasce nel castello di famiglia a La Brède, nel sud della Francia, il 18 gennaio 1689. La sua è una famiglia di magistrati che, inevitabilmente, lo indirizza verso gli studi giuridici. Conseguita la laurea, nel 1708 si trasferisce a Parigi dove avvia la professione di avvocato, anche se i suoi interessi sono rivolti soprattutto alle scienze ed alle opere letterarie. Nel 1715 sposa Jeanne de Lartigue, protestante, sua ricca e nobile coetanea. L'anno seguente riceve in eredità da uno zio la baronia di Montesquieu con varie rendite connesse, oltre alla carica di presidente del Parlamento. Poco dopo diviene membro della prestigiosa Accademia delle Scienze di Bordeaux e, nel 1727, di quella di Francia. All'età di 32 anni pubblica in forma anonima la sua prima opera, le *Lettere persiane*, una satira sui costumi della Parigi cortigiana e clericale, ancora legata all'assolutismo dell'*ancien régime*. Il successo che il libro riscuote è tale da scatenare una caccia all'identità del suo autore il quale, alla fine, viene scoperto. La sua popolarità varca così anche i confini francesi. Nel 1728 parte alla volta dell'Europa: visita Vienna, l'Ungheria, per poi scendere in Italia, a Venezia, Milano, Torino, Firenze, Roma e Napoli; riparte diretto prima in Germania, poi in Olanda ed infine in Inghilterra, dove si ferma a lungo rimanendo affascinato dalla sua costituzione politica. Fa rientro in Francia soltanto dopo tre anni. Qui si ritira nel suo castello di La Brede per ordinare i numerosi appunti di viaggio e per rimettersi a scrivere. Nel 1734 pubblica le *Considerazioni sulle cause della grandezza dei romani e della loro decadenza*, un'analisi dei processi storici che individua le cause determinanti nell'uomo e nella natura, e non più nella Divina Provvidenza. Nel 1748 pubblica *Lo spirito delle leggi*, un'opera intrisa di idee di tolleranza e di libertà che diventerà uno fra i libri più letti del secolo. Nel saggio Montesquieu auspica per i Paesi europei forme di governo analoghe a quella inglese e formula la famosa dottrina della separazione dei tre poteri. Nel 1757 scrive un *Saggio sul gusto* per l'*Encyclopedie* di Diderot e D'Alembert. Dopo un progressivo deterioramento della vista, Montesquieu si spegne a Parigi il 10 febbraio 1755, all'età di 66 anni.

Nota Biografica

Montesquieu, *Lo spirito delle leggi*, Rizzoli, Milano, 1989, p. 1232, prefazione di Giovanni Macchia, introduzione e commento di Robert Derathé, traduzione di Beatrice Boffito Serra. Altra edizione: Montesquieu, *Lo spirito delle leggi*, Utet, Torino, 2005, 2 voll., p. 1184, a cura di Sergio Cotta. Titolo originale: *De l'esprit des lois*

5

Adam Smith

La ricchezza delle nazioni
1776

La mano invisibile del mercato concilia gli interessi personali con l'interesse generale

Nel fatidico anno 1776 vengono solennemente proclamate, tra le due sponde dell'Atlantico, la libertà politica e la libertà economica. La ricchezza delle nazioni di Adam Smith viene infatti pubblicata a Londra il 9 marzo 1776, solo quattro mesi prima della Dichiarazione d'Indipendenza americana del 4 luglio 1776. Il libro di Smith incarna dunque lo spirito dell'epoca, e ottiene un immediato successo di critica e di vendite malgrado non sia affatto di facile lettura. È infatti un testo voluminoso, costato dodici anni di lavoro e stampato in due volumi di oltre mille pagine, scritto in maniera affascinante ma con uno stile talvolta prolisso e caratterizzato da lunghe divagazioni. La sua difesa della "libertà naturale" conquista però le menti della sua generazione e cambia il corso della politica, portando al graduale smantellamento delle misure restrittive erette dai mercantilisti e all'affermazione delle idee favorevoli al libero scambio. La ricchezza delle nazioni è dunque il testo che fonda il pensiero economico classico, e che accompagna la civiltà occidentale nella nuova era della rivoluzione industriale e dei diritti dell'uomo.

Riassunto

La divisione del lavoro

Il libro di Smith si apre con la famosa descrizione dei metodi di lavorazione in una fabbrica di spilli, un esempio che gli serve per illustrare gli enormi vantaggi di produttività generati dalla divisione del lavoro. Lavorando da soli, diciotto operai riuscirebbero a produrre a malapena una ventina di spilli al giorno, ma dividendo la produzione dello spillo in diciotto fasi distinte, ciascuna realizzata da un operaio specializzato in quella singola operazione, se ne producono attualmente quattromilaottocento al giorno.

Questo incredibile aumento di produttività introdotto dalla divisione del lavoro porta a una crescita della ricchezza di tutto il paese: «È la grande moltiplicazione delle produzioni di tutte le differenti arti, in conseguenza della divisione del lavoro, a dar luogo, in una società ben governata, a quell'universale opulenza che si estende sino alle classi sociali più basse» (p. 88). Ogni operaio può scambiare così la grande quantità del proprio lavoro suddiviso con quella, altrettanto grande, degli altri operai, e in questo modo una generale abbondanza si diffonde attraverso i differenti strati sociali.

Smith osserva che lo scambio basato sulla divisione del lavoro non nasce da una profonda riflessione o da una decisione collettiva, ma dalla innata propensione dell'uomo allo scambio, a "trafficare, barattare e scambiare una cosa con un'altra". Questo atteggiamento riguarda tutti i ceti sociali: gli imprenditori acquistano lavoro e vendono merci; i lavoratori scambiano le proprie capacità lavorative con il salario; perfino i mendicanti, secondo Smith, partecipano a questa rete basata sugli scambi volontari.

Il paradosso dell'acqua e dei diamanti

Perché due persone possano entrare in una relazione commerciale devono però aver la possibilità di confrontare i prodotti o i servizi oggetto dello scambio. Smith va dunque alla ricerca di un elemento comune che consenta questo raffronto. Una misura adeguata, a suo avviso, è la quantità di lavoro impiegato per realizzare un prodotto: «Il lavoro - scrive Smith - è quindi la misura reale del valore di scambio di tutte le merci» (p. 111).

In questo modo però Smith mette in ombra un elemento che il pensiero economico aveva già acquisito da molti secoli, e cioè che il valore di un bene non dipende da qualche sua caratteristica intrinseca (come il lavoro necessario per produrlo), ma dalla sua utilità soggettiva nella mente dei consumatori, che a sua volta è influenzata dalla scarsità o abbondanza del bene in questione. La teoria smithiana del valore-lavoro, che condizionerà tutti i successivi economisti della scuola classica come Ricardo, Mill e Marx, verrà corretta solo nel 1870 dalla teoria marginalista.

Trascurando la scarsità e la domanda del consumatore, due concetti cruciali dell'economia, Smith rimane invischiato nel cosiddetto "paradosso del valore". Egli nota infatti che «Nulla è più utile dell'acqua; ma con essa non si potrà acquistare quasi nulla e difficilmente si potrà ottenere qualcosa in cambio di essa. Un diamante, al contrario, non ha quasi nessun valore d'uso; ma con esso si può spesso ottenere in cambio una grandissima quantità di altri beni» (p. 109).

Per poter dare spiegazione del paradosso per cui certi beni utilissimi costano poco mentre altri beni poco utili costano moltissimo, e non potendo richiamarsi all'utilità soggettiva per i consumatori o alla scarsità, Smith scinde artificiosamente in due il concetto del valore, che può essere inteso come valore d'uso (l'utilità di un oggetto particolare) o come valore di scambio (il potere di acquistare altri beni che il possesso di quell'oggetto comporta).

Il pensatore scozzese però non spiega le ragioni di questa divergenza. Nella scienza economica l'utilità e il prezzo del bene rimarranno così separati per lungo tempo. Ci vorrà quasi un secolo perché la coppia torni a riunirsi grazie alla teoria marginalista. L'utilità marginale è l'utilità apportata dall'ultima unità o dose consumata di un bene, la quale diminuisce con l'aumentare del consumo. La soluzione del paradosso dell'acqua e dei diamanti che ha tormentato Smith e gli economisti classici è che, dal punto di vista del consumatore, una volta placata la sete e considerata l'abbondanza di acqua a disposizione, l'utilità marginale dell'acqua è di gran lunga inferiore a quella dei diamanti.

Origine e uso della moneta

Quando la divisione del lavoro si afferma in via generale, scrive Smith, solo una piccolissima parte dei bisogni individuali può essere soddisfatta coi prodotti del proprio lavoro. L'uomo soddisfa la maggior parte dei suoi bisogni scambiando le eccedenze del proprio lavoro con quelle altrui: «Così ognuno vive scambiando, cioè diventa in certa misura mercante, e la società stessa si trasforma in quel che essenzialmente è una società commerciale» (p. 102). All'inizio però non è facile trovare il partner adatto per lo scambio, perché chi offre deve trovare qualcuno che voglia la sua merce e che allo stesso tempo offra proprio quello che lui cerca: una coincidenza che nella pratica è molto rara. Vi sono poi delle difficoltà nel confrontare tra loro i valori dei beni da scambiare. Infine, se i beni non sono facilmente divisibili molti scambi diventano di fatto impraticabili.

Per ovviare a tutti questi problemi del baratto gli uomini preferiscono acquistare, anche se non ne hanno bisogno, i beni che sono più adatti come strumenti di scambio.

> *Meglio affidarsi all'interesse altrui*
> «L'uomo ha bisogno quasi costante dell'aiuto dei suoi simili, ed invano se l'aspetterebbe soltanto dalla loro benevolenza. Potrà più facilmente riuscirci se può indirizzare il loro egoismo a suo favore, e mostrare che per loro è vantaggioso fare ciò che egli richiede. Chiunque propone a un altro una transazione di qualsiasi specie, procede così. Un'offerta del genere significa: dammi ciò di cui ho bisogno e avrai quello che ti occorre. In questo modo otteniamo dagli altri la massima parte dei servizi di cui abbiamo bisogno» (p. 92).

Smith ricorda che in passato hanno svolto questa funzione il bestiame, il sale, le conchiglie, il merluzzo, il tabacco, lo zucchero, il cuoio e i chiodi. Un passo decisivo fu però l'introduzione dei metalli, soprattutto il ferro, il rame, l'oro e l'argento, perché durevoli e divisibili. All'inizio erano usati in barre non coniate, mentre in seguito vennero marcate affinché portassero impressa la quantità e la finezza del metallo.

Un po' alla volta, quindi, il baratto scompare perché tutti cominciano a scambiare i propri beni con questa "terza merce" che diventa moneta, cioè lo strumento comune del commercio. Anche l'uso delle banconote al posto delle monete d'oro risulta comodo e conveniente, a condizione che il valore della carta moneta sia interamente coperto da metalli preziosi. Smith però ha molta cura nel sottolineare che il denaro ha solo la funzione di facilitare gli scambi, è una sorta di "grande ruota" che fa circolare tutto, ma non è di per sé un bene economico in senso stretto, e quindi non va calcolato nel reddito prodotto dalla società.

La mano invisibile

Smith riuscì nella difficile impresa di far capire agli uomini del suo tempo l'idea contro-intuitiva che una società in cui gli uomini possono perseguire liberamente il proprio interesse economico anziché il "bene comune" non degenera nel caos, ma produce un ordine superiore. La sua riflessione nasce dalla meraviglia davanti allo spettacolo miracoloso del funzionamento del mercato, nel quale milioni di individui che neanche si conoscono cooperano tra loro nelle complesse fasi della produzione, del trasporto e della vendita delle merci, offrendole ogni giorno ai consumatori nella qualità e quantità desiderata, senza che vi sia nessuno dietro a pianificare tutto questo.

La propensione dell'uomo allo scambio, che rende possibile la specializzazione del lavoro e quindi la ricchezza delle nazioni, non si fonda sull'altruismo, perché nessuno fa uno scambio al solo scopo di fare contento il prossimo: «Non è dalla benevolenza del macellaio, del birraio o del fornaio che ci aspettiamo il nostro desinare, ma dalla considerazione del loro interesse personale. Non ci rivolgiamo alla loro umanità ma al loro egoismo, e parliamo dei loro vantaggi e mai delle nostre necessità» (p. 92).

> *I governanti sono i peggiori scialacquatori*
> «È quindi una enorme impertinenza e presunzione da parte dei re e dei ministri pretendere di tutelare l'economia dei privati e di frenare le loro spese con leggi suntuarie o proibendo l'importazione di beni di lusso stranieri. Essi sono sempre e senza eccezione i più grandi scialatori della società. Se essi facessero più attenzione alle loro spese, potrebbero tranquillamente lasciare che i privati si occupassero delle loro. Se la loro dissipatezza non rovina lo Stato, tanto meno potrà farlo quella dei loro sudditi» (p. 469)

Utilizzando una metafora divenuta celebre, Smith spiega che nel mercato ogni individuo, pur perseguendo solo il proprio tornaconto personale, è spinto come da una mano invisibile a beneficiare l'intera società: l'imprenditore o il mercante, dirigendo la sua industria in modo tale che il suo prodotto possa avere il massimo valore, mira soltanto al proprio guadagno «e in questo, come in molti altri casi, egli è condotto da una mano invisibile a promuovere un fine che non entrava nelle sue intenzioni. Né per la società è sempre un male che questo fine non entrasse nelle sue intenzioni. Perseguendo il proprio interesse egli spesso promuove quello della società in modo più efficace di quando intenda realmente promuoverlo. Non ho mai visto che sia stato raggiunto molto da coloro che pretendono di trafficare per il bene pubblico» (p. 584).

L'elogio del risparmio e della frugalità

Smith inoltre individua un fondamentale elemento della crescita economica: l'aumento del capitale che deriva dalla rinuncia al consumo in favore di un utilizzo produttivo del denaro. Solo l'accumulo del capitale può aumentare l'occupazione e i redditi all'interno di un paese. Se confrontiamo la situazione di un paese in due diversi periodi, scrive Smith, e troviamo che il prodotto annuale della sua terra e del suo lavoro è decisamente maggiore nel secondo che nel primo, che le sue terre sono coltivate meglio, le sue manifatture più numerose e fiorenti e il suo commercio più esteso, possiamo essere certi che durante l'intervallo fra questi due periodi il suo capitale è aumentato e che la buona amministrazione di alcuni ha incrementato il capitale di un ammontare maggiore di quanto è stato sottratto dalla cattiva amministrazione di qualche privato o dalla prodigalità del governo.

Poiché i capitali aumentano con la parsimonia e diminuiscono con la cattiva condotta, il risparmio è grandemente utile sia agli uomini che alla società nel suo insieme.

Il movente che spinge a spendere, osserva Smith, è la passione, talvolta violenta e irresistibile, per il godimento presente, mentre quello che spinge al risparmio è il desiderio di migliorare la propria condizione che, sebbene calmo e spassionato, si eredita
dal grembo materno e accompagna sino alla tomba.

Se in tutti gli uomini in certe occasioni prevale il desiderio di spendere, tuttavia
nella maggior parte di essi, facendo la media sull'intero corso della loro vita, è lo spirito di parsimonia a prevalere. Se non fosse così, non si accumulerebbero i capitali e
quindi non ci sarebbe progresso economico. La condotta del prodigo, quindi, se non
fosse compensata dalla frugalità degli altri, tenderebbe non solo a impoverire lui stesso, ma anche il suo paese.

Le tre classi produttive

Smith spiega che le tre classi produttive originarie, dal cui reddito deriva quello di ogni
altra classe, sono i proprietari terrieri (che vivono di rendita), i lavoratori (che vivono
di salario) e gli imprenditori e i mercanti (che vivono di profitto). Rendita, salario e
profitto rappresentano infatti il prezzo per l'uso dei tre fattori di produzione: terra,
lavoro e capitale. Per quanto riguarda la prima classe dei proprietari terrieri, Smith
nota la differenza tra la nobiltà di campagna in decadenza e i veri e propri imprenditori agricoli, cioè quei commercianti che, anche per elevarsi da un punto di vista
sociale, avevano deciso di acquistare un podere di campagna. La mentalità conservatrice e inerte dei primi contrasta
notevolmente con la prontezza a rischiare dei secondi, i quali, grazie
all'esperienza maturata negli affari,
riescono a far fruttare meglio i loro
investimenti nell'agricoltura.

Per quanto riguarda i lavoratori,
Smith osserva che il loro interesse
è strettamente legato a quello della
crescita dell'economia in generale,

> *La libertà economica nasce nelle città*
> «Allora la legge era tanto indulgente verso gli abitan-
> ti della città e tanto desiderosa di diminuire l'autorità
> dei signori su quelli della campagna che chi riusciva a
> sfuggire alle ricerche del suo signore per un anno era
> libero per sempre. Perciò qualsiasi capitale che si fosse
> accumulato nelle mani degli abitanti industriosi della
> campagna si rifugiava naturalmente nelle città, i soli
> santuari in cui questo capitale poteva essere garantito
> alla persona che l'aveva accumulato» (p. 530).

perché i loro salari sono tanto più elevati quanto più cresce la domanda di lavoro.
La richiesta di manodopera e l'ammontare del salario dei lavoratori dipendono però
dall'entità dei capitali che gli imprenditori mettono a disposizione per le attività produttive. La conferma si ha confrontando le condizioni dei lavoratori europei e nor-
damericani con quelle, assai più miserabili, dei contadini e degli artigiani della Cina,
la cui economia è da lungo tempo stazionaria, e del Bengala.

Da qui la fondamentale importanza della terza classe della società, coloro che vivono
di profitto: «È il capitale impiegato a scopo di profitto che mette in moto la maggior
parte del lavoro utile di ogni società. I piani e i progetti di coloro che impiegano il
capitale regolano e dirigono tutte le più importanti operazioni del lavoro, e il profitto
è il fine che essi si ripropongono da tutti questi piani e progetti» (p. 374). Insieme a
questo apprezzamento Smith esprime però numerose riserve sull'influenza politica
e sul peso degli interessi degli imprenditori e dei mercanti nella società. Egli teme

soprattutto che possano coalizzarsi per far passare normative restrittive della concorrenza, dato che «la gente dello stesso mestiere raramente si incontra ... senza che la conversazione finisca in una cospirazione contro il pubblico o in qualche escogitazione per aumentare i prezzi» (p. 230-231). Non è possibile vietare le loro riunioni, ma almeno - scrive Smith - non bisognerebbe facilitarle.

Le città libere e le origini del capitalismo

Ne *La ricchezza delle nazioni* svolge anche un'indagine di tipo storico sulle condizioni che hanno reso possibile il passaggio dall'economia feudale di sussistenza all'economia capitalistica, individuate nello sviluppo del movimento comunale del Medioevo. Dopo la caduta dell'impero romano, spiega l'economista scozzese, gli abitanti delle città che esercitavano il commercio erano soggetti a continue esazioni da parte della nobiltà. I signori disprezzavano gli abitanti dei borghi per le loro umili origini, ma ne invidiavano le ricchezze, che saccheggiavano di continuo. Gli abitanti delle città quindi odiavano e temevano i signori.

I sovrani, invece, temevano i signori ma non avevano alcun motivo di odiare o di temere i borghesi delle città, nei quali vedevano anzi dei potenziali alleati. Per questo motivo cercarono di rafforzarli e di renderli indipendenti dai loro nemici concedendo loro l'esenzione dalle tasse in cambio di una rendita fissa, l'autonomia nella gestione delle entrate, l'autogoverno, le mura difensive e una milizia per difendersi da eventuali attacchi. Non è un caso che i privilegi più generosi ai borghi siano venuti proprio da quei sovrani, come il re Giovanni d'Inghilterra, Filippo I di Francia e suo figlio Luigi il Grosso, che avevano maggiori difficoltà con i propri baroni.

In questo modo nacquero i "borghi liberi", all'interno dei quali gli abitanti, una volta pagate le tasse al re, erano liberi di far fruttare i propri guadagni come meglio credevano. Grazie a queste garanzie giuridiche e politiche i borghesi erano proprietari di tutto ciò che producevano. Fu dunque la sicurezza delle città a rendere possibile lo sviluppo dell'industria e l'accumulazione del capitale. I contadini invece non avevano alcun interesse ad aumentare le proprie eccedenze produttive, perché sarebbero state sottratte dal signore, contro i cui abusi non avevano difesa. L'industria, che mira a qualcosa di più della minima sussistenza, si stabilì quindi nelle città molto prima che nelle campagne.

Il semplice sistema della libertà naturale

La chiave della ricchezza universale individuata da Smith è quindi quella che lui chiama "l'ovvio e semplice sistema della libertà naturale", quando «ogni uomo, purché non violi le leggi della giustizia, viene lasciato perfettamente libero di perseguire il proprio interesse a suo modo e di mettere la sua attività e il suo capitale in concorrenza con quelli di ogni altro uomo o categoria di uomini» (p. 851-52). In altre parole, quando vi è libertà economica per tutti senza interferenze statali, libera concorrenza, libero movimento delle persone, del lavoro, dei capitali e delle merci.

In generale, scrive Smith, se un ramo commerciale è vantaggioso per il pubblico, lo sarà tanto più quanto più libera e diffusa sarà la concorrenza. Al contrario, le compagnie commerciali o gli individui ai quali il governo ha concesso un monopolio, mantenendo il mercato costantemente mal rifornito e non soddisfacendo mai interamente la domanda effettiva, vendono le loro merci molto al di sopra del prezzo naturale e aumentano molto al di sopra del loro saggio naturale le proprie remunerazioni. Il prezzo di monopolio, infatti, è in ogni caso il più elevato che si possa avere, mentre il prezzo naturale, o prezzo di libera concorrenza, è invece il più basso che possa darsi, non sempre ma per un certo tempo. Per queste ragioni l'economista scozzese critica anche tutte le altre ingerenze statali che ostacolano l'equilibrio fra chi offre e chi domanda, come i privilegi delle corporazioni, le leggi sui poveri e lo statuto dell'apprendistato, che limitavano la libertà dei lavoratori di scegliersi il proprio mestiere.

La libera competizione esplica i suoi benefici effetti perfino nel campo dell'amministrazione della giustizia: Smith ipotizza che in passato la buona qualità del sistema giudiziario inglese era dovuta alla possibilità per le parti di scegliere la corte cui rivolgersi, e dato che i giudici si mantenevano con le spese processuali ogni corte cercava, in emulazione con le altre, di attirare a sé il massimo numero possibile di cause dimostrando il massimo di solerzia e imparzialità.

La critica al mercantilismo

Smith ha dimostrato che la benefica specializzazione del lavoro è tanto più estesa quanto più si allarga il mercato grazie al commercio internazionale. Le misure protezionistiche e restrittive volute dal mercantilismo, un sistema basato sull'alleanza tra il governo e alcuni gruppi privilegiati di mercanti in auge fin dal XVI secolo, portano però a una regressione della divisione del lavoro, e quindi riducono la produttività del lavoro. Ogni prudente capofamiglia, osserva Smith, non cerca mai di fare in casa ciò che potrebbe acquistare a minor prezzo. Il sarto non cerca di

> *I prezzi bassi sono nell'interesse generale*
> «In ogni paese è e deve sempre essere interesse della gran massa della gente acquistare tutto ciò che vuole da coloro che vendono a minor prezzo. La proposizione è così evidente, che sembra ridicolo darsi pena di provarla; ed essa non sarebbe mai stata messa in dubbio, se la sofisticheria interessata dei commercianti e dei manifattori non avesse confuso il buon senso della gente» (p. 627).

farsi le scarpe da solo ma le compra dal calzolaio, così come quest'ultimo non cerca di farsi i vestiti, ma si serve del sarto. Ciò che è prudenza nella condotta di ogni famiglia privata difficilmente può essere stoltezza in quella di un grande regno. Per questo motivo, se un paese straniero ci può fornire una merce a un prezzo minore di quanto ci costerebbe fabbricarla, è meglio acquistarla con una parte del prodotto della nostra industria.

Il commercio che viene svolto tra due luoghi qualsiasi senza forza o costrizione, ricorda Smith, è sempre vantaggioso a entrambi, ma nel sistema mercantile l'interesse del consumatore è quasi sempre sacrificato a quello del produttore. La dottrina del mercantilismo nasce quindi dallo spirito del monopolio. Lo scopo di tutti i suoi regolamenti, come i dazi sulle importazioni o i premi alle esportazioni, è quello di «sviluppare le nostre manifatture non mediante il loro miglioramento ma mediante la depressione di quelle di tutti i nostri vicini, e di metter fine, per quanto possibile, alla scomoda concorrenza di odiosi e sgradevoli rivali» (p. 821).

Smith difende pertanto la gloriosa tradizione inglese del contrabbando, sostenendo che l'evasione fiscale non può essere considerata un crimine secondo le leggi naturali. Il contrabbandiere, spiega Smith, è spesso una persona incapace di violare il diritto penale, ed è sotto ogni punto di vista un cittadino esemplare, se non fosse per il fatto che le leggi del suo paese hanno reso criminale ciò che la natura non ha mai voluto che fosse tale.

Le tasse e i compiti dello Stato

Anche se la società di mercato si regola ampiamente da sola senza ingerenze, esistono alcuni compiti che spettano al governo. Secondo il sistema della libertà naturale, spiega Smith, il sovrano deve attendere soltanto a tre compiti: primo, la protezione della società dagli attacchi provenienti dall'esterno; secondo, proteggere i diritti di ogni individuo per mezzo di un'equa amministrazione della giustizia; e terzo, creare e mantenere certe opere pubbliche e istituzioni pubbliche, che ai privati non conviene realizzare. La visione di Smith è dunque quella, tipica del liberalismo classico, di uno Stato limitato che svolge solo un numero ben preciso di compiti.

Per finanziare queste attività lo Stato deve procurarsi delle risorse attraverso le imposte. Al riguardo Smith sviluppa quattro importanti regole finanziarie: le imposte devono essere proporzionate al reddito del contribuente; devono essere certe e non arbitrarie; devono essere comode da versare; i loro costi di riscossione devono essere minimi. Quando queste regole non vengono rispettate, le imposte costano ai contribuenti molto di più di quello che affluisce alle casse del tesoro. Una situazione del genere può verificarsi quando la riscossione richiede un gran numero di addetti, i cui stipendi assorbono la maggior parte del gettito. Le frequenti visite e gli odiosi esami degli esattori, inoltre, possono esporre le persone a molti fastidi non necessari, a vessazione e oppressione. L'azione fiscale dello Stato può far calare il gettito anche quando ostacola l'industria e scoraggia la gente dal dedicarsi a certe attività che potrebbero dare sussistenza e impiego a molte persone. Le confische e le alte penalità cui incorrono gli sfortunati individui che tentano senza successo di evadere l'imposta possono mandarli in rovina, mettendo quindi fine al vantaggio che aveva la società dall'impiego del loro capitale. Un'imposta sconsiderata, osserva Smith, è una grande tentazione all'evasione.

A dispetto di queste difficoltà create dai governi, la società riesce spesso a progredire grazie all'industriosità degli individui: «Lo sforzo regolare, costante e continuo di ogni individuo per migliorare la propria condizione, principio da cui deriva l'opulenza

> *Progresso nonostante il governo*
> «Lo sforzo naturale di ogni individuo di migliorare la propria condizione, quando può realizzarsi con libertà e sicurezza, è un principio tanto potente che può da solo e senz'altro concorso non solo condurre la società alla ricchezza e alla prosperità, ma anche superare centinaia di ostacoli assurdi coi quali la follia delle leggi umane troppo spesso ostacola la sua estrinsecazione; sebbene l'effetto di questi ostacoli sia sempre più o meno quello di violarne la libertà o di diminuirne la sicurezza» (p. 683).

sia pubblica e nazionale sia privata, è spesso abbastanza forte per mantenere il corso naturale delle cose verso il progresso nonostante la prodigalità del governo e i più gravi errori dell'amministrazione» (p. 465). Nell'ottimistico messaggio di Smith, ad una nazione occorre ben poco per passare dalla barbarie "al più altro grado di opulenza": la pace, poche tasse e una tollerabile amministrazione della giustizia.

Punti da Ricordare

- La divisione del lavoro fra gli uomini accresce enormemente la produttività
- L'uomo ha un'innata propensione allo scambio
- Il lavoro è la misura del valore di scambio di tutte le merci
- La moneta non è un bene economico ma una "grande ruota" che fa circolare la ricchezza
- La "mano invisibile" del mercato concilia gli interessi personali con l'interesse generale
- I capitali necessari allo sviluppo economico si accumulano solo grazie alla parsimonia
- Il capitalismo è sorto nelle città libere del Medioevo
- Bisogna contrastare le cospirazioni dei produttori e dei mercanti contro la libera concorrenza
- Il libero scambio con l'estero avvantaggia gli abitanti di tutte le nazioni coinvolte
- I privilegi monopolistici concessi dal governo danneggiano sempre i consumatori
- Le imposte devono essere proporzionate, non arbitrarie, comode e con minimi costi di riscossione
- Per realizzare l'opulenza universale è sufficiente un governo limitato che rispetti la libertà naturale degli individui

L'autore

Adam Smith (1723-1790) nasce a Kircaldy, sulla costa orientale della Scozia vicino ad Edimburgo il 5 giugno del 1723, nello stesso anno della morte del padre. Compie gli studi nelle università di Glasgow e Oxford. Divenuto professore tiene lezioni di retorica e letteratura a Edimburgo dal 1748 al 1751. In questo periodo instaura anche una stretta amicizia con il filosofo David Hume, che durerà fino alla morte. Nel 1752 viene nominato professore di filosofia morale presso l'Università di Glasgow. Raccoglie quindi le sue lezioni di etica nella sua prima grande opera, Teoria dei sentimenti morali, pubblicata nel 1759. A seguito di un suo viaggio in Francia conosce Voltaire e molti dei principali esponenti della scuola fisiocratica, subendo l'influenza di François Quesnay e Jacques Turgot. Da loro trae alcuni elementi che confluiranno ne La ricchezza delle nazioni del 1776, il libro che a detta di molti segna l'inizio dell'economia come scienza autonoma. Nel 1778 accetta la nomina di commissario delle dogane scozzesi e si trasferisce ad Edimburgo. Questa decisione di Smith getta qualche ombra sulla sua coerenza intellettuale. Negli ultimi dodici anni della sua vita si impegna infatti con grande zelo in quest'attività, cercando con particolare ostinazione di far osservare fino in fondo tutte le onerose tariffe e restrizioni mercantiliste che aveva tanto criticato nella sua opera. Nonostante il suo lavoro lo impegni assiduamente, trova il tempo per dedicarsi alla riedizione de *La Ricchezza delle nazioni* ed alla revisione della Teoria dei sentimenti morali. Muore il 17 luglio 1790, lasciando agli amici precise istruzioni per bruciare gran parte dei suoi scritti.

Nota Bibliografica

Adam Smith, *La ricchezza delle nazioni*, UTET, Torino, 1975, p. 1257, a cura di Anna e Tulio Bagiotti. Titolo originale: *An Inquiry into the Nature and Causes of the Wealth of the Nations.*

6

Thomas Paine

I diritti dell'uomo
1791-1792

La rivoluzione ha affermato i diritti naturali dell'uomo

I diritti dell'uomo, uscito in due parti nel 1791 e nel 1792, costituisce il capolavoro di Thomas Paine. Venne pubblicato in risposta agli attacchi condotti dal britannico Edmund Burke contro la rivoluzione francese. Paine difese con fervore la Rivoluzione del 1789, che egli considerava una prosecuzione di quella americana. In precedenza infatti aveva dato un contributo fondamentale alla causa dell'indipendenza americana con il popolarissimo pamphlet *Senso Comune*. Anche *I diritti dell'uomo* ebbe un grande successo di vendite, facendo di Paine uno degli scrittori politici più noti in Europa. Le sue feroci critiche alla monarchia e alla nobiltà inglese lo costrinsero però a riparare in Francia. Qui egli ebbe la rara opportunità di partecipare alla rivoluzione francese dopo aver partecipato a quella americana. I francesi lo elessero deputato, ma nel periodo del Terrore venne imprigionato e rischiò la ghigliottina. *I diritti dell'uomo* è un'opera politica e filosofica dalla travolgente forza argomentativa. Tuttavia nel concreto il giudizio storico di Paine sulla rivoluzione francese si rivelerà meno preveggente di quello del suo rivale intellettuale Edmund Burke.

Riassunto

Gli insulti di Burke alla Francia

Il pamphlet *Riflessioni sulla rivoluzione in Francia* pubblicato nel 1790 da Edmund Burke, scrive Thomas Paine, è una mistificazione oltraggiosa della rivoluzione francese e dei principi di libertà. Non esiste quasi nella lingua inglese un epiteto offensivo che Burke non abbia rivolto alla nazione francese ed all'Assemblea Nazionale. Egli accusa i francesi di essersi ribellati "contro un monarca clemente e giusto con furia, oltraggio e insulto maggiori di quelli usati da qualsiasi popolo nel ribellarsi contro un usurpatore illegittimo o un tiranno sanguinario", ma in verità la nazione non si è ribellata contro Luigi XVI, ma contro i principi dispotici del governo. Quando il dispotismo si è instaurato da secoli in un paese, esso non risiede unicamente nella persona del sovrano, ma ha dovunque le sue roccaforti. In Francia vi erano mille dispotismi da riformare, cresciuti all'ombra della tirannide monarchica e talmente radicati da esserne in larga misura indipendenti: il parlamento, la Chiesa, i ministri, senza contare il dispotismo feudale esercitato localmente.

Ciò che Burke rimprovera alla rivoluzione francese, cioè l'essere scoppiata durante un regno assai più clemente dei precedenti, in realtà costituisce uno dei suoi più alti onori. Le rivoluzioni avvenute negli altri paesi europei sono state suscitate da odi personali, ma nel caso della Francia assistiamo a una rivoluzione che nasce per ragioni di principio dalla contemplazione razionale dei diritti dell'uomo. Burke tuttavia denigra i diritti enunciati dalla Dichiarazione del 1789 definendoli "astratti" e "insipidi frammenti di carta".

L'errore di coloro che, come Burke, ragionano sui diritti dell'uomo basandosi su precedenti tratti dall'antichità è di non risalire abbastanza indietro nel tempo. Anziché andare fino in fondo, si arrestano a qualche periodo intermedio di cento o mille anni, proponendo quel che si faceva allora come regola per il presente. Ma questa non è un'autorità sufficiente. Infatti, se l'antichità deve valere come autorità, si possono addurre mille autorità di questo genere che si contraddicono tra loro. Se risaliamo ancor più addietro nel tempo, scopriremo delle opinioni e pratiche diverse; e se procediamo oltre, giungeremo infine alla meta, cioè al momento in cui l'uomo uscì dalle mani del suo Creatore. Qui le nostre ricerche trovano un punto d'arrivo, e la nostra ragione può acquietarsi. Cos'era egli allora? Un uomo. Questo era il suo unico titolo, e non si può attribuirgliene uno più elevato.

Diritti naturali e diritti civili

I diritti naturali sono dunque quelli che spettano all'uomo in virtù della sua esistenza. I diritti civili sono invece quelli che spettano all'uomo in virtù dell'essere membro della società. Dobbiamo ora mostrare come questi ultimi abbiano la loro origine nei primi. L'uomo infatti, spiega Paine, non è entrato nella società per trovarsi in una condizione peggiore di quella in cui si trovava prima, né per aver meno diritti di quanti ne aveva prima, ma perché essi fossero meglio protetti. Ogni diritto civile ha il suo fondamento in un diritto naturale preesistente, ma per il cui godimento i poteri dell'individuo non sono sempre adeguati. A questa categoria appartengono tutti i diritti relativi alla sicurezza e alla protezione.

Vi sono dunque alcuni diritti naturali che l'uomo conserva dopo l'ingresso nella società, e altri che come membro della società rimette nel fondo comune. I diritti naturali che l'uomo conserva sono tutti quelli per cui il potere di porli in atto è già perfetto nell'individuo, come tutti i diritti intellettuali o delle mente, compresa la libertà religiosa. I diritti naturali che non vengono conservati sono tutti quelli per cui il potere per metterli in atto è insufficiente. Per poter avere difesa o riparazione dalle ingiustizie, egli versa il suo diritto nel fondo comune della società, e così può servirsi del braccio di quest'ultima, di cui è parte, in sostituzione e aggiunta al proprio. La società non gli concede nulla, perché ognuno è proprietario della società e attinge di diritto al capitale. I diritti naturali sono dunque il fondamento di tutti i suoi diritti civili.

Il patto sociale

Applichiamo ora questi principi ai governi. Tre possono essere le fonti da cui nascono e si fondano i governi: la superstizione, la forza, l'interesse comune della società e i diritti comuni degli uomini. Il primo fu il governo del clero, il secondo dei conquistatori e il terzo della ragione. Mi sento offeso, scrive Paine, dal tentativo di governare l'umanità con la frode e con la forza, come se tutti fossero degli sciocchi e delle canaglie, e a malapena riesco a non provare disgusto per quanti sottostanno a questi inganni.

Per quanto riguarda i governi che nascono dalla società, non è corretto dire che il governo è un contratto tra coloro che governano e coloro che sono governati. Infatti, l'uomo è esistito prima che esistessero i governi. Di conseguenza, vi fu necessariamente un tempo in cui i governi non esistevano, e di conseguenza non potevano esistere dei governanti con cui stipulare un simile contratto. La verità perciò deve essere che gli individui stessi, ognuno nel suo personale diritto sovrano, conclusero un patto gli uni con gli altri per formare un governo, e questo è il solo principio in base al quale esso ha diritto di esistere: «Ogni uomo desidera perseguire la sua occupazione e godere dei frutti della sua fatica e del prodotto della sua proprietà, nella pace e nella sicurezza, con la minima spesa possibile. Quando si ottiene questo, si sono raggiunti tutti gli scopi per cui il governo deve essere istituito» (p. 268).

Con la Costituzione la nazione crea il governo

Anche la Costituzione precede il governo, e il governo non è che una sua creatura. La Costituzione di un paese, infatti, non è un atto del suo governo, ma del popolo che costituisce il governo. Solo la nazione, infatti, ha l'autorità di formare o riformare una Costituzione, mentre il governo non ha questo diritto. Infatti, è paradossale ipotizzare che delle istituzioni difettose possano riformarsi da sé. L'attuale Assemblea Nazionale francese è una convenzione per preparare la Costituzione, quindi è, in senso stretto, il contratto sociale.

L'Assemblea Nazionale che ha approvato al Costituzione del 1791, fa notare Paine, è stata eletta dal più vasto corpo elettorale che l'Europa abbia mai conosciuto. Contemplando la Costituzione della Francia vi si scorge un ordine razionale delle cose, in cui le forme si armonizzano con i principii ideali. Consapevole di questo, Burke si è volontariamente rifiutato di addentrarsi in un raffronto tra la Costituzione inglese e quella francese. Quest'ultima, a differenza che in Inghilterra, afferma che il numero dei rappresentanti di ogni località sia proporzionale al numero degli abitanti. Inoltre prevede che non vi siano monopoli di nessun genere, che tutto il commercio sia libero e che ogni uomo possa svolgere qualsiasi occupazione desideri; ha tolto il potere di dichiarare guerra ai re e ai ministri, e ne ha attribuito il diritto a coloro che ne sostengono le spese; ha abolito i titoli nobiliari e la primogenitura; ha stabilito il diritto universale di coscienza e la separazione tra Chiesa e Stato.

Burke non ha compreso che la rivoluzione francese, in apparenza esplosa come la creazione dal caos, non è altro che la conseguenza di una rivoluzione intellettuale che aveva precedentemente avuto luogo in Francia. La mente della nazione era già cambiata in precedenza, e il nuovo ordine di cose ha seguito naturalmente il nuovo ordine di pensieri. Questo cambiamento era avvenuto grazie alle opere di Montesquieu, Voltaire, Rousseau, Raynal, Quesnay, Turgot, e all'influsso della rivoluzione americana.

Contro la monarchia ereditaria

Di qui a mille anni coloro che vivranno in America o in Francia ricorderanno con orgoglio l'origine del loro governo, ma cosa può dire un fautore della monarchia? Di che può esultare? Di nulla. Gli scrittori monarchici infatti non risalgono mai alle fonti del loro governo. Qualcosa gli impedisce di ricordare le origini, per timore che qualche brigante sorga dalle lunghe tenebre del tempo dicendo: "Io sono l'origine". Per quanto Burke sia andato in cerca di precedenti, osserva sarcastico Paine, tuttavia non ha avuto il coraggio di tirar fuori Guglielmo di Normandia, e dire: "Ecco l'inizio dell'elenco, ecco la fonte degli onori; il figlio di una prostituta che ha saccheggiato la nazione inglese".

Burke parla della cosiddetta corona ereditaria come se essa fosse un prodotto naturale, oppure come se fosse una cosa sulla quale si concorda universalmente. Purtroppo essa non ha nessuna di queste proprietà. Il governo per successione ereditaria agisce precludendo il consenso delle generazioni successive, e la preclusione del consenso è dispotismo. Burke sostiene inoltre che con la rivoluzione del 1688 gli inglesi hanno rinunciato per sempre a cambiare il proprio governo.

Ma con che diritto il parlamento inglese del 1688 ha potuto vincolare tutti i posteri per sempre? Ogni generazione deve essere libera di agire autonomamente, come quelle che la precedettero. La presunzione di governare dalla tomba è la più ridicola e oltraggiosa di tutte le tirannidi. Io sostengo il diritto dei vivi, scrive Paine, e mi oppongo a che l'arbitrio e l'usurpazione dei morti li opprimano; invece Burke afferma l'autorità dei morti sui diritti e sulla libertà dei vivi.

Il governo inglese afferma di basarsi sulla dottrina dei precedenti. In molti casi però il precedente dovrebbe essere un monito anziché un esempio, ed essere evitato anziché imitato; invece i precedenti vengono accettati in blocco, e sostituiti alla Costituzione e alla legge. Si tratta di un espediente politico per mantenere l'uomo in una condizione di

> ### L'intolleranza delle Chiese di Stato
> «Tutte le religioni sono sorte per loro natura miti e benigne, e legate a principi di moralità. Non avrebbero mai potuto iniziare a fare proseliti se avessero professato alcunché di corrotto, crudele, persecutorio o immorale. Come ogni altra cosa, esse hanno avuto il loro inizio, ed hanno proceduto mediante la persuasione, l'esortazione e l'esempio. Come avviene dunque che perdono la loro innata mitezza e divengono altere e intolleranti? Ciò deriva proprio dall'unione che Burke raccomanda. Accoppiando la Chiesa con lo Stato si produce una sorta di ibrido, la Chiesa stabilita dalla legge, capace solo di distruggere e non di generare ... La persecuzione non è un tratto originario di nessuna religione; ma è sempre il carattere profondo di tutte le religioni di Stato, o religioni imposte dalla legge. Togliete l'imposizione della legge, e ogni religione recupera l'originario carattere benigno» (p. 163-164).

ignoranza, come se si avesse paura di farlo ragionare. Come mai i presuntuosi che si credono più saggi dei loro predecessori mostrano un tale ossequio superstizioso alle cose antiche, come i monaci per le reliquie? In che strano modo viene trattata l'antichità!

Per raggiungere certi fini si parla dell'antichità come di un tempo di tenebre e di ignoranza; per raggiungerne altri la si presenta come la luce del mondo.

Gli esorbitanti costi della monarchia

È facile comprendere, scrive Paine, come una banda di individui interessati (gli impiegati governativi, i pensionati, i valletti di camera) possano trovare le migliori ragioni per l'esistenza della monarchia nell'ammontare dei loro stipendi, pagati a spese del paese. Ma se domando all'agricoltore, all'artigiano, al mercante e al commerciante, e così via per tutti i mestieri fino al comune operaio, a che cosa gli serve la monarchia, nessuno di essi saprà rispondermi.

È inumano pagare un milione di sterline all'anno con il denaro delle tasse di un paese per mantener un individuo, mentre le migliaia di uomini obbligati a contribuire alle spese languiscono e lottano con la miseria. Tra i numerosi esempi di abusi commessi o protetti dai governi antichi o moderni, nessuno è più grave di quello di un uomo e dei suoi eredi che vengono alloggiati e mantenuti a spese del pubblico. L'umanità impone che si facciano degli stanziamenti a favore dei poveri, ma per quale diritto, morale o politico, un governo pretende che l'uomo detto duca di Richmond debba essere mantenuto dal pubblico?

Eppure non c'è mendicante a Londra che possa pagarsi la sua misera razione di carbone senza contribuire al fondo per il mantenimento del duca di Richmond. E questo è solo uno

> **La guerra è il fondamento dei vecchi sistemi di governo**
> «La causa delle imposizioni di tasse su una nazione, qualunque essa sia, diviene anche il mezzo con cui il governo si procura delle entrate. E quale che sia l'esito della guerra ... il potere e l'interesse dei governi se ne avvantaggiano sempre. Pertanto, la guerra, grazie alla sua proficuità, in quanto fornisce un facile pretesto per estorcere tasse ed assegnare cariche ed uffici, diviene una parte primaria del vecchio sistema di governo; e qualsiasi modo si possa trovare per abolire la guerra, per quanto sia vantaggiosa per le nazioni, significherebbe spogliare tale governo del più lucroso di tutti i suoi rami ... L'uomo non è il nemico dell'uomo, se non tramite il mezzo di un errato sistema di governo» (p. 218).

degli effetti della monarchia e dell'aristocrazia. Non è l'odio personale, scrive Paine, che mi spinge a fare queste osservazioni. Sebbene consideri meschino chiunque viva a spese del pubblico, questo è un vizio che nasce dal governo; e si è diffuso al punto che non fa più alcuna differenza, sia che si tratti di membri del governo o dell'opposizione: anzi, gli uni sanno di poter contare sull'appoggio degli altri.

Quando ad un componente del governo vengono assegnati un potere straordinario ed una remunerazione esorbitante, egli diviene il centro intorno al quale si genera ogni tipo di corruzione. Date a chiunque un milione l'anno, e aggiungetevi il potere di creare delle cariche e di disporne a spese del paese, e le libertà di quel paese non sono più al sicuro. Ciò che chiamano la magnificenza del trono non è che la corruzione dello Stato. Essa è composta da una banda di parassiti che vivono in un ozio lussuoso pagato con il denaro delle tasse pubbliche. Questo sistema corrotto, una volta stabilito, diviene la salvaguardia e la protezione di tutti gli abusi minori. Colui che beneficia di un milione all'anno ha sempre interesse a difendere gli abusi secondari. Tutte le parti hanno in comune una tale dipendenza da questo sistema politico, che è molto difficile che si attacchino a vicenda.

Malgrado le imposte riscosse in Inghilterra per le cosiddette spese di governo am-
montino complessivamente a quasi diciassette milioni l'anno, è tuttavia evidente che
l'intelligenza della nazione si governa da sola tramite magistrati e giurie, quasi interamente a sue spese, senza aver bisogno della spesa delle tasse. Gli stipendi dei giudici
sono quasi l'unica spesa da detrarre dalle entrate della corona. Considerato che tutto
il governo degli affari interni è effettuato dal popolo, le imposte inglesi dovrebbero
essere meno gravose che in ogni altro paese europeo, invece è tutto l'opposto. In America, un paese dieci volte più vasto dell'Inghilterra, il governo costa un quarantesimo
della cifra che costa il governo inglese.

La società è più importante del governo

Gran parte dell'ordine che regna tra gli uomini, infatti, non è effetto del governo, ma
ha origine nei principii della società e nella natura dell'uomo. Tale ordine esisteva
prima del governo, e esisterebbe anche se la formalità del governo fosse abolita. La
mutua dipendenza e l'interesse reciproco degli uomini costituiscono la grande catena
che tiene unita la società. Il proprietario terriero, l'agricoltore, l'imprenditore, il commerciante, il negoziante, e tutti gli uomini di qualsiasi professione, prosperano grazie
all'aiuto che ognuno riceve dall'altro e dal tutto. L'interesse comune regola i loro affari
e costituisce la loro legge, e le leggi consacrate dall'uso comune hanno un'influenza
più forte che non le leggi del governo. In conclusione, la società compie da sola quasi
tutto ciò che si attribuisce al governo.

Se esaminiamo attentamente la natura dell'uomo, la varietà dei suoi bisogni e i
talenti che uomini diversi hanno di soddisfare vicendevolmente i bisogni altrui, l'inclinazione dell'uomo a preservare i vantaggi che derivano dalla società, scopriremo
facilmente che gran parte del cosiddetto governo è un mero inganno. Il governo non
è necessario ad altro che a supplire ai pochi casi in cui la società e la civiltà non sono
adeguatamente competenti; e non mancano gli esempi per dimostrare che tutto ciò
che il governo può utilmente aggiungere è già stato messo in opera dal consenso comune della società, indipendentemente dal governo.

Per oltre due anni dall'inizio della guerra americana, e in parecchi Stati americani
anche più a lungo, non sono esistite forme istituzionali di governo. I vecchi governi
erano stati aboliti, e il paese era troppo occupato a difendersi per volgere l'attenzione all'istituzione di governi nuovi; eppure per tutto quel periodo l'ordine e l'armonia
rimasero inviolati come in qualsiasi paese europeo. Nel momento in cui si abolisce il
governo formale, entra in azione la società. Lungi dal provocare la dissoluzione della
società, l'abolizione del governo formale dà luogo ad una maggior coesione della società. Tutta quella parte della sua organizzazione che la società aveva affidato al governo ritorna nuovamente ad essa e viene posta in azione per opera sua.

I governi turbano l'armonia della società

Il governo formale infatti non costituisce che una piccola parte della vita civile. Quanto più perfetta è la civiltà, osserva Paine, tanto meno ha bisogno del governo, perché essa regola i propri affari e si governa da sola. Tutte le grandi leggi della società sono leggi naturali. Quelle dello scambio e del commercio, nei rapporti tra gli individui come tra le nazioni, sono leggi dell'interesse vicendevole e reciproco. Esse vengono osservate e obbedite perché ciò è nell'interesse delle parti, e non in forza di alcuna legge formale che i loro governi possano imporre o interporre.

Ma quanto spesso l'inclinazione naturale della società è turbata o distrutta dalle azioni del governo! Se consideriamo le rivolte ed i tumulti che hanno avuto luogo in Inghilterra, in diversi periodi, vedremo come non fossero causati dalla mancanza di un governo, ma come proprio quest'ultimo ne fosse la causa generatrice: anziché consolidare la società, esso la divideva; la privava della sua coesione naturale, e dava adito a malcontento e a disordini che diversamente non sarebbero esistiti. Questo dimostra che i governi, lungi dall'essere sempre la causa o lo strumento dell'ordine, sono sovente la sua distruzione.

Poiché i fatti sono superiori al ragionamento, l'esempio dell'America offre nuovamente la conferma di queste osservazioni. Se vi è al mondo un paese dove, secondo l'opinione comune, meno ci si potrebbe attendere di trovare la concordia, questo è l'America. Composto com'è di gente di diversa lingua e nazionalità, abituata a forme di governo diverse, e ancor più di culti disparati, l'unione di un simile popolo sembrerebbe irrealizzabile. Eppure, mediante la semplice operazione di costituire un governo fondato sui diritti dell'uomo, ogni difficoltà scompare, e tra tutte le parti si instaura un'armonia cordiale. Là i poveri non sono oppressi, i ricchi non sono privilegiati. L'industria non è mortificata dal lusso sfrenato di una corte che gozzoviglia a sue spese. Le imposte che pagano i suoi abitanti sono esigue, perché il governo è giusto.

L'oscura origine dei governi

È impossibile che i governi che sono esistiti nel mondo fino ad oggi abbiano avuto inizio se non con una violazione totale di ogni principio sacro e morale. L'oscurità nella quale è sepolta l'origine di tutti gli attuali governi di vecchio tipo implica l'iniquità e la vergogna nelle quali essi sono iniziati. Al contrario, scrive Paine, l'origine degli attuali governi d'America e di Francia sarà sempre ricordata, perché è un onore poterla menzionare. Durante le età remote del mondo, quando l'occupazione principale degli uomini era la cura delle greggi e delle mandrie, non fu difficile per dei banditi e dei malfattori invadere un paese e sottoporlo con forza alla tassazione. Stabilito così il loro dominio, il capo della banda s'ingegnò di cambiare il proprio nome di saccheggiatore con quello di monarca; e di qui traggono origine la monarchia e i re.

Via via che il tempo cancellava la storia delle loro origini, i loro successori assunsero nuove apparenze per nascondere quell'eredità infamante; tuttavia i loro principii e i loro obiettivi rimasero gli stessi. Ciò che un tempo era saccheggio prese il nome più discreto di entrate pubbliche; ed essi finsero di aver ereditato il potere che era stato in origine usurpato. Se vi è in questa avvilente visione dei governi qualcosa che suscita meraviglia è il progresso che le arti pacifiche dell'agricoltura, dell'industria e del commercio hanno fatto, a dispetto di un simile fardello di avvilimento e oppressione.

Il ruolo civilizzatore del commercio

Gli abitanti dei diversi paesi comunicano agevolmente tra di loro, ma i governi, essendo ancora in uno stato incivile, e quasi continuamente in guerra, innestano la loro barbarie sulla civiltà interna di un paese. Che cosa induce l'agricoltore o l'artigiano ad abbandonare le sue occupazioni pacifiche per andare a combattere contro l'agricoltore o l'artigiano di un altro paese, si chiede Paine, se non il governo? Che cosa significano le conquiste per loro? Aggiungono forse un acro alle terre di qualcuno di essi, o ne aumentano il valore? La vittoria o la sconfitta hanno per loro lo stesso prezzo da pagare, e le tasse ne sono l'immancabile conseguenza. La conquista è vantaggiosa per il governo, ma non per la nazione.

Il commercio, al contrario del governo, è un sistema pacifico che contribuisce a stabilire la concordia tra gli uomini, rendendo le nazioni e gli individui utili gli uni agli altri. Esso tende infatti a favorire le relazioni civili tra le nazioni tramite uno scambio di vantaggi. L'invenzione del commercio costituisce il passo più grande che sia stato finora compiuto verso la civiltà universale con mezzi che non derivino direttamente dai principii morali. La natura ha infatti distribuito i materiali delle manifatture e del commercio nelle parti più diverse e distanti di una nazione e del mondo; e poiché con la guerra quei materiali non si possono ottenere altrettanto agevolmente e a buon mercato che con il commercio, la natura ha fatto del primo il mezzo per eliminare la seconda.

> *Vecchi e nuovi sistemi di governo*
> «Il governo, secondo il vecchio sistema, è un'usurpazione di potere senza altro fine che il proprio vantaggio; secondo il nuovo, è una delega del potere per il beneficio comune della società. Il primo si sostiene alimentando un sistema di guerra; il secondo promuove un sistema di pace come il vero mezzo per arricchire una nazione. L'uno incoraggia i pregiudizi nazionali; l'altro promuove la società universale. Il primo misura la propria prosperità dall'ammontare della rendita che estorce; il secondo dimostra la propria superiorità con l'esiguità delle imposte che richiede» (p. 243)

Poiché l'uno è quasi l'opposto dell'altra, la condizione incivile dei governi europei danneggia il commercio. Ogni genere di distruzione o di ostacolo contribuisce a diminuirne il volume, e poco importa in quale parte del mondo abbia inizio tale riduzione. Come il sangue, il commercio non può essere tolto da una parte senza diminuire la massa complessiva che è in circolo, cosicché tutti condividono la perdita. Quando si distrugge la capacità di acquisto di una nazione, si danneggia parimenti il venditore.

Se il governo inglese fosse in grado di distruggere il commercio di tutte le altre nazioni, sicuramente manderebbe in rovina quello del proprio paese. Questo è il motivo per cui la prosperità di una nazione commerciale è determinata dalla prosperità di tutte le altre. Se quelle sono povere, essa non può essere ricca. Perciò quando i governi sono in guerra tra loro, l'attacco è rivolto contro il fondo comune del commercio, con le stesse conseguenze che se ogni governo avesse attaccato il commercio del proprio paese.

L'Età della Ragione

Le spese incredibili e sempre crescenti sostenute dai vecchi governi, le molte guerre in cui essi si impegnano e si provocano a vicenda, gli ostacoli che essi pongono sulla via della civiltà e del commercio universale, e l'oppressione e l'usurpazione che eser-

citano, hanno esaurito la pazienza e dato fondo alle risorse del mondo. L'uomo ha acquisto la conoscenza dei suoi diritti e ha scoperto che la forza e il potere del dispotismo consistono unicamente nel timore di opporvi resistenza, e che "per essere libero, è sufficiente che lo voglia", come disse Lafayette.

È naturale quindi aspettarsi che nuove rivoluzioni seguiranno. Le rivoluzioni che hanno avuto luogo nel passato si limitavano ad un cambiamento di persone e di procedure, ma non di principii. Quella a cui oggi assistiamo potrebbe essere

> *Nessun progresso è giunto grazie al governo*
> «In Inghilterra, tutti i progressi nel campo dell'agricoltura, delle arti utili, della manifattura e del commercio sono stati effettuati in opposizione agli intenti del governo inglese, che voleva seguire gli esempi precedenti. Questi progressi sono dovuti all'iniziativa e all'operosità degli individui e delle loro numerose associazioni, nelle quali, per dirla in parole povere, il governo non ha alcuna funzione utile. Nessuno di quegli uomini si è mai occupato di che cosa fosse il governo, o di chi fosse dentro o fuori di esso, mentre progettava o metteva in atto quei miglioramenti; e, quanto al governo, poteva solo sperare che lo lasciasse in pace. Tre o quattro insulsi giornali filogovernativi insultano di continuo lo spirito di progresso nazionale, attribuendolo a qualche membro del governo; il che è altrettanto veridico quanto attribuire ad un ministro la paternità di questo libro» (p. 267 nota 9).

definita non impropriamente una "controrivoluzione". In passato la conquista e la tirannia hanno derubato l'uomo dei suoi diritti, ed oggi egli li recupera.

Mai si è presentata all'Inghilterra e all'Europa un'occasione migliore di quella offerta dalle rivoluzioni d'America e di Francia. Grazie alla prima la libertà ha un campione nazionale nel mondo occidentale, e grazie alla seconda ne ha uno in Europa. Quando alla Francia si unirà un'altra nazione il dispotismo e il cattivo governo non oseranno più mostrarsi. Il secolo attuale meriterà d'ora in avanti il nome di Età della Ragione, e la generazione odierna apparirà a quella futura come l'Adamo di un nuovo mondo.

Punti da Ricordare

- Le riflessioni di Edmund Burke sulla rivoluzione francese costituiscono un'oltraggiosa mistificazione
- La rivoluzione del 1789 è la conseguenza di una precedente rivoluzione intellettuale
- Essa è esplosa per ragioni di principio, in nome dei diritti dell'uomo
- Tutti i diritti civili hanno la loro origine nei diritti naturali
- Tutti i governi passati sono nati dalla frode, dalla conquista e dall'usurpazione
- Nei governi fondati sulla ragione gli individui concludono un patto fra loro per difendere i propri diritti naturali
- La Costituzione è un atto del popolo che costituisce il governo
- L'Assemblea Nazionale francese rappresenta il contratto sociale
- L'ereditarietà della monarchia impedisce alle nuove generazioni di scegliersi il proprio governo
- Le spese pubbliche a favore della corona e dell'aristocrazia sono inaccettabili ed esorbitanti
- La società può compiere da sola quasi tutto ciò che viene attribuito al governo
- I governi invece spesso turbano l'armonia della società

- Il commercio contribuisce alla civiltà e alla concordia tra gli uomini
- La rivoluzioni americana e quella francese costituiscono un esempio per tutti i popoli
- L'epoca che stiamo vivendo sarà chiamata l'Età della Ragione

L'autore

Thomas Paine nacque a Thetford, in Inghilterra, il 29 gennaio 1737 da una famiglia di religione quacchera. Dopo una fase iniziale dell'esistenza contraddistinta da lavori saltuari e poco remunerati, oltre che da una cultura creatasi personalmente nel fervido ambiente commerciale e religioso di provenienza, nel 1774 si spostò nelle colonie americane. Qui diede un contributo determinante alla loro causa scrivendo nel 1776 il pamphlet di enorme successo *Senso Comune*, grazie al quale egli può essere annoverato tra i padri putativi dell'indipendenza americana. Tornato in Inghilterra, dopo la pubblicazione de *I diritti dell'uomo*, in cui criticava aspramente la monarchia e l'aristocrazia inglese, fu costretto a riparare in Francia. Qui ebbe la singolare e non certo frequente ventura di partecipare anche alla Rivoluzione francese dopo aver partecipato a quella americana. La Francia lo elesse deputato, ma i drammi del Terrore lo coinvolsero a causa della sua opposizione alla condanna a morte del re. Dalla fine del 1793 al novembre 1794 fu imprigionato nel Luxembourg, e solo per un caso non venne ghigliottinato. La stagione più fortunata della sua vita si concluse nel 1795-96, con la sconfitta nella lotta in difesa del suffragio universale, abolito dalla Costituzione francese dell'anno III. In questo periodo pubblicò *L'Età della Ragione*, un'esposizione del deismo settecentesco che compromise definitivamente l'immagine del suo autore presso il pubblico borghese, e *Giustizia agraria*. Nel 1802 tornò negli Stati Uniti, dove venne accolto amichevolmente dal presidente Thomas Jefferson, ma finì con il trovarsi del tutto isolato a causa delle sue opinioni religiose, passando gli ultimi anni della sua vita fra continue e aspre polemiche. Morì a New York l'8 giugno 1809 nella generale disapprovazione, avendogli negata la sepoltura perfino i quaccheri, i suoi antichi compagni di fede.

Nota Bibliografica

Thomas Paine, *I diritti dell'uomo*, Editori Riuniti, Roma, 2016, p. 421, a cura di Tito Magri, traduzione di Marina Astrologo (si è utilizzata la prima edizione del 1978). Titolo originale: *The Rights of Man*.

7

Wilhelm von Humboldt

Saggio sui limiti dell'attività dello Stato
1792

Lo Stato deve limitarsi esclusivamente alla protezione degli individui

La principale opera di filosofia politica dello studioso tedesco Wilhelm von Humboldt, vero e proprio classico della cultura liberale, è rimasta purtroppo sconosciuta per lungo tempo al pubblico perché, pur composta nel 1792, venne bloccata dalla censura di Berlino, che permise solo la pubblicazione di brevi estratti. Nella sua interezza venne pubblicata solo nel 1851, più di quindici anni dopo la morte dell'autore. Influenzò comunque notevolmente i pensatori liberali della generazione successiva, a partire dall'inglese John Stuart Mill. L'obiettivo dell'autore è di stabilire quale siano gli scopi dell'azione dell'istituzione statale, e quali limiti essa debba porre alla propria attività. Questa ricerca, secondo Humboldt, ha un'importanza più grande di ogni altra, perché "coglie lo scopo ultimo di tutta la politica".

Riassunto

La forza creatrice dell'individuo libero

L'impostazione del saggio risulta subito chiara dalla frase di Mirabeu che Humboldt appone all'inizio: "Il difficile è promulgare solo le leggi necessarie, restare sempre fedeli ai veri principi costituzionali della società, stare in guardia dal furore del governare, la più funesta malattia degli Stati moderni". Per Humboldt infatti lo Stato deve intervenire il meno possibile nel libero svolgimento e nella libera crescita della società civile, che ha in se stessa tante energie, tanto rigoglio e tanta forza da assicurare senz'altro quello svolgimento e quella crescita, che possono essere solo inceppati e compromessi dall'intervento della pubblica autorità. Il protagonista della società civile è però l'individuo. Pertanto, più la sfera d'azione dell'individuo è ampia e libera, e, correlativamente, più la sfera dell'intervento dello Stato è ristretta, più il progresso della civiltà è assicurato. È questo il concetto centrale del saggio humboldtiano.

La ricerca dei limiti dell'attività dello Stato deve condurre, scrive Humboldt, alla maggiore libertà delle forze e alla più grande molteplicità delle situazioni. Infatti, solo l'attività e la varietà creano caratteri individuali poliedrici e ricchi di forza. La felicità dell'uomo vigoroso e valente si fonda infatti sulla scelta di un fine, e sul suo raggiungimento con dispendio di forza fisica e morale. La felicità alla quale un uomo è destinato non è nient'altro che quella che gli procura la sua forza; sono queste le situazioni che sviluppano l'intelletto e formano il carattere.

L'uomo quindi si rafforza solo quando fa da sé: «L'intelletto dell'essere umano in generale si forma, come ogni altra sua forza, soltanto tramite la propria attività, la propria inventiva o il proprio impiego dell'ingegno altrui. Le disposizioni dello Stato tuttavia implicano sempre, in grado maggiore o minore, la coercizione, e anche quando non è così, esse abituano troppo gli uomini ad aspettarsi insegnamenti esterni, una guida esterna, un aiuto esterno più che a cercare da soli le soluzioni» (p. 58).

Anche i sentimenti di solidarietà reciproca vengono indeboliti dall'intervento dello Stato. Chi affida se stesso alla tutela dello Stato, scrive Humboldt, consegna ancor di più a essa il destino del suo concittadino. Questo indebolisce però la simpatia e rende più lento il mutuo soccorso. La solidarietà fra gli esseri umani è più attiva dove è più vivo il sentimento secondo cui tutto dipende solo da noi stessi.

La burocratizzazione soffoca la creatività individuale

Se la varietà e la molteplicità costituiscono la vera ricchezza della società, si capisce perché Humboldt tema sopra ogni cosa la tendenza alla burocratizzazione. L'estensione dell'attività dello Stato richiede un'incredibile quantità di istituzioni capillari e impegna un ingente numero di persone, la maggior parte delle quali ha a che fare solo con segni e formule delle cose. In questa situazione non solo vengono sottratte alla riflessione molte menti forse eccellenti, oppure al lavoro materiale molte mani che verrebbero occupate in maniera più utile; ma anche le loro stesse forze spirituali soffrono per questa occupazione in parte vuota e unilaterale. Sorge così una nuova e diffusa professione, la gestione degli affari di Stato, e questo rende i servitori dello Stato molto più vincolati allo Stato che li retribuisce, di quanto non lo siano alla società.

> *L'azione dello Stato rovina il senso di responsabilità degli individui*
> «Della cura troppo estesa dello Stato ne risente ancora di più però soprattutto l'energia dell'agire e il carattere morale ... Chi viene guidato spesso e molto, arriva facilmente a sacrificare volontariamente, per così dire, la propria rimanente spontaneità. Si crede esentato dalla responsabilità, che vede in mani esterne, e crede di fare abbastanza quando ne attende la guida e la segue. Così le sue rappresentazioni del merito e della colpa si stravolgono. L'idea del primo non lo stimola, il sentimento angoscioso della seconda lo coglie di rado e in modo più debole, poiché la addossa molto più facilmente alla sua condizione e a colui che la determina» (p. 59).

Come dimostra l'esperienza, si sviluppano così, in un circolo vizioso, altri svantaggi: aspettativa di soccorso dallo Stato, mancanza di indipendenza, falsa vanità, inattività e persino miseria. Coloro che amministrano gli affari dello Stato finiscono per tralasciare la sostanza e guadare solo alla forma. Gli impieghi diventano quasi del tutto meccanici e gli esseri umani delle macchine. Sorgono per questa via nuove formalità, lungaggini, disposizioni restrittive, da cui di nuovo scaturisce del tutto spontaneamente un ulteriore aumento dei dipendenti statali. Nella maggior parte degli Stati gli impiegati dello Stato e il numero degli uffici aumentano, e diminuisce la libertà dei sudditi. Queste occupazioni assumono col tempo una grande importanza, e vengono così stravolti i criteri per definire ciò che è importante e ciò che non lo è, ciò che è onorabile e ciò che non è stimabile.

Per evitare tutti questi problemi, lo studioso tedesco suggerisce di affrontare anche tutti quei grandi problemi che richiedono un'organizzazione unitaria (come la prevenzione di grandi calamità, carestie o alluvioni) per mezzo non solo di istituzioni statali, ma anche che nascano dalla "nazione", cioè dalla società civile. La soluzione è dunque l'associazionismo privato. Alle singole parti della nazione, e a essa stessa nel suo complesso, deve quindi essere data la libertà di vincolarsi tramite contratti. Un'associazione privata è molto diversa dallo Stato. Solo nella prima vi è una grande libertà di aderire, di modificarla o di scioglierla, ed è probabile che all'origine tutte le associazioni statali non siano state altro che associazioni private.

Il problema maggiore è che colui che non è d'accordo con le decisioni di un'associazione statale non può far altro che emigrare e sfuggire così alla sua giurisdizione: un'opzione spesso molto difficile da praticare. È meglio quindi se per ogni esigenza vengono create delle singole associazioni, piuttosto che delle grandi associazioni generali per casi futuri e indeterminati. Il vero scopo dello Stato, conclude Humboldt, deve quindi essere rivolto a condurre gli uomini tramite la libertà a creare con più facilità delle comunità in grado di sostituirsi allo Stato per le più svariate esigenze.

I limiti dello Stato

Sembrerebbe dunque che l'intervento dello Stato produca sempre delle conseguenze negative nel corpo sociale. Tuttavia vi è, secondo lo studioso tedesco, un campo dove la sua azione è indispensabile: garantire la sicurezza dei cittadini: «Se quindi sopra ho negato alla cura dello Stato la competenza in molti ambiti, poiché la nazione può occuparsi di queste cose altrettanto bene da sola e senza gli svantaggi legati alla cura dello Stato, devo ora per le stesse ragioni dirigerla alla sicurezza, come unica cosa che il singolo uomo non è in grado di conseguire con le sue forze» (p. 80).

La discordia tra gli uomini richiede infatti un potere in ultima istanza incontrastato, quale espresso in senso stretto dal concetto di Stato. Dalla discordia derivano infatti lotte su lotte. L'offesa esige vendetta e la vendetta è una nuova offesa. Si deve quindi giungere a una vendetta che non permetta nessun'altra vendetta. La conservazione della sicurezza contro nemici esterni e dissidi interni deve quindi costituire lo scopo dello Stato, ed esaurire la sua attività.

Humboldt precisa che l'intervento protettivo dello Stato è giustificato solo in caso di lesione di un diritto, non nel caso in cui qualcuno arrechi legittimamente un semplice danno a un'altra persona. La lesione del diritto vi è infatti in generale solo là dove a qualcuno venga tolta, senza il suo consenso oppure contro la sua volontà, una parte della sua proprietà o della sua libertà personale. Non devono invece essere limitate o punite, secondo l'autore, le azioni oltraggiose nei confronti della religione o dei costumi. Colui che esprime opinioni o compie azioni che danneggiano la coscienza e la moralità dell'altro, per quanto possa agire in modo immorale, non lede in verità alcun diritto. Chi si sente danneggiato può infatti allontanarsi da lui, oppure, nel caso non sia possibile, deve sopportare l'inevitabile disagio del rapporto tra caratteri diversi, e non dimenticare che forse anche l'altro si sente importunato.

È del tutto inutile cercare di contrastare la corruzione dei costumi con le leggi statali. La coercizione non produce mai virtù e indebolisce sempre anche la forza. In questo modo alimenta tutti i desideri egoistici e tutti i più bassi stratagemmi della debolezza. La coercizione, spiega Humboldt, impedisce forse alcune trasgressioni, ma sottrae anche alle azioni legali la loro bellezza. Tutte le istituzioni statali, dovendo omogeneizzare e portare a unità una enorme varietà di interessi molto differenziati, finiscono col provocare ancor più conflitti e trasgressioni.

Al contrario, quanto più è inattivo lo Stato, tanto più esiguo è il numero delle violazioni. Se fosse possibile calcolare esattamente i mali che provocano le istituzioni di polizia e quelle che esse prevengono, osserva Humboldt, il numero dei primi sarebbe sempre maggiore. Per tutte queste ragioni egli ritiene che l'azione dello Stato, essendo sempre legata a limitazioni della libertà, va considerata un "male necessario".

Le caratteristiche dello Stato minimo humboldtiano

La miglior costituzione politica è dunque quella «che abbia la minor influenza particolare e positiva possibile sul carattere dei cittadini e non susciti in loro nient'altro che il massimo rispetto per il diritto altrui, insieme all'amore più entusiastico per la propria libertà» (p. 181). Come discriminare le situazioni nelle quali lo Stato dovrebbe intervenire da quelle, molo più numerose, in cui non dovrebbe? Secondo Humboldt il diritto naturale delinea chiaramente la linea di confine. Esso infatti disapprova tutte le azioni in cui qualcuno si ingerisce in modo doloso nella sfera dell'altro; oltre a queste azioni lo Stato dovrebbe vietare in via preventiva anche quelle azioni che hanno ragionevoli probabilità di provocare un danno di questo tipo. Ogni limitazione della libertà personale ulteriore oppure attuata da un'altra prospettiva, scrive lo studioso tedesco, si pone al di là dei limiti dell'attività dello Stato.

Humboldt elogia quindi il Cristianesimo per la sua opera civilizzatrice sul piano morale, in quanto fornì «il vero fondamento di tutte le virtù umane», anche se «il fraintendimento di quella religione introdusse un cieco e intollerante proselitismo fanatico» (p. 93). In ogni caso lo Stato non dovrebbe ingerirsi nelle questioni religiose, perché così facendo finirebbe inevitabilmente per favorire determinate opinioni a danno di altre. Tutto ciò che concerne la religione, scrive lo studioso prussiano, si trova al di fuori dei limiti dell'attività dello Stato, e i predicatori, come le funzioni religiose nel loro complesso, dovrebbero essere un'istituzione della comunità, libera da ogni controllo particolare dello Stato. Humboldt si dichiara inoltre contrario all'ingerenza dello Stato nell'istruzione, perché la scuola pubblica di massa favorisce l'uniformità a danno della varietà della formazione culturale degli individui.

> *La regola aurea*
> «Lo Stato si astenga da ogni cura per il benessere positivo dei cittadini e non vada un passo oltre il rispetto a ciò che è necessario per la loro sicurezza reciproca e per quella dai nemici esterni; per nessun altro scopo finale limiti la loro libertà» (p. 74).

Può sembrare allora singolare l'elogio che Humboldt fa della guerra, che considera una delle manifestazioni più utili per la formazione del genere umano, perché nell'affrontare i pericoli si tempra il carattere, il coraggio e l'energia degli individui, anche a prezzo di duri sacrifici o della vita. Queste parole dello studioso tedesco non vanno però considerate un'espressione di spirito militaristico. Egli valorizza solo l'aspetto eroico e individuale della guerra, ma è contrario agli eserciti permanenti nei quali il soldato è solo un piccolo ingranaggio in una grande macchina, e dove la sua attività si riduce una semplice professione di routine. Lo Stato non deve promuovere la guerra, ma non deve neanche impedire che lo spirito guerriero pervada la nazione, e formi cittadini pronti a lottare per la loro patria. La guerra del resto sarà sempre presente nelle vicende umane, perché gli uomini sono sempre uomini e non perdono mai le loro passioni.

> *Meglio i contratti delle prescrizioni statali*
>
> «[I] contratti … sono da preferirsi alle prescrizioni dello Stato. Poiché li sottoscrivono coloro che ne avvertono il vantaggio e il danno direttamente, come anche il bisogno, essi non è facile che si originino se non quando sono davvero necessari. E sono prodotti volontariamente verranno seguiti meglio e con più rigore. Come conseguenze della spontaneità … tali contratti sono meno dannosi per il carattere, e soprattutto, in quanto si producono con una certa quantità di lumi e di benevolenza, contribuiscono da parte loro ad aumentare entrambi» (p. 135).

Per quanto riguarda le fonti d'entrata dello Stato, egli ritiene che tutte e tre le fonti possibili (rendite provenienti dalle proprietà pubbliche, imposte dirette e imposte dirette) presentino qualche svantaggio. In ogni caso lo Stato al quale sono conferiti così stretti limiti all'attività non ha bisogno di grandi entrate.

Humboldt si interroga infine su quali siano le migliori strategie di liberalizzazione della società. Occorre sempre favorire, in ogni modo, la maturazione del sentimento di libertà negli uomini. Lo Stato dovrebbe quindi mantenere le attuali limitazioni della libertà solo fino a quando gli uomini, tramite segni inequivocabili, dessero a vedere che le reputano catene repressive, che sentono la loro pressione e quindi sono ora maturi per la libertà; a questo punto dovrebbe eliminarle immediatamente. Niente infatti favorisce la maturità del sentimento di libertà quanto l'esercizio della libertà stessa. Si liberi quindi l'uomo gradualmente non appena il sentimento della libertà si svegli, e a ogni nuovo passo, conclude Humboldt, avanzerà il progresso.

Punti da Ricordare

- Lo Stato è un male necessario
- L'unica attività legittima dello Stato è quella di garantire la sicurezza dei suoi cittadini
- Il fine sociale più importante è lo sviluppo dell'energia creatrice dell'individuo
- Una società fiorente deve tendere alla massima libertà e varietà delle situazioni
- Più lo Stato agisce, più si riduce il senso di responsabilità degli individui
- I funzionari sono molto più vincolati allo Stato che li retribuisce, di quanto non lo siano alla società
- Molti compiti di interesse pubblico dovrebbero essere affidati alle associazioni private e non alla burocrazia

• È del tutto inutile cercare di contrastare la corruzione dei costumi con le leggi statali
• La scuola e la chiesa devono essere totalmente separate dallo Stato
• Lo Stato non deve soffocare lo spirito guerriero dei cittadini
• Lo Stato deve progressivamente liberalizzare tutte le attività man mano che nei cittadini maturi il sentimento della libertà

L'autore

Wilhelm von Humboldt (1767-1835), filosofo, linguista, classicista e politico nasce a Potsdam il 22 giungo del 1767. La prima espressione delle sue idee politiche si trova nelle *Idee sulla costituzione dello Stato alla luce della nuova Carta Costituzionale francese*, scritta in forma di lettera nell'agosto 1791. L'anno successivo però l'uscita della sua opera politica più importante, il *Saggio sui limiti dell'attività dello Stato*, viene bloccata dalla censura statale. Successivamente ricopre la carica di ministro prussiano dell'educazione dal 1809 al 1810. In questo periodo riforma il sistema scolastico secondo le idee di Giovani Pestalozzi e fonda l'università di Berlino. Nel 1814 pubblica le *Considerazioni sulla storia universale*. Partecipa ai lavori del Congresso di Vienna e continua a svolgere un'importante attività di governo fino al 1819, anno in cui, deluso dalla politica a suo avviso troppo reazionaria, si ritira a Tegel per dedicarsi soprattutto agli studi linguistici. Qui muore il giorno 8 aprile 1835.

Nota Bibliografica

Wilhelm von Humboldt, "Saggio sui limiti dell'attività dello Stato", in: *Scritti giuridici e politici*, Rubbettino, Soveria Mannelli, 2004, a cura di Marina Lalatta Costerbosa, p. 41-200. Titolo originale: *Ideen zu einem Versuch die Grenzen der Wirksamkeit des Staats zu bestimmen*.

8

Jean-Baptiste Say

Trattato di economia politica
1803

È l'offerta che genera la domanda

L'economista francese Jean-Baptiste Say occupa un posto di primo piano nella storia del pensiero economico. Durante la prima metà del XIX secolo il suo *Trattato di economia politica* fu il più influente libro d'economia nell'Europa Continentale e negli Stati Uniti, dove continuò a essere il testo più usato nelle università fino al 1880. In questa vasta opera, che rappresenta la Summa del pensiero di Say, per la prima volta tutta la scienza economica è stata ordinata in un sistema ordinato e coerente, ed esposta in un linguaggio chiaro e preciso. Sul piano dei contenuti Say afferma l'importanza del risparmio e del capitale; mette in risalto la figura chiave dell'imprenditore; espone la fondamentale "legge degli sbocchi", che prende il suo nome; spiega i vantaggi di un sistema monetario basato sull'oro; illustra le ragioni della sua ostilità alla tassazione; critica duramente la prodigalità e le spese facili dei governi; difende in maniera rigorosa i principi del liberalismo economico.

Riassunto

Oltre Adam Smith

Alcuni considerano erroneamente Jean-Baptiste Say come un mero interprete del pensiero di Adam Smith, ma in realtà l'opera dell'economista francese presenta numerosi aspetti d'originalità, e non di rado anche di superiorità, rispetto a quella del celebrato studioso inglese. L'equivoco nasce dal fatto che Say si proclama seguace di Smith e sostiene di aver semplicemente messo ordine alla Ricchezza delle nazioni, un'opera che egli giudica ingegnosa ma priva di metodo, oscura, vaga e poco scorrevole per le troppe digressioni. L'obiettivo di Say è dunque quello di scrivere un vero testo scientifico di economia politica, che ai suoi tempi ancora mancava.

Say introduce per la prima volta il discorso sul corretto metodo per le scienze economiche. A suo avviso è quello logico e deduttivo: partendo da alcuni fatti generali incontestabilmente riconoscibili come veri, l'economista ragiona per deduzioni, e se sono giusti gli assiomi iniziali sarà corretto tutto ciò che si deduce da essi. L'importante è che questi assiomi si fondino sul «senso comune e l'esperienza universale». Infatti, scrive Say, l'economia, «questa bella e soprattutto utile scienza ... non si basa su ipotesi, ma sull'osservazione e l'esperienza» (p. liii).

Say è invece scettico riguardo l'uso della statistica, perché i fatti che raccoglie sono necessariamente incerti, incompleti, inaccurati, imperfetti, e anche quando sono veri «lo sono solo per un istante». Inoltre la statistica trascura i nessi causali. Una descrizione statistica, infatti, «non indica l'origine e le conseguenze dei fatti che ha raccolto» (p. xix). Più in generale, Say pensa che sia impossibile applicare la matematica all'economia a causa dell'enorme numero di fattori vaghi, ignoti e mutevoli. La matematica, in apparenza così precisa e analitica, finisce inevitabilmente per alterare i principi generali e distorcere le conclusioni.

> *Ai più abili imprenditori vanno le migliori ricompense*
> «L'imprenditore mette in collegamento le varie classi di produttori tra loro e il produttore con il consumatore. Dirige gli affari della produzione e attorno a lui ruotano molte relazioni; approfitta della conoscenza e dell'ignoranza delle altre persone, e di ogni imprevisto vantaggio produttivo. Pertanto è questa classe di produttori che accumula le più vaste fortune, quando i loro sforzi produttivi sono coronati da un insolito successo (p. 332).

Nel complesso l'opera di Say si rivela quindi superiore a quella di Smith nella forma espositiva, e più precisa in diversi aspetti del contenuto. Il suo stile di scrittura è limpido e asciutto, senza le lunghe divagazioni del pensatore scozzese; gli argomenti sono ordinati in un sistema basato su produzione, distribuzione e consumo della ricchezza. Dal punto di vista teorico corregge alcuni errori di Adam Smith e David Ricardo, come la teoria del valore-lavoro, sostenendo che l'unica fonte del valore di un bene è la sua utilità, cioè la sua capacità di soddisfare un desiderio del consumatore. Say quindi, malgrado il suo elogio di Smith, si differenzia sotto diversi aspetti dalla scuola classica inglese. La difesa del laissez-faire è più convinta e coerente. La sua opera rappresenta piuttosto una prosecuzione della scuola francese di Richard Cantillon e Jacques Turgot.

L'importanza del capitale

Say sottolinea il ruolo cruciale del risparmio e del capitale nell'aumento della ricchezza sociale. Più gli uomini dispongono di beni capitali, sotto forma di macchine o strumenti, più il lavoro risulta produttivo. La riduzione dei costi di produzione abbassa infatti anche i prezzi dei prodotti a vantaggio della massa dei consumatori. L'introduzione di nuovi macchinari migliora inoltre la qualità dei prodotti e permette la creazione di nuovi beni che non sarebbero stati realizzabili a livello artigianale. Questo enorme aumento della produzione e dei livelli di vita libera le energie umane dalla lotta per la sopravvivenza, e permette di coltivare le più raffinate arti e facoltà intellettuali.

Il capitale, nelle eloquenti parole di Say, può accrescere all'infinito la potenza dell'uomo: «La crescente ricchezza di un individuo, quando onestamente acquistata e investita nella produzione, lungi dall'essere vista con invidia dovrebbe essere salutata come la fonte della prosperità generale. Dico onestamente guadagnata, perché una fortuna accumulata con la rapina o l'estorsione non aggiunge niente alla ricchezza nazionale; si tratta invece di una porzione di capitale già esistente che viene trasferito dalle mani di un uomo a quelle di un altro uomo, che non ha esercitato alcuna attività … I poteri dell'uomo risultanti dall'accumulo di capitale non hanno limiti, perché non c'è un limite definito a quanto si può accumulare con l'aiuto del tempo, del lavoro e del risparmio» (p. 118).

Il ruolo chiave dell'imprenditore

Proprio seguendo la scia di Cantillon e Turgot, Say ha anche il merito di aver reintrodotto nell'economia la figura dell'imprenditore, che nella sua opera Adam Smith aveva reso quasi invisibile. Say lo riporta in vita e lo mette al centro della scena. Gli imprenditori, scrive Say, organizzano e dirigono i fattori di produzione per soddisfare i bisogni umani. Non si limitano però ad amministrare, ma fanno anche previsioni, valutano i progetti e le persone, e si assumono dei rischi. Gli imprenditori, infatti, anticipano i fondi ai fornitori dei mezzi di produzione (capitale, terra, lavoro), ma li recuperano solo se riescono a vendere il prodotto ai consumatori. In questa attività c'è sempre una dose di rischio: l'imprenditore non è mai al sicuro dalle perdite, e anche quando ha successo il suo profitto è sempre moderato dalla concorrenza. Dall'analisi dell'attività imprenditoriale Say trae una conclusione favorevole al laissez-faire: i produttori stessi sono gli unici giudici competenti riguardo la trasformazione, l'esportazione e l'importazione dei vari prodotti, e ogni tentativo del governo di interferire, ogni sistema calcolato per influenzare la produzione, non può che far danni.

La società intera trae vantaggio dai successi imprenditoriali, perché può beneficiare di un nuovo prodotto oppure del miglioramento della qualità o della riduzione del prezzo di un prodotto già esistente. In generale, conclude Say, sono gli imprenditori che fanno ricco un paese: «Un paese ben fornito di intelligenti mercanti, industriali e commercianti dispone di mezzi più potenti per raggiungere la prosperità di un paese che si dedica principalmente alle arti e agli studi» (p. 82). Esorta quindi le persone più talentuose a diventare imprenditori: «Non riesco a concepire un modo migliore di impegnare la ricchezza e il talento» (p. 84). Lui stesso fece seguire alle parole i fatti, fondando prima uno dei cotonifici più all'avanguardia di tutta la Francia, e poi la prima scuola di economia e commercio del mondo.

La legge di Say

Il contributo scientifico all'economia per il quale Say è più noto è la "legge dei mercati", chiamata talvolta "legge degli sbocchi", che costituisce ancora oggi un caposaldo dell'economia classica. La legge di Say è stata volgarizzata dai suoi critici con una formulazione imprecisa: "ogni offerta crea la propria domanda". In realtà è del tutto ovvio che non basta produrre una determinata merce perché si generi automaticamente una domanda per quella merce. Say vuole invece dire che qualsiasi domanda di prodotti può scaturire solo da un precedente atto di produzione: «Un uomo che col suo lavoro crea qualcosa di utile non può aspettarsi di essere pagato per la sua attività se gli altri uomini non hanno i mezzi per acquistare i suoi prodotti. Ora, in cosa consistono questi mezzi? In prodotti di analogo valore, frutti dell'industria, del capitale o della terra. Questo ci porta a una conclusione che a prima vista può sembrare paradossale: è la produzione che crea una domanda di prodotti» (p. 133).

Nello stesso momento in cui qualcuno realizza qualcosa di utile e lo porta sul mercato, crea una domanda corrispondente di altri beni e servizi. Il mero desiderio di consumare, non supportato da un qualche bene o servizio da dare in cambio, non crea una domanda. Per questa ragione i paesi arretrati o le aree sottosviluppate che producono poco o nulla non costituiscono un mercato, cioè uno sbocco per beni o servizi. Solo il processo di produzione (non il consumo, non la stampa di moneta) crea un potere di acquisto uguale al valore di mercato di quello che si è prodotto. A livello generale offerta e domanda sono due facce della stessa medaglia, e quindi non può mai esserci un eccesso dell'una rispetto all'altra.

La legge di Say è una risposta alla teoria della sovrapproduzione, o del sottoconsumo, che viene proposta ad ogni crisi economica: vi è un eccesso di offerta di beni che non vengono acquistati, dunque deve intervenire lo Stato per stimolare il consumo, come proponevano già Sismondi nel 1819 e Malthus nel 1820 in polemica con Say. In realtà nel libero mercato la generale sovrapproduzione è un fenomeno temporaneo, perché l'abbassamento dei prezzi dei beni invenduti porta automaticamente alla correzione dello squilibrio. Inoltre, spiegava Say, il surplus di una o più merci spesso significa che c'è stata una scarsità di produzione di *altre* merci con cui scambiarle. Il vero problema è sempre la carenza della produzione, non del consumo: «Per que-

> *Gli sperperi del governo rovinano milioni di persone*
> «C'è più criminalità nella stravaganza e prodigalità pubblica che in quella privata, perché l'individuo spreca solo ciò che gli appartiene, mentre il governante non ha nulla di proprio da sperperare, essendo solo un mero amministratore fiduciario del tesoro pubblico … Se un individuo si convincesse che più spende più guadagna o che i suoi scialacqui sono una virtù … si ritroverebbe probabilmente rovinato, e il suo esempio avrebbe effetto su una cerchia molto piccola di suoi vicini. Un errore di questo tipo commesso dal governo provoca invece la rovina di milioni di persone, e si può concludere con il tracollo della nazione» (p. 414-418).

sta ragione un buon raccolto è favorevole non solo al contadino, ma anche ai venditori di tutte le altre merci. Più copiose sono le messi, maggiori sono gli acquisti dell'agricoltore. Cattivi raccolti, al contrario, riducono gli acquisti di tutti gli altri beni» (p. 135).

La legge di Say conduce quindi a questa piacevole conclusione: ogni individuo è interessato al benessere del prossimo, e ogni popolo al benessere degli altri popoli. Più i nostri vicini sono produttivi, più si aprono sbocchi per i nostri beni e servizi: «Un uomo di talento, che in uno stadio retrogrado della società si limiterebbe appena a vegetare, troverà migliaia di modi per mettere a frutto le sua capacità in una comunità prospera in grado di impiegare e remunerare i suoi talenti … Abbiamo sempre interesse all'altrui prosperità, quando siamo sicuri di poterne approfittare con il commercio» (p. 137-138).

Dato che l'azione del governo non è produttiva, la sua spesa non può mai aumentare la domanda di prodotti: «Una volta creato, un valore non aumenta se passa da una mano all'altra, neanche quando viene prelevato e speso dal governo anziché dal privato. L'uomo che vive sulla produzione altrui non origina nessuna domanda aggiuntiva di prodotti; semplicemente si sostituisce al produttore, con grave danno alla produzione» (p. 137). In altre parole, la spesa del governo o del funzionario pubblico si sostituisce a quella del produttore privato che è stato tassato; questo processo non solo non aumenta la domanda aggregata, ma la riduce a causa dell'effetto disincentivante sulla produzione. «Il mero incoraggiamento al consumo non è di nessun beneficio al commercio, dato che la difficoltà consiste nell'accrescere i mezzi per acquistare, non nello stimolare il desiderio di consumare. Abbiamo già visto che solo la produzione può fornire questi mezzi. Per questa ragione un buon governo cerca di stimolare la produzione, mentre un cattivo governo cerca di incoraggiare il consumo» (p. 139). Da una crisi economica, conclude Say, si esce solo con «la frugalità, l'intelligenza, l'attività e la libertà» (p. 140).

Per una solida moneta aurea

Say comincia la sua trattazione della moneta spiegando la sua origine spontanea: per superare le gravi limitazioni del baratto, ad un certo punto una determinata merce viene sempre accettata da tutti grazie alle sue caratteristiche di alta commerciabilità (alto valore intrinseco, relativa rarità, divisibilità, omogeneità, trasportabilità, durabilità), e diventa quindi moneta. I metalli come l'oro e l'argento presentano tutte queste caratteristiche, quindi non dobbiamo sorprenderci che quasi tutte le nazioni commerciali del mondo abbiano selezionato come strumento monetario i metalli preziosi. «È pertanto la consuetudine, non l'ordine dell'autorità, che designa lo specifico prodotto che verrà usato come denaro» (p. 220).

L'economista francese avversa nella maniera più decisa la valuta cartacea che non sia immediatamente convertibile in moneta fisica. Analizzando uno dei primi casi disastrosi di iperinflazione, gli assegnati della Rivoluzione francese, Say osserva che la cartamoneta irredimibile viene sempre stampata in eccesso e distrugge il valore della valuta, che alla fine scende a zero. Say critica inoltre il bimetallismo, cioè la fissazione per legge del rapporto tra l'oro e l'argento, che invece dovrebbe fluttuare liberamente. Egli è un sostenitore della moneta pesante: le banconote cartacee dovrebbero essere dei semplici certificati di deposito coperti al 100 per cento da una corrispondente quantità di oro o argento presente nei caveau delle banche. Per separare ancor più nettamente la moneta dal governo l'economista francese suggerisce di abolire i nomi nazionali delle valute, che ingenerano confusione, e di sostituirli con le corrispondenti unità di peso in oro o argento: ad esempio, grammi anziché franchi.

Come evitare l'eccessiva espansione monetaria da parte delle banche? Le possibilità, per Say, sono due. Si può obbligare in primo luogo obbligare la banca a coprire con le proprie riserve il 100 per cento delle banconote emesse: egli giudica favorevolmente le banche di Amburgo e Amsterdam che operavano secondo questa modalità. La seconda possibilità è quella di permettere la completa concorrenza fra le banche nell'emissione monetaria. Questo sistema è meno sicuro ma di fatto dovrebbe tendere allo stesso risultato, ed è comunque di gran lunga preferibile all'istituzione di un'unica banca centrale dotata di privilegi monopolistici: «Permettere a molte banche di emettere banconote convertibili in oro è più benefico che attribuirne il monopolio esclusivo a una di esse, dato che la concorrenza le obbliga a conquistare il favore del pubblico rivaleggiando in comodità e solidità» (p. 271). Anche senza una riserva aurea del 100 per cento, che Say considera il sistema ideale, la concorrenza fra le banche dovrebbe quindi tenere a freno l'eccessiva espansione bancaria del credito.

La tassazione è un male

La discussione di Say sulla tassazione e sulla spesa pubblica è particolarmente radicale. Egli non vede lo Stato come una benevola organizzazione quasi volontaria che fornisce servizi ai propri clienti in cambio delle tasse versate. La tassazione per Say è invece una imposizione coercitiva imposta al pubblico a vantaggio del governo. Il fatto che le imposte siano votate dal parlamento non le rende volontarie: «Che importanza ha il fatto che le tasse siano stabilite formalmente con il consenso del popolo o dei suoi rappresentanti, se il potere dello Stato di fatto non lascia al popolo nessuna possibilità di rifiuto?» (p. 446).

> *Il capitale inattivo rende povera una nazione*
> «Fra tutte le cause della miseria e della debolezza dei paesi soggetti al dominio ottomano, non si può dubitare che il principale sia costituito dalla vasta quantità di capitale che rimane inattivo. La generale sfiducia e incertezza del futuro induce le persone di ogni categoria, dal contadino al pascià, a sottrarre parte della loro proprietà allo sguardo avido del potere: e un valore non può essere invisibile senza rimanere anche inattivo. Questa disgrazia è comune a tutti i paesi in cui il governo è arbitrario, anche se in grado diverso proporzionalmente alla severità del dispotismo (p. 118).

Un'implacabile ostilità verso la tassazione pervade quindi tutta la sua opera. L'economista francese tende infatti a vedere nella tassazione l'origine di tutti i mali della società, comprese le recessioni economiche. Le tasse infatti danneggiano sempre la produzione, perché sottraggono agli individui delle risorse che avrebbero utilizzato in maniera differente: «La tassazione priva il produttore di un bene che avrebbe potuto destinare a una propria gratificazione personale, se consumato … o impiegato profittevolmente, se investito. Le risorse servono a produrre altre risorse, per cui la sottrazione di beni a chi li ha prodotti deve necessariamente diminuire, anziché aumentare, la capacità produttiva» (p. 447).

Del tutto assurda, quindi, è la tesi secondo cui un'alta tassazione stimola la produzione, perché costringe gli individui a lavorare di più per mantenere inalterato il proprio livello di vita. In questo modo, osserva sprezzante Say, è come se lo stato dicesse all'individuo: "Lavora di più, così ricevo più fondi per tiranneggiarti ulteriormente!". La verità è che l'aumento del prelievo fiscale moltiplica le privazioni, ma non certo le soddisfazioni, di chi lavora.

L'eccessiva imposizione fiscale, per Say, è "una forma di suicidio nazionale" che comporta sempre degli effetti devastanti per la società: «La tassazione spinta all'estremo ha lo spiacevole effetto di impoverire l'individuo senza arricchire lo Stato» (p. 449). Anticipando l'idea della curva di Laffer, Say spiega che un governo che adotta una moderata politica fiscale vedrà aumentare le proprie entrate anno dopo anno: «Sotto la protezione e l'influenza di un governo giusto e regolare si verifica un progressivo accrescimento annuale dei profitti e delle rendite tassabili; senza bisogno di aumentare le aliquote questa imposizione diventa gradualmente più redditizia grazie alla semplice moltiplicazione dei prodotti tassabili» (p. 461).

I disastri della prodigalità pubblica

I fondi ottenuti con le imposte sono quindi estorti con la coercizione ai contribuenti, e spesi a uso e consumo del governo, per cui «la porzione di ricchezza che passa dalle mani del contribuente a quelle dell'esattore viene distrutta o annichilata». Senza le tasse, il contribuente avrebbe speso il proprio denaro per il proprio consumo; con le tasse «lo Stato riceve la soddisfazione risultante dal consumo di quel denaro» (p. 413). Lo Stato quindi offre benefici solo a se stesso e ai propri favoriti, e tutta la spesa statale è consumo a vantaggio dei politici e dei funzionari.

Say replica in maniera indignata a coloro che sostengono che le tasse non rappresentano un fardello per l'economia, perché "ritornano" alla comunità grazie alle spese del governo: «Questo è un errore madornale che ha generato un'infinità di guai, perché viene usato come pretesto per gli sprechi e le dilapidazioni più spudorate. Il contribuente cede un valore al governo senza ricevere in cambio nulla di equivalente. Il governo lo spende infatti per l'acquisto di servizi personali o di oggetti di consumo … Spendere è cosa ben diversa dal restituire» (p. 413). Say fa il paragone con un rapinatore che irrompe a mano armata in un emporio per impossessarsi dell'incasso, e alle proteste del commerciante gli dicesse di non preoccuparsi perché in futuro avrebbe speso quei soldi anche per acquistare le sue merci. Say commenta le parole impudenti del bandito facendo notare che «la spesa pubblica incoraggia l'economia in maniera assolutamente analoga» (p. 413).

Luigi XIV, ad esempio, era assolutamente convinto che la sua prodigalità fosse tanto benefica a se stesso quanto alla società, e per questo era alla continua ricerca dei modi più stravaganti di spendere il denaro che affluiva nelle casse del Tesoro. Le azioni commesse seguendo dei falsi principi, tuttavia, hanno conseguenze più fatali della

> *La bassa tassazione è sinonimo di civiltà*
> «Quando il progresso della scienza politica limiterà la tassazione alla soddisfazione dei soli reali bisogni pubblici, i miglioramenti delle attività produttive innalzeranno verso le più alte vette la felicità umana. C'è il pericolo però che gli abusi e la complessità del sistema politico portino alla crescita e al consolidamento di una tassazione oppressiva e sproporzionata, che farà ripiombare nella barbarie quelle nazioni che oggi hanno raggiunto una strabiliante potenza produttiva» (p. 473).

cattiva condotta intenzionale, perché in esse si persevera a lungo senza rimorso e senza riserve. Se queste idee sbagliate sull'utilità della spesa pubblica rimanessero solo sui libri senza essere messe in pratica, continua Say, potremmo sorridere della loro assurdità. Il problema è che questi precetti «vengono messi in pratica dagli agenti dell'autorità pubblica, che possono imporre i loro errori e le loro assurdità sulla punta della baionetta o con la bocca del cannone» (p. 414-415).

Le conclusioni dell'analisi di Say sono radicali: lo Stato è un "terribile disturbo pubblico" e un "aggressore della pace e della felicità della vita domestica", per cui «il miglior schema finanziario pubblico è quello che prevede la minor spesa possibile, e la tassa migliore è sempre la più leggera» (p. 449). L'autorità pubblica è necessaria al mantenimento dell'ordine sociale, ma nel momento in cui si forma l'ordinamento politico i proprietari devono assicurarsi, per mezzo di qualche tipo di garanzia, che il servizio pubblico non diventi una maschera delle passioni e delle ambizioni dei detentori del potere: «Ogni tassazione che vada oltre questi limiti è in realtà una spogliazione, perche un'imposta, anche quando approvata dal consenso nazionale, rappresenta una violazione della proprietà» (p. 130).

Punti da Ricordare

- L'economia usa il metodo deduttivo, non quello statistico o matematico.
- L'utilità, non il lavoro, determina il valore di scambio di un bene.
- Sono gli imprenditori che fanno ricco un paese
- È l'offerta che genera la domanda
- Non possono esserci crisi da sovrapproduzione o da sottoconsumo
- Il risparmio e l'accumulo di capitale accrescono enormemente la produttività del lavoro
- La consuetudine ha selezionato l'oro e l'argento come moneta
- La libera concorrenza bancaria nell'emissione monetaria è superiore al sistema della banca centrale
- Le imposte danneggiano sempre la produzione, e la tassa migliore è quella più leggera
- La spesa statale sostituisce il consumo dei governanti al consumo privato.

L'autore

Jean-Baptiste Say (1767-1832) nasce a Lione il 5 gennaio 1767 da una famiglia ugonotta. Nel 1785 viene mandato insieme a un fratello a completare la sua istruzione in Inghilterra, dove trova anche lavoro presso un mercante londinese. Due anni dopo ritorna in Francia, e si impiega presso la compagnia assicurativa di Ètienne Clavière, futuro ministro rivoluzionario. La sua prima pubblicazione, un pamphlet sulla libertà di stampa, è del 1789. Successivamente lavora come giornalista al "Corriere di Provenza" diretto da Mirabeu. Nel 1793 diventa segretario di Clavière, divenuto ministro delle finanze, e sposa Mille Deloche. Dal 1794 al 1800 dirige il periodico "La Decade", nel quale espone le dottrine di Adam Smith. La sua reputazione di pubblicista cresce e nel 1799, sotto il governo consolare napoleonico, viene nominato tra i cento membri del Tribunato. Nel 1803 pubblica la sua opera principale, il "Trattato di economia politica". Napoleone gli offre 40mila franchi all'anno se riscrive alcune parti dell'opera in senso più favorevole ai suoi progetti economici interventisti. Say però non è disposto a sacrificare le sue convinzioni liberali, e nel 1804 viene rimosso dalla carica di tribuno. Per guadagnarsi da vivere decide quindi di impegnarsi nell'attività imprenditoriale, e apre una manifattura cotoniera che dà lavoro a quasi cinquecento persone. Durante il tempo libero apporta delle revisioni al suo trattato di economia, ma la censura gli impedisce di pubblicare nuove edizioni. Solo nel 1814, con la caduta di Napoleone, può pubblicare la seconda edizione del trattato, e la dedica allo zar Alessandro I di Russia, che si era dichiarato suo estimatore. Nel 1818 fonda la prima scuola commerciale del mondo, la ESCP Europa. Nel 1828-1830 pubblica il "Corso completo d'economia pratica", e nel 1831 diventa professore di economia politica al Collegio di Francia. La sua salute declina rapidamente dopo la scomparsa della moglie, avvenuta nel 1830. Say muore a Parigi il 15 novembre 1832.

Nota Bibliografica

Esistono due traduzioni italiane: Giovanni-Battista Say, *Trattato di economia politica*, Stamperia del Ministero della Segreteria di Stato, Napoli, 1817; e G. B. Say, *Trattato di economia politica*, Pomba, Torino, 1854. Si è utilizzata però l'edizione statunitense: *A Treatise on Political Economy*, Grigg & Elliot, Filadelfia, 1841, p. 60+488 (ristampa anastatica 2012, Forgotten Books). Titolo originale: *Traité d'Économie Politique*. Il *Traité* ebbe sei edizioni ampliate, l'ultima del 1829.

9

Benjamin Constant

Conquista e usurpazione
1814

Nella moderna società commerciale la guerra di conquista non ha più senso

In *Conquista e usurpazione* si ritrova la sintesi di tutte le tematiche del pensiero di Constant, uno dei maggiori pensatori liberali vissuti a cavallo del XVIII e XIX secolo: la contrapposizione tra la società guerriera e la società commerciale, la libertà degli antichi contrapposta a quella dei moderni, i pregi del localismo, i pericoli della personalizzazione del potere, la distinzione tra la monarchia legittima e l'usurpazione. Il libro è diviso in due parti. La prima è una sorta di grande manifesto del pacifismo liberale; la seconda è una potente critica al dispotismo napoleonico.

Riassunto

O la guerra o il commercio

Nel pensiero di Constant è presente una netta contrapposizione, tipica dei liberali del tempo, tra il commercio e la guerra, tra lo scambio e la conquista, tra la società commerciale e la società militare. I metodi della guerra e della conquista appartengono per Constant a una fase sorpassata della civiltà umana. Oggi gli uomini riescono a soddisfare i propri bisogni molto meglio attraverso i pacifici mezzi della produzione e dello scambio. La maggior parte dei popoli dell'antichità, spiega lo studioso franco-svizzero, vivevano in uno stato di guerra permanente con i vicini. La guerra era infatti il mezzo principale per procurarsi non solo le risorse per vivere, ma anche la sicurezza e l'indipendenza. Sotto questo aspetto, invece, la società moderna è l'opposto di quella antica. Oggi vi è una tendenza uniforme verso la pace, alla quale anche i governanti prestano omaggio, evitando di confessare apertamente l'amore per le conquiste e per la gloria militare. La guerra oggi ha perso il suo fascino e la sua utilità, e né la passione né l'interesse riescono a spingere gli uomini a combattere.

La guerra e il commercio, infatti, sono due mezzi diversi per giungere allo stesso fine: quello di ottenere ciò che si desidera. Il commercio non è altro che un omaggio reso alla forza del possessore da parte di chi aspira al possesso. È un tentativo per ottenere amichevolmente ciò che non speriamo più di conquistare con la violenza. Un uomo che fosse sempre il più forte non penserebbe mai di servirsi del commercio: è l'esperienza che, provandogli come la guerra, vale a dire l'uso della propria forza contro la forza altrui, sia esposta a varie resistenze e a vari insuccessi, lo induce a ricorrere al commercio, ossia a un mezzo più mite e più sicuro per realizzare i propri interessi in accordo con quello degli altri.

La guerra è dunque anteriore al commercio. L'una è l'impulso selvaggio, l'altra il calcolo civile. È chiaro che più domina la tendenza commerciale e più deve indebolirsi la tendenza guerriera: «Il fine unico delle nazioni moderne è la tranquillità, con la tranquillità gli agi, e, come fonte degli agi, l'industria. La guerra è un mezzo sempre più inefficace per conseguire questo fine. Le sue sorti non offrono più, né agli individui né alle nazioni, benefici che eguaglino i risultati del lavoro pacifico e degli scambi regolari. Presso gli antichi una guerra fortunata accresceva, in schiavi, in tributi, in terre spartite, la ricchezza pubblica e quella individuale; presso i moderni, una guerra fortunata costa infallibilmente più che non frutti» (p. 23).

> *La guerra danneggia sempre i commerci.*
> «Codesto governo invocherebbe gli interessi commerciali, come se significasse giovare al commercio spolpare un paese della sua più fiorente gioventù, sottrarre le braccia più necessarie all'agricoltura, agli opifici, all'industria, innalzare tra sé e sé e gli altri popoli barriere innaffiate di sangue. Il commercio poggia sulla buona intelligenza reciproca delle nazioni; si sostiene soltanto in virtù della giustizia; si fonda sull'eguaglianza; prospera nella pace» (p. 39).

Il commercio, spiega Constant, ha modificato persino la natura della guerra. In passato, le nazioni mercantili soggiacevano sempre ai popoli guerrieri: si pensi all'epocale scontro tra Cartagine e Roma. Oggi invece i popoli commerciali resistono vantaggiosamente ai popoli guerrieri, e spesso si dimostrano più forti. La guerra è dunque un anacronismo, perché per gli uomini dei nostri giorni non esiste nessuno dei motivi che inducevano gli uomini di un tempo a sfidare tanti pericoli e a sopportare tante fatiche.

Per questa ragione, oggi l'autorità può intraprendere una guerra solo "ammantandola di pretesti vani e di scandalose menzogne", cioè utilizzando le parole con un significato contrario a quello reale: «la parola "moderazione" presagirebbe la violenza; la parola "giustizia" annuncerebbe l'iniquità. Il genere umano tornerebbe agli obbrobriosi tempi della devastazione, con la sola differenza dell'ipocrisia, tanto più corruttrice in quanto nessuno più vi crederebbe» (p. 40). Le guerre portate in tutta Europa dalla Rivoluzione francese e da Napoleone furono le prime guerre "umanitarie", giustificate con il pretesto ideologico di liberare i popoli dalla tirannia dei loro governi.

A tutto ciò occorre aggiungere gli orrori della coscrizione. Che strano rovesciamento, esclama Constant: «Per vent'anni a questi stessi uomini avete raccomandato la sobrietà, l'attaccamento alla famiglia, l'assiduità nel lavoro: ma bisogna invadere il mondo! Ed essi vengono afferrati, trascinati, incitati al disprezzo delle virtù che per tanto tempo erano state loro inculcate» (p. 42). Viene così a formarsi un vasto esercito permanente, fiero dei propri successi e abituato al saccheggio, che non è affatto semplice da gestire. Ad un certo punto bisogna provvedere un'occupazione a questi soldati, inquieti e temibili quando rimangono in ozio. Bisogna tenerli lontani e trovargli degli avversari. Una società militarizzata contiene quindi, indipendentemente dalle guerre presenti, il germe delle guerre future. Il governo che ha imboccato questa via viene travolto dalla fatalità che ha evocato, e non riesce più a tornare pacifico.

La forza di resistenza delle consuetudini locali

Tutti i conquistatori desiderano imporre l'uniformità nei loro domini. Proclamano che una perfetta organizzazione sociale deve avere lo stesso codice giuridico, le stesse misure, gli stessi regolamenti e lo stesso linguaggio: «Ne consegue che i vinti, dopo le calamità sopportate nelle disfatte, devono subire un nuovo genere di sventure: prima, sono stati vittime di una chimera di gloria; dopo, sono vittime di una chimera di uniformità» (p. 52).

I governanti spesso giustificano questa loro opera di omogeneizzazione con argomentazioni patriottiche o nazionaliste. In realtà il vero patriottismo nasce solo dall'attaccamento agli interessi, ai costumi, agli usi locali, cioè da tutto ciò a cui hanno dichiarato guerra i nostri sedicenti patrioti. Il potere rivoluzionario ha prosciugato questa fonte naturale del patriottismo per sostituirlo con una passione fittizia verso la Nazione, un essere astratto, un'idea generica, priva di tutto ciò che colpisce l'immaginazione e di tutto ciò che parla alla memoria. L'autorità centrale infatti è spesso invidiosa della lealtà locale, perché gli interessi e i ricordi che nascono dagli usi locali contengono un germe di resistenza che l'autorità non sopporta volentieri e si affretta a sradicare.

I grandi Stati presentano infatti dei grandi svantaggi. Le leggi partono da un luogo talmente lontano da quelli in cui devono venire appli-

> *L'ipocrisia delle guerre rivoluzionarie.*
> «Durante la Rivoluzione francese si era inventato un pretesto di guerra allora sconosciuto: liberare i popoli dal giogo dei rispettivi governi, che si supponevano illegittimi e tirannici. Con tale pretesto si è portata la morte tra uomini in cui gli uni vivevano tranquilli sotto istituzioni mitigate dal tempo e dalla consuetudine, e gli altri fruivano, da parecchi secoli, di tutti i benefici della libertà: epoca quanto mai ignominiosa, nella quale si vide un governo perfido incidere parole sacre sui suoi stendardi colpevoli, turbare la pace, violare l'indipendenza, distruggere la prosperità dei vicini innocenti, accrescendo lo scandalo europeo con mendaci dichiarazioni di rispetto per i diritti degli uomini, e di zelo per l'umanità!» (p. 40).

cate, che gli errori diventano gravi e frequenti. Il governo scambia l'opinione pubblica dei dintorni, o tutt'al più del luogo della sua residenza, per quella di tutto l'impero. Gli abitanti delle province più remote vengono sorpresi tutto a un tratto dalle innovazioni più inaspettate e più contrarie alle loro abitudini e ai loro interessi, decise a centinaia di chilometri di distanza da estranei che nulla sanno della situazione locale. In verità è più importante lo spirito con cui un popolo rispetta le proprie leggi, della bontà intrinseca delle leggi stesse. Potete offrire a un popolo le istituzioni più perfette, ma questo le rifiuterà per rimanere fedele alle leggi dei propri padri, e sarà più felice sotto le proprie istituzioni difettose.

La forza che serve per tenere assoggettati gli altri popoli non può durare a lungo. La nazione conquistatrice finisce per suscitare odi ovunque, e per mettersi in una situazione pericolosa. Diventerebbe oggetto di orrore universale. Tutte le opinioni, tutte le aspirazioni, tutti gli odi la minaccerebbero, e presto o tardi la assalirebbero.

Il popolo conquistatore, una volta sconfitto, non avrebbe più salvezza, e pagherebbe anche per gli errori dei suoi capi.

In definitiva, conclude Constant, le nazioni commerciali dell'Europa moderna non hanno più nulla da sperare dalle conquiste. La guerra rovina ogni garanzia sociale, mette in pericolo ogni sorta di libertà, nuoce a tutti gli interessi, turba tutte le sicurezze, grava su tutti i patrimoni, combina e autorizza tutte le forme di tirannia interna ed esterna, degrada l'amministrazione della giustizia perché tende a raffigurare come complici del nemico tutti gli uomini malvisti dall'autorità, rovina le nuove generazioni, divide il popolo in due parti, in cui una disprezza l'altra, prepara distruzioni future mediante distruzioni passate, compra con le sventure del presente le sventure dell'avvenire.

Il re e l'usurpatore

Nella seconda parte del libro la polemica antinapoleonica si fa ancor più diretta. Lo studioso liberale svolge una penetrante analisi della differenza radicale tra un monarca ereditario e un dittatore che ha usurpato il potere con la forza senza aver dei titoli storici che lo legittimano. Non devono ingannare le somiglianze tra i due casi, derivanti dal fatto che in entrambi il potere viene consegnato a un solo uomo. In realtà le due situazioni sono estremamente diverse. «La Monarchia, quale esiste nella maggior parte degli Stati europei, è un'istituzione modificata dal tempo, attenuata dall'abitudine. È circondata da organismi intermedi che la sostengono e insieme la limitano; e la sua ereditarietà regolare e tranquilla rende più facile la sottomissione, meno temibile il potere» (p. 75).

> *Gli uomini rimangono fedeli alle proprie consuetudini locali.*
> «Nulla di più assurdo che usar violenza alle consuetudini, con il pretesto di giovare agli interessi. Il primo degli interessi è di essere felici, e le consuetudini costituiscono una parte essenziale della felicità … Persino negli Stati costituitisi da molto tempo, e il cui amalgama abbia perduto l'odiosità della violenza e della conquista, vediamo il patriottismo che nasce dalle varietà locali, l'unico genere di patriottismo vero, risorgere come dalle proprie ceneri non appena la mano del potere alleggerisce per un attimo la propria azione» (p. 56).

Il monarca non segue una strada in cui si è lanciato di propria volontà, non si imposto a spese di altri, non deve costituirsi una reputazione, non viene paragonato a dei rivali, e quindi scoraggia le ambizioni e non offende le vanità. Lo stesso discorso vale anche per le repubbliche che esistono da molto tempo e che acquistano, al pari delle monarchie, un retaggio di tradizioni, di usi e di consuetudini.

Mentre in un re vediamo, più che la sua persona, un'intera stirpe di re e una tradizione di più secoli, l'usurpazione è una forza che porta necessariamente con sé l'individualità del dittatore. Un usurpatore è esposto a tutti i confronti suggeriti dai rimpianti, dalle invidie o dalle speranze di chi avrebbe voluto essere al suo posto. È costretto ogni giorno a giustificare la propria posizione. In pratica ha contratto il tacito impegno di legare grandi risultati a tanta fortuna, e non può deludere l'aspettativa del pubblico, da lui così vigorosamente suscitata. L'ascesa repentina al potere fa perdere il senno all'usurpatore. La sua ragione viene sconvolta dal cambiamento radicale della sua esistenza, proprio come i privati che si trovano improvvisamente investiti di una grande ricchezza e cominciano a concepire desideri, capricci e fantasie disordinate, inebriati dalla loro opulenza.

Il re ha per alleato il passato. Il dittatore, inquieto e tormentato, non crede nei diritti che si arroga, anche se costringe il mondo a riconoscerli. L'illegalità lo perseguita come un fantasma. Deve continuamente giustificare i propri titoli, e muta le leggi e le istituzioni in continuazione. Non è mai contento del proprio edificio costruito sulla sabbia. Sotto un dittatore si susseguono ininterrottamente delle guerre, che gli servono per circondarsi di guardie, per abbagliare le menti e per supplire, con il prestigio della conquista, al prestigio dell'antichità. «Al trono un monarca giunge naturalmente: un usurpatore vi si introduce attraverso il fango e il sangue, e, dopo che vi si è collocato, la sua veste macchiata reca l'impronta della carriera che ha percorso» (p. 77). L'usurpazione ci riporta quindi al sistema guerriero, con tutti i suoi difetti.

Libertà degli antichi e dei moderni

Constant anticipa poi, nel sesto capitolo, la distinzione fra la libertà degli antichi e dei moderni che svilupperà ampiamente nella famosa conferenza tenuta all'Ateneo di Parigi nel 1819. Nelle repubbliche antiche la libertà cui ambiva di più il cittadino era quella che consisteva nella partecipazione attiva al potere collettivo, più che al godimento dell'indipendenza personale. Il cittadino era, in un certo senso, schiavo della nazione cui faceva parte, si abbandonava interamente alle decisioni del legislatore e gli riconosceva il diritto di sorvegliare tutte le sue azioni e di coartare la sua volontà. Pur di conservare la propria importanza politica gli antichi erano disposti a rinunciare alla propria indipendenza privata. Nelle società commerciali moderne, al contrario, gli uomini desiderano più di ogni altra la tranquillità della propria libertà e proprietà.

Constant giudica quindi irrealizzabile e anacronistico il tentativo dei giacobini di riportare in auge le libertà antiche a danno di quelle moderne, ispirati dalle idee e dai progetti di autori come Rousseau e Mably: «La metafisica sottile del *Contratto sociale* non giova, ai nostri giorni, se non a fornire armi e pretesti a tutti i generi di tirannia. A quella di uno solo, a quella di parecchi, a quella di tutti, all'oppressione costituita sotto forme legali, o esercitata da furori popolari» (p. 101-102). Ancor più severo è il giudizio su *La legislazione ovvero i principi delle leggi* di Mably, che per Costant costituisce il più completo codice di dispotismo che si possa immaginare. Si tratta infatti di un testo d'ispirazione comunista basato su tre principi: l'autorità legislativa dev'essere illimitata; la libertà

> *Libertà degli antichi e libertà dei moderni.*
> «I progressi della civiltà, la tendenza commerciale del tempo, le comunicazioni tra i popoli hanno moltiplicato e variato all'infinito i mezzi atti al conseguimento della felicità personale. Per essere felici, gli uomini han solo bisogno d'esser lasciati in uno stato d'indipendenza assoluta per tutto quanto attiene alle loro occupazioni, alle loro iniziative, alla loro sfera di attività, ai loro capricci. Gli antichi trovavan più piacere nell'esistenza pubblica, e ne trovavano meno in quella privata … Quasi tutti i piaceri dei moderni stanno nell'esistenza privata: l'immensa maggioranza, sempre esclusa dal potere, non s'interessa, se non in modo assai fugace alla propria esistenza pubblica … La proprietà si è identificata intimamente con l'esistenza dell'uomo» (p. 99).

individuale è un flagello; la proprietà è un male. Combinando queste tre idee, scrive Constant, si ottiene "la costituzione riunita di Costantinopoli e di Robespierre".

In realtà il potere illimitato e tirannico è solitamente più breve e instabile di quello limitato e moderato. Constant fa notare infatti che nessuno Stato dispotico è durato tanto tempo quanto la libertà inglese. Paradossalmente, le istituzioni che limitano il potere sono anche il suo sostegno: «Lo guidano nel suo cammino, lo sorreggono nei suoi sforzi, lo moderano nei suoi accessi di violenza, lo incoraggiano nei suoi momenti di apatia. Gli adunano intorno gli interessi delle varie classi; e anche quando combatte contro di loro, gli impongono certe regole che fanno meno pericolosi i suoi errori. Ma allorché queste istituzioni sono distrutte, il potere, non trovando nulla che lo diriga, nulla che lo contenga, comincia a procedere a casaccio» (p. 142).

> *Il commercio sfugge sempre al potere.*
> «Gli individui trasferiscono lontano i propri tesori; portano con sé tutti i frutti della vita privata; il commercio ha ravvicinato le nazioni, e dato loro usi e costumi pressoché simili; i capi possono essere nemici, i popoli sono compatrioti; lo spatriare, che presso gli antichi era un supplizio, è facile ai moderni, e, lungi dall'essergli doloroso, gli è spesso gradevole» (p. 154).

Le misure arbitrarie diventano una sorta di droga per i governi dispotici. Una volta utilizzati, i mezzi arbitrari appaiono talmente sbrigativi e talmente comodi, che ci si rifiuta di impiegarne altri. Con l'arbitrio cresce però anche la diffidenza dei sudditi e il numero dei nemici. Diventa impossibile soffocare il malcontento, perché quanto più l'opinione pubblica è compressa, tanto più è terribile: «penetra nelle menti insieme con l'aria che si respira; diventa il sentimento abituale, l'idea fissa di ciascuno; non ci si riunisce per cospirare, ma tutti quelli che si incontrano cospirano» (p. 151). Ecco perché le misure illegali, lungi dal favorire la durata dei governi, la compromettono. Dunque il dispotismo, che vive di tali misure, non può racchiudere alcun germe di stabilità.

A tutto questo si deve aggiungere che lo sviluppo delle moderne attività commerciali pone degli ostacoli ancor maggiori al dispotismo. Il commercio rende l'azione dell'arbitrio più facile da eludere, perché la proprietà circolante diventa quasi inafferrabile. Gli individui hanno quindi maggiori possibilità di spostarsi e di sottrarsi così al potere oppressivo del governo.

Constant conclude quindi con un accorato elogio a tutti gli amanti della libertà perseguitati dal potere: «Crudele sorte, in tutti i tempi, per gli amici dell'umanità! Ignorati, sospettati, circondati da uomini incapaci di credere nel coraggio, nella convinzione disinteressata … hanno sempre errato sulla terra, bersagli di tutti partiti, e soli in mezzo alle generazioni, ora furiose, ora depravate. In essi riposa, nondimeno, la speranza della specie umana!» (p. 159).

Punti da Ricordare

• Gli uomini possono soddisfare i propri desideri in due modi: con la guerra o con il commercio
• Nella moderna società commerciale la guerra di conquista è diventata un costoso anacronismo

- Oggi i governi giustificano le guerre di conquista con false ragioni umanitarie
- I conquistatori combattono la varietà per imporre l'uniformità
- Il vero patriottismo nasce solo dall'attaccamento alle radici locali
- I grandi Stati presentano dei grandi svantaggi
- Il potere del monarca ereditario e quello dell'usurpatore hanno una natura completamente diversa.
- Gli antichi ambivano all'esercizio del potere politico, i moderni al pacifico godimento della propria libertà e proprietà
- I giacobini vogliono riportare in auge le libertà collettive degli antichi a danno di quelle individuali dei moderni
- Le istituzioni che limitano il potere nello stesso tempo lo sostengono
- Le istituzioni libere sono più durature di quelle arbitrarie e dispotiche
- Lo sviluppo delle moderne attività commerciali pone degli ostacoli al dispotismo
- La speranza dell'umanità poggia sugli uomini perseguitati perché amanti della libertà

L'autore

Benjamin Constant (1767-1830) nasce a Losanna il 25 ottobre 1767 da una famiglia protestante originaria della Francia. Compie i suoi studi in Inghilterra e in Germania, e nel 1794 conosce Madame de Staël (1766-1817), figlia del banchiere svizzero Necker, ministro delle finanze sotto Luigi XVI, alla quale Constant resta legato per quindici anni non solo come amante, ma anche grazie al forte sodalizio intellettuale e politico. Nel 1795 ottenne la cittadinanza francese Nel 1796 pubblica *Sulla forza del governo attuale della Francia e sulla necessità di aderirvi*, nel quale critica gli errori della Rivoluzione senza però auspicare un ritorno all'*ancien régime*. Viene quindi eletto al Tribunato, dal quale conduce una politica di rigida opposizione a Napoleone, fino a essere costretto con Madame de Staël a prendere la via dell'esilio. In quegli anni Constant scrive un grande trattato di filosofia politico-costituzionale, i *Principi di politica* del 1806, che riemergerà dai suoi manoscritti solo nella seconda metà del XX secolo. Nel 1814 contro il militarismo napoleonico compone *Sullo spirito di conquista e di usurpazione*, ma durante i Cento Giorni si avvicina a Napoleone, per il quale elabora un progetto di costituzione liberale sul modello inglese, fondato sulla salvaguardia delle libertà personali. Con l'avvento di Luigi XVIII, Constant viene nuovamente costretto all'esilio, ma nel 1817 rientra a Parigi e, successivamente, viene eletto all'Assemblea Nazionale. Nel 1819 tiene la famosa conferenza all'Ateneo di Parigi *Sulla libertà degli antichi paragonata a quella dei moderni*. Costantemente sorvegliato dalla polizia sotto Carlo X, dopo la rivoluzione del luglio 1830 si schiera a favore di Luigi Filippo, che lo nomina presidente del Consiglio di Stato. Constant però muore a Parigi l'8 dicembre di quello stesso anno.

Nota Bibilografica

Benjamin Constant, *Conquista e usurpazione*, IBL Libri, Torino, 2009, traduzione e introduzione di Luigi Marco Bassani, p. 270. È stata utilizzata l'edizione: Benjamin Constant, *Dello spirito di conquista e dell'usurpazione nei loro rapporti con la civiltà europea*, Rizzoli, Milano, 1961, traduzione e nota di Augusto Donaudy, p. 200. Titolo originale: *De l'esprit de conquête et de l'usurpation dans leurs rapports avec la civilisation européenne*

10

Destutt de Tracy

Trattato di economia politica
1815

Il debito pubblico è il veleno dei governi

Il *Trattato della volontà* del Conte Destutt De Tracy, intellettuale di spicco all'epoca della Rivoluzione francese, costituisce un trattato d'economia facente parte di una vasta opera in dieci volumi che copriva tutte le scienze sociali. È uno studio di grande spessore teorico, nel quale l'autore esprime una visione illuminista favorevole a una forma molto estesa di *laissez-faire*. Questo trattato ebbe un grandissimo successo negli Stati Uniti, tanto da venir tradotto e diffuso dal presidente Thomas Jefferson in persona. Per diversi decenni fu il testo più adottato nelle università americane, prima di venir soppiantato dal *Trattato di economia politica* di Jean-Baptiste Say.

RIASSUNTO

Gli Ideologi, ultimi illuministi

Antoine Louis Claude Destutt, conte de Tracy, è l'inventore della parola "ideologia", intesa come scienza critica delle idee, cioè analisi del modo in cui le idee si formano nella nostra mente e di come si applicano ai comportamenti umani, in particolare a quelli sociali e politici. Da questo termine prende il nome la scuola degli Ideologi, che in Francia rappresenta l'ultima grande generazione dei Lumi, e comprende oltre a Tracy studiosi come Condorcet, Sieyès, Daunou, Volney, Say e scienziati come Lamarck, Lavoisier, Cabanis, Pinel.

Gli Ideologi rappresentano la coscienza critica della Rivoluzione francese. Contribuiscono infatti all'elaborazione dei principi rivoluzionari, li difendono contro le idee dell'antico regime, ma cercano anche di impedire che tali principi vengano corrotti dalla violenza e dal dispotismo della logica giacobina, considerata un'aberrazione, e non il naturale sviluppo della Rivoluzione. Lontani anni luce da ogni forma di opportunismo, gli Ideologi incarnano un'onestà intellettuale e una probità politica improntate al più raro interesse personale, tanto da subire l'avversione implacabile prima di Robespierre poi di Napoleone. Durante il terrore per le loro idee Condorcet e Lavoisier perdono la vita, mentre Tracy, Daunou e Volnay vengono imprigionati. Tracy viene condannato a morte, e si salva solo grazie alla caduta di Robespierre.

Tracy crede nel progresso attraverso la diffusione della cultura, vuole limitare al massimo le funzioni dei pubblici poteri per prevenire ogni abuso, condanna l'autorità politica fondata sui privilegi e sulla tradizione e non sulla volontà generale, difende la tolleranza politica e religiosa, e propugna la massima libertà individuale nel pensiero e nell'azione. Il circolo di Auteuil, che prende il nome dalla casa di Madame Helvetius nella quale Tracy e gli altri Ideologi si riuniscono regolarmente tra la fine del '700 e l'inizio dell'800, diventa un punto di riferimento del pensiero riformista non solo francese, ma anche europeo e americano.

Benjamin Franklin e Thomas Jefferson, infatti, frequentano il circolo durante le loro missioni diplomatiche a Parigi. Jefferson in particolare diventa un grande estimatore di Tracy, e si impegna a diffondere le sue idee negli Stati Uniti, traducendo di propria mano le sue opere principali, compreso il *Trattato della volontà*, pubblicandolo nel 1818 col titolo *A Treatise on Political Economy* (Trattato di economia politica).

> *Quando arriva il mercante …*
> «Arriva il mercante: porta da ogni luogo della terra i prodotti che là sovrabbondano, e che qui mancano. È sempre pronto a comprare quando qualcuno desidera vendere, e vendere quando qualcuno desidera comprare. Conserva la sua merce fino al momento in cui è richiesta, e se necessario la rivende. In breve alleggerisce i produttori delle merci di cui sono carichi, e le mette alla portata dei consumatori che le desiderano; tutte le relazioni diventano così facili e comode. Ma cos'ha fatto in realtà? Impiegando la sua abilità commerciale non ha modificato la forma delle cose, ma ha operato dei cambiamenti nello spazio, realizzando una grande utilità. In effetti, poiché i valori sono la misura dei gradi di utilità, è del tutto evidente che una cosa spostata da un luogo dove costa poco a un luogo dove costa molto ha acquisito grazie al suo trasporto un grado di utilità che prima non aveva» (p. 61).

La società è una rete di scambi continui

Malgrado il titolo, il *Trattato della volontà* rappresenta il trattato d'economia di Destutt de Tracy. Egli tuttavia non è un economista ma un pensatore dagli interessi universali, e lo studio dell'economia rappresenta solo una parte di un grandioso sistema composto da più volumi, gli *Elementi d'ideologia*. Il punto di partenza filosofico del *Trattato della volontà* è il diritto fondamentale di ognuno sulla propria persona e sulle proprie facoltà.

Non esistono classi non proprietarie, perché tutti gli uomini possiedono le più preziose proprietà, le loro facoltà. I poveri quindi hanno l'interesse a preservare le loro proprietà quanto i ricchi. Il poco che possiedono per loro è tutto, e di conseguenza infinitamente prezioso ai loro occhi. Non sono sicuri di nulla, se la proprietà non è rispettata. È questa classe, osserva Tracy, che tiene in più alta considerazione il diritto di proprietà, e che giudica più odioso il nome di ladro.

Poiché tutti gli uomini sono proprietari, ne consegue che la società è puramente e solamente una continua serie di scambi: «Questo è il più grande elogio che possiamo farle, perché lo scambio è una transazione ammirevole, nel quale entrambe le parti contraenti ottengono sempre un guadagno; di conseguenza la società è un'ininterrotta successione di vantaggi, incessantemente rinnovati per tutti i suoi membri» (p. 95). Grazie a questi scambi reciproci si accresce e si diffonde rapidamente la conoscenza, si sviluppa spontaneamente la divisione del lavoro, e ogni attività umana diventa molto più produttiva.

Se la società non è altro che una serie continua di scambi, allora siamo tutti in diversa misura produttori e mercanti, perché «non esiste una persona così sfortunata da non creare mai nulla di utile» (p. 113). Si può dire allora che il commercio e la società sono la stessa cosa. Il commercio infatti esiste da sempre, ben prima della comparsa dei mercanti in senso stretto. Questi ultimi, comunque, svolgono una funzione essenziale. «Il mercante – scrive Tracy – si interpone tra due persone, il produttore e il consumatore, ma non li danneggia. Egli non è né un parassita né un intralcio: al contrario, facilita le relazioni, il commercio, la società» (p. 133).

L'imprenditore, il capitale e la moneta

Nella serie continua di scambi che genera la società, un ruolo fondamentale viene svolto da quelle persone che decidono come impiegare economicamente le ricchezze: gli imprenditori. Tracy lo spiega con una bella immagine: «Gli imprenditori dell'industria sono il vero cuore della nazione, e i loro capitali sono il sangue» (p. 201). Con questi capitali, ricorda Tracy, gli imprenditori pagano i salari ai lavoratori e gli interessi ai capitalisti che possiedono la terra e il denaro; in seguito il capitale ritorna nelle loro mani, grazie alle spese di tutti coloro che valutano il loro prodotto più di quanto sia costato in termini di salari, affitti e interessi.

> *La cartamoneta a corso forzoso è un folle dispotismo.*
> «È inutile sostenere che la cartamoneta può essere usata senza eccessi. L'esperienza costante prova il contrario; e indipendentemente dall'esperienza, la ragione dimostra che, una volta che gli abusi siano cominciati, se ne commettono sempre di più; obbligare la sua circolazione per legge non la rende vera *moneta*, ma serve a prolungare l'abuso … Infatti se la banconota è buona, è inutile obbligare la gente ad accettarla; se è cattiva, è iniquo e assurdo costringerla ad accettarla come se fosse buona. Non esiste una risposta valida a questo dilemma. Mirabeu aveva perciò tutte le ragioni quando pronunciò la celebre frase, che egli stesso però successivamente dimenticò, "La cartamoneta è una forma di dispotismo fuori controllo"» (p. 151).

È questo capitale circolante, scrive Tracy, che ha creato la civiltà: «Io chiamo semplicemente *risparmio* ciò che viene comunemente chiamato *capitale*. Quest'ultimo è il surplus della *produzione* rispetto al *consumo* di tutti coloro che sono vissuti prima di noi; infatti, se produzione e consumo fossero esattamente uguali non ci sarebbero rimanenze, nemmeno per allevare i figli. Dai nostri antenati non abbiamo ereditato nient'altro che questo surplus, il quale, incrementatosi in progressione accelerata, fa la differenza tra una nazione civilizzata e un'orda di selvaggi» (p. 115).

In questo processo di elevazione delle condizioni materiali il denaro svolge un ruolo fondamentale. Tracy spiega che la moneta sorge spontaneamente dai baratti, quando una determinata merce comincia a essere richiesta in ogni luogo per le sue caratteristiche di divisibilità, inalterabilità, facile trasportabilità. Solitamente sono i metalli preziosi ad avere queste qualità, in particolare l'argento, mentre «l'oro è troppo raro e gli altri metalli troppo comuni. L'oro comunque viene in aiuto dell'argento nei pagamenti di somme molto elevate» (p. 141). A seguito della coniazione da parte dell'autorità competente, i metalli diventano pienamente moneta. Secondo Tracy, tuttavia, non bisognerebbe chiamare le monete con dei nomi particolari (luigi, corone o ducati), che confondono le idee, ma solo con la quantità d'argento o d'oro che contengono.

Sorge però in questo modo il gravissimo problema dell'alterazione monetaria che tutti i governi hanno commesso con una tale audacia e scarsa moderazione, da ridurre anche del novanta per cento la quantità di metallo contenuta in una moneta. Questa pratica produce tre effetti: impoverisce i creditori, arricchisce i debitori come il governo, e scoraggia la produzione e gli scambi, per l'incertezza che pervade tutte le relazioni commerciali. «In questo modo il pubblico soffre, la ricchezza nazionale diminuisce, e gran parte delle imposte si vanificano, dato che il lavoro diminuisce, e chi non guadagna nulla non contribuisce nulla … In ultima analisi il governo ha commesso una rapina che gli arreca più danno che vantaggio» (p. 145). È incredibile, osserva Tracy, che questa pratica ancora oggi venga da molti considerata un'utile politica finanziaria.

Ancor peggiore dell'alterazione monetaria è però la falsificazione vera e propria mediante l'emissione di cartamoneta non coperta da metalli preziosi. Alla cartamoneta si giunge a seguito di una serie graduale e nascosta di svilimento dello standard monetario. Il risultato finale è l'iperinflazione, che Tracy aveva conosciuto nella catastrofica esperienza degli "assegnati" emessi durante la rivoluzione francese, che in breve tempo persero ogni valore, sconvolgendo l'economia nazionale. In questa situazione le dispute diventano interminabili, il commercio si arresta, non c'è più la possibilità di guadagnarsi regolarmente da vivere esercitando un'industria. Il governo interviene continuamente per regolamentare e punire, ma se può costringere qualcuno a cedere dei beni in cambio di nulla, non può costringere nessuno a produrli. «Possiamo dire - conclude Tracy - che in senso stretto la società si è dissolta, perché non esistono più liberi scambi» (p. 150).

La maledizione del debito pubblico

Il favore di Tracy per una sana moneta metallica si manifesta anche nella sua ostilità nei confronti di qualsiasi privilegio legale attribuito alla banche. Di per sé l'attività del banchiere è utile quanto quella del mercante: invece di spostare merci, il banchiere sposta denaro nello spazio. I monopoli e i cartelli bancari favoriti dal governi, tuttavia, rappresentano delle istituzioni che contengono in sé i germi dell'abuso e dell'autodistruzione: «Tutte queste compagnie sono "radicalmente viziate" proprio dai privilegi di cui godono. Tutte le cose intrinsecamente cattive finiscono male, a dispetto dei loro successi transitori» (p. 159). Questo è uno dei numerosi punti in cui l'economia e la morale viaggiano insieme, dato che «il giusto e l'utile sono sempre uniti» (p. 186).

Nel pensiero di Tracy si trova inoltre una forte avversione per gli sprechi e i consumi eccessivi, ereditato dalla polemica rivoluzionaria contro le spese sfarzose delle classi "oziose" nobiliari. «Il consumo – scrive Tracy – è l'opposto della produzione. Così come la produzione aumenta le nostre ricchezze, il consumo la diminuisce» (p. 198). Il consumo quindi non è mai la causa della prosperità di una nazione, a dispetto dei sofismi pre-keynesiani già allora in voga: «nessuno dovrebbe essere così cieco da credere che le spese di qualsiasi tipo siano una causa diretta dell'accrescimento delle fortune; ogni persona dovrebbe sapere bene che per le società politiche, così come per quelle commerciali, un regime dispendioso è rovinoso, e che il migliore è quello più economico. Questa è una delle verità che il buonsenso della gente comune ha percepito molto tempo prima che diventasse chiaro ai grandi uomini politici» (p. 243). Una buona *economia*, spiega Tracy, deve essere *economica*, cioè impiegare utilmente i mezzi che ha a disposizione (p. 208).

In ogni società, tuttavia, il governo è il più grande dei consumatori. La spesa del governo, a differenza di quella investita dai ceti produttori, non ritorna nelle mani dei contribuenti aumentata di valore: «il governo non si sostiene con i suoi profitti. Concludo quindi che il suo consumo è reale e definitivo ... Il lavoro eseguito per pagare le tasse viene interamente consumato e annichilito appena entra nelle casse del Tesoro» (p. 218, 243). Le spese del governo sono dunque tutte sterili e improduttive, comprese quelle destinate a opere pubbliche che i privati avrebbero potuto realizzare con più intelligenza ed economia. Anche gli incentivi pubblici alle scienze e alle arti sono spesso inutili. Molto meglio il *laissez-faire*: «È certo che, in generale, il miglior incoraggiamento che possa essere

> *Il debito pubblico è il veleno dei governi.*
> «La possibilità di impiegare in un istante i fondi di molti anni toglie ogni freno alla prodigalità, alle ambizioni e ai progetti de governi, che hanno aumentato gli eserciti, moltiplicato gli intrighi e reso inevitabili le guerre ... Se un governo non potesse ricorrere al debito la pace sarebbe firmata prima, e forse neanche la guerra ci sarebbe mai stata ... Concludo quindi che quello che viene chiamato pubblico credito è il veleno che distrugge rapidamente i governi moderni» (p. 250).

dato all'industria di ogni tipo è quello di lasciarla in pace, e di non immischiarsene. La mente umana avanza molto rapidamente quando non è vincolata, e tende a dirigersi sempre verso le cose più essenziali da fare in ogni occorrenza. Quando qualcuno la spinge artificialmente da una parte o dall'altra, di solito la porta fuori rotta invece di guidarla» (p. 242).

La strada dell'indebitamento, che i governi percorrono con assiduità, porta sempre alla rovina. La critica di Tracy al debito pubblico è implacabile. Egli nega innanzitutto che in questo modo il governo reperisca fondi in maniera volontaria, perché chi presta allo Stato lo costringe a tassare il prossimo per ripagare il debito più gli interessi. In questo modo i sottoscrittori del debito caricano un peso sulle spalle non solo dei cittadini attuali, ma anche delle future generazioni, senza chiedere il loro consenso. Tracy dubita che ciò sia giusto in linea di principio: «Un governo di uomini in vita, che sia monarchico o poliarchico, ha il diritto di imporre un fardello agli uomini che ancora non esistono, costringendoli a pagare in futuro le sue spese attuali?» (p. 245).

Il debito pubblico, inoltre, distoglie dei capitali dall'uso produttivo. Infatti, mentre il ricorso al debito di un uomo industrioso può essere utile, perché lo può restituire con un profitto, il governo è uno sterile consumatore che dissipa tutto ciò che riceve, lasciando debiti che andranno ripagati con le risorse future. La facilità con cui il governo può ottenere enormi somme in prestito è pericolosa, e porta prima o poi alla bancarotta, dopo aver consumato un'enorme quantità di ricchezze in progetti dannosi o strampalati. La soluzione che propone Tracy non è quella di vietare per legge al governo di fare debiti, che sarebbe inapplicabile, ma di stabilire il principio che ogni governo può sempre rinnegare il debito dei governi precedenti. In questo modo chi presta denaro allo Stato lo farebbe sempre a suo rischio e pericolo. Il male del debito pubblico potrebbe essere quindi distrutto alla radice, per via indiretta.

Punti da Ricordare

- La società è una serie continua di scambi
- Siamo tutti mercanti: il commercio è la società.
- Gli imprenditori sono il cuore della nazione, e il capitale è il sangue.
- In ogni società il più grande sperperatore è il governo.
- I privilegi alle banche e la moneta cartacea portano alla rovina finanziaria.
- Il debito pubblico è il veleno che prima o poi porta il governo al fallimento.

L'autore

Destutt de Tracy (1754-1836) nasce a Parigi il 20 luglio 1754 da una famiglia aristocratica di origine scozzese. Ben presto interrompe la carriera militare per dedicarsi completamente agli studi. Frequenta l'università di Strasburgo e avvicina alle idee illuministe di Voltaire, Condillac, Helvetius. Approfondisce anche le idee degli economisti Turgot, Quesnay e Dupont de Nemours, che lo portano su posizioni liberali in politica e in economia. Nel 1776 manifesta un grande entusiasmo per i principi contenuti della Dichiarazione d'Indipendenza americana. Nel 1789 viene invitato a rappresentare la nobiltà agli Stati Generali, ed è tra i primi nobili a schierarsi con il Terzo Stato e a votare tutte le proposte favorevoli all'eliminazione dei privilegi. Nella successiva Assemblea Nazionale contribuisce alla stesura della *Dichiarazione dei diritti dell'uomo* e vota tutte le proposte tendenti a costituire un nuovo regime liberal-costituzionale. In questo periodo frequenta assiduamente i salotti e i club politici. Il potere crescente dei giacobini inizia però a guardare con diffidenza e ostilità l'attività culturale di Tracy e del suo gruppo di Ideologi. Sulla base della legge dei sospetti del 1793 Tracy, malgrado avesse apertamente sostenuto gli ideali rivoluzionari rinunciando ai titoli nobiliari e ad emigrare, viene accusato di incivismo e aristocrazia. Quando si scatena il terrore viene prima colpito da una pesante tassa rivoluzionaria e poi arrestato nel novembre 1793. Condannato a morte, si salva solo grazie alla caduta di Robespierre, e viene liberato dopo undici mesi di detenzione. Riprende i suoi studi scientifici e filosofici, e comincia a pubblicare un vasto studio sistematico sull'ideologia. I suoi volumi sulla morale, l'economia e la scienza politica incontrano però l'ostilità di Napoleone per la loro impostazione radicalmente liberale. Nel periodo della Restaurazione viene nominato membro della Camera dei Pari, ma assume una posizione critica nei confronti della monarchia. Già vecchio e quasi cieco, dà il suo appoggio agli insorti della Rivoluzione del luglio 1830 facendosi portare sulle barricate. Muore a Parigi il 9 marzo 1836.

Nota Bibliografica

Destutt de Tracy, *Trattato della volontà*, Editore Stella, Milano, 1817, a cura di Giuseppe Compagnoni. Si è utilizzata la traduzione inglese curata da Thomas Jefferson: Destutt de Tracy, *A Treatise on Political Economy*, Georgetown, 1818, p. 265. Edizione originale: *Elément d'idéologie. Traité de la volonté et de ses effets*, Parigi, 1815.

L'EPOCA LIBERALE
1815–1914

Se in senso lato possiamo considerare il 1776, l'anno della Dichiarazione d'Indipendenza americana e della pubblicazione della *Ricchezza delle nazioni* di Adam Smith, come il punto d'inizio dell'era liberale classica, è solo dopo la fine delle guerre napoleoniche essa avrà modo di esprimere tutto il suo potenziale.[1] Tra il 1815 e il 1914 l'Occidente ebbe il miglior sistema economico internazionale della storia, basato sul libero commercio e sul gold standard. La fiducia nell'iniziativa privata, nella libera concorrenza e in una sana moneta non inflazionabile come l'oro garantì una crescita economica e demografica senza precedenti, costellata da continue innovazioni tecnologiche.[2] L'epoca liberale cambiò il mondo per sempre e rappresentò una "grande deviazione" nella storia dell'umanità, che fino a quel momento era vissuta poco sopra la mera sussistenza.

La rassegna delle dieci opere liberali più rappresentative di questo periodo si apre con tre libri di autori francesi dell'epoca della Restaurazione: *La democrazia in America*

---

1 Perfino Eric J. Hobsbawm, malgrado la sua impostazione marxista e il suo dichiarato antiliberalismo, non riesce a nascondere la propria stupita ammirazione per le titaniche realizzazioni del capitalismo borghese compiute in quest'epoca storica. La storia di questo periodo, scrive lo storico inglese, è in primo luogo la storia della massiccia avanzata dell'economia mondiale del capitalismo industriale, della ragione, della scienza, del progresso, del liberalismo. Le immagini più sensazionali di questo periodo riguardano l'economia e la tecnologia: l'acciaio riversantesi in milioni di tonnellate sul pianeta e snodantesi in nastri di rotaie in tutti i continenti; i cavi sottomarini solcanti l'Atlantico; l'apertura del Canale di Suez; le grandi città come Chicago balzate dal suolo delle vergini terre del Midwest; i fiumi immensi di emigranti. È l'epoca del borghese trionfante, della potenza europea e nordamericana con il mondo ai suoi piedi. Per consenso generale, la forza motrice che sospingeva nei suoi progressi l'industria era la liberazione dell'iniziativa privata: «Mai gli economisti, e in genere i politici e gli amministratori intelligenti, erano stati più concordi in merito alla vera ricetta dell'incremento economico: il liberismo» (Eric J. Hobsbawm, *Il trionfo della borghesia. 1848-1875*, Laterza, Roma-Bari, 2018, p. 43).

2 Come scrive Saifedean Ammous, «Non è un'esagerazione sostenere che il nostro mondo moderno sia stato inventato negli anni del gold standard che precedettero la Prima Guerra Mondiale. Il XX secolo è stato infatti il secolo che ha raffinato, migliorato, ottimizzato, economizzato e reso popolare invenzioni già realizzate in quello precedente. I meravigliosi miglioramenti introdotti negli ultimi cento anni ci hanno fatto dimenticare come le invenzioni reali, quelle innovazioni che hanno davvero cambiato il mondo, arrivarono quasi tutte durante l'età dell'oro come moneta globale» (Saifedean Ammous, *Il Bitcoin Standard. L'alternativa decentralizzata alle banche centrali*, Usemlab, Massa, 2019, p. 107-108).

(1835), nella quale **Alexis de Tocqueville** notò strabiliato la capacità degli americani di realizzare qualsiasi obiettivo associandosi volontariamente senza bisogno del governo; *Sulla libertà del lavoro* (1845) di **Charles Dunoyer**, una splendida celebrazione dei principi della società commerciale; *Sofismi economici* (1845) di **Frédéric Bastiat**, probabilmente la più efficace critica al protezionismo che sia mai stata scritta.

Seguono tre autori del mondo anglosassone: **John C. Calhoun**, eminente pensatore e uomo politico americano, il quale nella sua geniale *Disquisizione sul governo* (1850) mise in chiaro la fondamentale distinzione tra pagatori di tasse e consumatori di tasse generata dall'azione dello Stato; **John Stuart Mill**, con il suo classico *Sulla libertà* (1859); **Lord Acton**, con la sua affascinante *Storia della libertà* (1877). In Italia fu invece **Carlo Cattaneo** ad esprimere, nelle sue *Opere e scritti politici* (1881), le idee liberiste e federaliste più avanzate, che se applicate avrebbero fatto dell'Italia una sorta di grande Svizzera, cambiando decisamente in meglio la storia tormentata della nostra penisola.

Nelle opere degli autori liberali successivi si percepisce già la preoccupazione per la decadenza dei principi liberali e la sempre più diffusa popolarità delle idee stataliste e collettiviste. L'inglese **Herbert Spencer**, a suo tempo il filosofo più celebre del mondo, ribadì nel libro *L'uomo contro lo Stato* (1884) le sue radicate concezioni di liberale vittoriano. Negli anni successivi l'economista e sociologo italiano **Vilfredo Pareto** cercò di promuovere i declinanti principi economici liberali nel suo *Corso di economia politica* (1897). Infine, il liberale inglese **Norman Angell** cercò inutilmente, con le argomentazioni razionali esposte nel best-seller *La grande illusione* (1910), di scongiurare lo scoppio di quella Grande Guerra che avrebbe distrutto per sempre la civiltà liberale europea.

11

Alexis de Tocqueville

La Democrazia in America
1840

"La libertà di associazione è un freno
alla tirannia della maggioranza"

In questo importante classico Alexis de Tocqueville ci offre un resoconto del suo viaggio negli Stati Uniti avvenuto fra l'aprile del 1831 e il marzo del 1832, nel quale traccia un quadro molto preciso e articolato di quelli che sono i costumi e le leggi della democrazia americana allora in fasce. Lungi da essere uno strenuo difensore della democrazia, Tocqueville comprese bene quanto essa potesse degenerare in una tirannia della maggioranza che non lascia spazio alcuno a chi è fuori da essa. Ma la *Democrazia in America* è soprattutto un'opera nella quale Tocqueville profetizza in qualche modo gli scenari che faranno da sfondo alle democrazie moderne, caratterizzate da una crescente affermazione dello spirito egualitario, dalla mediocrità dei desideri e dei costumi, e da un aumento costante e spontaneo del dispotismo statale. In poche parole, la democrazia odierna vista con l'occhio lungo di un aristocratico della prima metà dell'Ottocento.

Riassunto

La rivoluzione democratica in Francia e negli Stati Uniti

Una grande rivoluzione democratica si va operando e, dopo aver distrutto la feudalità e vinto i re, difficilmente si arresterà di fronte a ricchi e borghesi. Pur avendo fatto rapidi progressi, in Francia la democrazia è stata abbandonata ai suoi istinti selvaggi. Adorata come l'immagine della forza, la rivoluzione democratica ha sconvolto la società senza che si operasse nelle leggi, nelle idee, nelle abitudini e nei costumi il cambiamento necessario per renderla utile. I francesi hanno la democrazia senza tutto ciò che dovrebbe attenuarne i vizi e favorirne i vantaggi; e alla vista dei mali da essa prodotti non si rendono conto dei beni che può loro dare. Pertanto, la democrazia ha rovesciato e distrutto tutto quello che trovava sul suo passaggio, camminando in mezzo al disordine e all'agitazione della lotta.

L'America, invece, ha visto i risultati della rivoluzione democratica senza avere avuto la rivoluzione stessa. Gli emigranti che vennero a stabilirsi in America all'inizio del secolo XVII liberarono il principio della democrazia da tutte quelle forze contro cui lottava nelle vecchie società europee, trapiantandolo sulle coste del nuovo mondo, così che crescesse liberamente e si sviluppasse pacificamente nelle leggi.

L'importanza della legge sulle successioni

Fra gli emigranti che vennero a stabilirsi sulle coste della Nuova Inghilterra regnava una grandissima uguaglianza, ma fu la legge sulle successioni che le fece fare l'ultimo passo. Alla morte di ogni proprietario i beni si frazionano senza tregua in porzioni più piccole. Ma la legge sulla eguale divisione delle eredità non esercita la sua influenza solo sulla sorte dei patrimoni, bensì agisce sull'animo e sulle passioni dei proprietari. Sono i suoi effetti indiretti che distruggono rapidamente le grandi fortune, le grandi proprietà fondiarie e l'intimo legame esistente fra lo spirito famigliare e la conservazione della terra.

Accentramento, aristocrazia e democrazia

In Europa i partigiani dell'accentramento sostengono che il potere centrale amministra meglio le località di quanto queste potrebbero fare da sole. Un potere centrale, per quanto lo si possa immaginare civile e sapiente, non può abbracciare da solo tutti i particolari della vita di un gran popolo, perché un simile lavoro eccede le forze umane. Pertanto, l'individuo è il migliore e il solo giudice del suo interesse particolare, e la società ha il diritto di regolare le sue azioni solo quando si sente lesa da lui, o quando ha bisogno del suo aiuto.

Nei governi aristocratici gli uomini che dirigono gli affari sono ricchi e desiderano soltanto il potere. Nelle democrazie gli uomini di stato sono poveri e devono fare la loro fortuna. È inutile dire che le passioni disoneste si trovano in tutti i ceti, poiché nella corruzione di quelli che giungono al potere per caso vi è qualcosa di grossolano e di volgare che la rende contagiosa per la folla, mentre invece la depravazione dei grandi signori ha un certo raffinamento aristocratico e un'aria di grandezza che spesso impedisce che essa si comunichi. Ma il vantaggio reale della democrazia non è quello di favorire la prosperità di tutti, ma soltanto quello di servire al benessere della maggioranza.

Democrazia e tirannia della maggioranza

L'essenza dei governi democratici è nel dominio assoluto della maggioranza, poiché fuori da essa nelle democrazie non vi è nulla che possa resistere. L'imperio morale della maggioranza si fonda su due principi: che gli interessi del maggior numero devono essere preferiti a quelli del piccolo; che vi sia più saggezza e acume in molti uomini riuniti che in uno solo, nel numero piuttosto che sulla qualità dei legislatori. È la teoria dell'uguaglianza applicata alle intelligenze.

È empia e detestabile la massima secondo cui in materia di governo la maggioranza di un popolo ha il diritto di far tutto. Cos'è mai la maggioranza, presa in corpo, se non un individuo che ha opinioni e spesso interessi contrari a un altro individuo che si chiama minoranza? Ora, se voi ammettete che un uomo fornito di tutto il potere può abusarne contro i suoi avversari, perché non ammettete ciò anche per la maggioranza? Gli uomini, riunendosi, mutano forse carattere? Divenendo più forti, divengono anche più pazienti di fronte agli ostacoli?

Il potere di fare tutto, che si rifiuta a un uomo solo, non può essere accordato a parecchi. La libertà è in pericolo quando questo potere non trova innanzi a sé nessun ostacolo che possa rallentare il suo cammino, dandogli il tempo di moderarsi. L'onnipotenza in sé è una cosa cattiva e pericolosa e il suo esercizio è superiore alle forze dell'uomo. Ad accordare il diritto o

> *L'importanza della libertà comunale*
> «Il comune è l'unica associazione che possa dirsi naturale. Ovunque gli uomini si riuniscono si forma un comune. La società comunale esiste presso tutti i popoli, quali che ne siano le usanze e le leggi. Essa nasce per forza propria e si consolida solo grazie all'azione delle leggi, dei costumi, delle circostanze e, soprattutto, del tempo. Pertanto, proprio nel comune risiede la forza dei popoli liberi. Senza istituzioni comunali una nazione può darsi un governo libero, ma non ha ancora lo spirito della libertà. Togliete la forza e l'indipendenza al comune e non vi troverete più dei cittadini ma dei semplici amministrati» (p. 70).

la facoltà di fare tutto a una qualsiasi potenza si dà vita al germe della tirannide. Al governo democratico, com'è stato organizzato negli Stati Uniti, non va rimproverata la debolezza, ma la sua forza irresistibile e la scarsa garanzia che vi è contro la tirannide.

Libertà e spirito di associazione

Negli Stati Uniti ci si associa per scopi di sicurezza pubblica, di commercio e di industria, di morale e di religione. Nulla vi è che la volontà umana disperi di raggiungere con l'azione libera del potere collettivo degli individui. Gran parte degli europei vede ancora nell'associazione un'arma di guerra da sperimentare sul campo di battaglia. Negli Stati Uniti i cittadini che formano la minoranza si riuniscono in primo luogo per constatare il loro numero e indebolire così l'imperio morale della maggioranza, in secondo luogo per discutere e scoprire così gli argomenti più atti a fare impressione sulla maggioranza, poiché essi hanno sempre la speranza di attirare a sé quest'ultima per poi impadronirsi del potere in suo nome.

Indipendenza di spirito e democrazia

Il pensiero è un potere invisibile e quasi inafferrabile, che si prende gioco di ogni tirannide. I sovrani più assoluti d'Europa non saprebbero impedire ad alcuni pensieri ostili alla loro autorità di circolare sordamente nei loro stati e fino in fondo alle loro corti. Non è lo stesso in America, dove regna una minore indipendenza di spirito e una minore libertà di discussione, poiché la maggioranza traccia un cerchio formidabile intorno al pensiero. All'interno di quei limiti lo scrittore è libero, ma guai a lui se osa sorpassarli. Sotto il governo assoluto di uno solo, il dispotismo, per arrivare all'anima, colpiva grossolanamente il corpo, mentre l'anima, sfuggendo a quei colpi, si elevava gloriosa sopra di esso. Ma nelle repubbliche democratiche la tirannide non si cura del corpo e va diretta all'anima.

Religione e libertà in epoca democratica

Finché una religione si appoggia sulla consolazione di tutte le miserie, può attirare a sé il cuore del genere umano, ma quando è mescolata alle amare passioni di questo mondo, è costretta talvolta a difendere alleati procurati dall'interesse più che dall'amore e a respingere come avversari uomini che spesso l'amano ancora. Fintanto che una religione trarrà la sua forza dai sentimenti, dagli istinti e dalle passioni che si vedono riprodurre allo stesso modo in tutte le epoche, può sfidare il tempo, ma quando vuole appoggiarsi agli interessi mondani, diviene fragile come tutte le potenze terrene. In America la religione è forse meno potente di quel che non è stata in certe epoche e presso certi popoli, ma ha un'influenza più duratura.

Una volta scomparsa la religione, il dubbio si impadronisce delle parti più elevate dell'intelligenza e semiparalizza tutte le altre. Ognuno si abitua ad avere nozioni confuse e mutevoli sulle materie che più interessano se stesso e i suoi simili, difende male le proprie opinioni e le abbandona. Un simile stato di cose indebolisce le anime, attenta al vigore della volontà e prepara i cittadini alla servitù. Quando non esiste più autorità in materia di religione come in materia politica, gli uomini si spaventano di fronte a questa indipendenza illimitata. Questa perpetua agitazione li inquieta e li stanca. Poiché tutto si agita nel mondo dell'intelligenza, essi vogliono almeno che tutto sia fermo e stabile nell'ordine materiale e, non potendo riprendere l'antica fede, si danno un padrone.

L'uomo non può sopportare insieme una completa indipendenza religiosa e un'intera libertà politica e se egli non ha fede, bisogna che serva e, se è libero, che creda. L'uguaglianza, tende a isolare gli uomini gli uni dagli altri e spinge ognuno di essi a occuparsi solo di sé, aprendo la loro anima a un amore smisurato per i piaceri materiali. I popoli religiosi sono, dunque, forti precisamente nel punto in cui i popoli democratici sono deboli; il che mostra quanto sia importante che gli uomini conservino la propria religione quando diventano eguali.

Perché la democrazia è il sistema politico più pratico

Se venisse a stabilirsi di nuovo presso i popoli democratici d'Europa, il potere assoluto prenderebbe una forma nuova e si mostrerebbe sotto un aspetto ignoto ai nostri padri. In Europa vi fu un tempo in cui la legge e il consenso del popolo avevano rivestito i re di un potere quasi illimitato di cui essi però non si servivano quasi mai. La religione, l'amore dei sudditi, la bontà del principe, l'onore, lo spirito di famiglia, il costume e l'opinione pubblica limitavano il potere dei re e chiudevano in un cerchio ristretto la loro autorità. Allora la costituzione dei popoli era dispotica e i loro costumi liberi. Lunghe rivoluzioni hanno ormai distrutto il rispetto che circondava i capi dello stato.

Lo sviluppo graduale delle istituzioni e dei costumi democratici può essere considerato il solo mezzo che ci resta per essere liberi. Anche diffidando del governo democratico, occorre persuadersi ad adottarlo come il più pratico e il più onesto rimedio che si possa opporre ai mali presenti della società. È difficile far partecipare il popolo al governo, ma è più difficile ancora dargli l'esperienza e i sentimenti che gli mancano per ben governare. Le volontà della democrazia sono mutevoli, i suoi agenti grossolani, le sue leggi imperfette; ma è sempre meglio lasciarsi livellare dalla libertà piuttosto che da un despota.

Il problema razziale

Gli indiani moriranno nell'isolamento in cui hanno sempre vissuto, ma il destino dei negri è legato a quello degli europei. Il cristianesimo aveva distrutto la schiavitù, i cristiani del secolo XVI l'hanno ristabilita, seppure ristretta a una sola delle razze umane. Presso gli antichi lo schiavo apparteneva alla stessa razza del padrone e spesso gli era superiore per educazione e per cultura e la libertà sola separava i due. Gli antichi avevano dunque un mezzo molto semplice per liberarsi della schiavitù e delle sue conseguenze: l'affrancamento.

La legge può distruggere la schiavitù, ma solo Dio può farne sparire le tracce. I moderni, dopo aver abolito la schiavitù, dovranno distruggere tre pregiudizi assai più inafferrabili e tenaci di essa: il pregiudizio del padrone, il pregiudizio di razza e il pregiudizio del bianco. Il pregiudizio di razza sembra più forte negli stati che hanno abolito la schiavitù che in quelli in cui esiste ancora, e in nessun luogo si mostra così intollerante come negli stati in cui la schiavitù non è mai penetrata. Negli Stati Uniti il pregiudizio che respinge i negri cresce via via che questi cessano di essere schiavi e l'ineguaglianza pesa nei costumi via via che scompare nelle leggi. Ma allora, perché gli americani hanno abolito la schiavitù nel Nord dell'Unione e perché la conservano nel Sud aggravandone i rigori? Evidentemente, non è nell'interesse dei negri ma in quello dei bianchi che si distrugge la schiavitù negli Stati Uniti.

> *Aristocrazia e democrazia*
> «Quando i re vedono il cuore dei popoli che viene innanzi a loro, sono clementi perché si sentono forti e curano l'amore dei loro soggetti perché l'amore dei soggetti è l'appoggio del trono. Si stabilisce allora fra principe e popolo uno scambio di sentimenti la cui dolcezza ricorda l'amore familiare. Ma ai giorni nostri, quando tutte le classi si confondono e l'individuo scompare sempre di più nella folla e si perde facilmente nella comune oscurità; oggi che l'onore monarchico ha perduto quasi tutto il suo potere senza essere sostituito dalla virtù; oggi che l'uomo non è più sostenuto da nulla al di sopra di sé, chi può dire dove si fermeranno le esigenze del potere e la condiscendenza della debolezza? Quale resistenza possono offrire dei costumi che si sono tante volte piegati?» (p. 312-313).

Democrazia e opinione pubblica

A mano a mano che i cittadini divengono tra loro più eguali e somiglianti, aumenta la disposizione a credere nella massa, mentre l'opinione comune li guida sempre più. Presso i popoli democratici, l'opinione comune non solo è l'unica guida rimasta alla ragione individuale, ma ha anche acquisito un potere infinitamente più grande rispetto a prima. Inoltre, l'onnipotenza della maggioranza aumenta effettivamente negli Stati Uniti l'influenza dell'opinione pubblica sullo spirito del cittadino, ma non è essa a fondarlo. Le fonti di questa influenza devono essere cercate nell'eguaglianza stessa, che rende l'uomo indipendente da ogni concittadino e lo abbandona isolato e senza difesa all'azione della maggioranza.

Presso i popoli democratici, il pubblico non diffonde le sue credenze con la persuasione, ma le impone e le fa penetrare nelle anime per mezzo di un'immensa pressione dello spirito di tutti sull'intelligenza di ognuno. Negli Stati uniti la maggioranza si incarica di fornire agli individui una quantità di opinioni già fatte e li solleva dall'obbligo di formarsene di proprie. Infatti, non vi è nulla di più familiare all'uomo che riconoscere una saggezza superiore in colui che l'opprime.

Lo spirito scientifico nella democrazia americana

In America viene coltivata la parte puramente pratica delle scienze e della parte teorica ci si occupa solo se necessaria all'applicazione. Come tutti i popoli democratici gli americani dimostrano, a tal riguardo, uno spirito sempre libero, originale e fecondo, ma non vi è quasi nessuno negli Stati Uniti che si dedichi alla parte essenzialmente teorica e astratta delle conoscenze umane.

Le istituzioni democratiche portano la maggior parte degli uomini ad agire costantemente e l'uomo che agisce è costretto a contentarsi spesso dell'approssimativo, perché non arriverebbe mai al termine del suo disegno se volesse perfezionare ogni particolare. Gli è necessario appoggiarsi continuamente a idee che non ha avuto il tempo di approfondire, perché lo aiuta molto di più l'opportunità dell'idea di cui si serve, che il suo rigore. Non è con lunghe e sapienti dimostrazioni che si guida il mondo. La vista rapida di un fatto particolare e l'abilità di sapersene impadronire decidono di tutti gli affari.

Questa opinione pubblica influisce sul giudizio degli uomini che coltivano le scienze, persuadendoli che possono riuscirvi senza meditazione o allontanandoli da quelle scienze che la richiedono. Per spiriti così disposti, ogni metodo nuovo che porti per un cammino più breve alla ricchezza, ogni macchina che abbrevi il lavoro, ogni strumento che diminuisca le spese di produzione, ogni scoperta che faciliti i piaceri e li aumenti, sembra il più magnifico sforzo dell'intelligenza umana.

> *Associazione e potere politico*
> «Un popolo presso il quale i singoli perdessero il potere di fare isolatamente grandi cose senza acquistare la facoltà di produrle in comune, ricadrebbe presto nelle barbarie. Molti contemporanei non si preoccupano affatto di ciò e credono che, via via che i cittadini divengono deboli e incapaci, occorra rendere il governo più abile e attivo. Dicendo questo, credono di avere risposto a tutto, ma sbagliano. Più il governo si metterà al posto delle associazioni e più i singoli, perdendo l'idea di associarsi, sentiranno il bisogno che esso venga in loro aiuto. L'amministrazione pubblica finirà, allora, per dirigere tutte le industrie alle quali un cittadino isolato non può bastare? La morale e l'intelligenza di un popolo democratico non correrebbero minore pericolo della sua economia se il governo prendesse ovunque il posto delle associazioni» (p.524-525).

Libertà e uguaglianza

Il gusto che gli uomini provano per la libertà e ciò che sentono per l'uguaglianza sono due cose distinte. La passione principale che agita questi secoli è l'uguaglianza delle condizioni. I mali portati dalla libertà sono spesso immediati, visibili, e tutti, più o meno, ne risentono. I mali che può produrre l'uguaglianza non si manifestano che a poco a poco: si insinuano gradualmente nell'organismo sociale, e non li si scorge che alla lontana; quando poi diventano più violenti, l'abitudine ha già fatto si che non li si senta più.

I beni procurati dalla libertà non appaiono che a lungo andare ed è facile misconoscere la causa da cui provengono. I vantaggi dell'uguaglianza si fanno sentire sin dal primo istante e se ne vedono gli effetti quotidianamente. Tutti gli uomini e tutti i poteri che vorranno lottare contro questa forza irresistibile, saranno da essa rovesciati e distrutti. Ai nostri giorni la libertà non può stabilirsi senza il suo appoggio e anche il dispotismo non potrebbe regnare senza di essa.

Aristocrazia industriale

Via via che il principio della divisione del lavoro riceve un'applicazione più completa, l'operaio diviene più debole e dipendente e l'industria fa progressi. Mentre l'operaio è costretto sempre più a limitarsi allo studio di un solo particolare, il padrone allarga ogni giorno il suo sguardo su di un complesso più vasto. Padrone e operaio differiscono fra loro come gli anelli estremi di una lunga catena. L'uno è alla dipendenza continua, stretta e necessaria dell'altro e sembra nato per obbedire, come questo per comandare.

Come accadeva nelle società aristocratiche, anche nelle industrie che popolano la democrazia del nostro tempo ci sono pochi uomini ricchissimi e una moltitudine di miserabili con pochi mezzi per cambiare la loro condizione. Benché vi siano dei ricchi non esiste una classe di ricchi, poiché questi non hanno spirito, né scopi, né tradizioni comuni. Vi sono dei membri, ma non un corpo. L'aristocrazia terriera dei secoli andati era obbligata dalla legge, o si riteneva obbligata dai costumi, a soccorrere i propri servi e alleviarne le miserie; l'aristocrazia industriale dei nostri giorni, dopo avere impoverito e abbruttito gli uomini di cui si serve, li abbandona in tempo di crisi alla carità pubblica.

> *La fine della schiavitù*
> «In quasi tutti gli stati in cui la schiavitù è abolita si sono concessi ai negri i diritti elettorali, ma se uno di loro si presenta per votare rischia la vita. se viene oppresso può querelare, ma trova solo bianchi fra i suoi giudici. La legge gli apre il banco dei giurati, mail pregiudizio lo respinge. I suoi figli sono esclusi dalle scuole frequentate dai bianchi; nei teatri egli non può, anche a prezzo d'oro, sperare di sedersi vicino a colui che fu suo padrone; negli ospedali giace a parte. Nel Sud, dove la schiavitù esiste ancora, i negri sono tenuti accuratamente da parte; ma le abitudini sono più miti e tolleranti. Nel Nord il bianco non scorge più distintamente la barriera che lo deve separare da una razza avvilita, e tanto più si allontana dal negro quanto più teme di confondersi un giorno con lui» (p 339-340).

Le grandi ambizioni sono rare

Le grandi ambizioni sono più rare nei secoli democratici che nei tempi di aristocrazia e hanno un'altra fisionomia. Nelle nazioni democratiche alberga una quantità di piccole ambizioni sensate, in mezzo alle quali si slanciano di tanto in tanto alcuni desideri sregolati. Gli ambiziosi delle democrazie si preoccupano meno degli interessi degli altri e dei giudizi dell'avvenire, poiché sono completamente assorbiti dal momento attuale. Preferiscono condurre a termine molte imprese più che elevare pochi monumenti duraturi; amano il successo più che la gloria. Nelle società democratiche i desideri sono più mediocri che audaci; il vero pericolo è che, in mezzo alle piccole incessanti occupazioni della vita privata, l'ambizione perda il suo slancio e la sua grandezza.

Nelle democrazia e si affievolisce lo spirito rivoluzionario

Nelle società democratiche la maggioranza dei cittadini non vede cosa potrebbe guadagnare da una rivoluzione e sente cosa potrebbe perdervi. Se l'eguaglianza delle condizioni ispira a ogni uomo un desiderio ardente e costante di aumentare il suo benessere, nulla è più contrario a queste cose alle passioni rivoluzionarie. Del resto, nulla come i costumi commerciali si oppone ai costumi rivoluzionari. Il commercio è naturalmente nemico delle passioni violente, ama la moderazione, fugge la collera e ricorre ai mezzi estremi solo quando vi è costretto. Qualunque sia la professione che ogni uomo abbraccia, lo vedrete preoccupato solamente del suo benessere; non parlategli, quindi, degli interessi e dei diritti del genere umano; quella piccola impresa domestica assorbe per il momento tutti i suoi pensieri e gli fa desiderare di rimandare a un momento migliore le agitazioni pubbliche.

> ### *Dispotismo democratico*
> «Se cerco di immaginarmi il nuovo aspetto che il dispotismo potrà avere nel mondo, vedo una folla innumerevole di uomini eguali. Al di sopra di essi si eleva un potere immenso e tutelare, che solo si incarica di assicurare i loro beni e di vegliare sulla loro sorte. E' assoluto, particolareggiato, regolare, previdente e mite. Rassomiglierebbe all'autorità paterna se, come essa, avesse lo scopo di preparare gli uomini alla virilità, mentre cerca invece di fissarli irrimediabilmente nell'infanzia, ama che i cittadini si divertano, purché non pensino che a divertirsi. Lavora volentieri al loro benessere, ma vuole esserne l'unico agente e regolatore; provvede alla loro sicurezza e ad assicurare i loro bisogni, facilita i loro piaceri; non potrebbe esso togliere interamente loro la fatica di pensare e la pena di vivere?» (p-732-733).

Democrazia e dispotismo

Il dispotismo vede nell'isolamento degli uomini un pegno sicuro di durata e in genere adopera ogni cura per isolarli. Nessun vizio del cuore umano lo diletta quanto l'egoismo. Un despota perdona facilmente ai governati di non amarlo, purché essi non si amino tra loro. Egli non domanda loro di aiutarlo a dirigere lo stato, perché gli basta che essi non pretendano di farlo da sé. I vizi che il dispotismo fa nascere sono esattamente quelli che l'eguaglianza favorisce. L'eguaglianza mette gli uomini gli uni accanto agli altri senza un legame comune che li trattenga. Il dispotismo eleva barriere fra loro e li divide. Quella li dispone a non pensare ai loro simili; questo fa dell'indifferenza una virtù pubblica. Il dispotismo, pericoloso in ogni tempo, è dunque particolarmente temibile nei secoli democratici.

L'eguaglianza ha preparato e disposto gli uomini a sopportare il dispotismo fino a considerarlo un beneficio. Così, dopo aver preso di volta in volta nelle sue mani potenti ogni individuo e averlo plasmato a suo modo, il sovrano estende il suo braccio sull'intera società; ne copre la superficie con una rete di piccole regole complicate, minuziose e uniformi, attraverso le quali anche gli spiriti più originali e vigorosi non saprebbero come mettersi in luce e sollevarsi sopra la massa; esso non spezza le volontà, ma le infiacchisce, le piega e le dirige; raramente costringe ad agire, ma si sforza continuamente di impedire che si agisca; non distrugge, ma impedisce di creare; non tiranneggia direttamente, ma ostacola, comprime, snerva, estingue, riducendo infine la nazione a non essere altro che una mandria di animali timidi e industriosi, della quale il governo è il pastore. Questa specie di servitù regolata e tranquilla può combinarsi meglio di quanto si immagini con qualsiasi forma esteriore della libertà e non è impossibile che si stabilisca anche all'ombra della sovranità del popolo.

Punti da Ricordare

- La passione per l'uguaglianza è contagiosa e permea l'intera società
- La tirannia della maggioranza è un pericolo per le nazioni democratiche
- Gli effetti della tirannia della maggioranza influenzano i costumi
- La libertà di associazione è un freno alla tirannia della maggioranza
- La religione contribuisce alla conservazione della repubblica democratica
- La religione conserva la sua autorevolezza se non si immischia delle dispute politiche
- I popoli democratici manifestano un amore più ardente e durevole per l'uguaglianza che non per la libertà
- Gli americani preferiscono le professioni industriali agli impieghi pubblici
- Man mano che le condizioni si eguagliano i costumi si ingentiliscono
- I sentimenti dei popoli democratici favoriscono le idee inclini all'accentramento del potere

L'autore

Alexis-Charles-Henry de Clérel de Tocqueville è nato a Parigi, in Francia, il 29 luglio 1805. Appartenente a una famiglia aristocratica di fede monarchica e legittimista, i genitori evitarono la ghigliottina grazie alla caduta di Robespierre. Con il trasferimento del padre a Metz in qualità di prefetto nel 1820, Alexis si iscrive al collegio di quella città. In seguito alla la lettura degli illuministi del Settecento si allontana dai valori in cui era cresciuto, prendendo atto del tramonto dell'aristocrazia e dell'avvento della democrazia liberale. Negli anni 1823-1826 frequenta a Parigi i corsi di giurisprudenza a Parigi e prende la laurea in diritto. Nel 1827 viene nominato uditore presso il tribunale di Versailles e nel 1829 frequenta con Baumont, alla Sorbona, le lezioni sulla storia della civiltà europea e francese di Guizot. Sempre con Beaumont, nel 1831 salpa da Le Havre per intraprendere il viaggio negli Stati Uniti, tornato dal quale darà alle stampe nel 1835 *La Democrazia in America* con l'editore Gosselin. Sempre nello stesso anno, vengono pubblicate le *Mémoires sur le paupérisme*, una critica a sprechi e torti dell'assistenzialismo, che completerà nel 1838. Nel 1839 diventa deputato e nel 1840 esce la seconda parte della *Democrazia in America*. Nel 1851 è impegnato nella commissione parlamentare per la revisione della costituzione e nel 1856 dà alle stampe *L'Antico Regime e la Rivoluzione*. Il 16 aprile del 1859 muore nel conforto della religione e il 10 maggio dello stesso anno viene sepolto nel cimitero di Tocqueville.

Nota Bibliografica

Alexis de Tocqueville, *La Democrazia in America*, Rizzoli, Milano, 1997, p. 790. Titolo originale: D*e la Démocratie en Amérique*.

12

Charles Dunoyer

Della libertà del lavoro
1845

"Il miglior sistema è quello in cui tutti lavorano e nessuno governa"

Charles Dunoyer fu, secondo il maggior economista italiano dell'800, Francesco Ferrara, "il più venerabile" della scuola liberale e "una delle più belle glorie" dell'intera scuola economica francese; il suo nome "splenderà agli occhi dei nostri nipoti, di quella luce che ai nostri occhi circonda i nomi dei Turgot, dei Quesnay, degli Smith, dei Say, dei Bastiat". *Della libertà del lavoro*, l'opera più importante di Dunoyer, ebbe infatti al suo apparire un rilevante successo, e molte riviste, anche straniere, ne pubblicarono ampi resoconti e recensioni elogiative. L'economista francese espresse infatti con chiarezza le teorie "industrialiste" della scuola liberale francese dell'età della Restaurazione, secondo cui l'industria, intesa in senso ampio come ogni attività produttiva, è lo scopo principale della società. La fama di Dunoyer è andata però declinando con il tempo, e oggi gli viene riservato uno spazio limitato nei libri di storia del pensiero economico.

Riassunto

L'industrialismo come scienza della civiltà

Nei primi decenni dell'Ottocento comincia a svilupparsi anche in Francia, come già in Inghilterra e negli Stati Uniti, un vivace spirito d'iniziativa privata che diviene oggetto di studio da parte di economisti e filosofi. A partire da Benjamin Constant, questo *esprit d'industrie* viene salutato con particolare favore dai pensatori liberali francesi, i quali contrappongono il nuovo spirito del commercio al vecchio spirito di conquista e vedono nell'avvento della società industriale una tappa fondamentale nel progresso dell'umanità.

Nell'opera *Della libertà del lavoro* Charles Dunoyer esprime in forma limpida questa visione "industrialista". L'obiettivo della sua ricerca è quello di accertare in virtù di quale processo la società è progredita, e se di questo processo è possibile individuare la sua legge di sviluppo. L'industrialismo non è dunque una semplice analisi economica, ma una vera e propria scienza della civiltà. Poiché le *classi industriose* non hanno mai cessato, nel corso dei secoli, di progredire in tutti i campi, egli giunge alla

conclusione che l'industria, intesa in senso ampio come ogni attività utile e produttiva, costituisce il principio vitale della società. Dato che l'industria è lo scopo della
società, occorre adottare quel sistema che meglio favorisce il progresso e lo sviluppo
di tutte le attività economiche.

Dunoyer contesta la tesi di Rousseau secondo cui il progresso della civiltà è una
minaccia per la libertà dell'uomo. Al contrario vi è uno stretto rapporto tra il grado
di libertà di un popolo e lo stadio di civiltà da esso raggiunto: «Il miglioramento dei
costumi accresce i poteri dell'industria, i progressi dell'industria conducono quelli

della morale … Non occorre che aprire
gli occhi per vedere che, al nostro tempo,
le popolazioni più industriose e più colte
sono parimenti quelle le quali hanno più
vita e più capacità politiche» (p. 16-17).
Quanto più un individuo è libero, tanto
più cresce la sua capacità produttiva. Per
questa ragione i popoli selvaggi, proprio
perché sono i meno inciviliti, devono necessariamente essere i meno liberi di tutti
i popoli.

Dunoyer nega l'influenza dell'ambiente
fisico sull'uomo, e ritiene che le cause del
progresso di un individuo o di una nazione siano sempre interne, non esterne: «il

L'impostazione liberale dell'opera
«L'opera è apertissimamente diretta contro le
tendenze pretese organizzatrici dell'epoca nostra
… Essa non ammette che i poteri pubblici abbiamo missione di assegnare alla società un fine
qualunque, né di ordinarla in vista del fine che
essi pretendono assegnarle. Non riconosce loro
il diritto di intervenire nei lavori e nelle transazioni che costituiscono la sua vita, se non per
reprimere quelle azioni punibili che vi si possono
mescolare … rimane d'altronde fedele alle tradizioni liberali del passato, e prosegue l'opera di
emancipazione cominciata da tanti secoli, e che
tende a sottrarre, sempre più, le esistenze individuali all'azione illegittima del corpo sociale o
dei suoi delegati» (p. 7)

principio del nostro sviluppo è in noi medesimi, nel vigore della nostra intelligenza,
nell'energia della nostra volontà … l'uomo fa se medesimo e non sono le cose che
fanno lui» (p. 49-50). La libertà consiste «nel cercare di diventare, per quanto è possibile, un uomo industrioso, ragionevole e morale» (p. 79).

L'umanità è passata attraverso una serie di stadi di incivilimento che corrispondono
ai gradi di libertà: vita selvaggia, schiavitù, servaggio e infine lavoro libero. La definitiva e completa libertà del lavoro sarà raggiunta nel regime industriale, che secondo
Dunoyer è il punto d'arrivo del progresso e la meta verso cui gli individui devono
tendere. Solo in esso infatti il lavoro, finalmente liberato da ogni ostacolo, risulta produttivo al massimo grado.

Regime industriale e libera concorrenza

Al fine di rendere massima la libertà dell'individuo, ovvero la sua capacità produttiva,
è necessario che l'impiego delle sue forze non provochi danno a sé o ad altri, perché
quanto più un individuo impara a dar loro una direzione utile per se stesso senza essere offensiva per gli altri, tanto più la società acquista libertà. Le attività industriali
sono caratterizzate infatti anche da un aspetto morale, non solo tecnico. Vi rientrano
tutte quelle utili e oneste, cioè "feconde e favorevoli all'umanità".

L'ordine sociale che meglio favorisce lo spirito d'industria e il progresso economico e civile è quello basato sulla libera concorrenza e sulla completa libertà del lavoro, che protegge le classi lavoratrici dagli abusi del monopolio. Infatti quanto più la

concorrenza rende libera la sfera del lavoro, tanto più facilmente ciascuno può scegliere la professione o il mestiere in cui le sue capacità possono essere meglio espresse e la sua attività e i suoi servizi meglio remunerati.

Il regime in cui prevale la libera concorrenza è quello più favorevole non solo all'incremento delle ricchezze, ma anche alla loro più equa ripartizione. È vero che la libera concorrenza non può ridurre le disuguaglianze naturali che nascono dalle diverse capacità produttive degli uomini, però ha il grande vantaggio di eliminare le più odiose disuguaglianze artificiali che hanno origine nei privilegi legali.

È falso inoltre che la concorrenza pone gli uomini in uno stato di discordia e ostilità. Colui che esercita un'altra industria, osserva Dunoyer, incoraggia anche il mio lavoro, e colui che esercita un'attività simile alla mia non è il mio nemico, ma il mio emulo. Se si dimostra più abile, «quale diritto avrei io di lagnarmene? Il mio dovere, se io volevo allontanare la concorrenza, era di mettere tanta cura nei miei lavori, che nessuno potesse avere il pensiero di soppiantarmi» (p. 207). Poiché l'intera società ricava un grande beneficio dalla concorrenza, è assurdo imputare ad essa la miseria delle classi lavoratrici, tanto più che al momento la concorrenza opera in maniera molto limitata a causa dei numerosi ostacoli burocratici, corporativi o doganali.

I socialisti accusano inoltre la concorrenza di rendere caotica e disorganizzata la produzione, dato che le imprese operano separatamente invece di essere sottoposte a una direzione comune. Al contrario, osserva Dunoyer, è proprio grazie a questa libertà che le imprese si perfezionano e si moltiplicano, che le opportunità di lavoro si allargano, e che le classi laboriose trovano più agevolmente un impiego. In questo modo, anche quando i capitali vengono utilizzati in maniera errata perché impiegati in imprese fallite, il danno maggiore ricade sui singoli capitalisti, non sui lavoratori o sulla società intera. I capitalisti perdono infatti una fortuna già acquisita, mentre per gli operai vi è solamente una cessazione di guadagno.

La teoria della produzione

Le condizioni generali che rendono produttivo il lavoro sono di due tipi, umane e materiali. Le prime sono le forze lavorative sviluppate negli uomini, le seconde sono quelle realizzate nelle cose. Fra le prime Dunoyer indica il genio degli affari, il genio dell'arte e le qualità morali. Il *genio degli affari* comprende la capacità di valutare lo stato della domanda e quello dell'offerta, l'abilità nell'amministrare le imprese, la verifica delle previsioni attraverso il buon uso della contabilità.

Ogni imprenditore, ma più in generale ogni individuo industrioso, per poter svolgere la propria attività in maniera vantaggiosa ha bisogno di sapere cosa è possibile produrre con profitto. Deve perciò conoscere quali siano i bisogni della società e la domanda di beni che essa è capace di esprimere. Poiché i bisogni degli individui sono mutevoli, si tratta di un'istruzione molto difficile da acquisire. Solitamente le attività che non sono profittevoli per colui che le svolge non sono particolarmente utili nemmeno per la società. Infatti, quando il pubblico non consente a comperare un prodotto, vuol dire che sente debolmente il bisogno. Se anche gli venisse offerto gratuitamente ciò che non desidera, osserva Dunoyer, non ne trarrebbe che un mediocre vantaggio.

Per questa ragione l'attività più filantropica non riesce a soddisfare le necessità del pubblico quanto quella più profittevole. Tutte le volte in cui la regola di adeguare la produzione ai bisogni viene disattesa, si ha distruzione e non creazione di ricchezza.

Non meno importante dell'analisi preventiva della domanda è quella relativa all'offerta. Colui che desidera avviare un'impresa deve conoscere quali sono i beni già offerti sul mercato e i metodi relativi alla loro produzione. Non è sufficiente, pertanto, sapere se un dato prodotto è gradito al pubblico. Occorre anche sapere se non vi sia già qualcuno che lo faccia, e se è in grado di farlo meglio.

Nel genio degli affari rientrano infine il talento dell'amministrazione e il talento della contabilità industriale. Il primo consiste nella capacità di dirigere le altre persone, il secondo nella valutazione dei profitti e delle perdite che permette di comprendere ciò che deve essere mantenuto e ciò che deve essere cambiato. Accanto al genio degli affari vi è il *genio dell'arte*, cioè le competenze tecniche e pratiche di un certo mestiere. Generalmente tutte queste capacità non sono mai riunite nella stessa persona.

Dunoyer aggiunge inoltre, rispetto ad Adam Smith e Jean-Baptiste Say, l'influenza della morale nel processo produttivo. Il vizio va messo sullo stesso piano dell'incapacità perché un individuo privo di doti morali è incapace di esercitare con successo una professione quanto un individuo che non possegga nessun talento. Le cattive abitudini morali come la pigrizia, l'avarizia, la prodigalità, sono infatti tutte dannose per l'esercizio di un'attività. Al contrario, l'efficacia produttiva di un uomo è molto accresciuta dalle virtù favorevoli alla conservazione e al potenziamento delle sue forze (come lo zelo, l'applicazione, l'economia, la costanza, il desiderio di migliorare la propria condizione), e dalle buone abitudini civili, cioè il rispetto degli altri.

Fra le condizioni materiali della produzione vi sono la divisione del lavoro e l'introduzione di macchinari. Questi due fattori sono collegati perché uno dei principali effetti positivi della divisione del lavoro è di semplificare a tal punto le operazioni da rendere possibile la sostituzione del lavoro umano con le macchine. La loro introduzione può obbligare i lavoratori a mutare temporaneamente occupazione, ma nel complesso arreca loro enormi vantaggi. Le macchine, ricorda Dunoyer, abbassano il prezzo dei beni che contribuiscono a produrre ed elevano i salari, perché liberano gli operai da impieghi faticosi e grossolani, rendendoli disponibili per altri lavori più complessi o elevati. L'azione delle macchine rende possibile l'aumento della popolazione, che è quintuplicata da quando i macchinari sono stati introdotti nell'industria inglese nella seconda metà del '700.

Il commercio e gli scambi

L'attività sociale, continua Dunoyer, si compone non solo di lavoro ma anche di scambi. Produzione e scambio sono strettamente collegati perché «l'ardore che noi mettiamo nei nostri lavori … dipende in grandissima parte dalla facoltà di scambiare» (p. 736). Infatti, per ottenere le cose che desideriamo, siamo stimolati a offrire in cambio qualcosa di altrettanto degno e ricercato. Come spiega la legge degli sbocchi di Say, è l'aumento della produzione che genera un aumento della domanda di prodotti. In particolare l'aumento della domanda deriva da due fattori: un miglioramento

produttivo che porti al ribasso del prezzo o al miglioramento della qualità di un prodotto; lo sviluppo di una numerosa classe di produttori che porti sul mercato nuovi
prodotti da offrire in cambio. Quando mancano i compratori, spiega Dunoyer, in
realtà mancano i produttori di altri prodotti da scambiare.

Il mercato è dunque il legame fondamentale della società, e la causa principale del
perfezionamento di tutte le attività sociali. Dunoyer mette in luce, così come aveva
fatto per il fenomeno della produzione, l'influenza dei fattori d'ordine morale sulla
libertà degli scambi. La libertà di commercio è condizionata infatti dall'esistenza di
particolari costumi sociali o abitudini morali. Gli scambi diventano tanto più facili
ed estesi quanto più gli individui «si disavvezzano dalla violenza e dalla frode, quanto più si abituano a mettere equità e lealtà nelle loro transazioni, quanto più si abbia
probabilità di non essere ingannati nel
comperare o nel vendere, quanto più in
generale si possa trattare con sicurezza»
(p. 746).

La grandezza della vita industriale
«La vita industriale è di tutti i modi d'esistenza quello in cui gli uomini usano le loro forze
con più varietà, elevatezza, potenza, estensione;
quello in cui se ne servono meglio riguardo a
se medesimi; quello in cui, nelle loro relazioni
private, pubbliche, nazionali ed internazionali,
si fanno reciprocamente meno male. Dal che
bisogna concludere che è quello in cui possono
divenire più liberi, ed anzi il solo in cui possono
acquistare una vera libertà» (p. 210)

I prezzi devono essere liberamente e
lealmente discussi, ma questo diventa
impossibile se alcuni produttori riescono a ottenere una protezione dallo Stato.
Escludere con i dazi i produttori stranieri
è un espediente illusorio che ben presto
mostra tutti i suoi reali effetti: fa pagare ai
consumatori nazionali pesanti tributi ed espone il paese a logiche di ritorsione. L'industria nazionale che riesce a ottenere la protezione all'inizio gode di una posizione di
vantaggio, ma non riesce a conservarla a lungo. È inevitabile infatti che tutte le altre
industrie pretendano di essere preservate dalla concorrenza straniera e che, in seguito
all'istituzione di tariffe doganali protettive, rialzino i prezzi dei loro prodotti, con la
conseguenza che «nessuna può vendere più caro ciò che produce se non a condizione
di pagare più caro tutto ciò che consuma, e di lavorare a costi molto più alti» (p. 436).

Un meccanismo simile si innescherà inoltre anche negli altri paesi, che a loro volta
respingeranno la concorrenza straniera. Alla fine ogni industria vedrà i propri sbocchi
limitati al solo mercato nazionale. In definitiva, l'instaurazione di un sistema generale
di protezione fa sì che le industrie di un paese paghino tutto di più, lavorino a prezzi
più elevati, facciano più fatica a collocare i propri costosi prodotti sul mercato interno,
e si vedano tenute lontane dai mercati degli altri paesi.

Il ruolo del governo

L'industria ha bisogno di libertà e sicurezza per operare produttivamente, perché
«privi di protezione e di sicurezza sufficiente i beni perdono valore e tutte le facoltà
produttive sentono decrescere la loro energia; con la sicurezza al contrario cresce il
valore di tutti i beni e tutte le facoltà divengono attive e feconde» (p. 183). Il compito specifico del governo, secondo Dunoyer, è proprio quello di impedire le violenze,
reprimere le frodi, amministrare la giustizia. Questo bisogno cresce man mano che

si realizza uno sviluppo economico. Se i popoli che hanno come attività principale la guerra possono vivere costantemente in mezzo alle turbolenze, la sicurezza della proprietà è per i popoli industriosi la cosa più desiderabile al mondo.

Non compete invece all'autorità centrale l'esercizio delle varie attività economiche, né in maniera diretta né attribuendone il monopolio a particolari classi di individui. Il governo che svolgesse un'azione diretta sulle attività della società, scrive Dunoyer, andrebbe contro l'oggetto stesso della sua missione, diventando inevitabilmente una causa di perturbazione. Anche il governo deve essere sottomesso al principio della divisione del lavoro, e quindi deve occuparsi di una sola cosa: la sicurezza e la giustizia. Tale attività è tanto difficile e importante da impegnare tutte le sue forze. Sarebbe assurdo assegnare agli uomini del governo, i quali non hanno né un genio superiore né una conoscenza dettagliata delle numerosissime occupazioni degli uomini, un incarico generale di governare tutti i lavori della società.

> *Il libero scambio unilaterale ha giovato alla Svizzera*
> «Grazie al semplice vantaggio di essersi preoccupata, quando i suoi prodotti incontravano barriere dappertutto, di lasciare affluire presso di sé tutto, e di procurarsi, al più basso prezzo possibile, tutti i beni necessari al suo consumo produttivo, [la Svizzera] è riuscita non solamente a mantenere le proprie industrie, ma ad appropriarsi anche delle più eccellenti industrie nei paesi più prosperi, a competere con la Francia e l'Inghilterra» (p. 448).

Lo Stato dunque svolge al meglio le sue funzioni quando rende il suo intervento sempre più indiretto, limitandosi alla pura e semplice repressione delle azioni dannose. Il progresso consiste essenzialmente nella «sostituzione graduale dell'attività individuale a quella amministrativa» (p. 702). L'auspicio di Dunoyer è che il maggior numero possibile d'individui lavori e che il minor numero governi. Il suo ideale politico è la dissoluzione del governo in un perfetto regime industriale, dove tutti lavorano e nessuno governa. Il paese meglio governato infatti è quello nel quale il governo può scomparire, lasciando agli abitanti il pieno godimento del loro tempo, dei loro redditi e della loro libertà.

Punti da Ricordare

- L'industria, cioè ogni attività utile e produttiva, costituisce il principio vitale della società.
- Il regime industriale rappresenta il culmine del processo di civilizzazione.
- L'ordine sociale più adatto allo spirito d'industria è quello basato sulla completa libertà del lavoro.
- La libera concorrenza è il sistema più favorevole alle classi lavoratrici.
- La capacità produttiva dipende dal genio degli affari, dal genio dell'arte e dalle qualità morali.
- La divisione del lavoro e l'introduzione delle macchine beneficiano enormemente la società.
- Gli uomini si impegnano nella produzione soprattutto per scambiare.
- Il mercato è il legame fondamentale della società.
- Il protezionismo finisce sempre per danneggiare le stesse industrie protette.

• L'unico compito del governo è fornire sicurezza e giustizia.
• Il regime politico migliore è quello in cui il maggior numero di persone lavora, e il minor numero governa.

L'autore

Charles Dunoyer nacque il 20 maggio 1786 a Carennac e morì a Parigi il 4 dicembre 1862. Fu giornalista, politico, professore di economia e figura chiave del liberalismo classico francese della prima metà del XIX secolo, insieme a Jean-Baptiste Say, Benjamin Constant, Charles Comte, Augustin Thierry, Alexis de Tocqueville. Studiò legge a Parigi, dove conobbe Charles Comte, con il quale fondò il periodico liberale *Le Censeur* che uscì per due anni (1814-15) prima di venir chiuso dalla censura. Dunoyer svolse infatti un'intensa attività politica negli ultimi anni dell'impero napoleonico e nei primi anni della Restaurazione borbonica, opponendosi all'autoritarismo, alla censura, al militarismo, allo schiavismo e a tutte le restrizioni al commercio e all'industria. Nel 1815 Dunoyer e Comte scoprirono l'economia politica liberale di Jean-Baptiste Say, che ebbe un impatto decisivo sulla loro formazione intellettuale. Riaprirono la rivista con il nome *Le Censeur européen* e svilupparono una nuova teoria liberale, detta "industrialismo", combinando insieme tre diverse correnti di pensiero: il liberalismo politico di Constant (limiti costituzionali al potere, governo rappresentativo); il liberalismo economico di Say (*laissez-faire*, libero scambio); l'approccio sociologico alla storia di Thierry (distinzione tra classi sociali produttive e parassitarie, teoria dell'evoluzione storica della società culminante nella società "industriale"). Oltre che su *Le Censeur européen*, Dunoyer approfondì queste idee anche in due libri pubblicati negli anni Venti, basati sulle sue lezioni all'Ateneo Saint-Germain di Parigi: *L'Industrie et la morale considérées dans leurs rapports avec la liberté* (1825) e *Nouveau traité d'économie sociale* (1830). Dopo la rivoluzione del 1830, che insediò la monarchia costituzionale di Luigi Filippo, Dunoyer venne nominato all'Accademia di Scienze Politiche e Morali e, nel 1837, al Consiglio di Stato. Nel 1845 pubblicò il suo capolavoro in tre volumi, *De la liberté du travail*. Nel 1851 diede le dimissioni per protesta contro il colpo di Stati di Luigi Napoleone. Morì a Parigi undici anni dopo, mentre stava scrivendo una critica degli aspetti autoritari del secondo impero, che venne completata e pubblicata da suo figlio Anatole nel 1864.

Nota Bibilografica

Charles Dunoyer, *Della libertà del lavoro*, in "Biblioteca dell'economista", seconda serie, vol. VII, Torino, 1858, Stamperia dell'Unione Tipografica Editrice, 1859, p. 1008, traduzione e introduzione di Francesco Ferrara. Titolo originale: *De la liberté du travail ou simple exposé des conditions dans lesquelles les forces humaines s'exercent avec plus de puissances*, Parigi, 1845, 3 voll.

13

Frédéric Bastiat

Sofismi economici
1845-1846

*"Il liberoscambista vuole l'abbondanza,
il protezionista la scarsità"*

Nella Francia di metà Ottocento numerosi economisti portano avanti la stessa battaglia a favore del libero scambio condotta in Inghilterra dalla Scuola di Manchester di
Richard Cobden e John Bright, i quali avevano colto un importante successo politico
con l'abolizione delle leggi protettive sul grano nel 1846. Tra gli economisti francesi
che promuovono le virtù della libertà di commercio risplende la meteora di Frédéric
Bastiat, il quale in un arco di tempo molto breve, dal 1844 fino alla morte nel 1850,
riesce a scrivere una serie rilevantissima di articoli che colpiscono per il rigore della
logica e la chiarezza dello stile. I *Sofismi economici*, pubblicati in due volumi nel 1845
e nel 1846, raccolgono diversi saggi in difesa della libertà economica, e racchiudono
la più brillante critica al protezionismo che sia mai stata scritta

Riassunto

Un maestro del paradosso

Bastiat è convinto che gli argomenti a favore del libero scambio siano troppo forti, e
che per far trionfare la verità basti farli comprendere alla maggioranza delle persone.
Per questa ragione si sforza di essere il più logico e persuasivo possibile. Le difficoltà
del suo compito nascono però dal fatto che i benefici della protezione sono ben visibili, perché concentrati, mentre i suoi effetti negativi sono poco visibili perché distribuiti sulla massa delle persone. I vantaggi del protezionismo statale, nota Bastiat, si
possono vedere con gli occhi, mentre i suoi svantaggi si possono cogliere solo con la
mente. Questo fatto dà un vantaggio politico ai sostenitori dell'interventismo statale,
perché è più facile mostrare i disagi che accompagnano le riforme a favore del libero
scambio, anziché i benefici finali.

   Gli avversari delle liberalizzazioni hanno quindi buon gioco quando si sofferma-
no sulle sofferenze immediate dovute al ricollocamento dei lavoratori delle industrie

non più protette, «le esagerano, le ingrandiscono, ne fanno il soggetto principale della questione, le presentano come il risultato esclusivo e definitivo della riforma … I partigiani dell'abuso citano fatti particolari, nominano le persone, i loro fornitori e i loro operai che saranno danneggiati, mentre quel povero diavolo di riformatore non può che fare riferimento al *bene generale* che deve diffondersi in maniera invisibile fra le masse. Questo non fa, con grande differenza, lo stesso effetto» (p. 175).

Per afferrare tutti i benefici della libertà occorre un lungo lavoro d'analisi, che le persone comuni, compresi i legislatori, spesso non hanno tempo di svolgere. Questo compito spetta all'economista, il quale non si deve fermare agli effetti immediati di una determinata causa, ma deve seguirli lungo tutto il concatenamento degli eventi fino agli effetti finali. Coloro che, al contrario, si fermano agli effetti immediati e ristretti, riguardanti solo un uomo o una classe di uomini e non l'intera società, non sono buoni economisti. In altre parole, per comprendere l'economia non basta osservare, ma siamo costretti a ragionare.

Questo interesse per la logica porta Bastiat a denunciare i sillogismi incompleti, i falsi ragionamenti e i sofismi di ogni genere, usando di frequente i "casi limite" come mezzo per illuminare le leggi dell'economia ("Volete giudicare le due dottrine? Provate ad esagerarle al massimo grado"). Egli si rivela un maestro soprattutto nella tecnica della *reductio ad absurdum*, come nella celeberrima "Petizione dei fabbricanti di candele", nella quale i produttori di lampade e candele

> *La petizione dei fabbricanti di candele*
> «Noi sopportiamo l'intollerabile concorrenza di un rivale straniero posto, a quanto pare, in condizioni talmente superiori alle nostre, riguardo alla produzione della luce, che ne inonda il nostro mercato nazionale a un prezzo incredibilmente basso … Questo rivale, altro non è che il Sole … Noi chiediamo di fare una legge che ordini la chiusura di tutte le finestre … attraverso le quali la luce del sole è solita penetrare nelle nostre case … Prevediamo le vostre obiezioni, signori, ma non potreste utilizzarne una sola che non sia presa dai libri usati dai partigiani della libertà dei commerci … Scegliete, dunque, ma siate logici: fino a quando respingerete, come fate, il carbone, il ferro, il frumento, i tessuti stranieri, in maniera proporzionale a quanto il loro prezzo si avvicina a zero, che incoerenza sarebbe ammettere la luce del sole, il cui prezzo è zero durante tutto il giorno?» (p. 53-57).

chiedono al governo l'oscuramento della luce del sole per contrastare la concorrenza sleale di questo concorrente straniero che offre lo stesso bene a un prezzo imbattibile, cioè gratis. Come fa notare Bastiat, i protezionisti non possono respingere la spavalda richiesta dei fabbricanti di candele se non entrando in contraddizione con le teorie che professano.

Abbondanza e scarsità

Bastiat rivolge quindi al pubblico una domanda retorica: per il benessere dell'uomo e della società, è preferibile l'abbondanza o la scarsità? L'abbondanza, ovviamente. Perché allora la teoria contraria, favorevole alla scarsità dei beni, è di gran lunga più popolare nelle conversazioni di piazza, sui giornali e nelle aule legislative? A ben guardare, infatti, le restrizioni legali al commercio che tanti invocano per questo o quel prodotto hanno «per scopo manifesto e per effetto riconosciuto quello di provocare il rincaro dei beni, che non è altro che la rarità dei prodotti» (p. 22).

All'uomo isolato, spiega Bastiat, non verrebbe mai in mente di sostenere la causa della scarsità. Lo scambio inerente alla vita sociale, però, complica le cose perché crea due interessi divergenti, quello del consumatore e quello del produttore. In quanto consumatore, l'uomo desidera beni abbondanti e a buon mercato; in quanto produttore vuole la scarsità nel proprio ramo d'industria, che gli permette di vendere a prezzi più alti. Occorre quindi stabilire quale dei due interessi coincida con l'interesse generale della società. Per scoprirlo basta domandarsi come sarebbe il mondo se tutti i desideri degli uomini fossero esauditi.

Come produttori in cuor nostro facciamo sempre voti antisociali. Un vignaiolo, ad esempio, sarebbe felice se gelassero tutte le vigne del mondo eccetto la sua. Ecco dove nasce la teoria favorevole alla scarsità. Se i desideri segreti di tutti i produttori fossero realizzati, il mondo tornerebbe rapidamente alla barbarie: la vela vieterebbe il vapore, il remo vieterebbe la vela, che a sua volta sarebbe messa fuori legge dal carro, poi dal mulo e dal facchino, fino a quando la scarsità di tutte le cose non farebbe sparire l'uomo dalla faccia della terra. Al contrario, il consumatore può spingere i suoi desideri fino al massimo, può volere l'infinita abbondanza dei beni a costo zero, senza che i suoi sogni cessino di essere umanitari. Ne consegue che l'interesse del consumatore è in perfetta armonia con l'interesse generale. Le leggi dovrebbero prendere la sua parte, invece di favorire il produttore.

Eliminare o aggiungere ostacoli?

Un secondo sofisma usato dai protezionisti è quello di valutare il lavoro non dal suo risultato, ma dallo sforzo impiegato. In altre parole, non come un mezzo ma come un fine. Le limitazioni commerciali hanno infatti come fine manifesto ed effetto riconosciuto quello di aumentare il lavoro necessario a produrre la stessa quantità di beni. Al tempo di Bastiat molti uomini politici francesi cercavano di impedire l'arrivo di stoffe a buon mercato dal Belgio o dall'Inghilterra per farle produrre in patria e dare così lavoro ai francesi. Bastiat chiama "sisifismo" (da Sisifo, costretto per l'eternità a spingere pesanti massi su una montagna per vederli poi rotolare a valle e ricominciare da capo) questo modo di pensare, che confonde gli ostacoli da superare con la causa della ricchezza.

Nelle attività pratiche, nota Bastiat, nessuno adotta il sisifismo; solo i teorici e i legislatori la seguono. Bastiat fa l'esempio del signor Bugeaud, agricoltore e deputato, che si comporta in maniera opposta a seconda che agisca in veste privata o in veste pubblica. Quando lavora i campi cerca, come tutti i lavoratori, di ottenere il massimo risultato col minimo sforzo; quando vota le leggi cerca invece di moltiplicare gli sforzi e gli ostacoli per "dare alimento all'industria".

In realtà il lavoro aggiuntivo necessario a produrre le stoffe in patria anziché acquistare quelle straniere, migliori e meno care, è del tutto inutile, come quello di Sisifo. Il libero scambio non distrugge mai lavoro, ma lo sposta verso altri impieghi più utili. Il risultato finale è che, a parità di lavoro, gli uomini possono soddisfare un maggior numero di bisogni.

Il luddismo, cioè l'odio per le nuove tecnologie industriali, si basa sullo stesso errore del protezionismo. Se fosse vero che le invenzioni creano disoccupazione, dice Bastiat, allora dovrebbero esserci più opportunità di lavoro tra i selvaggi cherokee o uroni che tra gli inglesi o i francesi, mentre è vero il contrario. Il luddismo presuppone un'antitesi irrisolvibile tra la forza mentale e la forza fisica dell'uomo, tra il suo progresso intellettuale e il suo benessere materiale. Ma per quale motivo, si chiede l'autore dei *Sofismi economici*, la natura avrebbe dato all'uomo due facoltà che si distruggono a vicenda?

Di fatto il protezionismo cerca di intralciare i trasporti delle merci, rendendoli più costosi o difficoltosi. Una tassa doganale, scrive Bastiat, è come una palude, una frana, una laguna, un ripido pendio, cioè un ostacolo artificiale che ha lo stesso effetto di un ostacolo naturale: forzare l'aumento del prezzo, allargando la differenza tra il prezzo di produzione e quello di consumo. Che senso ha, allora, costruire strade, porti e canali, se poi si rifiutano i loro benefici? Il contribuente è beffato due volte: prima paga la costruzione di una nuova via di collegamento, poi paga il dazio per annullare l'utilità dell'opera.

Il commercio estero non è diverso da quello interno

A Parigi, osserva con stupore Bastiat, vivono milioni di esseri umani che morirebbero tutti in pochi giorni se approvvigionamenti di ogni tipo non vi affluissero ogni giorno. L'immaginazione si spaventa volendo valutare il gran numero di oggetti che devono entrare domani, affinché la vita dei suoi abitanti non finisca sotto le convulsioni della fame, delle sommosse o dei saccheggi. Ciò nonostante tutti i parigini stanno dormendo sogni tranquilli, senza essere minimamente turbati da una prospettiva così terribile. Ma come fanno a sapere che ogni giorno arriverà in questo gigantesco mercato tutto quello che occorre, niente di più, niente di meno?

Gli abitanti della capitale confidano ciecamente in una potenza ingegnosa e segreta dalla quale dipende il loro benessere e la loro vita. Questa potenza, che presiede alla meravigliosa regolarità di movimenti così complicati, è un principio assoluto: il principio della libertà delle transazioni.

Cosa ne sarebbe degli abitanti di Parigi, se un ministro decidesse di sostituire a questa potenza i prodotti del suo genio, per quanto superiore lo si possa supporre? Se si immaginasse di sottomettere alla sua direzione suprema questo prodigioso meccanismo, di riunire nelle sue mani tutti i congegni, di stabilire, chi, dove, come, a quali condizioni ogni cosa deve essere prodotta, trasportata e consumata? È certo che l'intromissione arbitraria del governo moltiplicherebbe all'infinito le sofferenze, e stenderebbe su tutti la miseria che oggi colpisce solo un piccolo numero di cittadini.

Ebbene, questa fede che abbiamo nel principio della libertà degli scambi quando si tratta dei nostri commerci interni, perché non dovremmo averla nello stesso principio applicato ai nostri commerci internazionali? Se riteniamo che la prefettura di Parigi non debba regolare le nostre industrie, i nostri profitti e le nostre perdite nel commercio interno, perché la Dogana dovrebbe regolare, controllare e proteggere il nostro commercio estero, che è certamente meno numeroso, delicato e complicato?

Il finto problema della bilancia commerciale

Una frequente lamentela dei protezionisti riguarda il deficit della bilancia commerciale, per l'eccesso di importazioni rispetto alle esportazioni. A costoro si può far notare che la Francia avrebbe un modo assai semplice per portare la bilancia commerciale in enorme attivo: far gettare in mare dalla dogana tutte le merci che arrivano dall'estero. A quel punto le importazioni saranno impossibili e scenderanno a zero. L'attivo della bilancia commerciale sarà sensazionale. È uno scherzo, diranno i protezionisti, perché è impossibile che noi diciamo simili assurdità. Non solo le dite, replica Bastiat, ma quel che è peggio le fate, perché le imponete praticamente ai vostri concittadini per quel tanto che dipende da voi.

In verità bisognerebbe considerare la bilancia del commercio a rovescio, e calcolare il profitto nazionale, nel commercio estero, dall'eccedenza delle importazioni sulle esportazioni. Questa eccedenza, dedotte le spese, forma l'utile effettivo. Ma questa teoria, che è quella vera, conduce direttamente alla libertà degli scambi. Potete esagerare questa teoria quanto volete ma, a differenza della tesi precedente, non avrà mai nulla da temere da questa prova. Supponete che lo straniero ci inondi di ogni tipo di merci utili senza chiederci niente in cambio; che le importazioni siano *infinite* e le esportazioni *nulle*. Io vi sfido a provarmi che ne saremmo più poveri.

Ma il libero scambio non favorisce il dominio inglese?

A proposito della politica di libertà commerciale adottata dall'Inghilterra, molti fanno questa obiezione: "L'Inghilterra non fa altro che perseguire lo stesso scopo con un altro mezzo. Non aspira pur sempre all'universale supremazia? Sicura della superiorità dei suoi capitali e del suo lavoro, non invoca forse la libera concorrenza per soffocare l'industria del continente, regnare sovrana, e conquistare il privilegio di nutrire i popoli rovinati?". In altri termini, costoro affermano che, allo stesso modo in cui in tempo di guerra si giunge al dominio con la superiorità delle armi, si giunge, in tempo di pace, al dominio con la superiorità del lavoro. Perché ciò possa avvenire bisognerebbe aver scoperto una scoraggiante analogia tra il lavoro che si esercita sulle cose e la violenza che si esercita sugli uomini: come potrebbero questi due tipi di azioni avere effetti identici, se hanno natura opposta?

In verità l'analogia tra l'industria e la lotta è sbagliata. O meglio, è vera solo nella misura in cui si guardi ogni industria nei suoi effetti su un'altra industria simile, isolandole entrambe con il pensiero dal resto dell'umanità. Ma ci sono altre cose cui guardare: gli effetti sul consumo e sul benessere generale. Ecco perché non è giusto paragonare il lavoro alla guerra. In guerra, il più forte sottomette il più debole. Nel lavoro, il più forte comunica, attraverso lo scambio, forza al più debole.

Gli inglesi possono avere capitali enormi e disporre di grande potenza produttiva, ma tutto ciò si traduce in buon mercato per il prodotto. E chi ci guadagna dal buon mercato del prodotto? Colui che lo compra, cioè noi. La superiorità straniera distrugge solo il lavoro nazionale ormai inutile e superato. È questo tipo di lavoro che viene ridotto gradualmente dalle macchine, dalla libertà di commercio e dai progressi di ogni genere; non scompare il lavoro utile, ma il lavoro divenuto superfluo, ozioso, senza scopo, senza risultato.

Se gli inglesi ci inondano con i loro prodotti, è solo per un motivo: perché vogliono essere inondati dai nostri. Essi cioè vogliono procurarsi molte soddisfazioni in cambio dei loro prodotti, e per questa ragione mettono in opera molte attività, lavoro, capitali, intelligenza, forze naturali. Concludiamo quindi che perseguire il dominio con il lavoro è impossibile e contraddittorio, poiché ogni superiorità produttiva che si manifesta in un popolo si traduce in buon mercato e quindi in vantaggio per tutti gli altri.

Smettiamola dunque di assimilare puerilmente la concorrenza industriale alla guerra. Bandiamo dall'economia tutte queste espressioni prese a prestito dal vocabolario delle battaglie: combattere ad armi pari, vincere, schiacciare, spegnere, essere battuto, invasione, tributo. Queste sono parole che impediscono l'unione dei popoli, la loro pacifica, universale, indissolubile alleanza, e il progresso dell'umanità!

Fisiologia della spogliazione

Il protezionismo non è solo dannoso, ma è anche ingiusto, perché «disporre per legge dei consumatori, riservarli al lavoro nazionale, è invadere la loro libertà, è vietare loro un'azione, lo scambio, che di per sé non ha nulla di contrario alla morale; in una parola, è far loro ingiustizia» (p. 86). Ciononostante i sostenitori del protezionismo lo ritengono necessario per salvaguardare l'economia nazionale e la prosperità pubblica. In questo modo, osserva Bastiat, gli scrittori della scuola protezionista arrivano a questa triste conclusione: Giustizia e Utilità sono radicalmente incompatibili. Nella loro visione, infatti, gli uomini possono raggiungere la prosperità solo attraverso l'ingiustizia, la violenza, la guerra.

Il commercio crea invece una dipendenza reciproca tra le nazioni, perché «noi non possiamo dipendere dallo straniero, senza che lo straniero dipenda da noi; è questa l'essenza stessa della società. Rompere delle relazioni naturali non significa mettersi in uno stato d'indipendenza, ma piuttosto in uno stato d'isolamento» (p. 99). Di solito si cerca l'indipendenza economica in previsione di una guerra, ma l'atto di isolarsi è già foriero di conflitti, perché un popolo che non partecipa al commercio non ha altro modo di procurarsi le risorse se non con la conquista, o spogliazione, degli altri popoli.

> *Il piccolo arsenale del liberoscambista*
> «Se vi dicono: "Le altre nazioni hanno su di noi mille vantaggi". Rispondete: "Col commercio, esse sono costrette a farvene parte". Se vi dicono: "Con la libertà, noi saremo inondati di pane, di manzo, di carbone, e di cappotti". Rispondete: "Non avremo né fame né freddo". Se vi dicono: "Con cosa pagheremo?" Rispondete "La cosa non vi preoccupi. Se saremo inondati significa che con qualcosa avremo pagato; e se non potremo pagare, non saremo inondati" ... Se vi dicono: "Anche ammettendo che la protezione sia ingiusta, tutto si è adeguato a questo sistema; vi sono capitali impegnati, diritti acquisiti: non si può uscirne senza sofferenze". Rispondete: "Ogni ingiustizia avvantaggia qualcuno ... Argomentare riguardo ai disagi che la cessazione dell'ingiustizia porterebbe a colui che ne trae ora vantaggio è come dire che un'ingiustizia, solo perché è stata commessa in un dato momento, debba continuare per sempre" (p. 245-250).

Infatti, spiega Bastiat, esistono solo due mezzi per procurarsi le cose necessarie alla vita: la produzione e lo scambio, oppure la spogliazione. In questo secondo caso si aspetta che qualcun altro abbia prodotto qualche cosa, per poi strapparglielo con l'inganno o con la forza. Forme di spogliazione sono i furti, le rapine, le frodi commerciali, le conquiste militari, i privilegi monopolistici, i dazi, le tasse.

Un'opera di spogliazione particolarmente estesa e sistematica viene esercitata dallo

Stato attraverso l'abuso dei servizi pubblici. Mentre nelle transazioni ordinarie ciascuno rimane giudice del servizio ricevuto, potendo rifiutare lo scambio o farlo altrove, con lo Stato le cose cambiano perché «noi siamo sempre costretti ad accettare quelli che ci fornisce, e a pagarli al prezzo che egli assegna loro» (p. 140). La tattica dello Stato consiste quindi «nel presentare come servizi effettivi ciò che in realtà non è che un ostacolo; in questo modo la nazione non paga per avere dei servizi, ma dei disservizi. I governi, assumendo proporzioni gigantesche, finiscono per assorbire metà di tutti i redditi» (p. 142).

I governanti, come tutti gli uomini, hanno l'irresistibile tendenza ad esagerare il valore dei servizi che rendono. L'unico limite a questa pretesa è la libera accettazione o il libero rifiuto di coloro ai quali questi servizi vengono offerti. Per questa ragione «è meglio lasciare il maggior numero possibile di *servizi* nella categoria in cui le parti interessate commerciano a *prezzo dibattuto*» (p. 143), cioè offerti dal settore privato.

Ciò che separa l'ordine sociale dalla perfezione, spiega Bastiat, è proprio lo sforzo costante dei suoi membri di vivere e crescere alle spese gli uni degli altri. Se la spoliazione non esistesse, la società sarebbe perfetta, e le scienze sociali non avrebbero molta importanza. Dietro ogni sofisma economico, infatti, si cela sempre un'estorsione, perché «per derubare il pubblico, occorre ingannarlo. Ingannarlo è convincerlo che viene derubato per il suo bene; è fargli accettare in cambio dei suoi beni servizi fittizi, e spesso di peggio» (p. 126). L'utilità dell'economia politica è quindi evidente: è come una fiaccola che svela gli inganni e dissipa gli errori, distruggendo così le basi della spoliazione, la fonte maggiore del disordine sociale.

> *Ostacoli naturali e ostacoli artificiali*
> «Perché una cosa, fatta per esempio a Bruxelles, quando è arrivata a Parigi costa più cara? ... ciò dipende dall'esistenza di ostacoli di diversa natura, fra Parigi e Bruxelles. In primo luogo la distanza ... vengono poi i fiumi, le paludi, gli accidenti del terreno, il fango. Sulle strade vi saranno poi dei ladri ... Ora, fra questi ostacoli, ve n'è uno che noi stessi abbiamo messo, e con grandi spese, fra Bruxelles e Parigi. Sono gli uomini appostati lungo la frontiera, armati fino ai denti, e incaricati di creare difficoltà al trasporto delle merci fra un paese e un altro. Si chiamano doganieri ... Io mi domando come possa essere entrata nei nostri cervelli tanta bizzarria da indurci a pagare molti milioni per distruggere gli ostacoli naturali che si frappongono tra la Francia e l'estero, e pagare allo stesso tempo molti altri milioni per sostituire ad essi degli ostacoli artificiali che hanno esattamente gli stessi effetti» (p. 61-62).

Punti da Ricordare

- I benefici della protezione sono ben visibili perché concentrati, mentre gli effetti negativi sono poco visibili perché distribuiti sulla massa delle persone
- I liberoscambisti vogliono l'abbondanza dei beni, i protezionisti la scarsità
- I desideri dei consumatori, non quelli dei produttori, sono in armonia con l'interesse generale
- I dazi doganali sono ostacoli artificiali che producono lo stesso effetto degli ostacoli naturali
- Il principio della libertà delle transazioni ha valore assoluto, tanto nel commercio interno che in quello estero

- Non esiste il problema del deficit della bilancia commerciale
- L'analogia tra la guerra e la concorrenza industriale è fuorviante
- Il commercio crea la dipendenza reciproca tra le nazioni e quindi favorisce la pace
- L'isolamento economico di una nazione prelude invece alla guerra
- Se non ci fosse la spogliazione la società sarebbe perfetta
- Dietro ogni sofisma economico si cela un'estorsione

L'autore

Fréderic Bastiat (1801-1850) nasce il 29 giugno 1801 a Mugron vicino a Bayonne, nell'Aquitania (Francia sud-occidentale). Per lunghi anni svolge una tranquilla vita di intellettuale di provincia, svolgendo l'attività di giudice di pace nel proprio cantone e frequentando un circolo di studi economici. Nel 1844 scopre le battaglie libero-scambiste condotte in Inghilterra dalla "Anti-Corn Law League" di Richard Cobden e John Bright, e rimane folgorato dall'idea di creare anche in Francia un movimento favorevole al libero commercio. Invia allora uno scritto, intitolato "De l'influences des tarifs français et anglais sur l'avenir de deux peuples" al prestigioso *Journal des Economist*. Il successo dell'articolo, pubblicato nell'ottobre 1844, è immediato. La rivista gli chiede altri scritti, e Bastiat diventa improvvisamente un autore di fama. Nel 1845 e nell'anno successivo pubblica le due serie dei *Sofismi economici*. Nel 1846 partecipa a Bordeaux alla fondazione dell'Associazione per la libertà degli scambi, e inizia le pubblicazioni del settimanale "Le libre echange", di cui sarà direttore fino al febbraio 1848. Nello stesso anno viene eletto prima all'assemblea costituente e poi in quella legislativa. Siede a sinistra, ma si dedica a una battaglia su due fronti contro i conservatori protezionisti e contro i socialisti. Inizia infatti una polemica, destinata a durare fino al marzo del 1850, con Pierre-Joseph Proudhon sul credito gratuito. Cerca poi di sistematizzare il suo pensiero con la pubblicazione di un'opera, le *Armonie economiche*, che raccolga tutte le sue idee. Riesce però a completare solo il primo volume. Il suo stato di salute purtroppo peggiora, e gli viene consigliato di trascorrere l'inverno nel clima più mite dell'Italia. In settembre parte verso l'Italia e soggiorna a Pisa e a Roma, dove muore la vigilia di Natale. La sua tomba si trova nella navata sinistra della Chiesa di San Luigi dei francesi, a Roma.

Nota Bibliografica

Frédéric Bastiat, *Sofismi economici*, Libreria San Giorgio, Carnago (VA), 2013, a cura di Michele Liati, p. 274. La prima versione italiana è: Federigo Bastiat, *Sofismi economici*, tradotti dal dott. Antonio Contrucci con aggiunte dell'autore e un discorso del prof. Scialoja, C. P. Onesti Editore, Firenze, 1847. Titolo originale: *Sophismes économiques*.

14

John C. Calhoun

Disquisizione sul governo
1851

"L'azione fiscale del governo divide la società in due classi antagoniste: pagatori e consumatori di tasse"

Disquisizione sul governo, scrive il professor Luigi Marco Bassani nell'introduzione, è un'opera che sta al fianco dei grandi capolavori dell'ingegno umano. Perché allora questo gioiello della scienza politica, il prodotto più sofisticato dell'Ottocento americano, è così poco noto? Probabilmente perché John C. Calhoun, che fu vicepresidente degli Stati Uniti dal 1828 al 1832 e poi senatore, viene ricordato come il principale difensore delle istituzioni degli Stati del Sud, compresa la schiavitù. Nel presente scritto, tuttavia, non vi è neanche un cenno alle odiose apologie sudiste della schiavitù. L'autore individua nel puro principio maggioritario una piaga destinata a minare ogni società democratica, e come soluzione indica il principio della maggioranza concorrente, secondo il quale la ricerca del consenso sulle questioni cruciali deve tener conto dei grandi interessi del Paese. Egli avanza anche una teoria liberale della lotta di classe, secondo cui la vera classe sfruttatrice e dominante è composta dai "consumatori di tasse" che, controllando l'apparato governativo, si assicurano privilegi ingiustificati a danno dei produttori di ricchezza, i "pagatori di tasse".

Riassunto

Società e governo sono indispensabili

Vi sono alcune caratteristiche peculiari della natura umana, osserva John C. Calhoun, che rendono necessaria la presenza di un governo. Non ci sono dubbi, infatti, sul fatto che l'uomo sia un essere sociale. Le sue inclinazioni e i suoi bisogni materiali e morali lo spingono irresistibilmente ad associarsi con i suoi simili. La società è necessaria all'esistenza e al pieno sviluppo delle facoltà dell'essere umano, ma nessuna società può esistere senza governo. Questo postulato si fonda sull'esperienza universale. In nessun'epoca o territorio si è mai vista una società o comunità, selvaggia o civilizzata, senza una qualche forma di governo.

Per quale motivo non possiamo convivere senza un governo? La ragione è che, anche se siamo fatti per vivere in società, siamo costituiti in modo tale da sentire più intensamente ciò che ci riguarda direttamente, rispetto a ciò che tocca gli altri. In altre parole, i nostri sentimenti individuali sono più forti di quelli sociali. È vero che vi sono dei casi particolari in cui i secondi prevalgono sui primi, ma sono comunque rari e fuori dall'ordinario. La profonda impressione che essi suscitano ogni qualvolta si verificano è la miglior prova del fatto che essi vengono considerati eccezioni rispetto a una legge ovvia e generale della nostra natura. La prevalenza dell'interesse individuale è propria di tutto il regno animale, ed è espressione della grande legge dell'autoconservazione che pervade l'intero universo senziente.

> **La società è più importante del governo**
> «Ma per quanto società e governo risultino così strettamente collegati e interdipendenti, la società è più importante. Essa viene prima nell'ordine delle cose e inoltre per l'importanza del suo obiettivo: infatti lo scopo della società, la conservazione e il perfezionamento della specie umana, è certamente prioritario, mentre lo scopo del governo, la conservazione e il perfezionamento della società, è secondario e subordinato. Ambedue sono tuttavia necessari all'esistenza e al benessere della nostra specie, ed egualmente generati dalla provvidenza divina» (p. 7).

Il fatto che proviamo più intensamente ciò che riguarda noi rispetto a ciò che riguarda gli altri, conduce necessariamente al conflitto fra gli individui. Ognuno infatti ha più riguardo per la propria sicurezza e felicità di quanta ne abbia per la sicurezza e felicità altrui, e quando queste sono in conflitto è pronto a sacrificare l'interesse altrui al proprio. Da ciò deriva la tendenza a uno stato di conflitto universale fra gli individui, in cui si scatenano passioni come la diffidenza, l'invidia, la collera, la vendetta, l'insolenza, l'inganno, la crudeltà. Questa situazione, se non viene frenata da qualche potere di controllo, è destinata a distruggere la società e i suoi fini istitutivi. Questo potere di controllo, ovunque sia conferito e da chiunque sia esercitato, è il *Governo*.

Il governo trae dunque origine dalla natura duale dell'uomo, sociale ed individuale ad un tempo. Se le inclinazioni dell'uomo fossero diverse riguardo entrambe le cose, se cioè invece di essere un animale sociale fosse stato creato privo di propensione verso i propri simili e completamente autosufficiente; oppure, al contrario, se fosse stato creato in modo da provare le afflizioni dei suoi simili più intensamente delle proprie, è evidente che in entrambi i casi non vi sarebbe mai stato bisogno di un governo.

La tendenza all'abuso dei governi

Il governo, tuttavia, anche se è preposto alla conservazione della società, ha in sé una forte tendenza all'abuso dei propri poteri, come testimoniano tutte le vicende storiche. La causa di ciò è da ricercare proprio in quell'essenza della natura umana che lo rende indispensabile. I poteri che il governo deve possedere per reprimere la violenza e mantenere l'ordine non possono attuarsi da soli, ma devono essere resi esecutivi da individui nei quali, come in tutti, i sentimenti individuali sono più intensi rispetto a quelli sociali. È facile quindi che, nel caso non vengano controllati, i poteri conferiti a costoro per prevenire l'ingiustizia e l'oppressione siano utilizzati per opprimere il resto della comunità.

Per impedire che ciò si verifichi viene stabilita una Costituzione, la quale sta al governo come il governo sta alla società. Infatti, così come l'assenza del governo vanificherebbe lo scopo per cui la società viene istituita, allo stesso modo senza una Costituzione verrebbe in larga misura vanificato il fine per cui viene istituito un governo.

Tra le due cose c'è tuttavia una differenza significativa: è facile costituire un governo, ma è molto difficile istituire una Costituzione. Non ci sono, infatti, grandi difficoltà ad istituire un governo: indipendentemente dalla volontà degli uomini, la necessità finirà per istituirlo, in una forma o nell'altra, in tutte le comunità. Ben diverso è il caso della Costituzione. Disegnare una Costituzione degna di questo nome è uno dei compiti più ardui che si possano assegnare all'uomo, e disegnarne una perfetta, capace di contenere efficacemente la tendenza del governo all'oppressione e all'abuso, si è rivelato finora un compito superiore alla saggezza umana, e tale forse resterà in eterno.

Il rompicapo costituzionale

Esiste un modo per rendere innocua questa tendenza del governo? In altre parole, come si può impedire che coloro cui sono attribuite le prerogative del governo le usino per ampliare il proprio potere, invece di adoperarle per proteggere e conservare la società? Non è possibile ottenere questo risultato istituendo un potere superiore che controlli il governo, perché ciò equivarrebbe soltanto a modificare la titolarità dell'autorità rendendo quello superiore il vero governo. Un tale risultato non si può ottenere nemmeno indebolendo il più possibile il governo, riducendogli le sue prerogative. Una tale misura vanificherebbe lo scopo per cui viene istituito il governo, perché questi non sarebbe più in grado di proteggere e conservare la società. Nessun bisogno infatti è più impellente e perentorio di scongiurare l'anarchia, il peggiore di tutti i mali.

Occorre inoltre ricordare che la specie umana non si esaurisce in una sola società, dato che nel tempo si sono formate numerose comunità indipendenti. Tra queste comunità si sviluppa la stessa tendenza al conflitto che si presenta fra i singoli uomini, anzi persino più forte, dato che fra gli estranei sono assenti quei legami di simpatia che esistono tra gli individui di una stessa comunità. Questa tendenza appare così intensa da aver causato guerre quasi continue tra comunità vicine, a scopo di rapina e di conquista o per vendicare soprusi sia reali che immaginari.

Da ciò deriva il rischio di negare al governo quei poteri che servono a respingere le aggressioni che provengono dall'esterno, oltre che di reprimere la violenza e il caos al proprio interno. Questo dilemma porta con sé dei rompicapi che gli uomini più sapienti e giusti hanno tentato di risolvere fin dalle epoche più remote, ma fino ad oggi con scarso successo.

Il diritto di voto non è sufficiente a fondare un governo costituzionale

L'unico modo per ottenere questo risultato è quello di progettare una struttura capace di fornire ai governati i mezzi per resistere con successo alla tendenza propria dei governati di opprimerli e di abusare dei loro poteri, dato che *il potere può essere contrastato soltanto per mezzo del potere*. Chi esercita il potere e chi è soggetto al suo esercizio stanno in una relazione mutualmente antagonistica. La medesima essenza della nostra natura, che spinge i governanti ad opprimere i governati, indurrà con pari intensità i governati a resistere, qualora posseggano i mezzi idonei a montare una resistenza pacifica ed efficace. Di conseguenza, gli elementi più indispensabili nella formazione di un governo costituzionale sono quelli che forniscono a chi è governato gli strumenti per mettere in pratica in modo pacifico l'opposizione nei confronti del dispotismo di chi governa.

Il diritto di voto, ossia il diritto dei governati di selezionare ad intervalli regolari i governanti, obbligandoli quindi a rispondere del loro operato, stabilisce la responsabilità dei governanti nei confronti dei governati, e quindi costituisce un primo fondamentale principio nel processo di fondazione di un governo costituzionale. Il diritto di voto tuttavia da solo non è sufficiente a fondare un governo limitato. Esso può al massimo fornire agli elettori un controllo sul comportamento degli eletti, ma non evita i conflitti fra i diversi interessi presenti all'interno della comunità.

> **Le tasse: tributi per gli uni, doni per gli altri**
> «Da ciò fatalmente discende, di conseguenza, che una parte della comunità pagherà sotto forma di tasse più di quanto riceverà indietro sotto forma di trasferimenti, mentre l'altra riceverà, sotto forma di spesa pubblica, più di quanto avrà pagato sotto forma di tasse. Appare quindi chiaro, analizzando il meccanismo nel suo complesso, che le tasse, in realtà, rappresentano un dono per la parte della comunità che riceve di più sotto forma di tasse, mentre per l'altra parte, che paga sotto forma di tasse più di quanto riceva sotto forma di spesa pubblica, le tasse sono vere e proprie imposte, gravami, e non doni. Questa è una conseguenza inevitabile, insista nella natura del processo fiscale» (p. 20).

Se per ipotesi tutti gli individui avessero i medesimi interessi, tutti nutrirebbero le stesse aspettative riguardo all'azione del governo. Verrebbe meno qualsiasi contesa elettorale, e resterebbe semplicemente da decidere chi sia il più qualificato, il più saggio e il maggiormente titolato a comprendere l'interesse complessivo della società. Ma nella realtà le cose non stanno affatto così, perché nella società agiscono una miriade di interessi compositi e contrastanti. Ciascuno di essi cerca di fare propri i poteri del governo al fine di difendersi dagli altri, o per promuovere i propri interessi a discapito di tutti gli altri.

Si forma così inevitabilmente una divisione tra due grandi partiti, uno maggioritario e uno minoritario, fra i quali avrà luogo una lotta senza quartiere, da una parte per conservare la maggioranza e dall'altra per conquistarla, assieme alla gestione del governo e agli indubbi benefici che essa conferisce a chiunque la possieda.

Tax payers contro tax consumers

Per svolgere i suoi compiti, un governo deve disporre nelle proprie mani di un'enorme quantità di risorse umane e materiali. Per far fronte alle spese necessarie si dovranno riscuotere e quindi erogare ingenti somme di denaro ottenute imponendo pesanti tasse, la cui riscossione e ripartizione richiedono a loro volta il lavoro di una miriade di funzionari. Questo finisce necessariamente per porre nelle mani del governo una quantità di privilegi e di compensi sufficienti a stimolare intensamente le ambizioni e le ingordigie, il che conduce alla nascita di partiti tra loro avversi e a violenti conflitti tra le varie fazioni per guadagnare il controllo del governo.

È impossibile far diventare equa l'azione del governo riguardo alle cariche, ai compensi e alla politica fiscale. La ragione è evidente. Innanzitutto, le cariche e i compensi del governo, per quanto grandi, non possono essere attribuiti che a un numero limitato di individui rispetto all'intera comunità o alla folla che cercherà di attingere da essi. E in ogni caso, pochi o molti che siano, gli agenti e gli impiegati del governo costituiscono la porzione della comunità che risulta destinataria esclusiva del gettito fiscale. L'azione del governo non può che apparire iniqua nei confronti di chi paga le tasse, rispetto a chi è destinatario dei proventi di esse. D'altra parte non potrebbe essere altrimenti, a meno che quanto viene prelevato a ogni singolo individuo non gli venga poi restituito sotto forma di trasferimento. Il che renderebbe l'intero processo pletorico e assurdo.

Il risultato necessario di ogni azione fiscale del governo è dunque quello di dividere la società in due grandi classi: la prima composta da coloro che pagano effettivamente le tasse e sopportano tutto il peso del governo, e l'altra composta da chi riceve il proprio reddito attraverso trasferimenti statali dei proventi fiscali, ed è a tutti gli effetti mantenuto dal governo. In parole povere, afferma Calhoun, «il risultato è quello di dividere la comunità in produttori e consumatori di tasse» (p. 22).

La politica fiscale del governo genera l'antagonismo tra le classi

L'effetto principale di tale divisione è di mettere gli uni contro gli altri, in un rapporto antagonistico per ciò che concerne l'azione fiscale del governo e tutte le politiche di spesa. Infatti quanto maggiori sono le tasse e i trasferimenti, tanto maggiori sono il guadagno per gli uni e le perdite per gli altri, e viceversa. Questa politica può essere portata a un punto tale da far sì che una classe, o una parte della comunità, guadagni potenza e ricchezza, e che l'altra venga sospinta nella miseria più abbietta, unicamente per l'azione fiscale del governo e dei trasferimenti di risorse. Una parte della comunità viene schiacciata mentre l'altra cresce sulle sue rovine.

Che il potere di imporre tasse e di erogare trasferimenti venga effettivamente usato a questo scopo, a meno che non lo si impedisca, è assolutamente certo, data la natura umana. L'unica differenza, in un governo esercitato dalla maggioranza, è che la minoranza può sempre subentrargli grazie all'esercizio del diritto di voto, modificando così le rispettive posizioni senza l'uso della forza o una rivoluzione. Ciò rappresenta soltanto una semplice inversione nei rapporti di forza tra i due partiti, dato che l'ex partito minoritario divenuto dominante avrà la stessa tendenza ad abusare del proprio potere. In ogni caso, il diritto di voto non può di per sé annullare la tendenza all'oppressione e all'abuso di potere che è inerente al governo.

Occorre dunque un ulteriore accorgimento oltre il diritto di voto. La sua ricerca rappresenta l'aspetto più rilevante di tutta la scienza del governo, ed il più complicato da mettere in atto. Questo principio, sottolinea Calhoun, è esattamente ciò che crea la Costituzione, nel senso più ristretto e limitato del termine.

Maggioranza numerica e maggioranza concorrente

Questo ulteriore accorgimento deve possedere caratteristiche tali da impedire a qualsiasi interesse, o a qualsiasi coalizione di interessi, di servirsi dei poteri del governo per favorire se stesso a spese degli altri. Esiste un unico modo sicuro di ottenere questo risultato: interpellare separatamente ogni grande interesse all'interno della comunità che possa essere danneggiato dall'azione di governo, rendendo così necessario il suo consenso per l'avvio o la prosecuzione della politica governativa.

Mediante la divisione e la distribuzione dei poteri di governo deve essere quindi assicurato ad ogni interesse settoriale, tramite un apposito organo, o un potere concorrente nell'approvazione delle leggi, oppure un potere di veto sulla loro applicazione. Solo rendendo impossibile, senza il consenso concorrente di tutti, l'avvio o la prosecuzione di qualsiasi politica governativa, i diversi interessi, ceti, classi e fazioni nelle quali può essere divisa la comunità riescono a venire protetti, e ogni conflitto o lotta fra essi impedito.

Una struttura di questo tipo e il diritto di voto costituiscono le peculiarità del governo costituzionale. Questo due strumenti, se vengono abbinati, sono sufficienti ad annullare la tendenza del governo all'oppressione e all'abuso di potere, nonché a vincolarlo al conseguimento dei obiettivi di interesse comune per i quali è stato istituito. L'effetto della struttura non è quello di sminuire il diritto di voto, ma di completarlo e perfezionarlo. Entrambi danno espressione alla volontà della maggioranza, ma il primo fa caso solamente al numero e considera la società intera come un unico corpo con interessi comuni, mentre il secondo fa emergere e tiene in considerazione tutti gli interessi contrapposti all'interno della comunità.

Senza potere di veto non c'è Costituzione

Non è sufficiente una Costituzione scritta per annullare la tendenza della maggioranza numerica all'oppressione e all'abuso di potere, perché i componenti del partito di governo diverranno fautori di tutti i poteri che vengono loro concessi della Costituzione, contestando qualsiasi restrizione volta a limitarli. Si creerà così uno scontro tra due interpretazioni della Costituzione: quella rigida propugnata dal partito di minoranza e quella elastica sostenuta dal partito di maggioranza. Quale prevarrà? Non ci può essere dubbio sul risultato: il partito che sponsorizza le restrizioni finirà per soccombere.

Il partito di maggioranza ha infatti a disposizione tutti i poteri del governo per far valere la propria interpretazione, mentre il partito di minoranza sarà privo di ogni mezzo per porre in atto la propria. È illusorio pensare che il partito uscito vincitore dal responso delle urne e detentore del monopolio della forza possa essere efficacemente combattuto con un semplice richiamo alla ragione, alla verità, alla giustizia o ai vincoli scritti nella Costituzione.

Nemmeno la suddivisione dei poteri del governo in rami separati cambierebbe il risultato, perché questi vari rami resteranno comunque sotto il diretto controllo della maggioranza numerica. Occorre fare un passo avanti, attribuendo a ogni interesse o segmento della comunità un potere di veto nei confronti degli altri. Senza questo potere non può esistere alcun tipo di resistenza organizzata, pacifica ed efficace alla tendenza della maggioranza numerica di convertire tutti i governi in governi assoluti. È infatti questo potere ostativo, il potere di impedire o vanificare l'azione del governo, a creare in pratica la Costituzione.

La vera distinzione tra i governi non è quella tra governi retti da un singolo, da pochi individui o dalla moltitudine, ma quella tra governi assoluti e governi costituzionali. I primi si basano sul principio dell'unicità del potere e l'esclusione del diritto di veto. Anche la maggioranza numerica, se non viene bilanciata da maggioranze concorrenti, crea un governo assoluto. Essa rappresenta la forma del governo assoluto assunta dalla democrazia.

Vantaggi del governo costituzionale basato sulla maggioranza concorrente

Il tipico principio grazie al quale i governi costituzionali vivono e vengono preservati è il compromesso, mentre quello dei governi assoluti è la forza. Questi ultimi, infatti, non ammettono altro strumento di resistenza alla loro autorità che non sia la mera forza e finiscono per lasciare come uniche alternative ai governati la rassegnazione per l'oppressione subita, o il ricorso alla forza per abbattere il governo. Il timore di questa misura estrema, tuttavia, non può che portare i governi a prepararsi a difendersi e a fronteggiare l'uso della forza. Il governo basato sulla maggioranza concorrente, invece, fornisce a ogni interesse, fazione o ceto i mezzi per tutelarsi autonomamente tramite il diritto di veto su ogni misura intesa a danneggiare i propri interessi a vantaggio di un'altra parte. Con questo tipo di resistenza, legale ed efficace, i governi basati sulla maggioranza concorrente rendono superfluo il ricorso alla forza e necessario il compromesso.

In un governo basato sul potere illimitato della maggioranza il conflitto tra i due partiti tende di fatto a ridursi a una lotta per le cariche e i compensi del governo, nel corso della quale ciascuna parte in causa, per raggiungere la meta agognata, utilizzerà qualsiasi mezzo. L'altissima posta in gioco, consistente nel potere illimitato, non può che produrre un'intensa fedeltà per il proprio partito e un'altrettanto violenta ostilità per il partito avversario. Man mano che la lotta si intensifica i sentimenti di ostilità crescono sino al punto da distruggere ogni spirito di solidarietà.

Data l'importanza dell'obiettivo, tutte le fazioni che si contendono il controllo del governo tendono ad elevare al potere gli individui più infidi, intriganti e privi di scrupoli, i quali non promuovono certo il bene comune ma esclusivamente quello della propria fazione. Il governo basato sulla maggioranza numerica è quindi incline a dividere la comunità in due fazioni contrapposte, mentre il governo basato sulla maggioranza concorrente tende ad unirla al massimo, per quanto all'interno di questa vivano diversi e contrastanti interessi.

Si può osservare, aggiunge Calhoun, che i governi più liberi sono anche i più forti, come dimostrano i casi dell'Inghilterra e degli Stati Uniti. La libertà rappresenta di per sé un'importante strumento di crescita morale, oltre che di potere materiale. La libertà instilla nei popoli spirito di perfezionamento, autostima, vigore ed entusiasmo. Queste qualità forniscono alla potenza fisica una veemenza immensa e quasi irresistibile, e fanno sì che, in modo del tutto naturale e privo di coercizione, in caso di necessità la comunità si unisca e sprigioni efficacemente tutta la forza di cui è capace. La somma di questi fattori garantisce a una comunità il massimo potere nei confronti delle altre.

Esempi storici di governi costituzionali

È dunque erroneo supporre che un governo fondato sulla maggioranza concorrente non sia attuabile o che poggi su fondamenta deboli. La storia ci fornisce numerosi esempi di governi di questo genere. In Polonia, ad esempio, il principio della maggioranza concorrente veniva spinto a un punto tale che, per eleggere il re o approvare una legge, si richiedeva l'approvazione unanime di ogni singolo nobile o borghese radunato in un'assemblea generalmente composta da un numero che oscillava dalle centocinquantamila alle duecentomila persone.

Il principio della maggioranza concorrente veniva applicato nella sua forma più estrema, dato che ciascun membro della Dieta polacca godeva di un diritto di veto. Eppure un simile governo sopravvisse per più di due secoli, che peraltro abbracciano il momento di maggior fortuna ed espansione della Polonia, che per ben due volte, nel lasso di tempo in questione, difese le nazioni cristiane quando erano in grave pericolo, sconfiggendo gli Ottomani sotto le mura di Vienna e ponendo quindi termine per sempre alle loro conquiste in Occidente.

Un altro esempio è rappresentato dalle tribù indiane del Nord America riunite nella Confederazione delle sei nazioni. Il loro governo era costituito da sette delegati per ogni nazione. Questi quarantadue membri si riunivano insieme per discutere e adottare provvedimenti circa tutte le questioni d'interesse comune. Come nella Dieta polacca, ciascun membro aveva facoltà di porre il veto su qualsiasi decisione, tanto che non si poteva adottare alcun provvedimento senza un consenso unanime. Ma ciò, invece di indebolire la Confederazione, ebbe in realtà l'effetto contrario, perché questa struttura garantì che in tutte le deliberazioni non mancassero mai armonia e risoluzione. Di conseguenza, la Confederazione delle sei nazioni divenne la nazione indiana più potente del continente.

Ma l'esempio più celebre del diritto di veto è quello della Repubblica romana. All'inizio il popolo era diviso in due ceti nettamente separati, patrizi e plebei. I primi avevano il controllo assoluto del governo e lo esercitavano in maniera tirannica. Ne conseguì un profondo odio tra i due ceti e numerosi atti di violenza, che minarono alle basi l'autorità del governo. Alla fine si arrivò all'aperta rottura, quando i plebei si ritirarono sul Monte Sacro. Fortunatamente tra i patrizi prevalse la posizione moderata favorevole al compromesso.

Venne così stipulato un patto solenne tra i due ceti, che accordava ai plebei il diritto di eleggere dei tribuni che avevano il potere di porre il veto su tutte le leggi. Il governo venne sottoposto alla gestione comune e concorrente dei due ceti: i senatori avevano il potere propositivo, i tribuni della plebe avevano il potere di veto. Questo cambiamento fondamentale modificò la natura del governo da assoluto a costituzionale,

---

> *Il potere di veto è la Costituzione*
> «È il potere di veto a caratterizzare la Costituzione, mentre il governo si basa su quello propositivo. Quest'ultimo consiste nel potere di agire, mentre il primo è costituito dalla prerogativa di poter impedire o arrestare l'azione. Quando i due poteri vengono combinati nascono i governi costituzionali. Ma dal momento che non si ha Costituzione senza potere di veto, e non si ha potere di veto senza maggioranza concorrente, si deduce necessariamente che, dove a controllare il governo è la sola maggioranza numerica, non può esistere alcuna Costituzione, dal momento che in essa sono impliciti i concetti di "limite" e "vincolo"» (p. 35-36).

gettando le fondamenta della libertà e della potenza di Roma. Invece di condurre al caos, quel governo fu la fonte di unione e concordia; invece di mostrarsi debole, acquisì una forza mai eguagliata. Senza di esso Roma, invece di diventare la potenza che poi divenne, sarebbe sicuramente rimasta priva di gloria e sconosciuta ai posteri quanto i piccoli stati che la circondavano.

Abbiamo infine l'esempio della monarchia inglese che, nata assoluta dopo la conquista normanna, si trasformò nel corso dei secoli in una monarchia costituzionale molto raffinata. In questo sistema il re rappresentava l'interesse di chi consuma le tasse, cioè l'interesse di tutti coloro che vivono grazie al governo. La camera dei Comuni invece rappresentava l'interesse opposto, cioè di tutti coloro che con le proprie tasse mantengono il governo. L'equilibrio tra questi due poteri, conclude Calhoun, ha garantito la pace e la potenza inglese.

Punti da Ricordare

• L'uomo è un essere sociale, ma i suoi sentimenti individuali sono più forti di quelli sociali
• Per questa ragione ogni società necessita di un governo
• Tutti i governi abusano dei propri poteri, se non sono limitati da una Costituzione
• È facile costituire un governo, ma è molto difficile istituire una Costituzione
• La presenza del governo divide la società in due grandi classi antagoniste: produttori e consumatori di tasse
• Ogni politica fiscale e di spesa indebolisce una parte e avvantaggia l'altra
• Il diritto di voto, la Costituzione scritta e la divisione dei poteri non sono sufficienti a evitare gli abusi di potere
• Il potere può essere contrastato soltanto per mezzo del potere
• Occorre quindi limitare il potere della maggioranza numerica con quello delle maggioranze concorrenti
• Il risultato può essere ottenuto attribuendo un potere di veto a tutti i grandi interessi del paese
• Il potere di veto associato al diritto di voto fonda un vero governo costituzionale
• Solo questa struttura di governo è in grado di evitare l'oppressione
• Un governo basato sulla maggioranza numerica fomenta le divisioni tra le fazioni, mentre un governo basato sulla maggioranza concorrente unisce la comunità
• Il primo si conserva con la forza, il secondo con il compromesso
• Nella storia i governi basati sul diritto di veto e la maggioranza concorrente hanno favorito la libertà e la potenza nazionale

L'autore

John Caldwell Calhoun nacque ad Abbeville, nella Carolina del Sud, il 18 marzo 1782; morì a Washington il 31 marzo 1850. Fu il maggior pensatore politico americano dell'Ottocento ed un eminente uomo di Stato. Eletto nel 1810 alla camera dei Rappresentanti degli Stati Uniti, fu subito salutato profeticamente come «uno degli animi-guida, di quelli che imprimono il proprio marchio all'epoca nella quale vivono». Segretario alla guerra nel gabinetto Monroe, fu il settimo Vicepresidente sotto la presidenza di John Quincy Adams ed Andrew Jackson dal 1825 al 1832, quando si dimise per entrare in Senato. Dopo l'approvazione nel 1832 da parte del Congresso americano di nuovi dazi nei confronti delle merci straniere egli si pose a capo di un sentimento di ribellione verso la politica protezionistica nazionale, tanto da proporre il concetto della "nullificazione": qualora il governo federale avesse imboccato direzioni politiche contrarie all'interesse dei singoli Stati, lo Stato che vedeva intaccati i propri interessi poteva nullificare, ossia non adottare, i provvedimenti contestati. Nel corso dei venti anni successivi divenne il paladino degli Stati del Sud contro lo sconfinamento del governo federale. Solo dopo la sua morte furono pubblicate le opere maggiori: la *Disquisizione sul governo* e il *Discorso sul governo e la Costituzione degli Stati Uniti*.

Nota Bibliografica

John C. Calhoun, *Disquisizione sul governo*, Liberilibri, Macerata, 2011, p. XCV+103, traduzione e introduzione di Luigi Marco Bassani. Titolo originale: *A Disquisition on Government*.

15

John Stuart Mill

Sulla libertà
1859

"Soffocare le opinioni non convenzionali danneggia soprattutto la maggioranza"

Sulla Libertà di John Stuart Mill rappresenta uno dei più eloquenti, significativi e influenti testi a difesa dell'individualità umana che siano mai stati scritti, e ancora oggi viene considerato un classico della filosofia liberale. L'argomento del saggio, come spiega l'autore nelle prime righe, non è l'esistenza o meno del libero arbitrio nell'uomo, ma la libertà civile, cioè la natura ed i limiti del potere che la società può legittimamente esercitare sull'individuo. Mill spiega che la libertà individuale è la fonte della creatività umana e di ogni progresso intellettuale, e che soffocare le idee minoritarie danneggia anche le maggioranze. In molti passaggi Mill polemizza, un po' come aveva fatto Tocqueville, contro la tirannia della maggioranza esercitata dalla società, più che contro quella esercitata dai parlamenti, trascurando la tipica distinzione dei liberali classici fra le misure di coercizione e le semplici sanzioni sociali o morali.

Riassunto

Il pericolo della tirannia della maggioranza

La libertà è sempre stata intesa come protezione dalla tirannia dei governanti. Tranne nel caso di alcuni governi popolari della Grecia, i governanti erano considerati soggetti in posizione necessariamente antagonistica con il popolo da essi governato. L'obiettivo dei cittadini, pertanto, era quello di porre limiti al potere che il governante poteva esercitare sulla comunità; queste restrizioni erano esattamente ciò che essi intendevano per libertà.

Quando si impose l'idea democratica secondo cui il potere dei governanti promana dal popolo, alcuni pensarono che era stata attribuita troppa importanza alla limitazione del potere. Ciò che ora si voleva era l'identificazione tra governanti e popolo. La nazione non aveva bisogno di essere protetta contro la propria volontà. Non vi era da temere che diventasse il tiranno di se stessa. Dal momento in cui i governanti fossero stati efficacemente responsabili verso la nazione, e da questa immediatamente revocabili, essa avrebbe potuto permettersi di affidare loro un potere il cui uso sarebbe stato dettato dalla sua volontà.

Da allora, tuttavia, il governo elettivo e responsabile è divenuto oggetto di osservazioni e di critiche. Ci si è resi conto che frasi come "autogoverno" e "potere del popolo su se stesso" non esprimevano il vero stato delle cose; il popolo che esercita il potere non sempre coincide con quello su cui esso viene esercitato e l'autogoverno di cui si parla non è il governo di ciascuno su se stesso, bensì quello di tutti gli altri su ciascuno. Inoltre la volontà del popolo significa, in termini concreti, la volontà di quella parte più numerosa e più attiva di esso: la maggioranza, ovvero coloro che riescono a farsi accettare come tale.

Di conseguenza il popolo può desiderare di opprimere una parte di se stesso e in questo caso le precauzioni contro tale evenienza sono altrettanto utili quanto quelle contro gli abusi di potere. Per questo è importante limitare il potere del governo sugli individui, anche quando i governanti sono regolarmente responsabili verso la comunità. Il pensiero politico oramai comprende generalmente "la tirannia della maggioranza" fra i mali da cui la società deve guardarsi.

> **La filosofia dell'utilitarismo**
> «Conviene dire che rinuncio a qualsiasi vantaggio che potrebbe derivare alla mia argomentazione dall'idea del diritto astratto indipendente dall'utilità. L'utilità è, a mio giudizio, il criterio ultimo di tutte le questioni morali; ma si deve intendere l'utilità nel senso più ampio del termine, fondata sugli interessi permanenti dell'uomo come essere perfettibile. Ora io sostengo che questi interessi autorizzano la sottomissione della spontaneità individuale a un controllo esterno, solo per quelle azioni che toccano gli interessi altrui» (p. 33).

In Inghilterra, a causa della vecchia abitudine di considerare il governo come espressione di un interesse contrapposto a quello dei cittadini, il giogo della legge è più leggero che nella maggior parte dei paesi d'Europa, e vi è una grande avversione contro qualsiasi interferenza del potere nella condotta degli individui. La maggioranza degli inglesi non ha ancora imparato a considerare il proprio governo come il proprio potere, e le opinioni governative come le proprie. Quando ciò avverrà, la libertà individuale sarà probabilmente esposta al rischio di essere invasa dal governo. Ma, per il momento, prevale un potente sentimento a ribellarsi a qualsiasi tentativo della legge di esercitare un controllo sugli individui in campi in cui fino ad oggi non sono abituati a sentirsi controllati.

L'oppressione della pubblica opinione

La tirannia della maggioranza è tuttora temuta, nel sentimento popolare, soprattutto come emanazione degli atti della pubblica autorità. Le persone più riflessive hanno però compreso che l'esercizio della tirannia non si limita agli atti che può compiere per mano dei suoi funzionari politici. La società può esercitare una forma di tirannia più potente di qualsiasi oppressione politica, poiché anche se generalmente non viene imposta con pene altrettanto severe, lascia minori vie di scampo, penetrando molto più profondamente nella vita quotidiana e rendendo schiava l'anima.

Nel mondo moderno la separazione tra l'autorità spirituale e quella temporale hanno impedito che la legge interferisse troppo nella vita privata; ma i meccanismi di repressione morale hanno inferito sul dissenso dall'opinione dominante con maggior accanimento, nelle questioni private ancor più che in quelle sociali.

La protezione contro la tirannide del magistrato non è quindi sufficiente: è necessario anche proteggersi contro la tirannia dell'opinione e dei sentimenti predominanti; contro la tendenza della società a imporre, con mezzi diversi dalle sanzioni legali, le proprie idee e regole di condotta a chi non le condivide; e a ostacolare lo sviluppo di qualsiasi individualità discordante, obbligando tutti i caratteri a conformarsi al suo modello. Vi è un limite all'interferenza legittima dell'opinione collettiva sull'indipendenza individuale: individuare questo limite e difenderlo contro ogni abuso è altrettanto indispensabile alla buona conduzione degli affari umani quanto la protezione contro il dispotismo politico.

La disposizione degli uomini a imporre le loro opinioni e preferenze come regola di condotta per gli altri è talmente radicata in alcuni dei migliori come dei peggiori sentimenti della natura umana, che quasi sempre è frenata soltanto dalla mancanza di potere; e poiché quest'ultimo non va declinando ma si accresce, dobbiamo attenderci che, se non si riesce ad erigere una solida barriera di convinzioni morali contro questo male, nella situazione attuale del mondo esso si estenderà.

La libertà di pensiero e di discussione

Supponiamo che il governo sia tutt'uno con il popolo, e non pensi mai di esercitare un potere di coercizione se non in assonanza con quella che ritiene essere la voce del popolo. Io nego il diritto del popolo a esercitare una simile coercizione, sia in modo autonomo sia attraverso il proprio governo. Questo potere di coercizione è illegittimo. Il miglior governo non ha più diritto a esercitarlo che il peggiore. Esso è altrettanto, se non più, nocivo, quando è esercitato in accordo con l'opinione pubblica, che non quando in contrapposizione ad essa: «Se tutti gli uomini, meno uno, fossero di un avviso e solo questo uno fosse di avviso contrario, non avrebbero più diritto di far tacere quell'unica persona di quanto quest'ultima, se ne avesse il potere, avrebbe il diritto di far tacere tutti gli altri» (p. 41).

Gli ostacoli alla libera espressione di un'opinione, infatti, danneggiano l'intera umanità: non solo la generazione vivente, ma anche la posterità, e coloro che dissentono da questa opinione ancor più di coloro che la condividono. Infatti, se l'opinione è giusta vengono privati dell'opportunità di abbandonare l'errore per la verità; se è sbagliata, perdono un beneficio quasi altrettanto grande: la percezione più chiara e più viva della verità, prodotta dal contrasto con l'errore. Non possiamo mai essere certi che l'opinione che noi cerchiamo di soffocare sia falsa e, quand'anche ne fossimo sicuri, rimarrebbe un danno reprimerla.

La proibizione di una qualsiasi indagine che non approdi a conclusioni ortodosse non va a danno soprattutto degli spiriti eretici: il maggior danno è per coloro che eretici non sono, il cui intero sviluppo mentale è bloccato, e la cui ragione è intimorita dalla paura dell'eresia: «Chi può calcolare quanto il mondo perde con la moltitudine di intelletti promettenti uniti a caratteri timidi, che non osano sviluppare alcuna linea di pensiero audace, vigorosa, indipendente, per timore di approdare a conclusioni considerate irreligiose o immorali?» (p. 64).

In definitiva, la libertà di opinione e di espressione è necessaria al progresso intellettuale dell'umanità, da cui dipende qualsiasi altro progresso, per quattro ragioni principali. Innanzitutto un'opinione ridotta al silenzio potrebbe essere vera, e negarlo significherebbe avere la presunzione di essere infallibili. In secondo luogo, anche se l'opinione messa a tacere fosse erronea, potrebbe però contenere, come molto spesso accade, una parte della verità. In terzo luogo, se anche l'opinione dominante fosse totalmente vera, ma non si consente che venga contestata, verrà accettata solo superficialmente dalla maggioranza, senza comprenderne i suoi fondamenti razionali.

Infine, il significato profondo della dottrina dominante e inattaccabile rischierà di perdere il suo effetto vitale sul carattere e sul comportamento delle persone. Verrà accettata come un'arida formula dogmatica, senza generare più alcuna carica d'entusiasmo. In realtà l'abitudine di correggere e completare la propria opinione confrontandola con quella degli altri, lungi dal generare dubbi ed esitazioni nel metterla in pratica, è il solo fondamento stabile di una giusta fiducia in essa.

L'individualità come elemento del benessere

È quindi utile che vi siano opinioni differenti; è bene che si sperimentino diversi modi di vivere; che le diverse personalità siano lasciate libere di esprimersi, purché non danneggino altri. In breve, è auspicabile che l'individualità sia libera di affermarsi nella sfera che non riguarda direttamente gli altri. Ma il guaio è che il valore intrinseco della spontaneità individuale trova uno stentato riscontro nella mentalità dei più. Pochi riescono a comprendere il significato della dottrina dello studioso ed eminente uomo politico tedesco Wilhelm von Humboldt, secondo cui il fine dell'uomo è il più elevato e armonioso sviluppo dei suoi poteri.

> **Perseguire il proprio bene a proprio modo**
> «L'unica libertà degna di questo nome è quella di perseguire il proprio bene a proprio modo, fino a che non cerchiamo di privare gli altri della loro o di ostacolare i loro sforzi per ottenerla. Ciascuno è il guardiano naturale della propria salute, sia fisica sia mentale e spirituale. L'umanità trae maggior vantaggio dal lasciare che ciascuno viva come meglio gli sembra, che non dall'obbligarlo a vivere come sembra bene a lui» (p. 36).

L'individualità è sinonimo di progresso, e solo la sua affermazione può produrre esseri umani compiutamente sviluppati. Non è stemperando nell'uniformità tutte le caratteristiche individuali, ma coltivandole e facendo appello ad esse contro i limiti imposti dai diritti e dagli interessi altrui che gli uomini diventano oggetti nobili e belli da contemplare. Il valore che ogni periodo storico ha acquisito tra i posteri è direttamente proporzionale alla libertà che, sotto questo aspetto, ha concesso a chi è vissuto.

Le persone di genio sono, per definizione, più individualiste delle altre. Esse sono e saranno sempre una piccola minoranza, ma perché continuino ad esservene è necessario conservare il terreno in cui crescono. Il genio può respirare liberamente solo in un'atmosfera di libertà. Nulla è mai stato fatto senza che qualcuno sia stato il primo a farlo, e tutte le cose buone che esistono sono frutto dell'originalità.

Il dispotismo della consuetudine è ovunque l'ostacolo permanente al progresso umano, poiché è in antagonismo incessante con lo spirito di libertà, di progresso e di innovazione. La maggior parte del mondo non ha alcuna storia poiché il dispotismo della consuetudine è completo. Abbiamo l'esempio ammonitore della Cina, una nazione di grande talento e saggezza, il cui popolo avrebbe dovuto mantenersi saldamente alla testa dell'evoluzione mondiale. Invece i cinesi sono diventati stazionari. Sono ancora quali erano migliaia di anni fa. I cinesi hanno raggiunto, al di là di ogni aspettativa, lo scopo cui mirano con tanto studio i filantropi inglesi: quello di formare un popolo tutto uguale, i cui pensieri e le cui azioni sono guidati dalle stesse massime e norme; ed eccone i risultati.

Cosa ha salvato finora l'Europa da questa sorte? Cosa ha reso la famiglia delle nazioni europee una parte progressiva, anziché stazionaria, del genere umano? La loro notevole diversità di caratteri e culture. Individui, classi, nazioni, sono stati estremamente diversi gli uni dagli altri: hanno tracciato una grande varietà di vie, conducenti ciascuna a qualche cosa di buono. L'Europa deve interamente a questa pluralità di vie il suo sviluppo progressivo e multiforme.

La sfera personale inviolabile

Non si può tuttavia ritenere che le azioni siano altrettanto libere quanto le opinioni. Le opinioni perdono la loro immunità quando, per le circostanze in cui vengono espresse, costituiscono un'istigazione concreta a un atto delittuoso. L'opinione che i mercanti di grano siano affamatori dei poveri o che la proprietà privata sia un furto non dovrebbe essere ostacolata se si limita a circolare attraverso la stampa, ma potrebbe incorrere in una giusta sanzione se fosse dichiarata davanti a una folla eccitata davanti alla casa di un mercante di grano. La libertà dell'individuo deve quindi avere la seguente limitazione: quella di non recare disturbo alla libertà degli altri.

> *Il più gran dono che si può fare all'umanità*
> «Rivelare al mondo qualcosa che lo riguarda profondamente, e che fino ad allora ignorava, dimostrargli che si è sbagliato su una questione essenziale di interesse temporale o spirituale, questo è il maggior servizio che un uomo possa rendere ai suoi simili, e in certi casi, come quello dei primi cristiani o dei riformatori, i partigiani del dottor Johnson credono che questo sia il dono più prezioso che si sia potuto fare all'umanità» (p. 57).

Il solo scopo per il quale si può legittimamente esercitare un potere su un membro della comunità, contro la sua volontà, è quello di impedirgli di nuocere ad altri. Non si può invece violare la sua libertà con il pretesto di fare il suo bene fisico o morale. Questa potrebbe essere una buona ragione per ammonirlo, consigliarlo, supplicarlo o tentare di convincerlo, ma mai per costringerlo a fare qualcosa che non desidera. Il solo aspetto della condotta di un individuo, per il quale egli deve rispondere alla società, è quello che riguarda gli altri. Per tutto ciò che riguarda la sua persona la sua indipendenza è assoluta. Su se stesso, sul suo corpo e sulla sua mente, l'individuo è sovrano.

Nessuna persona o gruppo di persone è autorizzata a dire ad un'altra persona matura che per il suo bene non può fare della sua vita quel che sceglie di fare. Ogni persona è quella maggiormente interessata al proprio benessere. L'interesse che qualcun altro può avervi, salvo il caso di profondi legami personali, è minimo in confronto al suo. La donna o l'uomo più comuni hanno mezzi per conoscere i propri sentimenti e le proprie condizioni infinitamente superiori a quelli di chiunque altro.

La minaccia della burocratizzazione

Un tempo era considerato dovere dei governi fissare i prezzi e regolare i processi di fabbricazione in tutti i casi di maggiore rilevanza. Ma ora si è giunti a riconoscere, dopo una lunga contesa, che si assicura meglio il buon mercato e la buona qualità delle merci lasciando perfettamente liberi i produttori e i venditori, con la sola condizione dell'eguale libertà per i compratori di rifornirsi altrove. Questa è la cosiddetta dottrina del Libero Scambio, che poggia su basi diverse, quantunque altrettanto solide, del principio della libertà individuale propugnato in questo saggio. In via generale le attività economiche vengono svolte meglio dagli individui che dal governo, perché non vi è nessuno più adatto a condurre un affare quanto coloro che vi hanno un interesse personale. Non c'è bisogno di dilungarsi molto nella dimostrazione di questo punto, perché è già stato chiarito a sufficienza dagli studiosi di economia politica.

Vi sono molte altre attività d'interesse pubblico che non dovrebbero essere gestite dai funzionari governativi, ma lasciate alle associazioni filantropiche e volontarie, alle giurie popolari o alle istituzioni municipali, perché lo svolgimento autonomo di queste attività favorisce lo sviluppo individuale. In molti casi infatti, sebbene gli individui non dispongano dei potenti mezzi del governo, è comunque desiderabile che siano loro a svolgerla come mezzo di educazione intellettuale, per rafforzare le loro facoltà attive, esercitare il loro giudizio e acquisire familiarità con i problemi sociali. Senza queste abitudini non si può conservare una libera Costituzione, come dimostra fin troppo spesso la natura transitoria della libertà politica nei paesi in cui non si fonda su una base sufficiente di libertà locali.

> *Una società statalizzata non è una società libera*
> «Se le strade, le ferrovie, le banche, le compagnie di assicurazione, le grandi società per azioni, le università e gli istituti di beneficenza fossero altrettante branche del governo; se inoltre le amministrazioni municipali e locali, con tutte le loro attuali funzioni, divenissero altrettanti dipartimenti dell'amministrazione centrale; se i dipendenti di tutte queste imprese e istituzioni fossero nominati e pagati dal governo e da questo soltanto si aspettassero un miglioramento di vita, tutta la libertà di stampa e il fondamento democratico del potere legislativo non basterebbero a rendere questo o altri paesi liberi se non di nome». (p. 179-180)

Un secondo vantaggio dell'attività delle associazioni locali e volontarie è la grande diversità dei modi d'azione che sviluppano. Le attività dei governi infatti tendono ad essere ovunque uniformi, mentre quelle condotte dagli individui e dalle società private generano un'infinita e costante varietà d'esperienze. è sempre un male aumentare la potenza dello Stato senza necessità. Ogni funzione aggiunta a quelle che il governo già svolge trasforma sempre più i cittadini attivi e ambiziosi in appendici del governo o di qualche partito che aspiri a governare.

Basta confrontare la triste condizione di burocratizzazione dell'impero russo, dove nulla si muove se non vi è l'autorizzazione dell'onnipotente corpo burocratico, con l'esaltante spettacolo offerto dal popolo americano, abituato a gestire direttamente i propri affari. Se privo di un governo, qualsiasi gruppo di americani è capace di improvvisarne uno e di svolgere questo o qualsiasi altro compito pubblico con intelligenza, ordine e decisione. Nessuna burocrazia può sperare di costringere un popolo come questo a sottomettersi o a fare ciò che non desidera.

Essere favorevoli all'istruzione universale obbligatoria non significa essere a favore della scuola di Stato, che è una cosa completamente diversa. Le ragioni legate allo sviluppo dell'individualità impongono di schierarsi contro il monopolio statale dell'istruzione: «Un sistema generale di educazione di Stato altro non è che uno strumento per modellare gli uomini tutti uguali; e poiché il modello è quello che piace al potere predominante, quanto più è efficace e ha successo, tanto maggiore è il dispotismo sopra le menti, che ha la tendenza naturale a estendersi sopra i corpi» (p. 173). Un sistema di educazione istituito e controllato dallo Stato potrebbe esistere tutt'al più come uno fra i molti esperimenti in competizione.

Molti mali sociali cominciano quando, invece di fare appello alle energie e alle iniziative di individui e associazioni, il governo si sostituisce ad essi; quando impone dei vincoli, ordina loro di tenersi in disparte e agisce in loro vece. Alla lunga, infatti, il valore di uno Stato consiste nel valore degli individui che lo compongono, e uno Stato che antepone la propria potenza allo sviluppo degli individui, abbassandoli per renderli strumenti più docili nelle sue mani, scoprirà che con degli uomini di scarso valore non si possono compiere cose veramente grandi, e che la gigantesca macchina che ha costruito alla fine non gli servirà a nulla, perché priva di quella forza vitale che ha preferito sopprimere.

Punti da Ricordare

- La tirannia della maggioranza è un male da cui la società deve guardarsi
- L'oppressione può provenire anche dalle pressioni morali e dalle opinioni dominanti nella società, e non solo dal governo
- Soffocare le opinioni non convenzionali danneggia soprattutto la maggioranza
- La libertà d'espressione è necessaria al progresso intellettuale dell'umanità
- La libertà individuale è la fonte della creatività umana
- Le persone di genio sono, per definizione, più individualiste delle altre
- Il dispotismo della consuetudine ha portato la Cina ad uno stato stazionario
- La grande diversità di caratteri e culture ha generato il progresso dell'Europa
- La società non può legittimamente invadere la sfera personale dell'individuo
- Non si può violare la libertà dell'individuo con il pretesto di fare il suo bene fisico o morale
- La grandezza della natura umana si manifesta nella diversità degli individui, non nell'uniformità
- La burocratizzazione statale costituisce il maggior pericolo per la vitalità di una società

L'autore

John Stuart Mill (1806-1873) nasce a Londra nel il 20 maggio 1806, primogenito del filosofo James Mill, che lo educa rigidamente con l'obiettivo dichiarato di farne un genio intellettuale. Mill quindi non frequenta nessuna scuola o università, ma viene educato a casa dal padre, che non ripeterà l'esperimento educativo con i figli successivi. Al posto della religione viene istruito con la filosofia utilitaristica di Jeremy Bentham. John Stuart comunque risulta estremamente precoce: fin dai tre anni studia matematica e storia; a dieci anni legge correntemente i classici greci e latini in lingua originale; a undici anni legge i Principi matematici di Newton; a 13 anni studia Adam Smith e David Ricardo. Segue poi il padre alla Compagnia delle Indie Orientali, dove lavora come impiegato dal 1823 al 1858. A causa delle fatiche fisiche e mentali provocate dall'eccessivo studio e dalla vita reclusa, a vent'anni Mill entra in una grave depressione, con successive ricadute (ad esempio per la morte del padre nel 1836). Nel 1848 pubblica la sua opera più importante, i *Principi di economia politica*, che per quarant'anni sarà il testo canonico di economia nelle università inglesi. Nel 1851 sposa Harriet Taylor, diventata vedova, dopo una relazione di intima amicizia durata ventuno anni. La moglie muore nel 1858, ma influenza in maniera fondamentale il pensiero di Mill sui diritti delle donne: il suo saggio *L'asservimento delle donne* esce infatti l'anno successivo. Nello stesso anno, il 1859, pubblica anche il celebre saggio *Sulla libertà*. Mill diventa poi deputato liberale al Parlamento, e nel corso della sua attività sostiene la limitazione delle nascite, il diritto di voto alle donne, il sistema elettorale proporzionale, la legalizzazione dei sindacati e delle cooperative, ed espone le sue idee politiche nel libro *Considerazioni sul governo rappresentativo* del 1861. John Stuart Mill muore ad Avignone, in Francia, l'otto maggio 1873, all'età di 67 anni.

Nota Bibliografiche

John Stuart Mill, *Sulla libertà*, SugarCo, Milano, 1990, con prefazione di Luciano Pellicani, traduzione di Mario Baccianini, p. 187. (Altre edizioni: *La libertà. L'utilitarismo. L'asservimento delle donne*, Rizzoli, Milano, 1999; *Sulla libertà*, Bompiani, Milano, 2000). Titolo originale: *On Liberty*.

16

Lord Acton

Storia della libertà
1877-1910

"La libertà è medievale, l'assolutismo è moderno"

John E. Acton (1834-1902) fu uno dei più autorevoli storici inglesi dell'età vittoriana, oltre che amico e consigliere politico del premier William Gladstone. Pur essendo cattolico, venne emarginato dalla Chiesa per le sue idee liberali. Non pubblicò mai libri ma solo saggi e articoli occasionali, che furono raccolti in volumi dopo la sua morte. Coltivò l'idea di scrivere una grandiosa storia della libertà in forma di trattato, ma non riuscì a portarla a termine. I saggi presenti in questo libro, pubblicati tra il 1877 e il 1910, costituiscono la struttura fondamentale del suo progetto. Acton individua la nascita dei sistemi politici liberali negli istituti medievali e non, come voleva la storiografia del suo tempo, nel processo di secolarizzazione e affermazione dello Stato moderno. La libertà politica per Acton è figlia soprattutto della concezione cristiana che attribuisce alla coscienza individuale un primato rispetto alle pretese dello Stato. Perché, come recita un suo celebre detto, "il potere tende a corrompere, e il potere assoluto corrompe assolutamente".

Riassunto

Il lento e difficile cammino della libertà

L'autentico liberale, afferma Lord Acton, desidera la libertà come un fine, non come un mezzo: «Essa non può essere barattata per qualsivoglia quantità, per quanto grande essa sia, di potenza e gloria nazionale, di prosperità e ricchezza, di incivilimento o moralità» (p. 253). Per libertà lo storico inglese intende «la garanzia che ad ogni uomo sia consentito di fare ciò che egli ritiene il suo dovere contro il condizionamento dell'autorità o delle maggioranze, dell'usanza o dell'opinione pubblica» (p. 51). Il miglior criterio in base al quale giudicare se un paese è veramente libero, aggiunge, è il grado di sicurezza che in esso godono le minoranze.

La lezione del passato, purtroppo, è avversa ai liberali. Nella storia il cammino della libertà è stato lento e difficoltoso, e per lunghi periodi si è del tutto arrestato. Le leggi di gravità del potere, infatti, favoriscono la forza, non la libertà. In tutti i tempi gli amici sinceri della libertà sono stati rari, e le sue vittorie si sono avute grazie all'opera di minoranze, che sono riuscite a prevalere associandosi con alleati i cui scopi erano spesso diversi dai loro. La libertà è dunque il frutto delicato di una civiltà matura. Il suo seme è stato piantato ad Atene due secoli e mezzo fa, ma il suo raccolto è stato mietuto solo dagli uomini di oggi.

La storia della libertà nell'antichità

Seicento anni prima della nascita di Cristo, l'assolutismo dominava incontrastato. In tutto l'Oriente esso era sostenuto dall'intramontabile potenza di sacerdoti ed eserciti. Per molte generazioni il mondo non conobbe altro che il crudele dominio di una classe sull'altra. L'unica fiamma di libertà, in questo degrado generale, fu accesa dal più evoluto tra i popoli, quello greco. Atene, che come altre città era turbata e oppressa da una classe privilegiata, evitò uno scontro violento grazie alle riforme di Solone, il genio politico più profondo dell'antichità. Ai ricchi, che erano gli unici ad avere i mezzi per sostenere il fardello del pubblico servizio, Solone assegnò una quota di potere proporzionata a quanto si richiedeva alle loro risorse.

Le classi povere erano esentate dalle imposte dirette, ma erano escluse dalle cariche pubbliche. Potevano però partecipare all'elezione dei magistrati appartenenti alle classi superiori, e avevano il diritto di chiedere a questi ultimi conto del loro operato. Tale concessione fu l'inizio di un cambiamento di portata storica, perché inaugurò il governo basato sul consenso laddove ogni potere politico si era fondato sulla forza materiale. In particolare, osserva Acton, l'epoca di Pericle realizzò il più imponente progresso della filosofia e della scienza politica nella storia precristiana dell'umanità.

La fine della libertà nel mondo antico

La libertà politica che si è manifestata nella storia della Grecia e poi di Roma ha rappresentato tuttavia solo un episodio passeggero, destinato a essere spazzato via. Infatti né in Grecia né a Roma esistevano criteri e mezzi che potessero frenare l'espansione del potere, e l'esempio delle leggi di garanzia di Solone venne ben presto dimenticato. Atene fu l'unico popolo dell'antichità ad aver raggiunto la potenza attraverso istituzioni democratiche, ma il possesso di un potere illimitato esercitò il suo influsso corruttore anche sulla gloriosa democrazia ateniese.

Il popolo sovrano cominciò a sentirsi in diritto di fare tutto quanto fosse in suo potere. Rispetto al bene e al male non era vincolato ad alcuna regola a parte il proprio giudizio di opportunità. In una celebre occasione gli ateniesi in assemblea dichiararono mostruoso che si potesse impedire loro di fare qualunque cosa essi decidessero. Nessuna forza esistente era in grado di trattenerli. In tal modo il popolo ateniese, assolutamente libero, divenne un tiranno; e il suo governo, iniziatore della libertà europea, fu destinato ad essere condannato con una terribile unanimità dai più saggi tra gli uomini antichi. Trattò le città sottomesse con tale ingiustizia da perdere il proprio impero marittimo; oppresse i ricchi tanto che alla fine essi cospirarono con il comune nemico; e infine coronò le sue colpe con il martirio inflitto a Socrate.

La lezione fornita dalla loro esperienza è però valida per ogni epoca, poiché essa insegna che il governo dell'intero popolo, cioè il governo della classe più forte e numerosa, è un male della stessa natura della monarchia assoluta, e richiede, quasi per le medesime ragioni, istituzioni che lo proteggano contro se stesso, e che sostengano il regno permanente del diritto contro gli arbitrari rivolgimenti dell'opinione. La storia antica, conclude Acton, dimostra che il potere della democrazia va ristretto dalla legge almeno quanto quello dell'oligarchia e della monarchia.

L'eredità dello stoicismo

Ciò che di più duraturo rimane della cultura pagana a beneficio dello sviluppo della libertà è per Acton la dottrina stoica della legge di natura, che istituì per la prima volta in termini filosofici il rimando ad una legge superiore valida per tutto il genere umano, alla quale i governi e l'azione politica di ogni stato si devono considerare subordinati. In questo modo la dottrina morale stoica «colmò il divario che separa lo stato antico da quello cristiano, e aprì la strada alla libertà» (p. 72).

Gli scritti di Cicerone e di Seneca appaiono come una sorta di preparazione al Vangelo. Questi pagani illuminati avevano quasi raggiunto il punto estremo al quale si poteva pervenire senza una nuova legge

> *L'oppressione della maggioranza è la peggiore*
> «Essere oppressi da una minoranza è un male, ma essere oppressi da una maggioranza è un male ancora peggiore. Esiste infatti una riserva di potere latente nelle masse alla quale, se viene scatenata, raramente una minoranza è in grado di resistere. Ma rispetto alla volontà assoluta di un intero popolo non esiste appello, non esiste redenzione, non esiste scampo se non il tradimento» (p. 59).

divina. Purtroppo, tutto ciò che gli stoici potevano fare era consigliare all'uomo saggio di tenersi lontano dalla politica, tenendo viva nel contempo la legge non scritta nel suo cuore. Le libertà dei popoli antichi, conclude Acton, sembravano schiacciate da un dispotismo ineluttabile e senza speranza, quando dalla Galilea venne la nuova forza che apportò quanto mancava alle capacità dell'umana conoscenza di redimere tanto gli individui quanto le società.

La separazione del potere politico da quello spirituale

Quando Cristo disse "Date a Cesare quello che è di Cesare, e a Dio quello che è di Dio", chiarì in via definitiva che le istituzioni civili e quelle religiose sono distinte e non vanno confuse. Le sue parole diedero quindi al potere civile delle limitazioni che esso non aveva mai riconosciuto. Egli non soltanto enunciò il principio, ma creò anche la forza per renderlo effettivo. Il compito di reclamare l'immunità della sfera spirituale e di ridurre ogni autorità politica entro limiti definiti cessò di rappresentare soltanto un'aspirazione dei filosofi, perché divenne l'interesse perpetuo di una nuova istituzione energica e universale: la Chiesa.

L'influsso cristiano penetrò gradualmente nello Stato, ma con grande lentezza. Il cristianesimo infatti non aveva alcuna caratteristica di apostolato politico, e nella sua avvincente conquista degli individui non sfidò la pubblica autorità. I primi cristiani infatti evitavano contatti con lo Stato, si astenevano dalle pubbliche responsabilità, ed erano persino riluttanti a servire nell'esercito. Poiché si preoccupavano di un regno che non è di questo mondo, essi non avevano nessuna considerazione per un impero che si era macchiato del sangue dei martiri. Nessuno di loro immaginava, scrive Acton, lo sconfinato futuro di potere spirituale e sociale che attendeva la loro religione.

La storia della libertà nell'epoca cristiana

Il tentativo compiuto da Diocleziano di trasformare il governo romano in un dispotismo di tipo orientale aveva causato l'ultima e più grave persecuzione dei cristiani. Costantino, aderendo alla fede cristiana, non intendeva abbandonare il progetto politico del suo predecessore e rinunciare al potere arbitrario, ma piuttosto rafforzare il proprio trono grazie all'appoggio di una religione che aveva stupito il mondo per la sua forza di resistenza.

All'apice della loro potenza, i Romani vennero a contatto con una razza, i Germani, che non aveva rinunciato alla libertà, e il miglior scrittore dell'Impero, Tacito, espresse la vaga e amara sensazione che il futuro del mondo appartenesse alle istituzioni di quei barbari, non ancora schiacciati dal dispotismo. I re germanici erano vincolati da un giuramento a seguire la volontà generale, e godevano di un'autentica autorità soltanto in guerra. Talvolta erano elettivi, e potevano essere deposti. Questo primordiale repubblicanesimo, che si appoggia saldamente alla sovranità collettiva di tutti gli uomini liberi, è l'origine remota del governo parlamentare.

La grande migrazione teutonica nelle regioni civilizzate da Roma ebbe come primo effetto quello di gettare l'Europa indietro di molti secoli. Non esistendo più altra fonte di reddito che la produzione del suolo, nella società feudale da essi creata la terra diventò fonte di ogni potere e ricchezza. Ciascun barone era sovrano nella sua proprietà, e i popoli d'Occidente furono stretti tra le tirannie concorrenti di magnati locali e monarchi assoluti.

La sola autorità in grado di opporre resistenza alla gerarchia feudale era quella ecclesiastica. A quel conflitto, durato quattrocento anni, noi dobbiamo il sorgere della libertà civile. Se la lotta fosse terminata con un'inequivocabile vittoria di una delle due parti, l'intera Europa sarebbe stata soffocata da un dispotismo di tipo moscovita o bizantino. Invece, come conseguenza delle alterne fasi del conflitto, le città d'Italia e di Germania ottennero le loro franchigie, la Francia ottenne i suoi Stati Generali e l'Inghilterra ottenne il suo parlamento. La Chiesa medievale fu dunque, dopo l'epoca carolingia, il grande agente della divisione del potere.

Le libertà politiche medievali

Anche se l'obiettivo di entrambe le parti in causa era il potere assoluto, esse furono spinte a riconoscere la sovranità del popolo, e si appellarono ad essa come alla fonte del potere. Ecco cosa si può leggere nelle opere di San Tommaso d'Aquino, il più celebrato degli autori guelfi: "Un re che venga meno ai propri doveri per ciò stesso pregiudica la propria pretesa ad essere obbedito. Non è una ribellione a deporlo, perché egli stesso è un ribelle che il popolo ha diritto di deporre … Nessun governo ha diritto di imporre tasse oltre il limite stabilito dal popolo".

Queste parole di san Tommaso, osserva Acton, contengono la prima esposizione della teoria *Whig* della rivoluzione, molti secoli prima che sorgesse il liberalismo inglese. Non molto differenti, comunque, erano i pensieri del miglior autore di parte ghibellina, Marsilio da Padova: "Le leggi derivano la loro autorità dal popolo, e non sono valide senza il suo consenso … Il popolo che nomina il re e gli assegna i suoi doveri deve controllare che egli obbedisca alla costituzione, e deve deporlo se egli la infrange".

Se facciamo un bilancio complessivo sui mille anni che noi chiamiamo medioevo, scrive Acton, possiamo concludere che il governo rappresentativo, che era quasi sconosciuto agli antichi, era divenuto praticamente universale. I metodi di elezione erano certo rudimentali, ma il principio secondo il quale nessuna tassazione era legittima se non quando essa era stata approvata dalla classe che la pagava – cioè che la tassazione era inseparabile dalla rappresentanza – era riconosciuto, non come privilegio di alcuni paesi ma come diritto di tutti. La schiavitù era scomparsa quasi ovunque, e il potere assoluto era ritenuto ancor più intollerabile e criminale della schiavitù. Il diritto di insurrezione fu non soltanto ammesso ma esplicitamente formulato come un dovere imposto dalla religione.

Se il principio dominante nella politica antica era uno Stato assoluto fondato sulla schiavitù, il risultato politico del medioevo fu un sistema di stati in cui il potere era limitato dalla rappresentanza delle classi più forti e dalle associazioni corporative. Dal punto di vista delle realizzazioni pratiche, conclude Acton, c'era ancora da fare quasi tutto. Ma il grande problema di principio era stato risolto.

Machiavelli e l'assolutismo moderno

Come amministrò il XVI secolo il tesoro che il medioevo aveva messo da parte? Il più evidente segno dei tempi fu il declino dell'autorità religiosa che così a lungo aveva dominato. Tuttavia, più veniva meno l'ascendente esercitato dalla religione, più lo Stato reclamava libertà d'azione. L'idea che i fini del governo giustificano i mezzi impiegati fu elaborata sistematicamente da Machiavelli, il quale riteneva che non si sarebbe mai usata con successo l'arte dello Stato, necessaria alla realizzazione di difficili progetti politici, se i governi si fossero concessi il lusso di lasciarsi frenare da precetti morali.

I machiavellici affermarono che la moralità pubblica è differente dalla moralità privata, ma non furono in grado di definire precisamente la differenza o di indicare un criterio per giudicare le azioni di un governante, oltre quello del successo mondano. La dottrina di Machiavelli impresse quindi un enorme impulso all'assolutismo, riducendo al silenzio la coscienza dei sovrani più religiosi e rendendo simili fino alla confusione il bene e il male. Era ormai tracciata la strada verso il trionfo della monarchia assoluta sullo spirito e sulle istituzioni di un'epoca, quella medievale, che era stata migliore.

Questo trionfo fu ottenuto non attraverso singoli atti criminosi, ma per mezzo di una studiata filosofia del crimine e di una profonda deviazione del senso morale.

Il clero, che in tanti modi aveva servito la causa della libertà durante la lunga lotta contro il feudalesimo e la schiavitù, fu ora assimilato agli interessi delle corti. Anche l'effetto politico della Riforma protestante fu in realtà minore di quanto si sia supposto: «Durante tutto il periodo dei conflitti religiosi la politica giocò in essi un ruolo predominante. Alla morte degli ultimi Riformatori la religione, invece di emancipare le nazioni, era divenuta un pretesto per gli atti criminali dei despoti. Calvino predicava e Bellarmino teneva lezioni, ma era Machiavelli a regnare» (p. 92).

La rivoluzione puritana

La prima reazione all'assolutismo si ebbe in Inghilterra, alla metà del Seicento, quando i puritani, i quaccheri e altre confessioni nonconformiste innalzarono il vessillo della libertà di coscienza. Si deve infatti a queste sette indipendenti se gli Inglesi progredirono rispetto a Lutero e a Calvino, e superarono le idee del XVI secolo. Ciascuna congregazione si governava autonomamente, e ogni membro partecipava alla sua amministrazione. Si realizzava in questo modo l'ideale dell'autogoverno locale e della democrazia.

> ### La libertà è l'unico fine che richiede la limitazione del potere
> «Ogni volta che un singolo fine specifico viene posto come scopo supremo dello Stato, sia esso il vantaggio di una classe, la salvezza o la potenza del paese, la maggiore felicità possibile per il maggior numero di persone, o la realizzazione di un ideale speculativo, lo Stato diviene inevitabilmente assoluto. Soltanto la libertà richiede, per essere realizzata, la limitazione della pubblica autorità, perché la libertà è l'unico fine che reca beneficio a tutti gli altri indistintamente, e non suscita alcune sincera opposizione» (p. 128).

La Chiesa ufficiale collegata allo Stato, con il suo potere di coercizione sulle coscienze, era considerata da queste confessioni un abominio. Le conseguenze di tutto ciò furono profonde, perché la supremazia del popolo, se veniva accettata nel governo della Chiesa, non poteva essere respinta in quella dello Stato. Tutte le sette dovevano essere libere sullo stesso piano, e la persecuzione religiosa andava condannata come un assassino spirituale. Gli Indipendenti si battevano quindi non per la propria religione, ma per diritto naturale alla libertà di coscienza.

La Gloriosa Rivoluzione inglese e l'ascesa dei Whig

L'importanza che Acton attribuisce alla rivoluzione puritana contrasta con lo sguardo smitizzante e disincantato sulla Gloriosa Rivoluzione inglese del 1688, così celebrata dalla storiografia *Whig* di Burke e Macaulay. I suoi sedicenti eroi (Sidney, Shaftesbury, Halifax, Marlborough), scrive polemicamente Acton, erano in verità animati da meschine ambizioni di potere, e costituirono un regime che consisteva sostanzialmente in un'oligarchia economica, fondata sull'autorità di un filosofo come Locke, la cui idea di libertà "non comprende nulla di più spirituale che la sicurezza della proprietà".

La Gloriosa Rivoluzione non fu opera di rivoluzionari ma di conservatori anglicani, i quali volevano correggere alcuni recenti errori e tornare agli antichi principi.

Venne riconosciuta la necessità della monarchia, e nessun cambiamento si verificò nella classe di governo: la *gentry* che gestiva gli affari del paese continuò dopo il 1688 a gestirli come in precedenza. Non vi fu alcuno spostamento di forza dall'elemento aristocratico a quello democratico della società.

Malgrado tutti questi limiti, aggiunge Acton, la Rivoluzione fu la più grande impresa compiuta dalla nazione inglese. Essa fondò lo Stato su un contratto, e produsse la dottrina secondo la quale una rottura del contratto avrebbe determinato la perdita dei diritti da parte della Corona. Era infatti il parlamento ad assegnare la Corona sotto precise condizioni. Fino ad allora in Inghilterra l'obbedienza passiva era stata la regola: da questo momento in avanti le regole furono l'obbedienza condizionata e il diritto di resistenza. L'autorità fu limitata, regolata e controllata. La teoria liberale *Whig* del governo sostituì quella conservatrice *Tory*, e il grande risultato consisté nel fatto che tutto ciò fu ottenuto senza spargimento di sangue, senza vendette, senza emarginazione di interi partiti.

La rivoluzione americana

Le colonie erano più avanzate della Gran Bretagna sulla strada delle libere istituzioni, la cui nascita era dovuta alla determinazione di sfuggire ai vizi della madrepatria. Lo spirito rivoluzionario delle sette del Seicento aveva trovato infatti terreno fecondo in America, ed era stato trapiantato nelle Carte coloniali: il Rhode Island aveva una costituzione così liberale, che annualmente tutto il potere tornava al popolo e le pubbliche autorità dovevano sottoporsi di nuovo all'elezione; il Connecticut possedeva un sistema di autogoverno delle città così raffinato che servì come modello per la costituzione federale; in Pennsylvania i Quaccheri amministravano il loro "sacro esperimento" senza alcun privilegio, senza intolleranza, schiavitù o oppressione, nella piena libertà politica e libertà di coscienza.

Anche se lo scontro tra americani e inglesi nacque da piccole questioni fiscali, fu in verità uno scontro sui principi. Lo scopo di una parte era l'autogoverno, dell'altra il dominio. Si trattava di una lotta tra libertà e autorità, tra il governo fondato sul consenso e il governo fondato sulla forza, tra il controllo dei governati sullo Stato e il controllo dello Stato sui governati. La questione non era stata mai posta in una forma così netta. Gli americani compresero che era necessario invertire il corso dello sviluppo della politica: bisognava legare, limitare e confinare lo Stato, l'esaltazione del quale era stato l'orgoglio dei moderni. Era l'inizio di una fase nuova della storia politica.

I primi protagonisti dell'indipendenza americana erano generalmente entusiasti della costituzione inglese, e precedettero Burke nella tendenza a magnificarla come modello ideale per le nazioni. Tuttavia, quando questi uomini si accorsero che l'appello

> *La libertà di coscienza come base della libertà politica*
> «In base a quell'ipotesi l'anima diveniva più sacra dello Stato: perché essa viene illuminata dall'alto, e allo stesso tempo perché i suoi fini sono eterni, e assolutamente incomparabili con gli abituali interessi del governo. Questa è la radice dalla quale si sviluppò la libertà di coscienza, e con essa tutte le altre libertà necessarie a circoscrivere la sfera del potere, affinché quest'ultima non potesse sfidare la supremazia di quanto vi è di più alto e di migliore nell'uomo» (p. 142).

al diritto e alla costituzione non dava loro alcun vantaggio, cercarono un tribunale più alto, e abbandonarono la legge d'Inghilterra in favore della legge naturale. Le argomentazioni tratte dai codici, dalle carte e dalla Costituzione vennero scartate e la battaglia venne combattuta sulla base della Legge di Natura.

La sera del 17 dicembre 1773, quando a Boston gli americani gettarono in acqua le casse di tè per non pagare agli inglesi una misera tassa di tre pence, la Legge di Natura divenne, per la prima volta, la forza dominante della storia. Secondo le norme del diritto osservate fino ad allora le ragioni più valide erano dalla parte dell'Inghilterra, ma secondo il principio che in quell'occasione venne inaugurato l'Inghilterra aveva torto, e il futuro apparteneva alle colonie.

I Padri Fondatori americani sapevano che la sofferenza della sottomissione sarebbe stata infinitamente minore di quella che avrebbe provocato la resistenza. L'argomentazione utilitaria parlava chiaramente in favore dell'obbedienza e della lealtà all'Inghilterra. Ma se l'interesse stava da un lato, c'era un principio tanto sacro e chiaro da richiedere imperativamente il sacrificio delle vite, delle famiglie e delle fortune. Essi decisero di rischiare tutto, non per sfuggire ad un'oppressione intollerabile, ma per onorare la norma di una legge morale non scritta.

La Dichiarazione d'Indipendenza e la Costituzione federale

La scintilla che tramutò il pensiero in azione fu la Dichiarazione d'Indipendenza americana, che rappresentò l'estensione del liberalismo *Whig* su scala internazionale e universale, e sorpassò di gran lunga il modello inglese per semplicità e rigore: «La sua forza – scrive Acton – superò quella di tutta la speculazione di Parigi e Ginevra, perché aveva superato la prova sperimentale, e il suo trionfo fu quanto di più memorabile fosse mai stato visto dall'umanità» (p. 227).

Il carattere della Costituzione americana, invece, fu tanto conservatore quanto la Dichiarazione d'Indipendenza era stata rivoluzionaria. La Costituzione Federale presentava molti limiti: non affrontava la questione della libertà religiosa; le norme per l'elezione del presidente e del vicepresidente si rivelarono fallimentari; la schiavitù veniva deplorata ma conservata; l'assenza di una definizione chiara dei diritti degli stati condusse a una sanguinosa guerra civile: «Misurata in base al criterio del liberalismo, la carta era una mostruosa frode. E tuttavia, grazie allo sviluppo del principio federale, essa ha prodotto una comunità più forte, più ricca, più intelligente e più libera di qualunque altra che il mondo abbia mai visto» (p. 226).

Il federalismo, spiega Acton, è il più efficace freno al potere, perché dividendo la sovranità, la limita. Il principio federale limita il governo centrale per mezzo di poteri riservati agli stati, e i poteri degli stati per mezzo di quelli che sono ceduti al governo centrale. Esso rappresenta l'autentico immortale tributo dell'America alla scienza politica.

La rivoluzione francese e il principio di nazionalità

La Francia, benché fosse profondamente coinvolta dalla Rivoluzione americana, non venne influenzata dalla Costituzione degli Stati Uniti d'America. Essa subì dall'America l'influsso destabilizzante, ma non quello conservatore: «L'essenza delle idee del 1789 non fu la limitazione del potere sovrano, ma l'abrogazione dei poteri intermedi» (p. 120). Se il fine dei rivoluzionari francesi fosse stato la libertà, osserva Acton, il mezzo più idoneo per conseguirlo sarebbe stato l'instaurazione di grandi autorità indipendenti non originate dallo Stato, e il modello sarebbe stato quello dell'Inghilterra. Ma il suo vero fine fu l'eguaglianza.

Un'altra pericolosa idea, secondo lo storico inglese, si diffuse in Europa dopo la Rivoluzione francese: il nazionalismo. Mentre la teoria federale guarda alle nazioni come baluardi di autogoverno e di limitazione al potere dello Stato, la teoria dell'unità trasforma la nazione in una fonte di dispotismo e di rivoluzioni. La presenza di diverse nazioni sotto lo steso potere sovrano, nota Acton, sortisce effetti simili all'indipendenza della Chiesa nello Stato. Il potere sovrano centralizzato viene limitato dalla forza dei patriottismi separati, dato che le diverse nazioni hanno origine e vita autonoma, non derivante dallo Stato. I diritti privati, che sono sacrificati all'unità nazionale, sono salvaguardati dall'unione di diverse nazioni.

La coesistenza di diverse nazioni all'interno di un medesimo Stato rappresenta una prova della sua libertà, e contemporaneamente la migliore salvaguardia di essa. Gli Stati plurinazionali che contengono in

> **Gli interessi individuali sono superiori a quelli dello Stato**
>
> «Non esistono fini pubblici, distinti da quelli privati, degni di essere conseguiti a spese delle anime. Conseguentemente gli interessi degli individui sono superiori agli interessi esclusivi dello Stato. Il potere della collettività non può essere posto nemmeno per un attimo sulla bilancia con la libertà, cioè con la coscienza del soggetto. E quelli che agiscono secondo il principio opposto sono i peggiori tra i criminali» (p. 254).

sé svariate nazionalità senza opprimerle, come l'impero britannico o quello austriaco, costituiscono un progresso maggiore rispetto all'unità nazionale che è l'ideale del moderno liberalismo. Nel mondo antico idolatria e nazionalismo andavano di pari passo, e nella Bibbia lo stesso termine si applica ad entrambi. Il Cristianesimo e la Chiesa, al contrario, hanno sempre cercato di superare le differenze nazionali.

La teoria della nazionalità, in definitiva, rappresenta un passo indietro nella storia. Essa non mira né alla libertà né alla prosperità, che sacrifica entrambe all'imperativa necessità di fare della nazione il modello e la misura dello Stato. «Il suo corso – conclude Lord Acton con parole che pochi anni dopo la sua morte si riveleranno profetiche – seminerà rovine morali e materiali, pur di far prevalere una nuova fantasia sulle opere di Dio e sugli interessi dell'umanità» (p. 139).

Punti da Ricordare

- La libertà non è un mezzo, ma il fine politico supremo
- La sicurezza che godono le minoranze è il miglior segno di un paese libero
- La libertà di Atene fu un caso unico nel mondo antico, ma ebbe vita breve
- La dottrina stoica della legge di natura fu la più feconda eredità del mondo antico
- Il cristianesimo ha affermato per la prima volta la separazione del potere politico da quello spirituale

- Dopo l'epoca carolingia la Chiesa fu il grande agente della divisione del potere
- Nel medioevo si affermò il principio "nessuna tassazione senza rappresentanza"
- Machiavelli favorì l'assolutismo emancipando lo Stato da ogni vincolo morale
- Grazie alle confessioni religiose indipendenti dell'Inghilterra del '600 si affermò la libertà religiosa e di coscienza
- La Gloriosa Rivoluzione inglese del 1688 fu più conservatrice che rivoluzionaria
- Le istituzioni politiche delle colonie americane erano più libere di quelle della madrepatria inglese
- Con la Dichiarazione d'Indipendenza e la rivoluzione americana, la Legge di Natura divenne per la prima volta una forza d'importanza storica
- Il federalismo edificato dagli americani rappresenta il più grande freno all'espansione del potere
- La rivoluzione francese non realizzò la limitazione del potere sovrano, ma l'abrogazione dei poteri intermedi
- Gli Stati plurinazionali sono più liberi di quelli nazionali

L'autore

John Eymerich Edward Dalberg-Acton (1834-1902), noto come Lord Acton, nacque a Napoli da una famiglia aristocratica cattolica il 10 gennaio 1834 e proseguì i suoi studi storici e teologici in Germania. Conosceva numerose lingue: oltre al latino e al greco, parlava inglese con i suoi figli, tedesco con sua moglie, francese con la cognata e italiano con la suocera. Non ebbe mai una posizione accademica se non negli ultimi anni della sua vita: solo nel 1895 venne nominato professore di storia moderna a Cambridge. Fu animatore del movimento cattolico liberale, ma verrà messo da parte dalla Chiesa dopo il Concilio Vaticano I del 1870. In politica fu deputato alla Camera dei Comuni e successivamente nominato tra i Pari, primo cattolico ad entrare nella Camera dei Lords. Fu amico, sostenitore e consigliere di William Gladstone, e ispirò in più occasioni le politiche dei governi liberali. Non riuscì mai a completare un libro, malgrado l'ambizione della sua vita fosse scrivere una completa *Storia della libertà*. I suoi saggi vennero raccolti dopo la sua morte in diversi volumi, tra i quali si segnalano *The History of Freedom and other essays*, *Lectures on Modern History*, *Lectures on the French Revolution*, *Historical essays and studies*, *Essays on Church and States*. Morì il 19 giugno 1902, a Tegernsee, in Germania. La sua enorme biblioteca, composta da manoscritti estremamente rari e da più di 59.000 volumi, molti dei quali pieni di sue annotazioni, fu acquistata dal magnate americano Andrew Carnegie e donata all'Università di Cambridge.

Nota Bibliografica

Lord Acton, *Storia della libertà*, Ideazione Editrice, Roma, 1999, p. 259, traduzione dall'inglese e introduzione di Eugenio Capozzi.

17

Carlo Cattaneo

Scritti politici
1881-1892

'Il federalismo è l'unica forma di libera convivenza tra i popoli'

Carlo Cattaneo rappresenta una delle poche personalità capaci di contestare, in pieno Risorgimento, la retorica nazionalista e le soluzioni centraliste all'opera di unificazione italiana, proponendo la riscoperta di quei principi di autogoverno municipale che, a partire dal Medioevo, hanno giocato un ruolo importante nella storia europea. La teoria del federalismo rappresenta la parte più nota dell'opera di Carlo Cattaneo, ma in realtà essa costituisce il filo conduttore di una vastissima indagine filosofica, economica, storica, e sociologica tutta incentrata sul valore della libertà, che per lo studioso lombardo rappresenta la fonte di ogni progresso, conoscenza, e "incivilimento" dell'umanità. Si tratta di un lavoro enorme, di cui solo oggi s'inizia ad avvertire la profondità, che ha portato alcuni autori a vedere in Cattaneo lo studioso universale, l'ultimo dei grandi enciclopedisti.

Riassunto

Risorgimento e federalismo

Nessuno scritto di Cattaneo è dedicato in modo esclusivo al tema del federalismo, nonostante questo rappresenti il motivo ispiratore di tutta la sua opera. Egli stesso constaterà, al termine della sua vita, di non essere riuscito a realizzare un testo capace di condensare e sistematizzare il suo pensiero, che si trova quindi disseminato in una miriade di libri, saggi, articoli, opuscoli, lettere, documenti.

Ad avviso dello studioso lombardo l'unico modo per conciliare l'unità con la libertà è il federalismo di tipo svizzero o americano, dove le diverse lingue e religioni possono convivere in pace e su un piano di eguaglianza. Il modello negativo è invece quello centralista dell'Europa continentale, incarnato ai suoi occhi soprattutto dalla Francia: «La Francia si chiami repubblica o regno, è composta da 86 monarchie che hanno un unico re a Parigi. Si chiami Luigi Filippo o Cavaignac; regni 4 anni o 20;

debba scadere per decreto di legge o per tedio di popolo, poco importa; è sempre l'uomo che ha il telegrafo e quattrocento mila schiavi armati» (Scritti politici, I, p. 275).

Dalla Rivoluzione francese in poi, ricorda Cattaneo, in più occasioni si è cercato di impiantare in Francia un governo di tipo americano o britannico, ma è sempre risorta l'aspirazione assolutistica impressa nel Seicento dal cardinal Richelieu: «La rivoluzione francese non seppe uscire dalla tradizione e dalla fede nell'onnipotenza dei governanti. Ai mandatari del re successero i mandatari della nazione» (Scritti politici, III, p. 75).

Con argomenti simili Cattaneo polemizza contro l'espansionismo monarchico dei Savoia, affermando che «Libertà è repubblica, e repubblica è pluralità ossia federazione» (Scritti politici, II, p. 48). Sarebbe stato quindi un grave errore realizzare un'esteriore unità nazionale mediante l'automatica estensione a tutto il paese delle leggi piemontesi, spesso più arretrate. Il codice penale toscano, ad esempio, era di gran lunga più avanzato di quello piemontese; anche gli ordinamenti locali del Lombardo-Veneto, risalenti alla riforma di Maria Teresa d'Austria del 1755, erano molto più rispettosi delle autonomie locali delle leggi comunali piemontesi imposte nel 1859 alla Lombardia e poi al resto d'Italia.

> **Il diritto federale**
> «Ogni popolo può avere molti interessi da trattare in comune con altri popoli; ma vi sono interessi che può trattare egli solo, perché egli solo li sente, perché egli solo li intende. E v'è inoltre in ogni popolo la coscienza del suo essere, anche la superbia del suo nome, anche la gelosia dell'avita sua terra. Di là il diritto federale, ossia il diritto dei popoli, il quale debbe avere il suo luogo, accanto al diritto della nazione, accanto al diritto dell'umanità» (Scritti politici, I, p. 403–404)

Infatti, come spiegava Cattaneo, «I molteplici consigli legislativi, i loro consensi e dissensi e i poteri amministrativi di molte e varie origini, sono condizioni necessarie di libertà. *La libertà è una pianta di molte radici* … Quando ingenti forze e ingenti ricchezze e onoranze stanno raccolte in pugno d'un autorità centrale, è troppo facile costruire o acquistare la maggioranza d'un unico parlamento. La libertà non è più che un nome; tutto si fa come tra padroni e servi» (Scritti politici, II, p. 281).

Prima del 1848 Cattaneo, che era fortemente contrario alla propaganda nazionalista dei mazziniani, vedeva per l'Austria una sola possibilità di sopravvivenza: la sua trasformazione da stato unitario a federazione. In seguito nulla avrebbe poi impedito al Lombardo-Veneto, resosi autonomo, di staccarsi da una federazione austriaca così concepita per aderire a una libera federazione di stati italiani.

Contro la pianificazione centralizzata

Vi sono delle pagine, nell'opera di Cattaneo, in cui è possibile riscontrare una somiglianza sorprendente con le analisi di pensatori liberali molto successivi nel tempo. La sua teoria sullo sviluppo spontaneo dell'ordine giuridico, ad esempio, presenta analogie con quella di Bruno Leoni e Friedrich von Hayek: «La tendenza più comune del pensiero storico in questo secolo XIX – scrive Cattaneo – è una generale spiegazione delle successive forme civili, in quanto promuovono gradualmente lo spontaneo sviluppo dell'individuo e il suo bene, nello sviluppo e nel bene dell'intera società», ragion per cui «le leggi più celebri apparvero piuttosto frutti di una certa graduale maturanza d'interessi e di opinioni, che liberi decreti della mente individuale dei legislatori» (Opere, IV, p. 27).

Contro ogni pianificazione legislativa, Cattaneo esprime l'idea che il diritto non discenda dall'autorità politica, ma nasca dal basso, dai rapporti individuali che nascono nella società civile. Quando la legge formale si pone in contrasto con l'ordine spontaneo, i risultati sono spesso ben diversi da quelli progettati dal legislatore, e il più delle volte disastrosi. Da qui, per Cattaneo come per Hayek, l'insorgere di conseguenze sociali impreviste: «Quanti grandi disegni, quanti progetti d'innovazioni e di restaurazioni di nuove civiltà, di vaste colonie, dopo immenso e doloroso dispendio di tesoro, di pace e di sangue, tornarono in vituperevole nullità, perché ripugnavano al corso obbligato delle nazionali evoluzioni» (Opere, IV, p. 28). E al contrario, spiega Cattaneo, quante volte i "furori della superstizione" e le "macchinazioni della cupidigia" concorsero a fondare un ordine di cose molto migliore di quello che si era voluto!

Contro coloro che temono che lo sviluppo economico conduca inevitabilmente all'esaurimento delle risorse naturali del pianeta, Cattaneo avanza delle considerazioni molto simili a quelle, elaborate circa un secolo e mezzo dopo, dell'economista Julian Simon, secondo cui la mente umana è la vera "ultima risorsa". Le risorse, di per sé, non esistono in natura. Una cosa diventa una risorsa solo quando l'uomo scopre il modo di utilizzarla a proprio vantaggio. «Non v'è lavoro, non v'è capitale che non cominci con un atto d'intelligenza – scrive Cattaneo – Prima d'ogni lavoro, prima d'ogni capitale, quando le cose giacciono ancora non curate o ignote in seno alla natura, è l'intelligenza che comincia l'opera, e imprime in esse per la prima volta il carattere di ricchezza» (Opere, V, p. 368).

Il valore dei beni dunque non è qualcosa di oggettivo, che risieda dentro di essi o nell'attività necessaria a procurarli, ma è soggettivo, perché dipende esclusivamente dalle valutazioni individuali. Per questa ragione Cattaneo critica la teoria del valore-lavoro di Adam Smith: «Falso è dunque che il lavoro per sé sia il padre della ricchezza, come pensò Adam Smith e come dopo di lui viene ripetuto dal volgo. La vita del selvaggio è sommamente faticosa, e sommamente povera. La fonte d'ogni progressiva ricchezza è l'intelligenza, che tende con perpetuo sforzo a procacciare a un dato numero di uomini una maggiore quantità di cose utili, o la stessa quantità di cose utili a un numero di uomini sempre maggiore» (Opere, VI, p. 398).

I vantaggi della concorrenza e del libero scambio

Cattaneo riconosce comunque a Smith il merito di aver individuato nell'estensione della divisione del lavoro e degli scambi il motore principale dell'aumento della ricchezza e della prosperità generale: «Non ha senso l'accusa fatta a Smith che la sua dottrina della libera concorrenza non sia nazionale e politica, ma umanitaria e cosmopolitica, come quella che si indirizza a tutte le nazioni. La scienza è una sola. Il diviso lavoro è in economia ciò che in meccanica è il braccio di leva o la macchina a vapore» (Opere, V, p. 204). Il protezionismo e le barriere doganali sono profondamente contro natura perché pretendono di negare i dati di fatto della realtà: che gli uomini hanno talenti diversi tra di loro, e che le condizioni fisiche e climatiche non sono uguali in tutti i luoghi della terra.

Invece di permettere agli individui di mettere a frutto tutte le loro potenzialità, specializzandosi nelle attività in cui eccellono, il protezionismo li costringe a dedicarsi ad occupazioni scarsamente adatte alle circostanze in cui vivono, e che mai avrebbero scelto volontariamente: «Le attitudini ingenite sono soppresse; i favori della natura sono rifiutati; le indoli nazionali sono sommerse nel principio dell'uniformità universale delle nazioni. Queste sono le ultime conseguenze del principio protettivo, che toglie l'uomo dalle vie per cui la natura lo ha fatto, e lo sospinge zoppicone e ansante per vie che non sono le sue. I pesci devono volar per l'aria, e gli uccelli agitarsi nei vortici dei mari» (Opere, V, p. 192).

La battaglia liberoscambista fu quindi sempre al centro della riflessione economica di Cattaneo, dato che in quel fenomeno che oggi viene chiamato globalizzazione vedeva l'unica possibilità per tutti i paesi, specialmente per quelli più piccoli, poveri, arretrati o privi di risorse naturali, di migliorare le proprie condizioni: «Tutte le storie ci attestano come la libertà fu cagione che immense ricchezze si potessero accumulare sopra paludose o aride o alpestri liste di terra, in Fenicia, in Grecia, in Liguria, nella Venezia, nell'Olanda, nella Svizzera. Il primato sui mari appartiene oggidì ad ambo i rami della stirpe anglobritanna, che è quella fra le grandi nazioni che serbò più fedele e costante il culto alla libertà. Le sue ricchezze sono maggiori di quelle degli altri popoli per forza di libertà, cioè per una causa che risiede nella sfera della volontà. Epperò, per nostro conforto, sono accessibili a tutte le nazioni» (Opere, V, p. 392-393).

> *L'intelligenza umana è l'unica vera risorsa*
> «Il valore che hanno le cose non si rivela da sé; è il senno dell'uomo che le discopre. Gli inglesi e i fiamminghi calpestarono non curanti le stratificazioni di carbon fossile accumulate sotto i loro piedi per tutta la superficie di vaste province, anche alcuni secoli dopo che Marco Polo lo aveva descritto come d'uso antico e popolare presso i cinesi. I peruviani ignoravano l'uso del ferro, che i nostri libri sacri sanno antico più di Noè; ma viceversa conoscevano l'uso del guano, dal quale i nostri navigatori s'avvidero solamente ai nostri giorni, tre secoli dopo che avevano preso vano possesso delle isole che ne son ricoperte» (Opere, V, p. 369).

Grazie al libero scambio – continua Cattaneo – il più piccolo stato può godere la stessa vastità di campo che gode lo stato più grande; al contrario, quando tutto lo spazio è ripartito in recinti, sta peggio e vive più languidamente quel prigioniero che ha il recinto più angusto.

Coloro che propongono politiche di chiusura per evitare gli effetti della concorrenza internazionale non si rendono conto di condannare il proprio paese alla stagnazione e al sicuro declino, come la storia ha spesso dimostrato: «Poco invero giovò alla Cina il trincerarsi tra il mare e la muraglia; né, con un numero di sudditi eguale a mezzo il genere umano, sarebbe certo caduta in sì puerile fiacchezza, se la libera concorrenza avesse rinnovato le sue armi, ritemprata la pubblica ragione, accesa la face della scienza libera e viva. E che altro è il principio protettivo del signor List, e la sua economia nazionale, fuorché un'imitazione dell'infelice pensiero che incarcerò dietro una muraglia l'intelligenza cinese?» (Opere, V, p. 171).

Milizie popolari, non militarismo

La libertà degli scambi tende inoltre ad affratellare il genere umano, rendendo ogni popolo interdipendente con tutti gli altri per la soddisfazione dei propri bisogni. Cattaneo dice che il libero commercio è una sorta di "reciproca assicurazione universale", dato che una carestia di un bene in un certo luogo può essere supplita dalle eccedenze prodotte altrove. L'autarchia e il protezionismo, invece, sfociano inevitabilmente nel militarismo e nelle guerre di conquista, necessarie per procurarsi quelle ricchezze fuori dai confini nazionali non raggiungibili col pacifico commercio.

Ecco perché per Cattaneo il liberalismo è soprattutto la teoria sociale della pace, senza la quale non può esservi cooperazione volontaria tra gli uomini: «Una guerra, in qualunque parte del globo turba il commercio e l'industria di tutte le nazioni. Al contrario la quiete, la prosperità, la cultura d'un popolo torna in mille modi a giovamento di tutti gli altri; le invenzioni della scienza e dell'arte si propagano per tutta la terra, come la stampa, la locomotiva, la bussola, il telegrafo. Perciò tutte le nazioni hanno interesse a proteggere la libertà delle nazioni, e il loro incivilimento è il regno della giustizia su tutta la terra» (Opere, VI, p. 335).

Il liberalismo deve germogliare però dal basso, non calare dall'alto. Per Cattaneo la libertà non deve piovere dai santi del cielo, ma deve scaturire dalle viscere dei popoli, e chi vuole altrimenti è in realtà un nemico della libertà. Contrariamente quindi ai sostenitori di una *pax romana, britannica o americana*, cioè di un ordine imperiale basato sull'interventismo globale, Cattaneo preferisce guardare al modello militare svizzero, dove una milizia di popolo puramente difensiva prende il posto di un costoso e burocratico esercito permanente.

> *Il veleno militarista.*
> «Il militarismo sarà punito da ciò in cui pecca. Il militarismo divora in tempo di pace ogni alimento della guerra. Tutti i tesori che la scienza applicata improvvisa nel mondo civile, sono ingoiati dalla voragine del militarismo. Il militarismo ha gelosia delle armi cittadine, vuole che la nazione combatta con una sola mano. Vuole la vittoria del soldato, non quella del cittadino. Accetta una pace assurda piuttosto che dividere la gloria col leone popolare» (Scritti politici, III, p. 351-352)

L'esercito stanziale, infatti, costituisce non solo un pesante onere economico per la società, ma anche un grave pericolo per la libertà, perché risponde a logiche burocratiche e tende ad essere il difensore interno delle oligarchie al potere. In una nazione armata come la Svizzera, dove l'esercito è formato da tutti i cittadini custodi delle proprie armi e periodicamente chiamati ad esercitarsi, ciascuno si sente difensore di casa propria, dei propri beni e della propria famiglia, e non strumento nelle mani di lontane ed estranee gerarchie.

Secondo Cattaneo, quindi, la "condizione suprema della libertà" poteva riassumersi nel motto *militi tutti e soldati nessuno*. Lo dimostra anche l'esempio della Francia e della Spagna, dove la libertà sanguinosamente conquistata sfugge continuamente di mano a causa delle forze eccessive accumulate in mano ai governi, mentre viceversa nella Svizzera e nell'America, ove ogni singolo popolo armato tiene "le mani sopra la libertà", dopo averla conquistata non andò più perduta.

La forza di un esercito, infatti, non dipende dal numero dei soldati, ma dall'intima unione di volontà e di interessi tra chi da gli ordini e chi combatte, in modo che chi comanda abbia la medesima volontà e i medesimi interessi di chi obbedisce. È questa la ragione per cui le grandi potenze temono e rispettano la piccola Svizzera, forte del suo esercito popolare. Le "repubblichette svizzere" riescono infatti a difendersi da sole, mentre l'Italia, dotata di un maggior numero di ripari naturali, fortezze e navi, con un esercito che potenzialmente potrebbe essere dieci volte più ampio, non riesce ad avere un esercito efficiente, come dimostrato dall'esito disastroso della terza guerra d'indipendenza.

Lo Stato italiano, conclude lo studioso lombardo, continua ad essere visto, in ampie aree del nord e del sud del paese, come un'entità lontana ed estranea proprio perché unitaria, accentrata e burocratica, anziché federale.

Punti da Ricordare

- Il centralismo burocratico di tipo francese è incompatibile con la libertà
- Il federalismo è l'unica forma di libera convivenza tra i popoli
- L'espansionismo della monarchia sabauda ha imposto all'Italia un'amministrazione centralizzata incompatibile con la sua storia
- Un'unione confederale tra gli Stati italiani avrebbe garantito l'unità nella libertà
- I modelli da seguire sono la Svizzera, gli Stati Uniti e l'Inghilterra
- L'intelligenza, non il lavoro in sé, è la fonte del progresso umano.
- Il libero scambio avvantaggia tutte le nazioni, specialmente quelle prive di risorse naturali
- Il protezionismo nega le differenze umane, naturali, geografiche
- Il libero scambio affratella gli uomini e si oppone al militarismo
- Per la difesa nazionale la milizia di popolo è di preferibile all'esercito permanente

L'autore

Carlo Cattaneo (1801-1869) nasce a Milano il 15 giugno 1801 in una famiglia piccolo-borghese. Studia giurisprudenza e diventa allievo di Giandomenico Romagnosi. Nel 1839 fonda "Il Politecnico", una rivista di studi letterari, scientifici, filosofici ed economici, che ha l'obiettivo di riportare in auge la tradizione dell'illuminismo lombardo. Nel 1844 pubblica una delle sue opere più importanti, "Notizie naturali e civili su la Lombardia". Nel 1848 è tra i protagonisti delle Cinque Giornate di Milano, durante le quali assume una posizione avversa al dispotismo austriaco e alle ambizioni sabaude, proponendo una soluzione repubblicana e federale. A seguito della disfatta dei moti trova rifugio nel Canton Ticino, in quella piccola Lombardia elvetica che diventerà la sua patria d'adozione. Nel 1849 pubblica "Dell'insurrezione di Milano del 1848 e della successiva guerra". Viene eletto deputato dell'Italia unita nel 1860, nel 1865 e ancora nel 1867, ma rifiuta in tutte e tre le occasioni la carica e non mette mai piede in Parlamento per non prestare giuramento alla Corona. Muore a Castagnola, vicino a Lugano, il 6 febbraio 1869

Note Bibligrafiche

Si sono utilizzate due raccolte postume, fra le più complete, dei suoi scritti: Carlo Cattaneo, *Opere edite e inedite*, in 7 volumi, Le Monnier, Firenze, 1881-1892, a cura di A. Bertani; e Carlo Cattaneo, *Scritti politici ed epistolario*, in 3 volumi, Barbera, Firenze, 1891, a cura di G. Rosa e J. White Mario.

18

Herbert Spencer

L'uomo contro lo Stato
1884

'Oggi il liberalismo deve combattere l'autorità assoluta dei parlamenti'

Herbert Spencer fu il più rispettato e importante filosofo dell'Inghilterra vittoriana. Negli anni sessanta e settanta del diciannovesimo secolo giganteggiò come un colosso nel panorama intellettuale, e la sue opere vennero tradotte in tutto il mondo. Se dal punto di vista scientifico sviluppò, prima di Darwin, una coerente teoria evoluzionistica applicandola anche alle società umane, sul piano politico rimase sempre un convinto assertore del *laissez-faire*. Il suo individualismo liberale trovò piena espressione nel libro *L'uomo contro lo Stato*, uscito nel 1884, quando la mentalità stava già cambiando e la fama di Spencer era sulla via del declino. In quest'opera denunciò la continua espansione dello Stato a scapito della libertà individuale; criticò le tasse, l'assistenzialismo pubblico e la brama per gli impieghi burocratici; attaccò il socialismo come forma di schiavitù; svelò il carattere mitico e superstizioso della fede nello Stato e denunciò l'autorità illimitata dei parlamenti. Negli ultimi anni della sua vita provò l'amarezza di vedere quanto fossero stati vani tutti i suoi avvertimenti. Il mondo stava entrando nell'era dello Stato massimo.

Riassunto

Società militare e società industriale

Molti tra coloro che oggi passano per liberali (*whigs*) sono in realtà dei conservatori (*tories*) di tipo nuovo. Prima che prendessero il nome dei due partiti attuali, conservatori e liberali rappresentavano due tipi opposti di ordinamento sociale, quello *militare* e quello *industriale*. Il primo è caratterizzato dal regime di *status*, pressoché universale nei tempi antichi; il secondo è caratterizzato dal regime di *contratto*, che si è diffuso nei tempi moderni principalmente fra le nazioni occidentali e in particolare in Inghilterra e in America.

Il sistema militare si basa sulla cooperazione *obbligatoria* tra i cittadini, il sistema industriale sulla cooperazione *volontaria*. Per comprendere il primo sistema possiamo pensare a un esercito di coscritti in cui ciascuno, in cambio di una paga, di una razione alimentare e del vestiario, deve, sotto la minaccia di una punizione, obbedire ad ogni comando. Per comprendere il sistema della cooperazione volontaria possiamo invece pensare a un insieme di produttori e distributori che individualmente concordano di pagare certi specifici servizi, e che possono, previo avviso, abbandonare l'organizzazione non appena lo ritengano opportuno.

In Inghilterra come altrove le popolazioni che maggiormente resistettero al dispotismo governativo tipico della cooperazione obbligatoria furono quelle urbane formate da commercianti e lavoratori abituati a cooperare in regime di contratto. La cooperazione obbligatoria, nata da uno stato di guerra perenne, era invece più diffusa nelle zone rurali popolate inizialmente dai capi militari e dai loro sottoposti, dove sopravvivevano tradizioni e idee più primitive. Quindi, mentre nel partito liberale vi era il desiderio di resistere al potere coercitivo del governante sul suddito e di limitarlo, nel partito conservatore si voleva mantenere o accrescere tale potere.

Il nuovo conservatorismo

I provvedimenti dei liberali che rafforzarono il principio della cooperazione volontaria indebolendo quello della cooperazione obbligatoria avevano la stessa ispirazione dei più antichi *Habeas Corpus* e *Bill of Rights*, entrambi concepiti per tutelare i sudditi dagli abusi del potere regio. I *whig*, infatti, revocarono le leggi che vietavano le riunioni tra gli operai o che inibivano la loro libertà di movimento; permisero ai dissenzienti e ai cattolici di praticare la propria religione; ridussero o abolirono i vincoli all'acquisto delle merci provenienti dall'estero; rimossero i gravami imposti alla stampa.

Negli ultimi decenni, tuttavia, i liberali hanno adottato provvedimenti di tutt'altro tenore. A partire dal 1860 hanno approvato una serie interminabili di leggi che regolamentano dettagliatamente le fabbriche, il lavoro, l'igiene, la salute e numerosi altri ambiti. I tributi aumentano di anno in anno per pagare le spese che derivano dall'adozione di tutte queste norme, che richiedono un maggior numero di funzionari.

Tutte queste disposizioni tendono a restringere sempre più la libertà del cittadino perché, con ogni nuova esazione, è come se il governo gli dicesse: "Fino a oggi hai potuto spendere questa porzione dei tuoi guadagni come credevi; d'ora innanzi non sarai più libero di farlo, ma dovrai spenderla per l'interesse generale".

I liberali hanno cominciato pertanto a perseguire il bene pubblico non già come un fine da ottenersi indirettamente riducendo i vincoli alla libertà, ma come un obiettivo da perseguirsi direttamente, con metodi opposti a quelli propri del liberalismo autentico. Pertanto è chiaro che, proprio perché è andato ampliando e non riducendo il sistema coercitivo, ciò che adesso si fa chiamare liberalismo altro non è che una nuova forma di conservatorismo.

Gli effetti indesiderati dell'intervento politico

Quando ci si sofferma sulle sventure dei poveri, non si evidenzia mai il fatto che si tratta, quasi sempre, di poveri tutt'altro che industriosi. In tutta Londra vi sono decine di migliaia di buoni a nulla, che in un modo o nell'altro vivono a spese dei buoni a qualcosa: criminali o destinati a diventarlo, vagabondi e scioperati che rifiutano ogni lavoro oppure, trovato un posto, fanno presto ad abbandonarlo. Non è evidente che esiste in mezzo a noi un'enorme quantità di miseria, che altro non è che il risultato normale della cattiva condotta, e che da essa non andrebbe separata?

Separare la sofferenza dalle cattive azioni che la causano è andar contro l'ordine delle cose e non provocherà che sofferenze ancora maggiori. Il comandamento biblico "chi non lavora non mangia" è l'enunciazione cristiana di questa legge naturale. Eppure proprio questo pilastro della loro religione, ampiamente giustificato dalla scienza, è quello che i cristiani sono meno inclini ad accettare. Oggi si presume infatti che non debbano esistere sofferenze, e che quelle esistenti siano senza dubbio ascrivibili a una responsabilità della società.

Questa idea si basa su tre convinzioni sbagliate: in primo luogo, che tutte le sofferenze debbano essere evitate, il che non è vero: molte sofferenze sono terapeutiche e impedirle significa impedire la cura. In secondo luogo, che tutti i mali si possano sradicare, mentre la verità è che molti mali si possono soltanto spostare da un posto all'altro o cambiare di forma, e spesso tale cambiamento finisce per accrescerli. In terzo luogo, che debba essere proprio lo Stato a porre rimedio ai mali della società. Non ci si domanda invece se vi siano altri agenti capaci di combattere tali mali, magari in maniera più efficace.

Il problema è che l'uomo politico non tiene mai conto degli effetti indiretti e remoti delle sue iniziative. Non gli viene in mente, ad esempio, che per mantenere i poveri immeritevoli a spese della società si opprimono le oneste famiglie lavoratrici e risparmiatrici con tasse sempre più alte. Il politico non pensa che l'aumento della tassazione sui datori di lavoro o sui capitali riduce gli investimenti produttivi e quindi il monte salari, oppure aumenta il prezzo dei beni consumati dai lavoratori.

Il legislatore è convinto che il cambiamento prodotto da un suo provvedimento

> *Come lo Stato si espande nella società*
> «In parte la crescente regolamentazione dipende dal fatto che si seguono i precedenti, che acquisiscono maggiore autorità tanto più intrusiva diventa la legislazione. C'è il bisogno crescente di ulteriori obblighi e vincoli, che deriva dalle conseguenze impreviste e dai difetti degli obblighi e dei vincoli precedenti. Inoltre, ogni nuova ingerenza dello Stato rafforza il tacito assunto che lo Stato abbia il dovere di combattere tutti i mali e garantire tutti benefici. Più cresce il potere della burocrazia, più diminuisce la forza del resto della società di resisterne la crescita e il controllo. La moltiplicazione delle opportunità d'impiego prodotta da una burocrazia in crescita seduce i membri delle classi che le soggiacono, portandoli a favorirne l'estensione, così che crescano le possibilità di lavori sicuri e rispettabili per i loro congiunti. Il popolo, ormai ridotto a credere che i benefici ottenuti per mezzo dell'intervento pubblico siano gratuiti, vede eccitare le proprie speranze dalla prospettiva di ottenerne ancora di più» (p. 57-58).

si fermerà esattamente dove lui vuole. Nella realtà deve continuamente correggere i guasti artificiali prodotti dai suoi provvedimenti, aggiungendo intervento a intervento. Purtroppo i continui fallimenti non distruggono mai la sua fiducia negli strumenti adoperati, ma lo inducono a usarli in modo più rigoroso e ad accrescerne le ramificazioni.

La burocratizzazione della società

Ogni estensione della regolamentazione implica un aumento delle strutture e degli impiegati pubblici, cioè uno sviluppo sempre maggiore della burocrazia e l'ampliamento del potere dei funzionari. Un corpo di funzionari, per quanto piccolo ma compatto, che ha chiari interessi comuni e agisce sotto il comando di un'autorità centrale, ha un immenso vantaggio rispetto a un pubblico senza coesione. Pertanto una burocrazia, quando oltrepassa un certo stadio di sviluppo, diventa pressoché irresistibile.

Anche i giovani dei ceti medi industriosi sono sempre più attratti dall'idea del pubblico impiego. Accade così che uomini che sarebbero ostili alla crescita della burocrazia finiscono per tollerarla o addirittura favorirla perché offre la possibilità di una buona carriera. Questo relativo prestigio degli impiegati pubblici rispetto a quanti lavorano nel privato cresce quanto più la burocrazia s'irrobustisce nella società, e tende a definire ciò che è onorevole o meno.

Quanto più aumenta il numero di enti e provvedimenti pubblici, tanto più si rafforza nei cittadini l'idea che tutto debba essere fatto *per* loro, e nulla *da* loro. Generazione dopo generazione, l'idea che alcuni obiettivi si possano perseguire con azioni individuali o con accordi privati viene sempre più abbandonata, mentre si fa sempre più strada l'idea che a perseguirli debba essere lo Stato. Finché, col tempo, si arriva a credere che solo lo Stato possa darci ciò che desideriamo.

Il socialismo, la schiavitù prossima ventura

Tutti questi cambiamenti adottati per via legislativa contribuiscono a edificare il socialismo di Stato, cioè la schiavitù prossima ventura. Il socialismo, infatti, è sempre una forma di schiavitù. Ciò che fondamentalmente distingue uno schiavo da un uomo libero è il fatto che egli è obbligato a lavorare per soddisfare i desideri di altri, e non

> **Le buone istituzioni dipendono dal carattere dei cittadini**
> «Il benessere di una società e la giustizia delle sue istituzioni dipendono alla fine dal carattere di chi ne fa parte; e il miglioramento nell'una e nelle altre non può aver luogo senza quel miglioramento del carattere che risulta dall'esercizio di una industriosità pacifica, sotto i vincoli imposti da una vita sociale ordinata. I socialisti, ma anche quei cosiddetti liberali che stanno diligentemente preparando loro la via, credono che con gli accorgimenti opportuni si possano da una natura umana imperfetta trarre delle istituzioni perfette. È un'illusione. La natura manchevole dei cittadini si paleserà in azioni cattive, quale che sia la struttura sociale nella quale siano inseriti» (p. 72).

ha nessuna importanza che il padrone sia una persona singola o una società. Se è costretto a lavorare per la società e riceve dal fondo comune ciò che la società gli assegna, diventerà uno schiavo della società.

Ad una schiavitù di questo genere ci conducono molti dei provvedimenti recenti e ancor più quelli proposti per il futuro. Tali cambiamenti ci porteranno ad avere uno Stato che non solo possiede la terra, le abitazioni e i mezzi di comunicazione, tutti amministrati da funzionari, ma anche le industrie. Le aziende private, svantaggiate dalla crescente concorrenza dello Stato, che può scrivere le regole a proprio vantaggio, scompariranno del tutto, come avvenuto a molte scuole libere, in presenza di quelle pubbliche. E così avremo raggiunto l'ideale vagheggiato dai socialisti.

Giudicate voi cosa accadrà quando, invece di associazioni relativamente piccole, alle quali le persone possono volontariamente aderire oppure no, avremo un'unica grande associazione nazionale, nella quale tutti i cittadini si ritrovano iscritti, e non possono uscirne se non lasciando il proprio paese. Giudicate voi cosa diventerà, in tali condizioni, il dispotismo di una grande burocrazia gerarchica e centralizzata, che controlla tutte le risorse della comunità, e che dietro a sé ha tutta la forza necessaria per imporre i suoi decreti e mantenere quello che chiama "ordine".

L'amministrazione non sarà mai del tipo che si vagheggia, e pertanto la schiavitù non sarà mite. L'immaginazione socialista presume che la burocrazia funzionerà come desiderato, cosa che invece non accade mai. I difetti della natura umana come la sete di potere, l'egoismo, l'ingiustizia o la falsità, che possono portare le organizzazioni private alla rovina, produrranno inevitabilmente mali maggiori e più irrimediabili quando l'organismo organizzativo è enormemente più esteso, complesso e controlla ogni risorsa, perché ad esso non si potrà opporre nessuna resistenza. Ci sono buone ragioni per credere che coloro che hanno saputo conquistare il potere in una organizzazione sociale socialista non si faranno scrupoli nel raggiungere ad ogni costo i propri fini. Il risultato finale sarà il dispotismo più completo.

I peccati dei legislatori

Molte colpe dei legislatori che favoriscono questo processo non sono dovute all'ambizione personale o all'interesse di classe, ma derivano dalla mancanza di quello studio col quale sarebbero moralmente obbligati a prepararsi per il loro ruolo. Il medico e il farmacista non sono scusati, in caso di errore, per la loro ignoranza o per le loro buone intenzioni. Giudichiamo invece con molta più indulgenza la responsabilità dei legislatori per i loro misfatti. Eppure la storia c'insegna che i danni prodotti dai legislatori sono incomparabilmente maggiori di quelli prodotti da medici ignoranti.

Secolo dopo secolo, gli uomini di Stato fecero leggi contro l'usura, le quali non hanno fatto altro che peggiorare le condizioni del debitore; leggi contro l'accaparramento e la speculazione finendo per diffondere la miseria; leggi sul prezzo massimo dei beni che provocarono la morte per carestia; leggi sull'edilizia che hanno provocato migliaia di senzatetto e così via. I dibattiti ci raccontano quotidianamente di provvedimenti legislativi che hanno fatto del male anziché del bene, e migliaia di atti parlamentari che abrogano i precedenti sono altrettante tacite confessioni del loro fallimento.

E tuttavia nessuno sembra imparare da tali lezioni. Esiste una massa di notizie istruttive, contenuta nella raccolta delle leggi del nostro paese e degli altri, che mostrano come i vari tentativi di re e uomini di Stato di fare il bene abbiano finito per produrre mali imprevisti. Nessuno può pensare di essere adatto a fare le leggi senza conoscere queste esperienze legislative. Il legislatore che le ignora non merita di essere assolto per la miseria e la mortalità che ne risultano. Egli è colpevole come l'apprendista farmacista quando causa la morte di qualcuno con la prescrizione di una medicina di cui ignora gli effetti.

La società è un organismo, non un manufatto

Tutti i misfatti dei legislatori hanno le loro radici nell'idea che la società sia una massa plastica che si può manipolare come si vuole, anziché un corpo organico che segue le proprie leggi naturali. La vita quotidiana offre ampie prove che la condotta umana sfugge alle previsioni più minuziose. Nella sua vita privata il legislatore ha rinunciato da tempo all'idea di "gestire" sua moglie, i figli e i servitori. Per quanto cerchi di persuaderle o sgridarle, queste persone non obbediscono mai esattamente come vorrebbe. Eppure, nonostante gli riesca tanto difficile trattare con l'umanità al dettaglio, il legislatore è convinto di possedere l'abilità necessaria per regolare l'umanità all'ingrosso. Non conosce neppure un millesimo dei cittadini, ha soltanto qualche vaga idea sulle loro abitudini e modi di pensare, eppure è sicuro che agiranno nel modo che ha previsto, e che perseguiranno i fini che egli auspica.

Se avessero considerato le implicazioni dei loro insuccessi domestici e osservato gli indizi della complessità della vita sociale, gli uomini si avvicinerebbero al mestiere di fare le leggi con molta esitazione. E invece è proprio in questa più che in qualsiasi altra cosa, che si mostrano più fiduciosi. In nessun altro campo vi è un tale contrasto tra la difficoltà dell'impresa e l'incompetenza di quelli che vi si accingono.

Lo Stato non ha contribuito al progresso

Le attività private e la cooperazione spontanea hanno contribuito allo sviluppo sociale assai più di quelle che hanno richiesto l'intervento dello Stato. Se le messi abbondanti crescono dove un tempo c'erano solo arbusti selvatici, se le case buone e solide hanno preso il posto delle capanne, si deve interamente agli sforzi posti in essere dagli uomini per perseguire i propri fini privati.

Da sempre i governi ne hanno impedito e disturbato la crescita, e non l'hanno in alcun modo promossa, tranne che svolgendo la funzione propria di mantenere l'ordine pubblico. Lo stesso si può dire dei progressi della conoscenza e della tecnologia. Non è allo Stato che dobbiamo quell'infinità di utili invenzioni, dal badile al telefono, le cognizioni astronomiche sempre più esatte che hanno consentito il progresso della navigazione, le scoperte della fisica e della chimica che guidano le manifatture moderne, le macchine o i mezzi di trasporto.

Tutte queste cose sono invece il risultato delle attività spontanee degli uomini. Provate a togliere al meccanismo politico tutti gli strumenti fornitigli dall'arte e dalla scienza, lasciandogli solo quelli che si sono inventati i suoi funzionari, e vedrete che non potrà far nulla. La stessa lingua nella quale le leggi vengono scritte e gli ordini trasmessi da un funzionario all'altro non è uno strumento dovuto neppure in minima parte al legislatore; ma invece è nata, non intenzionalmente, dagli scambi e dalle relazioni fra uomini ciascuno dei quali perseguiva il proprio interesse.

Contro la beneficenza obbligatoria

In tutte le famiglie animali e umane i più deboli e i più piccoli ricevono dagli adulti un aiuto gratuito in proporzione inversa alla forza e all'abilità di colui che li riceve. Nel grande gruppo sociale composto dagli adulti, invece, entra in gioco un principio opposto, perché ogni individuo viene lasciato a se stesso e ottiene ricompense per le cose che è stato capace di fare: adempiere alle necessità della vita, procurare il cibo e il riparo, difendere gli altri dai nemici.

Se nella grande società i benefici ricevuti da ogni individuo fossero proporzionati alla sua incapacità, la società si estinguerebbe. Bisogna dunque conservare ben distinte l'etica della famiglia e l'etica dello Stato. La *generosità* è il principio essenziale della prima, così come la *giustizia* lo è della seconda. Anche un'applicazione parziale del principio della vita familiare allo Stato produrrà col tempo esiti fatali. Eppure, nonostante tali verità siano evidenti, si invoca continuamente la protezione paterna dello Stato e l'intrusione dell'etica famigliare nella politica statale.

Se questa preoccupazione costituisse un incentivo a impegnarsi personalmente per rimuovere la sofferenza, meriterebbe davvero approvazione e lode. Ma la stragrande maggioranza delle persone che desiderano mitigare le sventure per mezzo della legge, lo vorrebbero fare in minima parte a

> *Appena eletti, diventano onniscienti*
>
> «Fintanto che sono dei semplici candidati, l'uno o l'altro partito si diverte a farne beffe, a denigrarli, a punzecchiarli, trattandoli in mille modi con la massima irriverenza. Ma appena entrano a Westminster, ecco che proprio coloro contro cui erano state lanciate, dalle colonne dei giornali o in pubbliche assemblee, minacce o invettive, e che erano stati accusati di incapacità o di follia, cominciano ad ispirare una fiducia illimitata. Se si dovese giudicare dalle preghiere loro rivolte, parrebbe non ci sia nulla che non sia a portata della loro saggezza e del loro potere» (p. 102).

proprie spese e invece soprattutto a spese dagli altri, e perlopiù senza il loro consenso. I poveri meritevoli vengono così tassati per aiutare quelli immeritevoli. Il totale delle tasse imposte nelle grandi città per i pubblici bisogni è giunto a un tale livello che non può essere superato senza infliggere grandi sofferenze ai piccoli negozianti e agli artigiani. Coloro che si dichiarano tanto sensibili alla povertà si rivelano del tutto insensibili al fatto che la lotta per l'esistenza diventi più dura per la gente laboriosa.

Anche quella che da vicino può apparire beneficenza, da lontano si rivela una non piccola malvagità, una bontà che diventa crudeltà. Lo Stato, generato dall'aggressione e per l'aggressione, palesa sempre la sua vera origine. Qual è infatti l'implicito assunto su cui si fondano tali norme assistenziali? L'assunto che nessun uomo possa vantare alcuna pretesa legittima sulla sua proprietà, neppure su quella che ha guadagnato col sudore della fronte, senza il permesso della comunità; e che la comunità possa ignorare quella pretesa ogni volta che lo ritiene opportuno. L'espropriazione di A a beneficio di B non sarebbe difendibile, se non postulando che la società ha un diritto assoluto sui possessi di ciascuno dei suoi membri. E ora questa dottrina, a lungo tacitamente ammessa, viene anche proclamata apertamente.

Non è il governo che concede i diritti

A sostegno di questa concezione, alcuni autori come Jeremy Bentham negano l'esistenza dei diritti naturali, e affermano che i diritti sono creati artificialmente dalla legge. Costoro non solo sono smentiti dai fatti, ma la loro opinione è auto-distruttiva e li costringe a molteplici assurdità. Nella loro concezione, infatti, il popolo crea il governo, che a sua volta crea dei diritti, che poi conferisce al proprio creatore, il popolo sovrano. Che splendido esempio di gioco di prestigio politico!

I diversi popoli primitivi e l'esperienza delle tribù sparse ai quattro angoli del globo dimostrano che qualsiasi governo è preceduto da antiche consuetudini che riconoscono, da sempre, i diritti privati e li preservano. Ad esempio, fra gli indiani dell'America settentrionale, nonostante non vi sia un governo in senso proprio, vige la proprietà privata dei cavalli, della selvaggina catturata, delle capanne e degli utensili personali. Prima che sorga un governo stabile, e in molti casi anche dopo che si è sviluppato, i diritti d'ogni individuo sono affermati e difesi da lui o dalla sua famiglia.

Bentham e seguaci dimenticano che la stessa *common law* non ha fatto altro che dare una forma giuridica agli antichi usi e costumi degli inglesi. I fatti confermano quindi che la proprietà era dappertutto un diritto riconosciuto *prima* che esistesse la legge. Del resto, se fosse vero che il governo crea i diritti che poi conferisce agli individui, non si dovrebbe trovare la minima omogeneità tra i diritti conferiti dai diversi governi. Al contrario, la corrispondenza è notevole, perché tutti i governi proibiscono gli stessi tipi d'aggressione, come l'omicidio, il furto e così via. Non possono trovarsi d'accordo per caso. C'è una certa conformità perché la pretesa "creazione dei diritti" in verità non fa altro che riconoscere quelle pretese legittime che originano naturalmente dalla vita associata.

La grande superstizione politica

La grande superstizione politica del passato era il diritto divino dei re. La grande superstizione politica del presente è il diritto divino dei parlamenti. In verità, non avendo alcuna pretesa ad un'origine o ad un mandato divino, un'assemblea legislativa non può accampare una giustificazione sovrannaturale per la sua autorità assoluta. La fede nell'autorità illimitata del parlamento, pertanto, è priva di quella coerenza che caratterizzava la fede nell'autorità illimitata del sovrano. Se si prescinde da origini o deleghe divine, nessun governo, sia esso rappresentato da solo o da molti, possiede titoli che valgano a giustificare le sue pretese alla sovranità assoluta.

La maggioranza può dunque imporre la sua volontà alla minoranza solo per quei fini determinati per cui gli uomini si sono associati. Per tutti gli altri fini indeterminati, non esiste tra la società e i suoi membri nessun contratto né tacito né esplicito, quindi se la maggioranza obbliga la minoranza commette un atto di tirannia. Vi sono molte specie di azioni su cui gli uomini, qualora fosse loro richiesto se vogliono impegnarsi a sottostare alla maggioranza, non concorderebbero all'unanimità, e altri casi in cui concorderebbero pressoché unanimemente di sottostarvi.

Se si chiedesse a tutti gli inglesi se sta loro bene che la maggioranza abbia la facoltà di definire il credo e imporre le forme del culto, buona parte di loro risponderebbe senza esitare di no. Se fosse loro domandato se vogliono impegnarsi ad obbedire al volere della maggioranza quanto allo stile e alla qualità dei loro capi di vestiario, o quanto possono o non possono bere, quasi tutti rifiuterebbero.

Quali sono, invece, i fini determinati in vista dei quali gli uomini sarebbero disposti ad accettare di cooperare? Per resistere a una eventuale invasione straniera l'accordo sarebbe unanime. Ad eccezione forse dei quaccheri, tutti si unirebbero in caso di una guerra difensiva (non però per una guerra offensiva). Pressoché unanime sarebbe anche l'accordo in vista della cooperazione contro i nemici interni, dato che tutti desiderano che la propria vita e proprietà siano protette dai delinquenti.

Ecco dunque la giustificazione che permette alla maggioranza di imporre, entro certi limiti, la propria autorità, ma si tratta di una giustificazione che permette anche di rifiutarla, quando questa si esercita al di là di quei limiti. In passato la funzione del liberalismo fu quella di porre un limite ai poteri dei re. In futuro la funzione del vero liberalismo sarà quella di porre un limite al potere dei parlamenti.

Punti da Ricordare

- La società militare si basa sullo *status*, la società industriale sul contratto
- La società militare è caratterizzata dalla cooperazione obbligatoria, la società industriale dalla cooperazione volontaria
- I liberali di un tempo cercavano di ridurre il perimetro dello Stato, quelli di oggi cercano di ampliarlo
- Le imposte rappresentano sempre una limitazione della libertà individuale
- Le sofferenze derivanti dalla cattiva condotta sono curative e non vanno evitate
- L'uomo politico non pensa mai agli effetti indiretti e remoti delle sue iniziative
- Per mantenere i poveri immeritevoli a spese della società, si tassano le oneste famiglie lavoratrici e risparmiatrici
- I continui fallimenti dell'intervento statale non distruggono mai la fiducia negli strumenti adoperati
- Il legislatore non merita di essere perdonato per i disastri che procurano i suoi provvedimenti
- Una burocrazia diventa, oltre un certo grado di sviluppo, pressoché irresistibile
- Il socialismo è sempre una forma di schiavitù
- La società è un corpo organico, non un manufatto modellabile a piacimento
- Le attività private hanno contribuito al progresso incomparabilmente di più delle azioni dello Stato
- L'applicazione dei principi della vita famigliare alla società nel suo insieme produce esiti rovinosi
- I diritti individuali esistono prima dello Stato e della legge
- La maggioranza può imporre la sua volontà alla minoranza solo per perseguire alcuni fini determinati
- La funzione del vero liberalismo sarà quella di limitare il potere dei parlamenti

L'autore

Herbert Spencer nasce il 27 aprile 1820 a Derby in Inghilterra. Compie studi di carattere scientifico e diventa ingegnere delle ferrovie a Londra. Pubblica in un primo tempo solo alcuni articoli politici ed economici, come *La sfera propria del governo* (1843). Nel 1845, ricevuta una piccola eredità, decide di seguire la sua vocazione filosofica e abbandona la carriera di ingegnere per dedicarsi allo studio e alla stesura di saggi di filosofia. Dal 1848 al 1853 è membro della redazione dell'*Economist*. Nel 1851 pubblica un testo di successo, *Social Statics*, nel quale applica il principio evoluzionistico alla vita sociale sposando una posizione individualistica radicale: in questo libro è presente un capitolo, intitolato "Il diritto di ignorare lo Stato", che lo avvicina all'anarchismo. Nel 1855 pubblica i *Principi di psicologia* e nel 1857 *Il progresso, sua legge e sua causa*. Nel 1862 esce il primo volume del sistema di filosofia sintetica, *Principi primi*, che diventa uno dei capisaldi del positivismo. Seguono i due volumi dei *Principi di biologia*

(1864-1867); e dei *Princìpi di sociologia*, probabilmente il suo capolavoro. A queste opere monumentali, che fanno di Spencer uno dei più ammirati e rispettati filosofi del mondo, aggiunge numerosi altri scritti, tra cui l'importante saggio *L'uomo contro lo Stato* (1884), che rappresenta la sua definitiva visione del liberalismo. Muore a Brighton l'8 dicembre 1903.

Nota Bibliografica

Herbert Spencer, *L'uomo contro lo Stato*, Liberilibri, Macerata, 2016, p. 416, traduzione e introduzione di Alberto Mingardi. Precedente edizione: Herbert Spencer, *L'individuo contro lo Stato*, Bariletti Editore, Roma, 1989, p. 143, introduzione di Antonio Martino, traduzione di Stefano Mirabelli. Prima edizione: Herbert Spencer, *L'individuo e lo Stato*, S. Lapi, Città di Castello, 1885, traduzione di Sofia Fortini-Santarelli. Titolo originale: *Man Against the State*.

19

Vilfredo Pareto

Corso di economia politica
1896-1897

'La concorrenza è sempre superiore al monopolio'

Vilfredo Pareto è il più noto economista italiano, e la sua opera esercita ancora oggi una grande influenza in diversi campi delle scienze sociali. Nell'imponente *Corso d'economia politica*, oltre millecento pagine fittamente annotate, Pareto entra nel vivo della realtà sociale con vaste incursioni nella sociologia e nella storia che mettono in mostra una vasta erudizione. Successivamente criticherà questo proprio lavoro, ritenendolo troppo impregnato di giudizi politici e di valore, e una decina d'anni dopo scriverà il più asettico e "scientifico" *Manuale di economia politica*. In realtà proprio il forte coinvolgimento dell'autore nelle passioni civili e politiche del suo tempo rende affascinante la lettura del *Cours*. L'analisi distaccata dello scienziato è mischiata con le polemiche contro le malefatte delle classi politiche, le manipolazioni della moneta, il protezionismo, i monopoli, le spogliazioni legalizzate. Pareto credeva ancora di poter convertire gli uomini del suo tempo appellandosi alla scienza e alla ragione: una speranza che lo abbandonerà con il passare degli anni, quando il suo atteggiamento verso le vicende del mondo si farà sempre più cinico e disincantato.

Riassunto

L'equilibrio economico generale

Il *Corso di economia politica* è diviso in due tomi di proporzioni molto diverse. Il primo, uscito nel 1896, riguarda i "Principi di politica economica pura"; il secondo, uscito l'anno dopo, si intitola "Economia applicata", ed è dieci volte più esteso del primo. È diviso a sua volta in tre libri: il primo dedicato ai capitali, il secondo al funzionamento dell'organismo economico, il terzo alla ripartizione e al consumo della ricchezza. Il primo libro presenta dunque le basi teoriche da applicare nel ben più corposo secondo libro.

L'economia, spiega Pareto, è una disciplina scientifica perché le azioni umane presentano delle uniformità che devono considerarsi leggi di natura. Se si considerano gli uomini come delle molecole spinte dalla ricerca della "ofelimità" (l'utilità individuale intesa in senso soggettivo), si può edificare una scienza analoga alla meccanica razionale. In un sistema di mercato i prezzi di ogni singolo bene sono collegati a quelli di qualunque altro bene nell'intera economia, e il cambiamento di uno di questi prezzi influenza tutti gli altri. Un sistema può dirsi in equilibrio, spiega Pareto, se il mutamento di una condizione del sistema implica altri mutamenti che provocheranno un'azione esattamente opposta.

> *Lo Stato per i socialisti.*
> «Se si leggono attentamente i loro scritti, ci si avvede però che, più o meno esplicitamente, ammettono una certa entità metafisica che chiamano "Stato", che possiede tutto il potere, tutta la scienza, tutta la virtù. I socialisti del popolo sembrano distinguere nettamente tale entità dagli uomini che la rappresentano, ché tanto vilipendono questi ultimi quanto adorano la prima. Non hanno mai spiegato, del resto, come la semplice abolizione del diritto privato di proprietà possa bastare a rendere i futuri uomini di Stato eminentemente superiori a quelli che oggi essi coprono di improperi» (p. 689-690).

La teoria dell'equilibrio generale, analizzata per la prima volta dal predecessore di Pareto alla cattedra di economia a Losanna, Leon Walras, spiega dunque il modo in cui un'economia decentralizzata, composta da numerosi agenti indipendenti che agiscono secondo il loro interesse, può realizzare un equilibrio su tutti i mercati, pur in assenza di un organismo pianificatore centrale. Anche l'aumento o la diminuzione della popolazione di un paese dipende da un equilibrio spontaneo legato alle variazioni delle condizioni economiche complessive. Per questa ragione tutte le numerose leggi che, dall'impero romano a oggi, hanno cercato di far crescere la popolazione non sono mai riuscite ad aumentare il numero dei matrimoni e quello dei figli.

Moneta vera e moneta falsa

Tra i popoli civili l'oro o l'argento sono diventati moneta in seguito a una specie di selezione naturale. Solo questa, per Pareto, è moneta vera. Tutto ciò che non è moneta vera è moneta fiduciaria, come le banconote convertibili in oro, oppure moneta falsa, la moneta cartacea a corso forzoso. La moneta fiduciaria è stata creata dall'iniziativa privata per economizzare la circolazione metallica, ed è altrettanto sicura della moneta vera se può essere cambiata in qualsiasi momento con l'oro. Talvolta la moneta viene alterata materialmente in maniera fraudolenta dai falsari privati. Questa forma di falsificazione, tuttavia, non ha mai assunto un'importanza molto considerevole, e ai nostri giorni la sua rilevanza è assolutamente insignificante. Immensamente più gravi sono le falsificazioni "legalizzate" operate dai governi. Un tempo i governi falsificavano la moneta alterandone il conio (ad esempio, l'economista Francesco Ferrara calcolò che in pochi anni il governo di Carlo Emanuele II di Savoia riuscì, attraverso la coniazione delle monete, a frodare i suoi sudditi di 24.000 chili d'argento); oggi vi riescono più facilmente attraverso l'emissione di moneta falsa, cioè di carta-moneta a corso forzoso.

Purtroppo la storia delle monete buone è alquanto breve, mentre quella delle alterazioni è molto più lunga. In genere i popoli più dediti al commercio, come gli abitanti di Atene, Venezia, Firenze e delle città libere tedesche nel Medioevo, hanno meglio compreso il vantaggio che si può ricavare astenendosi da pratiche disoneste di falsificazione delle monete. Ai giorni nostri, ricorda Pareto, il governo svizzero ha dato un notevole esempio di saggezza astenendosi dal coniar moneta, e l'Inghilterra fornisce uno degli esempi migliori d'un buon sistema monetario. È in gran parte perché l'Inghilterra paga sempre in moneta buona che Londra è diventata con buon profitto la piazza di liquidazione dei mercati internazionali.

Purtroppo la tentazione di falsificare la moneta pare irresistibile. La maggior parte dei governi abusa del diritto di monetazione e, così facendo, infligge alle popolazioni dei grandi mali. Le vicende di John Law e degli assegnati francesi durante la Rivoluzione, scrive Pareto, non furono altro che vaste frodi perpetrate dai governi

> *La funzione sociale della libera concorrenza*
> «Solo la pressione della libera concorrenza costringe gli imprenditori ad assolvere la loro funzione sociale. Gli imprenditori fanno però tutti gli sforzi possibili per sottrarsi a questa pressione. Aborriscono le misure socialiste quando sono reclamate dagli operai, ma, a loro volta, non hanno alcun ritegno di richiedere a proprio favore misure del tutto simili» (p. 1095).

per spogliare i propri creditori. Ma chi trae vantaggio dall'emissione di moneta falsa da parte del governo? Innanzitutto il governo stesso, che riesce in pratica a tassare di nascosto i lavoratori, dato che i loro salari impiegano del tempo a seguire l'aumento dei prezzi. Per la stessa ragione guadagnano anche quegli imprenditori che continuano a pagare ai propri dipendenti un salario fisso. Una terza categoria di avvantaggiati sono i debitori, che possono ripagare i propri debiti con moneta svalutata.

Quali sono invece i mali che risultano dall'emissione di moneta falsa? Innanzitutto si verifica, come si è visto, un danno per i lavoratori e per i creditori. Non meno importante però è l'insicurezza che ne risulta per tutte le transazioni economiche, dato che un creditore non sa più quanto riceverà in futuro, e deve quindi esigere un forte premio di assicurazione. L'eccesso di carta-moneta provoca infine delle gravi perturbazioni dell'ordine economico, amplificando le fluttuazioni del ciclo economico.

In definitiva, l'emissione di moneta falsa produce due specie di effetti: il primo è il trasferimento della ricchezza da certe persone a certe altre; il secondo, che accompagna necessariamente il primo, si traduce in una perdita secca di ricchezza, cioè in una distruzione di beni economici. La facilità con la quale le persone preposte alla "produzione" della moneta abusano della autorità loro affidata, se non sono impedite dalla concorrenza, spinge Pareto ad appoggiare la proposta di Herbert Spencer, Gustave de Molinari e Francesco Ferrara di lasciare il compito della monetazione alla libera concorrenza. Non è un caso che

> *Una profezia sul socialismo*
> «Se perverranno ad impadronirsi della macchina che fa le leggi, e se non muteranno il loro modo attuale di considerare le cose, i socialisti instaureranno un regime che sarà il più dispotico di tutti quelli che la storia ci fa conoscere» (p. 787).

nel grande commercio internazionale, dove il valore della moneta non è imposto da un governo, gli affari si trattano in oro e si regolano sulla piazza che ha la moneta migliore, Londra. Dove vige la concorrenza, conclude Pareto, la moneta buona scaccia la cattiva.

La concorrenza e i monopoli

L'economia politica dimostra irrefutabilmente che, dal punto di vista del consumatore, la libera concorrenza è di gran lunga superiore al monopolio legale. I socialisti sostengono però che la libera concorrenza porta a sprechi e fallimenti, e che andrebbe pertanto sostituita da una direzione economica unificata della società. In realtà, spiega l'economista di Losanna, sono proprio le prove e gli errori della concorrenza che generano il progresso. Non esiste nessun criterio per valutare a priori il valore di un'invenzione. Non si può dunque evitare la spesa di prove sfortunate se non si rinuncia, nello stesso tempo, ai vantaggi che procurano le prove fortunate, cioè al progresso.

In verità enormi sprechi si verificano nel settore statale proprio a causa della mancanza di concorrenza. I governi moderni sperperano somme considerevoli aumentando costantemente il numero dei funzionari, i quali vengono spesso assunti grazie a favoritismi, secondo considerazioni del tutto estranee al lavoro che devono svolgere. Questi inconvenienti si trovano in tutti i paesi e in tutti i regimi. Si tratta di un male che, in una certa misura, è una conseguenza necessaria della natura umana. Ma è chiaro che si otterrà il massimo di utilità se si tenterà di circoscrivere gli effetti di questo male e non già di aumentarli. Sono minori là dove, come in Inghilterra, il governo non interviene nell'economia; son tanto più gravi quanto più fiorenti sono il protezionismo e il socialismo di Stato.

> *L'insuccesso del socialismo di Stato romano.*
> «Lo Stato romano credeva di doversi soprattutto occupare di approvvigionare di alimenti il popolo … Il tentativo fatto allora di organizzare la produzione e l'insuccesso completo a cui tale tentativo approdò sono esempi che meritano tuttora di essere meditati. Non si raggiunse il fine a cui si mirava, ma se ne conseguirono altri a cui non si mirava affatto. Con gli oneri che vennero loro imposti, si rovinarono le province, i membri delle corporazioni furono soggetti ad una dura servitù e, ciò nonostante, a Roma non si evitarono affatto le carestie» (p. 797).

L'autore del *Cours* riporta diversi casi di superiorità dei servizi privati in concorrenza rispetto a quelli in monopolio pubblico o privato. Il servizio del trasporto pubblico a Londra, lasciato alla libera concorrenza, è migliore che a Parigi, dove vige il monopolio di un'unica compagnia ed è spesso difficile trovar posto negli omnibus. Anche le ferrovie inglesi in concorrenza funzionano molto meglio di quelle francesi, tanto che i viaggiatori in Inghilterra sono il triplo di quelli della Francia. In Italia le compagnie private del gas che agiscono in libera concorrenza, come a Torino, lo fanno pagare meno della metà rispetto ad altre città dove il servizio è gestito da un'unica compagnia. Un altro caso interessante è quello dell'emissione monetaria, che in Scozia e negli Stati Uniti è lasciato alle banche private in concorrenza tra loro (*free-banking*).

Pareto arriva a ipotizzare la superiorità della concorrenza anche in una funzione tradizionalmente monopolizzata dallo Stato come la protezione dal crimine: «Questo monopolio è soggetto alla legge generale, per cui, in tale regime, si pagano abbastanza cari prodotti di qualità inferiore. L'imperfezione, talora veramente straordinaria, della polizia giudiziaria fa sì che restino ignoti gli autori di un gran numero di delitti e di crimini. Negli Stati Uniti l'industria privata si sostituisce in parte al monopolio del governo ed esistono agenzie private di polizia a cui rivolgersi quando si vogliono scoprire gli autori di un crimine» (p. 704).

Libero commercio contro protezionismo

Il commercio trasforma i beni economici nello spazio e nel tempo, li suddivide e li distribuisce ai diversi consumatori. Poiché qualsiasi merce per essere consumata deve essere messa alla nostra portata, il commercio non è che una delle fasi di trasformazione dei beni economici, non meno essenziale di quella in cui gli oggetti subiscono modificazioni materiali, chiamata "produzione". Solo i pregiudizi sociali dettati da ignoranza o incomprensione possono far ritenere la produzione materiale dei beni più degna e più importante della loro trasformazione nello spazio e nel tempo. Attraverso la contrattazione e la speculazione, il commercio contribuisce inoltre alla determinazione dell'equilibrio economico.

A livello internazionale il commercio è un mezzo indiretto di produzione. In un dato paese si può produrre una merce direttamente, oppure indirettamente producendo un'altra merce che si dà poi in cambio della prima. In Inghilterra, osserva l'autore del *Cours*, il vino si fabbrica estraendo il carbone dalla terra. Ad ogni paese conviene dedicarsi alle produzioni che sono per esso più vantaggiose e abbandonare quelle che lo sono meno. È dunque assurdo dire che le importazioni dall'estero impediscono lo sviluppo della produzione nazionale. In verità si limitano a spostarla, stimolando le produzioni più convenienti e riducendo quelle che lo sono meno. Per questa ragione le misure protezioniste che restringono le importazioni portano sempre a una distruzione della ricchezza. Questa conclusione cui era giunta l'economia classica, scrive Pareto, è stata interamente confermata dalle nuove teorie e dai dati in nostro possesso.

Il commercio internazionale ha ricevuto infatti una grande spinta intorno al 1850, in seguito all'abolizione delle tariffe protettive sul grano in Inghilterra

> **La spogliazione democratica**
> «Parecchi autori confondono due questioni assolutamente diverse: quella dell'esistenza d'una classe dominante e quella del modo con cui se ne reclutano i membri. A questi autori pare che, quando la classe dominata ha il diritto di scegliere secondo un certo modo di elezione i suoi padroni, non ha più nulla da desiderare e deve reputarsi perfettamente felice e fortunata. Non passa loro in mente che sarebbe forse più utile evitare qualsiasi spogliazione anziché limitarsi a determinare a profitto di chi la spogliazione dovrà essere esercitata» (p. 1073).

nel 1846 e ai trattati di commercio del 1860 in Francia. A tali misure liberali, scrive Pareto, l'Inghilterra e la Francia vanno debitrici della loro mirabile prosperità nella seconda metà di questo secolo. Grazie alla sua fedeltà ai principi dell'economia liberale l'Inghilterra continua a veder aumentare la sua prosperità, mentre la Francia rischia di comprometterla con un ritorno sulle orme protezionistiche. Anche in Italia le disposizioni liberali del trattato di commercio del 1881 con la Francia fecero aumentare le esportazioni ed il totale del commercio estero; quando nel 1887 il trattato non venne rinnovato l'effetto che ne seguì fu esattamente l'inverso di quello precedentemente osservato.

In definitiva il protezionismo, che Pareto chiama "il socialismo dei capitalisti", è una forma di spogliazione esercitata da gruppi ristretti di produttori ai danni del pubblico. Anche il socialismo mira ad adoperare, a favore dei lavoratori, lo stesso sistema protettivo che da tempo immemorabile è stato adoperato a vantaggio dei proprietari fondiari e degli imprenditori.

La costante disuguaglianza dei redditi

È divenuta celebre l'analisi empirica di Pareto sulla distribuzione sociale dei redditi.

I dati statistici raccolti dall'economista rivelano infatti un dato singolare: la curva di ripartizione dei redditi varia poco, sia nello spazio che nel tempo, per tutti i popoli da cui è possibile ottenere dati attendibili. Alto o basso che sia, il reddito totale si distribuisce sempre alla stessa maniera fra i membri della collettività. A questa conclusione si giunge immancabilmente indagando le statistiche di regimi economici tra loro diversissimi come quelli dell'Inghilterra, dell'Irlanda, della Germania, delle città italiane e del regime comunistico instaurato in Perù dai gesuiti.

Da questi dati Pareto trae due importanti deduzioni: 1) questa ripartizione dei redditi non può essere un effetto del caso; 2) per far aumentare il livello del reddito minimo o diminuire la disuguaglianza dei redditi occorre che la ricchezza aumenti più velocemente della popolazione. Il problema del miglioramento delle condizioni delle classi povere è quindi anzitutto un problema di produzione della ricchezza. Dipende cioè dalla crescita economica complessiva della società, non dalla redistribuzione statale. I vantaggi che i poveri ottengono dalla tassazione della ricchezza dei ricchi, scrive Pareto, sono insignificanti. Il socialismo di Stato è eminentemente utile agli uomini politici, ma i suoi effetti economici si risolvono in uno sperpero di ricchezza ed in tal modo peggiorano, in luogo di migliorare, le condizioni del popolo.

> *L'eccesso di funzionari statali consuma la ricchezza di un paese.*
> «Il reclutamento di una classe numerosa di funzionari diminuisce ulteriormente in parecchi paesi il numero degli individui "scelti" che si occupano della produzione della ricchezza. Per il paese si ha veramente *lucrum cessans* e *damnum emergens*. Una delle cause principali della ricchezza dell'Inghilterra e della Svizzera sta nel fatto che, quanto meno fino ad ora, la classe degli uomini politici e quella dei funzionari sono ivi assai limitate ed in tal modo non distolgono dalla produzione della ricchezza la maggior parte delle forze vive del paese. Cause opposte operano nel senso di aumentare la miseria in Spagna e in Italia» (p. 1077).

Comunque, un gran numero di osservazioni rivela che in generale il benessere della popolazione è aumentato nei paesi civili. Questo è avvenuto perché «grazie alle scoperte che sono state fatte nell'ambito delle scienze, delle arti, e dell'industria, la ricchezza ha subito un aumento che è stato più considerevole e più rapido della distruzione operata con la protezione doganale, i furti degli uomini politici e il socialismo di Stato» (p. 1002).

La fisiologia sociale della spogliazione

Il triste fenomeno della spogliazione, cioè la lotta che intraprendono certi individui per appropriarsi con la forza della ricchezza prodotta da altri, è stata poco analizzata dagli studiosi ma è il grande fatto che domina la storia dell'umanità. Tutti gli uomini infatti cercano d'impossessarsi del governo per farne una macchina con cui spogliare gli altri. Da questo punto di vista poco importa che la classe dominante sia un'oligarchia o una plutocrazia o una democrazia. Si può dire soltanto che quanto più questa classe è numerosa, tanto più intensi sono i mali che risultano dalla sua dominazione, perché una classe numerosa consuma una quantità di ricchezza maggiore di quella che consuma una classe più circoscritta.

Purtroppo la spogliazione legale è estremamente difficile da contrastare, e procede spesso indisturbata anche a causa dell'ignoranza o dell'ignavia degli spogliati. Una proposta di legge che, in un paese di trenta milioni di abitanti, assegni un milione di franchi a trenta persone, difficilmente troverà resistenza tra i contribuenti, perché la perdita di un euro è poco significativa. Al contrario coloro che sperano di guadagnare un milione non avranno riposo giorno e notte, e assolderanno i migliori scrittori per perorare la loro causa. Se trovano un pretesto più o meno plausibile, si può essere sicuri che la legge di spesa passerà senza eccessivi ostacoli.

Quello che limita la spogliazione, spiega Pareto, è di rado la resistenza degli spogliati: sono piuttosto le perdite ch'essa infligge a tutto il paese e che ricadono in parte sugli spogliatori: «In tal modo costoro possono finire col perdere più di quanto guadagnano dall'operazione. Allora se ne astengono, se sono abbastanza intelligenti da avvertir bene le conseguenze ch'essa avrà. Ma, se manca loro questo buon senso, il paese marcerà sempre più verso la rovina, come lo si è osservato per certe repubbliche dell'America del Sud, per il Portogallo, per la Grecia moderna, ecc.» (p. 1070). La spogliazione, conclude Pareto, è sempre esistita nelle società umane; si può sperare di ridurla in maniera considerevole, ma non è sicuro che si possa mai riuscire a farla scomparire del tutto.

> *L'errore dei marxisti.*
> «Poiché le classi ricche hanno molto spesso spogliato le classi povere si è voluto concluderne che il possesso dei capitali mobiliari e dei capitali fondiari costituisce la "causa" della spogliazione e che solo il collettivismo potrebbe recar rimedio ai mali della società. In simili ragionamenti vi è un errore radicale ... Sta nell'attribuire al "capitale" o alla "ricchezza" (risparmio) degli effetti, a cui tali cose sono estranee. Non è già il semplice possesso del risparmio che pone certi uomini in grado di spogliarne altri; è l'uso ch'essi fanno di tale risparmio, valendosene, ad esempio, per rendersi amici i poteri pubblici, in luogo di trasformarle in "capitale" nel senso economico della espressione. Ben lungi dal discorrere dell'"oppressione del capitale", si deve quindi riconoscere che è precisamente quando non si trasforma in capitale che il risparmio può essere usato in modo nocivo per la società» (p. 1078-79).

Punti da Ricordare

- Le azioni degli uomini presentano delle uniformità che costituiscono delle leggi naturali
- L'economia è una disciplina scientifica analoga alla meccanica razionale
- L'ofelimità è la capacità delle cose di soddisfare un bisogno, legittimo o meno, dell'uomo
- Le leggi della domanda e dell'offerta portano a un equilibrio generale del sistema economico
- L'oro e l'argento sono moneta vera, la carta-moneta forzosa è moneta falsa
- I governi causano molti danni alterando il valore della moneta
- La libera concorrenza è sempre superiore al monopolio
- Il commercio trasforma i beni nel tempo e nello spazio, ed è essenziale quanto la produzione
- Il protezionismo provoca sempre distruzione di ricchezze
- Le curve delle ripartizioni dei redditi mostrano dappertutto e in ogni tempo un andamento analogo
- In tutti gli Stati c'è una classe dominante che spoglia la classe dominata

L'autore

Vilfredo Pareto (1848-1923) nasce a il 15 luglio Parigi da padre italiano, ingegnere, e da madre a francese. Negli anni '50 si trasferisce a Genova. Anch'egli si laurea in ingegneria e esercita questa professione per alcuni anni. Si appassiona di economia dopo aver fatto la conoscenza con il maggior economista italiano di quegli anni, Maffeo Pantaleoni. Nel 1894 succede al famoso economista e matematico Leon Walras nella cattedra di economia all'università di Losanna. Pienamente coinvolto nelle battaglie liberoscambiste e contro il malgoverno politico, scrive numerosissimi articoli caustici e brillanti su giornali e riviste. Il suo *Corso di economia politica* (1897) e il suo *Manuale di economia politica* (1906) lo innalzano tra i primi economisti dell'epoca. Successivamente i suoi interessi si spostano alla sociologia e allo studio delle azioni irrazionali e non logiche dell'uomo. Pubblica anche *Sistemi socialisti* (1902), una critica comparata al socialismo in ogni sua forma, e l'importante *Trattato di sociologia generale* (1916). Negli ultimi anni della sua vita si farà sempre più cinico e disilluso. Non crede più nei lumi della ragione possano migliorare i comportamenti spesso irrazionali e dominati dalla passione dell'uomo. Muore il 19 agosto del 1923 a Ginevra, dopo aver dato il proprio sostegno all'avvento del fascismo.

Nota Biografica

Vilfredo Pareto, *Corso di economia politica*, Il Sole-24 Ore, Milano, 2010, a cura di Giuseppe Palomba, nota biografica e nota bibliografica a cura di Giovanni Busino, p. 1117, ristampa dell'edizione Utet, Torino, 1975. Titolo originale: *Cours d'économie politique.*

20

Norman Angell

La grande illusione
1910

"Nell'economia moderna la guerra danneggia tanto i vincitori quanto i vinti"

La grande illusione oggi è un libro poco ricordato, ma negli anni che precedettero la prima guerra mondiale venne stampato con tirature altissime, fu tradotto il 25 lingue e vendette milioni di copie. In questo saggio il giornalista britannico Norman Angell analizzò la politica internazionale sulla base dei cambiamenti economici avvenuti nell'Ottocento, pervenendo a una conclusione radicalmente antimilitarista: in un mondo economicamente integrato dove tutte le nazioni sono interdipendenti, la guerra è solo una "grande illusione" che non offre più nessun beneficio ai vincitori. Malgrado il successo del libro, le classi dirigenti europee non ascoltarono il suo messaggio, e nel 1914 accesero la miccia di un insensato conflitto fratricida tra i popoli europei. La catastrofe economica provocata dalla guerra non risparmiò nessun paese, confermando così la tesi di Angell, che nel 1933 vinse il premio Nobel per la pace.

Riassunto

L'inutilità economica della guerra

Una delle convinzioni erronee più radicate degli uomini all'inizio del XX secolo è quella secondo cui la ricchezza economica di un paese dipende dalla sua potenza politica. Molti inglesi, ad esempio, sono convinti che la forza dell'impero britannico sia alla base del suo successo commerciale, così come molti tedeschi credono che lo sviluppo industriale della Germania sia dovuto ai suoi recenti successi militari. Anche i pacifisti spesso non contestano l'idea che la guerra sia vantaggiosa. È per questo motivo che la propaganda per la pace ha fallito e che la pubblica opinione in Europa, lungi dal frenare nei propri governi la tendenza ad aumentare gli armamenti, li spinge a spese sempre maggiori. Eppure, scrive Angell, si tratta di un errore pericolosissimo che, se non sradicato, può mettere a repentaglio l'esistenza della nostra stessa civilizzazione.

In passato i saccheggi e le conquiste militari potevano migliorare le condizioni di un paese, ma oggi la situazione è completamente mutata. Data la stretta interdipendenza commerciale, la distruzione dell'economia di una nazione nemica avrebbe effetti disastrosi anche sull'economia della potenza conquistatrice. Non bisogna mai dimenticare che ciascun paese produttore, oltre ad essere un concorrente ed un rivale, è un cliente e un mercato. Se una nazione distrugge completamente, per via militare, le industrie di un'altra nazione, rovina il suo stesso mercato effettivo o potenziale; ciò equivarrebbe commercialmente ad un suicidio.

Allo stesso modo, poiché tutta l'industria si regge sul credito, e date le strette connessioni della finanza internazionale, se la Germania conquistasse l'Inghilterra e si impadronisse di tutto l'oro delle riserve bancarie inglesi, i contraccolpi sulla stessa finanza tedesca sarebbero rovinosi: «se l'esercito tedesco si rendesse colpevole d'un simile vandalismo economico nessuna istituzione di qualche importanza in Germania potrebbe sfuggire a grave danno, un danno tanto grave al credito e alle garanzie, da costituire una perdita immensamente maggiore dell'importo del bottino. Non si esagera dicendo che il traffico tedesco pagherebbe di molte volte il valore di ogni sterlina rubata alla Banca d'Inghilterra» (p. 65-66).

> *Il benessere dei cittadini non dipende dalle dimensioni dello Stato*
>
> «se una grande nazione guadagna ogni qualvolta si annette una provincia, e la ricchezza del suo popolo aumentasse in ragione dell'estensione del territorio, le piccole nazioni dovrebbero essere infinitamente più povere di quelle grandi; al contrario, qualsiasi prova si voglia applicarvi (siano: il credito pubblico, i depositi alle Casse di Risparmio, il livello di vita, il progresso sociale, il generale benessere), i cittadini di piccole nazioni stanno, a parità di condizioni, altrettanto bene, o meglio che quelli delle grandi nazioni … Questi sono fatti assai più potenti di qualsiasi teoria» (p. 54-55).

I tedeschi non otterrebbero nessun vantaggio neanche se schiavizzassero l'intero popolo inglese. Da dove proviene infatti la ricchezza inglese che tanto seduce i tedeschi? Essenzialmente dai profitti delle sue attività economiche. E come potrebbero esserci ancora tali profitti, se la popolazione è resa schiava, e non può più consumare e produrre liberamente? Se gli aguzzini tedeschi vogliono prendersi tali utili, spiega Angell, devono permetterne altresì la produzione. Se la permettono, devono lasciare che la popolazione inglese continui a vivere esattamente come prima.

Due conferme recenti

Le guerre più recenti, ricorda il saggista inglese, hanno spesso danneggiato i vincitori più degli sconfitti. La vittoria del Giappone sulla Russia nel 1905 fece scalpore, ma il popolo giapponese oggi è più povero, non più ricco, a causa di questa guerra; i russi invece guadagnarono più dalla sconfitta di quanto avrebbero mai potuto ottenere con la vittoria. La sconfitta militare ha infatti posto un freno alla politica economicamente sterile degli ampliamenti territoriali, e per questo motivo la Russia ha avuto una notevole rigenerazione economica. Tutto ciò che il Giappone è riuscito a trarre dalla sua guerra vittoriosa, invece, è un aumento delle tasse destinate alle maggiori spese militari e amministrative, che hanno raggiunto un livello record tra i popoli civili.

La stessa cosa era già accaduta con la vittoria militare dei tedeschi sui francesi del 1870. «Dieci anni dopo la guerra franco-prussiana – scrive Angell – la Francia era in condizioni finanziarie migliori della Germania, come lo è al giorno d'oggi» (p. 99). La grossa indennità di guerra imposta dalla Germania alla Francia, che secondo alcuni dimostrerebbe la possibilità "di far soldi con la guerra", è ben poca cosa rispetto alle grandi spese improduttive per gli armamenti e la perdita dei mercati francesi per i produttori tedeschi, a causa della distruzione di tante vite e ricchezze francesi. Infatti la decade dal 1870 al 1880 fu per la Francia un periodo di grande ripresa, mentre la Germania cadde in una grave crisi finanziaria, che fece aumentare l'emigrazione verso l'estero e i conflitti sociali all'interno, proprio nel periodo in cui piovevano in Germania i milioni francesi. Lo stesso cancelliere Bismarck non sapeva capacitarsi di questo capovolgimento delle sorti. Bisogna concludere, scrive Angell, che da un punto di vista finanziario la "trionfale" guerra del 1870 fu un errore madornale.

Una globalizzazione ante litteram

Lo sviluppo del commercio internazionale e dell'interdipendenza economica tra le nazioni hanno dunque reso la guerra del tutto anacronistica. Questa interdipendenza nasce dallo sviluppo dell'economia, degli scambi, della finanza, del credito e delle comunicazioni, che fanno sì che una perturbazione a Londra si senta quasi immediatamente a New York o a Berlino. In particolare, spiega Angell, l'organizzazione bancaria fornisce all'intero organismo economico internazionale i nervi sensori, che rendono quasi immediate le reazioni dei mercati agli eventi politici. Angell definisce "reazione finanziaria telegrafica" lo stato di sensibilità con cui l'intero organismo economico mondiale acquista immediata coscienza del danno arrecato ad una sua parte.

   Di questi stretti rapporti di mutua dipendenza fra le nazioni avevano parlato per primi David Hume e Adam Smith durante la seconda metà del '700. Nella loro epoca tale reciproca dipendenza era però assai relativa, come dimostrarono gli scarsi risultati del blocco napoleonico. Persino l'Inghilterra, che era il paese più sviluppato dal punto di vista industriale, dipendeva dagli stranieri solo per i beni di lusso come profumi, vini e sete. Di conseguenza, prevaleva ancora la vecchia idea che fosse interesse di una nazione uccidere l'industria delle altre. Una vera divisione internazionale del lavoro si stabilì invece nella terza e quarta decade del XIX secolo.

   Questa più completa divisione del lavoro crea un'interdipendenza inevitabile tra coloro che vi partecipano, che toglie vigore ed efficacia alla pretesa della po-

> *Le vere cause della prosperità*
> «I fattori che in realtà costituiscono la prosperità di un paese non hanno la più lontana relazione con la sua potenza militare e navale, ad onta di quanto asserisce tutto il nostro gergo politico. Se non fossimo ipnotizzati da questa straordinaria illusione ottica, accetteremmo come una semplice constatazione di fatto la vera realtà. Che la prosperità d'un paese dipende dalla ricchezza naturale del paese stesso, e dalla sua disciplina sociale e dall'industria del temperamento nazionale che rappresentano il risultato di anni, di generazioni, di tradizioni forse secolari, e di un lento processo di elaborata selezione» (p. 81).

litica di regolare e guidare tutto. La forza militare quindi manca sempre più al suo scopo ed è ormai diventata completamente inutile. Se al principio della storia uno Stato razziatore poteva infliggere ad un altro un gran danno senza risentirne, oggi uno Stato non può causare nemmeno un danno lontanamente paragonabile a quello dei tempi antichi, senza provocare contro se stesso una reazione disastrosa. Quattro secoli fa l'Inghilterra avrebbe potuto vedere annientati tutti i suoi rivali senza alcun suo detrimento; oggi un fatto del genere significherebbe la più terribile carestia.

Più il sistema commerciale diventa complesso, più la comune prosperità viene a dipendere dalla fiducia che si può riporre nel rispetto degli accordi e dei contratti. Questa è la vera base del prestigio nazionale e individuale: «circostanze più forti di noi ci sospingono, ad onta di quanto possano dire i critici scettici della nostra civiltà commerciale, verso la invariabile osservanza di questo semplice ideale. Quando noi ce ne allontaniamo … la punizione è quasi sempre pronta e sicura» (p. 90).

> ### L'inutilità di un impero
> «Noi "possediamo" il nostro Impero permettendo alle sue parti componenti di sviluppare se stesse come credono e in vista dei loro propri scopi, ed ogni altro Impero che abbia seguito una politica diversa non ebbe altro risultato che quello d'impoverire le proprie popolazioni, finendo col disgregarsi» (p. 97).

Quello che è evidente a un banchiere o a un uomo d'affari, che sottrarsi ai propri impegni o tentare un saccheggio finanziario è una stupidaggine che equivale al suicidio commerciale, dovrebbe diventare ovvio anche per i governanti. Lo sviluppo commerciale, quindi, rende manifesta una profonda verità: che la base effettiva della moralità sociale coincide con il proprio interesse.

Il colonialismo e l'imperialismo sono superati

Si possono riassumere tutte queste considerazioni in una sola: che la sola politica che un conquistatore possa seguire è quella di lasciare il territorio in completo possesso degli individui che lo popolano. Considerare sinonimo di arricchimento per una nazione la conquista di nuovi territori è dunque un errore di logica o un'illusione ottica: «Quando la Germania si annetté lo Schleswig Holstein e l'Alsazia Lorena, nessun cittadino tedesco divenne più ricco d'un solo centesimo. Sebbene l'Inghilterra "possieda" il Canadà, il commerciante inglese si vede escluso dai mercati canadesi dalla concorrenza del mercante svizzero che non "possiede" il Canadà» (p. 40). Per gli abitanti di un paese non c'è dunque nessun modo di trarre un vantaggio economico dal possesso di una colonia o di un impero.

Se la Germania diventasse padrona assoluta dell'Europa e in grado di imporre qualsiasi politica le piaccia, come dovrebbe agire? Dovrebbe cercare di impoverire le parti che compongono il suo impero? Ciò equivarrebbe a un suicidio, perché distruggerebbe i mercati necessari alla sua enorme popolazione industriale. Se invece si proponesse di favorire l'arricchimento delle parti che lo compongono, queste diventerebbero competitrici tra loro, e non vi sarebbe dunque stata necessità alcuna di intraprendere una guerra costosissima per conquistare l'intera Europa: «Questo è il paradosso, la futilità della conquista, la grande illusione» (p. 97).

La politica di potenza e la prosperità dei piccoli Stati

Gli "esperti" spiegano però che la sicurezza militare e quella commerciale sono una cosa sola, e che gli armamenti sono giustificati dalla necessità di garantire il commercio; affermano che un paese privo di una forza militare che serva di base alle trattative diplomatiche nelle consulte d'Europa si trova esposto a grandissimi svantaggi. Eppure, osserva Angell, quando un capitalista studia la questione da un punto di vista esclusivamente finanziario, e deve decidere se investire i propri capitali nei grandi Stati, con tutto il loro apparato di eserciti colossali e di marine favolosamente costose, oppure nei piccoli Stati, i quali non dispongono di alcuna forza militare, egli dà la preferenza allo Stato piccolo e indifeso. Guardando alle quotazioni, gli investimenti nei titoli belgi, norvegesi, olandesi e svedesi, nazioni imbelli e alla quotidiana mercé dei loro colossali vicini, sono del dieci o del venti per cento più sicuri di quelli della potente Germania e dell'impero russo.

La ragione è che nel mondo moderno la ricchezza, la prosperità e il benessere di un paese non dipendono in alcun modo dalla sua potenza politica o dalla sua estensione territoriale. Lo dimostra il fatto che le nazioni minori come la Svizzera, il Belgio, l'Olanda, la Danimarca o la Svezia, le quali non esercitano alcun potere politico, godono di un livello di prosperità commerciale e di benessere sociale pari o superiore a quello delle grandi nazioni d'Europa, come la Germania, la Russia, l'impero austro-ungarico o la Francia. Il cittadino olandese, il cui governo non possiede alcuna forza militare, è in media più ricco del cittadino tedesco, il cui governo possiede un esercito di due milioni di uomini, e molto più ricco del cittadino russo, il cui governo ne tiene circa quattro milioni sotto le armi.

Il commercio e la prosperità economica si conquistano semplicemente producendo beni di maggior qualità o di minor prezzo rispetto ai concorrenti, mentre la presenza di una potente marina non può

> *Una previsione azzeccata*
> «Il mio libro non afferma l'impossibilità della guerra (insistetti, sempre, nel dire con chiarezza che la nostra ignoranza in argomento rende la guerra non solo possibile, ma estremamente probabile) ma ne dimostra la nessuna utilità» (p. 280).

in alcun modo aiutare le esportazioni o assicurare la conquista di un mercato. La Svizzera non possiede nemmeno una nave da guerra, ma le sue produzioni spesso scacciano quelle dei produttori inglesi. È chiaro, nota l'autore, che uno straniero non preferisce i prodotti inglesi a quelli degli altri paesi solo perché l'Inghilterra possiede una marina più forte: «Noi discorriamo continuamente, come se il nostro traffico marittimo rappresentasse il risultato dell'aumento delle nostre forze navali, ma la Norvegia possiede un traffico marittimo, che relativamente alla sua popolazione è quasi tre volte il nostro» (p. 84). Del resto, che importanza può avere una vittoria militare o navale sulla produttività di un settore industriale frutto di secoli di specializzazione?

Altre giustificazioni non economiche della guerra

Quando non riescono a confutare gli argomenti economici, i sostenitori della guerra la difendono su basi psicologiche. La guerra, dicono, è nella natura dell'uomo, che sempre l'ha fatta e sempre la farà. In altre occasioni i militaristi sostengono che le nazioni non si fanno la guerra per ragioni economiche, ma per ragioni spirituali e ideali, oppure per motivazioni irrazionali riguardanti la vanità, il prestigio o il desiderio di primeggiare. Tuttavia, replica Angell, il desiderio dei pacifisti di migliorare le condizioni generali di vita per la popolazione non può essere condannato come gretto, materialistico o egoistico: non rappresenta forse anch'esso un ideale abbastanza nobile da proporre alla politica di un paese? Inoltre non è per niente vero che la guerra nasca da irrefrenabili impulsi aggressivi insiti nell'uomo, dato che quasi sempre richiede una lunga preparazione.

Pure l'idea socialdarwinista tanto in voga ai primi del '900, secondo cui la guerra fa parte della legge di natura che vede il debole soccombere al forte, è sbagliata. Nessuna specie, nemmeno le tigri, vivono divorandosi a vicenda. La lotta degli uomini non è contro i propri simili, ma contro la natura selvaggia. L'umanità è come un organismo che cerca di adattarsi sempre meglio all'ambiente in cui vive. Oggi gli uomini sono molto più numerosi e prosperi rispetto al passato non perché si sono continuamente sterminati a vicenda, ma grazie a una maggiore cooperazione: «l'umanità inclina con irresistibile tendenza ad allontanarsi sempre più dal conflitto avvicinandosi in pari tempo alla cooperazione; e ciò significa un maggiore adattamento dell'organismo (uomo) a ciò che lo circonda (l'universo, la natura selvaggia) e ne risulta una più intensa vitalità» (p. 236).

L'evoluzione storica dell'umanità vede il passaggio dal metodo dello sterminio dei vinti a quello dell'imposizione dei tributi. Oggi l'umanità si sta accorgendo che anche questo sistema costa più di quel che rende, perché la spesa per estorcere denari coi mezzi militari eccede l'importo della somma estorta. Il risultato finale è l'abbandono completo della forza in favore della cooperazione volontaria reciprocamente vantaggiosa. Ogni passo in avanti nella cooperazione umana è dunque sinonimo di civiltà.

Punti da Ricordare

- La ricchezza di un paese non dipende dalla sua potenza politica o militare
- Data la stretta interdipendenza economica che si è creata tra le nazioni, la guerra è diventata anacronistica
- È una "grande illusione" che un paese possa diventare più ricco grazie a una guerra vittoriosa
- Le vittorie militari della Germania sulla Francia e del Giappone sulla Russia hanno finito per favorire gli sconfitti e danneggiare i vincitori
- I conflitti militari sconvolgono il sistema finanziario e creditizio, danneggiando tanto il paese vincitore quanto il paese vinto
- Un paese che ne distrugge o sottomette un altro distrugge anche il proprio mercato
- Il sistema bancario rappresenta il sistema nervoso dell'organismo economico mondiale
- I piccoli paesi privi di potere politico sono più prosperi delle grandi potenze
- Le metafore usate dal darwinismo sociale per giustificare la guerra sono completamente sbagliate
- La tendenza generale dell'umanità è quella di sostituire il conflitto con la cooperazione volontaria

L'autore

Norman Angell (1872-1967) nacque il 26 dicembre 1872 a Holbeach, in Inghilterra, in un'agiata famiglia borghese del periodo vittoriano. In gioventù fu profondamente influenzato dalla lettura di Voltaire, Herbert Spencer, Charles Darwin e John Stuart Mill. Insoddisfatto della vita trascorsa in Europa, che considerava vecchia ed arcaica, nel 1891, all'età di 17 anni, si trasferì negli Stati Uniti, dove conobbe un giornalista del *San Francisco Chronicle* che gli propose di scrivere sulle vicende politiche dell'Europa. Nel 1898 gli impegni familiari lo richiamarono in patria, dove divenne l'inviato a Parigi del *Daily Mail*. Gli avvenimenti politici dell'epoca (l'Affare Dreyfus, il conflitto ispano-americano, la guerra boera) lo indussero a scrivere, nel 1903, *Patriottismo sotto tre bandiere: una mozione per il razionalismo in politica*. Nel 1909 diede alle stampe il suo libro più importante, *Europe's Optical Illusion*, ampliato definitivamente nel 1910 col titolo *The Great Illusion*. Nel 1921 seguì per il quotidiano *The Times* gli accordi di Parigi sulla riorganizzazione dell'Europa dopo la prima guerra mondiale, e previde che le umiliazioni inferte alla Germania avrebbero portato di nuovo l'Europa alla guerra. Nel 1931 fu eletto al Parlamento del Regno Unito nelle file del Partito Laburista, dove si impegnò nella lotta contro i totalitarismi. Nel 1933 gli venne conferito il premio Nobel per la pace. Dopo la seconda guerra mondiale continuò a diffondere il suo pensiero in conferenze tenute in tutto il mondo. Morì all'età di 94 anni, il 7 ottobre 1967, a Croydon, in una casa di riposo.

Nota Bibliografica

Norman Angell, *La grande illusione. Studio sulla potenza militare in rapporto alla prosperità delle nazioni*, Enrico Voghera Editore, Roma, 1913, p. 365, a cura di Arnaldo Cervesato. Titolo originale: *The Great Illusion*.

L'ERA DELLO STATO ONNIPOTENTE
1914-1977

Agli inizi del XX secolo gli europei e gli americani guardavano al secolo appena terminato con enorme compiacimento, per l'incredibile progresso realizzato nelle scienze, nella tecnica, nella cultura. L'*hybris*, purtroppo, fece dimenticare le basi morali e politiche su cui poggiavano tali successi. Le nuove ideologie emergenti, come il socialismo, il nazionalismo, l'imperialismo e il militarismo, richiedevano un'organizzazione sociale completamente diversa rispetto al passato, basata sull'edificazione di uno Stato onnipotente. L'esaltazione della forza statale si diffuse come un virus nella cultura europea in maniera sempre più parossistica, fino al delirio guerrafondaio che incendiò la mente dell'intera generazione intellettuale vissuta nei primi decenni del Novecento.

Improvvisamente, nell'agosto del 1914, con lo scoppio della Grande Guerra il mondo forgiato dalle idee liberali classiche cessò di esistere.[1] Si aprì l'epoca delle guerre mondiali, dei totalitarismi, dei lager e dei gulag, dei genocidi, dei bombardamenti nucleari, dell'inflazione perenne, delle depressioni economiche, della crescita inarrestabile della tassazione, della spesa pubblica e dell'indebitamento statale.[2] Il rifiuto del

---

1 La prima guerra mondiale, osserva però Beniamino Di Martino, rappresenterebbe qualcosa di inspiegabile se alle sue spalle vi fosse stato un secolo contrassegnato esclusivamente da pacifici e diffusi rapporti di libero scambio internazionale e da governi limitati privi di ambizioni nazionalistiche. In realtà l'Ottocento, secondo Di Martino, oltre a non essere stato propriamente pacifico non fu neanche molto liberale. Il diciannovesimo secolo infatti è anche l'epoca di Napoleone, delle centralizzazioni statuali, delle teorizzazioni marxiste, dell'imperialismo e del colonialismo: «*All'Ottocento si è attribuita un'impronta liberale solo perché successivamente le libertà individuali sono state ancor più calpestate*» (Beniamino Di Martino, *La Grande Guerra 1914-1918*, p. 95). Possiamo quindi parlare dell'Ottocento come secolo liberale solo in termini relativi, nel senso le libertà individuali furono meno calpestate rispetto al secolo successivo, ma dobbiamo riconoscere che tutte le idee stataliste e collettiviste erano già in incubazione.

2 Nel XX secolo, come ha dimostrato il prof. Rudolph J. Rummel, i governi hanno assassinato 170 milioni di propri cittadini inermi. Se le vittime si sono fatte cogliere completamente di sorpresa dagli Stati assassini, osserva Alessandro Vitale, ciò si deve anche alla fiducia eccessiva di una certa dottrina liberale classica nell'affidabile natura protettiva dello Stato: «La letteratura sulle repressioni nei regimi descrive gente colta da stupore per non aver creduto (anche a causa della mitologia liberale classica) che lo Stato, da strumento per la protezione della vita umana, potesse trasformarsi in puro assassino» (Alessandro Vitale, "Lo Stato, la violenza e il democidio: realtà e conseguenze della concentrazione moderna del potere, nell'analisi scientifica di Rudolph J. Rummel", in Rudolph J. Rummel, *Lo Stato, il democidio, la guerra. Antologia di scritti sulla violenza dei governi*, Leonardo Facco Editore, Treviglio [BG], 2002, p.

liberalismo classico aveva sprigionato i demoni dello statalismo, e le catastrofi che si abbatterono sul mondo occidentale nella prima metà del XX secolo superarono ogni più pessimistica previsione.[3] Possiamo chiederci con rincrescimento: come sarebbe oggi il mondo se l'epoca liberale non fosse stata bruscamente interrotta da queste immani distruzioni di vite, di libertà e di proprietà? Quali inimmaginabili vette di progresso l'umanità avrebbe raggiunto?

La selezione delle dieci opere liberali più rappresentative dell'epoca dello Stato onnipotente, che comincia nel 1914 e si protrae fin verso la fine degli anni Settanta, si apre con *Liberalismo* (1927), uno dei libri politicamente più significativi di **Ludwig von Mises**. Dopo la catastrofe della prima guerra mondiale il grande economista austriaco rimase uno dei pochissimi studiosi a difendere apertamente il capitalismo e a presentare il liberalismo come la teoria della pace e della cooperazione umana. Negli anni Trenta la situazione si fa sempre più cupa, e si affermano i movimenti di massa che utilizzano la violenza e il terrore come strumenti di lotta politica, fenomeno analizzato da **Josè Ortega y Gasset** nel libro *La ribellione delle masse* (1930). Al contrario, scrive il pensatore spagnolo, il liberalismo è "la suprema generosità", "il più nobile appello che abbia mai risuonato nel mondo", perché proclama la volontà di autolimitarsi per convivere pacificamente col nemico, e di rispettarlo e tutelarlo anche quando è debole e minoritario.

Nel libro *La giusta società* (1937) l'americano **Walter Lippmann** critica le ideologie collettiviste gemelle, il fascismo e il comunismo, accomunate dalla fiducia illimitata nell'onnipotenza statale: una credenza in contraddizione con tutta la tradizione culturale della civiltà occidentale. Il grave pericolo che il socialismo democratico possa evolvere verso il totalitarismo viene denunciato, verso la fine della seconda guerra mondiale, dall'austriaco **Friedrich A. von Hayek** in un libro che negli Stati Uniti diventa un best-seller: *La via della schiavitù* (1944). Anche **Karl Popper**, un altro pensatore viennese in esilio, offre il suo contributo intellettuale allo sforzo di guerra contro le dottrine totalitarie scrivendo *La società aperta e i suoi nemici* (1945).

Il più popolare giornalista economico americano, **Henry Hazlitt**, pubblica in quegli stessi anni un libro di successo, *L'economia in una lezione* (1946), nel quale difende in maniera brillante i principi del libero mercato contro l'avanzata dell'interventismo

---

39). Come si vedrà nel quinto capitolo del libro, il pensiero libertario si impegnerà a correggere questo difetto della dottrina liberale classica.

  3 Nessuno scrittore è riuscito meglio di Stefan Zweig a raccontare il brusco passaggio dalla gloriosa epoca del liberalismo classico, caratterizzata da un lungo periodo di pace e progresso, a quella dello Stato onnipotente che si è aperta nel 1914 con lo scoppio della prima guerra mondiale: «Nel periodo prebellico – ricorda lo scrittore austriaco nel libro *Il mondo di ieri. Ricordi di un europeo* (Mondadori, Milano, 2017 [1942]) – ho conosciuto il grado e la forma più alta della libertà individuale, per vederla poi al più basso livello cui sia scesa da secoli … Inerme e impotente, dovetti essere testimone dell'inconcepibile ricaduta dell'umanità in una barbarie che si riteneva da tempo obliata» (p. 6). Il collettivismo burocratico trascinava con sé milioni di individui, che non potevano fare nulla per modificare la propria sorte: «Di continuo bisognava subordinarsi alle esigenze dello Stato, farsi preda della più stolta politica, adattarsi ai mutamenti più inauditi; eravamo sempre incatenati alla sorte comune; per quanto ci si difendesse, questa ci portava sempre con sé» (p. 7). I popoli europei «non sanno più quanta libertà e quanta gioia abbia succhiato loro dalle midolla e dal profondo dell'anima il fantoccio spietato e cupido dello Stato» (p. 113).

statale. In Europa il francese **Raymond Aron** accusa gli intellettuali di aver abbracciato il comunismo con fede dogmatica nel libro *L'oppio degli intellettuali* (1955), mentre il tedesco **Wilhelm Roepke** tenta di riaffermare, nel libro *Al di là dell'offerta e della domanda* (1958), i principi del liberalismo e della decentralizzazione politica in un mondo pesantemente influenzato dalle concezioni stataliste.

Nel nostro Paese si sviluppa in quegli anni un serrato dibattito sulla natura del liberalismo fra **Benedetto Croce** e **Luigi Einaudi**. Gli interventi, raccolti nell'antologia *Liberismo e liberalismo* (1959), rivelano una certa incomprensione, da parte del filosofo napoletano, dell'importanza della componente economica della libertà individuale, ben sottolineata dall'economista piemontese. Il prematuramente scomparso **Bruno Leoni** spiega infine, nel suo capolavoro *La libertà e la legge* (1961), che il diritto consiste in norme di convivenza che emergono spontaneamente dalla società, non in comandi emanati dall'autorità.

21

Ludwig von Mises

Liberalismo
1927

"Il liberalismo è la dottrina della pacifica cooperazione umana"

Ludwig von Mises è stato uno dei maggiori economisti del XX secolo. Autore di importanti trattati economici e monetari, è noto soprattutto per la critica alla pianificazione centralizzata e all'interventismo statale. *Liberalismo*, pubblicato in Germania nel 1927, è il suo libro più politico. In quest'opera Mises offre una moderna difesa della dottrina liberale classica, radicandola nell'istituzione della proprietà privata. Per l'economista austriaco il liberalismo è fondamentalmente la teoria della pace e della cooperazione umana. In quegli anni tuttavia le idee dominanti andavano nella direzione opposta. Mises era rimasto uno dei pochissimi studiosi a difendere apertamente il capitalismo in un mondo che stava cadendo preda della guerra e dei totalitarismi. Toccherà proprio a lui, e a uno sparuto gruppo di colleghi, rifondare faticosamente il pensiero liberale dopo la seconda guerra mondiale, ma bisognerà attendere la fine del secolo breve e la caduta del Muro di Berlino perché vengano riconosciuti i suoi meriti intellettuali.

Riassunto

I meriti storici del liberalismo

Il liberalismo classico è un programma politico elaborato dai pensatori del Settecento e inizio Ottocento, che ha trovato applicazione prima in Inghilterra e negli Stati Uniti, poi in misura minore sul continente europeo e in altre parti del mondo civilizzato. Questo programma, scrive Mises, non è mai stato applicato in maniera duratura e integrale, ma è stato sufficiente a cambiare il volto del pianeta. Liberando le forze produttive umane, il liberalismo ha inaugurato un'epoca di impetuoso sviluppo economico. La fitta rete delle relazioni economiche internazionali, l'enorme specializzazione della produzione moderna e gli straordinari progressi tecnologici sono tutti prodotti del liberalismo e del capitalismo del XIX secolo.

Alla vigilia della guerra mondiale, che fu il risultato di una lunga lotta contro lo spirito liberale e l'inizio di un'epoca di contestazione ancor più aspra dei suoi principi, il mondo aveva una densità demografica mai raggiunta prima, e i suoi abitanti godevano di un tenore di vita più alto di quanto sia mai stato possibile nei secoli precedenti. Il benessere creato dal liberalismo ha notevolmente ridotto la mortalità infantile, ha migliorato le condizioni di vita generali e ha prolungato la durata della vita stessa, non solo a vantaggio di un ristretto strato dei ceti privilegiati, ma della gente comune.

Oggi, ricorda l'economista austriaco, il tenore di vita di un operaio americano o inglese è di gran lunga superiore a quello dell'aristocratico in tempi non molto lontani.

Sul piano politico il liberalismo aveva posto fine alle persecuzioni politiche e religiose, mentre sul piano internazionale le guerre cominciavano a farsi sempre più rare. Gli ottimisti intravedevano già l'era della pace perpetua. Gli eventi andarono tuttavia in una direzione completamente diversa. I nemici del liberalismo riuscirono a prevalere,

> *Gli immensi benefici del lavoro libero.*
> «Un lavoratore europeo dei nostri giorni vive in condizioni materiali più favorevoli e più confortevoli di quelle di un faraone dell'Egitto, a dispetto del fatto che questi aveva sotto di sé migliaia di schiavi, mentre il lavoratore per accrescere il proprio benessere non ha che la forza e l'abilità delle proprie mani. Se fosse possibile trasferire un nababbo di quei tempi nelle condizioni in cui vive oggi un comune cittadino, non c'è dubbio che quel nababbo direbbe che la sua vita è stata davvero misera rispetto a quella che si può permettere anche il più modesto cittadino dei nostri giorni. Il frutto del lavoro libero è appunto questo: che riesce a creare per tutti più ricchezza di quanta ne abbia mai creata nel passato per i soli padroni il lavoro non libero» (p. 53).

annullando gran parte delle sue conquiste. Le idee e i programmi liberali vennero soppiantati da socialismo, nazionalismo, protezionismo, imperialismo, statalismo e militarismo. Se Kant, Humboldt, Bentham e Cobden avevano cantato le lodi della pace tra le nazioni, i rappresentanti dei tempi nuovi non si stancano di esaltare la guerra civile e quella fra gli Stati. Il loro successo non si è fatto attendere, e ha avuto come risultato lo scoppio della prima guerra mondiale. È stato dunque l'antiliberalismo a scatenare il conflitto, inducendo i popoli a rinchiudersi in sé stessi, protetti da divieti d'importazione e di esportazione, dazi doganali e restrizioni alla libera circolazione.

Gli avversari del liberalismo hanno portato all'interno degli Stati una serie di esperimenti socialisti che hanno avuto il risultato di ridurre la produttività del lavoro e aumentare la penuria e la miseria. Non si possono non riconoscere dappertutto, scrive Mises con una notevole preveggenza, i sintomi di una imminente catastrofe economica: «L'antiliberalismo ci sta pilotando verso un tracollo generale della civiltà» (p. 27). La crisi del 1929 e lo scoppio della seconda guerra mondiale confermeranno infatti le infauste premonizioni dell'economista austriaco.

Liberalismo = proprietà + libertà + pace

L'intero processo di civilizzazione, spiega Mises, poggia sulla maggiore produttività del lavoro basato sul principio della divisione del lavoro: «È stata la divisione del lavoro a fare dell'uomo, debole e fisicamente inferiore alla maggior parte degli animali, il dominatore della Terra e il creatore delle meraviglie della tecnica. Senza la divisione del lavoro oggi noi non saremmo da nessun punto di vista più avanti dei nostri progenitori di mille o diecimila anni fa» (p. 47). Per realizzare un'estesa divisione del lavoro è necessaria però la proprietà privata dei mezzi di produzione.

In questo sistema di cooperazione umana vi è un solo modo per arricchirsi: fornire al prossimo ciò di cui ha bisogno. Gli imprenditori e i capitalisti possono prosperare solo se riescono a offrire alla società un servizio indispensabile: «Il proprietario può conservare la sua posizione privilegiata solo se dà la massima valenza sociale all'impiego dei suoi mezzi di produzione. Se non lo fa, se cioè investe male la sua proprietà, egli lavora in perdita, e se non riesce a svoltare al tempo giusto e a cambiare rotta viene sbalzato giù senza pietà dalla sua posizione privilegiata. Allora cessa di essere proprietario, e altri più adatti di lui subentrano al suo posto» (p. 108).

> *Il significato sociale del lusso.*
> «Il concetto di lusso è assolutamente relativo ... Trentacinque anni fa non esistevano ancora automobili; vent'anni fa possederne una era il segno di un tenore di vita particolarmente lussuoso; oggi negli Stati Uniti anche un operaio ha la sua Ford. È questa l'evoluzione della storia economica: il lusso di oggi è la necessità di domani. Ogni progresso appare all'inizio come un lusso di pochi ricchi per poi diventare, dopo un certo tempo, il normale bisogno necessario di tutti. Il lusso stimola il consumo e l'industria a inventare e a introdurre nuovi prodotti, ed è quindi uno dei fattori dinamici della nostra vita economica» (p. 65)

Il liberalismo quindi non difende la proprietà per tutelare gli interessi dei proprietari. La conservazione della proprietà privata è nell'interesse di tutti gli strati sociali. Anche il povero che non ha nulla di suo si avvantaggia enormemente dal vivere in un ordinamento basato sulla proprietà privata dei mezzi di produzione. Il liberalismo non guarda agli interessi di questo o quel ceto. I possidenti, i capitalisti o gli imprenditori non hanno, in quanto tali, un interesse particolare a preferire il liberalismo a qualche altra ideologia statalista, protezionista o interventista.

Gli altri due caposaldi del programma liberale, accanto alla proprietà, sono la libertà e la pace. È merito infatti del liberalismo se il principio della libertà individuale è entrato nel sangue e se tutti ne parlano con il massimo rispetto, al punto che nessuno, salvo forse Lenin che lo giudica un "pregiudizio borghese", osa più metterlo in dubbio. Senza pace, poi, non si può neanche parlare di società. La guerra distrugge la divisione internazionale del lavoro, così come la guerra civile distrugge la cooperazione sociale all'interno di un paese. A differenza di quanto sostenevano certi filosofi antichi o i militaristi moderni, non è la guerra, ma la pace la madre di tutte le cose. La guerra è solamente distruttiva, e sempre dannosa anche per il vincitore.

Lo Stato guardiano notturno

Il liberalismo, puntualizza Mises, non è anarchico e non contesta la necessità di un apparato statale, di un ordinamento giuridico e di un governo. Il liberalismo assegna allo Stato i compiti di proteggere la proprietà, la libertà e la pace. Lo Stato è una necessità imprescindibile perché su di esso ricadono le funzioni più importanti, dato che solo nella pace la proprietà privata può dispiegare i suoi effetti. Lo Stato liberale deve avere anche un assetto capace di impedire che l'andamento pacifico dello sviluppo sia turbato da guerre civili, rivoluzioni, colpi di Stati. Le elezioni e il parlamentarismo sono appunto gli strumenti che permettono di cambiare pacificamente governo, senza scontri, violenze e spargimento di sangue.

Non va dimenticato, tuttavia, che lo Stato è fondamentalmente un apparato costrittivo e repressivo. Tutto ciò che lo Stato può fare implica la coercizione e l'uso della violenza, e niente corrompe di più del potere. La società umana non può fare a meno dell'organizzazione statale, ma è anche vero che l'umanità per progredire ha sempre dovuto mettersi contro lo Stato e il suo potere coercitivo. Sotto questo aspetto, la proprietà privata costituisce un formidabile contropotere nei confronti dello Stato. Essa pone limiti allo sconfinamento del governo e permette che accanto e contro i poteri politici sorgano altri poteri. La proprietà privata diventa così la base di ogni iniziativa vitale libera dall'ingerenza del potere politico, ed è quindi la condizione fondamentale dello sviluppo dell'individuo.

> **Idolatria burocratica**
> «Sopravvive ancora in molti la vecchia immagine – di eredità preliberale – di una particolare dignità e superiorità dell'attività connessa all'esercizio degli affari di governo. In Germania gli impiegati pubblici hanno goduto fino a poco tempo fa, e si può dire che godano tuttora, di un'altissima reputazione, e la professione più rispettata è quella di servitore dello Stato … Non c'è un motivo razionale che spiega questa sopravvalutazione dell'attività burocratica. È un fatto di puro atavismo, un residuo di quell'epoca nella quale il cittadino era costretto a temere il principe e i suoi scherani, perché potevano spogliarlo di tutto quando e come volevano» (p. 73).

Non meraviglia che tutti i detentori del potere politico siano stati sempre avversi alla proprietà privata. In qualsiasi potere politico è insita la tendenza a estendere il più possibile l'ambito della propria influenza. Per chi mira a questo la proprietà privata rappresenta un ostacolo. Un governo spontaneamente liberale, osserva Mises, è dunque una contraddizione in termini. I governi devono essere costretti a essere liberali dal potere unanime dell'opinione pubblica. È inutile contare sul loro liberalismo volontario.

L'impraticabilità del socialismo

Lo Stato socialista, che invece di difendere la proprietà privata possiede tutti gli strumenti di produzione e svolge direttamente l'attività economica, non può funzionare per una serie di ragioni. Vi è innanzitutto il problema degli incentivi. La quantità di ciò che si produce in una società capitalistica non è indipendente dal modo in cui lo si produce. Il connotato specifico della società capitalistica è appunto quello di impegnare ciascuno alla massima prestazione lavorativa per ottenere il massimo risultato possibile. Nella società socialista invece manca questo nesso diretto tra il lavoro di ciascuno e ciò che ne ricava.

> **Secessione individuale**
> «Il diritto di autodeterminazione di cui parlo non riguarda quindi le nazioni, ma gli abitanti di qualunque territorio abbastanza grande da formare un distretto amministrativo autonomo. Se, al limite, fosse possibile concedere a ogni singolo cittadino questo diritto di autodeterminazione, bisognerebbe farlo» (p. 161).

Vi è però una ragione più profonda per cui l'economia socialista non può funzionare. Questa celebre tesi, che Mises aveva sviluppato per primo all'inizio degli anni Venti, spiega che, mancando i prezzi di mercato, nell'economia socialista è impossibile il calcolo economico razionale. I pianificatori di una società socialista si troverebbero ad affrontare un compito irrisolvibile, perché senza prezzi di mercato non potrebbero mai decidere quale tra le innumerevoli decisioni economiche sia la più razionale. L'economia socialista cadrebbe quindi ben presto nel caos e nella miseria generalizzata.

Anche il più limitato interventismo economico dello Stato nell'economia, come la fissazione per legge dei prezzi, conduce alla lunga agli stessi problemi. Esso genera effetti opposti a quelli desiderati, ad esempio la scomparsa delle merci dal mercato. Per risolvere questi nuovi problemi le autorità devono rinunciare a intervenire nel libero gioco del mercato, oppure aggiungere ulteriori dosi di interventismo, fino a trasferire l'intera direzione della produzione al governo. La scelta quindi è tra capitalismo e socialismo. Non esiste una via di mezzo.

Autodeterminazione e diritto di secessione

Il liberalismo ha come ideale la cooperazione pacifica di tutta l'umanità oltre ogni confine nazionale, e condanna tutte le forme di nazionalismo economico e di autarchia, perché portano inevitabilmente alla guerra. È ovvio infatti che un paese che si separa dal sistema della divisione internazionale del lavoro e che si chiude al commercio internazionale non può procurarsi le risorse che mancano al proprio interno, se non aggredendo o rapinando gli altri paesi.

Contro l'espansionismo degli Stati, i liberali difendono il principio di autodeterminazione, in base al quale se gli abitanti di un territorio, anche molto piccolo, hanno espresso chiaramente il desiderio di non rimanere nell'attuale compagine statale, bisogna tenerne conto. Solo questa soluzione può evitare guerre civili, rivoluzioni e guerre internazionali. Mises condanna quindi con parole molto dure il colonialismo europeo in Asia e in Africa, e sostiene che tutti gli imperi coloniali europei dovrebbero essere liquidati.

Il riconoscimento illimitato del diritto di secessione permette di risolvere i numerosi dissidi che sorgono nei territori plurilingui, nei quali alcune etnie maggioritarie utilizzano l'apparato statale per opprimere le minoranze, in particolare attraverso la scuola pubblica. Per questa ragione Mises ritiene che lo Stato non dovrebbe occuparsi dell'istruzione o spendere denaro pubblico per la scuola, che dovrebbero essere affidate interamente ai genitori, alle associazioni e agli istituti privati.

> *Non è il capitalismo che produce le guerre*
> «Assolutamente folle è poi l'accusa all'industria degli armamenti di essere responsabile dello scoppio della guerra. L'industria degli armamenti è sorta e si è enormemente sviluppata per rispondere alla domanda di armi da parte dei governi e dei popoli che chiedevano a gran voce la guerra. Sarebbe addirittura assurdo quindi supporre che i popoli si fossero votati alla politica imperialistica per fare un piacere ai fabbricanti di armi. Come qualsiasi altra industria, anche quella degli armamenti è sorta per soddisfare una domanda. Se i popoli avessero preferito acquistare altri articoli invece che fucili ed esplosivi, i fabbricanti avrebbero prodotto quelli e non questi» (p. 162).

La natura del liberalismo

Che cosa è dunque il liberalismo? Non è una religione, perché non chiede né fede né dedizione, non vive in un alone di misticismo, e non possiede dogmi; non è una concezione generale del mondo, perché non intende spiegare il cosmo e non ha nulla da dire sullo scopo dell'esistenza umana; non è un partito di interessi, perché non promette e non vuole procurare privilegi di sorta a nessun gruppo particolare.

Il liberalismo è qualcosa di completamente diverso. È una teoria che spiega il funzionamento della realtà sociale al fine di garantire la massima soddisfazione dei bisogni umani: «Ridurre la sofferenza, aumentare il piacere: questo è il suo scopo», scrive Mises, aderendo alla filosofia utilitarista. Questi obiettivi ovviamente non esauriscono interamente le aspirazioni dell'uomo, perché i beni interiori come la gioia, le felicità dell'anima, l'elevazione spirituale, ognuno deve cercarseli solamente in sé stesso.

A differenza degli altri movimenti politici, conclude Mises, il liberalismo non fa uso di retorica roboante, inni, adunate, bandiere, parole d'ordine, slogan, simboli e colori. Ha solo una causa da portare avanti e degli argomenti razionali per difenderla. È con questi che deve vincere.

Punti da Ricordare

- L'avvento del liberalismo ha migliorato immensamente il tenore di vita delle persone
- Le ideologie antiliberali hanno provocato la guerra mondiale e la chiusura degli scambi internazionali
- Il processo di civilizzazione dipende dalla cooperazione umana basata sulla divisione del lavoro
- Nel capitalismo gli imprenditori possono arricchirsi solo servendo i bisogni del prossimo
- La tutela della proprietà privata è nell'interesse dell'intera società, non dei soli possidenti
- Lo Stato deve limitarsi a svolgere le funzioni di protezione e di sicurezza
- Le elezioni democratiche servono a cambiare pacificamente un governo
- La proprietà privata costituisce un contropotere nei confronti dello Stato
- Nessun governo è mai spontaneamente liberale
- Il socialismo fallisce per la mancanza di incentivi, e per l'impossibilità di effettuare calcoli economici razionali
- L'autarchia e il protezionismo portano inevitabilmente alla guerra
- Il diritto di autodeterminazione va riconosciuto al più basso livello possibile

L'autore

Ludwig von Mises (1881-1973) è il maggior rappresentante novecentesco della scuola austriaca di economia. Nasce a Lemberg, nella Galizia dell'impero austro-ungarico, il 29 settembre 1881. Studia economia a Vienna, e nel 1912 pubblica *Teoria della moneta e dei mezzi di circolazione* (1912). A partire dai primi anni Venti organizza un famoso seminario privato di economia, al quale partecipano molti futuri economisti di scuola austriaca, tra i quali il Premio Nobel Friedrich A. von Hayek. Sempre in quegli anni pubblica, prima in un celebre saggio e poi nel libro *Socialismo* (1922) la dimostrazione dell'impossibilità del calcolo economico in un'economia socialista. Nel 1940 fugge dalla minaccia nazista e si rifugia negli Stati Uniti, dove pubblica, nel 1949, il suo importante trattato di economia *L'azione umana*. Muore a New York il 10 ottobre 1973.

Nota Bibliografica

Ludwig von Mises, *Liberalismo*, Rubbettino, Soveria Mannelli, 1997, p. 277, traduzione di Enzo Grillo. Titolo originale: *Liberalismus.*

22

José Ortega y Gasset

La ribellione delle masse
1930

"L'uomo massificato ha prodotto il totalitarismo"

La ribellione delle masse del filosofo spagnolo José Ortega y Gasset rappresenta una delle più profonde analisi della crisi morale e intellettuale dell'Europa nel periodo compreso tra le due guerre mondiali. Dopo anni di militarizzazione della società, gli uomini europei si erano ormai assuefatti all'onnipotenza statale, ed erano pronti a seguire le parole d'ordine gridate da Benito Mussolini: "Tutto nello stato; nulla fuori dallo stato; nulla contro lo stato". Il fatto che emergessero dappertutto atteggiamenti e idee anti-liberali rivelava in modo inequivocabile che la continuità storica della civiltà occidentale stava per essere spezzata. L'Europa stava volgendo le spalle alla sua tradizione culturale in nome di valori e di progetti politici che mettevano in luce un inquietante imbarbarimento degli spiriti. Occorreva pertanto diagnosticare al più presto il male oscuro che stava corrodendo i principi morali che per generazioni avevano guidato l'uomo occidentale. Con *La ribellione delle masse* Ortega intese, per l'appunto, compiere tale diagnosi.

Riassunto

L'irruzione delle masse nella vita pubblica

La novità più rilevante della vita pubblica europea dell'epoca, secondo Ortega, era l'avvento delle masse al pieno potere sociale, «e siccome le masse, per definizione, non devono né possono dirigere la propria esistenza, e tanto meno governare la società, vuol dire che l'Europa soffre attualmente la più grave crisi che tocchi di sperimentare a popoli, nazioni, culture. Questa crisi s'è verificata più d'una volta nella storia. La sua fisionomia e le sue conseguenze sono note. Se ne conosce anche il nome. Si chiama ribellione delle masse» (p. 29).

Tutte le società, infatti, sono per natura aristocratiche. In ogni campo del sapere e dell'agire umano emergono degli individui superiori per conoscenze, capacità ed energia che trascinano e guidano le altre persone. L'autorevolezza di queste "aristocrazie naturali" viene spontaneamente riconosciuta dagli altri membri del gruppo.

L'esistenza di capi e di seguaci è un fatto ineliminabile e universale in ogni formazione sociale, dalla più piccola alla più grande: «Ho detto, e continuo a crederlo, ogni
giorno con più energica convinzione, che la società umana "è" aristocratica sempre,
voglia o non voglia, per la sua stessa essenza: tanto più è società nella misura che sia
aristocratica, e cessa di esserlo nella misura che disaristocratizza. Ben inteso che parlo della società e non dello Stato» (p. 40).

La vecchia democrazia, continua Ortega, era temperata da un'abbondante dose di liberalismo e di rispetto per la legge. Per servire questi principi l'individuo si obbligava a una difficile autodisciplina. Sotto la protezione del principio liberale e della norma giuridica potevano agi-

> **L'invasione dei barbari interni**
>
> «Siccome non vedono nei vantaggi della civiltà una scoperta e una costruzione prodigiosa, che soltanto si possono mantenere a costo di grandi sforzi e caute-le, credono che la propria funzione si riduca a esigerli perentoriamente, come se fossero diritti nativi. Nelle sommosse che la carestia provoca, le masse popolari cercano di procurarsi il pane, e il mezzo a cui ricorro-no suole essere quello di distruggere i panifici. Questo può servire come simbolo del comportamento che, in più vaste e sottili proporzioni, usano le masse attuali di fronte alla civiltà che le nutre» (p. 80)

re e vivere le minoranze. Oggi invece si assiste al trionfo di una "iperdemocrazia" in cui
la massa opera direttamente senza legge, per mezzo di pressioni materiali, imponendo le sue aspirazioni e i suoi gusti. Un tempo gli uomini rispettavano le conoscenze
specialistiche degli esperti, oggi invece «la massa ritiene di avere il diritto d'imporre
e dar vigore di legge ai suoi luoghi comuni da caffè» (p. 37). La massa travolge tutto
ciò che è differente, singolare, individuale, qualificato e selezionato. Chi non è e chi
non pensa come la massa rischia di essere eliminato.

I selvaggi nati nella civiltà industriale

Il tipo antropologico che la prima guerra mondiale aveva prodotto era un uomo caratterizzato da una psicologia e da un sistema di valori in netto contrasto con i principi
individualistici della civiltà liberale. Il nuovo uomo–massa era infatti privo di legami
con quella tradizione culturale individualistica che aveva posto le basi del successo
storico dell'Europa. La mania statalistica e la frenesia nazionalistica che caratterizza-
vano l'epoca delle masse tradivano, più di qualsiasi altro fenomeno, lo spirito collet-
tivistico destinato ad occupare la scena europea. Sentendosi anonimo e onnipotente,
l'uomo massificato si identificava spontaneamente con l'anonimità e l'onnipotenza
dello Stato, e vedeva come relitti di un miserevole passato lo Stato di diritto, l'individualismo e il pluralismo.

Il fascismo e il bolscevismo, da questo punto di vista, erano due tipici movimenti
di uomini-massa, diretti da leader venuti dal nulla, senza radici né memoria storica,
volgari e brutali, che volevano imporre la loro volontà con la forza e che intendevano
cancellare tutto ciò che non concordava con il loro progetto totalitario, creando una
struttura di dominio onnipotente e onnipervasiva. Il culto della violenza e della forza
andava di pari passo con l'attrazione per l'azione diretta. L'uomo-massa non voleva
aver ragione né, tantomeno, dare ragione. Egli voleva solo una cosa: imporre brutal-
mente, con qualsiasi mezzo, la sua volontà. Per questo proclamava senza alcun ritegno

«il diritto a non aver ragione, la ragione della non-ragione» (p. 93). L'uomo-massa si sarebbe sentito perduto se avesse accettato il metodo del dialogo e d'istinto lo rifiutava, e con esso rifiutava lo spirito animatore della civiltà liberale, cioè quell'interminabile serie di sforzi per ridurre la violenza ad *extrema ratio*. Esaltando l'azione diretta l'uomo-massa voleva farla finita con le discussioni e con tutte le mediazioni istituzionali ideate dalla cultura liberale.

Il fascismo e il comunismo erano dunque una forma di primitivismo, perché i suoi esponenti vivevano nella complicatissima civiltà tecnica e giuridica in cui erano nati come un selvaggio vive nella foresta primigenia. L'uomo europeo dell'epoca dei totalitarismi osservato con preoccupazione da Ortega era simile a un uomo primitivo apparso improvvisamente in un ambiente complesso e altamente civilizzato.

Come i cacciatori-raccoglitori del Paleolitico, gli uomini-massa s'impossessavano dei beni della civiltà moderna come se nascessero sugli alberi, come se fossero "naturali" e crescessero da soli, senza sforzo né responsabilità dell'uomo. Distruggevano i beni industriali e le norme di convivenza con la spensierata irresponsabilità di chi ignora che i benefici della civiltà hanno bisogno di continua manutenzione e cura.

La psicologia di questo barbaro interno non civilizzato era, nelle parole di Ortega, quella del "signorino soddisfatto". La libera espressione dei propri istinti e desideri da un lato, e l'assoluta ingratitudine verso quanto ha reso possibile la facilità della sua esistenza dall'altro, costituivano i due tipici tratti psicologici del bimbo viziato. Il "signorino" dilapida con leggerezza tutta la propria eredità spirituale e culturale come se le sue azioni non avessero conseguenze sulla vita reale. La realtà, tuttavia, gli presenterà ben presto il conto. Con loro sorpresa milioni di uomini-massa morirono, senza aver neanche intravisto il sol dell'avvenire, sui campi di battaglia, sotto i bombardamenti aerei, nei campi di concentramento e nelle celle segrete della polizia politica, in molti casi vittime del sistema che loro stessi avevano creato.

Il liberalismo, suprema generosità

Ortega ricorda che è stato proprio il prodigioso sviluppo tecnologico generato nel secolo liberale che «ha reso possibile la meravigliosa prolificità della casta europea … Dal secolo V al 1800, l'Europa non giunge a ottenere una popolazione maggiore di 180 milioni. Dal 1800 al 1914 ascende a più di 460 milioni. Il salto è unico nella storia dell'umanità» (p. 129). Egli però non era un esaltatore acritico del liberalismo ottocentesco. Non negava che ci fossero degli aspetti che fossero da superare o da migliorare. Capiva però che in Europa era in atto qualcosa di estremamente grave: un processo di erosione di tutti i limiti elevati dal vecchio liberalismo contro la naturale tendenza dello Stato a sottoporre tutto al suo controllo.

Sia la rivoluzione bolscevica sia quella fascista, infatti, proclamavano che il tempo storico del liberalismo volgeva alla fine, e che per realizzare i loro fini rivoluzionari avrebbero statalizzato integralmente la società, politicizzato ogni cosa e asservito le esistenze umane alla volontà del partito unico al potere. Ad Ortega sembrava una completa follia questa voglia di sbarazzarsi delle più grandi conquiste della civiltà occidentale, quegli argini che nel corso dei secoli aveva frapposto al dispotismo statale.

Il liberalismo, infatti, è diventato ormai una parte imprescindibile della cultura europea. Spiegava Ortega: «ciò che ha tentato di realizzare l'Europa nell'ultimo secolo con la nozione di liberalismo è, in ultima istanza, qualcosa di ineludibile, inesorabile, che l'uomo occidentale d'oggi possiede, voglia o no» (p. 124). Il liberalismo aveva una parte di ragione, e questa occorreva lasciargliela per *saecula saeculorum*: «L'Europa ha bisogno di conservare il suo essenziale liberalismo. Questa è la condizione per superarlo». Altrimenti tutto precipiterà, liberalismo e antiliberalismo, «in una distruzione dell'Europa» (p. 116-117).

Il più nobile appello che abbia mai risuonato nel mondo
«Il liberalismo è il principio di diritto pubblico secondo il quale il potere pubblico, nonostante sia onnipotente, limita se stesso e procura, anche se a proprie spese, di lasciare posto nello Stato ch'esso dirige perché vi possano vivere coloro che non pensano né sentono come lui, cioè, come i più forti, come la maggioranza. Il liberalismo – è necessario oggi ricordare tutto questo – è la suprema generosità: è il diritto che la maggioranza concede alle minoranze ed è, pertanto, il più nobile appello che abbia risuonato nel mondo. Esso proclama la decisione di convivere con il nemico, e di più, con il nemico debole» (p. 96)

Il liberalismo rappresentava per Ortega un principio di civile convivenza, l'antitesi della selvaggia "azione diretta" praticata dai suoi nemici. Il liberalismo, infatti, portava all'estremo la risoluzione di comunicare con il prossimo ed era il prototipo dell'azione indiretta. Con parole indimenticabili Ortega osservava che il liberalismo è "la suprema generosità", "il più nobile appello che abbia mai risuonato nel mondo", perché proclamava la volontà di autolimitarsi per convivere pacificamente col nemico, e di rispettarlo e tutelarlo anche quando è debole e minoritario.

Andando contro il naturale istinto umano alla sopraffazione, il liberalismo rappresentava per Ortega un principio paradossale, acrobatico, antinaturale, troppo bello e quasi inverosimile: «Per questo, non deve sorprendere se subito questo stesso genere umano sembri risoluto ad abbandonarlo. È un esercizio troppo difficile e complicato perché si possa consolidare sulla terra» (p. 96).

Il maggior pericolo: lo Stato

Ecco dunque qual è il pericolo maggiore che minaccia la sopravvivenza della civiltà europea: la "statificazione" della vita, cioè l'assorbimento di ogni spontaneità sociale da parte del potere politico. Tutte le volte in cui si presenta nella vita pubblica di un paese una qualche difficoltà, conflitto o problema, osserva Ortega, l'uomo-massa tende ad esigere che immediatamente se lo assuma lo Stato, che s'incarichi direttamente di risolverlo con i suoi giganteschi e incontrastati mezzi: «Allorché la massa avverte qualche sventura, o semplicemente qualche forte ambizione, è una grande tentazione per lei questa permanente e sicura possibilità di ottenere tutto – senza sforzo, lotta, dubbio, né rischio – senza far altro che premere la molla e far funzionare la portentosa macchina» (p. 141).

Ortega ricorda che verso la fine del XVIII secolo lo Stato era ben poca cosa in tutte le nazioni europee. Era molto se possedeva soldati, se disponeva d'una burocrazia, se aveva denaro: «l'antico regime arriva quindi alla fine del Settecento con uno Stato debolissimo, sospinto da tutti i lati da un'ampia e irrequieta società … Però, attraverso la Rivoluzione, s'impadronì del potere pubblico la borghesia e applicò allo Stato le sue innegabili qualità, e in poco più d'una generazione creò uno Stato forte, che la fece finita con le rivoluzioni» (p. 140). I capi dei movimenti totalitari, come Mussolini, non hanno fatto altro che ereditare questo Stato ben organizzato e usarlo "con incontinenza".

La statalizzazione totale della società rischia però di ripercorrere la parabola dell'impero romano. Ortega ricorda infatti l'infelice destino della civiltà antica. Lo Stato imperiale creato dai Giulii e dai Claudii fu una macchina più potente e organizzata del vecchio Stato repubblicano delle famiglie patrizie. Però, curiosa coincidenza, appena esso arrivò al suo pieno sviluppo ecco che comincia a decadere il corpo sociale. Già ai tempi degli Antonini, nel II secolo, lo Stato pesa con una "antivitale" supremazia sulla società. Questa comincia ad essere resa schiava, a non poter più vivere se non al servizio dello Stato.

La vita intera si burocratizza, provocando delle deficienze in tutti i suoi aspetti. La ricchezza diminuisce e le donne partoriscono poco.

> **Lo Stato muore dopo aver ucciso la società**
> «Il risultato di questa tendenza sarà fatale. La spontaneità sociale rimarrà violentata di volta in volta dall'intervento dello Stato; nessuna nuova semente potrà fruttificare. La società dovrà vivere per lo Stato; l'uomo per la macchina del Governo. E poiché alla fin fine non è che una macchina, la cui esistenza e il cui proseguimento dipendono dalla vitalità circostante che sia capace di mantenerla, lo Stato, dopo aver succhiato alla società il tetano, rimarrà tisico, scheletrico, ucciso da quella morte ferruginosa della macchina, assai più mortale di quella dell'organismo umano» (p. 142)

Allora lo Stato, per sovvenire alle proprie necessità, forza ancor di più la burocratizzazione dell'esistenza umana, arrivando a militarizzare l'intera società. I Severi militarizzano il mondo, ma è fatica vana. La miseria aumenta e le madri si fanno ogni giorno più sterili. Mancano perfino i soldati, e dopo i Severi l'esercito deve essere reclutato tra gli stranieri.

Ecco dunque qual è il processo "paradossale e tragico" dello statalismo: la società crea lo Stato come suo strumento, ma successivamente lo Stato si sovrappone, e la società deve cominciare a vivere per lo Stato. Ben presto non è sufficiente sostenere lo Stato con gli uomini di quella società, e bisogna chiamare gli stranieri: prima dalmati, poi germanici. Gli stranieri diventano padroni dello Stato e coloro che restano del popolo iniziale devono vivere come schiavi, sotto gente con cui non hanno nulla a che fare. «A siffatte conseguenze – conclude Ortega – porta l'interventismo dello Stato: il popolo si converte in carne e pasta che alimentano il mero "artificio" o macchina che è lo Stato. Lo scheletro consuma la carne che gli sta intorno» (p. 143).

Punti da Ricordare

- La rivolta contro la civiltà liberale ha prodotto il totalitarismo
- Le masse europee del primo dopoguerra hanno rifiutato la propria eredità liberale, e si sono identificate con lo stato onnipotente.
- L'uomo massificato è un barbaro calato nella modernità, incapace di comprendere l'origine dei benefici della civiltà in cui vive.

• Il fascismo e il bolscevismo non rappresentano un progresso, ma una forma di primitivismo.
• Il liberalismo è suprema generosità, perché tutela anche i diritti dei propri nemici.
• La statalizzazione totale costituisce il maggior pericolo per la sopravvivenza della civiltà europea.

L'autore

José Ortega y Gasset (1883-1955) nasce a Madrid il 9 maggio 1883. La madre era proprietaria di "El Imparcial", un giornale di orientamento liberale, mentre il padre era giornalista e direttore di questo stesso giornale. Dopo aver studiato dai gesuiti, Ortega si laurea in filosofia a Madrid nel 1904. L'anno seguente si trasferisce in Germania per studiare alle università di Lipsia, Berlino e Marburgo. Nel 1907 torna nella sua città natale per insegnare presso la Scuola Superiore del Magistero e sposa Rosa Spottorno. Nel 1910 viene nominato professore di metafisica all'Università Complutense di Madrid. In questi anni comincia un'intensa attività intellettuale divisa tra le aule universitarie e il periodico del padre. Nel 1923, l'anno del colpo di stato del dittatore Primo de Rivera, fonda la "Revista de Occidente". Nel 1929, per protesta contro l'invadenza politica nella vita universitaria, Ortega rinuncia alla cattedra. Nel 1936 scoppia la guerra civile, e Ortega sceglie l'esilio: prima a Parigi e nei Paesi Bassi e in seguito in Argentina e in Portogallo. Nel 1945 però, dopo alcune negoziazioni col governo franchista, ritorna a Madrid e riottiene la cattedra. Muore a Madrid il 17 ottobre 1955. L'opera di Ortega, ispirata alla filosofia esistenzialista e pragmatista, è vastissima e consiste per la maggior parte di saggi e articoli sui periodici. Ortega riteneva infatti che l'attività giornalistica fosse il mezzo migliore per influire sul clima intellettuale collettivo e per introdurre in Spagna il pensiero europeo. In questi scritti indicò nel liberalismo l'acquisizione intellettuale irrinunciabile della civiltà europea, ma cercò di conciliarlo con le nuove idee del socialismo.

Nota Bibliografica

Altra edizione: José Ortega y Gasset, *La ribellione delle masse*, SE, Milano, 2001. Si è utilizzata questa edizione: José Ortega y Gasset, *La ribellione delle masse*, Il Mulino, Bologna, 1984, traduzione di S. Battaglia, p. 215. Titolo originale: *La rebelión de las masas*.

23

Walter Lippmann

La giusta società
1937

*'Quanto più è complessa una società, tanto
meno è possibile dirigerla dall'alto'*

Nell'agosto del 1938 il filosofo francese Louis Rougier organizzò a Parigi il Collo-
quio Lippmann, una riunione di intellettuali che si poneva l'obiettivo di rifondare il
liberalismo tradizionale in vista della terribile sfida portata dai movimenti totalitari
che stavano sconvolgendo il mondo. Il punto di partenza dell'incontro era la discussione del libro che l'americano Walter Lippmann, uno dei giornalisti e politologi più
famosi al mondo, aveva pubblicato l'anno precedente, *The Good Society*. All'incontro parteciparono, oltre allo stesso Lippmann, studiosi liberali di primo piano come
Mises, Hayek, Röpke, Aron, M. Polanyi, Rueff, Rüstow. In questo libro, tradotto in
italiano con il titolo libro *La giusta società*, Lippmann, che da posizioni progressiste
si era spostato su posizioni liberali, svolgeva una potente critica a tutte le forme di
collettivismo di destra e di sinistra, e una decisa difesa dell'economia di mercato. Nel
dopoguerra Lippmann vincerà per due volte il Premio Pulitzer. A lui si deve anche il
conio della formula "Guerra Fredda" per definire lo scontro tra Usa e Urss.

Riassunto

Il dogma dominante dell'epoca

Negli attuali conflitti che turbano il mondo, scrive Walter Lippmann, i contendenti
che lottano per il dominio credono che, se la lotta è così accanita e mortale, le questioni che li dividono devono essere profonde, ma sono in errore. Anche se indossano
camicie di colori diversi, le loro dottrine non sono che variazioni sullo stesso tema. La
loro comune convinzione è che le attività degli uomini debbano essere dirette in maniera coercitiva. Loro comune dottrina è che il disordine e la miseria possano essere
vinte soltanto diffondendo sempre più l'organizzazione obbligatoria. Loro comune
promessa è che, attraverso il potere dello Stato, gli uomini possano essere resi felici.
Hanno fede nella direzione e nel controllo dall'alto di ogni attività umana. Questo è
il modello cui si ispirano il pensiero e l'azione dell'epoca.

Tanto universale è il dominio di questo dogma sulle menti dei contemporanei che nessun uomo politico e nessun teorico viene preso sul serio, se non propone di aumentare i poteri dei funzionari pubblici e di estendere e moltiplicare i loro interventi nella condotta degli affari umani. È un fatto che ormai chiunque si spacci per progressista, anche in paesi come l'Inghilterra e gli Stati Uniti, reclama un aumento del potere dei funzionari pubblici, e il solo strumento di progresso in cui hanno veramente fede è l'intervento coercitivo dello Stato.

> *Smith e Marx: il vero e il falso profeta*
> «Adamo Smith intravide la verità fondamentale che la nuova tecnica industriale consiste nella divisione del lavoro regolata dai mercati. Per questo, malgrado le sue lacune e le sue limitazioni, egli fu un vero profeta. Egli vide che la crescente divisione del lavoro era la vera e fondamentale rivoluzione dei tempi moderni ... Per più di un secolo i suoi principi sono stati la base di tutta la politica economica delle nazioni più prospere ... Carlo Marx, per contro, non sembra aver mai afferrato il principio animatore della rivoluzione industriale che egli tentava di interpretare ... Insegnando che la divisione del lavoro poteva essere regolata senza mercato, con la direzione dall'alto da parte di funzionari onnipotenti, egli ha condotto tutti fuori strada.» (p. 224-227)

Tuttavia, fa notare l'autore, i presupposti di questa tendenza sono contrari a tutto quello di cui l'uomo si è nutrito nella sua lunga lotta per liberare la coscienza, la cultura, le arti, il lavoro e il commercio dalla schiavitù, dal privilegio, dal monopolio, dall'autorità. Per più di duemila anni la preoccupazione principale di ogni pensiero politico è stata di elevare un freno all'esercizio della forza e del potere arbitrario. Questo è il significato della dottrina del Diritto Naturale, del costituzionalismo, della separazione della Chiesa dello Stato.

A quanto pare queste lezioni della storia hanno perso per noi ogni significato. Durante la nostra generazione è penetrato nel mondo qualche fattore nuovo che costringe a disfare l'opera di liberazione e a risalire all'indietro la via che gli uomini percorsero per limitare il potere dei governanti. Ma l'onere della prova, afferma Lippmann, spetta a coloro che respingono la tradizione universale del mondo occidentale. Spetta a loro dimostrare che il culto di cui fanno oggetto lo Stato non costituisce un tradimento della propria storia.

Il progresso tecnico non richiede più centralizzazione

Il ritorno che si verifica oggi del principio autoritario in politica trova la sua principale giustificazione nell'opinione che il progresso della tecnica richieda il controllo di uno Stato onnipotente. Questa tesi, osserva l'autore, implica tuttavia uno strano paradosso. Tutte le misure di regolamentazione della produzione, dei prezzi e dei salari che oggi vengono invocate come indispensabili in una società industriale avanzata, furono proprio quelle che dovettero essere eliminate perché potesse aver luogo la grande rivoluzione industriale moderna.

La regolamentazione dell'industria, lungi dall'essere un'invenzione moderna prodotta dallo sviluppo della civiltà tecnica, fu la pratica di tutti i governi nell'era pretecnologica, dai Faraoni all'imperatore romano Diocleziano, dagli imperatori bizantini a Luigi XIV, dagli Asburgo ai Romanoff. Essa fu in particolare la politica dell'*ancien régime*. La grande ricchezza prodotta dalla tecnica moderna seguì in ordine di tempo la liberazione degli uomini dalle minute restrizioni imposte dal sistema delle corporazioni medievali e dalle politiche mercantiliste. Fu l'energia resa libera da questa progressiva emancipazione che mise a disposizione dell'uomo tutto quello che vi è più di buono e di più bello nella civiltà moderna.

C'è una validissima ragione per cui la regolamentazione d'autorità dell'industria si adatta a una economia primitiva, e non si adatta invece affatto a una economia in cui i mutamenti tecnici sono continui e radicali. Nessun funzionario può seguire con le sue ordinanze il ritmo con cui gli inventori producono le loro innovazioni. Se egli prende come base dei suoi decreti il sistema produttivo di ieri, scoraggia quello che potrebbe essere il sistema produttivo di domani. Ciò spiega perché una legislazione regolamentatrice, che per sua natura è statica e inerte, è tecnicamente inadatta al carattere altamente dinamico della rivoluzione industriale moderna.

L'illusione del governo e del controllo

Se teniamo presenti che tutti i governi sono composti di uomini mortali, non onniscienti né onnipotenti, è evidente che vi sono dei limiti necessari e fatali al grado in cui un ordinamento della società può essere deliberatamente progettato e realizzato. Non basta che un governo dichiari gli scopi che si propone, perché esso possegga la facoltà di raggiungerli. Il desiderio e la possibilità di realizzarlo sono cose diverse. La verità è che, a causa dei limiti del nostro intelletto e delle nostre forze, quanto più complessi sono gli interessi da regolare, tanto meno è possibile dirigerli con la coazione di un'autorità superiore.

Lo dimostra il fatto che una crescente organizzazione coattiva della società ha coinciso con un crescente disordine sociale. Non è una pura coincidenza che il culto di una civiltà tutta centralizzata e regolata sia accompagnato da un diffuso presentimento che la civiltà moderna sia condannata senza speranza. Gli uomini si rendono conto che quanto più organizzano, tanto più si generalizza il disordine; quanto più intervengono nella condotta delle cose umane, tanto più montano le resistenze. Il tentativo di volere deliberatamente regolare la vita di un intero popolo centuplica le resistenze dei singoli egoismi ed interessi. Questa nemesi è la malattia che colpisce ogni società troppo governata e troppo regolata.

L'epoca liberale

Il periodo che va dal 1776, quando Adam Smith scrisse *La ricchezza delle nazioni*, al 1870 è stato l'età aurea del libero scambio e dell'emancipazione politica in tutto il mondo occidentale. La libertà, ricorda Lippmann, era la stella polare che guidava lo spirito dell'uomo. Quando vi era un male da curare, istintivamente se ne cercava la causa nell'arbitrio del potere politico. Si credeva nella necessità di sottoporre i governi al dominio della legge, si credeva nei diritti dell'uomo, più che nel potere sovrano di re e maggioranze. Si pensava che il miglioramento della sorte umana fosse da raggiungere attraverso una sempre maggiore liberazione del pensiero e dello spirito di iniziativa.

Libertà, commercio e industria sono fenomeni legati tra loro in maniera organica. Vi è infatti uno stretto rapporto tra la libertà e la grande rivoluzione industriale moderna. L'impulso a creare e l'impulso a essere liberi si integrano e si sommano; ciascuno è rispetto all'altro causa ed effetto insieme. Questa è la ragione per cui il concetto di libertà è nato e si è sviluppato nelle nazioni che vivevano per mezzo di commerci estesi e complessi, come gli olandesi, gli inglesi, gli americani o, ancor prima, gli ateniesi.

La grande rivoluzione della divisione del lavoro

È stata dunque la missione storica del liberalismo scoprire il significato della divisione del lavoro, che si fonda sulla specializzazione del lavoro umano e sull'interdipendenza sempre più complessa tra gli individui e tra le comunità di tutto il mondo. Infatti è stato nel XIX secolo che l'autarchia delle nazioni ha ceduto il passo a un'interdipendenza profonda e complessa. Oggi la comunità economicamente sufficiente a se stessa è virtualmente sparita. Alcune nazioni dipendono meno di altre dal commercio estero, ma nessuna potrebbe mantenere il suo attuale livello di vita, se si isolasse dal resto del mondo.

Non è esagerato dire che il passaggio dall'economia relativamente autonoma di comunità locali isolate a una interdipendenza generale degli uomini nel quadro di un'economia mondiale, scrive Lippmann, è l'evento più rivoluzionario che si ricordi nella storia, paragonabile solo alla nascita dell'agricoltura. Nessuno lo potrà arrestare, nessuna forza potrà impedire che tutta l'umanità venga fatta uscire dall'economia isolata e che entri a far parte di un sistema mondiale di unità produttive specializzate e interdipendenti; e ciò perché questo nuovo metodo produttivo è senza paragone più efficiente nella lotta per la vita. Gli uomini che lo adottano non solo divengono più ricchi di quelli che lo respingono o non lo conoscono, ma sono fatalmente destinati ad esserne i vincitori e i dominatori.

La controrivoluzione collettivista

La rivoluzione pertanto continuerà, ma poiché non impone solo un cambiamento nell'economia ma anche nelle abitudini umane, occorrerà molto tempo prima che gli uomini si adatteranno culturalmente a circostanze così mutate. È naturale che ad ogni fase del suo corso questa trasformazione rivoluzionaria susciti rivolte e resistenze. Intorno al 1870, infatti, iniziò una reazione contro la libertà degli scambi. La libertà cessò di essere meta e guida dello spirito umano, e gli uomini cominciarono a pensare in termini di organizzazione, autorità e potere collettivo. Entrambe le attuali tendenze collettiviste, quella socialista e quella nazionalista, rappresentano, con sistemi diversi di coercizione, il tentativo di resistere alle conseguenze della crescente divisione del lavoro. Il movimento collettivista, nelle sue varie manifestazioni, è in sostanza proprio questo: una rivolta contro il mercato libero.

Gli apologeti del fascismo e del comunismo pensano che la dittatura che vedono in azione nelle loro terre promesse sia transitoria, ovvero un difetto accidentale o una necessità temporanea. Costoro, spiega Lippmann, sono in grave errore, perché una società collettivista può esistere solo in uno Stato assoluto. È questo il motivo per cui il totalitarismo che vediamo in Russia, Germania e Italia non è transitorio, ma è il principio essenziale di ogni ordinamento collettivista che si sviluppi appieno.

Quando gli uomini accettano l'opinione che la loro economia debba essere progettata, organizzata e diretta dal potere coercitivo dello Stato, essi si impegnano necessariamente a sopprimere tutte le tendenze contrarie, che sorgono dalla diversità dei loro scopi e interessi. A questa necessità, osserva Lippmann, non si sfugge. Se l'ordine sociale deve essere regolato secondo un piano unico, tutti devono conformarsi a questo piano; se vi sono fini perseguiti dallo Stato, devono scomparire i fini privati, in quanto contrastino con quelli pubblici. Quando si vive tranquillamente e sicuramente in un regime di libertà, commenta Lippmann, è facile cullarsi nell'illusione che le promesse del collettivismo possano conciliarsi con i grandi benefici della libertà. Ma questo non è possibile.

Errori riguardo la proprietà collettiva

È assai singolare, osserva Lippmann, che il marxista fondi le sue speranze nella perfetta società futura su un concetto della proprietà di un estremo formalismo giuridico, supponendo che se i titoli di proprietà venissero trasferiti alla collettività, gli strumenti di produzione sarebbero gestiti non più in vista del profitto di proprietari privati, ma del benessere di tutta la collettività. Tutta la speranza che sfruttamento, avidità di guadagno, antagonismi sociali cesseranno, riposa sulla fiducia che questo trasferimento di proprietà opererà il miracolo.

Ma è arbitrario presumere che il possessore formale del titolo di proprietà ne sia necessariamente il principale beneficiario. È assai facile invece che la proprietà collettiva venga gestita a beneficio di una sola classe. Il titolo di proprietà per se stesso non compie miracoli. Il trasferimento della proprietà dei capitali alla collettività non offre alcuna garanzia che i dirigenti industriali non si arricchiranno loro stessi e non sfrutteranno la comunità. Anzi, la proprietà collettiva è perfettamente compatibile con una divisione della società in caste. Che cosa vi è nel principio della proprietà collettiva che vieti una distribuzione dei redditi, in cui i gestori politici si attribuiranno la parte del leone?

Se fosse come dicono i socialisti, non esisterebbero i fenomeni del militarismo negli eserciti, del burocratismo nei ministeri e delle rapine legalizzate del pubblico denaro. Il fenomeno del militarismo sorge perché i militari, pur senza essere proprietari dell'esercito, finiscono per avere interessi personali propri; il fenomeno della burocrazia sorge perché i

> *La rozzezza dell'interventismo*
>
> «Quando gli uomini si trovano oggi in presenza di un problema … la soluzione che si preferisce è quasi invariabilmente quella di dare ai funzionari il potere di imporre una soluzione. Dal punto di vista intellettuale, è la via più semplice e facile, perché non richiede nessuna speciale capacità, e neppure molta riflessione, l'affrontare un male dicendo ad un terzo che ordini di curarlo. Ogni sciocco, si è detto, può governare con la legge marziale, e ogni novizio incompetente può godere l'illusione di avere giovato all'interesse collettivo, nominando un funzionario munito del mandato di far progredire il benessere generale, ma è illusione pensare che la complessità infinita della vita sociale possa essere dominata con la nomina di un funzionario onnipotente.» (p. 352)

funzionari, pur non essendo proprietari dello Stato, finiscono per considerare il servizio pubblico come un loro vero e proficuo interesse personale. Nessuno di questi abusi è impedito dalla circostanza che coloro che ne traggono beneficio non hanno la titolarità dei diritti di proprietà.

Eppure, quanto è promesso dal socialismo posa sulla supposizione che i beni affidati fiduciariamente ad altri saranno amministrati scrupolosamente e saggiamente nell'interesse esclusivo dei proprietari legali di quei beni. E per quanto ogni esperienza fatta non autorizzi questa supposizione, il socialismo ingenuamente sostiene che se tutti i beni venissero affidati fiduciariamente a terzi, per conto della collettività, essi sarebbero gestiti nell'esclusivo interesse dei questa. Tutto questo non significa soltanto avere un'opinione semplicistica e ingenua della natura umana, che sorprende in uomini che sogliono irridere a ogni forma di idealismo e si vantano di essere duri e violenti, ma significa avere un concetto semplicistico e ingenuo della natura della proprietà.

Il collettivismo graduale delle democrazie

Nelle democrazie occidentali la volontà di trovare delle difese contro il mercato libero hanno dato vita a una forma di collettivismo che Lippmann definisce "graduale". Tutte queste misure protettive (dazi, sussidi, prezzi e salari fissati d'autorità, redditi minimi garantiti e simili), tuttavia, non sono prese né nell'interesse generale, né nell'interesse di una classe sociale, ma solo sulla spinta dei gruppi d'interesse particolari. Non sono il frutto di un progetto di ricostruzione sociale, ma nascono dalla pressione esercitata da gruppi interessati sul corpo degli elettori e sugli uomini politici.

Non è stata dunque la propaganda socialista che ha convertito le nazioni: è la pratica del collettivismo graduale che ha finito per far pensare che, se i singoli possono essere arricchiti dall'azione dello Stato, l'azione di questo potrebbe egualmente arricchire tutta la collettività. Così il pubblico ha finito per persuadersi che lo Stato possieda un potere magico per creare una vita prospera e felice, e gradualmente si è formata la convinzione che le sue aspettative potranno essere proporzionali alla forza del governo: quanto più forte sarà il governo, tanto più sarà in grado di soddisfare i desideri del pubblico.

Si raggiunge quindi uno stadio in cui gli uomini cessano di avere la sensazione che vi sia un rapporto essenziale tra produzione e consumo, tra lavoro e ricchezza. Essi

---

La potenza della libertà

«Il punto fondamentale è che l'esercizio di un potere arbitrario è un fattore di disturbo, di deviazione in tutta la vita creativa degli uomini; può essere un semplice e modesto disturbo, come il ronzio di una mosca, ma può anche essere una grande catastrofe che arresta ogni lavoro, distruggendo l'edificio del pensiero e della scienza dalle sue stesse fondamenta. E possiamo arrivare a comprendere ed apprezzare di quale reale energia e potenza sia suscettibile la libertà, se pensiamo quanti uomini che lavorano, che studiano, che cooperano tra loro sono sotto l'incubo di conquistatori, di sfruttatori, di avventurieri; di uomini cioè che non lavorano, ma si appropriano l'opera degli altri; che non producono, ma si fanno pagare su un diritto di pedaggio; che non inventano, ma impongono pregiudizi e false credenze; che non creano ma coartano coloro che creano. La ricerca della libertà è la rivendicazione di tutti coloro che producono le cose veramente buone e preziose della vita.» (p. 440-441)

anzi finiscono per credere che il rapporto essenziale sia quello tra ricchezze e potere dello Stato. Non è più il lavoro, ma la legge, la forza dello Stato, la potenza del governo, che ormai vengono considerati la fonte del benessere generale.

Il collettivismo esaspera i conflitti

La fede in questo miracolo, continua Lippmann, è però dovuta a un'illusione ottica. Il potere dello Stato, di per sé, non produce nulla: può solo distribuire quello che è già stato prodotto. Al tempo stesso tutte le misure della politica collettivista hanno come conseguenza generale un rialzo dei costi reali di produzione e una riduzione del rendimento effettivo del capitale e del lavoro. Così, mentre da un lato lo Stato aumenta le aspettative del pubblico, dall'altro riduce la produttività di una nazione.

Sotto il regime del collettivismo, la lotta per il potere diventa pertanto sempre più aspra. Quando gli uomini imparano che la loro fortuna dipende in misura sempre più grande dalla loro posizione politica, il controllo dell'autorità dello Stato diviene una preda di valore veramente straordinario. Cosicché, quanto più il collettivismo si estende e progredisce, tanto più la lotta per la conquista dei privilegi prende un carattere esasperato, e finisce per trasformare, come accade ora, il conflitto interno in una lotta tra tutte le nazioni del mondo.

La Legge naturale

Eppure presso tutti i popoli civili si può rintracciare la convinzione che vi sia una Legge universale più alta delle leggi emanate dai governi. È una convinzione che gli uomini tentano di formulare da almeno 25 secoli. Generalmente il concetto di Legge superiore è stato negato dai potenti e invocato dai loro soggetti. Ed è ovvio che sia così, perché la fede in una Legge superiore equivale a invocare, contro il potere fisico e materiale di un governante, l'intervento e l'aiuto di un potere spirituale che quello sia costretto a rispettare.

Per quanto l'esistenza nella società umana di una tale Legge superiore sia stata costantemente ripudiata in pratica e condannata in teoria, essa deriva da un'intuizione che l'umanità è incapace di rinunciare, poiché se una superiore Legge naturale non esiste, non vi è più alcun motivo per cui ciascuno possa contrastare il potere del forte di sfruttare il debole, non vi è più ragione per cui la forza arbitraria debba essere contenuta. Non è un caso che dal tempo in cui gli stoici per primi contestarono la legittimità della schiavitù, fino alla lunga lotta per il governo costituzionale, per i diritti dell'uomo e la libertà di commercio, gli emancipatori dell'umanità abbiano costantemente fatto appello a una Legge più alta e più universale della volontà fattasi legge dei loro avversari.

Coloro che hanno professato questo ideale, ricorda Lippmann, formano una grande e nobile compagnia: Aristotele e gli stoici, san Tommaso e Grozio, i fondatori del governo costituzionale d'Inghilterra, i creatori della Repubblica americana. Per quanto imperfettamente formulata, la dottrina della Legge naturale fa parte dello sforzo che lo spirito umano compie per avvicinarsi alla verità.

L'inviolabilità della persona umana

Il riconoscimento che gli uomini sono persone e non devono essere trattati come cose si è formato nella coscienza dell'uomo lentamente; si è affermato con difficoltà contro le prove sempre ricorrenti di un'esperienza immediata diversa, contro le obiezioni sofistiche, contro gli istinti egoistici e di rapina degli uomini. Gli stoici lo espressero in termini astratti, intelligibili soltanto ad una piccola minoranza, ma alle masse del mondo occidentale la buona novella che tutti gli uomini sono più che semplici cose venne proclamata dal Vangelo di Cristo e fu celebrata come il nucleo della sua dottrina. L'influenza esercitata da questo Vangelo è stata inesauribile; essa inseriva saldamente i diritti degli uomini nello stesso ordine naturale dell'universo.

Da quando questa rivoluzione fu annunciata agli uomini, osserva Lippmann, nessun sistema tirannico ha più potuto far valere un suo titolo legittimo dinanzi al tribunale della coscienza umana, perché col riconoscimento che in ogni uomo vi è una essenza suprema, vale a dire un'anima immortale che solo Dio può giudicare, fu elevato un limite al dominio dell'uomo sull'uomo. Le prerogative di un potere supremo furono minate alle fondamenta, e al suo posto fu proclamata la inviolabilità della persona umana.

Non è accidentale, nota l'autore, che le sole e vere opposizioni allo Stato totalitario provengano da uomini di profonda fede religiosa, poiché nella loro fede essi trovano la forza di rivendicare il loro valore come anime immortali, e in questa esaltazione della loro dignità di uomini trovano la giustificazione di doversi opporre alle pretese degli uomini di dominare altri uomini. La vera ragione dell'irreligione di fascisti e comunisti è che la religione cristiana incoraggia e coltiva il rispetto degli uomini, e che contro questo sentimento di rispetto lo Stato totalitario non può a lungo resistere.

L'inevitabile fallimento del collettivismo

Sebbene la teoria collettivista sia di moda nel pensiero contemporaneo e guidi la pratica degli uomini politici della nostra epoca, di fatto il suo trionfo ha avuto conseguenze disastrose. Anche se momentaneamente vittoriosa, essa è un fallimento e non potrebbe essere diversamente perché si basa su una concezione radicalmente falsa dell'economia, del diritto, del governo e della natura dell'uomo. Se la dottrina collettivista fosse conforme ai dati dell'esperienza e ai bisogni dell'uomo, fa notare l'autore, non sarebbe necessario imporre il collettivismo con l'educazione militare, il terrore e la censura delle idee cosiddette sovversive.

Il fatto che tutta l'attuale generazione agisca ispirandosi a queste dottrine non significa che la filosofia del liberalismo sia morta, come affermano collettivisti e autoritari. Forse è fatale che gli uomini debbano passare attraverso una terribile prova prima di ritrovare le verità fondamentali che essi hanno purtroppo dimenticato. Alla fine però, conclude Lippmann, la rinascita del liberalismo è da considerarsi sicura. Esso ha dietro di sé l'energia irresistibile che gli deriva da un metodo infinitamente superiore di produzione, e nessuna forza umana potrà alla lunga opporvisi. Ma soprattutto ha dietro di sé il desiderio di libertà che si rinnova perpetuamente in ogni individuo che fa uso delle sue facoltà e afferma la sua umanità.

Punti da Ricordare

• Il comunismo e il fascismo, anche se si combattono ferocemente, condividono la stessa ideologia collettivista
• La fede nello Stato onnipotente costituisce il dogma dominante dei nostri tempi
• Questo atteggiamento è in contraddizione con tutta la storia e la tradizione della civiltà occidentale
• Non è vero che il progresso tecnico richiede una maggiore pianificazione politica
• Al contrario, quanto più è complessa una società, tanto meno è possibile dirigerla dall'alto
• Infatti la crescente organizzazione coattiva della società ha coinciso con un crescente disordine sociale
• Tra il 1776 e il 1870 la libertà è stata la stella polare che ha guidato lo spirito dell'uomo
• Il liberalismo è la filosofia della moderna società industriale fondata sulla divisione del lavoro
• La libertà di commercio ha reso interdipendenti tutte le nazioni del mondo
• Negli ultimi 70 anni si è però sviluppata una reazione contro l'individualismo e il libero mercato
• Il collettivismo richiede per sua natura uno Stato autoritario
• I socialisti hanno un'opinione semplicistica e ingenua della natura umana e della proprietà collettiva
• Nelle democrazie occidentali vige oggi una forma di collettivismo graduale
• La ricerca di una Legge naturale universale è un impulso morale insopprimibile nell'uomo
• Grazie al cristianesimo si è affermata l'idea dell'inviolabilità della persona umana
• Il collettivismo è destinato al fallimento, mentre il liberalismo rinascerà

L'autore

Walter Lippmann (1889-1974) nacque il 23 settembre 1889 a New York. Studiò lingue e filosofia all'Università di Harvard, e imparò a parlare fluentemente il francese e il tedesco. Fu consigliere del presidente Woodrow Wilson, ma successivamente si spostò da posizioni progressiste a posizioni liberali. Fu uno dei pensatori politici più influenti della sua epoca, e nel secondo dopoguerra vinse per due volte il Premio Pulitzer, nel 1958 e 1961. Il codice deontologico al quale si ispirava è diventato il canone del giornalismo anglosassone. Si deve a lui, nel corso di una celebre polemica pubblica con George Kennan, l'invenzione della formula "Guerra Fredda", usata in una serie di articoli che criticavano le strategie di politica estera di Truman. Oltre a *La società giusta* (1937), il suo libro più famoso, in Italia sono stati pubblicati diversi suoi libri, tra cui *L'opinione pubblica* (1922), *Il grande vuoto* (1955), *Competere per coesistere* (1959). Morì all'età di 85 anni a New York il 14 dicembre 1974.

Nota Bibliografica

Walter Lippmann, *La giusta società*, Einaudi, Torino, 1945, a cura di Giuseppe Cosmelli, p. 479. Titolo originale: *The Good Society*.

24

Friedrich A. von Hayek

La via della schiavitù
1944

'La pianificazione economica conduce alla tirannia'

La via della schiavitù è stato il libro che ha dato il via alla rinascita del liberalismo nel dopoguerra. Uscì in Gran Bretagna nel marzo del 1944, e venne ristampato più volte malgrado la carta fosse razionata. Il successo più clamoroso si ebbe però negli Stati Uniti, e l'autore, l'economista di origini austriache Friedrich A. von Hayek, fu il primo a stupirsene. L'idea che il socialismo democratico avrebbe potuto evolvere in totalitarismo colpì fortemente l'opinione pubblica inglese e americana. Margaret Thatcher e Ronald Reagan lo lessero entrambi in gioventù, rimanendone influenzati per tutta la vita. Durante la guerra fredda il libro circolò ampiamente come *samizdat* clandestino nei paesi comunisti dell'est Europa. Ancora oggi *The Road to Serfdom* rimane un *best-seller*. Negli Stati Uniti, durante i primi dieci giorni di giugno del 2010 il libro di Hayek, trainato da un *talk-show* televisivo diretto da Glenn Beck, balzò al primo posto delle vendite delle due maggiori librerie online, Amazon e Barnes and Nobles.

Riassunto

L'incauto abbandono del liberalismo

Quando l'Inghilterra entrò in guerra con la Germania, Hayek era divenuto cittadino britannico e assisteva con grande preoccupazione alle distruzioni causate dal nazismo, alla diffusa attrazione politica per il comunismo e al crescente sostegno per l'economia pianificata dallo Stato. La gravità della situazione lo spinse a uscire dalla torre d'avorio dei suoi studi accademici. Decise di scrivere un libro per avvisare i colleghi di sinistra e il grande pubblico che gli esperimenti collettivisti rischiavano di portare al totalitarismo. Hayek dedicò significativamente *La via della schiavitù* "ai socialisti di tutti partiti". Nella prefazione precisò tuttavia che il suo intento non era quello di accusare i partiti socialisti di tendere *consapevolmente* al totalitarismo. Sosteneva invece che le conseguenze impreviste ma inevitabili della pianificazione socialista creano uno stato di cose in cui le forze totalitarie finiscono per prendere il sopravvento.

In Occidente, spiegava Hayek, pochi avevano collegato l'abbandono delle idee liberali all'emergere dei totalitarismi: «Noi abbiamo progressivamente abbandonato quella libertà in campo economico senza la quale non è mai esistita nel passato la libertà personale e politica. Sebbene fossimo stati ammoniti da alcuni dei più grandi pensatori politici del diciannovesimo secolo, da Tocqueville a Lord Acton, che il socialismo significa schiavitù, noi ci siamo costantemente mossi nella direzione del socialismo» (p. 58). Il liberalismo era nato nelle città commerciali dell'Italia del Nord e poi si era spostato verso nord fino a radicarsi saldamente nei Paesi Bassi e nelle Isole britanniche. Da qui, nel corso del diciottesimo e diciannovesimo secolo, si era diffuso in America e nel continente europeo. Il risultato maggiore dell'aver tolto le catene alle energie individuali fu lo sviluppo meraviglioso della scienza che seguì il cammino della libertà individuale.

Il successo del liberalismo andò al di là dei sogni più temerari, e agli inizi del ventesimo secolo il lavoratore del mondo occidentale aveva conseguito un grado di benessere materiale, di sicurezza e di indipendenza personale che cento anni prima sarebbe sembrato difficilmente possibile. Col successo crebbe però l'ambizione, e il ritmo del progresso parve troppo lento. I principi che avevano reso possibile questo pro-

> *Il socialismo tedesco spodesta il liberalismo inglese.*
> «Per oltre duecento anni le idee inglesi sono andate diffondendosi in direzione dell'Oriente. Il regno della libertà che era stato conseguito in Inghilterra sembrava destinato a diffondersi attraverso tutto il mondo. Il dominio di queste idee ha probabilmente raggiunto la sua maggior diffusione intorno al 1870. Da allora cominciò a regredire, e un differente sistema di idee, in realtà non nuove ma vecchissime, cominciò ad avanzare dall'Oriente. L'Inghilterra perdette la sua leadership intellettuale nella sfera politica e sociale, e divenne un paese importatore di idee. Per i sessant'anni successivi la Germania diventò il centro dal quale si irradiarono, verso l'Oriente e verso l'Occidente, le idee destinate a governare il mondo del ventesimo secolo. Queste idee erano quelle di Hegel e di Marx, di List o Schmoller, di Sombart o Mannheim, ora quelle del socialismo nella sua forma più radicale, o quelle concernenti semplicemente una "organizzazione" o una "pianificazione" meno radicale. Le idee tedesche venivano importate dovunque con grande rapidità e le istituzioni tedesche imitate» (p. 67).

gresso nel passato vennero considerati più come ostacoli sulla strada di un progresso maggiormente veloce da spazzar via con impazienza, piuttosto che come condizioni per la conservazione e lo sviluppo di ciò che era stato conseguito.

In questo modo gli europei abbandonavano non solo le idee liberali, ma l'intera tradizione individualista occidentale ereditata dai greci, dai romani, dal cristianesimo e dagli umanisti. L'adesione al collettivismo stava inoltre distruggendo quelle virtù individualiste che erano sempre state motivo di fierezza per i popoli anglosassoni, come l'indipendenza e la fiducia in se stessi, l'iniziativa individuale e la responsabilità locale, l'affidamento del successo all'azione volontaria, la non interferenza verso il prossimo, il rispetto per gli usi e la tradizione, e una sana diffidenza verso il potere e l'autorità. Il collettivismo, obiettava Hayek, non aveva niente da mettere al loro posto, se non la muta obbedienza e il rassegnato compimento del dovere stabilito dall'autorità.

L'origine tedesca delle idee collettiviste

I bersagli principali del libro erano i mali gemelli del socialismo e del fascismo. Tuttavia, poiché in quegli anni l'Urss era alleata degli Stati Uniti e della Gran Bretagna, Hayek preferì attenuare le critiche al comunismo facendo più spesso dei riferimenti al nazismo: «È qui necessario affermare la sgradevole verità, per cui noi ci troviamo, in qualche misura, davanti al pericolo di ripercorrere la via battuta dalla Germania» (p. 46). Per Hayek era sbagliato vedere gli estremismi di destra e di sinistra come due fenomeni opposti, perché entrambi, sostituendo le forze del mercato con la pianificazione statale, minacciavano le libertà individuali. L'affinità tra le due ideologie totalitarie era evidente dalla facilità con la quale i giovani comunisti potevano essere convertiti in nazisti e viceversa. Questi giovani non avevano le idee chiare, ma di una cosa erano certissimi: che odiavano la società liberale occidentale. Per gli uni e gli altri il vero nemico, l'uomo con il quale essi non avevano niente in comune e che non potevano minimamente sperare di convertire, era il liberale vecchio stampo.

> *Concentrare il potere significa accrescerlo*
> «Concentrando il potere in modo che possa essere usato al servizio di un unico piano, non lo si trasferisce soltanto ma lo si accresce infinitamente ... riunificando nelle mani di un solo organo il potere formalmente esercitato da molti in modo autonomo, si crea una quantità di potere infinitamente più grande di quanto ne esistesse prima, talmente esteso da risultare quasi di specie diversa ... Dividere o decentrare il potere comporta una riduzione del suo ammontare complessivo, e il sistema di concorrenza è il solo sistema adatto a minimizzare, mediante il decentramento, il potere dell'uomo sull'uomo» (p. 201).

Quando Hitler salì al potere, il liberalismo in Germania era già morto e sepolto, e a ucciderlo era stato il socialismo. Oggi, scrive Hayek, ci si dimentica spesso quale enorme influenza abbia avuto la Germania per lo sviluppo della teoria e della pratica del socialismo: fino a poco tempo fa lo sviluppo delle dottrine socialiste si era realizzato quasi per intero in Germania e in Austria, e una generazione prima che il socialismo si diffondesse in Inghilterra, la Germania aveva già nel proprio Parlamento un grosso partito socialista.

Hayek ricorda le parole del "santo patrono" del nazionalsocialismo Arthur Moeller van der Bruck, secondo cui la prima guerra mondiale era stata una guerra tra il liberalismo occidentale e il socialismo tedesco. Egli si vantava del fatto che nel primo dopoguerra non ci fossero più liberali in Germania, perché «il liberalismo è una filosofia di vita dalla quale la gioventù tedesca si allontana con nausea, con collera, con disprezzo tutto particolare, perché non c'è niente di più estraneo, di più ripugnante, di più contrario alla propria filosofia» (p. 234-235).

La causa principale di questo cambiamento di mentalità andava individuata, secondo Hayek, nell'egemonia culturale conquistata dalla Germania negli ultimi decenni dell'Ottocento grazie ai suoi successi militari e industriali. Dopo il 1870, infatti, le idee "tedesche" favorevoli al socialismo e alla pianificazione statale cominciarono a soppiantare in tutta Europa le idee liberali "inglesi".

Dalla pianificazione al totalitarismo

Nel corso del dibattito sul calcolo economico nella società socialista che si era svolto negli anni Trenta, Hayek aveva sostenuto, sulla scia del suo maestro Ludwig von Mises, che un'economia pianificata dal centro non sarebbe stata in grado di operare in maniera efficiente perché non avrebbe potuto far uso della conoscenza dispersa tra i milioni di individui che compongono la società. Ne *La via della schiavitù* Hayek fece notare che la pianificazione aveva delle gravi controindicazioni non solo sul piano economico, ma anche sul piano politico. La pianificazione dell'economia nazionale, anche se motivata da buone intenzioni, avrebbe condotto alla tirannia e alla perdita delle libertà personali perché poteva essere attuata solo mediante forme sempre più estese di controllo coercitivo sull'individuo. Infatti non esiste un fine sociale universalmente valido, individuabile all'autorità, che possa essere imposto a tutti. Esiste solo un'infinita varietà di desideri e bisogni, differenti da individuo a individuo.

Molte persone, osserva Hayek, ritengono che il proprio obiettivo possa venir raggiunto rapidamente e completamente soltanto per via politica, ed è questa la ragione per cui tanti desiderano la pianificazione. Il perseguimento del loro obiettivo mediante la pianificazione statale farebbe però esplodere il contrasto latente che esiste tra tutti i differenti fini individuali. Questo contrasto può essere risolto solo con dosi massicce di coercizione. Proprio gli uomini che più ardono dal desiderio di pianificare la società, avverte Hayek, sono i più pericolosi, se viene loro permesso di farlo, e i più intolleranti verso i piani degli altri.

È questa la ragione per cui in una società avviata verso il totalitarismo "emergono i peggiori", come avverte Hayek nel famoso decimo capitolo del libro. Il fatto che personaggi spietati come Stalin, Berja, Hitler o Himmler abbiano raggiunto i posti di comando non si è verificato per caso fortuito o per un colpo di sfortuna, ma è stato l'esito inevitabile del tentativo di irreggimentare dall'alto l'intera società. Nelle posizioni di potere finiscono infatti per accedervi tutti coloro che hanno meno scrupoli a imporre, anche con la forza, l'applicazione del piano supremo. Ci saranno da compiere delle azioni sulla cui malvagità, in se stesse, nessuno può avere dubbi, ma che devono essere compiute per realizzare il fine ultimo superiore. Tutti coloro che rispettano ancora la morale tradizionale saranno riluttanti a mettere in atto delle azioni che comportino, ad esempio, la crudeltà, l'intimidazione, l'inganno o lo spionaggio. La sollecitudine a fare queste cose cattive diventa così la via per ottenere promozioni e potere.

Alcuni sostengono che l'abolizione della libertà individuale nel campo economico non pregiudica le altre libertà individuali. In realtà, spiega Hayek, è un errore credere che vi siano dei fini puramente economici staccati dalle altre finalità della vita, perché chi controlla l'intera attività economica controlla i mezzi per tutti i fini, e può quindi decidere quali possono essere soddisfatti e quali no. La nostra libertà di scelta in una società competitiva, osserva Hayek, si basa sul fatto che, se una persona si rifiuta di soddisfare i nostri desideri, noi possiamo rivolgerci a un'altra persona. Ma se ci troviamo di fronte a un unico monopolista, noi saremo alla sua mercé. E un'autorità che diriga tutta l'attività economica

> *Chi pianifica chi?*
> «Non ci sarà più nessuna questione economica o sociale che non sia una questione politica nel senso che la sua soluzione dipenderà esclusivamente da chi detiene il potere coercitivo, che sono coloro le cui opinioni prevarranno in ogni occasione … Chi pianifica per gli altri?; chi dirige e domina gli altri?; chi assegna alle altre persone il loro posto nella vita?; e chi è che ha da farsi fissare da altri quel che deve fare? … Alla fine sarà l'idea di qualcuno a decidere quali sono gli interessi più importanti; e questa idea dovrà diventare parte della legge del paese. Ci troviamo così di fronte ad una nuova distinzione di rango che viene imposta sulla gente dall'apparato coercitivo dello Stato» (p. 162, 125).

sarebbe il monopolista più potente che si possa immaginare. Questa autorità potrebbe ad esempio decidere di affamare fino alla morte degli individui, delle categorie sociali o degli interi gruppi etnici semplicemente negandogli l'assegnazione del cibo.

Elogio della decentralizzazione

Per impedire tragedie come queste, la proprietà privata è la garanzia più potente che esista, non solo per i proprietari, ma anche per coloro che non posseggono proprietà, dato che è unicamente a motivo del fatto che il controllo dei mezzi di produzione è diviso tra molti individui, che agiscono indipendentemente l'uno dall'altro, che nessuno ha un potere completo su di noi, e che noi in quanto individui possiamo decidere cosa fare di noi stessi.

Il potere che ha su di noi un plurimilionario in una società capitalista è sicuramente molto più piccolo, osserva Hayek, di quello di un funzionario socialista di basso rango, il quale dispone del potere coercitivo dello Stato e dalla cui discrezione dipende come mi sarà permesso di vivere o di lavorare. Non c'è nessuno, in una società competitiva, che possa esercitare anche una frazione del potere che deterrebbe un comitato socialista per la programmazione. In definitiva le alternative sono due: o un ordine governato dalla disciplina impersonale del mercato, o un ordine diretto dalla volontà di pochi individui. Coloro che mirano a distruggere il primo, afferma l'economista austriaco, contribuiscono, volontariamente o involontariamente, a creare il secondo.

In nessun altro campo, osserva l'autore de *La via della schiavitù*, il mondo ha pagato così caro l'abbandono del liberalismo ottocentesco come in quello delle relazioni internazionali. Nel dopoguerra occorrerà quindi ricostruire l'ordine internazionale su basi liberali e non collettiviste. Una pianificazione su scala internazionale, ancor più che su scala nazionale, è irrealizzabile se non ricorrendo al nudo uso della forza. Per questa ragione non bisogna devolvere a un'autorità internazionale i poteri assunti dagli Stati in tempi recenti, ma solo quel minimo di poteri necessari a mantenere relazioni di pace, e cioè «essenzialmente i poteri dello Stato ultraliberale del "laissez faire"» (p. 292).

L'idea di fondere paesi differenti in un unico Stato centralizzato non è né praticabile né desiderabile. L'ideale del diritto internazionale può diventare realtà solo attraverso i principi del federalismo. In questo campo l'esperienza di piccoli paesi come l'Olanda e la Svizzera racchiude molti insegnamenti. Non è infatti un caso, osserva Hayek, che si trovi maggior bellezza e maggior decoro nella vita dei piccoli popoli, e che fra i popoli grandi ci sia tanta più felicità e soddisfazione quanto più sono riusciti ad evitare l'infezione mortale della centralizzazione. Saremo tutti vincitori, conclude Hayek, se potremo creare un mondo su misura dei piccoli Stati per viverci: «Il principio guida, che una politica di libertà per l'individuo è la sola politica veramente progressista rimane vero oggi quanto lo era nel secolo diciannovesimo» (p. 299).

Punti da Ricordare

• L'Inghilterra e gli Stati Uniti stanno abbracciando le politiche collettiviste dei paesi contro cui stanno combattendo
• Il rifiuto della tradizione liberale ha portato alla nascita dei regimi totalitari
• Il fascismo e il nazismo hanno la stessa natura antiliberale del socialismo
• La pianificazione economica conduce alla tirannia e alla perdita delle libertà individuali
• Chi controlla tutti i mezzi economici decide tutti i fini
• Nei sistemi totalitari emergono sempre gli individui peggiori
• Dopo la guerra l'Occidente dovrà recuperare la tradizione liberale che ha incautamente rigettato

L'autore

Friedrich August von Hayek (1899-1992) nasce a Vienna l'8 maggio del 1899 da una famiglia dell'aristocrazia austriaca. Durante la prima guerra mondiale combatte come ufficiale sul fronte italiano. Conclusa l'esperienza della guerra, consegue la laurea in Giurisprudenza e Scienze politiche presso l'Università di Vienna. In questo periodo entra in contatto con i più grandi economisti austriaci, come Friedrich von Wieser, Eugen von Böhm-Bawerk e Ludwig von Mises. L'incontro con Mises si rivelerà fondamentale sul piano umano, professionale e intellettuale. Nel 1931, su invito di Lionel Robbins, si reca in Inghilterra per tenere una serie di lezioni alla London School of Economics. Nel 1944 *La via della schiavitù* gli procura una grande notorietà in quasi tutto il mondo. Per diffondere le idee del liberalismo Hayek fonda nel 1947 la Mont Pelerin Society, che riunisce ogni anno, nell'omonima località svizzera, i maggiori pensatori liberali del mondo. Tre anni dopo si trasferisce negli Stati Uniti con l'incarico di professore di scienze sociali all'università di Chicago. Nel 1962, dopo dodici anni di permanenza negli Stati Uniti, torna definitivamente in Europa per insegnare politica economica all'università di Friburgo in Germania. Nel 1974 gli viene conferito il Premio Nobel per l'Economia, riconoscimento che rilancerà in tutto il mondo le idee della Scuola Austriaca. Muore a Friburgo, il 23 marzo 1992.

Nota Bibliografica

Friedrich A. von Hayek, *La via della schiavitù*, Rubbettino, Soveria Mannelli, 2011, con prefazione di Raffaele de Mucci (prima edizione: Rizzoli, Milano, 1948). Si è utilizzata l'edizione: Rusconi, Milano, 1995, con introduzione di Antonio Martino, traduzione di Dario Antiseri e Raffaele De Mucci, p. 303. Titolo originale: *The Road to Serfdom*.

25

Karl Raimund Popper

La società aperta e i suoi nemici
1945

'In nome della tolleranza non dobbiamo tollerare gli intolleranti'

Nel 1937 Karl Popper, a causa delle sue origini ebraiche, lasciò la nativa Austria e si rifugiò in Nuova Zelanda. Qui scrisse il suo testo di filosofia politica più importante, *La società aperta e i suoi nemici*. L'opera, uscita nel 1945, gli diede una fama immediata e gli aprì le porte della London School of Economics, dove insegnò per oltre vent'anni. In questi due volumi Popper difese la tradizione razionalistica e individualistica occidentale contro le ideologie collettiviste di destra e di sinistra che stavano sconvolgendo il mondo. Egli individuò nello storicismo, cioè nella presunzione di conoscere la marcia di direzione della storia umana, il vizio principale delle dottrine di Platone, di Hegel e di Marx che avevano ispirato i regimi totalitari. La civiltà a suo avviso può sopravvivere solo se difende i principi della società aperta e rifiuta le logiche della società chiusa. La prima si basa sulla continua messa in discussione di ogni proposta e di ogni valore, la seconda ritiene di possedere e di poter imporre un'unica verità indiscutibile. In Italia i due volumi apparvero solo nel 1973 e nel 1974 su iniziativa del prof. Dario Antiseri, e furono duramente osteggiati dalla classe intellettuale dell'epoca. Oggi il clima è cambiato e l'importanza della critica di Popper alle ideologie autoritarie e illiberali viene largamente riconosciuta.

Riassunto

Società aperta e società chiusa

La *società aperta* accoglie il maggior numero possibile di idee e ideali diversi. Ammette più valori, più visioni del mondo filosofiche e religiose, più proposte politiche. Accetta la critica incessante e severa dei diversi punti di vista perché riconosce la fallibilità della conoscenza umana e l'esistenza di valori ultimi diversi. Un'immagine di società aperta è quella delineata da Pericle nella sua celebre orazione funebre: "Noi non infastidiamo il nostro prossimo se preferisce vivere a modo suo … La nostra città è aperta al mondo; noi non cacciamo mai uno straniero … Noi siamo liberi di vivere proprio come ci piace … E benché soltanto pochi siano in grado di dar vita ad una politica, noi siamo tutti in grado di giudicarla. Noi non consideriamo la discussione come un ostacolo sulla strada dell'azione politica, ma come un'indispensabile premessa ad agire saggiamente".

La *società chiusa* ha invece la pretesa di possedere le verità ultime, totali e incontrovertibili, e di poterle imporre a tutti. L'immagine della società chiusa è ben delineata dai principi ispiratori della politica di Sparta: esclusione di tutte le influenze straniere che potrebbero mettere in pericolo i tabù tribali; esclusione di tutte le ideologie egalitarie, democratiche e individualiste; autarchia; rigida distinzione fra la propria tribù e tutte le altre; dominio e schiavizzazione dei vicini.

La società chiusa è dunque caratterizzata dalla fede nei tabù magici, mentre nella società aperta gli uomini hanno imparato ad assumere un atteggiamento critico nei confronti dei tabù e a basare le loro decisioni sull'autorità della propria intelligenza, dopo la discussione. La società chiusa è una società bloccata e pietrificata, che si aggrappa alle sue forme magiche rinchiudendosi in se stessa contro l'influsso di una società aperta. La società chiusa è una società che tenta di tornare alla gabbia tribale.

La democrazia come sistema politico della società aperta

Di frequente i filosofi della politica hanno sollevato la domanda: "Chi deve comandare?". Questa domanda ha ricevuto, di volta in volta, diverse risposte: devono comandare i filosofi, i sacerdoti, i re di stirpe divina, i militari, i migliori del popolo, i tecnici, questa o quella razza, questa o quella classe. La teoria della politica è andata insomma alla ricerca della giustificazione e della legittimazione del potere di qualcuno. Una siffatta pretesa è tuttavia irrazionale e fuorviante.

Razionale non è la domanda "chi deve comandare?". Lo è piuttosto quest'altra domanda: "Come possiamo organizzare le istituzioni politiche in modo da impedire che i governanti cattivi o incompetenti facciano troppo danno?". È questa la domanda sottesa alla società aperta. Non chi deve comandare, ma come controllare chi comanda: questo vogliono sapere uomini fallibili che convivono con altri uomini fallibili, nella continua proposta di alternative e nella critica incessante delle soluzioni proposte.

La società aperta è una società democratica. La democrazia tuttavia non va confusa con il governo della maggioranza, dato che anch'essa può governare in maniera tirannica. La democrazia non è nemmeno il governo del popolo, dato che il furore popolare potrebbe scegliere la tirannia. L'idea di democrazia come *governo del popolo* deve essere sostituita dall'idea di democrazia come *giudizio del popolo*. Ciò che caratterizza la democrazia è la possibilità dei governati di licenziare i governanti al potere senza spargimenti di sangue. Quindi se gli uomini al potere non salvaguardano quelle istituzioni che assicurano alla minoranza la possibilità di lavorare per un cambiamento pacifico non siamo in presenza di una democrazia, ma di una tirannia.

Le istituzioni sono come fortezze: resistono se è buona la guarnigione. Devono essere quindi ben progettate e gestite. E siccome non esiste un metodo infallibile per evitare la tirannide, il prezzo della libertà è una continua vigilanza, da esercitare nei confronti delle illusioni utopistiche che pretendono di portare il paradiso in terra, e inevitabilmente realizzano quell'inferno che l'uomo è capace di preparare per i suoi simili.

I paradossi della società aperta

Se noi concepiamo la democrazia come governo della maggioranza ci potremmo trovare, e la cosa è tristemente accaduta, dinanzi al fatto che salga al potere un partito che non crede alle istituzioni democratiche e che le distrugge appena al potere. In una democrazia intesa come governo della maggioranza verrebbero quindi a mancare i presupposti morali per una resistenza attiva, ad esempio, contro un regime nazista votato da una maggioranza.

Una costituzione democratica coerente deve escludere soltanto un tipo di cambiamento nel sistema legale: quello che può mettere in pericolo il suo carattere democratico. In una democrazia, pertanto, l'integrale protezione delle minoranze non deve estendersi a coloro che incitano gli altri al rovesciamento violento della democrazia.

> **Rivoluzione e tirannicidio**
> «Io non sono contrario, in tutti i casi e in tutte le circostanze, alla rivoluzione violenta. Io credo, con alcuni pensatori cristiani del Medioevo e del Rinascimento, i quali ammisero il ricorso al tirannicidio, che sotto una tirannide può davvero non esserci alcuna altra possibilità e che una rivoluzione violenta può essere giustificata. Ma credo anche che qualsiasi rivoluzione del genere debba avere come scopo soltanto l'instaurazione di una democrazia» (II, p. 199).

La società aperta evita dunque il paradosso della libertà nel senso che le sue istituzioni non possono lasciare liberi i prepotenti di schiavizzare i mansueti, ma evita anche il paradosso della tolleranza: se non siamo disposti a difendere una società tollerante contro l'attacco degli intolleranti, allora i tolleranti saranno distrutti, e la tolleranza con essi. Per questo noi dovremmo proclamare, in nome della tolleranza, il diritto di non tollerare gli intolleranti. La società aperta è chiusa solo agli intolleranti.

L'individualismo di Socrate

Socrate aveva una concezione egualitaria della ragione umana, che considerava uno strumento universale di comunicazione; insisteva sull'onestà intellettuale e sull'autocritica; riteneva che fosse meglio essere vittime che autori dell'ingiustizia. Socrate si batteva contro l'orgoglio e la compiacenza di sé. Le sue formule "Abbiate cura della vostra anima" e "Conosci te stesso" sono un invito all'onestà intellettuale e a tener conto dei nostri limiti intellettuali. Egli costringeva le persone a pensare e a rendersi conto dei principi delle loro azioni. Era solito interrogarle e non si accontentava facilmente delle loro risposte.

È la tua ragione, diceva Socrate, che ti consente di essere qualcosa di più di un essere mosso solo dai desideri e dalle passioni, e che legittima la tua pretesa di essere considerato un fine in sé. Questo credo individualistico è il primo e necessario presupposto della società aperta. È vero che Socrate fu un tenace critico di Atene e delle sue istituzioni democratiche, ma la sua critica era di quel genere che rappresenta la vita stessa della democrazia. Egli infatti non si proponeva di minare la democrazia. Al contrario, tentò di dare ad essa la fede di cui aveva bisogno.

Socrate può aver salutato il processo cui venne sottoposto dalle autorità ateniesi come un'occasione per dimostrare la sua integrità e fedeltà alla città. Con la sua decisione di morire invece di fuggire, dimostrò nel modo migliore la propria lealtà nei confronti della democrazia. La sua morte fu l'estrema prova della sua sincerità. Il suo coraggio, la sua semplicità, la sua modestia, il suo senso della misura, il suo umorismo non lo abbandonarono mai. Socrate fu un grande maestro, ma il suo discepolo più dotato, Platone, lo tradì.

Platone e la storia come decadenza

Platone nacque durante la lunga guerra del Peloponneso e, quando la guerra finì, aveva circa ventiquattro anni. Egli soffrì terribilmente la situazione di insicurezza e di instabilità politica del suo tempo, e credeva di vivere in un'età di profonda depressione. Era sconvolto da quanto vedeva accadere intorno a lui, la società andava in pezzi e non vedeva soluzioni nel futuro. La trovò piuttosto nel passato, dal quale ci si era allontanati. Formulò una legge dello sviluppo storico, in base alla quale ogni mutamento sociale è corruzione o decadenza o degenerazione.

Questa fondamentale legge storica è parte di una più generale legge cosmica, secondo cui tutte le cose generate sono destinate alla decadenza. La legge cosmica si manifesta come degenerazione razziale, la quale comporta la degenerazione morale e infine la degenerazione politica. Egli vedeva le fasi della degenerazione politica nel modo seguente: dopo lo stato perfetto viene la timocrazia, cioè il governo dei nobili che cercano onore e fama; ad essa segue l'oligarchia, vale a dire il governo delle famiglie ricche; segue quindi la democrazia e infine la violenta tirannide, che è il quarto e ultimo morbo per uno stato.

Platone era però convinto che fosse possibile aprire un varco attraverso la fatale tendenza storica e porre fine al processo di decadimento. Nel campo politico era possibile interrompere l'ulteriore processo di corruzione arrestando ogni cambiamento politico.

> **Il collettivismo della società chiusa**
>
> «La società magica o tribale o collettivistica sarà chiamata anche società chiusa e la società nella quale i singoli sono chiamati a prendere decisioni personali società aperta. Una società chiusa può essere giustamente paragonata ad un organismo. La cosiddetta teoria organica o biologica dello stato può essere applicata in larga misura ad essa. Una società chiusa assomiglia ad un gregge o ad una tribù per il fatto che è un'unità semi-organica i cui membri sono tenuti insieme da vincoli semi-biologici» (I, p. 216).

Egli si sforzò di realizzare questo obiettivo mediante l'instaurazione di uno stato che è indenne dai mali di tutti gli altri stati, perché non degenera e non cambia: «Lo stato che è indenne dal male del cambiamento e della corruzione è lo stato migliore di tutti, lo stato perfetto. È lo stato dell'Età dell'Oro che non conosceva cambiamento alcuno. È lo stato pietrificato» (I, p. 42).

La dottrina platonica dello stato perfetto

Platone è persuaso che le condizioni che rendono ottimo lo stato erano presenti nello stato dei tempi remoti. Il suo modello politico consiste infatti nella descrizione idealizzata delle antiche aristocrazie tribali di Creta e Sparta. Lo Stato perfetto di Platone è uno stato schiavista, fondato su distinzioni di casta estremamente rigide:

custodi, guerrieri e classe lavoratrice. Il problema della lotta di classe viene risolto non attraverso l'abolizione delle classi, ma conferendo alla classe dirigente una superiorità che non può essere contestata.

La causa di tutte le rivoluzioni politiche è da vedersi nella disunione interna della classe dirigente, fomentata dall'antagonismo degli interessi economici. Poiché solo la classe dirigente ha il potere politico, il problema della stabilità dello stato si riduce al problema della preservazione dell'unità interna della classe dominante. Questa unità si otterrà eliminando gli interessi economici che portano alla disunione, attraverso il comunismo dei beni, delle donne e dei figli. La classe dirigente, oltre a vivere in uno stato di comunione dei beni, ha il monopolio dell'addestramento militare e delle armi, ma è esclusa da qualsiasi attività economica, in particolare dal guadagno del denaro.

Ci dev'essere inoltre una censura di tutte le attività intellettuali della classe dirigente e una continua propaganda diretta a modellarne e unificarne le menti. Ogni innovazione nell'educazione, nella legislazione e nella religione deve essere evitata o soppressa. Lo stato infine deve essere autosufficiente e tendere all'autarchia economica, altrimenti i reggitori verrebbero a dipendere dai commercianti o dovrebbero essi stessi diventare commercianti. La prima di queste alternative minerebbe il loro potere, la seconda la loro unità e quindi la stabilità dello stato.

Platone totalitario

Le idee di Platone sono state generalmente idealizzate e interpretate come umane, disinteressate, altruistiche, cristiane, ma non dobbiamo farci ingannare da quanto egli dice sulla Bontà e la Bellezza, dal suo dichiarato amore per la Sapienza, la Verità e la Giustizia. In verità le sue istanze politiche «sono puramente totalitarie e anti-umanitarie» (I, p. 120). Mai un uomo dimostrò una più radicale ostilità nei confronti dell'individuo di quanto fece Platone: per lui il collettivo è tutto mentre l'individuo è niente. Egli vede nell'individuo il male supremo, perché identifica individualismo con egoismo. Per lui il criterio della moralità è l'interesse dello stato. Questa è appunto la teoria collettivistica, tribale e totalitaria dello stato: buono è ciò che è nell'interesse del corpo collettivo.

Chi è che deve governare? Con questa domanda Platone ha creato una durevole confusione nel campo della filosofia politica. La sua risposta è che devono governare i migliori e i sapienti, formati e selezionati istituzionalmente. Mentre per Socrate il saggio è colui che sa di non sapere ed è un amante della verità, per Platone il filosofo non è più il modesto ricercatore ma l'orgoglioso possessore della verità. Il filosofo ideale di Platone è prossimo sia all'onniscienza che all'onnipotenza. È impossibile concepire un contrasto più radicale di quello esistente fra l'ideale socratico e l'ideale platonico del filosofo. È il contrasto tra due mondi: il mondo di un modesto, ragionevole individualista e quello di un totalitario semidio.

Hegel, l'oracolo oscuro

Nel 1815, terminate le guerre napoleoniche, il partito reazionario che riprese il potere in Prussia avvertì l'assoluta necessità di disporre di un'ideologia. Hegel fu designato a soddisfare questa esigenza ed egli eseguì l'incarico riscoprendo le idee platoniche che stanno dietro la perenne rivolta contro la libertà e la ragione. L'importanza storica di Hegel può essere vista nel fatto che egli rappresenta l'anello mancante fra Platone e la forma moderna di totalitarismo.

La maggior parte dei totalitari moderni sono assolutamente ignari del fatto che le loro idee possono essere fatte risalire a Platone, ma molti sono consapevoli del loro debito verso Hegel e tutti sono cresciuti nella chiusa atmosfera dell'hegelismo. In politica ciò è confermato nel modo più evidente dal fatto che la sinistra marxista e la destra fascista fondano le loro filosofie politiche su Hegel. L'ala sinistra sostituisce alle guerre delle nazioni di cui parlava Hegel la guerra delle classi, mentre la destra sostituisce la guerra delle razze. Come si può spiegare questa immensa influenza?

È poco probabile che Hegel sarebbe mai diventato la figura di maggior spicco e più influente della filosofia tedesca senza l'interessato appoggio delle autorità dello stato prussiano. L'immenso campo di influenza spirituale che è stato messo a disposizione di Hegel da coloro che erano al potere gli ha consentito di perpetrare la corruzione in-

> **Cosa dobbiamo imparare da Platone**
> «[Platone] fu spinto su una strada lungo la quale compromise la sua integrità ad ogni passo che fece. Egli fu spinto a combattere il libero pensiero e il perseguimento della verità; fu indotto a difendere la menzogna, i miracoli politici, la superstizione dei tabù; la soppressione della verità e, alla fine, la violenza brutale ... Nonostante il proprio odio per la tirannide, fu spinto a vedere nel tiranno un possibile aiuto e a difendere le più tiranniche misure ... la lezione che noi dovremmo apprendere da Platone è esattamente l'opposto di quanto egli vorrebbe insegnarci ... Arrestare il cambiamento politico non costituisce un rimedio e non può portare la felicità. Noi non possiamo mai più tornare alla presunta ingenuità e bellezza della società chiusa. Il nostro sogno del cielo non può essere realizzato sulla terra» (I, p. 245).

tellettuale di intere generazioni. Il suo successo segnò l'avvio dell'era della disonestà intellettuale e dell'irresponsabilità morale. Con Hegel iniziò una nuova era dominata dalla magia delle parole altisonanti e dal linguaggio enfatico e mistificante. Il suo oscuro metodo dialettico negava il principio logico di non contraddizione su cui si basa il progresso scientifico e intellettuale. In questo modo egli intese rendere la propria filosofia impermeabile ad ogni critica razionale.

L'arsenale dell'autoritarismo

La sua dottrina serviva a giustificare l'ordine costituito, e la sua esaltazione della monarchia prussiana trasformò la filosofia nella più servile ancella del potere. Fu proprio Hegel, infatti, a raccogliere e a conservare tutte quelle idee che costituiscono "l'arsenale d'armi dei movimenti autoritari", a partire dell'esaltazione dello stato. Egli scrisse che "Lo Stato è l'Idea Divina quale esiste in terra ... Deve onorarsi lo Stato come un che di mondano-divino ... L'ingresso di Dio nel mondo è lo Stato ... Lo Stato è la vita morale concretamente esistente, effettivamente realizzata".

Troviamo poi l'idea nazionalistica secondo cui lo stato è un'incarnazione dello Spirito della nazione, e che una nazione eletta è destinata al dominio del mondo; che lo stato, in quanto nemico naturale di tutti gli altri stati, deve affermare la sua esistenza in guerra; che lo stato è esente da qualsiasi genere di obbligazione morale, che il successo storico è il solo giudice, che l'utilità collettiva è il solo principio di condotta personale, che la menzogna propagandistica e la distorsione della realtà sono permesse. Troviamo inoltre l'idea etica della guerra, particolarmente delle nazioni giovani contro quelle vecchie; il ruolo creativo del Grand'Uomo, la personalità di rilevanza storica mondiale; l'ideale della vita eroica in contrapposizione alla vita piccolo-borghese e alla sua piatta mediocrità.

Queste idee sono state raccolte e rese pronte per l'uso da Hegel, dai suoi seguaci e da una classe intellettuale che per tre generazioni si è alimentata con questo degradante nutrimento spirituale. Troppi filosofi hanno trascurato gli ammonimenti di Schopenhauer sulla perniciosa influenza di Hegel. Li hanno trascurati non tanto a loro rischio e pericolo (ad essi non è poi andata male), quanto piuttosto a rischio e pericolo di coloro ai quali hanno insegnato; a rischio e pericolo del genere umano. La farsa hegeliana è durata anche troppo.

Marx falso profeta

Non si possono invece avere dubbi sulla carica umanitaria del marxismo. Marx fece un onesto tentativo di applicare i metodi razionali ai più pressanti problemi sociali. Egli provava un bruciante desiderio di andare in aiuto degli oppressi ed era pienamente conscio della necessità di cimentarsi nei fatti e non solo a parole. L'interesse di Marx per la scienza sociale e per la filosofia fu fondamentalmente un interesse pratico. Egli vedeva nella conoscenza un mezzo per promuovere il progresso dell'uomo.

Tuttavia, nonostante i suoi meriti, Marx fu un falso profeta. Il marxismo infatti è stata la più pura, la più elaborata e la più pericolosa forma di storicismo: una teoria che si propone di predire il futuro corso degli sviluppi economici e politici e specialmente delle rivoluzioni. Marx elaborò la sua profezia storica in tre passi. Nel primo passo dell'argomentazione mise in luce l'accumulazione dei mezzi di produzione e dedusse che si avrà una tendenza verso un aumento della ricchezza di una classe borghese sempre più ristretta e un aumento della miseria di un proletariato sempre più esteso. I fatti però hanno confutato questa previsione, perché il livello di vita dei lavoratori occupati è dovunque salito dai tempi di Marx. Da allora «l'interventismo democratico ha fatto immensi progressi e la migliorata produttività del lavoro – conseguenza dell'accumulazione del capitale – ha reso possibile l'eliminazione virtuale della miseria» (II, p. 217).

Pianificare per la libertà

«È chiaro che l'idea di un mercato libero è paradossale. Se lo Stato non interferisce, possono in tal caso interferire altre organizzazioni semi-politiche come monopoli, trusts, sindacati, ecc., riducendo a una finzione la libertà del mercato. D'altra parte, è molto importante rendersi conto del fatto che, senza un mercato libero accuratamente protetto, l'intero sistema economico cessa di servire all'unico suo fine razionale, che è quello di servire le richieste del consumatore … Qui ci troviamo evidentemente di fronte a un importante problema di ingegneria sociale: il mercato deve essere controllato, ma in modo tale che il controllo non impedisca la libera scelta del consumatore e non faccia venir meno per i produttori la necessità di competere a vantaggio del consumatore. La "pianificazione" economica che non pianifica per la libertà economica in questo senso ci spingerà pericolosamente verso sbocchi totalitari» (II, p. 434).

Come secondo passo, Marx dedusse che la crescente tensione tra queste due classi, una ristretta borghesia ed una sterminata classe dei proletari sfruttati, sfocerà necessariamente nella rivoluzione sociale. Tuttavia, a parte il fatto che le classi sociali non si sono affatto polarizzate in questa maniera, da questa situazione non si può affatto dedurre l'inevitabilità della rivoluzione sociale. Ci potranno essere degli episodi insurrezionali, ma non abbiamo la certezza che i lavoratori si considerino parte di un'unica grande classe, e quindi non possiamo identificare tali episodi con la rivoluzione sociale.

Nel terzo passo Marx giunse alla conclusione che, dopo la vittoria dei lavoratori sulla borghesia, si avrà il socialismo, cioè una società senza classi e quindi senza sfruttatori né sfruttati. Anche questa profezia però non discende dalle premesse. Questo non vuol dire che il socialismo non avrà luogo, ma solo che la lotta di classe in quanto tale non

> **Il giudizio di Schopenhauer su Hegel**
> «Se mai vi venisse voglia di ottundere le facoltà mentali di un giovane e di rendere il suo cervello incapace di qualsiasi genere di pensiero, non avete nient'altro di meglio da fare che dargli da leggere Hegel. Infatti questi mostruosi cumuli di parole che si annullano e contraddicono vicendevolmente costringono la mente a tormentarsi in vani tentativi di pensare qualcosa in rapporto ad essi, finché alla fine crolla per totale esaurimento. In questo modo qualsiasi attitudine a pensare viene così radicalmente distrutta che il giovane finirà con lo scambiare la verbosità vuota e sterile con il pensiero reale. Un tutore che tema che il suo pupillo possa diventare troppo intelligente per i suoi progetti potrebbe prevenire questa disgrazia suggerendogli tranquillamente la lettura di Hegel» (II, p. 91).

sempre produce una durevole solidarietà tra gli oppressi. E difatti non mancano esempi di gruppi di lavoratori intenti al perseguimento del loro particolare interesse anche dove questo è in aperto conflitto con l'interesse di altri lavoratori. Lo sfruttamento non sparisce necessariamente con la borghesia, dal momento che è possibilissimo che gruppi di lavoratori ottengano privilegi che equivalgono a uno sfruttamento di altri gruppi meno fortunati.

La povertà dello storicismo marxiano

Gli argomenti utilizzati da Marx per fondare le sue profezie non sono validi. Le sue analisi sociologiche ed economiche, nonostante la loro unilateralità, appaiono eccellenti nella misura in cui si limitano ad essere descrittive, ma l'ingegnoso tentativo di Marx teso a ottenere conclusioni dall'osservazione delle tendenze economiche dell'epoca è fallito. La ragione del suo fallimento come profeta va esclusivamente ricercato nella povertà dello storicismo in quanto tale, cioè nel fatto che, se anche constatiamo oggi il manifestarsi di una certa direzione storica, non possiamo sapere quale aspetto essa potrà assumere domani. Marx cadde dunque nel deleterio errore di scambiare una tendenza per una legge della storia.

Nelle menti dei seguaci di Marx è rimasto predominante l'elemento profetico del suo credo. Ciò li ha portati ad accantonare la convinzione che con l'uso della ragione e attraverso una forma di ingegneria gradualistica sia possibile cambiare e migliorare il mondo: «Tutto quello che è rimasto dell'insegnamento di Marx fu la filosofia oracolare di Hegel che, nei suoi travestimenti marxisti, minaccia di paralizzare la lotta per la società aperta» (II, p. 231).

La storia umana ha un senso?

Lo storicismo è impegnato a scoprire il cammino sul quale il genere umano è destinato a marciare, ma esiste un senso di marcia della storia? No, in verità la storia non ha alcun senso. Questa affermazione non implica che non ci resti altro da fare che guardare sconcertati alla storia del potere politico o considerarla come una beffa crudele. Il solo atteggiamento razionale ed il solo atteggiamento cristiano nei confronti della storia è che siamo noi stessi responsabili di essa così come siamo responsabili di ciò che facciamo delle nostre vite, e che soltanto la nostra coscienza, e non il successo mondano, può giudicarci.

Invece di posare a profeti dobbiamo diventare i creatori del nostro destino. Noi dobbiamo imparare a fare le cose nel miglior modo che ci è possibile e ad andare alla ricerca dei nostri errori. E quando avremo abbandonato l'idea che la storia del potere sarà il nostro giudice, quando avremo smesso di preoccuparci se la storia ci giustificherà o meno, allora forse riusciremo un giorno a mettere sotto controllo il potere. Sta a noi decidere quale sarà lo scopo della nostra vita. Questo vuol dire che «benché la storia non abbia alcun senso, noi possiamo dare ad essa un senso» (II, p. 328).

Punti da Ricordare

- La società aperta accoglie il maggior numero possibile di idee diverse e permette la discussione di ogni punto di vista
- La società chiusa ha la pretesa di possedere le verità ultime, totali e incontrovertibili
- La democrazia è il sistema politico della società aperta
- Ciò che caratterizza la democrazia è la possibilità dei governati di cambiare i governanti al potere senza spargimenti di sangue
- In nome della tolleranza si ha il diritto di non tollerare gli intolleranti
- Platone tradì il suo maestro Socrate abbracciando l'ideale di una società chiusa e totalitaria
- Platone fu il primo storicista, perché individuò nella storia una tendenza alla decadenza e alla degenerazione
- Lo stato perfetto di Platone è immune al cambiamento ed è governato da una casta di filosofi
- La filosofia di Hegel rappresenta l'anello di congiunzione tra il totalitarismo platonico e quello moderno
- Le oscure idee oracolari Hegel sono state adottate dai movimenti autoritari di destra e di sinistra
- Malgrado la sua elevata aspirazione ideale, Marx fu un falso profeta
- L'errore di Marx fu quello di scambiare una tendenza per una legge della storia
- Tutte le filosofie storiciste, secondo cui la storia segue una certa direzione, sono sbagliate
- La storia umana non ha alcun senso, ma noi possiamo darglielo

L'autore

Karl Raimund Popper (Vienna, 1902 – Londra, 1994) è stato un filosofo politico liberale e un episte-mologo fra i maggiori del '900. In seguito all'annessione dell'Austria da parte di Hitler dovette emigrare e si rifugiò in Nuova Zelanda. Amico di Hayek, grazie al suo intervento riuscì a diventare un professore della London School of Economics. La sua opera politica più importante e nota è *La società aperta e i suoi nemici*, dove esamina le radici del pensiero storicista, da Platone fino ad Hegel e Marx, e ne dimostra l'infondatezza. Concepita nel pieno del conflitto mondiale (1943), oltre ad essere un'opera anti-storicista è un manifesto contro il totalitarismo e in favore di una società aperta, basata sulle libertà individuali. In tutto il suo lavoro Popper coniuga filosofia della scienza e filosofia politica, partendo in entrambi i casi dall'idea della fallibilità umana. All'idea di una scienza che deve mantenere sempre viva la consape-volezza della fallibilità e quindi sempre mettersi alla prova e ed essere pronta a correggersi, corrisponde l'idea di una società altrettanto disponibile a procedere empiricamente, restando sempre pronta a cor-reggersi. Devono poter convivere e confrontarsi molteplici opinioni, punti di vista, intuizioni e ipotesi, al contrario di quanto accade nella società chiusa e totalitaria, dove domina una unica incontrastata verità, cui corrisponde un assetto politico autoritario, e in cui la libertà necessaria alla ricerca, alla critica, e al miglioramento progressivo, non trova spazio.

Nota Bibliografica

Karl R. Popper, *La società aperta e i suoi nemici. Vol. 1: Platone totalitario. Vol. 2: Hegél e Marx falsi profeti*, Armando Editore, Roma, 1973, 2 voll., traduzione di Renato Pavetto; nuova ed. a cura di Dario Antiseri, 1996. Titolo originale: *The Open Society and Its Enemies. Vol. 1: The Spell of Plato. Vol. 2: The High Tide of Prophecy: Hegel, Marx, and the Aftermath.*

26

Henry Hazlitt

L'economia in una lezione
1946

'Bisogna sempre guardare agli effetti complessivi, indiretti
e di lungo periodo delle politiche economiche'

Negli Stati Uniti Henry Hazlitt è stato, per più di ottant'anni, uno dei giornalisti e saggisti economici più autorevoli. Nella sua lunga carriera scrisse migliaia di articoli e più di venti libri in uno stile esemplare per chiarezza e vigore, difendendo la libertà economica contro ogni intervento dello Stato nel sistema economico. Hazlitt si trovò spesso isolato nel panorama intellettuale americano, e fu proprio nell'anno in cui lasciò il *New York Times* per contrasti con la linea editoriale, il 1946, che pubblicò *L'economia in una lezione*, un insegnamento sul corretto ragionamento economico che vendette un milione di copie e venne tradotto in almeno dieci lingue. Il metodo espositivo di Hazlitt, fondato sulla ferrea logica deduttiva e sul minimo ricorso ai dati, alla matematica e alle statistiche ha reso *L'economia in una lezione* un libro perennemente attuale.

Riassunto

La lezione della finestra rotta

Hazlitt racconta che l'idea di scrivere un libro per confutare quelle che considerava le più diffuse fallacie economiche gli venne in mente per il decennale dell'uscita della *Teoria generale* di Keynes (1936), un'opera di enorme successo ma che a suo giudizio abbondava di grossi errori. Ispirandosi a un brillante pamphlet che l'economista francese Frédéric Bastiat aveva scritto nel 1850, poco prima della sua morte, intitolato *Quel che si vede e quel che non si vede*, Hazlitt mise in luce le distruzioni di ricchezza, spesso non immediatamente percepibili, causate dagli interventi statali nell'economia.

Nel capitolo iniziale Hazlitt riprese l'esempio della finestra rotta di Bastiat per illustrare il compito del vero economista: confutare i sofismi del cattivo economista per riportare la riflessione al buon senso comune. Quando infatti ci si trova davanti alla scena di una vetrina infranta dal sasso di un monello, la prima reazione istintiva è quella di deprecare il gesto, anche per le sue conseguenze economiche negative. Ma ecco intervenire uno spettatore, convinto di essere più profondo dell'uomo della strada, che osserva con l'aria di chi la sa lunga che non tutto il male vien per nuocere, e che anzi quel gesto vandalico può avere notevoli riflessi positivi, dando lavoro al vetraio e facendo così girare l'economia.

La terza fase della storia è l'intervento del buon economista, il quale fa notare all'ultimo intervenuto, nel quale non è difficile scorgere la figura dell'economista keynesiano, di aver perso di vista un secondo personaggio danneggiato dal gesto del monello: il sarto. Cosa c'entra mai il sarto? C'entra eccome, perché se il negoziante non avesse dovuto spendere i suoi risparmi per acquistare una vetrina nuova, si sarebbe comprato un nuovo cappotto. La rottura del vetro ha quindi comportato una distruzione netta di ricchezza. L'errore del cattivo economista è dunque quello, spesso addotto a sostegno degli interventi dello Stato nell'economia, di concentrarsi esclusivamente sulle conseguenze dirette e visibili, ma ignorando completamente le conseguenze indirette e invisibili.

Il mito degli investimenti pubblici

Nel mondo moderno, osserva Hazlitt, nessuna fede è più tenace di quella nella spesa pubblica. Da ogni parte viene presentata come una panacea, capace di sanare tutti i mali dell'economia. L'industria privata è stagnante? Vi si può rimediare con le spese dello Stato. C'è disoccupazione? Ciò è dovuto evidentemente all'insufficiente potere d'acquisto privato. Anche in tal caso il rimedio è chiaro: lo Stato deve impegnarsi in spese che possano sopperire a questa insufficienza.

Queste idee si fondano su un'illusione, perché tutto quello che ci viene dato, a parte i doni della Natura, deve essere in qualche modo pagato. Il mondo purtroppo è pieno di sedicenti economisti impregnati di teorie secondo le quali esiste la possibilità di acquistare qualcosa per niente. Essi ci dicono che lo Stato può continuare a spendere senza esigere tasse e ad accumulare debiti senza mai pagarli. Purtroppo in passato i magnifici sogni di questo genere sono stati sempre infranti dalla bancarotta della nazione e dal dilagare dell'inflazione.

Se partiamo dall'idea che presto o tardi ogni dollaro speso dallo Stato deve essere ricavato da un dollaro di tasse, i presunti miracoli delle spese statali ci appariranno sotto ben altra luce. Prendiamo l'esempio della costruzione di un ponte o di una diga. Il grande vantaggio psicologico di chi sostiene la politica degli investimenti pubblici sta nel fatto che, prima della costruzione dell'opera, tutti vedono gli operai al lavoro; dopo, possono mostrare l'opera conclusa e affermare che, date le sue dimensioni, nessun capitale privato avrebbe mai potuto costruirla.

Questo è ciò che si vede lì per lì. Ma se oltre alle conseguenze immediate ci abituiamo a considerare quelle successive, le cose ci appariranno diverse. Il ponte o la diga bisognerà pagarlo con le tasse, e per ogni dollaro speso si dovrà prelevare un dollaro dalle tasche dei contribuenti, i quali avrebbero potuto spenderlo altrimenti, nell'acquisto di beni di cui avevano più bisogno. Perciò tutto il lavoro pubblico creato dalla costruzione del ponte è altrettanto lavoro privato distrutto in qualche altro settore. C'è più lavoro per la costruzione di ponti o dighe; ce n'è meno per la produzione di automobili, radio, vestiti o prodotti agricoli.

Per raffigurarsi tutte le cose che si sarebbero potute fare e che non si sono fatte

- le case non costruite, le automobili e le radio non fabbricate, gli abiti non fatti, gli alimenti non prodotti - c'è bisogno di una certa dose di immaginazione, di cui non molti sono dotati. Tutte queste cose inesistenti possiamo solo immaginarle, e non ci rimangono impresse nella mente come un ponte o una diga che abbiamo davanti agli occhi. Rimane tuttavia il fatto che questi beni sono stati creati al posto di altri, magari più utili e apprezzati dai contribuenti.

I problemi del credito facile

Per favorire gli investimenti produttivi, molti chiedono che lo Stato garantisca o conceda direttamente prestiti alle aziende private a bassi tassi d'interesse, inferiori a quelli di mercato. A prima vista tale prestito sembra una buona idea, ma il problema è che fra i prestiti dati dai privati e quelli dati dallo Stato c'è una differenza sostanziale, perché il prestatore privato rischia il proprio denaro, il prestatore pubblico no. È vero che il banchiere privato rischia il denaro di altri, cioè dei propri clienti che gli accordano fiducia; ma se questo denaro va perduto egli deve reintegrarlo, attingendo al proprio patrimonio privato oppure fallire. E quando gli uomini rischiano il proprio patrimonio personale sono di solito molto cauti e si informano con gran cura dell'onestà di chi contrae il debito, del valore di quel lavoro e dell'adeguatezza della sua richiesta.

Lo Stato, invece, opera quasi sempre obbedendo ad altri principi. Quando si occupa di credito, lo fa per consentire di fruirne a persone che non potrebbero procurarsene da istituti privati. Ciò significa che gli enti pubblici affrontano con il denaro altrui, quello dei contribuenti, dei rischi che i prestatori privati non hanno voluto correre con il proprio. È chiaro quindi che, in genere, le persone scelte dallo Stato sulla base di questi criteri fanno correre più rischi di quelle scelte dalle banche private. Il risultato finale del prestito statale è che i capitali reali disponibili (ad esempio, i terreni, i trattori, ecc.) vengono dati ai meno capaci e sottratti ai più capaci e meritevoli di fiducia.

La politica del credito facile determina quindi uno sperpero di capitali e una contrazione della produzione, oltre ad altre conseguenze negative di varia natura. Da un lato, conduce al favoritismo da parte dei funzionari, pronti ad accordare crediti agli amici o a chi dà loro una tangente, generando inevitabilmente scandali e corruzione; dall'altro, fa nascere molte recriminazioni quando il denaro dei contribuenti viene prestato a imprese vicine al fallimento. Il pubblico, e in particolare i socialisti, potrebbero chiedersi per quale motivo lo Stato che corre i rischi di un'impresa malsicura non dovrebbe tenere per sé i profitti.

Infine, non va dimenticato che lo Stato non dà nulla alle imprese che presto o tardi non si riprenda. Infatti, tutti i fondi statali provengono dalle tasse e devono essere rimborsati con le tasse. Quando lo Stato accorda un prestito a talune attività, in realtà tassa un'attività privata prospera per sussidiare un'attività privata in difficoltà. Alla resa dei conti non sembra che una simile politica sia fonte di guadagno per la nazione.

La tecnologia non crea disoccupazione

Fra coloro che cascano in pieno nell'errore di guardare solo alle conseguenze immediate e visibili perdendo di vista il quadro generale vi sono i luddisti che ancora oggi continuano ad accusare l'innovazione tecnologica di produrre disoccupazione. Sembra che questo pregiudizio contro lo macchine non muoia mai, malgrado sia stato ininterrottamente smentito dall'esperienza. Si potrebbero accumulare montagne di statistiche per dimostrare fino a che punto i tecnofobi del passato si siano sbagliati, ma ciò non servirebbe a nulla, se contemporaneamente non si cercasse di capire la ragione dell'errore.

Nell'economia il ricorso alle statistiche e alla storia passata non serve a nulla se non è accompagnato da un'interpretazione ragionata e di carattere deduttivo dei fatti. I tecnofobi infatti non tengono conto che il fabbricante, grazie alla riduzione dei costi, ha conseguito un utile che prima non aveva. In qualsiasi modo egli impieghi questo profitto aggiuntivo, crea nuova domanda di prodotti in altri settori. Inoltre i suoi prodotti, diventati meno cari, troveranno più compratori.

Si può quindi affermare che, in termini assoluti, l'adozione delle macchine è stata apportatrice di una quantità enorme di occupazione, perché oggi la popolazione mondiale è parecchie volte più numerosa di quella che era prima della rivoluzione industriale. Questo

> *L'assurda logica tecnofobica*
> «Se fosse vero che l'avvento della meccanizzazione è causa di crescente disoccupazione e di miseria, se ne deve trarre una conclusione rivoluzionaria, non solo nell'ambito della tecnica, ma per la nostra stessa concezione della civiltà. Non solo dovremmo considerare ogni nuovo progresso tecnico come una calamità, ma dovremmo considerare con uguale orrore ogni progresso tecnico del passato ... Fra noi, i più ambiziosi tendono sempre a ottenere il massimo risultato nel minor tempo possibile. Se i tecnofobi fossero logici e coerenti dovrebbero condannare questi progressi e questi sforzi, non solo come inutili, ma come dannosi. Perché si mandano le merci da New York a Chicago per ferrovia, quando, portandole a spalla, si potrebbero impiegare tanti uomini?» (p. 51).

aumento di popolazione è stato reso possibile dall'impiego delle macchine, perché senza di esse il mondo non sarebbe stato in grado di sfamare tutti. La principale funzione delle macchine, infatti, non è quella di creare più lavoro, ma più produzione, un più alto livello di vita e una crescita del benessere economico. Non è difficile dar lavoro a tutti, soprattutto in un'economia primitiva. La piena occupazione, il lavoro lungo ed estenuante, è infatti una caratteristica tipica delle nazioni industrialmente arretrate.

Il licenziamento dei funzionari inutili

Non ha quindi nessun senso economico mantenere degli impieghi a fini occupazionali quando non offrono alla comunità servizi adeguati alle retribuzioni che ricevono. Uno degli argomenti più assurdi usati da chi cerca di impedire il licenziamento dei dipendenti pubblici inutili è che in questo modo si priverebbero i funzionari del loro "potere d'acquisto", danneggiando così anche i commercianti o gli agricoltori che traggono profitto dalla loro domanda di prodotti, e innescando così una recessione nel paese. Anche in questo caso ci si dimentica che il reddito dei funzionari licenziati non scompare dall'economia, ma rimane a disposizione dei contribuenti: «La situazione economica del Paese non solo non peggiora ... ma migliora di molto. I funzionari, infatti, sono costretti a cercarsi un impiego privato o a iniziare un'attività per conto loro ... Da parassiti, eccoli trasformati in elementi produttivi» (p. 67).

Questo argomento del "potere d'acquisto" è incredibile solo a pensarci. Lo si potrebbe applicare ugualmente a uno scroccone o a un ladro. Quando vi derubano, in cambio non ricevete niente. Quando il vostro denaro è sottratto con le tasse per retribuire funzionari inutili, la situazione non cambia: «Va anzi ancora bene se tali funzionari sono fannulloni inoffensivi. Ma, con i tempi che corrono, è più probabile che essi siano riformatori inflessibili, che si danno da fare per scoraggiare e rovinare la produzione» (p. 67). Quando per mantenere al loro posto un gruppo di funzionari non si trova altro argomento che quello di conservare il loro potere d'acquisto, vuol proprio dire che è venuto il momento di sbarazzarsene!

Gli effetti dannosi del protezionismo

Tra le idee errate di politica economica che circolano quotidianamente, un posto importante spetta al protezionismo. I dazi doganali, infatti, producono lo stesso effetto economico delle trincee e dei reticolati, anche se il loro scopo non è quello di respingere i carri armati nemici, ma le merci straniere. Quale risultato positivo ci si può attendere da una politica che deliberatamente cerca di rendere più difficile il trasporto delle merci, contrastando i progressi compiuti dall'umanità nella creazione di navi migliori, ponti, locomotive, autocarri più veloci?

Inoltre, se è certo che il dazio doganale danneggia i consumatori, non è certo che giovi ai produttori. Esso favorisce solo una determinata categoria di produttori, ma a danno di tutti gli altri produttori nazionali, e particolarmente coloro che hanno un più largo mercato d'esportazione. Per di più, se si chiude completamente alle industrie estere il mercato americano, queste ultime non avranno neppure un dollaro per effettuare con noi i loro scambi e quindi si troveranno nell'impossibilità di acquistare in America qualsiasi merce.

Hazlitt polemizza quindi con coloro che chiedono allo Stato di salvare le industrie in difficoltà, senza rendersi conto che in un'economia sana non è possibile che tutte le industrie possano contemporaneamente prosperare. Perché un nuovo settore si sviluppi rapidamente è necessario che qualche attività superata deperisca o muoia, perché devono liberarsi capitali e manodopera a favore di questo nuovo settore: «Se avessimo cercato di mantenere artificialmente in vita l'industria delle carrozze avremmo ritardato lo sviluppo della produzione automobilistica e di quelle ad essa collegate» (p. 101).

> *Più il lavoro è produttivo, meglio viene pagato*
> «Il miglior sistema per aumentare i salari è quindi quello di accrescere la produttività del lavoro. I mezzi sono molti: aumentare gli investimenti, cioè il numero delle macchine che sollevano la fatica dell'operaio; adottare i perfezionamenti recati dalle nuove invenzioni; accrescere l'efficienza della gestione da parte dei titolari; ottenere un miglior rendimento da parte degli operai, svilupparne le attitudini professionali. Più aumenta la produzione individuale, più aumenta la ricchezza della comunità. Più l'operaio produce, più il suo lavoro è apprezzato dal consumatore e quindi dal datore di lavoro. Più il lavoro vale più sarà pagato. Gli alti salari si ottengono con la produzione, non con i decreti governativi» (p. 130).

L'insostituibile funzione dei prezzi di mercato

Ne consegue che in un'economia sana e dinamica è tanto essenziale lasciare morire le industrie malate, quanto permettere che si sviluppino quelle fiorenti. Ma solo il sistema dei prezzi di mercato può risolvere il complesso problema di determinare, nelle reciproche proporzioni, le quantità di prodotti che si devono realizzare, tra le decine di migliaia di beni e servizi di cui la società ha bisogno. Queste specie di equazioni, innumerevoli e complicatissime, trovano quasi automaticamente la soluzione grazie al gioco del sistema dei prezzi.

E la trovano molto meglio che se ne dovessero occupare i burocrati, perché ciò avviene grazie a un sistema per il quale, tutti i giorni, ogni consumatore esprime liberamente sul mercato il suo voto o, talora, una dozzina di nuovi voti. Il burocrate che volesse risolvere da solo il problema non sarebbe assolutamente in grado di dare ai consumatori ciò che essi vogliono. Sarebbe invece lui a decidere quel che a loro deve convenire.

Il controllo dei prezzi e dei salari

Tutti tentativi di fissarne per legge i tetti massimi hanno sempre fallito nel passato e sempre falliranno. I governi tuttavia continuano a insistere perché non comprendono le vere ragioni del rialzo dei prezzi: la scarsità delle merci oppure l'inflazione monetaria. Queste cause non le si possono certo rimuovere fissando i prezzi per legge. Anzi, tali provvedimenti servono soltanto a rendere ancor più scarsa la merce.

Allo stesso modo è gravemente controproducente stabilire per legge i minimi salariali. Una legge che, mettiamo, fissi a 30 dollari il salario minimo settimanale fa sì che il lavoratore che non è in grado di offrire al proprio datore un lavoro da 30 dollari perda il posto: «Voi non potete fare in modo che il lavoro di un uomo valga veramente 30 dollari semplicemente stabilendo che pagarlo meno è illegale. Con questa decisione voi lo private del diritto di guadagnare in rapporto alle sue capacità e alla sua situazione, e private la società dei modesti servizi che quest'uomo potrebbe renderle. In breve, a un basso salario avete sostituito la disoccupazione; in ogni senso fate del male senza averne in cambio alcun vantaggio paragonabile» (p. 128).

Se vogliamo sperare in un aumento dei salari, ricorrere a un decreto governativo o a privilegi sindacali è troppo semplice e soprattutto nocivo, perché non è possibile continuare a pagare il lavoro più di quanto consenta la sua produttività. L'unica via è aumentare la produttività del lavoro.

L'attacco al risparmio

Secondo un altro tipico pregiudizio degli pseudo-economisti moderni, la prodigalità pubblica o privata sarebbe fonte di prosperità. Eppure da tempo immemorabile la saggezza dei proverbi ci ricorda i vantaggi del risparmio e ci pone in guardia contro le funeste conseguenze dello sperpero: «Nel buonsenso degli antichi proverbi si riflettono i principi della morale comune e i prudenti giudizi tratti dall'esperienza umana. Ma ciò non impedisce che tutti i giorni ci siano taluni spendaccioni e anche qualche teorico pronto a giustificarne la condotta» (p. 169). Già gli economisti classici, respingendo le fallaci concezioni del loro tempo, avevano dimostrato che il risparmiatore sagace che accantona una parte del reddito per le proprie necessità future, lungi dal recar danno alla società, produce vantaggi inestimabili; e che se il risparmio rappresenta la condotta più saggia dell'individuo, questo è vero anche per le nazioni.

Solo gli investimenti derivanti dal risparmio possono generare una crescita duratura dell'economia, del benessere e dei salari. Hazlitt fa l'esempio dell'industria automobilistica americana, che ai suoi tempi pagava agli operai i salari più alti ma vendeva le auto ai prezzi più bassi, perché il costo unitario di produzione era inferiore. Il segreto di ciò stava nel fatto che il capitale americano impiegato nella produzione di automobili era superiore, in rapporto a ogni operaio e a ogni macchina, rispetto a ogni altra parte del mondo. Eppure c'è ancora chi dice che per "rilanciare la crescita economica" dovremmo smettere di risparmiare e accumulare capitali, e cominciare a consumare di più. Non è difficile capire che si tratta di un'autentica pazzia.

Il miraggio dell'inflazione

Il disprezzo per il risparmio va spesso a braccetto con il favore per le politiche inflazionistiche. Gli inflazionisti riconoscono che l'aumento della moneta in circolazione fa aumentare il prezzo di tutte le merci, ma ritengono che i vantaggi siano maggiori, perché l'inflazione dà sollievo ai debitori, dà impulso alle esportazioni, costituisce un rimedio per guarire una depressione e per raggiungere la "piena occupazione". Per controbattere queste idee Hazlitt non si è mai stancato, nel corso di tutta la sua carriera, di mettere in guardia il pubblico dalle conseguenze negative delle politiche monetarie dissennate.

L'inflazione, spiega Hazlitt, può recare un momentaneo vantaggio a un gruppo (coloro che ricevono per primi il denaro di nuovo conio, prima che i prezzi siano aumentati), ma solo a detrimento di altri gruppi (coloro che lo ricevono per ultimi, quando i prezzi sono già aumentati).

> #### L'inflazione distrugge la società
> «L'inflazione è una tassa le cui aliquote non sono determinate dall'autorità fiscale. Sappiamo quant'è oggi, ma ignoriamo quanto sarà domani, né domani sapremo quanto sarà domani l'altro … L'inflazione scoraggia la prudenza e il risparmio, stimolando il gioco e ogni forma di spreco e prodigalità. La sua natura è tale che essa rende più vantaggioso lo sperpero piuttosto che la produzione; essa lacera il tessuto dei normali rapporti di un'economia stabile. Le sue ingiustizie senza scuse trascinano l'uomo a disperati rimedi. Essa semina i germi del fascismo e del comunismo, incita i popoli a chiedere controlli totalitari. E, invariabilmente, sfocia nell'amara delusione e nel disastro» (p. 168).

Ma oltre a questo effetto redistributivo, l'inflazione turba la struttura della produzione con conseguenze disastrose sull'economia del paese. L'inflazione porta allo sperpero o al cattivo uso dei capitali, generando nel mondo degli affari l'impressione che vi siano più capitali disponibili per gli investimenti di quanti ve ne siano in realtà.

Appena l'inflazione finisce o subisce una battuta d'arresto per non degenerare in iperinflazione, il capitale male investito sotto forma di macchine, stabilimenti o uffici non può più dare un interesse sufficiente, e perde gran parte del valore: è l'inevitabile depressione che segue all'artificiale boom inflazionistico. L'inflazione stende quindi un velo d'illusione su tutto il processo economico. Dà a tutti, anche a coloro che danneggia, un'illusione di finta prosperità. L'inflazione, conclude Hazlitt, è l'oppio dei popoli.

Punti da Ricordare

- La corretta teoria economica coincide con il buon senso
- I cattivi economisti vedono solo gli effetti immediati e di breve periodo delle politiche economiche
- I buoni economisti considerano anche le conseguenze generali, indirette e di lungo periodo
- Distruzioni, guerre, tasse, dazi ed espansione monetaria non creano mai lavoro e sviluppo
- La costruzione di opere pubbliche sottrae risorse ai consumi privati dei contribuenti
- Il credito facile distorce negativamente gli investimenti produttivi
- L'innovazione tecnologica non crea disoccupazione
- Il licenziamento dei funzionari pubblici improduttivi non provoca un calo della domanda nell'economia
- I risparmi e gli investimenti, non i consumi, generano crescita economica
- Solo il sistema dei prezzi di mercato permette di determinare quali sono i beni da produrre, e in quale quantità
- I controlli sui prezzi producono sempre effetti opposti a quelli desiderati
- I salari minimi legali provocano disoccupazione tra i lavoratori meno specializzati
- I salari aumentano non grazie ai sindacati, ma alla maggiore produttività del lavoro
- L'inflazione stende un velo di illusioni su tutto il sistema economico

L'autore

Hanry Hazlitt (1894-1993) nasce il 28 novembre 1894 a Filadelfia. Rimasto orfano di padre da bambino, cresce con la madre in condizioni di povertà ma riesce a procurarsi una pregevole istruzione da autodidatta. A vent'anni viene dal *Wall Street Journal*. Si appassiona all'economia dopo aver letto le opere dell'economista liberale austriaco Ludwig von Mises. Nel 1934 passa al *New York Times*, e per dodici anni conduce un'aperta opposizione alle politiche del New Deal di Roosevelt. Nel 1938 conosce Mises, in fuga dall'Europa, e lo aiuta a trasferirsi negli Stati Uniti. La sua recensione del libro *La via della schiavitù* di Friedrich von Hayek favorisce il grande successo di questo libro negli Stati Uniti, e la versione condensata del libro, scritta proprio da Hazlitt per il "Reader's Digest", diventa un best-seller. Le sue idee lo portano però a scontrarsi con la linea editoriale del *New York Times*, e nel 1946 passa al *Newsweek*, dove la sua rubrica economica settimanale diventa popolarissima. Continua a scrivere articoli, saggi e libri per tutta la vita, e si spegne alla veneranda età di 99 anni il 9 luglio 1993.

Nota Bibliografica

Henry Hazlitt, *L'economia in una lezione*, IBL libri, Torino, 2012, p. 211, traduzione di Carlo Lottieri e Pietro Monsurrò, profilo bio-bibliografico di Guglielmo Piombini. Titolo originale: *Economics in One Lesson*.

27

Raymond Aron

L'oppio degli intellettuali
1955

'Il comunismo è una religione secolare'

L'oppio degli intellettuali costituisce una delle più incisive critiche agli intellettuali di sinistra che siano mai state scritte. Con quest'opera, che ha nello stesso tempo la forma di pamphlet politico e di saggio sociologico, Raymond Aron sfidò con coraggio le idee dominanti tra il ceto intellettuale in un periodo, la prima metà degli anni '50, di egemonia culturale assoluta del marxismo. L'autore criticò i miti politici (la sinistra, la rivoluzione, il proletariato) e quella forma di idolatria della storia con cui i maestri di pensiero più ascoltati (come Jean-Paul Sartre, Albert Camus, Maurice Merleau-Ponty) giustificavano il totalitarismo sovietico e i suoi crimini, e offrì una spiegazione dei motivi che spingono gli uomini intelligenti ad adottare idee sbagliate. Secondo Aron il comunismo era una "religione secolare", un surrogato della religione tradizionale che aveva riempito il vuoto lasciato dal lungo processo di secolarizzazione dell'Occidente. L'ideologia politica era diventata quindi una specie di oppio intellettuale che impediva all'intellighenzia fedele alla chiesa madre di Mosca di aprire gli occhi sulla realtà. La lettura di quest'opera spinse diversi studiosi, come François Furet, ad abbandonare l'ideologia comunista.

Riassunto

Il mito della sinistra

La passione comunista si fonda su tre miti politici: il mito della sinistra, il mito della rivoluzione, il mito del proletariato. Secondo la prima di queste mitologie, destra e sinistra incarnano eternamente due tipi umani e due visioni del mondo contrapposte. La prima invoca la famiglia, l'autorità, la religione; la seconda l'uguaglianza, la ragione, la libertà. La destra rispetta l'ordine lentamente elaborato attraverso i secoli, mentre la sinistra ha fede nella capacità dell'uomo di ricostruire la società secondo le leggi della scienza. La destra è il partito della tradizione e dei privilegi, la sinistra è il partito dell'avvenire e dell'intelligenza. La destra non si rassegna a scomparire, la sinistra non si stanca di lottare contro il passato

Questa distinzione ideale tra destra e sinistra nasce con la Rivoluzione francese, quando i sostenitori del re siedono a destra nell'Assemblea Nazionale, mentre gli oppositori siedono a sinistra. Oggi però questa distinzione classica non corrisponde più alla realtà, o meglio presenta solo la metà della verità, dato che i due tipi d'uomini si trovano in tutti gli strati sociali e intellettuali. La destra ha potuto infatti dimostrare senza difficoltà che la sinistra non rappresenta la libertà contro il dispotismo o il popolo contro i privilegiati, ma un dispotismo contro un altro dispotismo, una classe privilegiata contro un'altra classe privilegiata. Le nazionalizzazioni volute dalla sinistra, infatti, in nessun modo favoriscono l'uguaglianza o i meno abbienti, ma creano una nuova gerarchia burocratica.

Le società occidentali hanno una struttura assai complessa; eredi dell'aristocrazia precapitalistica, famiglie ricche da molte generazioni, imprenditori privati, piccoli proprietari rurali formano un quadro riccamente variegato di rapporti sociali e di gruppi indipendenti. Milioni di persone possono vivere fuori dallo Stato. Se la gerarchia tecnico-burocratica si affermasse in tutte le branche della produzione questa complessa struttura verrebbe liquidata, nessun individuo sarebbe più soggetto a privati; tutti, in quanto individui, sarebbero sottomessi allo Stato. La sinistra si sforza di liberare l'individuo dalle sue più immediate servitù, ma finisce per sottoporlo alla servitù totale della pubblica amministrazione.

Infatti, più è ampia la sfera d'influenza dello Stato sopra la società, minori possibilità ha lo Stato di conservarsi democratico, vale a dire oggetto di pacifica competizione tra gruppi dotati di relativa autonomia. Il giorno in cui l'intera società potrà

> *Il culto della sinistra per la violenza*
> «La violenza, anziché destare ripugnanza, attrae e affascina. Il laburismo, la "società scandinava senza classi" non hanno mai destato nella sinistra europea, e francese in particolare, i medesimi entusiasmi destati dalla rivoluzione russa, nonostante la guerra civile, gli orrori della collettivizzazione e della grande purga. Bisogna dire: nonostante o appunto per ciò? ... Viene talvolta da chiedersi se il mito della Rivoluzione non giunga a identificarsi, in fondo, con il culto fascista della violenza» (p. 80)

essere paragonata a una sola gigantesca impresa, i dirigenti proveranno la tentazione irresistibile di sottrarsi a ogni controllo. Ciò che sopravvive delle relazioni tradizionali e delle comunità locali rappresenta un ostacolo che intralcia l'assorbimento degli individui nelle burocrazie smisurate. Ormai le gerarchie storiche, più che servire alla conservazione delle vecchie ingiustizie, fanno da ostacolo alle tendenze assolutistiche del socialismo. Contro il suo dispotismo anonimo, il conservatorismo sia allea con il liberalismo. Se i vincoli ereditati dal passato dovessero infrangersi, nulla più potrebbe opporsi all'avvento dello Stato assoluto.

Così la concezione ottimistica della storia, che pone al termine di essa la liberazione, cede a una concezione pessimistica secondo la quale il totalitarismo, asservitore dei corpi e delle anime, rappresenta il punto culminante di un processo che ha inizio con la soppressione dell'aristocrazia e termina con l'abolizione di tutte le autonomie di persone o gruppi. L'esperienza sovietica conferma l'esattezza di questa visione pessimistica, verso la quale propendevano già nel XIX secolo alcuni lucidi intelletti come Tocqueville, Burkhardt, Renan.

Il mito della rivoluzione

Il secondo mito della sinistra è quello della rivoluzione. Dal 1791-92 in poi la Rivoluzione fu considerata dai contemporanei, filosofi inclusi, come una catastrofe, anche se successivamente si finì per perdere il senso della catastrofe e per celebrare soltanto la grandezza dell'avvenimento. Un potere rivoluzionario, infatti, è per definizione un potere tirannico e violento. Distruggendo rispetto e tradizioni, questa violenza distrugge anche il riconoscimento reciproco che deve unire i membri di una collettività, e quindi ogni fondamento della pace tra i cittadini.

La violenza consente di bruciare le tappe del cambiamento, ma rovescia anche le tradizioni che limitano la autorità dello Stato, e diffonde il gusto e l'abitudine delle soluzioni di forza. Non si capisce perché un evento simile alla guerra, che distrugge tutte le possibilità di dialogo, dovrebbe racchiudere in sé la speranza dell'umanità. Tanto spesso le dittature sono nate dalla predicazione libertaria, che l'esperienza consiglia di evitare questi atti di fede nella rivoluzione.

In realtà le rivoluzioni che si ispirano al proletariato, come tutte le rivoluzioni del passato, segnano la sostituzione violenta di una élite ad un'altra élite. Non presentano nessuna caratteristica che autorizzi a considerarle come "superamento della preistoria". La natura dell'uomo politico non cambia dopo la rivoluzione. Egli non acquista per mezzo di nessun miracolo l'esclusivo interesse per il bene pubblico, o la saggezza di considerarsi soddisfatto della posizione alla quale il merito o il caso l'hanno innalzato. L'insoddisfazione, il desiderio di onori che anima tanto i grandi realizzatori quanto gli intriganti di bassa estrazione, seguiterebbero ad agitare la società anche dopo che la sinistra l'avesse trasformata, la rivoluzione edificata, il proletario rinnovata.

Il mito del proletariato

Il terzo mito è quello del proletariato, al quale il marxismo attribuisce una funzione di salvezza collettiva. Ma come possono i milioni di lavoratori delle fabbriche, sparpagliati in migliaia di imprese, essere i protagonisti di una missione siffatta? Nulla prova l'esistenza d'una realtà unica che meriti d'essere denominata classe. Non è chiaro chi vi appartenga e chi no, ed è difficile trovare una vera omogeneità e comunanza d'interessi. Non sembra nemmeno che il proletariato in quanto tale sia rivoluzionario. La teoria del partito come avanguardia del proletariato è nata precisamente dalla necessità di trascinare le masse, le quali aspirano a migliori condizioni di vita, ma non desiderano affatto l'Apocalisse.

L'affermazione che soltanto la rivoluzione permette di liberare la classe operaia è ben lontana dall'esprimere il pensiero del proletariato, ed è un elemento che i comunisti non riescono mai ad inculcare totalmente nei loro seguaci. Gli operai non sono convinti di essere stati eletti per la salvezza dell'umanità, e desiderano con intensità assai maggiore di elevarsi alla condizione borghese. Il marxismo in realtà è una filosofia di intellettuali che ha sedotto solo alcuni strati del proletariato, i quali si credono vittima del padronato quando sono vittima soprattutto dell'insufficienza della produzione. Il comunismo si serve di questa pseudo-scienza per conseguire il suo obiettivo, la conquista del potere.

La rivoluzione totale di tipo sovietico dà il potere assoluto alla minoranza che si proclama rappresentante del proletariato, ma i milioni di uomini che lavorano nelle fabbriche con le proprie mani, sono effettivamente liberati? È evidente che i disagi degli operai nei paesi comunisti, come la rimunerazione insufficiente e la durata eccessiva del lavoro, non hanno nulla a che fare con il sistema di proprietà, e sussistono tali e quali anche quando i mezzi di produzione appartengono allo Stato. Nulla prova che la proprietà collettiva sia più propizia al miglioramento della produttività che non la proprietà privata.

Il tenore di vita non è cresciuto nelle democrazie popolari dell'Europa orientale, ma è piuttosto diminuito; le nuove classi dirigenti consumano una porzione della produzione nazionale non inferiore alle antiche; dove esistevano sindacati liberi esistono soltanto organismi subordinati allo Stato, la cui funzione non consiste nel sostenere rivendicazioni, ma nell'incitare a produrre di più; il rischio di disoccupazione è scomparso, ma sono scomparse anche la libera scelta del mestiere e del luogo di lavoro; il proletariato non è più alienato perché, secondo l'ideologia, possiede gli strumenti di produzione e lo Stato stesso, ma non è liberato dal rischio di deportazione, né dal libretto di lavoro, né dall'autorità dei *managers*.

Col pretesto che il partito al potere rappresenta la guida del proletariato, alcuni filosofi d'Occidente giudicano improvvisamente legittime le pratiche che denunciano nel capitalismo (risparmio forzato, salari a cottimo, ecc.) e approvano divieti che condannerebbero se fossero praticati nelle liberaldemocrazie. A loro avviso gli operai della Germania Orientale che scioperano contro l'inasprimento disciplinare vanno puniti perché tradiscono la loro classe.

> *Operai americani e operai russi*
> «L'operaio delle officine Ford è sfruttato, e lo sfruttamento è *per definizione* legato alla proprietà privata degli strumenti di produzione e dei profitti delle imprese. L'operaio delle officine Putilov è "liberato" se, lavorando per la collettività, esce *per definizione* dallo sfruttamento. Ma lo "sfruttamento" dell'operaio americano non esclude la libera elezione dei segretari di sindacato, le trattative sui salari e una retribuzione elevata. La "liberazione" dell'operaio russo non esclude il passaporto interno, la statalizzazione dei sindacati e salari più bassi di quelli dei lavoratori occidentali … Siccome lo Stato sovietico s'è assicurato il monopolio della pubblicità, e vieta ai proletari "liberati" di varcare le frontiere, l'immagine artificiosamente falsata del mondo può essere imposta, con parziale successo, a milioni di uomini» (p. 126-127).

Dove l'espansione economica progredisce, dove il livello di vita si è innalzato (come negli Stati Uniti, dove il salario medio operaio consente l'acquisto della lavatrice o della televisione), non si vede nessun motivo per sacrificare le libertà reali dei proletari, per quanto parziali siano, ad una liberazione totale che si confonde stranamente con l'onnipotenza dello Stato. In realtà le sofferenze passate e presenti del proletariato sono ben poca cosa, se paragonate alle sofferenze delle vittime dei regimi totalitari.

Oltre la cortina di ferro, potenza economica e potenza politica sono nelle stesse mani, mentre in Occidente sono ripartite tra gruppi diversi, e questa separazione dei poteri è condizione di libertà: «I regimi totalitari saldano di nuovo insieme gerarchia tecnica e gerarchia politica. In qualsiasi modo li si voglia giudicare, si possono considerare novità solo ignorando l'esperienza dei secoli. Le libere società occidentali, nelle quali i poteri sono divisi, e lo Stato è laico, costituiscono una singolarità della storia. I rivoluzionari che sognano la liberazione totale non fanno altro che affrettare il ritorno delle anticaglie del dispotismo» (p. 109).

V'è sempre da meravigliarsi del fatto che un pensatore manifesti la propria indulgenza nei confronti di una società che non lo tollererebbe, e la propria intransigenza contro una società che gli rende onore. Perché il filosofo occidentale ragiona come se la libertà, senza la quale sarebbe condannato al silenzio o ridotto all'obbedienza, non avesse alcun pregio per lui?

Il marxismo come filosofia della storia

Le filosofie della storia presuppongono che la storia umana non sia una semplice somma di fatti e avvenimenti, ma una totalità in movimento verso uno stadio finale che dà senso al tutto e nel quale si realizza il destino umano. In moltissimi intellettuali di tutto il mondo vi è la profonda convinzione che il marxismo s'identifichi con la filosofia della storia, e che sia definitivamente vero: «Sicuri di conoscere in precedenza il segreto dell'avventura non ancora conclusa, considerano i confusi avvenimenti di ieri e di oggi con l'atteggiamento del giudice che è al di sopra dei conflitti e distribuisce dall'alto lodi e biasimi» (p. 153). In questo modo il marxista non trova più avversari degni di lui, perché soltanto i ritardatari o i cinici possono opporsi all'avvenire di cui egli è incarnazione.

Questo modo di interpretare la realtà impedisce agli intellettuali marxisti di criticare la situazione sociale staliniana, caratterizzata dal consolidamento delle disuguaglianze e dall'uso ininterrotto del terrore,

> *Le contraddizioni dei trotzkysti*
> «I rivoluzionari non staliniani pensano a una rivoluzione che spazzi via il capitalismo con la stessa energia usata dallo stalinismo, ma evitando nel contempo la degenerazione burocratica, il dogmatismo massiccio, le persecuzioni poliziesche. Queste idee sono una variante del trotzkysmo, se è lecito seguitare a definire trotzkysti i marxisti che approvano integralmente gli eventi del 1917 e criticano, con varia intensità, alcuni aspetti del regime sovietico. I trotzkysti sono disposti a schierarsi dalla parte dell'Unione Sovietica in lotta contro i paesi capitalistici. Ostili all'universo borghese, che concede loro la libertà di vivere e di esprimersi, hanno nostalgia dell'altro universo, dal quale sarebbero spietatamente eliminati, ma che nella sua affascinante lontananza incarna i loro sogni e il destino del proletariato» (p. 131).

malgrado lo stridente contrasto con i valori che la rivoluzione era intesa a promuovere. Condannare l'Unione Sovietica significherebbe infatti il fallimento del marxismo e quindi della storia. Il mondo tornerebbe ad essere un caos senza senso. In altre parole, la grandezza del fine ne preclude la condanna.

Forse si possono perdonare ad una rivoluzione i delitti che, commessi da regimi già forti, sarebbero ingiustificabili; ma quanto a lungo sarà valida la scusa della rivoluzione? Se in Unione Sovietica la legge dei sospetti, di puro stile robespierriano, è ancora in vigore da trent'anni dopo l'avvento al potere, quando verrà abrogata? Il perpetuarsi del terrorismo nel corso di parecchi decenni suggerisce questa domanda: fino a che punto il terrorismo è legato non alla Rivoluzione in sé, ma all'ordine sociale che da quella è scaturito?

L'idolatria della Storia nasce probabilmente da una inconfessata nostalgia per un avvenire capace di giustificare l'ingiustificabile. Come nell'atmosfera paranoica dei processi di Mosca orchestrati da Stalin contro i propri compagni di partito, i vincitori diventano giudici dei vinti e lo Stato diventa interprete della verità. Se Trotzkij fosse stato al posto di Stalin, le parti di giudice e di traditore sarebbero state capovolte, perché solo il successo, nell'ambito del partito, decide quale corrente incarni il senso della storia. Ma per quale motivo il filosofo dovrebbe accogliere tal pretesa? L'interpretazione della storia secondo la prospettiva del vincitore dà luogo alle peggiori ingiustizie. Lo sconfitto diventa retroattivamente un traditore. Ma non vi è nulla di più falso, dato che la valutazione morale o giuridica di un atto non può venir modificata dal corso ulteriore degli eventi.

L'idolatria nella Storia, sicura di agire in vista del solo avvenire valido, non vede e non vuol vedere nell'altro se non un nemico da sopprimere, spregevole in quanto incapace sia di volere il bene, sia di riconoscerlo. La conoscenza vera del passato ci richiama al dovere della tolleranza, la falsa filosofia della storia dà origine al fanatismo. La pace tornerà nel mondo quando i rivoluzionari si renderanno conto che non è possibile ricostruire le società secondo un piano, né fissare un obiettivo unico all'umanità intera. I politici non hanno ancora trovato il segreto di eliminare la violenza. Ma la violenza diviene ancor più inumana quando chi la usa si crede al servizio di una verità storica ed assoluta a un tempo.

L'alienazione e l'antiamericanismo degli intellettuali europei

Quanti intellettuali si sono iscritti al partito rivoluzionario per indignazione morale e son giunti a giustificare il terrorismo e la ragion di Stato! La verità è che la critica non rappresenta più una prova di coraggio, almeno nelle nostre società occidentali. L'oppositore, quale che sia la violenza delle sue polemiche, non soffre affatto per le proprie pretese eresie. Firmare mozioni a favore dei Rosenberg, le spie sovietiche, prendere regolarmente posizione a favore dei nemici della Francia, definire la borghesia una banda di *gangsters*, non nuoce minimamente alla carriera, neppure a quella dei funzionari di Stato.

L'intellettuale afferma di essere indifferente alla forza e alla ricchezza, ma quanti staliniani vi sarebbero in Francia se l'Urss possedesse un decimo delle divisioni che possiede? In verità gli intellettuali non sono meno sensibili degli altri francesi alle preoccupazioni di carattere economico. Alcuni di loro immaginano che le Edizioni di Stato potrebbero far crescere la tiratura dei loro libri, e che un regime di tipo sovietico potrebbe offrir loro con larghezza gli strumenti di lavoro dei quali la Repubblica francese è avara dispensatrice.

Il rancore antiamericano dell'intellettuale europeo nasce dal fatto che gli Stati Uniti hanno ottenuto il successo per vie diverse da quelle indicate dall'ideologia prediletta: «Prosperità, potenza, tendenza all'uniformità delle condizioni, sono risultati raggiunti mediante il grande impulso dato all'iniziativa privata, con la libera concorrenza piuttosto che con l'intervento statale, ossia col sistema capitalistico, che ogni intellettuale bennato ha il dovere non di conoscere a fondo, ma di disprezzare» (p. 247).

Lo snobismo dell'intellettuale europeo verso la società statunitense nasce dal fatto che gli americani coltivano ancora le idee semplici e modeste passate di moda nel Vecchio Continente. Gli americani sono ancora ottimisti, credono alla possibilità di migliorare la condizione umana, non si fidano del potere corruttore, restano interiormente nemici dell'autorità, si rifiutano di credere che alcuni individui superiori possano conoscere meglio dell'uomo comune la ricetta della salvezza.

Ma in nome di quali valori europei si può criticare oggi la realtà americana? La sua prosperità economica consente di raggiungere i fini indicati dalla sinistra europea, e gli esperti di tutto il mondo vanno a Detroit per impararne il segreto. È l'Europa che ha perduto il proprio prestigio, perché la brutalità e la volgarità di alcuni aspetti della vita americana non sono nulla in confronto ai campi di concentramento della Germania hitleriana e dell'Unione Sovietica.

Intellettuali alla ricerca di una religione

Il marxismo può essere considerato una "religione secolare". La sua dottrina fornisce infatti ai veri comunisti un'interpretazione globale della storia e del mondo; ispira loro sentimenti comuni; stabilisce la gerarchia dei valori, e indica la condotta da seguire. Compie cioè nell'anima individuale e collettiva alcune delle funzioni che il sociologo considera solitamente proprie delle religioni.

Si può considerare religione una dottrina senza Dio? Il comunismo non considera se stesso alla stregua di una religione, poiché giudica la religione un relitto storico e combatte la Chiesa in nome dell'ateismo. L'assenza di elementi sacrali e trascendenti non è però decisiva, perché numerose società del passato ignoravano la nozione dell'essere divino, senz'ignorare pensieri, sentimenti, imperativi e pratiche di devozione, considerate oggi religiose dallo studioso.

Il comunismo si è sviluppato da una dottrina politica ed economica in un'epoca nella quale la vitalità spirituale e l'autorità delle Chiese erano in decadenza. La morte di Dio lascia un vuoto nell'anima umana. Continuano a sussistere i bisogni del cuore, e un nuovo culto dovrà soddisfarli. Gli intellettuali francesi sono stati i primi a intraprendere la ricerca di una religione di ricambio. Soltanto gli intellettuali, infatti, sono capaci d'inventare e di predicare un surrogato degli antichi dogmi che riesca accettabile a dotti e scienziati.

> *Le false idee della sinistra marxista*
> «Chi si aspetta la prosperità dalla pianificazione, si inganna circa il rendimento e la disponibilità delle risorse ... chi fa assegnamento sulla dittatura del proletariato per la conquista della libertà, si inganna per ciò che riguarda le reazioni degli uomini e ignora le inevitabili conseguenze cui conduce la concentrazione del potere nelle mani di pochi ... chi si meraviglia del fatto che i filosofi prigionieri del materialismo dialettico e i romanzieri asserviti al realismo socialista siano privi d'ingegno, mostra di non intendere l'origine profonda della creazione intellettuale. Il senso proprio delle opere grandi non è mai stato imposto o comandato dai padroni dello Stato. Gli idolatri della storia moltiplicano le devastazioni, non perché siano animati da buoni o cattivi sentimenti, ma perché hanno idee false» (p. 179).

Gli ardori che in altri tempi si riversavano in credenze propriamente religiose, si sono così riversati nel culto dell'azione politica. L'ideale democratico e quello nazionalistico hanno destato ardori non meno appassionati di quelli suscitati dalla prospettiva della società senza classi. In tal senso, tutti i movimenti politici che hanno sconvolto l'Europa moderna hanno avuto carattere religioso. Ma non si trova in essi l'essenza e la tipica struttura del pensiero religioso. A questo proposito, il comunismo è un'eccezione.

Il profetismo marxista, infatti, ha profonde analogie con lo schema caratteristico del profetismo ebraico e cristiano. Ogni forma di profetismo condanna la realtà presente, traccia un'immagine del futuro, elegge un individuo o un gruppo che superi con la propria azione l'abisso che separa il presente indegno dal radioso avvenire. La società senza classi è un'idea analoga a quella del regno dei millenaristi medievali. Il partito comunista è la Chiesa, alla quale si oppongono i borghesi-pagani, che si rifiutano di ascoltare la buona novella, e i socialdemocratici-giudei, che non hanno voluto riconoscere la Rivoluzione da loro stessi pronosticata per tanti anni.

Il comunismo è però più totalitario del cristianesimo, perché nu-

> *La situazione critica dell'Occidente nel 1955*
> «Le circostanze storiche fanno correre grossi rischi alle società cosiddette capitalistiche: basta dare un'occhiata all'atlante per sincerarsene. Gli eserciti russi sono a Weimar, la Cina è associata alla grande crociata del "proletariato", e progressi ulteriori del comunismo si annunziano in Asia. I popoli in rivolta contro l'Occidente, contro i popoli più ricchi, fino a ieri padroni, inclinano al comunismo, non tanto per simpatia verso un regime scarsamente conosciuto, quanto per identità di nemici. Nessuno saprebbe dire a qual punto si fermerà la diffusione d'una fede sostenuta dal fanatismo e da un immenso complesso di eserciti … Una delle debolezze dell'Occidente è appunto quella di dar qualche credito alla predizione dell'inevitabile avvento del socialismo, e di concedere al nemico l'illusione d'una complicità con il destino … L'espansione della potenza comunista non prova la verità della dottrina, come le conquiste di Maometto non provano la verità dell'Islam» (p. 203, 204, 340)

tre delle pretese, ad esempio nel campo delle scienze, già da tempo abbandonate dalla Chiesa cattolica. Il cristianesimo, soprattutto, non ha mai concesso carta bianca ai governanti. Persino le Chiese di rito orientale si riservavano il diritto di criticare il sovrano. Lo zar, capo della Chiesa, non si pronunciava circa il dogma. Invece il segretario generale si riserva la libertà di riscrivere la storia del partito comunista in base al mutevole presente.

Marx definiva la religione "oppio del popolo" perché aiutava gli uomini a sopportare e a dimenticare i loro mali, invece di porvi rimedio. L'ideologia politica, tuttavia, cade sotto i colpi della medesima critica nel momento in cui uno Stato l'innalza a ortodossia: anch'essa insegna l'obbedienza alle masse e conferma l'autorità dei governanti. Oggi infatti gli intellettuali marxisti interpretano con tono e stile da teologi i sacri scritti e le dichiarazioni dei congressi e del segretario generale.

L'*intellighenzia* di sinistra affermava di lottare per la libertà ma, una volta obnubilata dall'oppio marxista, ha finito per piegarsi alla disciplina del partito e dello Stato. In futuro però le cose potrebbero andare diversamente. Forse l'intellettuale si disinteresserà della politica, il giorno in cui ne scorgerà i limiti. Se la tolleranza nasce dal dubbio, dobbiamo imparare a dubitare dei modelli ideali e delle utopie, e a scacciare i profeti di salvezza e i nunzi di catastrofi: «Invochiamo l'avvento degli scettici, se debbono abbattere il fanatismo» (p. 348).

Punti da Ricordare

• La passione comunista si fonda su tre miti politici: il mito della sinistra, il mito della rivoluzione, il mito del proletariato
• La sinistra afferma di voler liberare l'individuo dalle sue più immediate servitù, ma finisce per sottoporlo alla servitù totale dello Stato burocratico
• Il conservatorismo e il liberalismo oggi sono alleati contro il dispotismo socialista
• Ogni potere rivoluzionario è per definizione tirannico e violento
• Gli operai, a differenza degli intellettuali, raramente desiderano la rivoluzione
• Nulla prova che la proprietà collettiva sia più propizia al miglioramento della produttività della proprietà privata
• Le sofferenze passate e presenti del proletariato sono ben poca cosa, se paragonate alle sofferenze delle vittime dei regimi totalitari
• L'intellettuale occidentale è indulgente nei confronti di una società che non lo tollererebbe, e intransigente verso una società che gli rende onore
• L'idolatria marxista per la storia conduce al fanatismo
• Nelle attuali società occidentali la critica al sistema non rappresenta più una prova di coraggio, ma di conformismo
• L'intellettuale europeo prova rancore verso gli Stati Uniti per la prosperità che ha raggiunto grazie all'iniziativa privata
• Il marxismo è una religione secolare
• La struttura del profetismo marxista è analoga a quella del profetismo ebraico e cristiano
• L'ideologia politica è diventata l'oppio degli intellettuali
• Solo la tolleranza, il dubbio e lo scetticismo possono salvare la civiltà dal fanatismo

L'autore

Raymond Aron, filosofo e sociologo francese, nasce a Parigi il 14 marzo 1905. Nel 1924 entra alla Scuola Normale, e nel 1928 arriva primo al corso di filosofia. Prosegue gli studi in Germania, a Colonia e a Berlino, dove assiste in diretta all'ascesa del nazismo. Nel 1938 torna in Francia per sostenere la tesi di dottorato. Il 24 giugno 1940 la Francia viene sconfitta dalla Germania. Aron sceglie di non compromettersi col regime di Pétain e parte per Londra seguendo Charles de Gaulle. Dal 1940 al 1944 è redattore capo del giornale *La France libre*, a Londra. Dopo la guerra segue un'eccezionale carriera accademica come docente alla Sorbona e in altre prestigiose accademie. Nello stesso tempo svolge un'influente attività di editorialista da posizioni liberal-conservatrici su *Le Figaro*, dal 1947 a 1976, e poi su *L'Express*. La sua critica serrata al marxismo lo porta allo scontro con l'amico, coetaneo e collega di studi Jean-Paul Sartre. In quegli anni Aron e Sartre sono i due massimi intellettuali francesi, e incarnano due modelli opposti: Aron l'intellettuale controcorrente, Sartre la personificazione del *maître à penser*. Le posizioni di Aron lo rendono il bersaglio privilegiato della contestazione studentesca del maggio 1968, nella quale risuona lo slogan "Meglio avere torto con Sartre che ragione con Aron". Nel 1975 denuncia lo scandalo dei *boat people*, i rifugiati vietnamiti scappati con ogni mezzo dal regime comunista. Lo stesso Sartre riconosce, in questo caso, le ragioni del suo avversario. Il 17 ottobre 1983, appena uscito dal tribunale di Parigi dove aveva reso una testimonianza in difesa dello studioso Bertrand de Jouvenel, muore per un attacco cardiaco all'età di 78 anni. La Francia intera, compresi coloro che lo avevano fino ad allora ignorato se non osteggiato, tributa omaggio al suo rigore intellettuale.

Nota Biografica

Raymond Aron, *L'oppio degli intellettuali*, La Biblioteca di Libero, Milano, 2005, p. 348, prefazione di Claudio Siniscalchi, traduzione di P. Casini, su licenza di Cappelli editore. Ultima edizione: Lindau, Torino, 2017, p. 432, prefazione di Angelo Panebianco, traduzione di Teresa Compagna. Titolo originale: *L'opium des intellectuels.*

28

Wilhelm Röpke

Al di là dell'offerta e della domanda
1958

*'Assistenzialismo e inflazione cronica sono i due mali
della moderna democrazia di massa'*

L'economista svizzero di origini tedesche Wilhelm Röpke è stato uno dei più importanti teorici dell'"economia sociale di mercato", il modello economico che nel secondo dopoguerra ha posto le basi del miracolo tedesco e della ripresa dell'Europa occidentale. Il suo pensiero, che in questo libro trova la sua espressione più matura, costituisce un'interessante sintesi di liberalismo economico e conservatorismo culturale. La critica di Röpke al collettivismo socialista, allo Stato assistenziale e alle politiche inflazioniste si richiama infatti ai principi dell'etica borghese e della tradizione spirituale dell'Occidente, abbandonati dall'uomo massificato della società moderna. Difensore delle piccole comunità e del federalismo che vede all'opera nel suo paese d'adozione, la Svizzera, Röpke detesta tutto ciò che è "giacobino", centralizzato, anonimo, burocratico, gigantesco. L'attuale democrazia di massa, a suo parere, rischia di soffocare la creatività e il naturale desiderio di affermarsi degli individui, spegnendo in loro la voglia di vivere.

Riassunto

Dopo un quindicennio

La mia infanzia, scrive Wilhelm Röpke ricordando il passato, «è trascorsa in campagna, in un ambiente provinciale, in quel clima di inconsapevole benessere, di abbondanza, di libertà quasi inconcepibile, di ottimismo quasi senza ombre, che caratterizza il grande secolo liberale che va dal 1814 al 1914». Ma poi venne la Prima guerra mondiale, seguita da una rivoluzione e da un'inflazione annientatrice; poi, qualche anno dopo, una crisi mondiale con milioni di disoccupati e, fatale conclusione di questo diabolico dramma, una nuova guerra mondiale e infine la minaccia incombente sul mondo del comunismo, l'ultima variante di totalitarismo rimasta, con le apocalittiche prospettive dell'impiego delle armi nucleari.

In questi ultimi quindici anni dalla fine della guerra, continua Röpke, le convinzioni liberali e antisocialiste dell'autore sono diventate ancor più salde. La storia di questi anni, infatti, è la storia del totale insuccesso del socialismo – della pianificazione dell'economia, dell'assalto alla proprietà privata, del dilagante potere dello Stato assistenziale – e del trionfo dell'economia di mercato. Da una parte, il comunismo ha subito una sconfitta morale con le clamorose proteste dei polacchi e con l'aperta rivolta anticomunista del popolo ungherese; dall'altra, c'è stata l'inaspettata affermazione delle economie di mercato.

Alla fine della seconda guerra mondiale il collettivismo sembrava destinato a trionfare in tutto il mondo, e si può quindi comprendere quanto sia stata importante la coraggiosa decisione di un gruppo di Paesi che in Europa non tenne conto della direzione della storia e osò andare controcorrente. Nel 1945 la Svizzera era diventata una specie di pezzo da museo dell'epoca liberale, volutamente ignorato o guardato con sufficienza dai più. La situazione tuttavia mutò quando, nel 1946, anche il Belgio seguì l'esempio della Svizzera e, orientandosi verso un'economia di mercato antinflazionistica, ristabilì rapidamente il proprio equilibrio econo-

> **Cos'è l'uomo**
> «La mia immagine dell'uomo è modellata sul retaggio spirituale della tradizione antica e cristiana; nell'uomo io vedo l'immagine di Dio e ho nel sangue il convincimento che sia orribile peccato degradare l'uomo a semplice strumento (anche se col richiamo a nobili ideali) e che ogni anima sia qualcosa di incomparabile e di inalienabile, al cui confronto ogni altra cosa è assolutamente priva di valore» (p. 11).

mico. Anche l'Italia, adottando nel 1947 la famosa politica di Einaudi, allora Governatore della Banca d'Italia, si associò al nucleo dei paesi liberali, e poté così uscire dal pantano dell'inflazione e dell'economia coatta. Fu un grande successo, che forse salvò l'Italia dal comunismo.

Il colpo veramente decisivo lo diede però la Germania nell'estate del 1948, quando Ludwig Erhard impose un risoluto ritorno all'economia di mercato e alla disciplina monetaria, riportando un trionfo superiore a ogni attesa. Iniziava così un capitolo veramente memorabile della storia dell'economia, che rappresentò per il mondo intero una lezione unica nel suo genere. La Germania era in condizioni spaventose, devastata e demoralizzata dalla guerra, eppure ebbe il coraggio di opporsi alla politica collettivista e inflazionista che dominava in Europa e di adottare un programma contrario: libero mercato e disciplina monetaria.

Lo fece sotto gli occhi sbigottiti dei giovani economisti delle potenze occupanti, che si erano formati sulle dottrine di Marx e di Keynes. Il successo fu formidabile, diventò travolgente, mentre appariva sempre più evidente lo scacco del socialismo in Gran Bretagna. Si diffuse l'impressione che il Paese vinto stesse meglio del Paese vincitore. La Germania era diventata una delle prime nazioni industriali e commerciali del mondo, la prima d'Europa, con una delle monete più ricercate e più solide. Era una provocazione intollerabile, perché significava il tramonto del mito socialista.

Il contrasto spirituale tra socialismo e liberalismo

Il conflitto tra socialismo e liberalismo, tuttavia, non è solo tra due diverse tecniche sociali, ma tra due diverse concezioni della vita. Il socialismo, osserva Röpke, è una filosofia che concede troppo poco all'uomo, alla sua natura e alla sua personalità, e nell'entusiasmo per tutto ciò che si chiama organizzazione, concentrazione, direzione, apparato, non valuta abbastanza il pericolo che tutto ciò conduca al sacrificio della libertà, nel semplice e tragico senso rivelato dallo Stato totalitario.

In ultima analisi i valori decisivi vanno *al di là della domanda e dell'offerta*, delle tecniche e dei modelli economici. Essi sono di natura morale. Vi è infatti una profonda ragione morale se l'economia ordinata da liberi prezzi, liberi mercati e libera concorrenza significa equilibrio e abbondanza di beni, mentre l'economia socialista significa disordine, marasma, minore produttività. Il sistema economico liberale, infatti, libera la straordinaria forza insita nella tendenza dell'individuo ad affermarsi, mentre il sistema socialista la opprime e si logora nel combatterla.

Libertà economica e conservatorismo morale

L'economia di mercato è indispensabile, ma non è tutto. Essa, aggiunge Röpke, deve operare come parte di un più ampio ordinamento sociale fondato su alcuni elementi tipicamente conservatori come il rispetto del diritto naturale, della tradizione, dei corpi intermedi, del federalismo e delle altre dighe contro la democrazia di massa. L'indipendenza dei singoli è possibile solo se la collettività non annienta l'individuo, ma ciò può avvenire soltanto nei piccoli gruppi o nelle associazioni di media grandezza, in una cerchia visibile quale noi possiamo ancora riscontrare nelle comunità rurali e nei piccoli e medi comuni.

Purtroppo queste piccole cerchie d'altri tempi, a cominciare dalla famiglia, con il loro calore umano e la loro naturale solidarietà, stanno sempre più cedendo terreno alla massa, alla concentrazione, all'affollamento amorfo degli uomini nelle grandi città e nei centri industriali, alle organizzazioni di massa, alla burocrazia anonima delle imprese gigantesche e, infine, al potere dello Stato assistenziale, che con il suo apparato coercitivo, con la polizia e con il fisco tiene assieme questa società che si disgrega in individui. Una delle ragioni più profonde della crisi della democrazia moderna sta nel fatto che essa è andata sempre più degenerando in democrazia di massa, centralista e giacobina, e oggi richiede più che mai questi contrappesi comunitari provenienti dal basso.

Economia di mercato ed etica borghese

Il conformismo gregario dell'uomo-massa si manifesta nel suo completo distacco dalla tradizione e dalla continuità, e nella sua natura romantico-rivoluzionaria. Nulla rivela l'uomo massificato quanto il suo disprezzo per coloro che egli chiama "piccolo borghesi". Benché l'opinione pubblica, e soprattutto gli intellettuali, abbiano orrore, dopo un secolo di propaganda marxista, di questa parola e la irridano apertamente, dobbiamo onestamente ammettere, scrive Röpke, che l'economia di mercato ha un fondamento "borghese" e insistere in questa affermazione.

L'economia di mercato, infatti, può prosperare soltanto in una società in cui siano vivi alcuni principi che danno consistenza alla trama dei rapporti sociali: l'iniziativa individuale, il senso di responsabilità, l'indipendenza ancorata alla proprietà, l'equilibrio e l'audacia, il calcolo e il risparmio, l'organizzazione individuale della vita, l'inserimento nella comunità, il sentimento della famiglia, della tradizione e della continuità storica, il rispetto dell'intangibilità della moneta, il coraggio di affrontare i rischi della vita, il senso dell'ordine naturale delle cose.

È molto significativo il fatto che Keynes abbia potuto raccogliere tanta ammirazione con la sua banale e cinica osservazione "*nel lungo periodo siamo tutti morti*", che scaturisce da uno spirito decisamente antiborghese. Essa rivela la tipica noncuranza per il domani riscontrabile nella moderna politica economica, che ci ha indotti a considerare l'indebitamento come una virtù e il risparmio come un "pregiudizio borghese".

Invece l'esperienza di tanti secoli ci insegna che, per una condotta di vita ragionevole e responsabile, non si deve vivere alla giornata; che bisogna saper frenare l'impazienza e l'avidità del godimento; tenere presente il domani; non fare mai il passo più lungo della gamba; prender le dovute precauzioni per l'avvenire e prepararsi ad affrontare le vicissitudini della vita; equilibrare le spese e i guadagni; che bisogna insomma vivere la propria vita come un tutto coerente, non come una successione di brevi momenti di piacere, con i conseguenti dolori dell'indomani. Venire meno a questi principi è stato sempre e ovunque, in una società sana, ritenuto un segno di disordine, di leggerezza, di mentalità zingaresca, di parassitismo, d'inettitudine, d'irresponsabilità.

Le basi etiche del mercato

Un grande problema culturale, osserva Röpke, è il disprezzo per l'economia dei romantici e degli esteti, con il loro totale distacco dalla realtà, con i quali concordano spesso i reazionari e i rivoluzionari. È merito inestimabile della filosofia sociale del '700, dalla quale trae origine la scienza economica, aver cancellato lo stigma feudale per l'attività industriale e commerciale, risalente all'antichità, e di averle conferito la dignità che le spetta. Questa filosofia propriamente borghese, che a buon diritto può anche dirsi "liberale", ci ha insegnato a riconoscere e ad apprezzare nell'individuo il desiderio di affermarsi, per sé e per la propria famiglia, e ci ha indotto ad assegnare il giusto posto alle qualità che a tal fine sono necessarie: la laboriosità, l'onestà, il senso del dovere, il senso del risparmio, la ragionevolezza.

Anche il prosaico mondo del commercio attinge quindi a riserve morali, le quali sono più importanti di tutte le leggi economiche e di tutti i principi di economia politica. Il mercato, la concorrenza, il gioco dell'offerta e della domanda non generano queste riserve morali, ma le presuppongono e le usano. Esse provengono da sfere estranee al mercato, e non v'è testo di economia politica che possa sostituirle. Autodisciplina, senso di giustizia, onestà, lealtà, cavalleria, moderazione, rispetto della dignità umana, salde norme morali, sono tutte qualità che gli uomini debbono già possedere quando vanno al mercato e competono nella concorrenza; sono i sostegni indispensabili per preservare il mercato e la concorrenza da ogni degenerazione; e nascono nelle famiglie, nelle chiese, nelle vere comunità.

I pericoli dello Stato assistenziale

Secondo Röpke, tra i processi che con la loro lenta opera devastatrice hanno invaso il tessuto della nostra economia, due sono predominanti: l'avanzata apparentemente irresistibile dello Stato assistenziale e l'inflazione. I due processi sono strettamente indipendenti e si esaltano a vicenda. L'uno e l'altro minano le basi di una società libera e produttiva. Sia lo Stato assistenziale sia l'inflazione cronica sono originati dalle passioni e dalle pretese delle masse, dirette contro la proprietà, la Legge, la tradizione, la continuità e l'interesse generale. L'uno e l'altra si valgono dello Stato e della scheda elettorale come mezzi per favorire una parte della comunità a spese dell'altra; l'uno e l'altra sono espressioni del dissolvimento dei principi morali un tempo accettati da tutti come evidenti e naturali.

I demagoghi sociali si servono delle promesse dello Stato assistenziale e della politica inflazionistica per sedurre le masse; perciò è difficile mettere in guardia la gente e convincerla dell'enormità del prezzo che alla fine dovrà essere pagato da tutti. Non si pensa che ogni richiesta di danaro fatta allo Stato è una richiesta indirettamente fatta ad altri cittadini, e che quando noi esigiamo l'aiuto dello Stato, chiediamo sempre il prodotto delle fatiche e dei risparmi di qualcun altro.

Quanto più viene esteso lo Stato assistenziale, tanto più questo gigantesco ingranaggio diviene fine a se stesso, un fine che non serve più ad alcuno, se non alla burocrazia che naturalmente ha interesse a nascondere questo stato di cose. La vita diventa un noioso gioco di carte, dove alla fine le vincite vengono ripartite fra tutti i giocatori. In queste condizioni diminuiscono sempre più le possibilità di salire nella scala economica e sociale, a meno che non si abbracci la carriera del funzionario statale, che oggi è sempre più il beneficiario e il sostenitore di questo sistema.

> *Federalismo contro democrazia di massa*
> «Per cogliere ciò che è essenziale di questo problema, è indispensabile una chiara nozione della differenza esistente fra la democrazia liberale di tipo elvetico e anglosassone e la democrazia giacobina, la quale, confacendosi molto alla società di massa, si va sempre più affermando nella nostra epoca ... Proprio per questa ragione il giacobinismo ha ravvisato, logicamente e costantemente, nel federalismo il peggior nemico della *République une et indivisible*. Ma siccome la struttura politica e federale di uno Stato non nasce automaticamente in virtù di un semplice documento costituzionale, ma presuppone un'articolazione della società radicata nella tradizione, nulla le è più ostile della moderna società di massa, che tale articolazione distrugge. Così la società di massa favorisce il sorgere della democrazia giacobina di massa, poiché paralizza e annienta la contrapposta forza del federalismo» (p. 78-79).

Per far funzionare questa macchina statale sempre più imponente si deve quindi pagare un alto prezzo, costituito dalla mortificazione della gioia del produrre, dallo scadere del senso di responsabilità individuale, e dalla grigia noia. Quanto più il sistema coercitivo si estende, tanto più si restringe l'ambito della previdenza individuale e diminuisce la capacità di provvedere a se stessi e alla propria famiglia.

È chiaro che una volta imboccata questa strada non ci si ferma più. Lo Stato assistenziale non ha la possibilità di autolimitarsi, e per di più si sviluppa in un'unica direzione. Il centro di gravità della società si sposta continuamente dal basso verso l'alto, dalle piccole genuine comunità piene di calore umano alla fredda, impersonale amministrazione centrale e alle anonime organizzazioni di massa che la fiancheggiano.

Siccome questa politica implica inevitabilmente una concentrazione sempre più forte del potere nelle mani dell'Amministrazione che dirige il flusso dei redditi, la divisione dei poteri si allontana sempre di più dall'eguaglianza. Ma la divisione di un bene immateriale come il potere, osserva Röpke, è incomparabilmente più importante della divisione dei beni materiali, poiché il potere decide della libertà o della schiavitù. Il moderno Stato assistenziale è quindi la forma in cui, nel mondo non comunista, si compie la sottomissione dell'uomo allo Stato.

Socialdemocrazia e inflazione cronica

Il decadere del rispetto per la proprietà concorre a determinare un fenomeno che rende sempre più inquiete le nazioni del mondo libero: l'indebolimento della moneta per effetto dell'inflazione. Quando viene meno il rispetto per la proprietà, infatti, sta per tramontare anche il rispetto per l'intangibilità della moneta. I due fenomeni vanno di pari passo, e per effetto di entrambi, a ciò che è saldo, duraturo, sicuro, si sostituisce l'effimero, il provvisorio, l'incerto.

Raramente nella storia un governo che abbia avuto un potere illimitato sulla moneta non ne ha abusato in senso inflazionistico. L'inflazione dunque è vecchia quanto il potere dei governi sulla moneta. Nuove, però, sono l'audacia e la raffinatezza delle teorie e delle ideologie che cercano di giustificarla. L'attuale inflazione, infatti, si differenzia dalle precedenti perché deriva in modo quasi esclusivo dalle ideologie, dalle esigenze e dalle pressioni della democrazia di massa: è un'inflazione socialdemocratica.

La valuta aurea ebbe proprio la funzione di sottrarre la moneta all'arbitrio, alla debolezza e all'imprevidenza dei governi. Un'altra sua funzione, non meno importante, fu di creare, con la spoliticizzazione della moneta, un sistema monetario veramente internazionale, il *gold standard*. Scomparsa la valuta aurea

> *La noia nel socialismo*
> «È molto facile che la noia si sviluppi in una società socialista, che, a causa della sua esasperata burocratizzazione e dell'accentramento spinto al massimo, mortifica tutti gli slanci vitali della responsabile iniziativa individuale; e che anzi qui sia massima (a meno che, nel caso del comunismo, non si voglia ammettere che l'ossessione, la paura, l'odio e l'ansia d'evasione da questo inferno, diano contenuto alla vita). Per quanto concerne lo Stato assistenziale socialista, Bernard Berenson, il grande critico americano di recente scomparso, ha detto tutto con questa dichiarazione, fatta in occasione del suo novantesimo compleanno: "Io non ho paura della bomba atomica. Se la nostra civiltà è minacciata, lo è, molto di più che dalla bomba atomica, dalla noia di uno Stato assistenziale totalitario in cui sono scomparsi l'iniziativa personale e il piacere del rischio"» (p. 102-103).

era ancora rimasto, a far da ultimo contrappeso all'illimitato potere dei governi nel campo monetario, la relativa indipendenza delle Banche centrali. Ma in molti paesi anche questo argine è crollato, e in altri minaccia di crollare.

Centrismo e decentrismo

Chi si scandalizza perché la Banca centrale non è ancora divenuta un docile strumento del potere centralizzato dello Stato rivela di essere uno di quegli "eterni Giacobini" ai quali ogni manifestazione di indipendenza e di autonomia reca fastidio, si tratti del mercato libero, del libero Comune, della scuola privata, della radio non sottoposta a controllo statale o della stessa famiglia. Ogni istituzione che conservi ancora una certa indipendenza – la Banca centrale o il Fondo pensioni o qualsiasi altra cosa – è una nuova Bastiglia da radere al suolo. Il miglior modo per definire questa mentalità è "centrista", mentre la visione opposta può essere chiamata "decentrista".

La prima cerca la sicurezza, la felicità e la soddisfazione subordinando l'individuo e i piccoli gruppi alla società rigidamente organizzata, tanto più desiderabile quanto più è ampia; la seconda la cerca nell'indipendenza e nella responsabile autonomia dell'individuo e dei piccoli gruppi. Una predilige tutto ciò che è pianificato, fatto dall'uomo e costruito artificialmente; l'altra ama ciò che è naturale, organico, spontaneo convalidato dal tempo, resistente al tempo.

L'economia collettivistica corrisponde all'ideale centrista, mentre l'economia di mercato realizza l'aspirazione del decentrista. In queste considerazioni, osserva Röpke, si può trovare una ulteriore e convincente prova della superiorità della libertà economica. L'integrazione impersonale degli uomini attraverso il mercato, infatti, è da preferirsi all'agglomerazione imposta dall'economia collettivistica, perché la prima coordina, mentre la seconda subordina.

L'economia senza l'uomo

La tendenza centrista nel pensiero economico contemporaneo è evidente nella cosiddetta *macroeconomia*, la quale considera il processo economico come un flusso meccanico suscettibile di essere determinato e previsto quantitativamente con i metodi statistici e matematici. L'economia assume l'aspetto di una gigantesca pompa idraulica, e la scienza che se ne occupa diventa sempre più una forma particolare d'ingegneria, nella quale si moltiplicano le equazioni. Contro questo atteggiamento, inevitabilmente legato al nome di Keynes, occorre ricordare che l'economia non è una scienza naturale, ma una scienza dello spirito. I fattori decisivi della vita economica, ricorda Röpke, sono forze morali e spirituali, reazioni psicologiche, opinioni poste al di là di tutte le curve e di tutte le equazioni; sono cose incalcolabili e imprevedibili.

Dietro agli aggregati statistici vi sono esseri umani, con i loro pensieri, sentimenti, giudizi, mutamenti d'opinione e di decisione, con i quali non possiamo giocare come

> **La necessità di aristocrazie naturali**
>
> «L'esistenza, nella società, di un gruppo dirigente che in nome della comunità si consideri custode delle norme e dei valori intangibili e che ad esse conformi severamente la propria condotta, ha un'importanza decisiva. Oggi più che mai, mentre tanti principi vacillano e tanti istituti si vanno sgretolando, abbiamo bisogno di un'autentica *Nobilitas naturalis* (la cui autorità vien facilmente riconosciuta dagli uomini), che tragga i suoi titoli dalla grandezza morale e dalla naturale dignità dimostrate ... unicamente in virtù di una vita esemplare, fatta di abnegazione, di integrità e di dedizione, di maturità e di giudizio, di indomabile coraggio nella difesa della verità e della giustizia. E questi pochi, veramente esemplari sorretti dalla fiducia del popolo, raggiungono gradatamente una posizione al di sopra delle classi, degli interessi, delle passioni, delle cattiverie e delle follie degli uomini, e divengono, infine, la coscienza stessa della nazione. Il più alto scopo dell'uomo dev'essere di appartenere a questa aristocrazia morale, al cui confronto tutti gli altri trionfi della vita divengono pallide e vuote immagini. Una società libera che minaccia come la nostra di degenerare in una società di massa non può esistere senza una tale classe di censori» (p. 146-147).

con i cubetti delle costruzioni dei ragazzi. Termini come elasticità dell'offerta e della domanda, moltiplicatore, accelerazione e simili danno l'impressione di una esattezza scientifica e matematica che non esiste. Non vi sono costanti fisiche paragonabili all'accelerazione di gravità, bensì reazioni che dipendono dal comportamento, per principio imprevedibile, dell'uomo.

Rivalutare l'imprenditore

Per liberarci da questa concezione meccanica e collettivistica, continua l'economista svizzero, dobbiamo riconsiderare la figura dell'imprenditore nella sua vera luce. La dottrina economica prevalente sembra attribuire agli imprenditori la parte di semplici automi che tirano i conti dei loro profitti, lontanissimi da qualsiasi aspetto spirituale o morale. È chiaro che possono essere visti così solo se si concepisce la vita economica come un semplice processo meccanico.

Nella realtà l'imprenditore è come il capitano di una nave. Il suo compito principale è di navigare sul mare del mercato, che è imprevedibile poiché dipende dalla natura umana. La sua funzione indispensabile per il corso della vita economica è di equilibrare l'offerta e la domanda e di adeguare continuamente la produzione al consumo. Poiché egli è soggetto alle incertezze e alle imprevedibilità del mercato, il suo successo dipende dalla misura in cui egli sa realizzare questo adattamento. Il fatto che il successo nella valutazione di fattori tanto incerti è legato a un sistema che premia o punisce prontamente, ha un significato positivo e profondo.

L'attività dell'imprenditore, infatti, è non solo immensamente importante, ma anche straordinariamente difficile. Richiede l'esperienza, la ricchezza di risorse e l'acuta intuizione di un provato capitano. Né i libri di testo, né i corsi d'addestramento, né le statistiche, né i calcolatori elettronici possono sostituire tali qualità. Questo carattere umano dell'economia sbarra la via ad ogni centrismo, ad ogni concezione meccanicistica dell'economia, dimostrando quanto sia sbagliato ogni calcolo fatto senza l'uomo.

Punti da Ricordare

- Quindici anni dopo la fine della seconda guerra mondiale assistiamo alla crisi del collettivismo socialista
- Nello stesso tempo si è verificato il trionfo miracoloso delle politiche economiche liberali in Germania e in altri paesi dell'Europa occidentale
- L'economia di mercato presuppone i principi morali tradizionali e si fonda sull'etica borghese
- La democrazia moderna sta però sempre più degenerando in democrazia di massa, centralista e giacobina
- L'espansione dello Stato assistenziale e l'inflazione cronica sono due tipiche manifestazioni della mentalità antiborghese
- Il federalismo di tipo elvetico è necessario per contrastare la democrazia di massa
- In ultima analisi il conflitto è tra due visioni opposte della società: quella centrista e quella decentrista
- L'economia non è una scienza fisica o matematica esatta, ma una scienza dello spirito

• L'approccio meccanicistico e statistico della macroeconomia è destinato a fallire perché trascura l'imprevedibilità delle scelte umane
• L'imprenditore non è un semplice automa calcolatore, ma una sorta di capitano che naviga nel tempestoso mare del mercato
• Egli svolge la funzione, difficilissima e insostituibile, di adeguare la produzione al consumo

L'autore

Wilhelm Röpke (1899-1966) nasce in Germania, a Schwarmstedt nei pressi di Hannover, il 10 ottobre 1899. Si iscrive alla facoltà di economia presso l'Università di Gottinga, ma nel settembre 1917, un anno prima della fine della Prima Guerra Mondiale, viene chiamato al fronte ed è ferito nella Battaglia di Cambrai. Dopo la guerra riprende i suoi studi di economia e nel gennaio 1921 conclude la sua tesi di dottorato. Fra il 1924 ed il 1928 insegna in diverse università austriache e tedesche. Alla vigilia delle elezioni del 14 settembre 1930 prende nettamente posizione contro il partito nazionalsocialista, scrivendo diversi articoli contro le teorie economiche autarchiche del nazionalsocialismo. Un discorso pronunciato a Francoforte l'8 febbraio 1933, in cui critica la demagogia della retorica nazista, segna la fine della sua carriera universitaria. Dichiarato nemico del popolo ed espulso dall'Università il 25 aprile 1933, Röpke rifiuta di ritrattare pubblicamente, ed è costretto a lasciare la Germania con la moglie e i tre figli. Si imbarca per la Turchia, dove ottiene una cattedra di economia politica all'Università di Istanbul fino al settembre 1937, anno in cui si trasferisce all'Istituto universitario di alti studi internazionali di Ginevra. Durante la guerra redige una trilogia, costituita da *La crisi sociale del nostro tempo*, *Civitas Humana* e *L'ordine internazionale*, che verrà tradotta in diverse lingue e lo renderà celebre. Alla fine del conflitto diventa consigliere di Adenauer e di Erhard, e le sue idee favorevoli al ripristino dell'economia di mercato e della disciplina monetaria contribuiranno al miracolo economico tedesco. Viene riconosciuto come uno dei più importanti teorici dell'economia sociale di mercato, un modello economico diffuso nell'Europa occidentale durante la Guerra Fredda. Negli anni 1961-62 è presidente della Mont Pelerin Society, l'organizzazione internazionale degli studiosi liberali. Muore a Coligny, nel Cantone di Ginevra, il 12 febbraio 1966.

Nota Bibliografica

Wilhelm Röpke, *Al di là della domanda e dell'offerta. Verso un'economia umana*, Rubbettino, Soveria Mannelli [CZ], p. 293, 2015, a cura di Dario Antiseri e Flavio Felice, prefazione di Flavio Felice, traduzione di Nino Portinaci. Titolo originale: *Jenseits von angebot und nachfrage*.

29

Benedetto Croce, Luigi Einaudi

Liberismo e liberalismo
1927-1948

'*Una società può essere libera anche senza libertà economica?*'

Il volume raccoglie gli scritti dei due maggiori esponenti del liberalismo italiano in merito al famoso dibattito sulla concezione liberale della libertà. Per il filosofo napoletano la libertà è un concetto etico e filosofico, di natura spirituale, privo di connessioni necessarie con la libertà meramente economica, che riguarda le meno elevate attività pratiche miranti all'utile. Secondo questo punto di vista, a seconda delle circostanze una società liberale può adottare o meno le ricette liberiste. Per l'economista piemontese, al contrario, non è nemmeno concepibile l'idea che si possa accrescere la libertà degli individui con misure che riducano la libertà d'iniziativa economica. Einaudi ricorda a Croce che anche nella libertà economica vi sono principi e virtù morali: il coraggio d'intraprendere, la voglia di un meritato successo, l'assunzione di responsabilità, la necessità di riconoscere il merito là dove si manifesta.

Riassunto

Croce: il liberalismo è una concezione della vita

La concezione liberale, scrive Benedetto Croce, è metapolitica perché va oltre la politica per abbracciare una concezione totale del mondo e della realtà. La sua ragione d'orgoglio è di avere come regola del gioco la libertà, la quale impone il rispetto delle altrui opinioni, la disposizione ad ascoltare e imparare dagli avversari e a ben conoscerli, facendo in modo che non debbano nascondersi od occultare il loro pensiero e le loro intenzioni. All'interno dell'ordine liberale tutti gli ideali, il cattolico, l'assolutistico, il democratico e il comunistico, hanno libera la parola e la propaganda, con il solito limite di non rovesciare l'ordine liberale. La superiorità politica e morale del liberalismo si rivela in questo accoglimento degli ideali opposti, i quali sono invece incapaci di compiere una pari opera.

Il liberalismo accoglie infatti l'idea dialettica della filosofia moderna, secondo cui la diversità e l'opposizione delle forze spirituali accresce e nobilita di continuo la vita e le conferisce il suo unico e intero significato. Su questo fondamento teorico nasce la disposizione pratica liberale di fiducia verso la varietà delle tendenze, alle quali vuole offrire un campo aperto perché gareggino tra loro, invece che porre limiti e freni, e sottoporle a restringimenti e compressioni. Per questo suo carattere dialettico, il liberalismo si contrappone radicalmente a tutte le concezioni autoritarie, le quali diffidano delle forze spontanee tra loro contrastanti, cercano di prevenire o troncare i contrasti, prescrivono le vie da seguire e i modi da tenere, e prestabiliscono gli ordinamenti ai quali conformarsi.

Croce: il liberalismo si contrappone a tutte le diverse concezioni autoritarie

Il cattolicesimo politico, compreso quello dei nazionalisti francesi, è una di queste concezioni autoritarie. È vero, osserva Croce, che vi sono degli uomini di buona fede e di alte intenzioni che si sono definiti cattolici liberali, dei quali la storia italiana del secolo passato ha offerto nobilissimi esempi, come nel caso del Manzoni. Tuttavia questi non ebbero mai l'approvazione degli ortodossi, e non riuscirono mai a salvarsi dalle loro interne contraddizioni.

> *La libertà come forza creatrice della storia*
> «Invero, tutto ciò che l'uomo fa, è fatto liberamente, siano azioni o istituzioni politiche o concezioni religiose o teorie scientifiche o creazioni della poesia o dell'arte o invenzioni tecniche e modi di accrescimento della ricchezza e della potenza. L'illibertà, come già accennato, è sterile, e le sue illusorie opere hanno la qualità di quelle che nella poesia e nelle arti belle si dicono imitazioni e artificiose manipolazioni, le quali ricalcano, sia pure bizzarramente e sconciamente combinandole, le poesie e le pitture già esistenti, incapaci di produrre il veramente nuovo e originale, e perciò, prive come sono di realtà estetica, vengono dal critico e storico dell'arte escluse da suo campo» (Croce, p. 95)

Per le medesime ragioni il liberalismo sembra talora confluire con l'ideale democratico e talora divergerne fortemente: lo contrasta quando questo, facendo dell'eguaglianza un idolo, si avvia verso il socialismo e l'autoritarismo; ne è alleato quando si oppone ad altre forme di autorità, per esempio le teocrazie e le monarchie assolute. Infatti per il liberalismo, che è nato e rimane intrinsecamente antiegualitario, la libertà, secondo un motto di Gladstone, è la via per produrre e promuovere non la democrazia, ma l'aristocrazia, la quale è veramente vigorosa e seria quando non è aristocrazia chiusa ma aperta, pronta sempre ad accogliere coloro che verso di lei si elevano.

Tra le concezioni autoritarie sono da annoverare anche tutte quelle concezioni socialistiche che, in nome dell'idea di eguaglianza, mirano all'edificazione di un paradiso in terra, cioè un regno di perfezione senza più contrasti. Il socialismo incontra l'ostilità della concezione liberale proprio a causa di questa negazione della lotta e della storia, e per la sua inevitabile inclinazione a soffocare la varietà delle tendenze e lo spontaneo sviluppo dell'individualità, appellandosi a ciò che talvolta chiama "dittatura".

Croce: la libertà rappresenta l'ideale morale dell'umanità

La libertà non è certo una parola nuova nella storia. Grecia e Roma ci hanno tramandato le memorie d'innumerevoli eroi della libertà. Libertà avevano invocato i cristiani, i comuni, i feudatari, i baroni, i regni, le province e le città contro gli imperatori o le monarchie assolute. Questa parola veniva pronunciata dalle giovani generazioni con l'accento commosso di chi ha scoperto un concetto di importanza vitale, rischiaratore del passato e del presente, guida nell'avvenire. La perdita della libertà era sempre stata considerata causa o segno di decadenza nelle arti, nelle scienze, nell'economia, nella vita morale. Si può pertanto dire, senza contraddizione, che la storia è storia della libertà e che la libertà sia l'ideale morale dell'umanità.

Si dice che l'ideale liberale sia in decadenza, ma questa presunta crisi, osserva Croce, ha un aspetto piuttosto strano. Non si vede infatti balenare la luce di un ideale nuovo che lo superi o lo renda antiquato. Il nuovo ideale che vorrebbe soppiantarlo dovrebbe presentarsi come espressione di una più nuova, vigorosa e profonda umanità e civiltà. Tale però non può considerarsi l'unico partito che praticamente si propone, quello della costrizione, la quale, in nome di qualsiasi idolo esercitata, razza, stato o dittatura del proletariato, non ha carattere morale, né ha virtù creatrici di vita civile e umana, ma soltanto la capacità di accrescere eventualmente la vita materiale di alcuni comprimendo quella di altri.

Da qui la sterilità che, per la vita del pensiero, della scienza, dell'arte, del costume sociale, delle relazioni umane dimostrano i regimi autoritari fondati sull'esercizio della costrizione, nei quali quello che di sano e di buono ancora esiste e si produce proviene dalla persistenza e dalla sopravvivenza di spiriti liberali e di attitudini acquisite, che tuttavia si vanno man mano assottigliando per mancanza di alimento e per la scomparsa di coloro che le posseggono.

Croce: il conflitto tra liberalismo e socialismo è di natura spirituale

Il liberalismo non ha ragione alcuna di avversare il miglioramento delle classi operaie e dei lavoratori della terra, e anzi a suo modo mira a questo obiettivo. Né il liberalismo, a giudizio di Croce, ha un legame di piena solidarietà con il capitalismo e col liberismo economico, o sistema economico della libera concorrenza. Esso infatti ben può ammettere svariati modi di ordinamento della proprietà e di produzione della ricchezza, a patto che assicurino l'incessante progresso dello spirito umano e non impediscano la critica dell'esistente, la ricerca, l'invenzione e l'attuazione del meglio.

Il contrasto ideale del liberalismo con il socialismo è dunque di tipo "religioso" ben più che economico, perché consiste fondamentalmente nell'opposizione tra spiritualismo e materialismo. Una società costruita su basi materialistiche non può essere altro che un meccanismo; e poiché un meccanismo, diversamente dalla vita organica e spirituale, non lavora da sé ma ha bisogno di chi lo metta in moto e lo regoli, essa deve necessariamente venire regolata da una perpetua dittatura, che costringa i suoi componenti ad aggirarsi in cerchi segnati, a professare certe credenze e a tenersi lontane dalle altre, a comprimere i loro intelletti, i loro desideri e la loro volontà.

Una simile società è un esercito che serve gli scopi di coloro che la tengono sotto dittatura, o una ciurma di schiavi ben nutriti e bene addestrati capaci di elevare stupefacenti piramidi. Ciò che le manca è in ogni caso quell'autonomia che fa di essa una vera società. «E se anche il suo lavorare senza attriti, ma anche senza gli stimoli della concorrenza, accrescesse eventualmente i prodotti della terra e della mano dell'uomo – continua Croce – impoverirebbe pur sempre le anime che di quella ricchezza dovrebbero giovarsi, e, in ultimo, essiccherebbe la fonte vera della ricchezza, che è la libertà dello spirito umano, e gli uomini diventerebbero uguali a quelli che Leonardo definiva "transiti di cibo"» (p. 44).

Croce: il liberalismo non coincide con il liberismo

È un bene, osserva Croce, che la lingua italiana distingua con due vocaboli affini ma diversi il "liberalismo" dal "liberismo", perché l'uno non è da confondere con l'altro, dato che il primo appartiene alla sfera morale, l'altro alla sfera economica. Nel corso del XIX secolo l'idea liberale si è avvicinata e infine congiunta con l'idea economica del libero scambio, e il liberalismo economico parve e fu creduto un aspetto e una conseguenza di quello morale e politico. Il liberalismo italiano divenne pertanto tutt'uno con ciò che la lingua italiana, acutamente distinguendo, denomina "liberismo".

Questa unione tuttavia, a parere del filosofo napoletano, deve essere negata. I problemi economici hanno dinanzi una scala di soluzioni che vanno da un estremo di liberismo a un estremo di statalismo; e la libertà morale non solo non parteggia per alcuno dei due estremi, ma neppure per l'una o l'altra delle formule intermedie. Riconosce solo problemi particolari che si devono risolvere con le soluzioni appropriate a seconda dei tempi e dei luoghi. Il liberalismo infatti, in quanto ideale della vita morale dell'umanità, non può adottare né il liberismo né lo statalismo. Non può perché è superiore a entrambi, ha bisogno di entrambi gli istituti economici, avvalendosi secondo i casi ora dell'uno ora dell'altro, ma respingendoli tutti e due quando, disconoscendo questa loro relatività, si fanno assoluti e si atteggiano a ideale di vita sociale e morale.

È vero che, quando una società minacci di andare in rovina per l'eccesso di statizzazione e pianificazioni, come la nostra nell'età presente, il liberismo ha una funzione correttrice e risanante. Ma non bisogna d'altra parte mai trascurare, aggiunge

> ### Gli esiti autoritari del comunismo
> «Il comunismo è costretto, anche oltre le intenzioni dei suoi autori, a entrare nella via trita in cui sono entrati sempre tutti gli assolutismi, tutti i dispotismi, tutte le tirannie, e che è di porre uno o più dominatori da un lato e una moltitudine di dominati dall'altro, e d'imporre ai dominati una uniforme regola di vita che tratta questi non come uomini ma come materia soggetta e della società stessa fa non un organismo vivente ma un meccanismo. La logica delle cose non consente al comunismo di esprimere dal suo seno liberi istituti rappresentativi e libertà di coscienza e di parola» (Croce, p. 58).

Croce, che anche le pianificazioni, in certe condizioni e con certe precauzioni, serbano il loro diritto a essere sperimentate. La divisione del lavoro e la libertà delle industrie e dei commerci è certamente una mirabile moltiplicatrice di ricchezza, e tuttavia questa pratica viene abbandonata quando, come nei casi di guerra, c'è una ricchezza più importante da salvare: il che basta a dimostrare che non si tratta di regola assoluta.

Croce: il liberalismo non è una dottrina economica, ma etico-politica

Come oramai dovrebbe essere pacifico, il liberalismo non coincide col cosiddetto liberismo economico, col quale ha degli aspetti in comune ma sempre in via provvisoria e contingente. Il liberalismo perciò non può rifiutare dogmaticamente la socializzazione o statalizzazione dei mezzi di produzione, che anzi talvolta ha adottato, «cosicché arbitrariamente si comportano coloro che pretendono di dimostrare la bontà intrinseca e perpetua dell'uno o dell'altro ordinamento, ed utopisti sono, non meno degli assoluti comunisti, gli assoluti liberisti» (p. 59).

Il problema è nato quando al liberismo economico è stato conferito il valore di legge sociale, perché allora esso, da legittimo principio economico, si è convertito in illegittima teoria etica, in una morale edonistica e utilitaria. La difficoltà si scioglie col riconoscere il primato non all'economico liberismo ma all'etico liberalismo. Può darsi, anzi è così, che il liberalismo approvi molte o la maggior parte delle richieste e dei provvedimenti del liberismo, ai quali tanti benefici deve la moderna civiltà; ma esso li approva non per ragioni economiche ma per ragioni etiche.

Del resto, gli stessi economisti hanno sempre ammesso che il principio del "lasciar fare e lasciar passare" sia una massima empirica, e non si possa prenderlo in modo assoluto e bisogni limitarlo. Ben si potrà, con la più vivida e sincera coscienza liberale, sostenere provvedimenti e ordinamenti che i teorici della astratta economia classificano come socialisti, e con paradosso di espressione parlare perfino di "socialismo liberale". Una seria opposizione di principio al socialismo, infatti, è soltanto quella che oppone l'etica e politica liberale alla sua etica e politica autoritaria.

Einaudi: gli strumenti non sono indifferenti all'idea

Benedetto Croce ritiene che i mezzi di cui si serve il liberalismo siano sempre mutevoli e transeunti, da adoperarsi caso per caso a seconda delle situazioni storiche. Discorrendo dei vari mezzi – liberismo, protezionismo, monopolismo, economia regolata e razionalizzata, autarchia economica – egli insiste nel dire che nessuno di essi può vantare una superiorità morale verso gli altri, potendo ciascuno essere adottato o rigettato secondo le circostanze. E lo stesso vale per l'ordinamento della proprietà, capitalistico o comunistico o altro che sia.

Si prova un vero stringimento del cuore, commenta Luigi Einaudi, nell'apprendere da un tale pensatore che protezionismo, comunismo e regolazione dell'economia possano a volte diventare mezzi usati dal politico a scopo di elevamento morale e di libera spontanea creatività umana. Come si possono mettere questi ordinamenti protezionistici o comunistici, che l'esperienza insegna essere causa di sopraffazione, monopolio e abbassamento morale, alla pari con il principio della libera concorrenza, che pone ciascuno nelle condizioni migliori per competere secondo le proprie attitudini in un continuo sforzo verso il miglioramento? Non è più corretto affermare che un qualsiasi ideale di vita esige dei mezzi di attuazione che gli siano congrui?

Sembra molto difficile scindere l'idea liberale dallo strumento con cui la si mette in pratica, e per questo non è accettabile la tesi che la libertà possa affermarsi qualunque sia l'ordinamento economico, perfino in un'economia di schiavi. L'idea liberale infatti trionfa e si perfeziona non con l'uso dello strumento della schiavitù, bensì col negarlo e con lo sforzarsi di spezzarlo e sostituirlo con un altro più compatibile. I mezzi adoperati sono come l'indice esterno delle tendenze morali degli uomini, e quindi l'esigenza morale della libertà non può attuarsi se mancano o sono vietati i mezzi idonei.

Einaudi: senza proprietà privata non può esserci libertà di pensiero

Il Croce, continua Einaudi, lascia supporre che se l'ordinamento capitalistico basato sulla proprietà privata portasse al calo o alla distruzione della ricchezza, il liberalismo dovrebbe approvare la sua abolizione. Subito dopo però distrugge questa sua ammissione in una delle sue pagine più belle, avvertendo che, se anche il comunismo arricchisse materialmente gli uomini, li impoverirebbe spiritualmente riducendoli a "transiti di cibi". Dobbiamo allora chiederci: un liberalismo il quale accettasse l'abolizione della proprietà privata e l'instaurazione del comunismo in ragione di una sua ipotetica maggiore produttività di beni materiali, sarebbe ancora liberalismo? Può esistere cioè l'essenza del liberalismo, che è libertà spirituale, dove non esiste proprietà privata e tutto appartiene allo stato?

Il punto è che se il comunismo esiste davvero, non possono esistere forze indipendenti da quella dello stato. Una sola deve essere la volontà la quale dirige e fissa la produzione e la distribuzione dei beni economici. Solo se la volontà è unica, infatti, sarà possibile raggiungere gli ideali che lo stato comunistico si propone: massimizzazione della ricchezza prodotta o del benessere sociale definito nella maniera voluta dalla dottrina dominante, distribuzione a seconda del bisogno, del merito o di un altro criterio. Il comunismo non può dunque tollerare la libertà di pensiero, che lo trasformerebbe e minerebbe a breve andare.

> *Automi o uomini vivi*
> «Ancora una volta, con l'estendere il programma fuori della sua sfera propria, che è quella pubblica, alla sfera che è invece propria dell'individuo, della famiglia, del gruppo sociale, della vicinanza, della comunità, della associazione volontaria, della fondazione scolastica benefica educativa, tutti istituti coordinati bensì ed interdipendenti, ma forniti di vita propria autonoma, di propria volontà, noi abbiamo oltrepassato il punto critico. Siamo di fronte non ad una società di uomini vivi, ma ad un aggregato di automi manovrati da un centro, da una autorità superiore. Sinché in costoro non siano ancora spenti altri impulsi, altri sentimenti ereditati dalle generazioni passate, succhiati col sangue materno, appresi dalla tradizione degli avi, questi automi saranno dei magnifici soldati pronti ad ubbidire al comando di chi ordina loro di farsi uccidere; ma non sono cittadini consapevoli, non sono uomini, i quali a chi comanda di compiere un atto contro coscienza sappiano rispondere: no, fin qui comanda Cesare, al di qua ubbidiamo solo a Cristo e alla nostra coscienza» (Einaudi, p. 190).

Il comunismo può ammettere al massimo una critica tecnica sui mezzi, ma non una critica di principio sugli obiettivi. La classe dirigente sa bene che se ammette la critica, inevitabilmente gli scopi si moltiplicheranno, i gruppi si scinderanno e la moltiplicazione degli scopi e dei gruppi giungerà sino alla famiglia e all'individuo. Risorgerà la volontà dell'uno contro la volontà del tutto; il singolo ritornerà a concepire la vita ed i suoi scopi diversamente dagli altri individui e dal tutto. Finirà il comunismo e rifiorirà la libertà.

Perciò il liberalismo non può, nemmeno per figura retorica, accogliere l'avvento di un assetto economico comunistico, come pare ammetta il Croce. Esso vi ripugna per incompatibilità assoluta. Non può esistere libertà dello spirito, libertà del pensiero, dove esiste una sola ideologia. La libertà del pensare è dunque connessa necessariamente con una certa dose di liberismo economico, dato che la libertà non è capace di vivere in una società economica nella quale non esista una varia e ricca fioritura di vite umane vive per virtù propria, indipendenti le une dalle altre, non serve di un'unica volontà.

Einaudi: non c'è distinzione tra libertà economiche e non economiche

Quando il filosofo dice che la libertà morale è compatibile con qualunque ordinamento economico dice il vero per gli eroi, per i pensatori e per gli anacoreti, i quali sono capaci di vivere spiritualmente e moralmente liberi entro qualunque ordinamento economico, anche il più conformistico e mortificante. Nello stesso tempo però il filosofo pronuncia una sentenza terribile per la maggioranza della gente comune, dato che pochi possono essere eroi o ribelli. Consapevolmente o confusamente, esiste in molti uomini l'esigenza di scegliere da sé il modo di procurarsi i mezzi per vivere, rendendo a proprio rischio dei servizi agli altri: in questo consiste propriamente il liberalismo economico.

Non so, scrive Einaudi, se il bisogno di libertà del contadino, del mercante, dell'artigiano, dell'industriale, del professionista, dell'artista, il bisogno di vivere la propria vita nel modo che ognuno pensa essere più adatto a se stesso, entro i limiti in cui servendo agli altri serve anche se stesso, sia di specie diversa o inferiore in confronto al bisogno del pensatore di meditare liberamente. Dico che tutte queste libertà sono legate le une alle altre, perché non è libero l'uomo che trema al cenno del potente che gli può togliere il mezzo di procurare il pane per sé e i suoi figli.

L'uomo della strada, il quale vuole godere della libertà pratica, della libertà intesa e desiderata dalla

> **L'importanza di numerose forme autonome di vita**
> «Lo spirito, se è libero, crea un'economia varia in cui coesistono proprietà privata e proprietà di gruppi, di corpi, di amministrazioni statali, coesistono classi di industriali, di commercianti, di agricoltori, di professionisti, di artisti, le une dalle altre diverse, tutte traenti da sorgenti proprie i mezzi materiali di vita, capaci di vivere, se occorre, in povertà, ma senza dover chiedere l'elemosina per vivere ad un'unica forza, si chiami questa stato, tiranno o classe dominante ... Senza la coesistenza di molte forze vive di linfa originaria non esiste società libera, non esiste liberalismo» (Einaudi, p. 130).

maggior parte degli esseri umani, sa che la tirannia è vicina ed anzi è già quasi in atto quando lo Stato ha accresciuto talmente i suoi compiti, che una parte troppo grande della popolazione attenda i mezzi di esistenza da un pubblico impiego in una delle tradizionali pubbliche amministrazioni o in qualcuna delle nuove gestioni industriali assunte dallo Stato; poiché quando l'uomo dipende per il pane quotidiano da un funzionario statale il quale sta sopra di lui, e questi a sua volta dipende da un funzionario situato ancor più in alto, nasce una gerarchia di uomini ubbidienti invece di una società di liberi cittadini.

Einaudi: il valore morale della libertà economica

In un'economia di mercato non programmata dall'alto molti imprenditori, operai, proprietari, contadini e professionisti sono uomini liberi. Forse non sanno di esserlo, ma di fatto lo sono. L'artigiano trova libertà nella letizia del lavoro compiuto, nella soddisfazione di averlo condotto a termine a perfetta regola d'arte, nella meritata lode del cliente. L'industriale, il quale è riuscito a produrre una data merce ad un costo minore dei concorrenti e ne ha aumentato le vendite, con risparmio dei consumatori e con vantaggio proprio, migliorando anche il compenso per gli operai della sua fabbrica, sente di essere qualcuno, di aver creato qualcosa che prima non c'era. L'orgoglio che egli sente, forse grossolano e oggetto di compassione per i finemente educati, è l'orgoglio di un uomo che volle e riuscì. I suoi sentimenti paiono terra terra al filosofo, ma senza il demone interiore che agitava il suo spirito, egli non avrebbe creato qualcosa.

Il proprietario che, giunto vero la fine della vita, ricorda i lunghi decenni durante i quali ha rinunciato a godere il frutto della sua terra e col risparmio così compiuto l'ha trasformato con strade nuove, case ricostruite, spianamenti, frutteti e opere di irrigazione, così che dove viveva miseramente una famiglia oggi vivono decorosamente due o tre famiglie, sente di aver creato qualcosa. Quelle case, quei vigneti e quei campi fecondi sono cose materiali sì, ma sono creazioni del suo spirito, che volle quel risultato invece di altre cose materiali che avrebbe potuto godere in quel mezzo secolo. La volontà sua libera decise altrimenti ed egli ora si compiace di aver fatto quell'uso della sua libertà.

Einaudi: la libertà politica presuppone la libertà economica

Sulla base della esperienza fino ad oggi osservata è da ritenere del tutto utopistica l'ipotesi che l'ente pubblico padrone di tutti gli strumenti di produzione riconosca, rispetti e promuova la più ampia libertà degli uomini di scegliere le proprie occupazioni e i beni di consumo. Secondo l'ipotesi realistica, corrispondente alla natura umana, chi ha il potere politico assoluto se ne serve non per favorire il perfezionamento degli uomini, ma per accrescere e affermare il potere proprio e del gruppo dirigente. Per di più, in un sistema comunista i dirigenti politici sono anche i dirigenti economici assoluti, ossia i padroni della vita e della morte degli individui, se questi non ubbidiscono ai loro comandi. Chi, dotato di tale autorità, non soggiace alla tentazione di diventare uno Stalin?

In una società collettivistica licenziamento significa impossibilità di trovare lavoro e pane per sé e la famiglia, perché non esistono altri imprenditori cui rivolgersi. Se si vuole sopravvivere non rimane che rassegnarsi a qualche specie inferiore di lavoro, tipo colonie punitive. Come in tempo di guerra la sanzione ultima contro il ribelle è necessariamente la fucilazione, così in una società collettivistica la sanzione ultima contro il ribelle è, e non può non essere, il lavoro forzato.

Il sistema partorisce necessariamente conformismo alle idee di volta in volta affermate in alto. Quando si sa che, espulsi dall'unico meccanismo produttivo, non vi è più

> *Perché la libertà di pensiero è sempre associata alla libertà economica?*
>
> «Perché non studiare le ragioni per le quali in altri climi storici, nella Atene di Pericle, in alcune città di un certo tempo del medioevo, in alcuni decenni del secolo decimosettimo inglese e olandese, ed in alcuni altri del secolo decimonono del mondo occidentale europeo-americano la libertà di pensare e di scrivere, il fervore delle discussioni, il desiderio di elevazione spirituale e di perfezione morale parve tendessero a divenire propri, se non di tutti, di un non minimo numero di uomini? Perché non porsi la domanda: non quale ordinamento economico creò quel moto verso l'alto, ma quale ordinamento gli uomini vollero perché conforme alla loro esigenza di libertà? Non voglio anticipare una risposta, la quale esige attenta meditazione; ma forse può essere messa innanzi una ipotesi di studio: che quella libertà che gli uomini in quei tempi chiedevano per le cose dello spirito chiedessero altresì per le maniere di procacciarsi i beni economici» (Einaudi, p. 144-145).

alcuna possibilità di vita fuori dai campi di lavoro obbligatorio, gli uomini tendono ad assumere il colore dei superiori ed a mutare il proprio colore secondo le mutazioni di quello. Le intenzioni dei dirigenti possono essere ottime, ma la conseguenza logica del sistema è una sola: conformismo, ossia schiavitù spirituale e mancanza del bene supremo che è la libertà. Per l'uomo comune nei rapporti con i suoi simili la libertà è dunque un fatto strettamente connesso con la struttura economica della società. «La libertà economica – conclude Einaudi – è la condizione necessaria della libertà politica» (p. 199).

Einaudi: la moltitudine dei produttori è garanzia contro la tirannia

L'Italia non è un paese dove tutti sono dipendenti da qualcuno posto in alto e dove si è costretti, per paura della fame, a dir di sì a chi abbia conquistato il potere. Nella nostra società, se si eccettuano i vincoli ereditati dalla guerra e dalla dittatura, i ceti professionali non dipendono dallo stato, ma dal favore della clientela; gli agricoltori sono ancora re in casa propria e portano i propri prodotti al mercato e non sono costretti a consegnarli a prezzi fissati a un padrone anonimo detto stato. Non è possibile la tirannia, dove esistono milioni di artigiani, commercianti ed industriali piccoli e medi. Questi ceti indipendenti sono ancora, per fortuna, la grandissima maggioranza del popolo italiano, come degli altri popoli di civiltà occidentale. Ed in questi ceti indipendenti sta il presidio ultimo della libertà civile e politica.

Noi dobbiamo conservare questa nostra preziosa struttura economica, frutto di esperienza secolare, garanzia di progresso tecnico ed economico e di innalzamento delle condizioni materiali e morali delle moltitudini. Purtroppo, conclude l'economista piemontese, le due grandi guerre mondiali hanno fatto compiere alla nostra struttura economica un lamentevole regresso verso il monopolismo privato (protezioni doganali, contingenti, restrizioni, divieti e privilegi) e verso il collettivismo statale. La gente frettolosa ha scambiato il regresso per il sole dell'avvenire ed annuncia la morte dell'economia libera, senza sapere che così pronostica e prepara anche la morte della libertà politica.

Punti da Ricordare

Benedetto Croce:
  • Il liberalismo si contrappone alle dottrine autoritarie come il cattolicesimo, l'assolutismo, il democraticismo, il socialismo
  • La storia è storia della libertà, e la libertà è l'ideale morale dell'umanità
  • Il conflitto tra liberalismo e socialismo non è di natura economica ma spirituale
  • Il liberalismo, in quanto dottrina etico-politica, è superiore al mero liberismo economico
  • Il liberalismo non parteggia né con il liberismo né con lo statalismo, ma adotta la soluzione più adatta a seconda delle circostanze storiche
  • Il principio del "lasciar fare e lasciar passare" è una massima empirica che non si può prendere in modo assoluto

Luigi Einaudi:
  • Senza proprietà privata non può esserci libertà di pensiero
  • Non c'è distinzione tra libertà economiche e non economiche
  • Anche nella libertà economica vi sono principii e valori morali
  • La libertà politica presuppone la libertà economica
  • La moltitudine dei produttori è garanzia contro la tirannia
  • Le due guerre mondiali hanno fatto regredire la struttura economica dell'Italia
verso i monopoli e il collettivismo

Gli autori

Benedetto Croce (1866-1952) nasce a Pescasseroli, in provincia dell'Aquila, il 25 febbraio 1866 in un'agiata famiglia. Nel 1883, all'età di diciassette anni, nel corso di un viaggio nell'isola d'Ischia assiste all'evento più traumatico della sua vita: nella notte del 28 luglio un terremoto causa la perdita della vita a 2.313 persone, tra le quali i genitori di Benedetto, Pasquale e Luisa Sipari, e la sorella Maria. Sommerso dalle macerie ma sopravvissuto a questo tragico evento, Croce si trasferisce a Roma presso la casa dello zio, il senatore Silvio Spaventa. In questa sua nuova sistemazione ha la possibilità di incontrare intellettuali e importanti uomini politici con cui si forma e si confronta; tra questi c'è anche il filosofo italiano Antonio Labriola, di cui seguirà le lezioni di filosofia morale a Roma e con cui spesso rimarrà in contatto. Iscritto alla facoltà di giurisprudenza presso l'università di Napoli, Croce lascia gli studi e, nel 1886, acquista la casa in cui aveva vissuto il filosofo Giambattista Vico. Dopo aver visitato le principali nazioni europee, viaggiando in Spagna, Germania, Francia e Inghilterra, rivolge la sua attenzione prima alla letteratura, attraverso le opere di Giosuè Carducci e Francesco De Sanctis, e successivamente alla filosofia di Karl Marx e Friedrich Hegel. Nel 1903 pubblica, inizialmente a sue spese, la rivista *La Critica* che, realizzata in collaborazione con Giovanni Gentile, durerà per quarantuno anni. Nel 1910 entra nel mondo della politica, venendo nominato senatore per censo. Poco prima dell'avvento del fascismo, tra il 1920 e il 1921, ricopre la carica di Ministro della Pubblica Istruzione nel quinto governo presieduto da Giovanni Giolitti. Il 1 maggio 1925, per contrapporsi al *Manifesto degli intellettuali fascisti* di Giovanni Gentile, pubblica il *Manifesto degli intellettuali antifascisti*, al quale aderiscono diverse figure di spicco nel campo della letteratura e della matematica tra cui Eugenio Montale, Aldo Palazzeschi, Leonida Tonelli, Ernesto e Mario Pascal, Vito Volterra e Francesco Severi. Nel 1930 lascia la politica perché in disaccordo con le azioni di repressione delle libertà commesse da Mussolini. Nel 1942 pubblica il saggio *Perché non possiamo non dirci cristiani*, in cui sostiene che il Cristianesimo "è stato la più grande rivoluzione che l'umanità abbia mai compiuta", avendo dato agli uomini una serie di valori operando al centro dell'anima, nella coscienza morale. Con la caduta del regime, nel 1943, rientra nella scena politica italiana. Diventato leader del partito liberale, nel 1944 elabora la teoria sul fascismo, in cui viene classificata come una parentesi della storia d'Italia, e diventa ministro senza portafoglio nel secondo governo presieduto da Pietro Badoglio e nel secondo governo guidato da Ivanoe Bonomi. Dopo aver votato a favore della monarchia in occasione del referendum del 2 giugno 1946, viene eletto tra i membri dell'Assemblea Costituente. In questa sede, attraverso un discorso diventato famoso, si oppone alla firma del Trattato di Pace in quanto atto ritenuto indecoroso per la nascente Repubblica Italiana. In seguito rifiuta le cariche di Presidente provvisorio della Repubblica e, probabilmente, quella di Senatore a vita. Nel 1949 è colpito da un ictus cerebrale che gli causa una semiparalisi. Muore sulla poltrona della propria biblioteca, il 20 novembre 1952, all'età di ottantasei anni.

Luigi Einaudi (1874-1961), nasce a Carrù (Cuneo) il 24 marzo 1874 da una modesta famiglia originaria della valle Maira. Dopo la morte del padre si trasferisce con la famiglia a Dogliani, dove vivrà per tutta la vita. Vince una borsa di studio per frequentare il ginnasio presso i padri delle Scuole Pie a Savona, e nel 1895, a soli ventuno anni, si laurea in giurisprudenza a Torino. Nel 1902 è già docente di Scienze delle Finanze all'Università di Torino. Due anni dopo ottiene la cattedra di Scienze delle Finanze all'Università Bocconi di Milano. Negli anni successivi si dedica alla ricerca nel campo dell'economia e della scienza delle finanze, all'insegnamento e al giornalismo. Dal 1896 collabora infatti con il quotidiano torinese *La Stampa*, passando poi nel 1900 al *Corriere della Sera* di Milano, mentre dal 1908 dirige la rivista *Riforma sociale*. Nel 1903 sposa una sua allieva, Ida Pellegrini: un'unione felice, dalla quale nacquero tre figli. Nel 1919 viene nominato Senatore del Regno su proposta di Giovanni Giolitti. Al Senato è uno dei più tenaci sostenitori della necessità di abbandonare ogni forma di socialismo di stato che si era infiltrato nella vita economica italiana durante la prima guerra mondiale. Inizialmente guarda con speranza al programma economico del fascismo, ma già prima della marcia su Roma (ottobre 1922) prende posizione contro la ventilata dittatura, e nel 1927 lascia il *Corriere della Sera* che era passato sotto il controllo del regime. Nel 1935 le autorità fasciste fanno chiudere la rivista *Riforma Sociale*, e l'anno successivo Einaudi dà vita alla *Rivista di storia economica* (1936-1943). Dopo il 25 luglio viene nominato rettore dell'università di Torino, ma con la proclamazione della Repubblica Sociale di Salò abbandona questo incarico e si rifugia in Svizzera. Alla fine del 1944 rientra a Roma e il 5 gennaio 1945 viene nominato governatore della Banca d'Italia. Nel 1946 viene eletto deputato all'Assemblea costituente per il Partito Liberale Italiano, e dal 31 maggio 1947 fa parte del governo quale Vicepresidente e Ministro del Bilancio, provvedendo alla stabilizzazione della lira mediante una severa politica di restrizione creditizia. Il 10 maggio 1948 viene eletto Presidente della Repubblica, e alla scadenza del mandato, nel 1955, rientra a far parte del Senato. Nel mese di giugno dello stesso anno l'università inglese di Oxford gli conferisce la laurea honoris causa con questa motivazione: "Luigi Einaudi ha fatto molto per la salvezza del suo Paese. Egli è oggi la più rispettata di tutte le figure d'Italia, e agli occhi degli stranieri simboleggia il risorgere di un Paese che, dopo vent'anni di dittatura ed i grandi disastri della guerra, ha ritrovato il suo posto onorevole fra le nazioni libere del mondo". Einaudi è uno dei primi e più convinti sostenitori della necessità di creare l'Europa unita e, avversario di ogni forma di monopolio, si schiera in particolare contro quello statale nel settore della scuola. Muore a Roma il 30 ottobre 1961 e viene sepolto nella tomba di famiglia a Dogliani, il paese nel quale amava passare le vacanze e discorrere con la gente dei problemi quotidiani, e nel quale conduceva personalmente la sua azienda agricola, applicandovi i più moderni sistemi di coltura.

Nota Bibliografica

Benedetto Croce, Luigi Einaudi, *Liberismo e liberalismo*, Riccardo Ricciardi Editore, Milano-Napoli, 1957, p. 210, a cura di Paolo Solari.

30

Bruno Leoni

La libertà e la legge
1961

'La legge nasce dalla società, non dallo Stato'

Bruno Leoni è stato, dal dopoguerra fino alla sua tragica morte nel 1967, lo studio-so italiano di scienze sociali più conosciuto all'estero, ma nel nostro paese è rimasto isolato perché il suo liberalismo radicale era del tutto estraneo alla cultura prevalen-te. Proprio la vicenda del suo capolavoro, *La libertà e la legge*, testimonia l'eclisse del pensiero liberale italiano in quegli anni. Il libro venne stampato nel 1961 negli Stati Uniti con il titolo di *Freedom and the Law*, e poi ristampato nel 1972. Leoni nean-che si preoccupò di predisporre una traduzione in lingua italiana, tanto le sue tesi gli parevano lontane da quelle che circolavano nel dibattito italiano. L'edizione italiana del libro è uscita solo nel 1994, e da allora si è avuta una grande riscoperta del suo pensiero, con la fioritura di numerose pubblicazioni, iniziative, convegni.

Riassunto

La conquista statuale del diritto

Leoni, che era avvocato oltre che insegnante di filosofia del diritto all'università di Pavia, fa notare, all'inizio del libro, che la libertà non è solo un concetto economi-co o politico, ma anche e soprattutto un concetto giuridico, e per questa ragione il pericolo maggiore per la libertà individuale oggi proviene dall'errata ma dominante identificazione del diritto con la legislazione statale. Il peso crescente della legisla-zione in quasi tutti gli ordinamenti giuridici, infatti, è probabilmente il carattere più impressionante della nostra epoca.

    Mentre la *common law* dei paesi anglosassoni e le corti di giustizia ordinarie stanno costantemente perdendo terreno a favore della legge scritta e delle autorità ammi-nistrative, nei paesi continentali il diritto civile sta subendo un parallelo processo di sommersione per le migliaia di leggi che riempiono i codici ogni anno. Oggi si pensa che la legislazione offra un rimedio veloce, razionale e di ampia portata contro ogni genere di male e di inconvenienti, rispetto alle decisioni giudiziarie, alla soluzione delle dispute da parte di arbitri privati, alle convenzioni, ai costumi e ad altri tipi di sistemazioni spontanee da parte degli individui.

Un fatto che non viene notato quasi mai, continua Leoni, è che il rimedio della legislazione statale può essere troppo veloce per essere efficace, troppo imprevedibilmente ampio per essere del tutto benefico, e connesso troppo direttamente con le opinioni e gli interessi contingenti di un manipolo di persone, i legislatori, per essere un rimedio per tutti gli interessati. Non è affatto vero che l'inflazione legislativa sia necessaria per affrontare i problemi più complessi della moderna società industriale. Al contrario, lo sviluppo della scienza e della tecnologia all'inizio della nostra era moderna fu reso possibile grazie a procedure adottate in contrasto totale con quelle consuete della legislazione. La ricerca tecnica e scientifica richiedeva e richiede ancora l'iniziativa e la libertà individuale perché possano prevalere, eventualmente anche contro autorità contrarie, le conclusioni e i risultati ottenuti dagli individui. La legislazione, invece, si basa sempre sul principio di autorità e sulla prevalenza della maggioranza.

I pericoli della democrazia totalitaria

Nei paesi occidentali di oggi, osserva Leoni, gli individui hanno ancora in buona parte la possibilità di decidere e agire come tali in molti campi, come nel commercio, nel linguaggio, nei rapporti personali e in molti altri tipi di relazioni sociali (parlare, vestirsi, scegliere il coniuge, viaggiare). Tuttavia essi sembrano aver accettato un ordinamento in cui un gruppo ristretto di persone, che raramente conoscono, può decidere che cosa tutti debbano fare, entro limiti definiti in modo vago o praticamente senza nessun limite. Sempre meno gente sembra rendersi conto che, come la lingua e la moda sono un prodotto della convergenza di azioni e decisioni spontanee da parte di un gran numero di individui, così anche la legge può essere il prodotto di una simile convergenza di azioni individuali.

Per millenni, prima della monopolizzazione del diritto in capo allo Stato avvenuta in epoca contemporanea, le persone concepivano il diritto come un ordine corrispondente alla volontà "comune", cioè come una volontà che si poteva presumere esistente in tutti i cittadini.

> *La legislazione statale è autoritaria e antiscientifica*
> «La legislazione ... è il punto terminale di un processo in cui prevale sempre l'autorità, proprio contro la libertà e l'iniziativa individuali. Mentre i risultati scientifici e tecnologici sono sempre dovuti a minoranze relativamente piccole o a individui particolari, spesso in opposizione a maggioranze ignoranti o indifferenti, la legislazione, specialmente oggi, riflette sempre la volontà di una maggioranza contingente entro un consiglio di legislatori che non sono necessariamente più istruiti o illuminati dei dissidenti. Ove prevalgono le maggioranze e le autorità, come nella legislazione, gli individui devono, a ragione o a torto, arrendersi» (p. 8).

Oggi invece ci si è abituati all'idea del diritto come espressione della volontà particolare di certi individui e gruppi che sono abbastanza fortunati da avere dalla loro parte una maggioranza contingente di legislatori in un dato momento. In questo modo la legge è giunta a somigliare sempre più a una specie di diktat che le maggioranze vincenti nelle assemblee legislative impongono sulle minoranze, spesso col risultato di sovvertire aspettative individuali di lunga data e di crearne di completamente prive di precedenti. L'uomo comune, insomma, oggi vede sempre più il diritto come qualcosa di estraneo, come un fulmine che gli può cadere addosso all'improvviso dall'alto.

La legislazione comporta sempre e inevitabilmente la costrizione degli individui che le sono soggetti, anche quando viene approvata dai "rappresentanti" democratici. Che la democrazia rappresentativa sia un'impostura, come diceva Joseph Schumpeter, è forse eccessivo; però bisogna ammettere, scrive Leoni, che più sono numerose le persone che si cerca di rappresentare col processo legislativo, più sono numerosi gli ambiti in cui si cerca di rappresentarli, più la parola "rappresentanza" perde di significato e si allontana dalla effettiva volontà dei rappresentati.

Oggi ci troviamo di fronte a una potenziale guerra giuridica di tutti contro tutti, condotta per mezzo della legislazione e della rappresentanza. L'alternativa può essere solo uno stato di cose in cui tale guerra giuridica non possa aver luogo, o almeno non in modo tanto ampio e pericoloso quanto minaccia di essere. Per questa ragione, dice Leoni, dobbiamo cercare di ridurre la vasta area attualmente occupata dalle decisioni collettive nella politica e nel diritto, e nello stesso tempo attuare uno stato di cose simile a quello che prevale nell'ambito del linguaggio, della *common law*, del libero mercato, della moda, del costume, ove tutte le scelte individuali si adattano reciprocamente e nessuna è mai messa in minoranza.

La vitalità del diritto giurisprudenziale: diritto romano e common law

Per fortuna, osserva Leoni, non serve rifugiarsi in Utopia per trovare ordinamenti giuridici diversi da quelli attuali. La storia del diritto pretorio romano, dello *ius commune* elaborato dai giuristi sulla base del *Corpus Juris* di Giustiniano, dello *ius mercatorum* sviluppato dai ceti mercantili medioevali e della *common law* inglese ci danno una lezione del tutto differente da quella dei sostenitori dell'inflazione legislativa. I romani all'epoca della repubblica, gli uomini del medioevo e gli inglesi, infatti condividevano l'idea che il diritto fosse qualcosa da scoprire piuttosto che da decretare, e che nessuno fosse così potente nella società da essere in posizione di identificare la sua propria volontà con la legge del paese. Il compito di "scoprire" la legge era affidato ai pretori, ai giureconsulti e ai giudici, categorie paragonabili agli esperti scientifici di oggi.

«Il giurista romano», spiega Leoni «era una specie di scienziato: gli oggetti della sua ricerca erano le cause che i cittadini sottoponevano al suo studio, proprio come gli industriali oggi potrebbero sottoporre a un fisico o a un ingegnere un problema tecnico dei loro impianti o della loro produzione» (p. 95). Anche la nuova era della codificazione all'inizio del diciannovesimo secolo cominciò con l'idea modestissima di ristabilire e riaffermare il diritto dei giuristi riscrivendolo nei codici, ma senza modificarlo o sovvertirlo.

Il diritto che nasce dai precedenti giudiziari, spiega Leoni, è fondamentalmente diverso da quello emanato dai corpi legislativi, almeno sotto tre aspetti: in primo luogo i giudici sono in sostanza degli arbitri che possono intervenire solo quando il loro intervento è richiesto dagli interessati; in secondo luogo la decisione del giudice ha effetto solo sulle parti in causa e non riguarda, se non incidentalmente, gli estranei al processo; in terzo luogo queste decisioni vengono raggiunte quasi sempre facendo riferimento alle decisioni di altri giudici su casi simili, e perciò vengono prese con la collaborazione di tutte le parti in causa, sia passate sia presenti.

Tutto ciò significa che gli autori di queste decisioni non hanno nessun potere reale sugli altri cittadini oltre a quello che i cittadini stessi sono disposti a dar loro quando richiedono una decisione su una vertenza particolare. Inoltre questo stesso potere è ulteriormente limitato dall'inevitabile riferimento di ogni decisione alle decisioni prodotte in casi simili da altri giudici. In definitiva, osserva Leoni, «tutto il processo può essere descritto come una specie di collaborazione ampia, continua e per lo più spontanea fra giudici e giudicati allo scopo di scoprire qual è la volontà della gente in una serie di esempi definiti – una collaborazione che può essere paragonata, per molti aspetti, a quella che esiste fra tutti i partecipanti ad un mercato libero» (p. 25).

I sostenitori della legislazione sostengono che solo una legge scritta garantisce la certezza ai cittadini, mentre il diritto giurisprudenziale sarebbe caotico e disordinato. In realtà, osserva Leoni, il diritto che nasce dalla prassi dei tribunali offre

> *L'affidabilità del diritto romano*
> «Il diritto privato romano era qualcosa che doveva essere descritto o scoperto, non qualcosa che dovesse essere decretato – un mondo di cose che esistevano e facevano parte della comune eredità dei cittadini romani. Nessuno promulgava queste leggi, e nessuno poteva cambiarle esercitando il suo arbitrio personale. Questo non significava immutabilità: ma certamente nessuno andava a letto la sera facendo i suoi progetti sulla base di una norma esistente, solo per alzarsi la mattina dopo e scoprire che la regola era stata rovesciata da una innovazione legislativa» (p. 95).

ai consociati un tipo di certezza ben più rilevante di quello legato al testo scritto, perché dà agli individui la possibilità di fare piani a lungo termine in base a una serie di regole adottate spontaneamente dalla gente comune e accertate dai giudici per secoli e generazioni. Per questo motivo il diritto romano, pur non essendo costituito da una serie di regole espresse con precisione paragonabili a quelle di un codice scritto, aveva una certezza tale da mettere i cittadini in grado di fare liberamente e con fiducia progetti per il futuro.

Pianificazione economica e pianificazione giuridica

I romani accettavano dunque un concetto di certezza del diritto secondo cui il diritto non doveva mai essere soggetto a cambiamenti improvvisi e imprevedibili. In più, il diritto non doveva mai essere subordinato alla volontà o al potere arbitrario di qualsiasi assemblea legislativa e di qualsiasi persona, compresi i senatori e gli altri magistrati. Questo concetto romano di certezza a lungo termine era essenziale per la libertà di cui i cittadini romani godevano abitualmente negli affari e nella vita privata. Essi mettevano infatti le relazioni giuridiche tra i cittadini su un piano molto simile a quello delle libere relazioni economiche nel mercato: «Non posso, in effetti, concepire un mercato veramente libero – commenta Leoni – se esso non è radicato a sua volta in un ordinamento giuridico libero dalle interferenze arbitrarie, cioè improvvise e imprevedibili, delle autorità o di qualsiasi altra persona» (p. 96). Non è un caso che «il libero mercato fu al suo culmine nei paesi di lingua inglese quando la *common law* era praticamente il solo diritto del paese riguardo alla vita e agli affari privati. D'altra parte, fenomeni come le attuali interferenze governative nel mercato sono sempre connesse a un aumento della legiferazione» (p. 102).

Leoni applica quindi al mondo del diritto la concezione austriaca del mercato come ordine spontaneo, con un meccanismo di vera e propria simmetria. Se la libera interazione fra i soggetti produce, dal punto di vista economico, lo scambio di beni e servizi, rapportati in una proporzione che prende il nome di prezzo, che cosa viene prodotto da questa stessa interazione dal punto di vista giuridico? La risposta di Leoni è che in tal caso si scambiano "pretese", le quali vengono rapportate in una proporzione che prende il nome di norma: le norme dette "giuridiche corrispondono infatti, nel mondo delle pretese, ai prezzi di mercato; il processo della formazione delle norme appare analogo a quello della formazione dei prezzi.

L'idea sottostante a tale teoria è che, esattamente come c'è un mercato dei beni, c'è un mercato del diritto. Le regole corrispondono ai prezzi: sono l'espressione delle condizioni richieste per lo scambio di azioni e di comportamenti. E, proprio come per i prezzi, le regole non sono imposte, ma scoperte. Il novanta per cento del "diritto vivente" è basato su regole spontaneamente scoperte dagli attori. Gli esperti del diritto (giuristi, giudici, giureconsulti) intervengono nell'ambito di una fascia marginale di casi, in cui le condizioni per lo scambio delle azioni non sono chiare, decise o accettate. Lo scambio produce pertanto le condizioni economiche (i prezzi) e giuridiche (le norme e l'ordinamento) che lo rendono possibile. «Se non erro – scrive Leoni – c'è più di un'analogia fra l'economia di mercato e il diritto giudiziario o dei giuristi, come c'è più di un'analogia fra l'economia pianificata e la legislazione.

> *La rivincita del diritto spontaneo*
> «Ci sono oggi paesi in cui la funzione giudiziaria svolta da giudici nominati ufficialmente dal governo e basata sul diritto decretato è così lenta, impacciata e costosa, che la gente preferisce ricorre ad arbitri privati per la soluzione delle controversie. Inoltre, ove il diritto decretato sembra troppo astruso, l'arbitro è spesso propenso ad abbandonare il fondamento del diritto decretato a favore di altri criteri di giudizio. D'altra parte, gli uomini d'affari amano ricorrere, quando possibile al negoziato piuttosto che ai giudici ufficiali basati sul diritto decretato. Sebbene manchiamo di statistiche per la maggior parte dei paesi, sembra ragionevole pensare che la tendenza stia crescendo e possa considerarsi come un sintomo di un nuovo sviluppo» (p. 198).

Se si considera che l'economia di mercato ha avuto più successo a Roma e nei paesi anglosassoni, entro la struttura di un diritto rispettivamente di giuristi e giudiziario, sembra ragionevole concludere che non si tratti di una mera coincidenza» (p. 27).

Se Friedrich A. von Hayek ha presentato il mercato come lo strumento attraverso cui mobilitare le conoscenze largamente disperse all'interno della società e di cui i prezzi sono la sintesi, Leoni ha utilizzato la stessa idea con riferimento al diritto. Pertanto, la critica di Ludwig von Mises all'economia pianificata, secondo cui è impossibile per le autorità calcolare i veri bisogni dei cittadini, secondo Leoni è perfettamente applicabile anche alla legislazione statale, dato che i legislatori non avranno mai una conoscenza sufficiente dell'infinità di elementi e di fattori che riguardano le relazioni tra gli individui.

Malgrado l'espansione della legislazione, la vitalità del diritto spontaneo è ancora visibile nelle nostre attuali società, dove il tasso di "evasione" delle norme legislative, spesso assurde, incomprensibili o inapplicabili, ha raggiunto livelli elevatissimi. Anche la fuga dalla giustizia statale, troppo lenta, inefficiente e lontana nei suoi pronunciamenti dal sentire comune, è ben documentata. Nel frattempo le esigenze del mondo degli affari generano un diritto vivente fatto di nuove forme contrattuali e arbitrali che testimoniano l'insopprimibile capacità della società civile di generare dal basso delle norme giuridiche applicate e rispettate senza necessità dell'intervento statale.

Punti da Ricordare

- Il diritto è un ordine spontaneo
- La legge nasce dalla società, non dallo Stato
- La norma giuridica nasce dall'incontro delle pretese individuali
- Il diritto giurisprudenziale produce più certezza della legislazione parlamentare
- Il diritto pretorio romano e la *common law* inglese sono esempi di diritto non legislativo
- Il diritto decretato è incompatibile con la libertà di mercato
- La legislazione statale è inefficiente quanto la pianificazione economica centralizzata

L'autore

Bruno Leoni (1913-1967) nasce ad Ancona il 26 aprile 1913. Nel 1942 diventa professore straordinario di Dottrina dello Stato presso l'università di Pavia, ma la guerra lo tiene per qualche anno lontano dagli studi e dall'insegnamento. Nel corso del conflitto entra a far parte di A Force, un'organizzazione segreta alleata incaricata di recuperare prigionieri e salvare soldati. Finita la guerra, Bruno Leoni inizia la sua attività accademica insegnando Filosofia del diritto e ricoprendo l'incarico di preside della facoltà di Scienze Politiche dal 1948 al 1960. Diventa membro della Mont Pelerin Society (di cui sarà segretario e poi presidente), e in queste riunioni ha l'opportunità di entrare in contatto con una scuola di pensiero, il liberalismo classico, del tutto estranea al clima intellettuale dell'Italia di allora, dominato dal marxismo e dal neopositivismo. Questi scambi intellettuali con i più grandi esponenti del liberalismo hanno un'importanza decisiva nella maturazione delle idee di Leoni, il quale non avrebbe mai potuto elaborare le sue tesi originali se la sua attività scientifica fosse rimasta confinata al dibattito italiano. Nel 1950 fonda la rivista "Il Politico" e svolge un'intensa attività pubblicistica, scrivendo numerosi articoli per il quotidiano economico "Il Sole 24 Ore". Nel 1961 pubblica negli Stati Uniti *Freedom and the Law*, frutto di una serie di conferenze tenute in California nel 1958. Per molti decenni, grazie a questa sua opera, il nome di Bruno Leoni sarà molto più noto all'estero che in Italia. Nel frattempo continua a svolgere anche la professione di avvocato, e proprio nello svolgimento di questa attività viene assassinato, in tragiche circostanze, il 21 novembre 1967.

Nota Bibliografica

Bruno Leoni, *La libertà e la legge*, Liberilibri, Macerata, 1994, traduzione di Maria Chiara Pievatolo, introduzione di Raimondo Cubeddu, p. 220. Titolo originale: *Freedom and the Law*.

LA RIVINCITA DEL LIBERALISMO
1977–2020

Nel secondo dopoguerra, per almeno una ventina d'anni, molti paesi occidentali vengono governati da classi politiche di idee liberal-conservatrici. È un periodo caratterizzato da un notevole boom economico e demografico, particolarmente eclatante negli Stati Uniti, in Germania, in Italia e in Giappone. A partire dalla fine degli anni Sessanta, tuttavia, le idee della sinistra prendono il sopravvento con la contestazione giovanile e la conseguente rivoluzione culturale. Si apre così un decennio da incubo per l'Occidente: negli anni Settanta le idee liberali vengono abbandonate e dimenticate; la crescita economica si arresta; esplodono l'inflazione e il debito pubblico; la criminalità e il terrorismo dilagano; l'Urss si espande sempre di più nell'arena internazionale. Il futuro sembra appartenere, secondo la stragrande maggioranza degli osservatori, al socialismo.

Ma proprio quando l'Occidente sembra toccare il suo punto più basso, con la stagflazione di fine anni Settanta, le idee liberali conoscono una nuova giovinezza. Il punto di svolta si ha con l'elezione di Margaret Thatcher in Gran Bretagna, di Ronald Reagan negli Stati Uniti, e di papa Giovanni Paolo II alla guida della Chiesa cattolica. Negli anni Ottanta l'Occidente, trainato dal boom reaganiano, conosce una forte ripresa economica, che sfocia nella vittoria nella guerra fredda: in maniera tanto rapida quanto inaspettata, l'impero comunista si arrende perché incapace di reggere il confronto con l'Occidente. Segue un decennio di euforia liberale: negli anni Novanta le parole d'ordine sono liberalizzazione, privatizzazione, deregolamentazione, libero mercato, globalizzazione. La nascita di internet simboleggia il nuovo mondo libero e decentralizzato della rete.[1]

Questa situazione inizia ad incrinarsi solo nel 2001, con l'attentato islamico alle Torri Gemelle, e nel 2008, con la crisi finanziaria. Improvvisamente ci si rende conto che le idee socialiste non sono affatto morte con il crollo del Muro di Berlino. Anzi, sembra quasi che riacquistino vigore in Occidente, anche grazie agli sforzi di riorganizzazione del movimento comunista internazionale.[2] Il futuro ci dirà se il liberalismo

---

1 Il resoconto più affascinante e dettagliato di questa sfida tra liberalismo e statalismo si può leggere nel libro di Daniel Yergin e Joseph Stanislaw, *La grande guerra dell'economia (1950-2000). La lotta tra Stato e imprese per il controllo dei mercati*, Garzanti, Milano, 2000 [1998].

2 L'America Latina, a partire dal Forum di San Paolo del 1990, fondato da Fidel Castro e Ignacio Lula da Silva, ha giocato un ruolo chiave nella riorganizzazione del movimento comunista internazionale.

riuscirà a vincere anche queste nuove sfide.

Ad ogni modo, le opere liberali scritte in questo periodo appaiono, anche nei toni, molto più ottimiste rispetto a quelle dell'epoca precedente. La selezione dei dieci libri più rappresentativi comincia con *La democrazia in deficit* (1977) del premio Nobel per l'economia e fondatore della *Public Choice* **James M. Buchanan**, il quale porta sul banco degli imputati John Maynard Keynes, le cui idee economiche avevano dominato negli anni Settanta. Quale che sia il loro valore economico, osserva Buchanan, è indubbio che sul piano politico e costituzionale le teorie keynesiane hanno prodotto l'aumento incontrollato dell'inflazione, della tassazione e del debito pubblico, provocando la crisi economica in cui si dibatte l'Occidente.

La soluzione per uscire dalla crisi, afferma nel libro *The Way the World Works* (1978) **Jude Wanniski**, ispiratore negli Stati Uniti della *reaganomics*, non può che consistere nella forte riduzione delle imposte per chi lavora e produce ricchezza. Sono due i best-seller che accompagnano la rivoluzione economica reaganiana: *Liberi di scegliere* (1979) del premio Nobel **Milton Friedman**, e *Ricchezza e povertà (1981)* di **George Gilder**. Anche nel mondo cattolico, dopo anni di dominio della dottrina pauperista e filo-marxista della Teologia della Liberazione, si fa strada un nuovo pensiero liberale grazie al libro *Lo spirito del capitalismo democratico e il cristianesimo* (1982) di **Michael Novak**, consigliere di papa Giovanni Paolo II.

Negli anni Ottanta il liberalismo torna di moda, come racconta il giornalista francese **Guy Sorman** nel suo reportage in giro per il mondo *La soluzione liberale* (1984). Contro il catastrofismo del pensiero ambientalista dominante negli anni Settanta, il pensiero liberale porta una ventata d'ottimismo anche nel campo degli studi sull'ecologia e la demografia grazie al genio di **Julian Simon**, il quale nel libro *The Ultimate Resource 2* (1996) spiega le ragioni per cui l'aumento della popolazione è sempre benefico per la società, sul piano economico e culturale. Anche l'economista peruviano **Hernando de Soto**, molto celebre nel suo paese, offre nel libro *Il mistero del capitale* (2000) un motivo di speranza ai paesi sottosviluppati, ricordando quanto sia importante, soprattutto per i poveri, la libertà economica e la protezione legale della proprietà privata.

Grazie alla rivoluzione liberale, l'Occidente e il mondo intero vivono almeno venticinque anni di boom economico, intervallato solo dallo scoppio di alcune bolle finanziarie causate dalle manipolazioni del denaro delle banche centrali. La crisi economica del 2008 ha questa origine ma, proprio come per la crisi del 1929, la responsabilità viene addossata al capitalismo di libero mercato. Il pendolo delle idee sembra nuovamente spostarsi verso lo statalismo, come paventa **Arthur Laffer**, l'economista fondatore dell'economia dell'offerta (*Supply-Side Economics*), nel libro *The End of Prosperity* (2008). Malgrado tutto, spiega lo storico tedesco **Rainer Zitelmann** nel libro *La forza del capitalismo* (2018), il capitalismo continua ad avere più successo che mai, avendo fatto uscire dalla povertà miliardi di persone in Asia, in Africa e in America Latina.

Lo documenta Leonardo Facco nel brillante libro *Il Muro di Berlino e i suoi calcinacci. Cosa c'è da festeggiare?*, Tramedoro Edizioni-goWare, Bologna-Firenze, 2019. Facco dimostra che, a trent'anni dal crollo del Muro di Berlino, l'ideologia comunista è ancora viva e vegeta: basti vedere in che modo il chavismo abbia conquistato il Venezuela, portando alla fame un paese un tempo prospero.

31

James M. Buchanan, Richard E. Wagner

La democrazia in deficit
1977

'Le idee di Keynes hanno prodotto debito pubblico, inflazione e burocrazia'

La democrazia in deficit uscì nel 1977, in un momento cruciale della situazione politica ed economica dell'Occidente. Nel corso degli anni Settanta si era manifestato infatti un fenomeno non previsto dal dominante pensiero keynesiano: la stagflazione, ovvero una combinazione di alta inflazione e disoccupazione. Gli economisti James Buchanan (futuro premio Nobel) e Richard Wagner intervennero nel dibattito dimostrando che i problemi in cui si dibattevano le economie dei paesi industrializzati non avevano solo cause economiche, ma politiche e istituzionali. I difetti di funzionamento dei sistemi democratici, spiegarono gli autori, si erano grandemente accresciuti da quando le idee di Keynes avevano legittimato l'abbandono dei sani principi tradizionali di finanza pubblica, basati sulla disciplina costituzionale e il pareggio di bilancio. Le tesi contenute in *La democrazia in deficit* contribuiranno quindi a favorire un ripensamento delle politiche economiche durante il successivo decennio degli anni Ottanta.

Riassunto

La rivoluzione della Public Choice

Gli economisti hanno analizzato in lungo e in largo i cosiddetti "fallimenti del mercato" per giustificare l'intervento dello Stato tutte le volte in cui l'azione volontaria dei privati non realizza quello che, dal loro punto di vista, avrebbe dovuto essere il "risultato ottimale". La Scuola delle Scelte Pubbliche, guidata da James Buchanan e Gordon Tullock dalla sua base nell'università della Virginia, ha denunciato la parzialità di questo approccio, dato che l'intervento pubblico non viene sottoposto alle stesse verifiche di quello privato, ma viene considerato a priori ottimale o comunque superiore a quello privato.

Per gli studiosi della *Public Choice*, infatti, chi opera nella pubblica amministrazione persegue gli stessi obiettivi personali di chi opera nel settore privato. Se può farlo, sceglierà la decisione suscettibile di dargli la maggiore soddisfazione in termini materiali o puramente psicologici (prestigio, carriera, potere). Il burocrate e l'uomo politico, in altre parole, vengono considerati come individui né più altruisti né più egoisti dei loro concittadini. In particolare, l'uomo politico cerca prima di tutto di aumentare il numero dei suoi elettori offrendo loro una serie di consumi collettivi sul "mercato elettorale", cercando nello stesso tempo di nascondere o minimizzare con vari espedienti la percezione che ha il pubblico dei costi reali dei servizi pubblici.

Le analisi della *Public Choice* spiegano perché le decisioni prese a maggioranza dalle assemblee politiche non soddisfino quasi mai un interesse generale e diffuso, ma quasi sempre quello di gruppi di pressioni e di lobby ristrette, i cui membri sono fortemente motivati e organizzati per far passare un provvedimento a proprio favore. Le democrazie occidentali sono prigioniere di una tecnologia politica arcaica che porta inesorabilmente lo Stato a crescere e a svilupparsi a spese del mercato e della società civile.

L'abbandono del principio del pareggio di bilancio

«I principi pre-keynesiani o classici di finanza pubblica – spiegano Buchanan e Wagner – trovano probabilmente la loro migliore sintesi nell'analogia tra lo stato e la famiglia. Una saggia condotta fiscale da parte di uno stato veniva concepita essenzialmente allo stesso modo di quella di una famiglia o di un'impresa. La parsimonia, non la prodigalità, era accettata come virtù cardinale e questa regola assunse la sua forma concreta nel principio, generalmente accettato, secondo cui i bilanci pubblici dovevano essere chiusi in pareggio, se non in avanzo, e che i disavanzi dovevano essere tollerati solo in circostanze straordinarie. Disavanzi considerevoli e prolungati erano considerati sintomo di follia fiscale» (p. 23-24).

A parte la semplice e intuitiva analogia tra Stato, individui e imprese, queste regole di sana finanza erano rafforzate da due altri principi: in primo luogo si pensava che l'indebitamento imponesse ingiusti oneri fiscali sui contribuenti successivi, consentendo agli individui presenti di arricchirsi a spese degli individui futuri; in secondo luogo si riteneva che i cittadini dovessero essere messi in grado di valutare con facilità i benefici e i costi derivanti dall'azione dello Stato. Per queste ragioni i bilanci in disavanzo emergevano principalmente durante i periodi di

---

Licenza di spendere

«Prima della sfida keynesiana un'effettiva "costituzione fiscale" esisteva veramente, anche se non era inserita in alcun documento scritto. Tale costituzione fiscale comprendeva il precetto del pareggio del bilancio e questa regola serviva come un limite importante alle naturali propensioni dei politici. Gli economisti che avevano assorbito gli insegnamenti keynesiani fronteggiavano la sfida di persuadere i leader politici e il pubblico in genere che l'antica religione fiscale era irrilevante nella situazione moderna. Bisognava sradicare il pareggio del bilancio dalla sua posizione di principio sacrosanto. La prosperità dell'economia nazionale, non una regola o una condizione particolare del bilancio statale, fu promossa a obiettivo primario di politica economica. Se il raggiungimento e il mantenimento della prosperità richiedevano la creazione deliberata di deficit di bilancio, perché preoccuparsene? I disavanzi nel bilancio statale, affermavano i keynesiani, erano certamente un prezzo modesto da pagare per la benedizione di un'elevata occupazione. Una nuova mitologia era nata. Da allora non fu riscontrata alcuna particolare virtù nel bilancio in pareggio, per se, né alcun vizio particolare nello squilibrio di bilancio, per se. La lezione era chiara: il pareggio di bilancio non era importante». (p. 47)

guerra, mentre risultavano generalmente in avanzo nei periodi di pace. Questi surplus venivano impiegati per ritirare il debito emesso durante le emergenze belliche.

Ad esempio negli Stati Uniti d'America tra il 1795 e il 1811 quattordici anni fecero
registrare degli avanzi assai consistenti, mentre due anni furono in deficit. La guerra
del 1812 contro l'Inghilterra produsse una nuova sequenza di disavanzi di bilancio,
ma questo debito fu sistematicamente ridotto nelle due decadi successive. Nei ventotto anni dal 1816 al 1836 si registrarono diciotto anni di surplus. La depressione che
seguì al panico del 1837 produsse sei anni di deficit, ma con il ritorno alla normalità
si realizzarono tre surplus consecutivi. I deficit riapparvero con la guerra messica-
no-americana tra il 1847 e il 1849, ripianati poi con otto anni di avanzi. La guerra di
secessione portò a nuovi consistenti deficit, ma una volta cessate le ostilità seguirono
ventotto anni consecutivi di surplus di bilancio! Anche dopo i deficit causati dalla
prima guerra mondiale ci furono undici anni di avanzi consecutivi.

La teoria classica della finanza pubblica quindi non condannava il debito pubblico in via generale, ma riteneva fosse ammissibile solo quando ci fossero dei benefici
successivi che permettessero di ripagarlo. Fino alla fine degli anni Trenta il ruolo del
bilancio pubblico era limitato a fornire servizi pubblici e a stabilire le imposte per
pagarli. Con l'avvento della macroeconomia keynesiana, tuttavia, gli economisti e i
leader politici cominciarono a credere di poter usare il bilancio federale allo scopo di
evitare la maggior parte dei malesseri economici come la disoccupazione, l'inflazione
o la stagnazione. Venne quindi commesso un errore intellettuale di dimensioni colossali, non solo dai comuni politici, ma anche dagli economisti, che hanno accettato
in maniera acritica le idee di John M. Keynes. «L'economia keynesiana ha tolto le
briglie ai politici; ha eliminato i limiti ai loro normali appetiti. Armati del messaggio
keynesiano, i politici possono spendere e spandere senza alcuna necessità apparente
di tassare» (p. 16).

Deficit perenne, inflazione e statalismo

I deficit di bilancio, l'inflazione e una più rapida crescita delle dimensioni del settore pubblico sono diventate le caratteristiche tipiche della politica economica nell'era
post-keynesiana. Secondo Buchanan e Wagner esiste infatti una relazione tra i deficit di bilancio e l'inflazione, perché i dati storici dimostrano che la Federal Reserve
reagisce ai deficit di bilancio aumentando gli acquisti, con denaro creato dal nulla, di
titoli pubblici. La Fed risulta essere la fonte principale di finanziamento dei deficit
di bilancio. È vero che in teoria la banca centrale dovrebbe essere indipendente dal
governo, ma i fatti dimostrano il contrario. Anche le autorità monetarie subiscono
pressioni politiche, pur se in maniera meno diretta rispetto ai politici eletti. Queste
pressioni a favore di una moneta facile provengono sia dalla classe politica sia dall'o-
pinione pubblica.

L'inflazione però è una tassa occulta, che sottrae di nascosto potere d'acquisto dalle tasche dei cittadini. Tra tutte le forme di prelievo di risorse, tuttavia, l'inflazione è
forse la più indiretta, ed è quella che probabilmente richiede il più alto e sofisticato
grado di comprensione da parte dell'individuo. I governi non presentano l'inflazione

come una forma di tassazione, ma si sforzano di attribuire le cause dell'inflazione a entità e a eventi non di governo: imprese capitaliste affamate di profitti, sindacati avidi, cartelli stranieri, cattivi raccolti e così via. L'inflazione infatti oscura i segnali informativi che i cittadini ricevono a proposito della crescita e della diminuzione del loro reddito reale.

A loro sembra che il reddito reale diminuisca non perché il governo impone maggiori tributi, ma perché le imprese fanno pagare prezzi più elevati per i loro prodotti: «Dal punto di vista psicologico gli individui non percepiscono l'inflazione come un'imposta sui loro bilanci monetari, non attribuiscono la diminuzione della loro ricchezza reale alle attività di governo "di contraffazione" legalizzate. Piuttosto, i dati rilevati assumono la forma di prezzi crescenti per beni e servizi acquistati nel settore privato. La diminuzione di ricchezza reale è attribuita a fallimenti dell'economia di mercato, non alla creazione di moneta. È raro l'individuo (neanche uno su un milione, secondo Keynes) che è capace di attraversare il velo di inflazione e attribuire gli aumenti dei prezzi all'inflazione indotta dal governo attraverso il finanziamento monetario dei deficit di bilancio» (p. 171).

Inoltre l'inflazione porta con sé altre gravi conseguenze: altera i tassi di rendimento che gli individui possono ottenere da diversi tipi di attività, sfavorendo quelle direttamente produttive a vantaggio di quelle rivolte all'adattamento all'inflazione; altera la struttura dell'economia disturbando il funzionamento del mercato, perché i cambiamenti dei prezzi relativi modificano le tendenze nell'impiego delle risorse; inietta incertezza e cattiva inflazione nel funzionamento della struttura del mercato, e le decisioni delle imprese e dei consumatori saranno sempre più caratterizzate da errori: come spiega infatti la scuola austriaca dell'economia, l'inflazione attira risorse in occupazioni che non possono essere conservate senza ulteriore inflazione.

Un settore pubblico sempre più sproporzionato, oltre alle conseguenze inflazionistiche, porta con sé le ben note, ma sempre importanti, conseguenze per la libertà individuale. La burocrazia statale viene ad acquisire una forza e un potere suoi indipendenti. Per giustificare la propria esistenza, la burocrazia che gestisce ciascun programma di spesa deve aumentare i "bisogni" per i servizi che produce. Troppo spesso tali attività da parte dei burocrati prendono la forma di intrusioni sempre più costose nelle vite

---

L'illusoria indipendenza della banca centrale

«Un *decision-maker* monetario si trova in una posizione che è lontana di un solo stadio da quella del politico eletto direttamente. Egli sarà generalmente nominato alla carica da un politico soggetto ad una verifica elettorale e può anche seguire la volontà di quest'ultimo. Non ci si può aspettare che individui scelti come *decision-makers* monetari siano probabilmente propensi ad assumere posizioni di politica economica nettamente contrarie a quelle desiderate dai loro associati politici, specialmente dal momento che queste posizioni andranno anche contro le forti pressioni dell'opinione pubblica e dei media … A nessun banchiere centrale piace essere considerato cattivo. Non gli piace essere considerato dall'opinione pubblica responsabile di una disoccupazione massiccia, di povertà diffusa, della diminuzione delle abitazioni, di una lenta performance economica e di qualsiasi altro fenomeno di cui il giornalista disinformato e ambizioso può accusarlo … "Moneta facile" è anche "facile" per l'autorità monetaria; "moneta scarsa" è estremamente spiacevole per costui. Le approvazioni e critiche sproporzionate dell'opinione pubblica, insieme alla sproporzionata probabilità di sostegno e disaffezione dei sostenitori politici, suggerisce che l'autorità monetaria massimizzatrice dell'utilità avrà una naturale tendenza all'inflazione» (p. 141)

dei comuni cittadini. Inoltre, nella misura in cui le risorse impiegate dallo Stato sono meno produttive di quelle impiegate nel settore privato, un incremento della dimensione relativa del settore pubblico riduce la produttività complessiva dell'economia.

L'illusione finanziaria e i vincoli costituzionali

I contribuenti non sarebbero favorevoli all'attuale macchina dello stato del benessere se fossero tassati direttamente per tutte le sue attività. Il finanziamento in deficit e la finanza inflazionistica tendono a ridurre l'intensità della resistenza del contribuente, assicurando un'espansione relativa delle dimensioni del bilancio pubblico. In democrazia l'economia viene controllata da politici impegnati in una competizione continua per ottenere delle cariche. Le decisioni politiche sono prese da politici eletti, che rispondono ai desideri degli elettori e della burocrazia che lavora dietro le quinte. Un politico in una società democratica può essere considerato come un agente che propone e tenta di approvare una combinazione di programmi di spesa e schemi di finanziamento che gli assicureranno il sostegno di una maggioranza dell'elettorato. Queste similitudini suggeriscono che la competizione politica non sia del tutto diversa dalla competizione di mercato.

Ci sono però anche importanti ed ovvie differenze tra la competizione di mercato e quella politica: 1) la competizione di mercato è continua, mentre quella politica è intermittente, dato che avviene solo ogni quattro o cinque anni; 2) la competizione di mercato consente a molti concorrenti di sopravvivere in maniera simultanea, dato che chi conquista la maggioranza del mercato non può impedire alla minoranza di scegliere il proprio fornitore preferito; al contrario, la competizione politica è del tipo "o tutto o niente", perché chi conquista la maggioranza ottiene l'intero mercato; 3) nella competizione di mercato l'acquirente può essere ragionevolmente certo di quello che riceverà con il suo atto d'acquisto, mentre nella competizione democratica deve affidarsi a un agente non vincolato ad eseguire la volontà dell'elettore; i politici non sono ritenuti responsabili delle loro promesse ed impegni nella stessa maniera in cui lo sono i venditori privati.

> *L'insostenibilità politica del keynesismo*
> «Un regime di deficit di bilancio permanenti, inflazione e quota crescente dell'economia nazionale rappresentata dal settore pubblico – queste ci sembrano le conseguenze dell'applicazione dei precetti keynesiani alla democrazia americana. Sempre più queste conseguenze vengono riconosciute come segnali di malattia piuttosto che della buona salute che il keynesisimo sembrava offrire … La giustapposizione dei precetti di politica economica keynesiani e della democrazia politica crea una miscela instabile. L'ordine economico sembra diventare più, anziché meno, fragile – fino ad assomigliare a un castello di carte» (p. 91).

La scelta dell'elettore è quindi poco chiara, paragonata a quella del consumatore. Il cittadino non paga un prezzo diretto per l'utilizzazione dei servizi statali, né riceve un conto mensile o trimestrale dallo Stato. Al cittadino quindi non viene mai offerta una stima del valore che paga. Deve calcolarsi in qualche modo da solo questo totale, ma si tratta di un processo molto più complesso e costoso di quello richiesto per accertare i prezzi dei beni acquistati nei mercati privati. Più i pagamenti dei servizi pubblici sono indiretti (mediante imposte indirette, inflazione o debito pubblico) e il sistema fiscale è complesso, più le percezioni fiscali degli individui vengono distorte, generando l'illusione di pagare molto meno di quanto sia la realtà. I sistemi di pagamento complessi ed indiretti creano un'illusione fiscale che produce sistematicamente livelli più alti di spesa pubblica e di quelli che avremmo osservato con sistemi di pagamento semplici.

La soluzione proposta dagli esponenti della Scuola della Virginia è quella di introdurre nella costituzione due severi vincoli riguardanti: 1) l'obbligo del pareggio del bilancio pubblico, con annullamento automatico delle spese non coperte dalle entrate; 2) una regola "monetarista" di politica monetaria, che preveda un limite massimo annuale di espansione monetaria. In questo modo sperano di combattere i due maggior meccanismi di illusione fiscale, il deficit e l'inflazione, che favoriscono l'avanzata inarrestabile dello statalismo nelle nostre democrazie.

Punti da Ricordare

* Gli uomini di Stato, i politici e i burocrati perseguono il proprio vantaggio al pari di coloro che agiscono nel mercato
* Le idee economiche keynesiane hanno scardinato il tradizionale principio del pareggio di bilancio, facendo esplodere il debito pubblico
* Debiti, inflazione e statalismo sono il risultato politico delle idee di Keynes
* Di fatto le banche centrali non sono indipendenti dai governi, perché rappresentano la fonte principale di finanziamento dei deficit di bilancio
* I governi cercano di far credere al pubblico di non essere responsabili dell'inflazione
* La competizione democratica è molto più inefficiente della competizione di mercato
* I cittadini vivono sotto l'illusione fiscale di pagare i servizi pubblici molto meno di quanto spendano in realtà
* Occorrono dei severi vincoli costituzionali di bilancio e di politica monetaria

Gli autori

James M. Buchanan (1919-2013) nasce il 3 ottobre 1919 a Murfreesboro, in Tennessee. Consegue il PhD in economia nel 1948 all'università di Chicago. Nel 1955 trascorre undici mesi a Roma per studiare i classici autori italiani di finanza pubblica come Amilcare Puviani, dai quali rimane fortemente influenzato. Nel 1956 comincia la sua attività di insegnamento all'università della Virginia. Qui conosce Gordon Tullock, con il quale comincia una lunga collaborazione intellettuale. Nel 1965 firmano insieme il libro *Il calcolo del consenso*, opera fondativa della Scuola delle Scelte Pubbliche. Nel 1983, in seguito a un conflitto con il suo dipartimento, si trasferisce alla George Mason University di Fairfax, che diventa la nuova sede della Public Choice. Nel 1986 riceve il Premio Nobel per l'economia, che viene però ingiustamente negato al suo collega Gordon Tullock. Muore il 9 gennaio 2013 a Blacksburg, in Virginia.

Richard E. Wagner (1941-) nasce il 28 aprile 1941 a Jamestown in Nord Dakota. Nel 1966 ha conseguito il phd in economia all'università della Virginia. Dal 1988 è professore di finanza pubblica alla George Mason University.

Nota Bibliografica

James M. Buchanan, Richard E. Wagner, *La democrazia in deficit. L'eredità politica di Lord Keynes*, Armando Editore, Roma, 1997, p. 234, presentazione di Domenico Da Empoli, traduzione e postfazione di Emma Galli Tocci e Fabio Padovano. Titolo originale: *Democracy in Deficit. The Political Legacy of Lord Keynes.*

32

Jude Wanniski

The Way the World Works
1978

'La bassa tassazione è la chiave del successo economico'

È raro che un libro produca delle conseguenze politiche quasi immediate, ma *The Way The World Works* ("Come funziona il mondo") di Jude Wanniski è stato uno di questi. Da questo libro partì infatti, negli anni Ottanta, la rivoluzione dell'economia dell'offerta (*supply-side*), che orientò le politiche economiche dei governi occidentali verso il libero mercato dopo molti anni di dominio incontrastato delle idee keynesiane basate sull'intervento pubblico. Nella prefazione alla quarta edizione (del 1998) Wanniski scrive, con toni forse eccessivamente enfatici, di aver avuto fin da subito la convinzione che il suo libro avrebbe cambiato il mondo: «Quando sedevo alla macchina da scrivere, il 2 gennaio 1977, mi sentivo assolutamente fiducioso del fatto che sarebbe stato un grande libro, forse uno dei più influenti del ventesimo secolo … Credo che Dio mi abbia scelto per portare la buona novella dell'economia dell'offerta all'umanità, per salvare il mondo dal declino economico perpetuo» (p. xv).

Riassunto

La nascita dell'economia dell'offerta

Gli anni Settanta furono un decennio negativo per l'Occidente. Tutto sembrava volgere al peggio: il comunismo si espandeva rapidamente in Asia, in Africa e in America centrale; la criminalità e il terrorismo imperversavano; l'economia era devastata dall'inflazione e dalla recessione; le borse erano al collasso (dal 1968 al 1982 l'indice del Dow Jones aveva perso il 70 per cento del suo valore reale) e la gente si rivolgeva ai beni rifugio, come gli immobili, l'oro o le materie prime, i cui prezzi erano schizzati alle stelle. Cosa stava succedendo? Gli economisti accademici non avevano idea di come fare per uscire dalla "stagflazione" (stagnazione più inflazione) che si era venuta a creare dopo anni di applicazione delle idee keynesiane basate su alta spesa pubblica, alta tassazione, espansione monetaria e forte interventismo statale nell'economia.

Il rovesciamento delle politiche economiche fino ad allora adottate si ebbe principalmente per merito di una pattuglia di economisti, intellettuali, giornalisti e attivisti, ancora oggi poco noti, che innescarono negli Stati Uniti la *Supply-Side Revolution*, la rivoluzione dell'economia dell'offerta. *The Way the World Works* del giornalista del *Wall Street Journal* Jude Wanniski fu il libro che nel 1978 lanciò il movimento. Wanniski, per sua stessa confessione, fino a pochi anni prima era piuttosto inesperto d'economia, ma si era appassionato alla materia dopo aver conosciuto le idee di due economisti ghettizzati dall'*establishment* accademico: Robert Mundell, che vincerà il Premio Nobel nel 1999, e Arthur Laffer, che diventerà molto influente come consigliere di Ronald Reagan.

Successivamente aderirono a questa nuova visione economisti come Paul Craig Roberts (che nel 1978 sostituì Jude Wanniski al *Wall Street Journal*), Martin Anderson,

> **Gli incentivi contano**
>
> «Come regola generale del modello economico, il governo può aumentare la produzione in un solo modo: rendendo il lavoro più attraente del non lavoro. Ci sono solo due opzioni coerenti con questa affermazione. Il governo può rendere il lavoro più attraente, o può rendere il non lavoro meno attraente. Può rendere il lavoro e la produttività nell'economia monetaria più attraente dell'ozio o del lavoro nell'economia di baratto riducendo il peso delle regolamentazioni, delle imposte e delle tariffe. Può rendere il non lavoro meno attraente riducendo i sussidi di disoccupazione, oppure aumentando le penalizzazioni per chi non lavora» (p. 84)

Martin Feldstein, scrittori e giornalisti come George Gilder e Robert L. Bartley, uomini politici come William Steiger, Jack Kemp e William Roth. Ma il successo maggiore del movimento fu l'elezione nel 1980 un presidente con le stesse idee: Ronald Reagan.

Gli elettori hanno sempre ragione

Jude Wanniski non era tanto un teorico quanto un consigliere politico. La competizione democratica e le strategie elettorali lo appassionavano. Non gli interessava aver ragione solo sulla carta: bisognava vincere le elezioni e applicare le idee nella realtà concreta. Nei primi capitoli di *The Way the World Works* Wanniski afferma infatti che chi non vince le elezioni ha sempre torto, perché non ha saputo individuare i bisogni e i desideri del pubblico. Se le elezioni sono condotte onestamente, scrive Wanniski, l'elettorato nel suo complesso si dimostra sempre più saggio del singolo elettore. Date le limitate informazioni di cui dispone, l'elettorato finisce sempre per scegliere il candidato migliore, o il meno peggiore, in quel contesto. La classe politica che ripetutamente trascura o non è capace di individuare le aspirazioni dell'elettorato provoca una crisi nel sistema politico, che può anche portare alla violenza politica o alla rivoluzione.

Al contrario, il miglior politico si comporta come un bravo attore: comprende quello che desidera il suo pubblico, e glielo offre. Per questa ragione Wanniski nel 1976 aveva consigliato al Partito Repubblicano la strategia elettorale dei "due Babbi Natale" basata sul taglio delle tasse. Nella sfida elettorale tra Scrooge, che vuole tagliare le spese, e Babbo Natale, che promette programmi di spesa, vincerà sempre il secondo. Per questa ragione, spiega Wanniski, al Babbo Natale del Partito Democratico i repubblicani devono contrapporre un secondo Babbo Natale che prometta all'elettorato non tagli di spesa, ma riduzioni d'imposta.

Il giusto mix: moneta stabile e tasse ridotte

Cosa dice l'economia dell'offerta? Wanniski attribuisce le idee economiche contenute nel suo libro a Robert Mundell, definito il "moderno Walras" (l'economista di fine ottocento conosciuto per la teoria dell'equilibrio generale), e ad Arthur Laffer, il "moderno Say" (l'economista di inizio ottocento noto per la "legge degli sbocchi", secondo cui è l'offerta che genera la domanda di prodotti). Mundell e Laffer spiegarono a Wanniski che il sistema capitalistico non era responsabile della stagflazione in cui si dibatteva l'economia dei paesi occidentali, come molti sostenevano. La stagflazione era invece la somma di due ampie e sbagliate intrusioni statali nell'economia. Da un lato, infatti, i governi avevano destabilizzato il mezzo di scambio stampando moneta in eccesso: questa era la causa dell'inflazione; dall'altro lato avevano aumentato enormemente le aliquote fiscali, soprattutto per i redditi più alti, disincentivando il lavoro produttivo e ostacolando la formazione del capitale da investire: questa era la causa della disoccupazione e della stagnazione.

La soluzione del problema dunque era chiara, anche se sfidava i tabù economici del tempo: stabilizzare la moneta e ridurre le tasse. Se una combinazione di politica monetaria espansiva e di alte tasse dava luogo alla stagflazione, il mix opposto di restrizione monetaria e tasse ridotte, come spiegava Mundell, avrebbe generato invece un boom economico. La politica monetaria disinflazionistica non avrebbe provocato austerità o recessione dell'economia, perché i contemporanei tagli fiscali avrebbero stimolato la ripresa. Così concepita, la *supply-side economics* è un riadattamento dell'economia classica al mondo successivo al 1913, l'anno in cui gli Stati Uniti introdussero per la prima volta la banca centrale (*Federal Reserve*) e l'impo-

> *I pregi della moneta aurea*
> «L'argomento *supply-side* a favore del *gold standard* si basa sull'osservazione empirica che per 2.500 anni l'elettorato globale ha identificato l'oro come lo standard di valore più affidabile … Un'oncia d'oro può essere ricevuta in qualsiasi parte del mondo e scambiata con beni, titoli o altre valute. Può anche essere trasportata nel tempo e scambiata per un valore simile di beni e servizi. La "costante aurea" dà il titolo a un libro di Roy Jastram del 1977, nel quale l'autore dimostra che il potere d'acquisto dell'oro è rimasto singolarmente stabile nel corso dei secoli, e che l'Inghilterra e gli Stati Uniti hanno evitato l'inflazione quando hanno definito la sterlina e il dollaro in termini di un peso specifico d'oro» (p. 119).

sta sul reddito. L'economia dell'offerta intende rimediare ai danni prodotti da queste due istituzioni create alla vigilia della prima guerra mondiale.

Wanniski propone quindi di riagganciare il dollaro all'oro, rientrando nello standard aureo dal quale gli Stati Uniti erano usciti qualche anno prima, nel 1971, su decisione del presidente Richard Nixon. Secondo Wanniski l'accordo monetario internazionale stabilito nel 1944 a Bretton Woods, in cui solo il dollaro era convertibile in oro e tutte le altre valute erano convertibili in dollari (il cosiddetto *gold exchange standard*) era un buon accordo perché adattava il *gold standard* classico alle mutate condizioni economiche mondiali, in cui l'oro non era più distribuito in maniera equilibrata presso tutti i paesi, ma era detenuto in stragrande maggioranza dagli Stati Uniti.

«Nel modello dell'offerta – spiega Wanniski – la politica monetaria ha l'unico scopo di consentire a Smith, Jones e Peters di svolgere il loro ruolo di produttori e

commercianti di beni presenti e futuri. La quantità di moneta non è l'aspetto importante del modello dell'offerta, ma la sua *qualità*, la sua capacità di funzionare come
affidabile *unità di conto* … Alterare l'unità di conto è la cosa peggiore che un governo
possa fare all'economia. Questo processo avvelena le relazioni tra creditori e debitori» (p. 118). L'esperienza storica, aggiunge Wanniski, dimostra che l'oro è la migliore
unità di conto per tutti i beni, servizi e titoli finanziari che vengono scambiati nel
sistema bancario e nel mercato.

La curva di Laffer

Nel suo libro Wanniski presentò per la prima volta al pubblico il grafico della celebre
curva a forma arcuata elaborata da Arthur Laffer. La "leggenda" vuole che Laffer l'abbia mostrata per la prima volta nel dicembre 1974 a Jude Wanniski, Dick Cheney e
Donald Rumsfeld, disegnandola su un tovagliolo nel corso di un pranzo al ristorante
Two Continents di Washington. La curva rimase però ignota al pubblico, salvo che
agli studenti che assistevano alle lezioni di Laffer, fino alla pubblicazione di *The Way
the World Works* nel 1978.

La curva di Laffer mostra che se il governo aumenta le aliquote fiscali anche le entrate fiscali aumentano, ma solo fino a un certo punto, non indefinitamente. Quando
l'aliquota diventa troppo alta un suo ulteriore aumento fa diminuire, invece che aumentare, le entrate fiscali, perché i contribuenti cessano di lavorare o tentano in tutti i modi di evaderle. «Il perenne rimedio dei governi che vedono le proprie entrate
scemare malgrado l'aumento delle imposte – scrive Wanniski – è quello di espandere
il numero e i poteri degli esattori fiscali. Questo metodo invariabilmente riduce ulteriormente l'afflusso di risorse al Tesoro. Tuttavia, a dispetto di migliaia di anni di
sperimentazione fallimentare nella "lotta all'evasione fiscale", questa politica rimane
la favorita dei governi di oggi» (p. 103).

La curva di Laffer trova un logico fondamento nella natura umana, perché riconosce il fatto che gli individui rispondono agli incentivi, spostandosi dalle attività più
tassate a quelle meno tassate. Wanniski approfondisce la questione centrale degli incentivi dando ampio spazio a un'altra teoria elaborata da Laffer: il cuneo fiscale, cioè il
lavoro o il costo aggiuntivo che il governo impone a una persona che voglia produrre
qualcosa. Come spiega Wanniski, «Se Smith e Jones vogliono scambiarsi sedici ore
della loro attività, ma per completare la transazione ciascuno deve dare al governo
due ore di attività, i due devono svolgere trentasei ore di lavoro per scambiarne tren-
tadue. La tassa di quattro ore è il cuneo che li divide» (p. 84). A queste condizioni i
due potrebbero non concludere la transazione. Il cuneo potrebbe essere sufficiente ad
annullare tutta l'attività produttiva in questione.

Wanniski nota che nel corso degli anni i cunei si sono moltiplicati in tutta l'economia, a causa non solo dell'aumento delle imposte sul reddito, ma anche dei contributi previdenziali, del drenaggio fiscale causato dall'inflazione (che nei sistemi fiscali
basati sulla progressività sposta i contribuenti verso gli scaglioni più alti di reddito),
delle tariffe, delle regolamentazioni, delle pastoie burocratiche e dei costi contabili
necessari per far fronte a un sistema fiscale sempre più complesso. Il risultato non

può che essere la stagnazione economica.

Il segreto del successo di un'economia, al contrario, dipende dallo stimolo alla produzione. Occorre ripartire dalla legge di Say, e dare importanza all'offerta (la produzione e il lavoro) anziché alla domanda. Se vengono eliminati tutti i cunei che inceppano l'economia, riducendo le imposte e liberalizzando i mercati, le persone modificano i loro comportamenti produttivi, passando dal tempo libero e dal baratto (attualmente non tassati) al lavoro (attualmente tartassato). Infatti tutto ciò che viene tassato (come il lavoro produttivo) si riduce, mentre ciò che viene sussidiato (la povertà, l'ozio o la disoccupazione) aumenta. È questa la lezione fondamentale della *supply-side economics*.

Come funziona il mondo

The Way the World Works, comunque, non è solo un libro introduttivo sull'economia dell'offerta o un esercizio di teoria politica. Wanniski investiga i più importanti episodi nella storia della civiltà, e rileva che il segreto dell'ascesa e del declino degli imperi dipende dal grado in cui i governi permettono alle persone di condurre liberamente le loro vite.

L'Inghilterra, ad esempio, uscì dalle guerre napoleoniche con un debito pubblico enorme e tasse altissime, ma nel 1815 decise di ridurre fortemente le imposte. Questa decisione, in combinazione con l'abolizione delle leggi protezioniste sul grano nel 1846, fu alla base della più grande espansione economica della storia, grazie alla quale l'Inghilterra divenne un impero mondiale, leader nell'industria, nel commercio e nella finanza. Nel 1834 anche i diciassette staterelli tedeschi stabilirono un'area di libero scambio in Germania attraverso un'unione doganale (*zollverein*), mentre la Francia, l'Italia e la Russia ridussero i loro dazi negli anni Quaranta e Cinquanta. L'affermazione del libero scambio fu alla base del lungo periodo di pace e sviluppo che caratterizzò tutto il diciannovesimo secolo.

Il clima tuttavia cambiò a partire dagli anni Settanta, e uno dopo l'altro i paesi europei tornarono ad aumentare i dazi sulle merci: la Francia nel 1875, l'Italia nel 1877, la Russia nel 1893. Alle chiusure commerciali corrisposero crescenti contrasti politici, che portarono allo scoppio della prima guerra mondiale. Alla fine dell'immane conflitto, tuttavia, la Gran Bretagna non replicò la saggia politica fiscale seguita alla vittoria di Waterloo contro Napoleone, e lasciò inalterate le altissime imposte di guerra, rimanendo così impantanata nella stagnazione per tutti gli anni Venti: «A questo punto comincia l'inversione di tendenza del corso britannico rispetto al diciannovesimo secolo. Invece di tagli fiscali, espansione, aumento delle entrate, ulteriori riduzioni delle tasse e così via, il trend della Gran Bretagna si caratterizza per l'aumento delle tasse, la contrazione economica, il declino delle entrate e l'ulteriore aumento della tassazione» (p. 190).

I presidenti americani Warren Harding e Calvin Coolidge scelsero invece di ridurre fortemente le imposte, generando negli Stati Uniti il fenomenale boom dei "ruggenti" anni Venti. Wanniski nota che anche in Italia il ministro delle finanze del governo Mussolini, il liberista Alberto De Stefani, seguì la strada delle riduzione dei dazi e dell'imposta sul reddito: «L'economia italiana entrò immediatamente in espansione, e anche durante gli anni Trenta soffrì una contrazione economica molto minore rispetto alle altre nazioni industrializzate» (p. 134).

Wanniski ricorda poi che nel 1930 la sciagurata decisione del presidente americano Herbert Hoover di inasprire fortemente le tariffe doganali con la legge Smoot-Hawley fu la causa principale della Grande Depressione, e inaugurò un trend di crescente protezionismo internazionale per tutti gli anni Trenta. Al riguardo, Wanniski documenta in maniera impressionante come l'andamento delle votazioni in Senato della legge Smoot-Hawley coincise, giorno per giorno, con l'andamento della crisi borsistica a Wall Street. Ne seguì, come spesso accade, un secondo conflitto mondiale, al termine del quale le nazioni avanzate tornarono al libero scambio e alla prosperità. È significativo

> *La saggezza fiscale degli inglesi*
> «Ciò che rese la Rivoluzione Industriale possibile fu l'audacia del parlamento britannico che nel 1815, spronato da agitatori provenienti dal ceto medio come Henry Brougham, respinse i severi avvertimenti degli esperti fiscali, e di colpo eliminò l'imposta sul reddito introdotta da Pitt ... e altre tariffe e tasse interne. Se gli inglesi avessero mantenuto le loro alte aliquote fiscali per ripagare rapidamente i loro debiti, il successivo sessantennio di boom economico non ci sarebbe stato» (p. 186).

che dopo il 1945 i due paesi sconfitti, la Germania e il Giappone, crebbero più di tutti gli altri perché ridussero maggiormente le imposte (in Germania per volere del ministro del ministro delle finanze, il liberale Ludwig Erhard). Per l'ennesima volta la storia, osserva Jude Wanniski, ha dimostrato la fondatezza dell'idea chiave del suo libro: la bassa tassazione è il segreto della prosperità degli individui e del successo delle nazioni.

Punti da Ricordare

* L'elettorato nel suo complesso è sempre più saggio di ogni sua singola componente
* La bassa tassazione è la chiave del successo economico
* L'alta tassazione scoraggia la produzione e provoca la stagnazione dell'economia.
* La curva di Laffer dimostra che i tagli fiscali rilanciano l'economia e spesso fanno aumentare le entrate dello Stato.
* Solo una moneta ancorata all'oro è stabile e affidabile.
* Le misure protezioniste introdotte dagli Stati Uniti nel 1930 sono state la causa principale della Grande Depressione.
* Il livello della tassazione spiega l'ascesa e il declino degli imperi.

L'autore

Jude Wanniski (1936-2005) nasce il 17 giugno 1936 a Pottsville, Pennsylvania, da una famiglia di modeste condizioni, che si trasferisce pochi anni dopo a Brooklyn, New York. Wanniski riceve una buona istruzione, e dopo l'università comincia l'attività giornalistica come reporter e commentatore politico per un periodico di Las Vegas. Nel 1965 si sposta a Washington per lavorare come editorialista del *National Observer*. Nel 1972 viene assunto come commentatore dal *Wall Street Journal*. Trascinato dall'entusiasmo per questa nuova visione dell'economia, Wanniski raccolse il frutto delle sue lunghe conversazioni con Mundell e Laffer, e delle sue ricerche economiche da autodidatta, in due articoli usciti alla metà degli anni Settanta sul *Wall Street Journal* e sulla rivista *Public Interest*, che vengono generalmente considerati l'atto di nascita della *supply-side economics* (Jude Wanniski, "It's Time to Cut Taxes", *Wall Street Journal*, 11 dicembre 1974; Jude Wanniski, "The Mundell-Laffer Hypothesis. A New View of the World Economy", *Public Interest*, n. 39, 1975). Nel 1978 queste idee furono ampliate e approfondite nel libro *The Way the World Works*. Nello stesso periodo comincia la sua carriera di consigliere economico per uomini politici come Ronald Reagan, Jack Kemp e Steve Forbes. In particolare contribuisce a progettare i tagli fiscali decisi da Reagan nel corso del suo primo mandato. Nel 1997 Wanniski fonda un centro per lo studio online delle idee dell'economia dell'offerta, chiamato "Supply-Side University". In questo periodo scrive anche degli articoli sul suo sito personale in cui nega l'esistenza di armi di distruzioni di massa in Iraq. Nel 2003 si schiera apertamente contro l'intervento militare in Iraq, e denuncia la politica imperialista del presidente George W. Bush. Queste sue posizioni lo isolano sempre più all'interno del movimento conservatore. Quando il 29 agosto 2005 muore per un attacco cardiaco a Morristown, New Jersey, la sua influenza politica era ormai molto ridotta rispetto agli anni d'oro del reaganismo.

Nota Bibliografica

Jude Wanniski, *The Way The World Works*, Regnery Publishing, Washington, p. 395.

33

Milton & Rose Friedman

Liberi di scegliere
1980

"Più libera iniziativa significa più benessere per tutti"

Liberi di scegliere è l'opera di Milton Friedman più nota al grande pubblico, anche grazie alla fortunata serie televisiva dallo stesso titolo. In questo libro divulgativo il premio Nobel dell'economia e sua moglie Rose spiegano in maniera chiara e accessibile quali sono le cause dei maggiori problemi del mondo odierno, proponendo una serie di misure concrete per risolverli. Dopo aver ricordato che la grandezza degli Stati Uniti d'America nasce dalla fede nella libera iniziativa, i due Friedman dimostrano che l'eccesso di leggi e regolamenti, la spesa pubblica fuori controllo e la tassazione predatoria non solo impoveriscono la società nel suo insieme, ma mettono in grave rischio le libertà individuali. E affermano che solo attraverso il libero mercato è possibile tutelare i consumatori e i lavoratori, raggiungere elevati livelli d'istruzione, evitare l'inflazione e la disoccupazione, accrescere i redditi per tutti, garantire ogni altra libertà. Il libero mercato, permettendo a milioni di persone di cooperare volontariamente tra loro anche a grande distanza, rappresenta infatti l'unico vero limite alla concentrazione del potere politico.

Riassunto

Il miracolo americano

Fin dal primo insediamento europeo nel Nuovo Mondo, l'America è sempre stata un polo di attrazione per coloro che cercavano l'avventura, fuggivano l'oppressione o, semplicemente, cercavano una vita migliore per sé e per i propri figli. Nel XIX secolo milioni di persone attraversarono l'Atlantico, spinte dalla miseria e dalla tirannia, attratte dalla promessa di libertà e benessere. Quando arrivarono non trovarono strade lastricate d'oro, né una vita facile. Trovarono la libertà e l'opportunità di fare del loro meglio. Con duro lavoro, ingegnosità, parsimonia, fortuna, gran parte di loro riuscirono a realizzare speranze e sogni in misura sufficiente a incitare amici e parenti a raggiungerli. La storia degli Stati Uniti è la storia di un miracolo economico e politico che fu reso possibile dalla traduzione in pratica di due idee formulate, per una curiosa coincidenza, in documenti pubblicati lo stesso anno, il 1776: la libertà economica esposta nella *Ricchezza delle nazioni* di Adam Smith, e la libertà politica espressa nella Dichiarazione d'indipendenza di Thomas Jefferson.

Quanto sia feconda la libertà è dimostrato nel modo più chiaro ed evidente in agricoltura. Quando fu promulgata la Dichiarazione d'Indipendenza, diciannove uomini su venti erano impiegati a produrre cibo per nutrire meno di tre milioni di persone. Oggi occorre meno di un uomo su venti per alimentare 220 milioni di abitanti e fornire un surplus che fa degli Stati Uniti il maggior esportatore di prodotti alimentari del mondo. Durante la maggior parte del periodo di rapido sviluppo agricolo, il governo svolse un ruolo trascurabile. I milioni di immigrati provenienti da tutto il mondo erano liberi di lavorare per se stessi o per altri, a condizioni convenute. Erano liberi di sperimentare nuove tecniche: a loro rischio se l'esperimento falliva; a loro vantaggio se aveva successo. Ricevettero scarsa assistenza dallo stato, ma ciò che più conta incontrarono scarsa interferenza da parte dello stato.

Ironicamente, proprio il successo della libertà economica e politica diminuì la sua attrattiva agli occhi dei pensatori successivi. Come sempre, la gente dà per scontati gli sviluppi favorevoli. Il pericolo che un governo forte rappresentava per la libertà fu dimenticato. Ciò che interessava erano, invece, le cose positive che un governo più forte avrebbe potuto realizzare, purché il potere statale fosse nelle mani giuste. Queste idee hanno dominato gli avvenimenti negli Stati Uniti durante gli ultimi 50 anni. Hanno condotto all'espansione dell'intervento pubblico a tutti i livelli e, nello stesso tempo, a un trasferimento di potere dal governo locale a quello centrale.

Il rallentamento della crescita e il calo della produttività degli anni recenti fa però sorgere dei dubbi sulla possibilità che l'iniziativa privata possa sopportare gli effetti frenanti dei controlli statali, se continuiamo a concedere sempre più potere allo stato. Presto o tardi uno stato sempre più potente finirà per distruggere sia la prosperità sia la libertà umana. Il punto di non ritorno non è ancora stato raggiunto. Avremo la saggezza e il coraggio di cambiare strada, di imparare dall'esperienza e di assicurarci i vantaggi di una rinascita della libertà?

Cooperazione obbligatoria e volontaria

Per coordinare il lavoro delle numerose persone che producono beni e servizi nel sistema economico, esistono due metodi: quello del comando e quello della cooperazione volontaria. Nel primo, che è tipico dell'esercito, i superiori danno ordini agli inferiori attraverso una catena gerarchica. La Russia è il tipico esempio di una grande economia organizzata d'autorità, ma questa è più apparenza che realtà. A ogni livello la cooperazione volontaria interviene, attraverso il mercato nero, il lavoro nero o la corruzione, per integrare la pianificazione centrale.

Questi elementi di mercato volontario prosperano, nonostante la loro inconciliabilità con l'ideologia marxista ufficiale, perché il costo della loro eliminazione sarebbe troppo alto. Si potrebbero proibire gli appezzamenti privati in agricoltura (che pur costituendo meno dell'1% della terra coltivata forniscono quasi un terzo della produzione totale), ma le carestie degli anni '30 e la recente esperienza della Cambogia illustrano tragicamente il costo del tentativo di fare del tutto a meno del mercato.

Se è vero che nessuna società funziona interamente sulla base del principio del comando, è anche vero che nessuna società funziona interamente attraverso il metodo opposto della cooperazione volontaria. Ogni società ha qualche elemento di coercizione, come la coscrizione militare, le regolamentazioni, le tasse. Un'economia in cui predomina lo scambio volontario, tuttavia, ha in sé le potenzialità per promuovere sia la prosperità sia la libertà umana. Queste potenzialità possono non realizzarsi completamente, ma nessuna società conosciuta ha mai raggiunto prosperità e libertà senza che lo scambio volontario fosse il principio organizzativo dominante.

Il potere dei prezzi di mercato

Per produrre un semplice bene come una matita attraverso lo scambio volontario cooperano tra loro migliaia di persone che vivono in molti paesi, parlano lingue differenti, praticano religioni diverse, e che possono persino odiarsi reciprocamente. Nessuna di queste differenze impedisce loro di cooperare per produrre una matita, anche se nessuno dà ordini a queste migliaia di persone dalla scrivania di un ufficio, e nessun apparato poliziesco ne impone l'esecuzione. Eppure, fatto sbalorditivo, la matita viene prodotta. Come può accadere? Il meccanismo che svolge questo compito senza direzione centrale, senza che gli uomini debbano parlare tra loro o amarsi, è il sistema dei prezzi. Adam Smith aveva compreso duecento anni fa che i prezzi che emergono dalle transazioni volontarie tra compratori e venditori in un mercato libero possono coordinare l'attività di milioni di persone, ognuna spinta dalla ricerca di un suo vantaggio personale, in modo tale che tutte possano migliorare la propria posizione.

> *Il successo dell'Inghilterra liberale*
> «La vittoria finale di questa battaglia giunse ... nel 1846, con l'abrogazione delle cosiddette leggi sul grano (Corn Laws): leggi che imponevano dazi e altre restrizioni all'importazione di frumento e di altri cereali. L'avvenimento inaugurò un periodo di assoluta libertà di commercio durato tre quarti di secolo, fino allo scoppio della prima guerra mondiale, e portò a compimento una transizione, avviata decenni prima, verso uno stato dai poteri estremamente limitati ... La crescita economica fu rapida ... La popolazione aumentò insieme con il tenore di vita. Il potere e l'influenza della Gran Bretagna crebbero in tutto il mondo. Tutto ciò mentre la spesa statale scendeva in rapporto al reddito nazionale: da quasi un quarto del reddito nazionale all'inizio del XIX secolo a circa un decimo del reddito nazionale al tempo del giubileo della regina Vittoria nel 1897, quando la Gran Bretagna era all'apice del potere e della gloria» (p. 29-30).

Nell'organizzare l'attività economica i prezzi svolgono tre funzioni. Primo: trasmettono informazioni. Il sistema dei prezzi trasmette solo le informazioni importanti e solo a chi ha bisogno di conoscerle. I produttori di legno, ad esempio, non hanno necessità di sapere quali sono le ragioni dell'aumento della domanda di matite. Ciò che a loro basta sapere è che qualcuno è disposto a pagare di più e che il prezzo più alto durerà abbastanza perché valga la pena di soddisfare la domanda. I prezzi trasmettono informazioni anche in senso inverso. Supponiamo che l'incendio di una foresta o uno sciopero riducano la disponibilità di legname. Il prezzo del legno salirà, informando l'utilizzatore finale di economizzare nel suo consumo. Qualsiasi cosa impedisca ai prezzi di esprimere liberamente le condizioni di domanda o di offerta, interferisce nella trasmissione di notizie accurate.

In secondo luogo, i prezzi forniscono un incentivo ad adottare metodi di produzione meno costosi e, di conseguenza, a usare le risorse disponibili per gli scopi cui è associato il maggior valore. Infine, i prezzi determinano la quantità di prodotto che spetta a ciascuno, cioè la distribuzione del reddito. Questa funzione è strettamente legata alle altre due, perché se ciò che una persona ottiene non dipende dal prezzo che riceve per i beni e i servizi che produce, che incentivo avrà mai a cercare informazioni sui prezzi o ad agire in base a quelle informazioni? È impossibile, per ogni economia funzionante, separare completamente il sistema di formazione dei prezzi da quello di determinazione dei redditi di ciascun individuo.

Il ruolo dello stato

L'attività economica non è la sola area della vita umana in cui una struttura complessa e sofisticata sorge come conseguenza non intenzionale della cooperazione di un gran numero di individui, ognuno dei quali persegue i suoi interessi. La lingua, la scienza, la musica, la cultura e le convenzioni di una società si sviluppano esattamente come il mercato. In questi casi gli individui cercano di scambiare chiacchiere, idee, informazioni, scoperte anziché merci o servizi. Queste strutture prodotte dallo scambio volontario vivono di vita propria, e sono capaci di assumere forme diverse in circostanze diverse. Lo scambio volontario può produrre uniformità per certi aspetti e diversità per certi altri.

A che punto allora entra in scena lo stato? È anch'esso una forma di cooperazione, non volontaria ma obbligata, che si suppone permetta di realizzare in maniera più efficace certi obiettivi. Smith aveva identificato tre funzioni da assegnare allo stato: la sicurezza, la giustizia, la produzione di beni pubblici. Se i primi due compiti sono chiari e semplici, il terzo solleva questioni più complesse.

In genere si sostiene che lo stato dovrebbe intervenire nei casi di "fallimenti del mercato", quando un determinato obiettivo non può essere raggiunto attraverso l'azione volontaria. Il problema è che ogni accrescimento del potere dello stato, quale che sia il motivo, accresce il pericolo che questo, invece di servire la grande maggioranza dei cittadini, diventi un mezzo attraverso il quale alcune persone si avvantaggiano a spese di altre.

L'esperienza dimostra che, una volta che lo stato abbia intrapreso un'attività, questa ha raramente una durata limitata. Il risultato può non corrispondere alle aspettative, ma è più probabile che l'attività sia ampliata e fatta oggetto di più cospicui finanziamenti piuttosto che ridimensionata o abolita. La lezione da trarre dall'abuso di questo compito non è che l'intervento statale sia sempre ingiustificato, ma piuttosto che l'onere della prova spetti a chi lo propone. Bisognerebbe rendere abituale la valutazione dei costi e dei benefici di tutti gli interventi statali in progetto e pretendere, come condizione della loro adozione, che i benefici prevalgano nettamente sui costi.

La tirannia dei controlli

Nel commercio interno come in quello estero è nell'interesse della massa della popolazione comperare i beni al prezzo minore possibile. Ciò nonostante gli interessi particolari hanno condotto a una sbalorditiva proliferazione di restrizioni riguardo quello che si può comperare o vendere. Il risultato finale è un groviglio di vincoli tale che stiamo tutti peggio. Quello che guadagniamo dai provvedimenti che soddisfano i nostri interessi particolari è molto inferiore a quello che perdiamo dai provvedimenti che soddisfano gli interessi particolari degli altri.

In particolare oggi come sempre i dazi doganali sono visti con grande favore, e sono chiamati in maniera ingannevole "protettivi". In realtà protezione significa sfruttamento del consumatore. Ad esempio, i sussidi agli esportatori favoriscono i consumatori esteri a danno di quelli interni. Alcuni sostengono che il libero scambio sarebbe praticabile solo se tutti gli altri paesi lo praticassero, ma questa tesi non ha alcuna validità. Gli altri paesi che impongono restrizioni al commercio internazionale ci danneggiano, ma danneggiano anche se stessi. Il libero scambio internazionale, invece, favorisce l'instaurarsi di relazioni armoniose

> *La fede americana durante l'800*
> «Le parole-chiave furono libera iniziativa, concorrenza, *laissez-faire*. Ognuno doveva essere libero di dedicarsi a qualsiasi attività economica, di svolgere qualsiasi lavoro, di acquisire qualsiasi bene, con l'unica condizione che le altre parti fossero d'accordo nella transazione. Ognuno doveva avere l'opportunità di cogliere i benefici, se aveva avuto successo, di sopportare i costi se aveva fallito. Non vi dovevano essere ostacoli arbitrari. I risultati conseguiti nella propria attività, e non la nascita, la religione o la nazionalità, erano la pietra di paragone» (p. 134).

tra le diverse nazioni. Il secolo fra Waterloo e la prima guerra mondiale, uno dei più pacifici nella storia delle nazioni occidentali, offre un chiaro esempio degli effetti benefici del libero scambio sulle relazioni tra paesi diversi.

La pianificazione centralizzata è la forma più radicale, e più distruttiva, di controllo dell'economia. Dovunque lo stato si incarichi di controllare in dettaglio le attività economiche, i cittadini sono politicamente in catene, hanno un tenore di vita basso e poco potere di controllo sul proprio destino. Lo stato può prosperare e produrre monumenti impressionanti. Le classi privilegiate possono godere in pieno di agi materiali. Ma i cittadini sono strumenti che lo stato usa per i suoi scopi, non concedendo loro niente di più del necessario per mantenerli docili. Basti confrontare il contrasto tra la Germania Est e la Germania Ovest, oppure tra le "tigri asiatiche" (Giappone, Corea, Taiwan, Hong Kong, Singapore, Malaysia) e i paesi che hanno fatto assegnamento sulla pianificazione centrale, come la Cina, l'India e l'Indonesia, i quali hanno sperimentato stagnazione economica e repressione politica.

Le vere cause della Grande Depressione

La Depressione che iniziò verso la metà del 1929 fu una catastrofe di proporzioni senza precedenti negli Stati Uniti. Il prodotto totale si ridusse di un terzo e la disoccupazione toccò il livello senza precedenti del 25% della forza lavoro. Nel campo delle idee, la Depressione convinse il pubblico che il capitalismo era un sistema instabile, destinato a subire crisi sempre più gravi. Il pubblico si convertì a idee che avevano già ottenuto crescente favore tra gli intellettuali: lo stato doveva avere un ruolo più attivo, intervenendo per rimuovere l'instabilità generata da un'impresa privata senza controllo e fungendo da elemento equilibratore per promuovere la stabilità e garantire la sicurezza sociale.

Questo nuovo orientamento del pubblico e degli economisti fu in realtà un fraintendimento di ciò che era realmente accaduto. Oggi sappiamo che la Depressione non fu prodotta da un fallimento dell'impresa privata, ma piuttosto da un fallimento del potere pubblico in un'area tradizionalmente di sua pertinenza: la gestione della moneta. La Federal Reserve, la banca centrale americana istituita nel 1913, permise la contrazione della quantità di moneta dopo i fallimenti bancari cominciati nel 1930. In tutto circa 10.000 banche su 25.000 sparirono in quattro anni per fallimento, fusione o liquidazione. Lo stock totale di moneta subì una diminuzione altrettanto drastica. Per ogni 3 dollari di depositi e di denaro circolante, nel 1933 ne rimanevano meno di due dollari: un crollo monetario senza precedenti.

Il sistema della Federal Reserve ha continuato a generare instabilità anche nei periodi successivi. Ha contribuito a un'altra importante recessione nel 1937-38, all'inflazione nel periodo bellico e nell'immediato dopoguerra e, dopo di allora, a un'economia di montagne russe. Non ha fatto lo stesso errore compiuto nel 1929-33, quello cioè di permettere o di incoraggiare il crollo monetario, ma ha fatto l'errore opposto di favorire una crescita indebitamente rapida della quantità di moneta, incoraggiando così l'inflazione. In questo modo ha prodotto non solo boom, ma anche recessioni, alcune lievi, altre acute.

I guasti dello stato assistenziale

La vittoria di F. D. Roosevelt alle elezioni del 1932 costituì uno spartiacque politico. Dalla fede nella responsabilità individuale, nel *laissez-faire*, nel decentramento e nella limitazione dei pubblici poteri si passò alla fede nella responsabilità sociale e in uno stato centralizzato e potente. Dalla fondazione della Repubblica fino al 1929 la spesa pubblica a tutti i livelli (federale, statale, locale) non superò mai il 12% del reddito nazionale, e per i due terzi era costituita da spese statali o locali. La spesa federale ammontava di regola al 3% o anche meno del reddito nazionale. A partire dal 1933 la spesa pubblica non è mai stata inferiore al 20% del reddito nazionale e attualmente supera il 40%. Per i due terzi si tratta di spese del governo federale.

Da allora sono sorti oltre cento programmi federali a favore dei bisognosi, che hanno prodotto gravi effetti perversi. La Sicurezza Sociale è obbligatoria e impersonale, mentre i sistemi precedenti erano volontari e personali. I figli aiutavano i loro genitori per amore o per dovere, mentre oggi contribuiscono al sostentamento dei genitori di qualcun altro per costrizione o paura. I trasferimenti precedenti rafforzavano i legami famigliari; i trasferimenti obbligatori li indeboliscono.

I difetti dell'assistenza pubblica sono ancor più macroscopici di quelli della previdenza, e vengono ampiamenti riconosciuti. Una grossa parte di questo denaro non va ai poveri, ma viene fatta confluire nelle spese dell'amministrazione per mantenere una burocrazia pletorica ben retribuita. I politici e i burocrati, che spendono denaro appartenente ad altri a vantaggio di se stessi e di altri, non hanno alcun incentivo a economizzare. In generale, si può spendere il denaro altrui solo dopo averglielo por-tato via, come fa il governo con l'imposizione fiscale. L'uso della forza è dunque al cuore dello stato assistenziale: un mezzo iniquo che tende a corrompere un fine buono. Questa è anche la ragione per cui lo stato assistenziale minaccia così seriamente la nostra libertà.

L'assistenza continua ad ingrossarsi a valanga nonostante la crescita del benessere, perché una volta che qualcuno ha ottenuto qualche forma di assistenza, è difficile togliergliela. Nei beneficiari si atrofizza la capa-

> *Centralizzazione fa rima con burocratizzazione*
> «Più piccola è l'unità di governo e più ristrette sono le funzioni assegnate al potere pubblico, meno probabile è che esso rifletta interessi particolaristici invece dell'interesse generale … Con l'allargamento del campo d'azione e del ruolo del settore pubblico, sia per coprire un'area più vasta o una popolazione più numerosa sia per svolgere una più ampia varietà di funzioni, il legame tra governati e governanti si attenua … La burocrazia, che è necessaria per amministrare il potere pubblico, cresce e si interpone sempre di più tra la cittadinanza e i rappresentati scelti dalla cittadinanza stessa. La burocrazia diventa sia un veicolo attraverso il quale interessi particolaristici possono realizzare i loro obiettivi, sia un gruppo con interessi particolaristici propri» (p. 295).

cità di autonomia, di prendere da sé le proprie decisioni, per mancanza di esercizio. Il risultato finale è l'imputridimento della struttura morale della società. La maggior parte degli odierni programmi assistenziali non avrebbe mai dovuto essere attuata. Se essi non fossero esistiti, molti di coloro che ora ne dipendono sarebbero individui in grado di contare sulle proprie forze e di fare a meno della tutela dello stato.

Un'imposta negativa sul reddito, in base alla quale tutti coloro che guadagnano meno del minimo non pagano le tasse ma ricevono la differenza dallo stato, potrebbe essere la soluzione a questi problemi, perché fornirebbe a ogni famiglia un reddito minimo, eviterebbe la creazione di una massiccia burocrazia, e contribuirebbe a eliminare l'attuale divisione della popolazione in due classi: quelli che pagano e quelli che sono mantenuti dai fondi pubblici. L'imposta negativa sul reddito, però, sarebbe una riforma soddisfacente solo se sostituisse la moltitudine di programmi esistenti. Se andasse ad aggiungersi ad essi, farebbe più male che bene.

Creati uguali

Nei primi decenni della Repubblica, la parola "uguaglianza" che compare nella Dichiarazione d'Indipendenza era intesa come uguaglianza di opportunità, nel senso che nessun ostacolo arbitrario doveva impedire a qualcuno di usare le sue capacità per perseguire i suoi obiettivi. Questa accezione, che è ancora quella prevalente negli Stati Uniti, è perfettamente compatibile con la libertà individuale.

Nei decenni più recenti è però emerso un significato di uguaglianza del tutto diverso: uguaglianza di risultato, secondo cui tutti dovrebbero avere lo stesso tenore di vita o livello di reddito. Questa concezione è in chiara contraddizione con la libertà. Infatti, se tutti devono avere parti "eque", qualcuno o qualche gruppo di persone deve decidere quali parti sono eque, e deve essere in grado di imporre agli altri le sue decisioni, togliendo ad alcuni e dando ad altri. Proprio come nella fattoria degli animali di Orwell, questi individui che prendono e impongono tali decisioni non sono affatto uguali a coloro per i quali decidono.

Non è un caso che la "nuova classe" dei burocrati governativi e accademici siano i più ardenti predicatori di questa dottrina dell'eguaglianza. Per molti di loro la predicazione dell'uguaglianza e la promozione o amministrazione delle leggi che ne sono derivate si sono dimostrate un mezzo efficace per conseguire redditi elevati. A questi sostenitori dell'uguaglianza, incapaci di mettere in atto ciò che predicano, bisognerebbe rispondere: "Fallo tu per primo". Dato che costoro sono tra le persone meglio pagate della comunità, nulla gli impedisce di redistribuire ciò che del loro reddito eccede il loro concetto di "reddito equo".

In verità il mito, diffuso nel secolo scorso, secondo il quale il capitalismo di mercato accresce le disuguaglianze è lontanissimo dal vero. Dovunque si è permesso al libero mercato di operare, dovunque è esistito qualcosa di simile all'uguaglianza di opportunità, l'uomo comune è stato in grado di raggiungere livelli di vita mai sognati prima. In nessun luogo il distacco tra ricchi e poveri si è fatto più grande che in quelle società in cui non si è lasciato operare il libero mercato.

La proposta del buono-scuola

Poche istituzioni nella nostra società sono in uno stato più insoddisfacente della scuola pubblica. I genitori lamentano un abbassamento della qualità dell'istruzione impartita, e molti sono preoccupati dei pericoli cui può essere esposto il benessere fisico dei loro figli. Un numero crescente di insegnanti teme per la propria incolumità fisica, anche in classe. I contribuenti si lamentano per i costi crescenti. La crescente burocratizzazione e centralizzazione del sistema ha aumentato il potere degli educatori di professione e dei sindacati degli insegnanti, ma ha indebolito quello dei genitori.

Se lo stato invece di finanziare le scuole utilizzasse la stessa somma per dare a ogni famiglia un buono scuola, i genitori avrebbero un controllo maggiore sull'istruzione dei loro figli, uguale a quello di cui godono oggi i genitori appartenenti a classi con reddito superiore. I genitori, infatti, sono generalmente molto interessati all'istruzione dei loro figli e hanno, più di chiunque altro, una conoscenza profonda delle loro capacità e delle loro esigenze.

Il buono scuola metterebbe in competizione le scuole pubbliche con le scuole private. Sorgerebbero molte nuove scuole, alcune delle quali istituite da gruppi senza fini di lucro. Non è possibile predire la definitiva composizione del settore scolastico. Essa sarebbe determinata dalla concorrenza. L'unica predizione che si può fare è che solo le scuole capaci di soddisfare la propria clientela sopravviverebbero, esattamente come sopravvivono solo i ristoranti e i bar che soddisfano i loro clienti.

Chi protegge il consumatore?

Negli ultimi decenni c'è stata un'esplosione dell'attività pubblica di regolamentazione per proteggerci dai presunti pericoli del mercato libero. Sono state create decine di nuove agenzie che regolamentano l'ambiente, l'energia, la sicurezza dei prodotti e dei posti di lavoro e innumerevoli altri ambiti. Questi enti hanno imposto pesanti costi sulle industrie, stimati in cento miliardi di dollari all'anno. In più per i consumatori si è ristretta la scelta dei beni disponibili e sono aumentati i prezzi. C'è da meravigliarsi che la crescita si sia ridotta? Dal 1949 al 1969 la produzione industriale era cresciuta a un ritmo del 3% all'anno, ma nel decennio successivo la velocità di crescita è scesa a meno della metà.

All'opposto di quello che sostiene la propaganda politica, secondo cui l'impresa privata produce beni scadenti che necessitano della vigilanza dei funzionari pubblici per evitare che i consumatori vengano danneggiati o ingannati, i beni e i servizi meno soddisfacenti e incapaci di migliorare nel tempo sono tutti prodotti dal settore pubblico oppure da industrie regolate dall'autorità pubblica, come il servizio postale, la scuola elementare e il trasporto ferroviario. I beni e i servizi che hanno avuto più miglioramenti sono invece quelli riguardanti i settori in cui l'intervento pubblico è scarso o nullo, come gli elettrodomestici, gli apparecchi radio e televisori, gli impianti hi-fi, i calcolatori, i supermarket e i centri commerciali.

Anche la regolamentazione della FDA (Food and Drug Administration) è stata controproducente, perché ha ritardato il progresso nella produzione e distribuzione di farmaci validi. Rispetto ai primi anni '60 i costi per immettere un nuovo farmaco sul mercato sono aumentati del cento per cento, e i tempi si sono quadruplicati. Gli Stati Uniti, che per molto tempo erano stati all'avanguardia nell'elaborazione di nuovi farmaci, stanno rapidamente passando a una posizione di secondo piano.

In verità la miglior protezione per il consumatore è il libero mercato stesso, cioè la possibilità di scegliere altri venditori. Un'impresa privata che commette un grosso errore può trovarsi costretta ad abbandonare l'attività, mentre un ente pubblico che sbaglia o fallisce il suo obiettivo riceve di solito maggiori finanziamenti.

Chi protegge il lavoratore?

Negli ultimi due secoli in tutte le società avanzate la condizione operaia ha registrato un enorme miglioramento. Se si chiedesse alla gente cosa ha contribuito di più a questo miglioramento, molti indicherebbero l'azione dei sindacati o quella del governo, ma entrambe le risposte sono sbagliate. In realtà la capacità di alcuni sindacati di aumentare i salari di alcuni lavoratori non significa che un sindacalismo universale avrebbe il potere di migliorare i salari di tutti i lavoratori. Al contrario, i guadagni che i sindacati forti ottengono per i loro membri sono principalmente a spese di altri lavoratori.

I sindacati, infatti, ottengono aumenti salariali per i loro membri limitando, con l'aiuto del governo, l'entrata in una professione, riducendo così le opportunità per tutti gli altri lavoratori. Un tipico esempio sono le leggi sui minimi salariali, che condannano alla disoccupazione i lavoratori non qualificati, soprattutto i giovani afroamericani. Un altro caso è quello degli aumenti salariali ai dipendenti pubblici, che vengono pagati tassando maggiormente i lavoratori del settore privato.

In realtà la più efficace e affidabile delle protezioni per i lavoratori è data dall'esistenza di molti datori di lavoro. La concorrenza per assicurarsi le sue prestazione lavorative è la vera protezione del lavoratore. Quando i lavoratori ottengono salari più alti e migliori condizioni di lavoro attraverso il mercato libero perché le imprese competono tra loro per assicurarsi i lavoratori migliori, quei salari più alti non sono a spese di nessuno. Essi possono derivare da una maggiore produttività, un maggiore investimento di capitali, capacità professionali più diffuse.

È la torta che si è fatta più grande: ce n'è di più per i lavoratori, per il datore di lavoro, per l'investitore e persino per l'esattore delle imposte. Questo è il modo in cui un sistema a mercato libero distribuisce i frutti del progresso economico tra tutti gli individui. Questo è il segreto dell'enorme miglioramento delle condizioni del lavoratore negli ultimi due secoli.

La cura dell'inflazione

L'inflazione è una malattia pericolosa e talvolta fatale che, se non fermata in tempo, può distruggere una società. Gli esempi abbondano: Germania e Russia dopo la prima guerra mondiale, Cina dopo la seconda guerra mondiale, Brasile nel 1954, Cile nel 1973, Argentina nel 1976. In tutti questi casi l'iperinflazione favorì l'avvento al potere di regimi totalitari o di dittature militari. Nessun governo però è disposto ad accollarsi la responsabilità di produrre inflazione, anche a un livello meno virulento. I funzionari governativi trovano sempre qualche scusa: industriali ingordi, sindacati esosi, consumatori spendaccioni, sceicchi arabi, maltempo. In verità tutti questi fattori possono produrre prezzi più alti per beni specifici, ma non possono produrre prezzi crescenti per tutti i beni.

> *La magica illusione dell'inflazione*
> «Il finanziamento della spesa pubblica per mezzo dell'accrescimento della quantità di moneta ha del magico: come fare qualcosa con niente. Per fare un semplice esempio, immaginiamo che la pubblica amministrazione costruisca una strada, pagando le spese sostenute con l'emissione di banconote della Riserva Federale. A questo punto si direbbe che tutti stiano meglio. I lavoratori che hanno costruito la strada ricevono la loro paga e possono comperare cibo, vestiario e avere un alloggio. Nessuno ha pagato imposte maggiori. Eppure adesso c'è una strada che prima non c'era. Chi ha pagato? La risposta è che tutti i detentori di moneta hanno pagato la strada … Se la moneta eccedente fa aumentare i prezzi dell'1% allora ogni detentore di moneta ha in effetti pagato un'imposta pari all'1% della sua ricchezza monetaria» (p. 268-269).

Oggi che la moneta non ha più alcuna relazione con una merce come l'oro o l'argento, lo stato, e solo lo stato, è responsabile di ogni rapido incremento della quantità di moneta. L'inflazione è sempre e comunque un fenomeno monetario. Non c'è nella storia nessun esempio di inflazione considerevole che non sia stata accompagnata da un incremento altrettanto rapido della quantità di moneta; né si conoscono esempi di rapido incremento della quantità di moneta non accompagnati da inflazione grosso modo corrispondenti.

La cura dell'inflazione è quindi semplice da enunciare, anche se difficile da mettere in atto. Proprio come l'incremento eccessivo della quantità di moneta è la sola e unica causa rilevante di inflazione, così la riduzione del tasso di crescita monetaria è l'unica e la sola cura dell'inflazione. E così come lo sviluppo dell'inflazione richiede tempo, allo stesso modo anche la cura dell'inflazione richiede tempo e ha dolorosi effetti collaterali. Quella tra inflazione e disoccupazione è quindi una falsa dicotomia. L'alternativa reale sta tra l'avere maggiore disoccupazione come conseguenza di una maggiore inflazione, o come effetto collaterale temporaneo della cura dell'inflazione.

La corrente sta cambiando

Il fallimento dei governi occidentali nella realizzazione dei loro obiettivi proclamati ha generato una diffusa reazione di ostilità verso i governi interventisti. Questa reazione si è manifestata in Gran Bretagna con l'elezione nel 1979 di Margaret Thatcher, in Svezia con la sconfitta nel 1976 del patito socialdemocratico dopo quarant'anni di governo, negli Stati Uniti con la rivolta fiscale che ha percorso tutto il paese, simboleggiata dalla votazione della proposta 13 in California, e realizzata in molti stati con limitazioni costituzionali alle imposte e alle spese pubbliche. Oltre a queste previsioni, bisognerebbe inserire nella Costituzione alcuni emendamenti che vietino i dazi doganali, i controlli sui prezzi e sui salari, le restrizioni all'esercizio di una qualsiasi professione o occupazione, l'aumento dei dollari in circolazione sopra il 5% e sotto il 3% all'anno.

L'operare congiunto delle due idee di libertà umana e di libertà economica ha dato negli Stati Uniti i suoi massimi frutti. Queste idee sono ancora molto presenti tra noi, fanno parte del nostro essere, ma ci siamo allontanati da loro. Ci siamo dimenticati che la più grande minaccia alla libertà umana è la concentrazione del potere. Ci siamo convinti che non ci sia pericolo a delegare potere, purché lo si faccia per una buona causa. Fortunatamente ci stiamo svegliando. Siamo di nuovo in grado di riconoscere i pericoli di una società ipergovernata. Come popolo siamo ancora liberi di scegliere che strada prendere: se continuare lungo quella che stavamo seguendo verso uno statalismo sempre più forte, oppure intimare l'alt! e cambiare direzione.

Punti da Ricordare

- Gli Stati Uniti d'America hanno avuto successo grazie alla combinazione di libertà economica e libertà politica
- La cooperazione volontaria del mercato è di gran lunga superiore alla cooperazione obbligatoria della politica
- I prezzi di mercato trasmettono informazioni, forniscono incentivi e determinano i redditi degli individui
- Il mercato è una struttura complessa non intenzionale come il linguaggio, la scienza, la musica, la cultura e le convenzioni sociali
- L'onere di dimostrare la necessità dell'intervento statale spetta a chi lo propone
- I vincoli e le imposte sugli scambi riducono la crescita economica e danneggiano i consumatori
- La pianificazione centralizzata è la forma più radicale e più distruttiva di controllo dell'economia
- La Grande Depressione non fu prodotta dal fallimento dell'impresa privata, ma dal fallimento della gestione statale della moneta

- L'imposta negativa sul reddito potrebbe essere una soluzione ai guasti prodotti dallo stato assistenziale
- Il capitalismo di libero mercato favorisce una maggiore eguaglianza dei redditi
- Il disastro della scuola pubblica potrebbe essere risolto con l'introduzione dei buoni scuola
- Le regolamentazioni a tutela dei consumatori hanno imposto pesanti costi sull'industria, aumentato i prezzi dei beni e ridotto la crescita economica
- I salari dei lavoratori aumentano grazie alla concorrenza del mercato, non per merito dell'azione del governo o dei sindacati
- L'inflazione è un fenomeno monetario, ed è sempre causata dallo Stato
- Bisogna limitare le imposte, la spesa pubblica e l'emissione di nuova moneta a livello costituzionale

Gli autori

Milton Friedman (1912-2006) è stato uno degli economisti più influenti e importanti del secolo scorso. La sua attività di pensatore non si è limitata al campo economico, ma si è allargata alla politica e alla divulgazione scientifica. É stato uno dei pochi economisti a ricevere il premio Nobel, nel 1976, per tre distinti contributi alla scienza economica. Friedman infatti fu non solo il fondatore della scuola monetarista, ma contribuì ad una migliore comprensione della teoria del consumo e delle politiche di stabilizzazione macroeconomiche. Fu inoltre un cultore della storia della moneta: fondamentale al riguardo fu la sua monumentale *Storia monetaria degli Stati Uniti (1867-1960)* del 1963, scritta insieme ad Anna Schwartz. Friedman si impegnò anche a livello istituzionale, come consigliere economico prima di Goldwater, poi di Nixon ed infine di Reagan durante la sua presidenza. Intraprese inoltre un'importante attività divulgativa scrivendo diversi libri indirizzati al grande pubblico come *Capitalismo e Libertà* (1962) e *Liberi di scegliere* (1980). Quest'ultimo libro diventò anche una fortunata serie televisiva in dieci puntate, con lo stesso Friedman protagonista che spiegava i principi base dell'economia e i possibili errori che possono nascere da una mancata comprensione delle sue regole fondamentali. Morì per infarto cardiaco il 16 novembre 2006 a San Francisco, all'età di 94 anni.

Rose Director Friedman (1910-2009), economista, docente presso la University of Chicago Law School. Oltre ad essere stata la coautrice di *Liberi di scegliere*, ha collaborato alla stesura di altri due importanti testi scritti dal marito Milton: *Capitalismo e libertà* e *La tirannia dello status quo* (1984). Ha inoltre partecipato, come produttore associato, alla realizzazione della serie televisiva *Liberi di scegliere*, trasmessa nel 1980 dall'emittente televisiva statunitense PBS.

Nota Bibliografica

Milton & Rose Friedman, *Liberi di scegliere*, IBL Libri, Milano, 2013, p. 360, introduzione di Francesco Giavazzi, traduzione di Giuseppe Barile. Si è utilizzata questa edizione: Milton & Rose Friedman, *Liberi di scegliere. Un premio Nobel propone più libertà d'iniziativa per difendere il benessere di tutti*, Longanesi, Milano, 1981, p. 318, traduzione di Giuseppe Barile. Titolo originale: Milton & Rose Friedman, *Free to Choose: A Personal Statement*.

34

George Gilder

Ricchezza e povertà
1981

'L'assistenzialismo distrugge l'etica del lavoro'

Ricchezza e povertà di George Gilder interpretò alla perfezione lo spirito di rivolta dei ceti medi americani contro lo statalismo degli anni Settanta, offrendo una nuova visione del capitalismo. Il libro uscì nei primi mesi del 1981, pochi giorni dopo l'insediamento di Ronald Reagan alla Casa Bianca, e fu il libro giusto al momento giusto. Vendette milioni di copie e diventò il manifesto della *Reaganomics*, incarnando lo spirito dell'epoca. Gilder, allora editorialista del *Wall Street Journal*, fu infatti l'autore più citato da Reagan durante la sua presidenza. In questo *best-seller* mise sotto accusa le politiche dello Stato assistenziale che avevano contribuito a disgregare le famiglie e a inibire la libera iniziativa, la creatività e l'assunzione di rischi imprenditoriali. Il benessere sociale, a suo parere, si può ottenere soltanto con il massimo della libertà, in modo da favorire la produttività e la motivazione di chi intraprende davvero.

Riassunto

Una difesa morale del capitalismo

Il capitalismo, nota Gilder, non è riuscito a imporsi malgrado l'evidente fallimento del socialismo, e le sue grandiose realizzazioni appaiono tuttora meno apprezzabili delle promesse tradite del socialismo. È vero che molti grandi studiosi hanno difeso l'economia di mercato, ma per qualche motivo le loro voci non hanno colpito nel profondo. Friedrich von Hayek, Ludwig von Mises e Milton Friedman, scrive Gilder, sono quanto mai eloquenti nella loro critica del collettivismo e nell'esaltazione della libertà, ma le loro argomentazioni sono di tipo tecnico e pragmatico: «Nessuno di questi autori vede il motivo di dare al capitalismo una teologia né di attribuire ai suoi risultati una qualche patente di giustizia» (p. 19). Occorre quindi dare al libero mercato un nuovo e più solido fondamento morale.

Gilder fa notare che all'origine del capitalismo c'è sempre l'atto del dare, il dono. Gli studi antropologici dimostrano che il commercio ha avuto questa origine, quando qualcuno ha offerto qualcosa a un estraneo senza sapere cosa avrebbe ricevuto in cambio, come nella pratica del *potlach* in uso presso gli indiani Kwakiutl: una festa collettiva che prevedeva ricche distribuzioni gratuite di beni alla comunità da parte di un individuo. Gilder coglie quindi un'analogia tra il dono e l'investimento: «I doni del capitalismo avanzato in un'economia monetaria sono chiamati investimenti. Non si fanno regali senza l'idea, magari vaga e inconscia, di ottenere una ricompensa, in questo o nell'altro mondo. Anche la massima biblica afferma che a chi dà sarà dato. L'essenza del dare non sta nella mancanza di ogni aspettativa di ricompensa, ma nell'assenza di una remunerazione prefissata. Come i doni, gli investimenti capitalisti vengono fatti senza una ricompensa predeterminata» (p. 43).

> **L'investimento come dono**
> «In regime capitalistico, le iniziative della ragione sono varate in un mondo governato dalla moralità e dalla Provvidenza. I doni riscuoteranno successo solo nella misura in cui sono altruistici e scaturiscono dalla comprensione dei bisogni degli altri. Essi discendono dalla fede in un'umanità essenzialmente equa e ricettiva. In un mondo del genere è possibile dare senza un compenso fissato per contratto. Si può intraprendere senza l'assicurazione della ricompensa. Si possono perseguire le sorprese del profitto, invece dei benefici più limitati della paga contrattuale. Si possono prendere iniziative in un contesto altamente rischioso e incerto» (p. 45).

Queste anticipazioni fatte al prossimo, gli investimenti, sono sempre sperimentali, in quanto la ricompensa di colui che dà è ignota. Egli non sa se la sua offerta darà luogo a un guadagno o a una perdita. Dato che moltissimi investimenti falliscono, il momento della decisione è gravido di dubbi e di promesse, in cui il ruolo decisivo è giocato dalla fede, dalla motivazione, dal coraggio. Il bello è che nel capitalismo anche le iniziative imprenditoriali fallimentari costituiscono un successo, perché nel corso del tempo gli insuccessi si accumulano sotto forma di nuova conoscenza utile per la società. Il socialismo, al contrario, è paragonabile a una polizza d'assicurazione acquistata da tutti i membri di un'economia nazionale per proteggersi dal rischio. Questo schermo protettivo impedisce però la conoscenza dei pericoli e delle opportunità reali, onnipresenti in tutte le società. Invece di beneficiare di una molteplicità di doni e di esperimenti, l'intera economia assorbe il rischio assai più grave di rimanere statica in un mondo dinamico. È più probabile, scrive l'autore di *Ricchezza e Povertà*, che il sistema globale si dimostri più stabile in un'economia capitalistica, dove i singoli cittadini e imprenditori assumono rischi in misura assai maggiore.

L'offerta precede sempre la domanda

Il biblico "date e vi sarà dato" coincide con la formulazione di una delle più importanti legge dell'economia: la legge di Say, secondo cui è l'offerta a creare la domanda. La *Supply-Side Revolution* accolta da Gilder intende rimettere al centro questa legge rimasta in sordina dopo decenni di dominio delle teorie economiche keynesiane incentrate sulla domanda. Nella realtà, spiega Gilder, la domanda e l'offerta non stanno sullo stesso piano, né nascono simultaneamente come sembrerebbe guardando i grafici presenti sui manuali d'economia. La domanda è un vago e indistinto desiderio nella mente dei consumatori; l'offerta è, al contrario, qualcosa di concreto: i beni e i servizi realizzati grazie agli sforzi fisici e mentali dei produttori. Sono quest'ultimi a svolgere un ruolo primario e pionieristico nel suscitare, formare e creare la domanda, mentre i consumatori si limitano il più delle volte a rispondere agli esperimenti creativi dell'impresa.

Infatti, non esiste una richiesta di beni nuovi e sconosciuti, non esiste una domanda per i frutti imprevedibili dell'innovazione e del genio. Ad esempio, osserva Gilder, a Great Barrington, nel Massachussets, ci sono un ristorante somalo e una scuola di musica barocca non perché vi fosse un'esigenza spontanea di quelle iniziative, ma perché lì vi erano le persone che hanno deciso di intraprenderle e che sono riuscite a suscitare la relativa domanda.

La legge di Say conduce quindi gli economisti a concentrarsi sui mezzi di produzione e sulle motivazioni dei produttori, distogliendoli dall'ossessione per la distribuzione e per l'andamento della domanda. Le economie, dice Gilder, non crescono spontaneamente o a furia di stimoli da parte del governo. Crescono a seguito dell'intraprendenza di uomini disposti a esporsi a rischi, a trasformare le idee in attività imprenditoriali, a dare prima di sapere che cosa otterranno in cambio.

Preoccuparsi della domanda significa concentrarsi sullo *status quo*, alimentando così la stagnazione: «Il governo non può influire in maniera significativa sulla domanda aggregata reale mediante politiche fiscali e di spesa pubblica, prendendo a uno per dare a un altro, vuoi nel settore pubblico che fuori di esso. Tutto questo trasferimento di ricchezza è un gioco a somma zero, che di norma ha sui redditi un effetto nullo, se non di segno negativo» (p. 69). Il potere d'acquisto nasce sempre dal lavoro produttivo, e non c'è modo di aggirare questa fondamentale legge della realtà. Quasi tutti i programmi di spesa patrocinati dagli economisti, che spesso si vogliono far passare come stimolo al consumo, in realtà riducono la domanda minando proprio la produzione da cui deriva tutta la domanda reale.

L'accento posto sull'offerta fa comprendere quindi come la povertà non sia tanto una condizione di reddito quanto uno stato mentale, e che i sussidi danneggiano la maggior parte degli individui che ne dipendono. I lavoratori, infatti, devono comprendere, ed essere seriamente convinti, che ciò che viene dato loro dipende da ciò che danno: che devono offrire lavoro per domandare beni. Nel lungo periodo questo atteggiamento è essenziale per l'ascesa economica. Il *welfare state* tuttavia corrode l'etica del lavoro perché infrange questo legame psicologico tra sforzo e ricompensa.

Gli effetti perversi dello Stato sociale

Per Gilder i rischi morali dei programmi assistenziali sono chiarissimi: il sussidio di disoccupazione favorisce la disoccupazione; il programma di aiuto alle donne con figli a carico crea numerose famiglie assistite prive della figura paterna; gli assegni della sicurezza sociale tendono a far sì che non ci prenda più cura dei vecchi e che si dissolvano i vincoli tra le generazioni. Questi programmi sono andati sempre espandendosi, creando un forte senso di dipendenza in milioni di famiglie che erano decisamente in grado di mantenersi da sé. Nel frattempo questi trasferimenti hanno imposto un onere fiscale crescente sulle famiglie che lavorano, e ciò ha provocato frustrazione e risentimento nei confronti delle istituzioni democratiche americane.

Il boom dell'assistenzialismo ha avuto due disastrosi effetti non previsti dalle te-ste d'uovo che hanno pianificato la "guerra alla povertà": la demolizione dell'autorità paterna e la disgregazione delle famiglie. Come osserva Gilder, nulla è più distruttivo per i valori del maschio della crescente convinzione che, in fin dei conti, moglie e figli potrebbero cavarsela meglio senza di lui. L'uomo ha la sensazione che il suo ruolo di procacciatore dei mezzi di sostentamento, che ha sempre svolto fin da quando era cacciatore nel Paleolitico, gli sia stato in larga misura sottratto dallo stato sociale. Egli si sente superfluo, la moglie lo sa, i figli lo avvertono. Nella cultura assistenziale, infatti, il denaro non è più qualcosa che gli uomini guadagnano con il sudore della fronte, ma un diritto conferito alle donne da parte dello Stato. Proteste e lamentele sostitu-iscono diligenza e disciplina come fonti di entrate. I ragazzi crescono cercando un appoggio nelle donne, senza avere in casa un modello di autorità paterna.

La disgregazione delle famiglie, endemica nei ghetti poveri che vivono di assistenzialismo, annienta così il principale incentivo dell'uomo al lavoro e accorcia il suo orizzonte temporale. È dimostrato che gli uomini sposati lavorano più duramente rispetto agli scapoli. L'uomo sposato, infatti, è spronato dalle esigenze della famiglia a incanalare la sua aggressività maschile, altrimenti negativa, nell'esplicazione del ruolo di colui che provvede alla moglie e ai figli. La famiglia dà all'uomo un orientamento al futuro che gli permette di superare l'istintiva ricerca della gratificazione di breve periodo. Quando il matrimonio fallisce l'uomo spesso ritorna ai ritmi giovanili del celibato. Mediamente il suo reddito diminuisce di un terzo e si riscontra una propensione assai maggiore per l'alcool, la droga e il crimine. Quando invece il matrimonio resiste e gli uomini amano e mantengono i figli, lo stile di vita della classe povera si trasforma in un presagio di ascesa alla classe media.

In definitiva, conclude Gilder, il tentativo sociale di negare, sopprimere e scongiurare con la pianificazione i pericoli e le incertezze della nostra vita per esorcizzare l'ineluttabile ignoto è contrario non solo allo spirito del capitalismo, ma anche alla natura umana: «Il governo dedito alla soppressione dell'incertezza si trova perpetuamente costretto a incanalare o reprimere l'innata tendenza dell'uomo a rischiare. L'effetto spesso è quello di distogliere quella tendenza dalle vie positive e creative per indirizzarla verso altre negative o perniciose» (p. 334).

Gli imprenditori come eroi
«Il successo di un'economia dipende dalla proliferazione di persone ricche, dalla creazione di una classe estesa di individui disposti a correre rischi e che rifuggono dalla facile scelta della vita comoda per creare nuove imprese, per lucrare grossi profitti e tornare a investirli. Si dirà che quei profitti sono "non guadagnati" e "immeritati". Ma, in realtà, gli imprenditori coronati dal successo apportano alla società assai più di quanto ricevano in cambio, e molti di essi non si arricchiscono affatto. Essi sono gli eroi della vita economica, e coloro che gli invidiano la meritata ricompensa dimostrano di non riuscire a capire la funzione dell'imprenditore e la promessa del benessere che contiene» (p. 325).

Solo l'economia privata è produttiva

In realtà, afferma Gilder, gli imprenditori creativi e pionieristici sono coloro che in America stanno combattendo l'unica seria guerra alla povertà. Sono le piccole imprese ad alto contenuto tecnologico, non il governo o le grandi società come la Chrysler, che generano la maggior parte dell'innovazione e dell'occupazione americana. Perfino il programma spaziale non ha fatto emergere alcuna tecnologia nuova, dato che le realizzazioni ottenute si sono basate soprattutto sullo stato della ricerca di dieci anni prima: «I laboratori statali sono stati per molti anni la parte più sterile dell'*establishment* scientifico americano, spesso più un intralcio che uno stimolo per la nuova tecnologia» (p. 117).

Malgrado ciò, questi produttori di ricchezza vengono trattati con disprezzo da tutti quei *liberal* di sinistra che, disdegnando la "volgare" ricerca del profitto nel libero mercato, si sono orientati in larga misura verso le occupazioni statali o parastatali. Il paradosso è che costoro, con il loro status assicurato e arricchito dalle esenzioni di imposta, con l'inamovibilità e le protezioni dell'impiego statale solidamente acquisite, riescono tuttora a perpetuare la finzione di essere più attaccati al pubblico interesse di

quanto lo siano gli autotrasportatori o altre categorie che sgobbano dalla mattina alla sera nel settore privato dell'economia.

I membri della nuova classe burocratica si vantano infatti di lavorare "non per denaro" ma per l'interesse pubblico. In realtà, osserva Gilder, un'attività che non dà profitto non dovrebbe essere chiamata lavoro: «Un'espressione più comune

> *L'assistenzialismo perpetua la povertà*
> «Il *welfare*, l'istituzione che ha l'influenza di gran lunga maggiore nei ghetti, esercita una pressione costante, seducente ed erosiva sui matrimoni e sulle abitudini lavorative dei poveri e, con il passare degli anni, instaura nelle comunità povere una "cultura assistenziale" endemica ... Lo stato assistenziale attenua e travisa costantemente le necessità della vita che spingevano le precedenti generazioni di non abbienti a sfuggire alla povertà attraverso i percorsi obbligati del lavoro, della famiglia e della fede» (p. 166).

per definire ciò che fanno le persone quando spendono denaro guadagnato da altri è *consumo*, mentre la parola con cui usualmente si indica ciò cui si dedicano coloro che "non lo fanno per la paga" è *attività del tempo libero*. Trasformare il consumo e l'attività del tempo libero connessi con posti di lavoro sovvenzionati o "creati" artificialmente in attività del servizio pubblico, da lodare in termini di idealismo e di abnegazione – svilendo al tempo stesso quelle del settore privato – è un bell'esempio d'impegno e d'inventiva! Eppure i tomi imbevuti di questa ideologia inondano le librerie!» (p. 209).

In realtà il vero lavoro è di norma duro, difficile e spiacevole, ed è questa la ragione per cui, nel libero mercato, la gente è disposta a pagare perché venga fatto. L'aspetto fondamentale dell'occupazione reale è il rischio di essere licenziati dai clienti o dal datore di lavoro se la prestazione non è soddisfacente. L'occupazione garantita nel settore pubblico presuppone che il lavoro sia in larga misura opzionale, e pertanto non può essere considerato vero lavoro. Se tutti i lavoratori del settore privato godessero di garanzie simili a quelle del pubblico impiego e fornissero prestazioni dello stesso livello, nota giustamente Gilder, gli standard di vita degli Stati Uniti crollerebbero.

Creare lavoro produttivo, che produca più di quanto consumi, è sempre difficile; quando la creazione di "posti di lavoro" appare facile, come nel settore pubblico, con ogni probabilità il risultato sarà solo consumo di risorse, non creazione di ricchezze. Da dove proviene infatti il denaro per mantenere in vita questi posti di lavoro statali? Ovviamente dai lavoratori produttivi degli altri settori dell'economia: «Sia che il governo federale ricorra al prestito, alle imposte o all'inflazione per finanziare i suoi programmi di creazione di lavoro – risponde Gilder – il risultato è chiaro: le vittime saranno con ogni probabilità quelle imprese piccole e medie che potrebbero dar lavoro ai poveri in maniera più economica ed efficiente» (p. 219).

L'economia guidata dallo Stato è sempre sterile e rivolta al passato, perché solo il passato è sicuro e calcolabile. La creatività, essendo imprevedibile, è invece incontrollabile. Malgrado le buone intenzioni il pianificatore pubblico non può far altro che cristallizzare la situazione presente. Solo una società retta dal rischio e dalla libertà invece che dalla pianificazione razionale è in grado di far scaturire un flusso senza fine di invenzione, di intrapresa e di arte. Solo nel capitalismo, conclude Gilder in maniera ispirata, c'è il dinamismo, l'apertura al futuro, la vita.

Punti da Ricordare

• Le grandiose realizzazioni del capitalismo appaiono tuttora meno apprezzabili delle promesse tradite del socialismo
• Occorre quindi dare al libero mercato un nuovo e più solido fondamento morale
• Come nel dono, nel capitalismo prima si dà (si investe) e poi si spera di ricevere qualcosa in cambio
• Nel capitalismo anche le iniziative imprenditoriali fallimentari costituiscono un successo, perché diventano nuove conoscenze utili per la società
• Nel socialismo si vuole proteggere tutti da ogni rischio economico, ma in questo modo non è più possibile scoprire i pericoli e le opportunità reali
• In economia l'offerta precede sempre la domanda
• Per favorire la crescita non serve stimolare la domanda, ma occorre concentrarsi sulle motivazioni dei produttori
• Lavoro, famiglia e fede sono le fonti primarie della prosperità
• L'assistenzialismo disgrega le famiglie e distrugge l'etica del lavoro
• Lo Stato assistenziale genera quindi povertà morale e materiale
• L'impiego pubblico è spesso sterile e parassitario
• Gli imprenditori creativi sono i veri eroi della società
• Solo nel capitalismo c'è il dinamismo, l'apertura al futuro, la vita

L'autore

George Gilder (1939-) nasce a New York il 29 novembre 1939. Suo padre Richard, aviatore, muore nei cieli europei durante la seconda guerra mondiale, quando George ha solo tre anni. Il compagno di college del padre, David Rockefeller, nipote del celebre fondatore della Standard Oil, mantiene la promessa di provvedere all'istruzione del figlio. George Gilder si laurea quindi ad Harvard nel 1962. All'inizio degli anni Settanta si avvicina alle posizioni conservatrici, e nel 1973 scrive il libro *Sexual Suicide* (ripubblicato nel 1986 con il titolo *Man and Marriage*), che scatena le proteste delle femministe per la sua difesa del matrimonio e della famiglia tradizionale. Nel 1981 conquista una grande notorietà con il libro *Ricchezza e povertà*, definito dal "New York Times" la "più intelligente guida al capitalismo mai scritta". I suoi interessi si spostano verso le nuove tecnologie, e anche in questo campo fa centro. I libri *Microcosm* del 1989, *La vita dopo la televisione* del 1992 e *Telecosm* del 1999 lo consacrano come il nuovo guru della rivoluzione digitale. Gilder infatti preconizza con qualche decennio d'anticipo la convergenza tra telecomunicazioni, microelettronica e fibra ottica. A lui viene attribuita la "terza legge della tecnologia", secondo cui la larghezza della banda totale dei sistemi di telecomunicazione triplica ogni dodici mesi. Nel 2005 si unisce al Discovery Institute nella sfida al darwinismo e nel sostegno alle teorie del progetto intelligente. Gli ultimi suoi libri sono *The Israel Test*, del 2012, un'appassionata esaltazione della società israeliana, la più dinamica e per questo la più invidiata al mondo; *Knowledge and Power* del 2013, in cui pone le basi di un nuovo paradigma economico basato sulla teoria dell'informazione, e *Life After Google: The Fall of Big Data and the Rise of the Blockchain Economy* (2018), nel quale prevede il passaggio tecnologico dall'era di Google a quella della Blockchain.

Nota Bibliografica

George Gilder, *Ricchezza e povertà. Il valore sociale e morale della ricchezza*, Longanesi, Milano, 1982, traduzione di Gaetano Salinas, p. 379. Titolo originale: *Wealth and Poverty*

35

Michael Novak

Lo spirito del capitalismo democratico
e il cristianesimo
1982

*'Il capitalismo democratico è animato da
profondi valori morali e spirituali'*

Davvero il capitalismo è un sistema immorale fondato sull'egoismo, l'avidità, lo sfruttamento e la disuguaglianza, come denunciava la prevalente cultura laica e religiosa durante gli anni '70? Con questa sua opera, la prima e più importante, l'americano Michael Novak replicò a questo genere di accuse, che nel mondo cattolico avevano trovato un terreno particolarmente fertile nella teologia della liberazione latino-americana. Novak fu dunque il primo teologo cattolico a esporre un'aperta difesa morale e spirituale dell'economia di mercato, capace di mettere in luce i valori sociali e le virtù individuali che animano il sistema capitalistico liberaldemocratico. L'opera contribuì a cambiare il clima culturale degli anni '80, influenzando sia il presidente degli Stati Uniti Ronald Reagan, intenzionato a rilanciare i principi del libero mercato associandoli a una difesa dei valori tradizionali, sia papa Giovanni Paolo II, impegnato in una sfida decisiva contro il totalitarismo comunista. Il libro circolò infatti clandestinamente in Polonia, in Cecoslovacchia e in altri paesi dell'allora blocco sovietico.

Riassunto

Una difesa spirituale dell'economia di mercato

In tutto il mondo, osserva Michael Novak, il capitalismo suscita odio. La parola è associata ad egoismo, sfruttamento, disuguaglianza, imperialismo, guerra. Alcuni uomini religiosi di idee socialiste arrivano a definire "demoniaco" il sistema capitalista, perché fondato sulla volgare brama di possedere. Anche negli Stati Uniti, coloro che hanno ricevuto la propria formazione in scienze umane e sociali hanno sentito fare poche lodi del sistema nel quale sono stati allevati. Ma può un sistema politico o un sistema economico sopravvivere a lungo quando i custodi della sua etica e della sua cultura lo detestano a tal punto?

Eppure tra tutti i sistemi di economia politica che si sono susseguiti nel corso della storia, nessuno ha tanto rivoluzionato le prospettive della vita umana, prolungandone la durata, rendendo pensabile l'eliminazione della povertà, ampliando in ogni campo le possibilità di scelta, come il capitalismo democratico. Niente di simile sono mai riuscite a fare le società antiche e medievali, come l'impero romano o carolingio, né le potenze mercantiliste dell'epoca moderna, e nemmeno le molte forme di socialismo del giorno d'oggi. Eppure, mentre tutti questi sistemi hanno avuto i loro estimatori religiosi, non un solo teologo ha messo in luce la portata spirituale del capitalismo.

Il tallone d'Achille del capitalismo sta dunque nell'aver trascurato, ormai da due secoli, di richiamarsi allo spirito umano. Anche i suoi grandi teorici, come Adam Smith, Jeremy Bentham, Ludwig von Mises, Friedrich von Hayek o Milton Friedman, si sono limitati ad analizzare in modo asettico il sistema economico, senza approfondire i

> *La via statale alla ricchezza e al potere*
> «Dal momento che il governo ha esteso di molto i suoi poteri, cresce il numero delle persone che vedono in esso imperi da conquistare: sicurezza di vita, ricchezze, onori e potere … Per diventare più ricchi e più potenti in una democrazia assistenziale, due strade sono aperte, laddove, fino a poco tempo fa, ce n'era una sola. Questa unica strada passava per il settore privato … Oggi le truppe di occupazione si sono moltiplicate. Lo Stato è divenuto un formicaio di attività. Coloro che lo controllano stanno acquistando anche il controllo del settore privato. Questo infatti è sottoposto a leggi; mentre quelli che fanno, moltiplicano e impongono l'osservanza delle leggi, hanno il potere di coercizione. La brama del potere – *superbia* – è più profonda, più corrosiva e più diffusa della brama della ricchezza – *cupidigia*» (p. 31).

suoi caratteri etico-culturali. Se il sistema nel quale viviamo è migliore delle teorie attorno ad esso, vuol dire che i custodi del suo spirito, cioè i poeti, i filosofi, i sacerdoti, non sono penetrati fino alle sue recondite sorgenti. Essi non hanno decifrato né insegnato la sua saggezza spirituale, non hanno amato la propria cultura. Questo libro, perciò, si prefigge di indagare sulla vita dello spirito che rende possibile il capitalismo liberale e democratico.

Che cosa è il capitalismo democratico

Con questa espressione, che ricorre continuamente nel libro, Novak intende tre sistemi in uno: un'economia prevalentemente di mercato; una forma di governo rispettosa dei diritti della persona alla vita, alla libertà e al perseguimento della felicità; e un sistema pluralistico e liberale di istituzioni culturali. I sistemi sociali che per l'autore si avvicinano di più a questo ideale sono quelli degli Stati Uniti, della Germania Occidentale, del Giappone e forse di un'altra ventina di nazioni al mondo.

Purtroppo è mancata fino ad oggi una riflessione della Chiesa cattolica sui benefici sociali portati dal capitalismo. Il motivo, probabilmente, è l'abitudine del pensiero cattolico, sedimentata in secoli di storia, ad affrontare un mondo economicamente statico. Questa attitudine ha portato i teologi cattolici a concentrarsi sull'etica distributiva, ignorando le questioni della produzione. Anche il loro atteggiamento nei confronti del denaro si basa su realtà premoderne, e per questo non hanno capito la creatività e la produttività del capitale saggiamente investito.

Questi cattolici negano di essere marxisti o socialisti, ma raramente elogiano la libertà economica. Al contrario, spesso denunciano le economie di mercato come egoiste, malate, avide, materialistiche, individualistiche. Se si interessano alla fame nel mondo, raramente attribuiscono la mancanza di cibo ai fallimenti dell'agricoltura socialista; sono più propensi ad accusare le multinazionali. Forse il loro errore fatale sta nell'omissione del valore "libertà". Pace e giustizia possono esserci anche in società a regime autoritario, ma il vero segreto del capitalismo democratico è la libertà.

Il pluralismo

Ciò che distingue in maniera decisiva il capitalismo democratico dalle società tradizionali o socialiste, osserva Novak, è il pluralismo. Ogni altra forma di società apparsa in questo mondo impone un modo collettivo di pensare riguardo a ciò che è bene e vero. Le società tradizionali fornivano una propria visione, di solito religiosa. Anche le società socialiste cercano di infondere nelle strutture economiche e politiche valori morali come giustizia sociale e uguaglianza. La solidarietà del gruppo sociale è lo scopo comune di tutti i sistemi politici, tolto il capitalismo.

Unico tra i sistemi conosciuti al genere umano, il capitalismo cerca invece di mantenere inviolabile la sfera della persona. Esso si gloria della divergenza, del dissenso e della singolarità. Questo sistema infatti non mira a definire tutti gli aspetti della vita, ma si limita a stabilire alcuni principi che permettano la cooperazione sociale tra persone che possono avere diverse finalità o concezioni della vita.

In questo senso la difesa del libero mercato non è solo una difesa dell'efficienza, della produttività, dell'inventiva e della creatività. È anche una difesa della libera coscienza, che si esprime non solo nel campo dello spirito e della politica, ma anche delle decisioni economiche di tutti i giorni. È, infine, una difesa dell'ordine pluralistico contro l'ordine unitario e coatto del socialismo.

Un premio all'intraprendenza e all'audacia

Max Weber fu tra i primi a indagare lo spirito del capitalismo, ma nella sua celebre analisi insistette eccessivamente sul suo carattere metodico e razionale. Al contrario, ciò che anima l'economia di mercato è principalmente l'inclinazione al rischio, all'esperimento, all'avventura; in altre parole, la rinuncia alla sicurezza dell'oggi per un miglioramento del futuro. Il sentimento tipico del capitalismo non è quello dell'avaro, della crescita zero, della primitiva paura delle forze della natura, ma quello dello sperimentatore che insegue i suoi sogni.

Un sistema di libero mercato, scrive Novak, lascia libere l'intelligenza, l'immaginazione e l'intraprendenza degli individui per esplorare le possibilità inerenti al processo di sviluppo del mondo. Gli esseri umani si trovano ad affrontare un mondo pieno di rischi, nel quale però l'intelligenza è in grado di strappare significativi successi. Un singolo individuo, afferrando delle probabilità che nessun altro aveva ancora percepito e trasformandole in realtà, può cambiare il mondo e farvi apparire cose mai viste prima. Il successo non è per niente garantito, ma la battaglia degli ingegni, di per sé esaltante, abbastanza spesso si risolve in favore degli audaci.

L'impulso alla sicurezza, invece, ritrae dal rischio e dalla creatività. Portato all'estremo, è un impulso che ritrae persino dalla libertà. Ma i rischi non possono essere evitati tentando di rendere il mondo prevedibile e sicuro. Un simile tentativo va contro l'intima essenza delle cose. Esso ha un effetto paralizzante sugli investimenti, sulla ricerca, sulle prove sperimentali, sugli incrementi della produttività e sul progresso stesso. Un popolo impegnato per la sicurezza si preclude futuri avanzamenti.

Il socialismo rende gli individui infelici

Il contrasto tra l'impulso capitalistico alla crescita e quello socialista volto alla sicurezza e all'eguaglianza si coglie, in maniera impressionante, nel confronto tra Berlino Ovest, sfavillante, affaccendata, priva di restrizioni moralistiche, e Berlino Est, dove l'attività è di gran lunga inferiore, la luce più tenue, la gente più chiusa. Questo contrasto si ritrova anche in altri luoghi: tra la Corea del Sud e la Corea del Nord; tra Hong Kong o Taiwan e la Cina; tra Vienna e Bratislava; tra l'Avana di un tempo e l'Avana di Castro.

Il tentativo di raggiungere l'eguaglianza dei risultati, osserva Novak, avrà delle conseguenze volute e non volute. Fra le conseguenze volute vi sono una restrizione della libertà e l'espansione dei poteri dello Stato. Tra le conseguenze non volute c'è l'aumento del malcontento e del risentimento. Una società priva di dinamismo, opportunità, libertà, mobilità e fondata sulla redistribuzione alimenta il fuoco dell'invidia che essa probabilmente intendeva smorzare. Nelle società fortemente irreggimentate come quelle socialiste, uno sa esattamente già da principio fin dove può giungere. L'unica via per un avanzamento è il favore politico.

È un errore quindi basare le proprie speranze di felicità sulla imposizione della sicurezza e dell'uguaglianza, perché per principio entrambi questi desideri sono insaziabili, e vanno contro la condizione umana. Non sembra che la promessa della sicurezza e dell'uguaglianza abbia reso più felici o più soddisfatte le popolazioni dove i principi socialisti hanno trovato attuazione. Le società che si prefiggono questi obiettivi sono destinate all'insuccesso. Ma anche nel caso in cui vi riuscissero, non per questo darebbero alle loro popolazioni la felicità e la convinzione di aver realizzato la giustizia.

Spinta all'auto-miglioramento

L'economia libera, fa notare Novak, è un sistema congegnato per sprigionare le forze che si trovano all'interno di ogni persona. Esso esorta sia le nazioni che gli individui ad accrescere la propria ricchezza, richiamandoli alle proprie capacità di immaginazione, auto-miglioramento e crescita. Grazie ad esso, il livello di quella che viene considerata povertà si è elevato in maniera impressionante, e molti nati poveri sono diventati ricchi. Il capitalismo di libero mercato tiene viva la consapevolezza che, con abilità o fortuna, si può sempre avere un futuro migliore del presente.

I mercati infatti remunerano a seconda della capacità e delle fatiche, offrono occasioni a intraprendenza, invenzione, adattamento e mobilità sociale: «Una nobile ambizione pervade milioni di persone che, sotto altri regimi, apparirebbero tetre e inerti. Gli individui si prefiggono mete – essere capocantiere, capo-operaio, capo-squadra o raggiungere qualunque altro posto al quale ognuno possa ragionevolmente aspirare – e provano la soddisfazione dell'automiglioramento» (p. 151). Erigere industrie dove prima non ce n'era alcuna dà la soddisfazione della creatività. Le persone comuni si sentono portate a una maggiore stima di sé. Le loro aspirazioni si spingono più in alto di quelle dei loro padri.

Le disuguaglianze di ricchezza non vanno considerate un male, perché sono in sintonia con le disuguaglianze naturali che ognuno sperimenta ogni giorno. Il capitalismo liberale detesta la repressione delle energie umane naturali che manifestano ovvie disuguaglianze. Tali energie umane sono perenni, universali e non reprimibili; il tentativo di reprimerle genera mali ancora peggiori. Ogni società che non promuove e non sostiene i suoi migliori leader naturali punisce se stessa e indebolisce le sue probabilità di sopravvivenza e di progresso.

In tutti i campi il genio è raro, e relativamente scarsa è l'offerta di grandi talenti. Ogni economia politica che desideri essere il più possibile creativa deve permettere alle persone di talento di scoprire le proprie capacità, di svilupparle e di trovare la posizione sociale in cui il loro esercizio porti il massimo frutto per tutti. Un simile sistema deve premiare le azioni fuori dal comune e deve imparare a scoprire i talenti, ovunque si trovino.

L'individuo comunitario

Le società liberali vengono spesso accusate di eccessivo individualismo, ma in verità la struttura stessa del capitalismo tende alla comunità: certo non a una nostalgica comunità di un tempo, ma nel senso nuovo di una comunità di persone libere riunite in associazione volontaria. Le compagnie, le società e le imprese private, i soggetti protagonisti del sistema economico capitalistico, nascono da un presupposto sociale, non individualistico. Si fondano infatti sull'idea che l'attività economica richieda un organismo sociale dotato di una forza maggiore e di una vita più lunga di quelle dell'individuo singolo. Gli investitori infatti mettono *in comune* le loro risorse, e lo spirito associativo e collaborativo interno all'azienda è essenziale per il successo dell'impresa.

Pensiamo anche ai pionieri che hanno colonizzato la Frontiera. Queste persone audaci vengono considerate ancora oggi l'emblema dell'individualismo americano. Eppure, se andiamo a leggere i diari che hanno lasciato, scopriamo che quasi tutte le loro attività giornaliere erano di collaborazione fraterna. Le famiglie si aiutavano l'un l'altra a costruire case e fienili, chiese e scuole, strade e ponti. Le persone erano orgogliose di essere libere, indipendenti e autonome; ma la trama della loro vita era di collaborazione e di fraternità. Nella pratica la cultura anglosassone, pur affermando apertamente l'importanza dell'individuo, alimenta un notevole ordine sociale e un eccellente spirito di cooperazione. Sembra però che a mano a mano che la Gran Bretagna diviene più socialista, anche la vita quotidiana diventi meno civile e concorde.

In un'economia di mercato gli scambi per lo più dipendono dalla fiducia nella parola altrui, cioè da un legame spirituale, più che da quanto sta scritto nelle leggi o nei contratti. Curiosamente quindi proprio quella società che si suppone basata sull'individualismo, sulla competizione e l'avidità, sembra favorire nei suoi membri forme di generosità, fiducia e cameratismo. E viceversa, le società socialiste esistenti sembrano portare ad una restrizione della fiducia, giacché tra i gruppi in competizione per gli stessi stanziamenti s'instaura un contrasto d'interessi: «Il collettivismo aizza l'uomo contro l'uomo. Il sistema, invece, che incoraggia ciascuno a cercare prima di tutto il proprio interesse, produce libertà e riceve in cambio lealtà e amore» (p. 301).

Il ruolo centrale della famiglia borghese

I nemici della società liberale sono pressoché unanimi nella loro ostilità verso la famiglia tradizionale, definita "repressiva", "ristretta", "nostalgica". Questa ostilità dà da pensare. I radicali che vorrebbero distruggere il sistema economico attuale hanno compreso correttamente che per raggiungere il loro obiettivo devono prima estirpare la famiglia tradizionale. Sembra infatti impossibile immaginare l'autogoverno, una economia libera e una cultura liberale, prescindendo dalla tanto disprezzata famiglia borghese. La prole umana richiede circa vent'anni di formazione, quindi tremila anni di civiltà debbono essere trasmessi ai figli durante quegli anni: senza di ciò, il progresso si arresterebbe. La stabilità famigliare è dunque essenziale in questo processo.

Più che un animale sociale, osserva Novak, l'uomo è un *animale famigliare*. Le nostre famiglie infatti determinano per prime quel che siamo, non soltanto geneticamente, ma anche psicologicamente, pedagogicamente e moralmente. Analizzando i dati sui gruppi etnici americani, Thomas Sowell ha dimostrato che la cultura famigliare è una variabile decisiva nella prestazione economica. Le analisi economiche della maggior parte degli economisti sono inadeguate perché incentrate sul comportamento dell'individuo razionale, mentre in realtà – essendo breve la vita di un individuo – la più profonda motivazione economica ha quasi sempre un orientamento famigliare. Raramente si lavora solo per sé.

È per il benessere della famiglia che tanti appagamenti vengono differiti, tanti risparmi e investimenti vengono intrapresi. Dato che il capitalismo dipende, per la sua vitalità economica, da soddisfazioni rinviate, da risparmi e da investimenti a

> *Nel socialismo la lotta di classe non scompare*
> «La lotta di classe non scomparirà con l'abolizione della proprietà privata. La lotta per l'assegnazione politica del potere e dei beni è, storicamente, una delle forme di lotta più aspre. La nazionalizzazione della proprietà genera sempre una lotta di classe, per il fatto che poi la partecipazione ad essa dei cittadini è una pura formalità, mentre l'effettivo potere decisionale sta solo in mano al partito, alla burocrazia e alla polizia. La proprietà privata è un congegno per limitare il potere dello Stato. Essa dà forza al principio di sussidiarietà, conferendo ai cittadini il diritto di prendere le decisioni su quanto essi conoscono meglio di qualsiasi altro» (p. 413-414).

lungo termine, non esiste motivazione migliore che spinga a tali comportamenti della cura per il futuro benessere dei figli e dei nipoti. Questa è l'unica motivazione razionale per le decisioni economiche a lunga portata, perché nel lungo termine il singolo operatore economico sarà morto. Solo la sua progenie sopravvive e potrà godere i frutti del suo lavoro, della sua intelligenza e della sua impresa.

Il diritto di una famiglia a possedere e a trasmettere la proprietà ai figli costituisce una efficace barriera difensiva contro lo strapotere dello Stato. Ma questo non è il solo contributo della famiglia borghese alla libertà politica. La famiglia procura anche uno spazio educativo libero dai condizionamenti dello Stato, e in questo modo educa gli individui all'autogoverno. Tra lo Stato onnipotente e l'individuo indifeso si profila la prima linea di resistenza contro il totalitarismo: la famiglia, indipendente sia economicamente che politicamente. Più lo Stato invade la famiglia, meno probabile sarà la prospettiva di autogoverno.

La pratica delle società totalitarie fornisce verifiche universali a questo principio. A quanti si prefiggono il totalitario controllo di Stato, è sempre stato chiaro che l'indipendente famiglia borghese deve essere distrutta. Così è perché davanti all'individuo legato da responsabilità e fedeltà alla sposa e ai figli, le pretese di uno Stato totalitario inaridiscono. Gli schemi degli utopisti hanno l'abitudine di escludere la famiglia, e debbono farlo perché la famiglia è l'istituzione meno utopica che esista. La famiglia borghese è la miglior scuola di realismo, dato che i vincoli famigliari portano gli individui a valutare le questioni concrete. In definitiva, la famiglia è la difesa naturale dell'umanità contro l'utopia.

La presunta nobiltà d'animo dei socialisti

Il socialismo è stato costretto dai suoi insuccessi a lasciare il campo dell'economia per quello più elevato dell'etica. Oggi infatti raramente i socialisti sostengono che la superiorità del socialismo stia nelle sue opere, nella sua praticità, nei suoi frutti. Quasi sempre lo giustificano in base ai tratti della sua visione ideale, e tendono a definire i propri oppositori come avidi, egoisti, oppressivi e ostili ai poveri. I socialisti speculano sugli stereotipi, per i quali tutto ciò che è privato, come gli affari e i mercati, è egoistico, avido e corrotto, trascurando persino di studiare i dati storici relativi all'egoismo, all'avidità e alla corruzione delle burocrazie che pretendono di parlare a nome della popolazione. I socialisti hanno creato il più grande potere amministrativo della storia umana, mostrando un'invincibile ingenuità sugli effetti della concentrazione del potere politico. Hanno volutamente ignorato la corruzione di popoli interi causata dalla loro totale dipendenza dallo Stato.

Ma oltre a questi gravi errori intellettuali, è lecito sollevare qualche dubbio sulla loro disinteressata nobiltà d'animo. Dopo tutto, fa notare Novak, anche gli intellettuali socialisti hanno i loro particolari interessi di classe. L'adesione all'ideale socialista non esige da loro alcun speciale eroismo. Anzi, nei settori della letteratura, della religione e del giornalismo, l'ideologia socialista conferisce prestigio, dignità e approvazioni maggiori. Il socialismo non viene giocato sulla loro pelle, perché non sono loro quelli che sopportano i costi maggiori delle loro opinioni. Se il socialismo non funziona in concreto come voluto, i poveri e i lavoratori pagano per la stagnazione economica un prezzo più alto di quanto non paghino gli intellettuali. La loro adesione al socialismo è una scelta etica che non impone alcun costo, ma che conferisce molti vantaggi.

Gli errori della teologia della liberazione

In pochi continenti il mito socialista è più forte che in America Latina. Probabilmente qui il socialismo attrae i cattolici perché fornisce un alibi. Trovandosi di fronte alle prestazioni economicamente inferiori del proprio continente, i vescovi dell'America

Latina non accusano se stessi per gli insegnamenti di economia politica che il cattolicesimo latino-americano ha alimentato per 400 anni. La teoria marxista fa comodo
perché permette di accusare gli Stati Uniti e le altre economie di successo: "Noi siamo
le vittime", dicono i religiosi senza ammettere di essere responsabili di tre secoli di
ostilità contro il mercato, il commercio e l'industria. Dopo essersi opposti per secoli
all'economia moderna, essi si dicono offesi perché altri paesi, un tempo ugualmente
poveri, hanno avuto un successo che a loro non è riuscito.

In America Latina le professioni del commercio e dell'industria sono sempre state
trattate con il distacco tipico delle società aristocratiche. Non sono mancati uomini
dotati di talento economico, ma hanno ricevuto scarso sostegno spirituale sia dalla
Chiesa che dalla cultura latina. Qui è relativamente assente la pedagogia di Benjamin Franklin e di Horatio Alger, il rinomato romanziere americano i cui eroi, con la
loro ascesa al successo, trasmettono l'idea che ogni giovane, se intelligente, laborioso
e onesto, può raggiungere ricchezza e fama. Manca dunque, al mondo degli affari,
quella tacita approvazione che ha un ruolo così importante nella cultura britannica
e nord americana.

La teologia della liberazione alla quale aderiscono tanti uomini di Chiesa suda-
mericani è, per ispirazione, vocabolario e metodo d'analisi, chiaramente socialista. Si
cerca invano in essa una valutazione critica degli esperimenti comunisti dell'Europa,
dai quali pretende di distinguersi. I
teologi della liberazione rivendica-
no originalità di pensiero, ma non
lo dimostrano: sotto tutti i profili o
quasi, le loro idee sono una deriva-
zione delle idee socialiste europee.
Manca inoltre una riflessione sulle nuove istituzioni che dovrebbero
sostituire le vecchie dopo la rivoluzione da loro auspicata. Non si capisce bene, tra l'altro, come la Chiesa
potrebbe conservare l'indipendenza
istituzionale in un regime socialista.

I teologi della liberazione parlano
molto di povertà, e invariabilmente
ne fanno ricadere la colpa su altri, i
malvagi; hanno invece poco da dire
sulle fonti della ricchezza. Pochi di
loro capiscono le leggi dello svilup-

Il crollo della famiglia borghese
«Nella sorprendente, atipica esplosione di ricchezza che
seguì la II Guerra Mondiale, un'intera generazione di
famiglie statunitensi sperimentò una ventata che, sulle prime, apparve di liberazione, ma che in seguito si
manifestò di confusione etica e persino di decadenza.
Le persone nate nello squallore della Depressione non
erano preparate ad allevare dei figli nelle nuove condizioni di ricchezza. Volendo risparmiare loro le privazioni un tempo patite e ancora impresse nella memoria, li
accontentarono ben di più di quanto essi fossero mai
stati accontentati … abbandonando le forme autoritarie
sotto le quali erano stati allevati. Sotto l'influsso delle
nuove teorie psicologiche … cercarono disperatamente
di non apparire autoritari. Un aspetto di questa enorme
repressione culturale dell'istinto naturale all'autorità di
genitori fu il prolungato sforzo di non porsi a "giudici" … Questa fuga dal giudizio critico va precisamente
contro l'essenza della famiglia borghese. La famiglia
borghese emette giudizi» (p. 219-220).

po, della crescita e della produzione, e sbrigativamente riducono l'economia a un sistema etico di redistribuzione. Per questo incoraggiano poco l'attività economica e
molto l'attività politica. Chiedono posti di lavoro senza sapere come vengano creati.
Chiedono la distribuzione dei beni del mondo, senza avere idea di come possano essere accresciuti. Pretendono di guidare gli altri senza padroneggiare le tecniche del
progresso umano, ma la loro ignoranza li priva di autorità.

Le radici bibliche della libertà

Sbagliano dunque quei religiosi che legano la Scrittura a un'economia politica socialista. I sublimi principi morali di amore e di carità del cristianesimo (rinunciare ai propri beni, amare i nemici, fare del bene a chi ci odia, porgere l'altra guancia, ecc.) non possono essere imposti con la forza all'intera società. Non sono infatti regole commisurate alla condotta prevista dalla maggior parte delle persone per la maggior parte del tempo. Nessun gruppo umano, nemmeno se sottoposto a una burocrazia ecclesiastica, può essere governato secondo questi consigli. Neppure un'accolita di persone buone potrebbe sopportare a lungo un tale regime. Cercare di dirigere dall'alto un'economia con questi principi vuol dire distruggere sia l'economia che la reputazione del cristianesimo.

A questo proposito, scrive Novak, è bene ricordare che il giudaismo e il cristianesimo sono religioni che si rifanno alla storia e alla libertà umana. I racconti biblici portano l'attenzione del lettore sul momento della decisione individuale: fino alle ultime righe si resta in sospeso, perché non si sa come andrà a finire. Non è dunque un caso che l'economia di libero mercato sia sorta prima nei paesi giudeo-cristiani, e sia imitabile solo in culture analoghe. Sotto il capitalismo democratico l'individuo è più libero di quanto non lo sia sotto qualsiasi altra forma di economia politica sperimentata dall'umanità, perché ogni individuo è parte di molte comunità. La vita sociale di ognuno non si esaurisce nello Stato, né viene controllata dallo Stato.

Anche lo spirito competitivo così demonizzato dai teologi ha in verità i suoi pregi spirituali. È difficile infatti che una persona scopra tutto il suo potenziale senza il provvidenziale confronto con amici e rivali: sono le loro imprese che spesso insegnano come impegnarsi più a fondo di quanto non si sia ancora fatto. Vivere in un'epoca fiacca, di bassi livelli, è una maledizione in rapporto alla propria realizzazione. Vivere tra rivali intelligenti, vivi e combattivi è un grande dono per lo sviluppo personale. Per questo Tocqueville ammirava molto il caratteristico spirito competitivo degli americani di ogni ceto.

Per la sfera economica, la comunità politica farà bene a seguire l'esempio del Creatore, il quale rispettò la libertà umana e permise il peccato. Il Dio onnipotente, conclude Novak, non ha fatto una creazione coercitiva, ma l'ha congegnata come un'arena di libertà. Il capitalismo democratico è stato congegnato per consentire agli individui, sebbene peccatori, di seguire questo libero modello. Esso crea una società non coercitiva, al cui interno individui e popoli sono chiamati a realizzare la vocazione alla quale ciascuno crede di essere chiamato.

L'incoerenza di intellettuali e giornalisti

«La libertà è un bene fondamentale, sia nella sfera economica che in quella della coscienza. E tuttavia è tipico che i custodi del sistema etico-culturale si preoccupino meno della libertà del sistema economico che della libertà propria. Gli intellettuali sono puntigliosi nell'esigere, per il loro lavoro, un libero mercato; quando invece viene violata la libertà degli operatori economici si mostrano indulgenti e consenzienti. I giornalisti sono molto pronti nell'opporsi a ogni lesione delle leggi che proteggono la loro libertà; sono invece lenti nel protestare contro le violazioni della libertà dell'industria e del commercio (quando addirittura non sono loro ad incoraggiarle)» (p. 477).

Punti da Ricordare

- La maggior parte degli intellettuali e dei teologi condannano come immorale il sistema capitalista
- Fino a oggi è mancata una difesa etica e spirituale del capitalismo liberaldemocratico
- Il capitalismo democratico è un sistema basato sull'economia di mercato, il governo limitato e il pluralismo culturale
- L'errore fatale della teologia progressista è quello di aver trascurato il valore della libertà
- Il capitalismo è l'unico sistema che cerca di mantenere inviolabile la sfera della persona
- Ciò che anima l'economia di mercato non il calcolo metodico razionale, ma l'inclinazione al rischio, all'esperimento, all'avventura
- L'impulso alla sicurezza tipico del socialismo annulla la creatività, il progresso e la libertà
- Il socialismo crea malcontento e rende gli individui infelici
- La libertà economica spinge gli individui e le nazioni all'automiglioramento
- Un'economia politica efficace non deve combattere le disuguaglianze naturali, ma deve premiare gli individui di talento
- Il sistema capitalistico è animato da numerose comunità volontarie
- Molte decisioni economiche di lungo periodo hanno una motivazione famigliare, non individuale
- La famiglia borghese ha sempre costituito un argine allo Stato onnipotente
- La teologia della liberazione sudamericana ha un'ispirazione chiaramente marxista
- I principi morali del cristianesimo non possono essere imposti a tutti con la forza pubblica
- Anche lo spirito competitivo del libero mercato ha i sui pregi spirituali
- Il Dio biblico rispetta la libertà umana e permette il peccato

L'autore

Michael Novak (1933-2017), filosofo e teologo cattolico, è nato a Johnstown, in Pennsylvania, il 9 settembre 1933 da una famiglia di origine slovacca. Nel 1958 si è laureato in teologia presso l'Università Gregoriana di Roma. Ha poi insegnato in America nelle università di Harvard, Stanford e Syracuse. Dal 1978 al 2008 ha diretto la cattedra di religione, filosofia e politiche pubbliche presso l'American Enterprise Institute di Washington. È stato consigliere del presidente Ronald Reagan, che lo ha nominato ambasciatore alla Commissione delle Nazioni Unite sui diritti dell'uomo. Nel 1982 ha pubblicato il suo libro più importante, *Lo spirito del cattolicesimo democratico e il cristianesimo*. Autore molto prolifico, ha pubblicato in tutto venti libri, tra i quali si può segnalare anche *L'etica cattolica e lo spirito del capitalismo*, del 1993. Novak è morto a Washington il 17 febbraio 2017.

Nota Bibliografica

Michael Novak, *Lo spirito del capitalismo democratico e il cristianesimo*, Edizioni Studium, Roma, 1987, p. 486, presentazione di Angelo Tosato, traduzione di Rosanna Bruschi, Annarosa Frati e Marilena Fratini. Titolo originale: *The Spirit of Democratic Capitalism* .

36

Guy Sorman

La soluzione liberale
1984

'Negli anni Ottanta il liberalismo conosce una seconda giovinezza'

Guy Sorman, giornalista e scrittore francese di idee liberali, racconta in questo reportage attraverso dodici Paesi i successi della rivoluzione liberale degli anni Ottanta, dopo che per trent'anni le idee stataliste avevano dominato incontrastate. In quegli anni, per la prima volta dalla fine della seconda guerra mondiale, prende vita in tutto il mondo un potente movimento di rigetto delle pratiche socialiste e keynesiane. Come documenta Sorman con l'occhio del reporter attento alla realtà circostante, in America, in Europa e in Asia il pensiero liberale non solo conosce una nuova giovinezza ma tende a passare dalle parole ai fatti, a proporsi come soluzione in diversi settori come il fisco, la moneta, l'edilizia o i servizi pubblici. Le idee di pensatori come Friedrich von Hayek e Milton Friedman escono dai libri e diventano pratica di governo. Al termine del suo viaggio lo scrittore francese delinea un progetto di società basato in ogni ambito sulla libera scelta degli individui e su un'autonomia che diffida di ogni potere politico, qualunque esso sia: la soluzione liberale.

Riassunto

Il liberalismo è tornato di moda

Questo libro, scrive il politologo francese Guy Sorman, è anzitutto il resoconto di un viaggio nell'era del jet in dodici Paesi diversi. La quasi istantaneità del percorso consente raffronti e accostamenti quasi simultanei tra luoghi distanti migliaia di chilometri. In questo modo possiamo constatare che il liberalismo degli anni Ottanta è cosmopolita, dato che non è cosa da poco sentire uno stesso discorso, nell'arco di qualche giorno, a New York, Tokio, Bonn, Londra o Roma. Il liberalismo, inoltre, è diventato chic. Perfino una nazione statalista come la Francia ne è stata colpita: ecco infatti che se ne riesumano le grandi figure (Tocqueville), le si riabilita in vita (Hayek), le si seppelliscono con solennità (Aron). Questo liberalismo è, in un certo senso, "conservatore". Affonda infatti le proprie origini nelle tradizioni, nella storia collettiva,

nelle esperienze culturali. Conservatorismo e liberalismo sono diventati oggi comple-
mentari, ma non lo sono stati sempre: nel XIX secolo erano addirittura contrapposti.

La differenza tra i due, spiega Sorman, è che il conservatorismo è un atteggiamento, mentre il liberalismo è un progetto. Essere conservatore significa iscriversi nella
continuità sociale, storica e morale della propria comunità, significa ammettere che
vi è qualche saggezza nel passato, qualche assennatezza nell'ordine; significa al tempo
stesso riconoscere la diversità delle situazioni culturali, religiose e nazionali, accettare
che non vi è un unico modello di civilizzazione, un'unica spiegazione della Storia. Il
conservatore crede inoltre a un ordine morale trascendente, che tuttavia non è necessariamente di natura religiosa. Diffida delle riforme e, in ogni caso, non ritiene
che ogni riforma sia buona in quanto tale; al limite preferirà un male che conosce a
un altro che non gli è ancora noto.

L'ordine, la giustizia e la libertà gli
sembreranno la conclusione di una
lunga esperienza storica, non il risultato di un decreto o di un sovver-
timento politico.

Tale conservatorismo, osserva
Sorman, non è però in grado di opporre una seria alternativa allo statalismo e a soddisfare l'autentica fame
di ideologia del nostro tempo. Da
ciò nasce la necessità di essere liberale, ossia di aggiungere alla filosofia conservatrice quanto oggi viene

> *Il riflusso della gioventù negli anni Ottanta*
> «Ripercorrendo a quindici anni di distanza l'itinerario
> delle rivolte studentesche … ciò che colpisce è la spo-
> liticizzazione di una gioventù politicamente amorfa.
> Ovunque regnano la calma e la costanza. Sembra che
> quei milioni di studenti si dedichino con passione sol-
> tanto agli studi e al successo personale … l'idea che gli
> studenti possano costituire una "classe" portante del
> futuro è completamente screditata. Ogni forma di pro-
> vocazione, verbale o nell'abbigliamento, lascia ormai
> indifferenti. Per i giovani, l'avvenire è *retrò*: si sia *clean*,
> ci si vesta *preppie*, si trovi un buon lavoro e si formi una
> famiglia» (p. 24)

chiamato un "progetto di società", un modello utopistico al quale la politica possa far
riferimento. Il liberalismo si fonda infatti su un chiaro principio: privilegiare sempre,
ovunque e in ogni circostanza, la persona umana a scapito dello Stato. Si tratta di
un principio esigente, che ci allontana da gran parte dei comportamenti abituali per
condurci verso una società sostanzialmente diversa da quella in cui viviamo. Il liberalismo però non è soltanto una vecchia idea che sta ringiovanendo, ma una prassi
su cui poggiano attualmente una mezza dozzina di governi. L'intento di questo libro
non è di rifare la storia o la teoria del liberalismo, ma di studiare attentamente come
esso procede.

La rottura degli anni Ottanta

Il ribaltamento è profondo, quasi universale. Si è verificato in un breve periodo, in
modo quasi istantaneo, in numerose nazioni. In termini politici, nel 1979 i liberal-con-
servatori accedono al potere in Gran Bretagna, nel 1980 negli Stati Uniti, nel 1982 in
Germania, nei Paesi Bassi, in Belgio e nel Lussemburgo. Tra la primavera e l'autunno
del 1983, avviene in Francia la conversione interiore dei socialisti a una sorta di nuovo liberalismo di sinistra. All'inizio degli anni Ottanta si manifesta infatti qualcosa
che va al di là dei cedimenti elettorali o di un insuccesso momentaneo delle dottrine

staliste. Si tratta piuttosto di un completo rovesciamento dell'ideologia dominante, alla quale ovunque gli uomini politici cercano di conformarsi.

Vista da una prospettiva storica, si tratta di una rivoluzione. Il ritorno in forza del liberalismo non coincide infatti con una fugace alternanza politica tra partiti di destra e di sinistra. Siamo entrati in un nuovo lungo periodo che si può comprendere soltanto opponendolo ai quattro decenni precedenti. Da quarant'anni, infatti, nelle nazioni occidentali tutte le politiche erano social-stataliste, seppure a livelli diversi, quali che fossero i partiti al governo. Tutto era iniziato, ricorda lo scrittore francese, con le due guerre mondiali, quando gli Stati presero in mano il destino dei popoli per non restituirlo mai interamente.

Tale statalizzazione delle società occidentali si spinse ben oltre quanto richiesto dallo sforzo bellico. Alcuni se ne resero conto durante il conflitto, come l'economista Friedrich von Hayek che, nella Londra ancora sotto le bombe, pubblicò alla fine del 1943 un libro che fece scalpore: *La via della schiavitù*. In questo pamphlet Hayek denunciava il ricorso al pretesto dell'economia di guerra per statalizzare la società, e ricordava il rischio che tale statalizzazione facesse progressivamente sparire ogni differenziazione tra paesi democratici e paesi totalitari.

Dopo la guerra, per un'intera generazione tutti i governi in Occidente hanno in realtà più o meno condiviso la stessa ideologia fondata sulla fiducia nello Stato. Le opposizioni e le alternanze tra partiti, sino agli anni Ottanta, sono sempre state circoscritte all'interno di un comune ideale di prosperità economica e giustizia sociale, che la sinistra voleva raggiungere rapidamente e la destra con più gradualità. I mezzi per giungervi erano: la centralizzazione dello Stato, la democratizzazione dell'istruzione, la fiscalità progressiva, la redistribuzione sociale. Tutti i partiti hanno condiviso per quarant'anni una medesima teoria, quella keynesiana, che pretende di giustificare in modo scientifico gli interventi dello Stato quale garante dell'occupazione e della crescita.

La crisi del socialismo

Ora, afferma Sorman, questo lungo periodo di social-statalismo è finito. L'intera classe politica ha rovesciato un insieme di comuni convinzioni creandone uno nuovo. Gli uomini politici, che erano tutti socialdemocratici, diventano liberali tutti insieme, ovunque e nel medesimo momento. Oggi perfino il presidente francese François Mitterand, dopo tre anni di esercizio del potere, parla di economia di mercato, destatalizzazione e riduzione delle imposte. Questo storico ritorno, di un'ampiezza senza precedenti, non può essere spiegato unicamente da considerazioni tattiche.

Due sindacalisti intervistati dall'autore, l'inglese Frank Chapple e l'italiano Pierre Carniti, esprimono senza mezzi termini e senza imbarazzo il pessimismo ideologico che assale ovunque la sinistra. A sinistra, affermano, non vi è nessun aggiornamento culturale in grado di rispondere al nuovo dinamismo dei liberali. Il socialismo classico pare loro sconfitto sul terreno dell'efficacia economica, dell'etica sociale e della cultura dominante. La sinistra, che da sempre si identificava con l'idea del progresso, ormai non si agita più, mentre la destra liberale si ritiene portatrice di un radioso avvenire.

In Italia le conversioni al liberalismo sono quotidiane perfino all'interno del Partito Socialista. Luciano Cafagna, docente dell'università di Pisa, le enumera con fervore, come se si trattasse di illuminazioni religiose. Cafagna è l'ispiratore della corrente socialista "neoliberale" che ha invaso le pagine di *Mondo Operaio*, la rivista culturale del partito, ove i riferimenti a Hayek e Tocqueville sono ormai più frequenti delle citazioni di Gramsci. Secondo Cafagna il liberalismo è una dottrina etica più che economica. A suo parere il Partito Socialista, come ha lottato contro il fascismo, deve oggi combattere contro la burocrazia, poiché lo Stato è luogo di corruzione, i suoi interventi si fondano unicamente sull'acquisto di clientele, i suoi impieghi sono distribuiti in base alle amicizie politiche. Lo Stato italiano non premia la capacità, bensì il servilismo; e genera una piccola borghesia amministrativa priva di vitalità economica e priva di morale sociale. Il liberalismo mira quindi a ridimensionare lo Stato al fine di moralizzare la nazione.

Tra gli uomini politici intervistati da Sorman, nessuno è apparso più agguerrito di Wataru Hiraizumi, esponente di quel Partito Liberal-Democratico che dal 1955 guida ininterrottamente il Giappone del miracolo economico. Per lui il liberalismo non è soltanto il partito della realtà, ma anche quello della normalità, e per questo non ha bisogno di giustificarsi. Poiché il liberalismo raduna tutti coloro che credono all'ordine, al lavoro e al merito, è naturale che gli spetti il potere: l'esercizio del potere è la sua ragion d'essere. I suoi avversari sono invece devianti che soffrono affezioni morali e intellettuali. L'esistenza di correnti socialiste o comuniste in Giappone si spiegherebbe unicamente con lo sradicamento, nell'arco di una generazione, di un popolo di agricoltori strappato dalle risaie per essere trapiantato nelle città e nelle fabbriche. La sinistra, a suo parere, sarebbe soltanto il grido di scontento dei villici contro la rivoluzione industriale.

La rivoluzione conservatrice americana

Negli Stati Uniti la rivoluzione liberale degli anni di Reagan è stata preparata da un potente movimento liberal-conservatore, che tende a reintrodurre l'etica nella teoria economica. Secondo Michael Novak, autore di una "teologia del capitalismo", e secondo George Gilder, autore di *Ricchezza e povertà*, libertà e prosperità economica sono inseparabili dalle virtù cristiane. Gilder spiega la crisi economica degli anni '70 con la decadenza della famiglia e della religione, accusa lo Stato di favorire la disoccupazione con l'aiuto alle ragazze madri e collega la scarsa produttività dei giovani alla permissività sessuale. Egli si riallaccia quindi alle teorie del vecchio liberalismo vittoriano, per le quali la povertà derivava dal vizio.

Forse, commenta Sorman, non è sbagliato reintegrare un certo nesso tra morale privata e virtù pubblica, ma nello stesso tempo ciò comporta un grosso pericolo per il liberalismo. Identificare il liberalismo con una certa società, con un'epoca superata, significa infatti privarlo di ogni universalità tramite un discorso conservatore. Se il liberalismo è così datato, non potrà assolutamente sedurre le nuove generazioni, e la sua rinascita sarà effimera. Ecco il motivo per cui, nella relazione tra ordine morale e ordine liberale, è fondamentale separare l'essenziale dal provvisorio. Il capitalismo è essenzialmente basato su principi morali senza i quali non può operare. È chiaro che senza il rispetto della parola data e senza onestà nei rapporti commerciali ogni impresa finisce per crollare. Non è tuttavia indispensabile andare a Messa per essere un manager coerente. Possiamo quindi dire che tra il giudeo-cristianesimo e il liberalismo esiste un'oggettiva alleanza al fine di salvare l'uomo dal totalitarismo: niente di meno, ma niente di più!

La rivoluzione liberale britannica

A Londra, a due passi dal Parlamento, si trova l'Institute of Economic Affairs, il laboratorio intellettuale del thatcherismo. Il direttore è Lord Harris of High Cross, il quale cerca con entusiasmo di far aderire alle tesi del nuovo liberalismo le élite del paese. Harris è un intransigente dottrinario. Per lui la lotta contro lo statalismo è una crociata, e ha impegnato ogni fibra del suo essere in cause come la stabilità monetaria o l'economia di mercato, così come altri si sacrificano per il comunismo o per una fede religiosa. Lord Harris è colui che in Gran Bretagna ha ridato rispettabilità alla libera iniziativa, e nella sua scia molti economisti inglesi sono diventati intellettuali impegnati.

Come esempio di conversione riuscita si può citare quella sir Keith Joseph, un uomo politico appartenente all'establishment, ministro britannico dell'istruzione. A sua volta, Keith Joseph ha fatto aderire MargarethThatcher al nuovo liberalismo e, insieme con lei, ha reso vittorioso il tentativo di riconquista interna del partito conservatore contro la tendenza centrista. Più di ogni altro, Keith Joseph ha convinto i propri amici a passare dall'inconsistenza dottrinale alla coerenza ideologica. Nei quattro anni che hanno preceduto l'ascesa al potere dei conservatori, ha tenuto seicento conferenze nelle università britanniche parlando di un solo argomento: la difesa intellettuale e morale del capitalismo.

> *I danni della teoria keynesiana*
>
> «Siamo nel pieno della crisi degli anni '30. I liberali – quali Jacques Rueff in Francia – ritengono che l'unico modo d ridurre la disoccupazione consista nel permettere il ribasso dei salari. Keynes rifiuta però questa visione delle cose e sostiene al contrario che bisogna aumentare la pubblica spesa per rilanciare la produzione. Benché si tratti solo di un "colpo" ideologico, in seguito egli lo maschera da teoria scientifica. La teoria è però indimostrabile, probabilmente falsa e per di più fallisce negli anni '30, come fallirà negli anni '70. Ma in tal modo Keynes ha dato uno straordinario appoggio alle aspirazioni, per natura megalomani, dei burocrati politici. Prima di Keynes, i governi liberali temevano, a buon diritto, che se avessero manipolato la moneta, il budget, le imposte e i tassi d'interesse avrebbero turbato gli equilibri economici. Adesso sono giustificati a farlo, lo statalismo è diventato "scientifico", intellettualmente rispettabile. Da ciò nasce il dramma del XX secolo: i liberali, aderendo a Keynes contro Marx, si trasformano tutti in statalisti. In nome delle teorie keynesiane, ogni intervento pubblico è ormai circondato a priori dal favore, da un'apparente logica scientifica.» (p. 54)

I delusi del liberalismo

John Hoskyns è stato per quattro anni collaboratore della Thatcher. Il suo compito, molto specifico, consisteva nel ridurre le spese dello Stato, e in particolare di sbarazzarsi una volta per tutte, attraverso dei prepensionamenti, dei 3000 alti funzionari della

Corona. Hoskyns, in quanto imprenditore, pareva l'uomo più adatto alla situazione, ma non ce l'ha fatta. Alla fine è stato lui, non i burocrati statali, a doversene andare.

Del resto, dopo cinque anni di governo conservatore, in Gran Bretagna lo Stato non è sostanzialmente indietreggiato. Il prelievo pubblico sulla ricchezza nazionale è persino aumentato, tra il 1979 e il 1983, dal 35 al 39 per cento. I risultati non sono migliori negli Stati Uniti. Dopo quattro anni di discorso antistatale, sotto Reagan le spese federali sono salite dal 27,8 al 31,6 per cento del reddito nazionale; si tratta di una progressione paragonabile a quelle delle nazioni socialdemocratiche, che non segna alcuna rottura con il passato. Tutto il discorso di Reagan contro gli eccessi dello Stato assistenziale non ha avuto, al momento, alcun effetto finanziario di rilievo.

Per tutti coloro che si rifanno al liberalismo, questi dati sono un evidente fallimento sperimentale. Se dopo quattro o cinque anni di esercizio del potere lo Stato non si è indebolito, significa che tutto il discorso liberale è una retorica di facciata ideologica e nulla più, oppure che l'analisi liberale non è stata ancora messa a punto. Risulta quindi evidente che la retorica antistatale non basta. Il motivo è che lo Stato non è un'astrazione, ma è costituito da uomini e donne in carne ed ossa che lo gestiscono e che formano tra loro una vera classe sociale.

Gli ostacoli: la nuova lotta di classe

Secondo il sociologo tedesco Michael Zöller ciò che viene chiamato Stato è proprio un sistema di interessi personali organizzati, una Nuova Classe che, a suo parere, dovrebbe essere al centro della riflessione liberale. Se i liberali non valutano meglio l'aspetto sociologico dello Stato, si condannano ad affrontare un nemico inafferrabile. I membri della Nuova Classe, i burocrati che amministrano lo Stato, i funzionari e i politici, sono esseri umani terribilmente normali, quindi lontani dalla santità e dal disinteresse. Al pari di tutti noi, ambiscono ad aumentare la loro remunerazione e la loro autorità. In quanto classe, si prodigano nell'incrementare i loro poteri e la loro "quota di mercato", ossia il prelievo finanziario tramite l'imposta sulla società civile. Da queste persone non ci si può aspettare un comportamento diverso: sarebbe molto strano che la Nuova Classe organizzasse con la migliore volontà il proprio declino.

Lungi dall'essere apolitica, la Nuova Classe è diventata la moderna espressione del social-statalismo, un socialismo tecnico liberato dall'originaria ideologia. Statalismo e Nuova Classe si sono fusi: lo si può verificare nelle professioni di quanti aderiscono ai partiti di sinistra in Occidente. Da quindici anni le basi di reclutamento sono profondamente cambiate; gli insegnanti e i funzionari hanno scacciato ovunque la vecchia guardia operaia. Impadronitasi della sinistra tradizionale, la Nuova Classe ha sostituito i nuovi valori della burocrazia a quelli degli operai. Odio del denaro, mancanza di competizione, sicurezza economica: tutti questi elementi costituiscono lo scenario e il privilegio della vita burocratica.

La nostra storia, osserva Sorman, è proprio quella della lotta delle classi, ma non delle classi di cui parlava Marx. Abbiamo da una parte tutti coloro che vivono dell'economia privata, sottomessi alla legge della concorrenza e condannati a dare costante prova di iniziativa e di inventiva, capaci di cambiamento ma incerti del futuro. Costoro sono dei produttori e degli inventori. Sia il temperamento sia il posto che occupano nella società li portano ad adottare una filosofia liberale. Dall'altra parte vi è la Nuova Classe, la quale produce soprattutto parole e vive grazie al prelievo che opera sugli altri giustificandosi in nome dell'interesse generale. Essa amministra l'insegnamento e l'informazione, e offre ai propri membri il potere e la sicurezza del posto.

La rivolta fiscale parte dalla California

La conclusione cui sono giunti molti liberali è che l'unico modo per sconfiggere quella che Milton Friedman ha chiamato la "tirannia dello status quo", e ridimensionare la Nuova Classe, consiste nel tagliarle i viveri. Da qui l'idea della rivolta fiscale, nata in California grazie agli sforzi dell'industriale Howard Jarvis, il quale è riuscito a far firmare da un milione di cittadini la "proposta 13" che vieta l'aumento dell'imposta fondiaria oltre l'1% del valore dei beni tassati. A quel punto il testo è stato obbligatoriamente sottoposto a referendum ed è stato adottato. Venti Stati americani hanno fatto altrettanto, riducendo le imposte sul capitale e le imposte locali sul reddito. La rivolta fiscale, ben lontana dal placarsi, attacca ora nuove tasse: nel 1983 lo Stato della California ha dovuto rinunciare anche a ogni imposta sull'eredità.

Grazie all'economista californiano Arthur Laffer – che a 35 anni ha realizzato il sogno di ogni economista, tracciando una curva che ha preso il suo nome – le rivolte fiscali sono diventate intellettualmente rispettabili. Laffer spiega che quando lo Stato aumenta le imposte non ne ricava necessariamente un beneficio proporzionale alla pressione fiscale, perché ogni aumento dell'imposta induce alcuni contribuenti a rallentare l'attività, a passare al mercato nero o a impegnarsi nell'elusione o nell'evasione fiscale. Al limite, un'imposta del 100 per cento frutta allo Stato lo 0 per cento, dato che blocca ogni attività privata. Al contrario, una diminuzione delle imposte può fruttare allo Stato un aumento di gettito, perché la rinnovata motivazione delle imprese incrementa il prodotto soggetto a tassazione.

Per merito di Laffer la diminuzione delle imposte diventa il mezzo per uscire dalla crisi e per la ripresa del lavoro produttivo, dell'inventiva, dell'entusiasmo creatore di ricchezze. E, per di più, la teoria funziona! Negli Stati americani in cui la diminuzione delle imposte locali è stata più precoce e sostanziosa, California e Massachusetts, sono quelli in cui la crescita si manifesta con maggiore vivacità. Lo stesso discorso vale per l'intera nazione americana, poiché la diminuzione del tasso massimo delle imposte federali, passato dal 70 al 50 per cento nel 1982, ha preceduto di un anno la ripresa.

Dalla rivolta fiscale degli anni Ottanta si dovrebbe ricavare un insegnamento più generale: la democrazia rappresentativa non ci assicura più che i parlamentari facciano prevalere gli interessi dei contribuenti su quelli della Nuova Classe. È quanto mai evidente che succede il contrario. Per questa ragione Milton Friedman ha suggerito un emendamento della Costituzione, affinché il pareggio del bilancio diventi obbligatorio e le spese pubbliche non possano aumentare più rapidamente della ricchezza nazionale. Un tale emendamento sarebbe l'unica protezione per i contribuenti. Tuttavia occorrerebbe anche che lo Stato, dopo aver ceduto alla rivolta fiscale, non recuperasse grazie all'inflazione quanto ha perso sul piano fiscale. Da qui la necessità di recuperare la nostra moneta.

L'inflazione all'origine del moderno statalismo

Nell'ufficio di Lord Harris a Londra un grafico rappresenta l'aumento dei prezzi dal XIV secolo ai nostri giorni: + 2930 per cento, di cui i nove decimi dopo la pubblicazione della *Teoria generale* di Keynes, nel 1936. Secondo lo studioso inglese Michael Oakeshott, è l'inflazione che, rovinando i risparmiatori, ha portato lo Stato a sostituirsi alle persone. Senza inflazione, ognuno potrebbe capitalizzare la propria pensione e le proprie assicurazioni sociali. Con l'inflazione, la garanzia dello Stato diventa indispensabile. A suo parere, l'inflazione è dunque il presupposto dello Stato-Provvidenza, del social-statalismo. L'inflazione inoltre consente agli Stati moderni di finanziare senza ritegno le spese. Tale metodo ha il vantaggio di essere quasi inavvertibile e incontrollabile, dato che l'inflazione è un'imposta furtivamente prelevata ogni mattina dal nostro potere d'acquisto. In tale ottica, la difesa della stabilità monetaria diventa la causa centrale dei liberali.

Milton Friedman paragona l'inflazione all'alcolismo. In entrambi i casi si tratta di un eccesso di liquidi. L'inflazione ha infatti un'unica causa, sempre e ovunque la stessa: la quantità eccessiva di moneta. Quando i prezzi aumentano, quindi, non si può incriminare il commerciante, i sindacati o il padronato. I prezzi non salirebbero se il governatore della Banca Centrale non facesse lievitare la massa monetaria. Per lottare contro l'inflazione è quindi del tutto inutile bloccare i salari e i prezzi. Tutti i paesi che hanno vinto l'inflazione dopo il 1980 – Stati Uniti, Gran Bretagna, Germania e Giappone – si sono ispirati alla ricetta di Friedman. Tutti hanno ridotto la quantità di moneta e ciò ha portato a uno spettacolare calo dell'inflazione: in Gran Bretagna dal 22 al 4 per cento tra il 1981 e il 1983; negli Stati Uniti dall'11 al 5 per cento nello stesso biennio.

Per farla finita con l'inflazione Friedman pensa occorra introdurre un divieto costituzionale di manipolare la moneta. Hayek invece, partendo dalla medesima analisi delle cause statali dell'inflazione, ha avanzato una proposta più radicale: la privatizzazione della moneta. A suo parere bisognerebbe consentire alle banche l'emissione di monete private in concorrenza tra loro. I clienti utilizzerebbero le monete meglio gestite e meno svalutate. L'inflazione sparirebbe grazie al solo gioco della concorrenza.

Una nazione di proprietari

In Gran Bretagna e negli Stati Uniti si sta sviluppando rapidamente un movimento a favore della privatizzazione, che mira a restituire alle persone le proprietà pubbliche e alle imprese private tutto ciò che possono amministrare meglio dello Stato. Ben poche, infatti, sono le cose che appartengono per natura allo Stato. Quanto viene definito "servizio pubblico" è in genere il prodotto tanto di circostanze storiche quanto della deliberata volontà di socializzare una nazione. I conservatori inglesi, ad esempio, hanno privatizzato la NFC, una società di trasporti stradali che era stata nazionalizzata dalla sinistra nel 1968, attraverso la vendita di azioni ai dipendenti e ai pensionati della società. A due anni di distanza le azioni acquistate a 1 sterlina si scambiano a 2,60 sterline, cosa che consente di valutare la spettacolosa ripresa della società. È questa infatti la principale virtù del capitalismo popolare: tutto il personale si è svegliato, a cominciare dalla dirigenza.

Il governo della Thatcher intende inoltre rendere ogni inglese proprietario del suo appartamento. A partire dal 1980, ogni occupante di un alloggio sociale costruito con denaro pubblico può procedere al riscatto. Per la filosofia conservatrice, infatti, la proprietà è la base di ogni società libera e la garanzia del comportamento socievole. La proprietà collettiva, al contrario, è un modo di omogeneizzare gli individui, al fine di renderli la naturale clientela del social-statalismo.

Negli Stati Uniti ha molto successo la privatizzazione dei servizi comunali. Le statistiche dimostrano infatti che il settore privato è mediamente due volte meno caro del settore pubblico, a parità di servizio. Ad esempio, il servizio antincendio privato di Scottsdale, che viene gestito dalla Metro Rural Fire Company, risulta due volte meno caro per l'abbonato rispetto a una gestione pubblica equivalente, e fornisce un servizio superiore: intervento più rapido e meno danni dopo il passaggio dei pompieri. Vi è però qualcosa di più strabiliante dei pompieri privati: le prigioni private! La Correction Corporation di Houston chiede ai contribuenti il 30 per cento in meno del costo di una giornata in una prigione pubblica e provvede a tutto: alloggio, vigilanza e sostentamento.

> *La proposta di tassare le spese invece del reddito*
> «James Meade osserva che è assurdo tassare i redditi, ossia le ricchezze che ciascuno apporta alla collettività, e non tassare invece il consumo, ossia quanto ciascuno toglie alla collettività. È quindi necessario permettere al contribuente di detrarre dalla dichiarazione dei redditi tutto ciò che egli risparmia. Grazie al risultato di questa sottrazione, saranno tassate soltanto le spese. I vantaggi economici di tale imposta sulle spese sarebbero immensi. Il livello generale del risparmio aumenterebbe, consentendo una ripresa dell'investimento privato ... Le qualità politiche sarebbe ancora più evidenti, poiché la detrazione del risparmio finirebbe con il permettere al contribuente di "scegliere" il livello della propria imposta ... Tale meccanismo instaurerebbe un controllo democratico e permanente dei contribuenti sulla burocrazia, incoraggerebbe l'iniziativa economica e terrebbe presente l'effetto Laffer. Infine, manterrebbe a pieno una gerarchia fiscale, al fine di garantire la stabilità delle relazioni sociali» (p. 91)

La privatizzazione intacca alle radici la società burocratizzata. È un'autentica pedagogia della libertà per l'azionista, che diventa giudice del buon andamento della sua impresa; e per l'utente, che conosce il prezzo esatto dei servizi pubblici e li paga al loro costo, il più basso possibile. In tal modo si può anche ridimensionare l'ingannevole concetto di "gratuità" del servizio pubblico. Niente è mai gratuito; quanto apparentemente lo è, in realtà è sempre pagato dal contribuente. L'unica differenza sta nel fatto che il servizio gratuito è concepito e selezionato dalla burocrazia al potere, mentre il servizio a pagamento è scelto dal cittadino cliente.

La soluzione liberale

Niente però, commenta Sorman a conclusione del libro, è meno liberale della speranza in un governo che instauri esso stesso il liberalismo. Il liberalismo consiste invece nel non investire in maniera particolare la propria fiducia nella classe politica, poiché la vocazione dei politici non è quella di essere liberali. Invece di seguire i capi, è meglio sorvegliarli. La soluzione liberale sta nel lasciare il libero gioco all'iniziativa privata, alla democrazia diretta sul modello dei comuni svizzeri, alle associazioni di genitori o alle mille comunità della società civile.

Che si tratti di democrazia municipale o di privatizzazione dei servizi locali, non è necessario cambiare lo Stato e neppure il governo per passare ai fatti. Queste autentiche trasformazioni della società possono cominciare ora e subito, purché i liberali lo vogliano veramente.

Punti da Ricordare

• Negli anni Ottanta il liberalismo è tornato di moda in tutto il mondo
• Non si tratta di un cambiamento temporaneo, ma di una duratura rivoluzione culturale
• Le idee social-stataliste che hanno dominato negli ultimi quarant'anni sono entrate in crisi
• In molti paesi le classi politiche si sono convertite a un discorso politico liberale
• In America la rivoluzione reaganiana è stata preparata da una rivoluzione conservatrice che sottolinea gli aspetti etici del mercato
• In Inghilterra Lord Harris e Keith Joseph hanno convertito Margaret Thatcher e il Partito Conservatore al liberalismo economico
• Tuttavia dopo quattro anni di retorica antistatale la spesa pubblica non si è ridotta
• L'ostacolo principale all'arretramento dello Stato è costituito dalla Nuova Classe burocratica
• Oggi i partiti di sinistra non rappresentano più la classe operaia, ma i funzionari e gli insegnanti
• Dalla California è partita la rivolta fiscale contro la tassazione eccessiva
• La lotta all'inflazione è diventata per i liberali la causa centrale
• Si sta diffondendo anche un forte movimento a favore della privatizzazione delle proprietà pubbliche e dei servizi pubblici locali
• I liberali non devono avere fiducia nella classe politica, ma devono cambiare la società agendo dal basso

L'autore

Guy Sorman, giornalista e scrittore di idee liberali classiche, è nato a Nérac, in Francia, il 10 marzo 1944. Attualmente vive a New York, e dal 2015 ha acquisito anche la cittadinanza americana. Scrive regolarmente come editorialista per importanti quotidiani di tutto il mondo, tra cui *Le Figaro* in Francia, *Wall Street Journal* negli Stati Uniti, *abc* in Spagna. Dal 1970 al 2000 ha insegnato economia all'Istituto di Scienze Politiche di Parigi e presso altre università estere. È autore di trenta libri sull'attualità, diversi dei quali tradotti in italiano come *La soluzione liberale* (1984), *La nuova ricchezza delle nazioni* (1987), *I veri pensatori del nostro tempo* (1989), *Made in Usa* (2004). Nel 2018, è stato premiato con la Legion d'onore, il più alto riconoscimento francese.

Nota Bibliografica

Guy Sorman, *La soluzione liberale*, Longanesi, Milano, 1985, p. 205, traduzione di Anna Silva. Titolo originale: *La solution libérale*.

37

Julian Simon

The Ultimate Resource 2
1996

*"Le risorse non esistono in natura,
ma solo nella mente dell'uomo"*

Julian Simon è stato il primo a teorizzare ciò che i migliori economisti del passato avevano solo intravisto, ma non perfettamente compreso: che gli esseri umani costituiscono la risorsa decisiva, e sono molto più importanti della terra, dell'acqua, del petrolio, dell'oro o di qualsiasi altro bene naturale. Tutta l'opera di Simon si pone infatti l'obiettivo di smontare le profezie di sventura degli ambientalisti radicali sulla sovrappopolazione, l'esaurimento delle materie prime e l'inquinamento ambientale. La notorietà di Simon è legata anche scommessa vinta contro il suo acerrimo avversario Paul Ehrlich, autore del popolarissimo libro maltusiano The Population Bomb, nel quale sosteneva che il genere umano si sarebbe trovato ben presto di fronte ad una catastrofe demografica. Al contrario, l'approfondito e voluminoso libro di Simon sostiene una visione decisamente ottimista sul futuro dell'umanità

Riassunto

L'umanità non è mai stata meglio

Simon aveva argomentato per la prima volta le sue idee controcorrente nel libro *The Ultimate Resource* ("La risorsa fondamentale") del 1981, nel quale aveva fatto notare che l'allarmismo sul consumo delle risorse naturali era contraddetto dalla secolare tendenza al declino dei prezzi delle materie prime. Inoltre aveva sostenuto che l'aumento della popolazione era la soluzione ai problemi della scarsità e dell'inquinamento, perché più uomini significavano più idee, più scambi, più creatività, più innovazioni, più tecnologia. Tutti i trend storici riportati da Simon confermavano infatti la sua visione ottimistica.

A quindici anni di distanza pubblica la seconda edizione del libro, *The Ultimate Resource 2*, aggiornata con nuovi dati e riflessioni che rafforzano le tesi esposte nella prima edizione. «La tendenza verso una maggiore igiene e un minor inquinamento della nostra aria e della nostra acqua – ribadisce Simon – risulta ancor più accentuata rispetto a prima, coprendo un periodo storico più lungo e un maggior numero di paesi, sebbene il disastro ambientale nell'Europa orientale sia diventato noto al pubblico solo di recente. L'aumento della disponibilità delle materie prime è continuato senza sosta, e ha addirittura accelerato. Nessuna delle catastrofi nella produzione di cibo e delle carestie previste dai profeti di sventura si è verificata; al contrario, gli abitanti del mondo mangiano meglio che mai. Le credenze tradizionali dei catastrofisti sono state interamente falsificate dagli avvenimenti degli ultimi decenni» (p. 578).

Gli ambientalisti che profetizzano sventure a causa dell'aumento della popolazione, scrive Simon, dimostrano la stessa mancanza d'immaginazione di Thomas Malthus, il quale nel 1798 aveva affermato, agli albori della più spettacolare esplo-

> **L'ottimismo si fonda sull'esperienza**
> «Forse è utile riflettere su questo: se gli ultimi 200 anni ci hanno apportato più conoscenza di tutti i secoli precedenti, e se gli ultimi 100 o addirittura 50 anni ci hanno portato più conoscenza dei 100 anni precedenti, e gli ultimi 25 anni più del precedente quarto di secolo (secondo un tasso di accelerato d'innovazione, a quanto pare) perché non dovremmo pensare che il prossimo secolo o millennio o i prossimi sette miliardi di anni non ci porteranno ulteriore conoscenza capace di migliorare la vita umana? Ragionare diversamente significa andare contro tutta l'esperienza umana» (p. 390).

sione della produzione della storia umana, che l'aumento della popolazione umana avrebbe superato ben presto la produzione del cibo. La rivoluzione industriale stava nascendo sotto i suoi occhi, ma egli non fu in grado di prevedere gli sviluppi tecnologici futuri e la riduzione dei costi dei beni di consumo dovuti alla maggiore efficienza produttiva. Come gli ambientalisti moderni, i maltusiani non riuscirono a prevedere le invenzioni strepitose con cui gli individui avrebbero risolto i nuovi problemi ambientali, migliorato le tecnologie esistenti e creato nuove risorse.

Le risorse sono infinite

Il difetto dei catastrofisti è quello di vedere l'uomo sotto un solo aspetto, quello del consumatore e del distruttore, mentre per Simon l'uomo è soprattutto un produttore creativo. Le risorse, infatti, non esistono in natura, ma solo nella mente dell'uomo. Tutte quelle che oggi consideriamo risorse naturali (come il ferro, il carbone, il petrolio, l'alluminio, il radio, l'uranio o il silicio) in passato non lo erano, perché l'uomo non sapeva utilizzarle a proprio vantaggio. Quindi più andiamo avanti, più scopriamo risorse che nessuno immaginava.

Affermare che le risorse sono limitate e che prima o poi finiranno equivale a dire che l'uomo in futuro smetterà di pensare, ossia cesserà di essere uomo. Il grave errore su cui si fondano le tesi apocalittiche degli ambientalisti è quello di considerare l'uomo alla stregua di un animale, privo di ragione e incapace di modificare a proprio vantaggio l'ambiente circostante.

Simon offre una spiegazione del fatto, solo in apparenza contrario al senso comune, che nel corso della storia tutte le risorse naturali (minerali, cibo, energia) invece di diminuire sono diventate meno scarse: all'inizio l'aumento del numero delle persone e dei redditi causa dei problemi di scarsità di risorse nel breve periodo; l'accentuata scarsità provoca un aumento dei prezzi; i prezzi più alti offrono delle opportunità

e spingono gli inventori e gli imprenditori a trovare delle soluzioni; molti falliscono e subiscono delle perdite; in una società libera, tuttavia, le soluzioni prima o poi
vengono scoperte, e nel lungo periodo questi nuovi miglioramenti ci lasciano in una
condizione migliore rispetto a prima che si presentasse il problema.

In sintesi, è questa la Grande Teoria che spiega perché l'umanità, dalla preistoria
ai giorni nostri, è diventata sempre più ricca di risorse naturali quanto più aumentava
la popolazione e lo sviluppo tecnologico. Andando ancora una volta controcorrente,
Simon afferma che l'aumento della popolazione non solo rappresenta la nostra più
grande vittoria sulla morte, ma apporta immensi benefici nel lungo periodo: «Il più importante effetto economico della dimensione della popolazione è il contributo che un maggior numero di persone dà al nostro stock di conoscenze utili. Questo contributo è così elevato da superare, nel lungo periodo, tutti i costi della crescita della popolazione» (p. 367). Le menti, dice Simon, contano molto di più delle bocche o delle braccia; il progresso nasce dalla presenza di numerosi lavoratori *specializzati*.

Non è la quantità di risorse che conta

«Considera questi paesi, e cerca di indovinare quali sono quelli ricchi e quelli poveri: 1) paese senza sbocco sul mare, montagnoso, quasi privo di petrolio, metalli o altre risorse estrattive, con poco terreno agricolo pianeggiante e un'alta densità di popolazione; 2) paese così pianeggiante e basso da trovarsi in pericolo costante di essere allagato dall'oceano (cosa successa molte volte nella sua storia), con altissima densità abitativa e nessuna risorsa naturale; 3) paese con il più alto tasso di crescita della popolazione e di immigrazione al mondo nell'ultimo mezzo secolo, con una densità di popolazione altissima e nessuna risorsa naturale, nemmeno l'acqua potabile; 4) paese con una bassa densità di popolazione, grandi quantità di risorse naturali, molta terra agricola fertile» (p. 390). Nell'ordine i paesi sono: Svizzera, Olanda, Hong Kong. Il quarto rappresenta buona parte dei paesi dell'Africa e del Sudamerica. I primi tre sono tra i più ricchi del mondo, molti del quarto gruppo sono poverissimi» (p. 127).

Il principale contributo che le persone aggiuntive apportano alla società è la nuova conoscenza d'ogni tipo (scientifica, organizzativa e pratica) che creano e lasciano a chi viene dopo di loro. Questi vantaggi non provengono solo dai grandi geni, ma soprattutto dalle normali persone ingegnose. Per dare un'immagine visiva del valore della conoscenza accumulata e dispersa tra la gente comune, Simon ricorda che oggi il reddito di cinquanta milioni di americani, grazie alle loro conoscenze, eguaglia il valore di tutto l'oro esistente al mondo!

Con il passare del tempo, quindi, il valore delle risorse fisiche ha perso importanza rispetto a quello delle conoscenze e del capitale umano, come si può constatare dal fatto che la riparazione di un bene spesso costa più della sua sostituzione. Questo significa che gli esseri umani, malgrado il loro accresciuto numero, sono diventati *relativamente* più scarsi rispetto alle risorse disponibili.

Più siamo meglio è

Una maggiore popolazione, infatti, implica un mercato più vasto, che a sua volta promuove sistemi di produzione industriali più grandi ed efficienti. Inoltre un mercato più ampio rende possibile una maggiore divisione del lavoro, e quindi permette agli uomini e alle macchine di specializzarsi sempre di più in singole attività, con enormi guadagni d'efficienza; in questo modo si amplia notevolmente la varietà dei beni e dei servizi prodotti. Infine, una maggiore popolazione rende conveniente tutta una serie di grandi investimenti che altrimenti non sarebbero profittevoli: strade, porti, sistemi d'irrigazione e così via.

È chiaro tuttavia che questi vantaggi possono materializzarsi solo in presenza di istituzioni politiche ed economiche capaci di favorire la creatività umana: «L'immaginazione umana può fiorire solo se il sistema economico dà agli individui la libertà di esercitare i loro talenti e di trarre vantaggio dalle opportunità. Così un altro elemento cruciale nell'economia delle risorse e della popolazione è il grado di libertà personale che il sistema politico, legale ed economico garantisce contro la coercizione del governo. Le persone qualificate necessitano di un sistema appropriato che offra gli incentivi per lavorare duro e assumersi dei rischi, permettendo ai loro talenti di fiorire e di dare frutti. Gli elementi chiave di questo modello sono la libertà economica, il rispetto della proprietà, e giuste e sensate regole di mercato uguali per tutti» (p. 408).

Simon dichiara di aver maturato questa sua convinzione politica nella seconda edizione del suo libro grazie soprattutto all'influsso delle idee di Friedrich A. von Hayek, e ai nuovi dati disponibili sulle performance economiche e ambientali dei paesi capitalisti e comunisti. Una potente conferma che il problema del mondo non è l'eccesso di persone ma la mancanza di libertà politica ed economica proviene da quelle coppie di paesi che avevano la stessa cultura e storia, e che godevano dello stesso standard di vita prima di dividersi dopo la seconda guerra mondiale: Germania est e Germania Ovest, Corea del Nord e Corea del Sud, Cina e Taiwan. «In tutti questi casi l'economia centrale pianificata ebbe inizio con una minor "pressione" demografica, tenuto conto della densità per chilometro quadrato, rispetto all'economia guidata dal mercato. I paesi comunisti e quelli non comunisti partirono inoltre con lo stesso tasso di natali-

tà. Le economie di mercato, tuttavia, hanno avuto risultati molto migliori delle economie pianificate. Questa spiegazione è talmente evidente da togliere ogni fondamento all'idea che il sottosviluppo derivi dall'eccesso di popolazione» (p. 495).

Spesso quindi si attribuisce la causa della scarsità di cibo all'eccesso di popolazione invece che all'errato sistema politico ed economico. Nel 1981, quando uscì la prima edizione del suo libro, la questione non era ancora chiara, ma oggi, scri-

> **Come il mercato conserva l'ambiente**
> «Le mandrie di bestiame si sono moltiplicate grazie alla proprietà individuale, facilitata dal sistema della marchiatura e dal filo spinato, che è stato inventato per risolvere il problema dei pascoli comuni; lo stesso è accaduto con le mandrie di elefanti in Zimbabwe; la qualità delle abitazioni è andata col tempo migliorando anche nelle periferie come Levittown considerate un tempo "pacchiane"; l'habitat è stato ben preservato nelle fattorie che possono vendere i diritti di cacciagione, e nei bellissimi corsi d'acqua della Gran Bretagna posseduti privatamente, dove i club sportivi vendono i diritti di pesca; i pesci sono abbondanti nei fossi scavati ai lati delle autostrade dell'Illinois durante i lavori di costruzione, nei quali oggi si può pescare a pagamento» (p. 306).

ve Simon, siamo assolutamente certi che un sistema agricolo basato sulla proprietà privata all'interno di uno stabile libero mercato e senza controlli sui prezzi genera una produzione di cibo incomparabilmente superiore ad ogni altra organizzazione della produzione.

Gli unici rischi per la produzione di cibo provengono dagli interventi statali che distruggono gli incentivi degli agricoltori a produrre in maniera efficiente. Tutte le più gravi carestie del ventesimo secolo si sono infatti verificate nei casi in cui i governi hanno cercato di collettivizzare l'agricoltura, come in Russia (7 milioni di morti), in Cina (30 milioni di morti), in Cambogia, in Corea del Nord o in Etiopia. Simon ricorda che alla fine degli anni settanta la produzione agricola cinese ebbe un immediato boom quando il governo cinese permise la trasformazione dell'agricoltura in senso privatistico. Si trattò del più rapido e vasto cambiamento sociale di tutta la storia, che coinvolse forse 700 milioni di persone.

Il libero mercato preserva l'ambiente

I dati raccolti in *The Ultimate Resource 2* dimostrano che l'intervento statale spesso non risolve, ma peggiora i problemi ambientali. Non c'è nessuna prova, scrive Simon, che i funzionari pubblici siano in grado di amministrare i beni meglio dei privati proprietari, anche per quanto riguarda le aree naturali e i parchi. La proprietà statale facilita il sovraconsumo delle risorse non solo a causa dei tipici problemi legati alle "tragedie dei beni collettivi", ma anche a causa della gestione incompetente. Il governo spesso applica prezzi troppo bassi per l'uso delle risorse pubbliche come i terreni per i pascoli o le foreste di legname, e questo ne favorisce il consumo eccessivo. «Gli amanti della natura – aggiunge Simon – non dovrebbero sottostimare la probabilità che, senza l'azione del governo, altre persone come loro interverranno spontaneamente per proteggere i valori a cui tengono» (p. 305). Nel diciannovesimo secolo, ad esempio, i falchi venivano abbattuti come predatori ed erano in pericolo di estinzione, ma alcuni privati crearono una riserva naturalistica in Pennsylvania che oggi è diventato un importante centro di ricerca sui rapaci, il Santuario della Montagna del Falco.

Contro le accuse al mercato di non preservare l'ambiente, Simon fa notare che spesso il degrado ambientale dipende dall'assenza dei diritti di proprietà. Grazie alle ricerche degli ecologisti di mercato, fin dagli anni Ottanta è cresciuta la convinzione che, per ridurre l'inquinamento, gli incentivi economici siano più efficaci dei controlli statali, e oggi i "permessi ad inquinare" vengono regolarmente comprati e venduti dalle aziende alle borsa di Chicago. I programmi statali di conservazione ambientale hanno inoltre il grave difetto di introdurre degli alti costi e dei limiti gravosi alla libertà individuale, perché richiedono l'istituzione di corpi di polizia addetti al controllo dei rifiuti o delle acque, muniti di poteri sanzionatori e intrusivi nella vita personale delle persone.

A tutto questo si devono aggiungere le rivelazioni sulle terribili devastazioni ambientali avvenute nei paesi comunisti, dove non esisteva la proprietà privata e tutto veniva deciso burocraticamente. Non essendo orientati dai prezzi di mercato, i manager delle imprese socialiste, a parità di produzione, consumavano una quantità molto più alta di energie e materie prime, come se fossero gratuite o quasi. In Urss, nei paesi dell'Est-Europa e in Cina l'inquinamento dell'aria e dell'acqua è enormemente superiore a quello dei paesi occidentali. Molti fiumi come il Danubio e molti grandi bacini d'acqua, come il lago Bajkal, il mar Caspio o il lago d'Aral, sono stati usati come discariche o prosciugati. A causa del maggiore inquinamento, il tasso di mortalità delle popolazioni dei paesi comunisti è risultato molto più elevato di quello dei paesi capitalisti.

Il modo apparentemente ovvio di affrontare i problemi della scarsità delle risorse, cioè quello di affidare al governo il controllo della produzione e del consumo, nel lungo periodo si rivela controproducente perché i controlli burocratici e i prezzi fissati d'autorità impediscono alle persone di attuare tutti quegli aggiustamenti, in risposta all'aumento dei prezzi di mercato, che avrebbero alleviato il problema. Oltre alla mente e allo spirito umano, conclude Simon, anche l'organizzazione politico-economica di una paese ha un'importanza decisiva: «Nel 1742 quello che considero il maggior filosofo e uno dei più grandi economisti di tutti i tempi, David Hume, scrisse che "Moltitudini di persone, necessità e libertà sono la fonte della prosperità commerciale olandese". In questa breve frase Hume ha riassunto tutto ciò che è importante ai fini del progresso economico: *la libertà economica* che permette agli individui di utilizzare al meglio i proprio talenti e le opportunità; *la necessità*, nel caso olandese, di rendere fertile la terra strappandola al mare; e *le moltitudini di persone*, capaci di inventare nuovi modi di fare e organizzare le cose. È questo il cuore della storia raccontata nel mio libro» (p. 584).

Punti da Ricordare

- Le profezie catastrofiste degli ambientalisti sono state smentite dai fatti
- Le materie prime, l'energia e il cibo sono sempre più abbondanti e meno costosi
- Le risorse non esistono in natura, ma solo nella mente dell'uomo
- L'unica risorsa scarsa è l'intelligenza umana
- L'aumento della popolazione genera grandi benefici nel lungo periodo
- Il libero mercato preserva l'ambiente e moltiplica le risorse naturali
- L'uomo è la risorsa più importante

L'autore

Julian Simon (1932-1998) nasce il 12 febbraio 1932 a Newark, nel New Jersey. Nel 1953 si laurea ad Harvard, e la sua prima attività è quella imprenditore nel campo della vendita per corrispondenza. La sua attenzione però si sposta sulla ricerca riguardante la popolazione e le risorse, e diventa professore di economics and business presso l'università dell'Illinois. Successivamente passa all'università del Maryland. A Simon si deve anche la risoluzione del problema dell'overbooking aereo. Nel 1977 le alcune compagnie aeree adottano la sua proposta di pagare i passeggeri che decidono di lasciare il loro posto negli aerei con troppe prenotazioni. Questa soluzione, che ha fatto risparmiare milioni di dollari alle compagnie, è diventata oggi una procedura standard. Nel 1980 sfida il catastrofista Paul Ehrlich, autore nel 1968 del bestseller "La bomba della popolazione" in una celebre scommessa. Gli concede il vantaggio di scegliere cinque materie prime: se dopo dieci anni il loro prezzo fosse aumentato, dimostrando di essere diventate più scarse, Simon gli avrebbe pagato la differenza; se invece il prezzo fosse diminuito, confermando di essere diventate più abbondanti, sarebbe stato Ehrlich a dover pagare la differenza al suo sfidante. Il famoso ambientalista accetta con spacconeria la scommessa, a suo dire troppo facile da vincere. Sceglie il cromo, il rame, i nickel, lo stagno e il tungsteno. Altri suoi colleghi si uniscono nella scommessa. Nel 1990 però i prezzi risultano fortemente calati ed Ehrlich ammette la sconfitta, inviando un assegno di 576,07 dollari a Simon, che gli propone il lascia o raddoppia, ma Ehrlich rinuncia. Malgrado la sua vittoria, Simon continua però ad essere considerato un paria nel mondo accademico e mediatico. Muore per un attacco di cuore a Chevy Chase, nel Maryland, l'8 febbraio 1998 all'età di 65 anni.

Nota Bibliografica

Julian Simon, *The Ultimate Resource 2*, Princeton University Press, Princeton, 1996, p. 778.

38

Hernando de Soto

Il mistero del capitale
2000

'I governi devono riconoscere i diritti di proprietà
e la libertà d'iniziativa economica dei poveri'

Hernando de Soto è una celebrità tra gli economisti dell'America Latina, e si dice che le sue ricerche nel corso degli anni Ottanta siano state determinanti nella sconfitta del sanguinario movimento terroristico maoista Sendero Luminoso, che aveva conquistato ampie aree del Perù. De Soto mise in luce l'esistenza di una vastissima economia informale nel paese, e la necessità che lo Stato riconoscesse i diritti di proprietà e di iniziativa economica dei ceti più umili, se voleva sconfiggere la povertà. Nel libro *Il mistero del capitale* de Soto approfondisce questi temi cruciali, e individua nella mancata tutela dei diritti di proprietà la causa dell'incapacità dei paesi in via di sviluppo di generare il capitale necessario alla crescita economica. Questo libro illuminerà molti lettori sugli insormontabili ostacoli istituzionali alla libera iniziativa che esistono nei paesi più poveri, e sul significato profondo del capitalismo.

Riassunto

L'economia sommersa nei paesi poveri

Il maggiore ostacolo che impedisce ai paesi non occidentali di beneficiare del capitalismo è l'incapacità di produrre capitale. Il capitale infatti è la forza che eleva la produttività del lavoro e crea la ricchezza delle nazioni. L'incapacità dei paesi in via di sviluppo di produrre capitale è la conseguenza della carente protezione legale dei diritti di proprietà.

Anche gli Stati Uniti in origine non avevano un sistema chiaro di titoli di proprietà: i coloni e i minatori procedevano a occupazioni di fatto delle terre vergini e dei campi minerari, e sostenevano di averne acquistato la proprietà in virtù del loro lavoro e dei miglioramenti che avevano apportato. Oggi la massiccia migrazione dalle campagne alle città nei paesi in via di sviluppo sta generando una situazione analoga. I migranti infatti occupano abusivamente i terreni dei sobborghi, ma i loro titoli di proprietà e le loro attività non sono riconosciute dal sistema legale.

Rispettare tutte le regolamentazioni, le restrizioni e i requisiti per ottenere la regolarizzazione dei titoli di proprietà, infatti, è incredibilmente costoso, in tempo e denaro. In molti paesi del terzo mondo ottenere il permesso per svolgere un'attività o per costruire una casa su un'area pubblica o vacante costituisce una difficoltà insormontabile. In Perù per aprire legalmente una piccola impresa di trasporti occorrono minimo due anni. Nelle Filippine per ottenere un titolo legale su una casa costruita su suolo pubblico ci vogliono almeno 25 anni e centinaia di procedure burocratiche.

Non meraviglia, quindi, che coloro che migrano dalle campagne alle città preferiscano rimaner fuori dalla legge. Vivono nell'illegalità, e usano delle regole locali, informali e comunitarie per proteggere i propri diritti. Per queste ragioni l'economia sommersa è di gran lunga quella prevalente in molti paesi non occidentali, soprattutto nel piccolo commercio, nei trasporti, e nelle attività meccaniche o artigianali.

Il capitale morto

Queste imprese e queste abitazioni non sono documentate, e quindi sono a tutti gli effetti "capitale morto" invisibile alle autorità, se non per scopi fiscali. Questo "capitale morto" è economicamente significativo. Nelle Filippine e nel Perù comprende circa il 60 % delle case in campagna e il 55 % delle case in città. Le case "abusive" sono il 97 % in Haiti e il 92 % in Egitto. Singolarmente non valgono granché, solo poche centinaia di dollari, ma tutte insieme, essendo milioni, raggiungono valori impressionanti. Ad Haiti ci sono più di 5 miliardi di dollari di capitale immobiliare morto, in Perù 74 miliardi, nelle Filippine 133 miliardi, in Egitto 240 miliardi. Nel mondo si stima che il valore sia superiore a 9 trilioni di dollari.

L'Occidente sviluppato dà per scontate le complesse interrelazioni che permettono di acquistare la casa a credito, o di ottenere un prestito offrendo la casa come garanzia. Il capitale infatti è qualcosa di astratto. Ciò che conta non è la presenza fisica di un oggetto, ma il suo valore.

> *L'imprenditorialità è universale*
> «Le città del terzo Mondo e i paesi ex comunisti formicolano di imprenditori. Non si può viaggiare in un mercato del Medio Oriente, visitare un villaggio dell'America Latina, salire su un taxi a Mosca senza che qualcuno ti offra di partecipare a un affare. Gli abitanti di questi paesi possiedono talento, entusiasmo e una stupefacente abilità nell'estrarre profitto praticamente dal nulla» (p. 12).

La terra e il denaro di per sé non sono "capitale", se non possono dare frutti. Per convertire una casa in capitale occorre guardare oltre il suo aspetto fisico e immaginare la sua potenziale capacità di creare valore. Cosa può convertire una casa o un'azienda in capitale? I diritti di proprietà, così come sviluppati dall'Occidente. Senza un sistema giuridico che certifichi in maniera certa e precisa a chi appartiene un determinato bene, è impossibile verificare la proprietà, sapere se una rivendicazione è fondata, comprare e vendere in maniera sicura.

I vantaggi dei diritti di proprietà

La proprietà e le istituzioni che la sostengono sono la chiave del successo del capitalismo occidentale. Un sistema di diritti di proprietà produce infatti sei effetti positivi:

1) Fissa il potenziale economico delle attività. Un titolo di proprietà su una casa ci costringe a pensarla come un concetto economico e sociale, cioè come capitale vivo, e ci invita ad andare oltre la visione della casa come semplice rifugio (capitale morto). La proprietà della casa può servire come garanzia per un mutuo, come patrimonio aziendale da scambiare con investimenti, come domicilio per l'esazione di debiti e imposte, come punto di riferimento per l'identificazione dei soggetti a fini commerciali, giudiziari e civili, come terminale affidabile per le forniture di servizi di pubblica utilità come l'energia elettrica, l'acqua, le fognature, il telefono o la tv. In questo modo la proprietà legale produce un valore che va oltre le sue proprietà fisiche.

2) Integra le informazioni disperse in un unico sistema. Un unico sistema giuridico aggrega e coordina tutti i fatti rilevanti riguardo le proprietà. Mentre in Occidente vi è un unico sistema ufficiale valido riguardante le proprietà, nei paesi del terzo mondo esistono dozzine e perfino centinaia di sistemi giuridici diversi, gestiti da soggetti differenti e non armonizzabili tra loro.

3) Rende le persone responsabili. Negli affari i cittadini privi di titoli proprietari sono meno affidabili, perché non hanno nulla da perdere nel caso non onorino gli accordi. È quindi più difficile che vengano presi sul serio dalla controparte. Al contrario, una persona che ipoteca la propria casa si comporterà in maniera responsabile, se non vuole perderla.

> *La repressione dell'economia informale provoca disastri*
> «Il numero, la persistenza e il successo degli irregolari cominciarono a minare le fondamenta dell'ordine mercantilistico. Qualunque successo riscuotessero, era stato acquistato a dispetto dello stato, ed essi erano costretti a vedere le autorità come un nemico. Al contrario, nei paesi dove lo Stato mise fuori legge e perseguitò gli imprenditori irregolari, invece di aggiustare il sistema in modo da assorbire le loro imprese, non solo il progresso economico fu ritardato ma aumentò l'instabilità sociale, che degenerò in violenza. Le manifestazioni più note furono le rivoluzioni francese e russa» (p. 109).

4) Rende le attività fungibili. A differenza delle proprietà fisiche, i titoli che le rappresentano possono essere facilmente combinati, ripartiti, mobilizzati e usati per stimolare le operazioni commerciali. Diventa così possibile acquistare e vendere quote astratte di determinati beni, a seconda della convenienza.

5) Collega gli individui. La proprietà legale incoraggia le imprese che forniscono l'elettricità o l'acqua a investire in strutture di produzione e di distribuzione per servire gli edifici, riducendo i furti o i mancati pagamenti dei servizi, che sono molto frequenti quando i clienti e gli abbonati non sono chiaramente identificabili. Fuori dall'Occidente le perdite tecniche e finanziarie per il furto di servizi ammontano al 30-50 per cento di tutti i servizi pubblici disponibili.

6) Tutela le transazioni. Nei paesi avanzati vi sono dei soggetti pubblici o privati, come i notai, che raccolgono tutte le descrizioni economicamente utili delle attività, sia che si tratti di terre, edifici, beni mobili, navi, aziende, miniere, aeroplani. Questi archivi informano chiunque sia intenzionato a usare un'attività di tutto ciò che può limitare o promuovere la sua realizzazione: gravami, agevolazioni, locazioni, residui, fallimenti, ipoteche. Questa sicurezza delle transazioni consente ai cittadini di mobilizzare attività di grande valore con pochissime transazioni, mentre niente di tutto questo è possibile nei paesi che mancano di un sistema affidabile di registrazione dei titoli di proprietà.

L'ordine spontaneo extra-legale

Nei paesi usciti dal comunismo o nei paesi in via di sviluppo le dimensioni dell'economia sommersa sono impressionanti. In Russia e in Ucraina costituisce il 50 per cento del Pil, in Georgia il 62 %. Nel 1990 l'85 % di tutti i nuovi posti lavoro in America Latina e nei Caraibi sono stati creati nel settore illegale. In Zambia solo il 10 % della forza lavoro è impiegata legalmente. In Messico ci sono probabilmente due imprese informali per ogni impresa legale, e in tutta l'America Latina l'80 % dei titoli di proprietà non sono riconosciuti dalla legge. Complessivamente si calcola che nel Terzo Mondo le attività informali costituiscono i due terzi dell'economia.

Extralegale, in realtà, non significa antisociale o criminale. Il sommerso è raramente antisociale nelle intenzioni. I "reati" commessi dagli irregolari sono finalizzati a raggiungere obiettivi normali come costruire una casa, fornire un servizio, impiantare un'impresa. Gli occupanti abusivi, contrariamente alla loro immagine di fuorilegge, condividono il desiderio della società civile di poter condurre esistenze pacifiche e operose. I governi devono comprendere che le istituzioni legali non corrispondono alle condizioni economiche presenti, e che prima o poi dovranno legittimare i patrimoni detenuti informalmente integrandoli in un quadro giuridico ordinato e coerente.

Sconfitte e vittorie storiche degli informali

Un massiccio settore informale non è un fenomeno nuovo. Storicamente si è sempre verificato ogniqualvolta i governi e le burocrazie si rifiutano di far coincidere la legge con il modo con cui il popolo vive e lavora. Nell'epoca del mercantilismo gli Stati erano attivamente impegnati nella persecuzione degli imprenditori irregolari, per tutelare quelli privilegiati. In Spagna nel 1549 l'imperatore Carlo I promulgò venticinque ordinanze che prendevano di mira le imprese fuori legge. Nella Francia del '600 i tecnocrati di Jean-Baptiste Colbert giustiziarono 16.000 piccoli imprenditori colpevoli unicamente di aver fabbricato o importato tessuti di cotone in violazione dei codici industriali francesi.

Col passar del tempo, però, alcuni Stati europei si accorsero che la repressione non riusciva a contrastare l'economia sommersa, e furono gradualmente costretti a ritirarsi di fronte all'avanzata del settore irregolare. In Inghilterra la gente cominciò ad accorgersi che gli insediamenti illegali producevano beni e servizi migliori dei loro concorrenti legali. Adam Smith osservò che per avere un lavoro eseguito in modo accettabile era necessario farlo eseguire nei sobborghi, dove gli artigiani, non avendo privilegi esclusivi, contano solo sulla propria reputazione. Anche il governo riconobbe che le nuove industrie si stavano sviluppando principalmente dove non esistevano restrizioni legali, e tolse il sostegno alle gilde.

> *L'economia sommersa batte l'economia statale*
> «La maggior parte dei governi nella maggior parte dei paesi non sono assolutamente in grado di competere con il potere illegale. In termini strettamente fisici l'iniziativa illegale ha già sorpassato gli sforzi dei governi per fornire un'abitazione a immigrati e poveri» (p. 96).

La colonizzazione degli Stati Uniti

Tutti i paesi che smisero di reprimere l'economia sommersa compirono una transizione relativamente pacifica all'economia di mercato. Il caso di maggior successo fu quello degli Stati Uniti, che vennero letteralmente colonizzati da milioni di *squatter* abusivi. Negli Stati Uniti, infatti, i migranti cominciarono a rizzare recinti, arare i campi, costruire abitazioni, trasferire terre ed esercitare il credito molto tempo prima che i governi conferissero loro il diritto di farlo.

Già nei primi decenni del '700 i coloni abusivi avevano occupato e bonificato 100.000 acri di terra senza alcun riconoscimento legale da parte del governo. Questi occupanti applicavano i propri titoli di proprietà extralegale, come i "diritti di tomahawk", i "diritti di capanna" e i "diritti di grano", in base ai quali la terra si acquisiva presidiandola mediante la marcatura della corteccia degli alberi, costruendo una capanna di tronchi o ottenendo un raccolto di grano. Questi diritti extralegali erano acquistati, venduti e trasferiti proprio come titoli ufficiali.

> *La legge deve adeguarsi alla realtà, non il contrario*
> «È chiaro quindi che molti dei loro problemi derivano dalla disarmonia tra la legge scritta e il modo in cui i loro paesi funzionano effettivamente. Se la legge scritta è in conflitto con le leggi di base alle quali i cittadini vivono, il malcontento, la corruzione, la povertà e la violenza saranno indubbiamente tra le conseguenze da mettere in conto» (p. 102).

Nonostante la loro intraprendenza, molte autorità restavano dell'avviso che questi nuovi americani erano in flagrante violazione della legge, e andavano perseguiti. Il Kentucky fu il primo Stato a riconoscere, con una serie di leggi emanate tra il 1797 e il 1820, il diritto di proprietà sulla terre occupate dai coloni anche in assenza di un titolo legale, malgrado l'opposizione della Corte Suprema. Alla metà del XIX i coloni del Midwest e i minatori della California avevano creato delle associazioni informali per proteggere i diritti di proprietà acquisiti con l'occupazione. L'Homestead Act del 1862 in pratica legalizzò ciò che i coloni avevano già fatto da sé, e sancì simbolicamente la vittoria degli *squatters* informali.

Oggi i paesi del Terzo Mondo dovrebbero prendere esempio dal modo in cui gli Stati Uniti allinearono la legge formale con la legge reale. La legge deve essere compatibile con il modo in cui le persone organizzano la loro vita. La legge si conserva vitale solo se mantiene il contatto con i contratti sociali stipulati tra persone reali nella vita reale. I governi devono riconoscere e legalizzare le proprietà e le attività imprenditoriali dei propri cittadini, se vogliono vivificare l'immenso "capitale morto" di cui questi dispongono.

Punti da Ricordare

- Lo sviluppo capitalistico nasce dalla protezione dei diritti di proprietà
- Molti paesi poveri non mancano di imprenditori, ma di capitali
- Nei paesi poveri l'economia sommersa rappresenta un fenomeno estesissimo
- Gli abitanti del terzo mondo hanno molte proprietà, ma non sono riconosciute legalmente

• La proprietà informale non può essere trasformata in capitale
• Gli imprenditori informali non possono utilizzare i propri beni come garanzia di un prestito bancario
• La legge formale deve adeguarsi alla vita reale, non il contrario
• I governi dei paesi in via di sviluppo devono riconoscere legalmente i titoli di proprietà dei poveri

L'autore

Hernando de Soto (1941) è il fondatore dell'ILD (Institute of Liberty and Democracy) di Lima, in Perù, considerato uno dei più influenti think-tank del mondo. Il suo best-seller del 1986, *El otro sendero* (L'altro sentiero), ha rivelato per la prima volta il problema della vasta economia informale nei paesi sottosviluppati. Da allora ha collaborato attivamente con governi peruviani per realizzare i necessari programmi di riforma.

Nota Bibliografica

Hernando de Soto, *Il mistero del capitale. Perché il capitalismo ha trionfato in Occidente e ha fallito nel resto del mondo*, Garzanti, Milano, 2001, traduzione di Giuseppe Barile, p. 277. Titolo originale: *The Mystery of Capital. Why capitalism Triumphs in the West and Fails Everywhere Else.*

39

Arthur Laffer

The End of Prosperity
2009

'Il lungo periodo di prosperità occidentale sta per finire a causa
del ritorno dell'interventismo statale in economia'

L'economista americano Arthur Laffer è noto per la curva che prende il suo nome, in base alla quale esiste un livello del prelievo fiscale oltre il quale l'attività economica non è più conveniente e il gettito fiscale si riduce. In questo libro scritto in collaborazione con Stephen Moore e Peter Tanous, la cui stesura è cominciata verso la fine del 2007, Laffer spiega che il lungo periodo di prosperità che l'America ha conosciuto dal 1980 al 2005 sta per volgere al termine a causa delle idee stataliste e interventiste divenute dominanti dopo la crisi del 2008, e attuate dall'amministrazione democratica di Obama. L'America rischia così di entrare in una fase di stagnazione come negli anni Trenta o Settanta. L'unico modo per evitarlo, secondo Laffer, è quello di recuperare l'ispirazione originaria della Reaganomics della quale egli stesso fu ispiratore, basata sulla riduzione delle tasse, la lotta all'inflazione e la promozione del libero scambio.

Riassunto

Come un disegno su un tovagliolo cambiò il mondo

Nel dicembre 1974 quattro uomini si trovarono per cena al ristorante *I due continenti* di Washington: un economista, Arthur Laffer; un giornalista economico, Jude Wanniski; due politici repubblicani: Donald Rumsfeld e Dick Cheney. Nel corso di questa cena Laffer disegnò su un tovagliolo di carta e spiegò ai commensali la famosa curva che prese il suo nome ed entrò in tutti i manuali di economia. Nessuno di loro avrebbe potuto immaginare che questa semplice osservazione economica – le tasse troppo alte danneggiano l'economia e generano meno entrate per il governo – avrebbe aperto un nuovo capitolo della teoria e della storia economica, per gli Stati Uniti e per il mondo intero.

I politici generalmente tendono a sovrastimare sia le entrate derivanti dall'aumento delle aliquote fiscali, sia le perdite di gettito derivanti da una loro riduzione: credono ad esempio che raddoppiando l'aliquota lo Stato raddoppi le entrate, o che dimezzandola si dimezzi anche il gettito. La curva di Laffer spiega che nel mondo reale le cose funzionano molto diversamente.

Innanzitutto un aumento delle tasse riduce l'incentivo a produrre: perché un operaio o un imprenditore dovrebbe spaccarsi la schiena se il governo gli porterà via più della metà di quanto produce? In secondo luogo, quando le imposte sono eccessivamente alte i contribuenti, soprattutto quelli più facoltosi, hanno un forte incentivo a investire somme notevoli del loro patrimonio nella ricerca di rifugi dal fisco (paradisi fiscali o società di comodo) assumendo eserciti di esperti fiscali che conoscono i modi per aggirare o eludere la tassazione. È questa la ragione per cui le aliquote d'imposta troppo alte statisticamente danno gettiti insignificanti. Alla fine, infatti, sono ben pochi quelli che le pagano.

Le lezioni della curva di Laffer

La curva di Laffer ha un solido fondamento nella natura umana, perché riconosce il fatto che gli individui rispondono agli incentivi. Per questa ragione il taglio delle tasse spesso aumenta, e non diminuisce, le entrate fiscali dello stato, mentre il suo aumento le fa frequentemente diminuire, dato che i contribuenti cessano di produrre o tentano in tutti i modi di evaderle. La tassazione del 100% dei redditi non dà nessun gettito al governo proprio come una tassazione dello 0%, perché nessuno è disposto a lavorare per niente.

Vi sono sempre due punti, sulla curva di Laffer, che producono la stessa quantità di entrate: uno con una bassa aliquota e una vasta platea di contribuenti, l'altro con un'alta aliquota e una ridotta platea di contribuenti. Di conseguenza, esiste sempre un punto che massimizza le entrate per lo Stato. La curva di Laffer non dice esattamente qual è il punto critico in cui l'aumento delle aliquote fa diminuire il gettito, ma il punto è sicuramente molto più basso di quanto si riteneva in precedenza, soprattutto nel medio-lungo periodo.

La curva di Laffer offre sei principi di politica fiscale: 1) quando qualcosa viene tassata di più se ne ottiene di meno, quando qualcosa viene tassata di meno se ne ottiene di più; 2) il miglior sistema fiscale aiuta i poveri ad arricchirsi, non i ricchi a impoverirsi; 3) più alte sono le aliquote fiscali, maggiore è il danno all'economia e maggiori sono i guadagni derivanti dalla loro riduzione; 4) se le tasse diventano troppo alte, possono portare a una riduzione del gettito; 5) un sistema fiscale efficiente ha una vasta platea di contribuenti con una bassa aliquota; 6) le persone, le imprese e i capitali si spostano sempre dalle aree ad alta tassazione a quelle a bassa tassazione.

I tagli fiscali: la lezione del XX secolo

Prima del 1913, quando venne approvato il sedicesimo emendamento, l'imposta sul reddito era incostituzionale negli Stati Uniti. Successivamente è andata sempre aumentando, ma ci furono quattro casi di sostanziale riduzione delle imposte: negli anni Venti con i presidenti repubblicani Warren Harding e Calvin Coolidge; negli anni Sessanta con John F. Kennedy; negli anni Ottanta con Ronald Reagan; all'inizio degli anni Duemila con George W. Bush. In tutti questi casi si prevedevano perdite di gettito per l'erario, ma le entrate federali aumentarono perché l'economia rispose positivamente alla riduzione del carico fiscale.

Per finanziare l'entrata nella prima guerra mondiale, il democratico Woodrow Wilson aumentò l'aliquota massima al 73%. Dopo la guerra il paese si trovava in recessione, con la disoccupazione in forte aumento. I repubblicani Harding e Coolidge vennero eletti promettendo il ritorno alla normalità, e abbassarono l'aliquota al 25%. L'economia entrò subito in una potente fase di boom, i "ruggenti anni venti". Le entrate fiscali, come aveva previsto il Segretario del Tesoro Andrew Mellon, aumentarono notevolmente malgrado la riduzione delle aliquote: se nel 1921 il gettito dell'imposta sul reddito era stato di 720 milioni di dollari, nel 1928 fu superiore al miliardo.

La seconda importante riduzione fiscale si ebbe con il democratico John F. Kennedy. Quando venne eletto alla presidenza nel 1961, le aliquote fiscali andavano dal 20 al 91% a seconda degli scaglioni di reddito. Kennedy affermò che "oggi le aliquote fiscali sono troppo alte e le entrate troppo basse. Il metodo più sano per aumentare le entrate nel lungo periodo è quello di ridurre le aliquote ... un'economia ingabbiata da alte tasse non produrrà mai abbastanza entrate per mantenere in equilibrio il bilancio, non creerà posti di lavoro, non creerà profitti". Preparò un consistente pacchetto di tagli fiscali, che vennero attuati solo nel 1964, dopo la sua tragica morte. Essi prevedevano la riduzione delle aliquote per tutti gli scaglioni: la più alta scese dal 91 al 70%.

La risposta dell'economia fu straordinaria, e negli anni successivi la crescita fu rapida. La disoccupazione scese al livello più basso degli ultimi trent'anni. Il quotidiano *U.S. News & World Report* annunciò, nel 1966: "L'insolito spettacolo dell'aumento delle entrate a seguito del più grande taglio di tasse della storia sta cominciando a stupire persino i suoi più ardenti sostenitori iniziali". Nel 1964, prima dei tagli fiscali, le entrate erano calate del 3,4% rispetto all'anno precedente (68,8 miliardi di dollari, aggiustati con l'inflazione, contro 71,2). Dopo i tagli le entrate aumentarono del 9,5% nel 1965, del 9,2% nel 1966, del 2,1% nel 1967 e addirittura del 14,3% nel 1968, raggiungendo la cifra record di 95,7 miliardi di dollari.

Gli americani più ricchi, quelli con un reddito superiore al milione di dollari, pur pagando meno imposte in percentuale raddoppiarono i propri versamenti al fisco in valori assoluti, passando da 311 milioni di dollari nel 1962 (quando l'aliquota fiscale più alta era del 91%), ai 603 milioni del 1965, quando l'aliquota massima era scesa al 70%: tutti segnali di un tremendo effetto moltiplicatore sull'economia.

Gli spaventosi anni Settanta

Il 1966 fu l'anno d'oro dell'economia americana, in cui la borsa toccò il massimo. L'America era nel pieno della "società affluente": mai prima d'ora un tale benessere si era diffuso in strati così vasti della popolazione. I guai cominciarono immediatamente dopo. Dal 1966 al 1982 l'indice Dow Jones declinò del 70% del suo valore reale, e le azioni calarono mediamente dell'8% all'anno per sedici anni di fila. Cosa accadde?

Il successore naturale di Kennedy, Lyndon Johnson, nell'euforia del boom aveva aumentato massicciamente le spese per la guerra del Vietnam e per i programmi assistenziali della "Grande Società". Questi ultimi si risolsero in un disastro che rovinerà la società americana nei trent'anni successivi, distruggendo l'etica del lavoro e la coesione famigliare, e creando una sottoclasse permanente di americani dipendenti dal welfare. Per condurre l'escalation bellica e pagare i programmi della "guerra alla povertà" Johnson dovette introdurre la leva obbligatoria per tutti i giovani dai 18 ai 26 anni e aumentare le imposte. Esausto per i fallimenti in Vietnam, malgrado fosse stato eletto a valanga decise di non ricandidarsi. Alle successive elezioni del 1968 venne eletto il repubblicano Richard Nixon.

Nixon è stato molto odiato dalla sinistra per la sua politica estera, il suo disprezzo per i media, la sua paranoia e i suoi abusi di potere, ma raramente è stato criticato per le sue malsane politiche economiche. Egli diede inizio all'era della regolamentazione ambientale e sul lavoro, che raddoppiò i costi per le imprese americane. Il suo lascito peggiore fu però l'abolizione del gold standard: nel 1971 decretò che il dollaro non era più convertibile in oro. Come prevedibile, il dollaro si svalutò enormemente, e il prezzo dell'oro aumentò da 35 dollari all'oncia nel 1971 a 850 dollari nel 1980.

Nell'agosto dello stesso anno Nixon, temendo l'aumento dell'inflazione, impose uno degli interventi statali nell'economia più radicali e probabilmente incostituzionali della storia americana in tempo di pace: il congelamento degli stipendi e dei prezzi, che durò fino al 1973. In più aggiunse una tariffa del 10% su tutte le importazioni americane in palese violazioni dei trattati commerciali. Nixon si dichiarò keynesiano e dal 1970 al 1974 incrementò la spesa pubblica del 30% per "stimolare" l'economia, ma la disoccupazione raddoppiò dal 3,5 al 7%. La situazione non cambiò con il successore Gerald Ford.

Nel 1976 ebbe inizio la catastrofica presidenza del democratico Jimmy Carter. La sua politica energetica, basata sul controllo dei prezzi, provocò scarsità di carburante e lunghe file alle pompe della benzina. L'inflazione gli sfuggì di mano, raggiungendo nel 1980 il 14,5% all'anno. Si ebbe quindi una situazione di stagflazione, cioè di stagnazione accompagnata dall'inflazione. I tassi d'interesse arrivarono al 21,5%. Anche la politica estera evidenziò il declino degli Stati Uniti, con la fallimentare gestione della crisi degli ostaggi in Iran e l'espansione dell'Urss in Africa e in Asia, che dava agli americani la sensazione di star perdendo la guerra fredda.

La rivoluzione economica reaganiana

I tempi erano maturi per una svolta, che avvenne con l'elezione di Ronald Reagan nel 1980. Il suo programma per far uscire il paese della crisi si basava su sei punti: 1) abbassare le imposte; 2) sconfiggere l'inflazione e restaurare un dollaro forte con una politica monetaria restrittiva; 3) ridurre l'intervento statale e portare il bilancio in equilibrio; 4) deregolamentare le industrie chiave dell'energia, dei servizi finanziari, dei trasporti; 5) espandere il libero commercio e abbracciare la globalizzazione; 6) vincere la guerra fredda ricostruendo l'apparato militare.

Reagan ridusse l'aliquota più alta dal 70 al 50%; nel 1986 stabilì solo due aliquote sul reddito: la più bassa al 15% e la più alta al 28%; infine ridusse la tassa sui guadagni da capitale dal 28 al 20%. Dopo qualche esitazione iniziale i tagli fiscali entrarono in vigore nel 1983, ed ecco quali furono i risultati: nel 1983 l'economia crebbe del 3,5%, nel 1984 addirittura del 6,8%! Negli otto anni della sua presidenza il pil crebbe del 26%, vennero creati 17 milioni di nuovi posti di lavoro, il dollaro tornò una moneta forte grazie alla sconfitta dell'inflazione che scese dal 13,5% del 1980 al 4,1% del 1988, mentre nello stesso periodo i tassi d'interesse calarono dal 21,5% al 10%.

Grazie alla *deregulation* i prezzi in cinque settori d'industria (gas naturale, telecomunicazioni, linee aeree, autostrade e autotrasporti) crollarono tra il 25% e il 60% dal 1978 al 1995. Il guadagno netto dei consumatori fu di circa 55 miliardi all'anno. Alla fine degli anni di Reagan l'economia americana era quasi un terzo più grande rispetto all'inizio, e tutte le classi sociali, dai più ricchi ai poveri, avevano aumentato i propri redditi.

La saggezza fiscale di Thomas Jefferson e dei Padri Fondatori

«Nella loro saggezza, i Padri Fondatori americani, forse il più grande gruppo di pensatori che si sia mai riunito nello stesso tempo e nello stesso luogo in tutta la storia, ritenevano che le tasse dovessero essere mantenute basse ... Per questa ragione si opposero all'imposta sul reddito (la Costituzione vietò la "tassazione diretta" sul lavoro), e per i primi cento anni e più il carico fiscale complessivo sugli americani non superò il 10 % del reddito. Successivamente però le imposte dirette aumentarono fino a raggiungere, per gli scaglioni di reddito più elevati, il 70 o 80 %, e perfino il 90 % durante la seconda guerra mondiale ... Queste aliquote ridussero notevolmente ogni incentivo a produrre» (p. 26).

L'unico punto debole della politica di Reagan fu il debito federale, che triplicò non perché i suoi tagli avevano ridotto le entrate, come sostenevano i suoi critici (in verità negli anni di Reagan le entrate federali aumentarono del 24%) ma a causa della crescita delle spese soprattutto militari. Reagan diede la precedenza ai tagli delle tasse anziché ai tagli della spesa pubblica perché i secondi sono politicamente più difficili da realizzare. Se per tagliare le tasse avesse dovuto aspettare i tagli alle spese, come suggerivano alcuni, i primi non ci sarebbero mai stati.

25 anni di boom

Dopo i disastri delle politiche economiche keynesiane degli anni Settanta, le ricette liberali di Reagan fecero trionfalmente uscire da una recessione più che decennale l'economia dell'America e dell'intero mondo industrializzato. Il suo successo rovesciò in tutto il mondo le idee prevalenti di politica economica, ridiede fiducia e rinvigorì l'intero Occidente permettendogli di vincere la guerra fredda e far cadere il Muro di Berlino, diede inizio a quel processo di globalizzazione che ha fatto uscire molti paesi dalla povertà, e generò un boom economico mondiale che durò ininterrottamente per 25 anni.

Nel periodo 1982-2007 l'economia americana è stata in crescita per 288 mesi, e in declino solo in 12 mesi, durante un paio di brevi intervalli recessivi, che coprirono non più del 4% dell'intero periodo. La crescita media in questo periodo fu del 3,4 % all'anno: il più grande e prolungato periodo di creazione di ricchezza della storia americana.

La prima breve recessione fu provocata dall'iniziativa suicida del successore di Reagan, George Bush, di aumentare le tasse in palese violazione delle sue promesse elettorali. Malgrado avesse ad un certo punto il consenso del 91% degli americani, la recessione del 1991 determinò la vittoria elettorale del suo avversario democratico, Bill Clinton, il quale cominciò il suo mandato con un programma di sinistra, ma quando i repubblicani conquistarono quasi completamente il Congresso nelle elezioni di medio termine del 1994, decise di cambiare linea.

Nel suo secondo mandato adottò politiche decisamente liberiste, promuovendo gli accordi di libero scambio, riducendo le tasse sui guadagni di capitale, portando il bilancio federale in attivo e riformando in senso restrittivo il sistema di welfare. Il numero degli americani che vivevano di sussidi si ridusse da 4,4 milioni a 1,9 milioni dal 1996 al 2005: uno dei più grandi risultati politici della storia americana, il cui merito va non solo a Clinton ma anche al repubblicano Newt Gingrich. Dal 1994 al 2000 l'economia si espanse del 4% all'anno senza inflazione, e la disoccupazione toccò il minimo degli ultimi 25 anni.

Il successore di Clinton, il repubblicano George W. Bush, continuò la politica orientata all'offerta riducendo, nel 2003, le imposte sui dividendi (dal 39,6 al 15%), sui guadagni di capitale (dal 20 al 15%), sui

> *La prima mossa di Reagan*
>
> «Uno dei primi atti della presidenza Reagan, spesso trascurata dagli storici, fu il licenziamento dei controllori di volo che avevano scioperato illegalmente nei primi giorni della sua presidenza. Fu il battesimo di fuoco per Reagan, con il quale mostrò al popolo americano, ai sindacati e perfino all'Unione Sovietica che non era un tipo che bluffava o cedeva alle pressioni. I sindacati erano scioccati: per la prima volta dopo decenni, c'era un uomo politico che non si faceva intimidire ... questa mossa coraggiosa contribuì a spezzare la schiena ai sindacati militanti e tracciò un corso ventennale di relativa calma e pace nelle relazioni industriali. A partire dalla metà degli anni '80 il numero degli scioperi scese da 400 a meno di 50 all'anno» (p. 106).

redditi (abbassando l'aliquota massima da 39,5 al 35%) e sugli investimenti aziendali. A dispetto delle accuse di voler favorire i ricchi, queste misure crearono 8 milioni di nuovi posti di lavoro, facendo inoltre aumentare le entrate federali, come previsto dalla curva di Laffer, di ben 785 miliardi dal 2004 al 2007. Se la politica fiscale di Bush jr. fu un successo, la sua politica di spesa fu un disastro. Nel 2001 il bilancio federale aveva 200 miliardi di attivo, ma tre anni dopo – anche a causa delle guerre in Afghanistan e Iraq seguite all'attentato dell'11 settembre – ne aveva 400 di passivo.

La tempesta economica in arrivo

Negli anni Ottanta Ronald Reagan guarì l'economia americana dai gravi malanni del decennio precedente con un programma liberale che venne definito Reaganomics, al quale i suoi successori rimasero in buona misura fedeli. Gli ostacoli alla crescita economica come le tasse, le tariffe doganali, le regolamentazioni e l'inflazione non furono eliminati del tutto, ma vennero limitati. Come risultato, nel venticinquennio 1980-2005 l'economia americana mise il turbo, creando più ricchezza che nei duecento anni precedenti.

In termini reali l'economia attuale degli Stati Uniti vale quasi il doppio rispetto alla fine degli anni Settanta. Nel 2005 l'America è diventata, di gran lunga, la prima superpotenza economica mondiale. La produttività pro-capite di un lavoratore è stata di 42.100 dollari negli Stati Uniti, contro 34.000 del Canada, 31.000 del Giappone,

30.200 della Francia, 29.800 della Germania, 25.500 dell'Italia. Le politiche economiche favorevoli all'offerta hanno creato un ambiente favorevole allo spirito imprenditoriale e agli investimenti. Senza di esse non ci sarebbero mai state l'esplosione
tecnologica e la rivoluzione della Silicon Valley.

Oggi tuttavia siamo entrati in un periodo economico turbolento. I sondaggi rivelano un diffuso pessimismo sul futuro economico. Agli americani viene detto in tutte
le salse che "l'era del *laissez-faire* è finita", e che solo il governo risolverà i problemi
sul tappeto. Milton Friedman ci aveva insegnato che la Grande Depressione era stata
causata da errori dei politici e della banca centrale, ma nel 2008 un coro *bipartisan*
ha affermato che la causa dei problemi sono i mercati troppo liberi. Salvataggi, pac-
chetti di stimolo e regolamentazioni più stringenti sono gli argomenti al centro delle
conversazioni. Sembra che lo statalismo degli anni Settanta sia risorto dalle sue ceneri. Se non cambierà questo clima culturale, sarà la fine della prosperità americana.

La curva di Laffer nel mondo

Da Reagan in poi, i principi dell'economia dell'offerta sono stati applicati in tutto il
mondo. L'idea che la bassa tassazione rappresenti il motore della crescita si è diffusa
insieme al successo della *flat tax*, la tassa piatta ad aliquota unica uguale per tutti, senza
scappatoie, detrazioni, deduzioni o privilegi. I vantaggi della *flat tax* sono molteplici: è
favorevole alla crescita economica (se l'aliquota è bassa), è chiara e trasparente, è facile
e non costosa da pagare, tanto che viene chiamata anche *postcard tax*, in quanto per
pagarla è sufficiente inviare una semplice cartolina all'ufficio delle entrate.

Uno dei primi paesi al mondo ad adottare la tassa ad aliquota unica è stata l'Estonia,
con risultati spettacolari. Nei primi anni Novanta questo paese baltico soffriva di un'inflazione annua del 1000%, e l'economia era in caduta del 30%. Nel 1994 il premier Mart Laar, ispirato dalla lettura del libro *Liberi di scegliere* di Milton Fried-man, decise di applicare una *flat tax* del 23% (ridotta al 21% nel 2009), sfidando le critiche provenienti da ogni parte. Da allora l'Estonia ha conosciuto una delle crescite eco-nomiche più alte del mondo, a ritmi dell'8% annui.

> ### L'importanza del capitale nella produzione
> «Milton Friedman ci ha raccontato un episodio capi-
> tatogli quando si trovava in India negli anni '60. Un
> giorno vide migliaia di persone che stavano costruendo
> un canale con le pale. Chiese allora all'ingegnere che
> dirigeva i lavori perché non usassero le ruspe. Il diret-
> tore replicò: "Lei non ha capito, signor Friedman, che
> la costruzione di questo canale è un programma che ha
> l'obiettivo di dare lavoro al maggior numero di perso-
> ne". Friedman rispose con la sua consueta arguzia: "Ma
> guarda un po'. Pensavo volevate costruire un canale, ma
> se il vostro obiettivo è quello di creare posti di lavoro,
> state sbagliando tutto. Dovete dare dei cucchiai agli
> operai, non delle pale!". Il punto è che questi operai in-
> diani avevano un impiego, ma scarsamente produttivo
> e quindi malpagato» (p. 204).

Quasi tutti i paesi dell'Est Eu-
ropa hanno adottato la tassa ad aliquota unica, con ottimi risultati economici. Fuori
dall'Europa Hong Kong ha da tempo una *flat tax* del 15% sui redditi personali, e dello
0% sui dividendi o i guadagni da capitale. Hong Kong è una zona di libero scambio,
un paradiso capitalista nella quale la legislazione fiscale occupa solo 180 pagine, contro

le decine di migliaia degli Stati Uniti. Questo spiega perché sia diventato il paese più ricco della terra pur essendo sovraffollato, privo di spazio e senza risorse naturali.

Basta tasse sui capitali!

Se c'è un campo in cui la curva di Laffer è sempre stata convalidata senza eccezioni, è quello dell'imposizione sui guadagni da capitale. Negli ultimi quarant'anni, tutte le volte in cui le tasse sui *capital gains* sono state abbassate ne è derivato un aumento delle entrate per il governo, e viceversa. Ma la riduzione di queste imposte è fondamentale soprattutto per favorire la nascita e lo sviluppo delle attività imprenditoriali. I capitali – il denaro, gli strumenti fisici della produzione e il capitale umano (conoscenze tecnico-scientifiche, spirito imprenditoriale) – sono infatti il motore della crescita dell'economia di mercato.

La formazione del capitale è essenziale per l'aumento dei redditi dei lavoratori. Se i salari orari degli operai americani sono cinque-dieci volte più alti di quelli degli operai messicani, è perché sono cinque-dieci volte più produttivi grazie agli investimenti di capitale nella produzione. Per la stessa ragione il lavoratore americano del 1998 guadagna in dieci minuti quello che nel 1900 guadagnava in un'ora.

Negli ultimi 50 anni il 90% delle fluttuazioni nei salari si spiega con il rapporto tra capitale e lavoro: quando questo aumenta, crescono anche

> *L'economia dell'offerta batte l'economia della domanda*
> «I paesi che tagliano fortemente le tasse surclassano economicamente quelli che non lo fanno ... Le nazioni con l'economia orientata all'offerta come Hong Kong e Singapore, le cui imposte negli anni '90 sono calate mediamente dal 61,5% al 34%, hanno sperimentato dei tassi di crescita economica fino a tre volte maggiori delle nazioni con l'economia orientata alla domanda» (p. 195).

i salari e viceversa. I maggiori vantaggi di una maggiore disponibilità di capitali nella produzione non vanno ai detentori del capitale, ma ai lavoratori sotto forma di aumenti salariali e ai consumatori sotto forma di maggiore disponibilità di beni a buon mercato. Favorendo la formazione dei capitali, tutti nella società ci guadagnano. Il tasso ottimale della tassa sui *capital gains*, dal punto di vista dell'equità e dell'efficienza, è zero: è questa una lezione fondamentale dell'economia dell'offerta.

Punti da Ricordare

- La curva di Laffer dimostra che le tasse troppo alte danneggiano l'economia e generano meno entrate per il governo
- Un sistema fiscale efficiente ha una vasta platea di contribuenti con una bassa aliquota
- I tagli fiscali dei presidenti Harding e Coolidge innescarono il boom dei ruggenti anni Venti
- Anche le riduzioni delle aliquote decise da Kennedy favorirono il boom dell'economia e delle entrate fiscali
- Le politiche economiche di Johnson, Nixon, Ford e Carter furono disastrose

• I tagli fiscali di Reagan guarirono l'economia americana dalla grave crisi degli anni Settanta
• Grazie alla Reaganomics, l'America ha goduto per 25 anni di un crescente benessere
• Dopo la crisi del 2008 il libero mercato è stato messo sotto accusa, e lo statalismo degli anni '70 è risorto dalle sue ceneri
• Le misure interventiste dell'amministrazione Obama potrebbero segnare la fine della prosperità americana
• I principi dell'economia dell'offerta sono stati attuati con successo in molti paesi del mondo che hanno adottato la *flat tax*
• L'aliquota più giusta ed efficiente sui guadagni da capitale è zero

L'autore

Arthur B. Laffer (Youngstown, 14 agosto 1940) è un economista statunitense, sostenitore dell'economia dell'offerta (*Supply Side Economics*). Divenne molto influente negli anni dell'amministrazione Reagan, tanto da esserne uno dei massimi consiglieri economici. Laffer ha giocato un ruolo chiave nella scrittura dell'iniziativa antitasse Proposition 13, che dalla California ispirò una rivolta fiscale in tutta la nazione. Pur dichiarandosi conservatore fiscale e libertario, nel 1992 e 1996 ha votato per Bill Clinton. Dopo aver insegnato per anni Pepperdine University di Malibu, dal 2008 è Distinguished Professor di Economia alla Mercer University, in Georgia.

Nota Bibliografica

Arthur B. Laffer, Ph.d., Stephen Moore, and Peter J. Tanous, *The End of Prosperity. How Higher Taxes Will Doom the Economy – If We Let It Happen*, Threshold Editions, New York, 2009, p.336.

40

Rainer Zitelmann

La forza del capitalismo
2018

'Il capitalismo non è il problema, è la soluzione'

Rainer Zitelmann, storico tedesco noto a livello internazionale, accompagna il lettore in un viaggio attraverso i continenti e la storia recente per confutare il mantra "il mercato ha fallito, abbiamo bisogno di un maggiore intervento del governo" che i media e gli intellettuali ripetono senza posa fin dallo scoppio della crisi finanziaria del 2008. Il capitalismo, spiega l'autore, ha risolto una serie enorme di problemi in tutto il mondo, e pure oggi ha più successo che mai. Per dimostrare questa tesi Zitelmann paragona le eclatanti differenze di sviluppo fra la Cina che si è aperta al mercato e la Cina ai tempi di Mao, tra la Germania occidentale e quella orientale, fra la Corea del Sud e quella Nord, tra il liberista Cile e il socialista Venezuela. Racconta poi il successo delle riforme di mercato in Inghilterra, negli Stati Uniti e in Svezia. Il libro è molto utile come promemoria per le nuove generazioni, che rischiano di perdere la consapevolezza del legame indissolubile che esiste tra la prosperità e la libertà economica.

Riassunto

Il verdetto dell'esperienza storica

Il collasso dei regimi comunisti alla fine degli anni '80 sembrava aver definitivamente dimostrato la superiorità del sistema capitalista, nel quale i mezzi di produzione sono posseduti privatamente e gli imprenditori producono i beni richiesti dai consumatori facendosi guidare dai prezzi di mercato, su quello socialista, nel quale i mezzi di produzione sono posseduti dallo Stato e le decisioni produttive vengono prese dai funzionari pubblici. In verità il risentimento anticapitalista non è mai scomparso del tutto, ed è ricomparso con particolare vigore dopo la crisi finanziaria del 2008, interpretata quasi unanimemente da politici, intellettuali e giornalisti come un fallimento del mercato rimediabile solo con l'intervento statale. Per molte persone, il termine "capitalismo" è tornato ad essere una parolaccia.

La forza del capitalismo è stato scritto per confutare questa visione errata, che rischia di minare le basi su cui si fonda la nostra prosperità. Il libro però non affronta l'argomento da un punto di vista teorico, ma analizza la storia economica degli ultimi ottant'anni con un approccio empirico. In nessun Paese, infatti, il capitalismo e il socialismo esistono in forma pura, tuttavia l'esperienza storica dimostra che un Paese è tanto più prospero quanto più libera è la sua economia. Non esistono eccezioni a questa regola.

Purtroppo sembra che tante persone siano incapaci di trarre conclusioni generali dall'esperienza storica. Malgrado i numerosi esempi di straordinaria prosperità portata dal capitalismo e il fallimento di ogni singola variante di socialismo testata in condizioni reali, molti ancora si rifiutano di imparare l'ovvia lezione. Perfino negli Stati Uniti troppi giovani si dichiarano attratti dal socialismo. Le loro uniche conoscenze storiche sull'argomento provengono da manuali scolastici che di solito affrontano molto superficialmente le ragioni del disastro politico ed economico dei regimi socialisti. A mano a mano che i loro fallimenti scompaiono dalla memoria vivente, le nuove generazioni rischiano di perdere la consapevolezza del legame indissolubile che esiste tra la prosperità e la libertà economica.

Cina: dalla carestia di massa alla potenza industriale

La storia cinese dal dopoguerra a oggi è la più emblematica. Quando Mao Zedong prese il potere nel 1949, decise di trasformare la Cina nel più avanzato esempio di socialismo. Nel 1957 proclamò il Grande Balzo in Avanti, un gigantesco piano di sviluppo accelerato del Paese attraverso la collettivizzazione integrale delle campagne. Nei villaggi di tutta la Cina fu abolito ogni tipo di proprietà privata, e i contadini furono costretti a lavorare nelle comuni. Queste misure portarono però, contrariamente alle attese, a un crollo verticale della produzione agricola e a una spaventosa carestia, probabilmente la peggiore della storia umana. Tra il 1958 e il 1962 morirono prematuramente circa 45 milioni di cinesi, per la fame o in conseguenza delle violenze che accompagnarono il processo di collettivizzazione. Alla fine Mao fu costretto a interrompere il Grande Balzo in Avanti, ma nel 1966 lanciò un'altra disastrosa campagna politica, la Rivoluzione Culturale, durante la quale milioni di persone accusate di propagandare idee borghesi furono umiliate in pubblico, torturate, spedite nei campi di lavoro o uccise.

I successori di Mao, dopo la sua morte nel 1976, compresero che, di fronte alla catastrofica situazione economica della Cina, occorreva cambiare rotta. «*Più vedo il mondo* – disse Deng Xiaoping di ritorno dai suoi numerosi viaggi all'estero che fece in quel periodo – *più mi rendo conto di quanto siamo arretrati*». I vertici del governo cinese tuttavia non si convertirono al capitalismo, e non approvarono alcun passaggio immediato dall'economia pianificata all'economia di mercato. Il processo di transizione si sviluppò invece dal basso in maniera informale. Nelle campagne i contadini reintrodussero di fatto la proprietà privata aggirando le leggi comuniste, e nel 1983 il processo di decollettivizzazione dell'agricoltura cinese poteva dirsi completato. Vi fu poi un grandioso processo di ascesa dei lavoratori autonomi tollerato dalle autorità. Milioni di cinesi si resero conto che svolgendo un *business* in proprio potevano accrescere i propri redditi e la propria libertà: un barbiere privato, infatti, guadagnava più di un medico chirurgo statale; un venditore ambulante più di uno scienziato nucleare.

Per far fronte ai tentativi di emigrazione di massa nella colonia britannica di Hong Kong, i cui redditi erano cento volte più alti, le autorità cinesi istituirono nei suoi dintorni delle Zone Economiche Speciali, nelle quali vigeva l'economia di mercato. Il successo fu clamoroso: il distretto di Shenzen, abitato da non più di 30.000 persone per lo più dedite alla pesca, divenne una gigantesca metropoli industriale con 12,5 milioni di abitanti il cui reddito era mediamente il triplo di quello del resto della Cina. Finalmente, nel 1992, il Partito Comunista Cinese proclamò la liceità dell'economia di mercato. In conseguenza di ciò, una fiumana di funzionari, insegnanti e ingegneri lasciò il posto pubblico per lavorare nel settore privato: solo in quell'anno diedero le dimissioni 120.000 dipendenti statali.

Oggi la Cina è diventata una potenza economica mondiale, e nel 2016 ha superato gli Usa e la Germania come maggior esportatore mondiale. Difficilmente però si può dare il merito di questi risultati ai suoi governanti. Le innovazioni economiche cruciali non furono concepite negli uffici del comitato centrale del partito, ma nelle teste di un numero imprecisato di agenti economici locali, che in molti casi sfidarono le regole ufficiali. Il miracolo economico cinese, spiega il professor Zhang Weiying di Pechino, è avvenuto malgrado la persistente influenza dello Stato, e non grazie ad essa.

> *I doni del capitalismo all'umanità*
> «Il capitalismo è la causa principale dell'aumento globale del tenore di vita su una scala senza precedenti nella storia dell'umanità prima dell'avvento dell'economia di mercato. L'umanità ha impiegato il 99,4% dei suoi 2,5 milioni di anni di storia per raggiungere un PIL pro capite di 90 dollari internazionali circa 15.000 anni fa (il dollaro internazionale è un'unità di calcolo basata sui livelli di potere d'acquisto nel 1990). C'è voluto un altro 0,59% della storia umana per raddoppiare il PIL globale a 180 dollari internazionali nel 1750. Tra il 1750 e il 2000 – in un periodo che rappresenta meno dello 0,01% del totale della storia umana – il PIL pro capite globale è cresciuto 37 volte fino a 6.600 dollari internazionali. In altre parole, il 97% della ricchezza totale creata nel corso della storia dell'umanità è stata prodotta in quei 250 anni. L'aspettativa globale di vita è quasi triplicata nello stesso breve periodo di tempo, dato che era di soli 26 anni nel 1820. Niente di tutto questo si deve a un improvviso aumento dell'intelligenza o dell'industriosità umana. Il merito è del nuovo sistema economico emerso nei Paesi occidentali circa 200 anni fa, che si è dimostrato superiore a ogni altro sistema esistente prima o dopo di esso. È stato questo sistema basato sulla proprietà privata, l'imprenditoria, l'imparzialità dei prezzi e la concorrenza a rendere possibili i progressi economici e tecnologici senza precedenti degli ultimi 250 anni – un sistema che, pur con tutti i suoi successi, è ancora giovane e vulnerabile.» (p. 24)

Africa: contro la povertà il capitalismo è meglio degli aiuti

Il continente africano continua a dare di sé immagini contrastanti. Dal 1990 la povertà è scesa dal 56,8% al 42,7% della popolazione, ma ancora oggi c'è un 20% di africani che non si nutre in maniera adeguata. Per decenni gli aiuti dell'Occidente all'Africa sono stati visti come un obbligo morale per riparare i peccati del colonialismo, ma i risultati economici di queste politiche sono stati molto deludenti. L'economista zambiana Dambisa Moyo ha fatto notare che la povertà in Africa è cresciuta dall'11% al 66% tra il 1970 e il 1998, quando la politica degli aiuti dall'Africa raggiunse il suo apice. Gli aiuti dall'estero generano corruzione e dipendenza, inibendo il funzionamento dell'economia di mercato. I governi, infatti, usano gli aiuti allo sviluppo per sussidiare dei vasti e improduttivi settori pubblici.

Anche l'economista keniano James Shikwati ha affermato: «*Se l'Occidente cancellasse gli aiuti, nessun africano comune se ne accorgerebbe. Solo i funzionari statali si sentirebbero colpiti. Gli aiuti allo sviluppo deprimono lo spirito imprenditoriale di cui abbiamo disperatamente bisogno. Per quanto possa sembrare assurdo, gli aiuti sono una delle ragioni dei problemi dell'Africa*». Perfino la popstar Bono degli U2, che in passato aveva organizzato degli imponenti festival musicali per aiutare l'Africa, ha cambiato idea di fronte all'evidenza dei fatti, e nel 2013 ha dichiarato: «*Il commercio e il capitalismo imprenditoriale tolgono dalla povertà più persone degli aiuti*».

Nella classifica delle libertà economiche la maggioranza dei Paesi africani occupa posizioni molto basse. Malgrado ciò, negli ultimi anni l'Africa ha visto emergere una classe media di almeno 150 milioni di individui impegnati in attività imprenditoriali. Il più celebre è il sudanese Mo Ibrahim, il quale ha realizzato la più grande rivoluzione dalla fine del colonialismo diffondendo la telefonia mobile, la cui penetrazione è esplosa in un decennio dal 15% all'85% della popolazione africana. L'Africa ha bisogno soprattutto di esempi come questi. I giovani devono sognare di arricchirsi svolgendo attività produttive nel settore privato, invece che attraverso la corruzione nel settore pubblico.

Germania: con una Trabant non puoi sorpassare una Mercedes

Dopo la seconda guerra mondiale la divisione in due parti della Germania ha permesso di testare, in un esperimento sociale su vasta scala, i due modelli economici alternativi, quello socialista e quello basato sul mercato. Nella parte orientale occupata dai sovietici il governo comunista instaurò un'economia di Stato attraverso la nazionalizzazione delle industrie e dell'agricoltura. Queste politiche provocarono gravi carenze dei beni di consumo, che spinsero i tedeschi orientali a rivoltarsi o ad emigrare verso ovest al ritmo di decine di migliaia di persone al mese. Nel 1953 una rivolta popolare causata dal malcontento venne repressa dai carri armati sovietici, che fecero dai 50 ai 100 morti. Nell'agosto del 1961 già 2,74 milioni di tedeschi orientali erano fuggiti in Germania Ovest. Per prevenire questa emorragia di popolazione le autorità della Germania orientale presero la decisione disperata di costruire un muro invalicabile tra Berlino Est e Berlino Ovest.

Nella Germania occidentale, fortunatamente, le cose erano andate molto meglio. Nel giugno 1948 il ministro dell'economia Ludwig Erhard, deciso a reintrodurre l'economia di mercato, prese la coraggiosa decisione di abolire di colpo, contro il parere delle forze d'occupazione alleate, tutti i controlli sui prezzi introdotti dal regime nazionalsocialista. Il risultato delle sue riforme liberiste fu uno dei più impressionanti miracoli economici della storia. Tra il 1948 e il 1960 il Pil aumentò mediamente del 9,3% all'anno, e dal 1961 al 1973 continuò ad aumentare del 3,5% all'anno. Contro ogni pronostico, un Paese completamente distrutto dalla guerra divenne una potenza economica mondiale.

Nel 1989, alla caduta del Muro di Berlino, le differenze tra le due Germanie erano abissali. Nel regime totalitario e poliziesco dell'est solo il 16% della popolazione, per lo più i funzionari privilegiati, possedeva il telefono, contro la quasi totalità dei tedeschi occidentali. Ma il simbolo più evidente della distanza tra i due modelli economici era l'industria automobilistica. Dopo un'attesa di 12-17 anni dalla prenotazione i tedeschi orientali potevano avere una Trabant, un'auto dal design deprimente dotata di un motore a due tempi con una potenza di soli 26 cavalli. Con una macchina del genere non puoi sperare di sorpassare una Mercedes.

Corea: i mercati sono più saggi di Kim Il-sung

Come in Germania, anche in Corea la Guerra fredda ha prodotto la divisione del Paese in due diversi sistemi economici, comunista a nord e capitalista a sud. La Corea del Nord è sempre rimasta un Paese chiuso, totalitario, militarizzato e poverissimo, con un reddito pro-capite presunto di 583 dollari. Il Paese è stato spesso devastato dalle carestie. Nella più recente, avvenuta nel 1996, sono morte di fame secondo le cifre ufficiali 200mila persone (tre milioni secondo alcune agenzie umanitarie). Oggi il regime comunista, nel quale il culto della personalità del dittatore Kim Jong-un raggiunge livelli parossistici, rimane in piedi solo grazie a un permanente stato di emergenza e di assedio.

Eppure nel 1953, al termine della guerra provocata dall'invasione delle truppe comuniste, la Corea del Nord partiva avvantaggiata, dato che la Corea del Sud era un Paese agricolo completamente privo di risorse naturali. Tutti i depositi di minerali (ferro, oro, rame, piombo, zinco, grafite, molibdeno, calcare e marmo) si trovavano nel nord della penisola, mentre la Corea del Sud era uno dei paesi più poveri del mondo, con livelli di reddito analoghi all'Africa subsahariana. Solo all'inizio degli anni '60, con le riforme di mercato del padre del miracolo economico coreano, Park Chung-hee, l'economia cominciò a migliorare.

A seguito della crisi finanziaria del 1997-1998, la Corea del Sud ha liberalizzato il settore finanziario e bancario, aprendosi completamente agli investimenti esteri. Anche il sistema scolastico sudcoreano, uno dei migliori del mondo, si basa prevalentemente sul mercato: l'80% dell'istruzione superiore è privata, e

> *Cosa dice la classifica annuale delle libertà economiche*
> «La libertà economica avvantaggia quasi tutti. La ricerca ha dimostrato più volte che maggiore è la libertà economica, più ricca è l'economia. Le economie più libere hanno maggiori probabilità di far registrare elevati tassi di crescita economica e di aumentare i redditi per il 10% più povero della popolazione. Uno degli argomenti più convincenti in favore del capitalismo è che i paesi economicamente liberi hanno tassi di povertà più bassi, oltre ad essere stati in grado di ridurre la povertà più velocemente … È stato inoltre documentato che le economie più libere raramente sperimentano guerre civili. Esse godono inoltre di una maggiore stabilità politica, tassi di omicidio più bassi, meno violazioni dei diritti umani, livelli più bassi di militarizzazione e hanno popolazioni che si sentono più sicure.» (p. 223, 224)

ben otto università sudcoreane sono presenti nella classifica delle 100 università più innovative del mondo. Oggi i sudcoreani godono di un reddito pro-capite di 27.500 dollari, paragonabile a quello dei paesi europei. La Corea del Sud è l'ottavo maggior Paese esportatore del mondo, e marchi come Samsung, Hyundai e LG sono celebri a livello internazionale. Il confronto tra le due Coree rappresenta l'esempio più lampante del fallimento del socialismo e della potenza del capitalismo.

Le riforme di mercato della Thatcher e di Reagan

Ogni tanto le economie di mercato hanno bisogno di essere rimesse in carreggiata con delle riforme radicali, perché le persone tendono a perdere di vista le cause della ricchezza e della povertà. È il caso del Regno Unito, un Paese che nel dopoguerra aveva preso una strada diversa rispetto all'Europa continentale. La vittoria del Partito Laburista alle elezioni del 1945 aveva dato il via a un massiccio programma di nazionalizzazioni, che non era stato messo in discussione dai governi conservatori successivi. In totale un quinto dell'economia britannica venne statalizzata. Come risultato, durante gli anni '50 e '60 la crescita dell'economia inglese fu più bassa rispetto a quella della Germania o di altri paesi europei. Negli anni '70 la situazione economica si fece davvero grave, al punto che l'Inghilterra veniva chiamata "il malato d'Europa". I sindacati spadroneggiavano e la produttività era in picchiata. In quel decennio ci furono oltre 2000 scioperi all'anno, che portarono alla perdita di 13 milioni di giorni lavorativi.

Nel maggio del 1979 la vittoria elettorale del Partito Conservatore guidato da Margaret Thatcher segnò un netto cambiamento. La Thatcher aveva maturato idee liberali durante il disastro economico degli anni '70, ed era decisa a sfidare i sindacati. Le sue prime misure furono l'abolizione dei controlli sui prezzi, una politica monetaria disinflazionistica, l'abbassamento delle aliquote fiscali e la riduzione del debito pubblico, che calò dal 54,6% del 1980 al 40,1% del 1989. Nel suo secondo mandato privatizzò numerose compagnie statali come British Telecom,

> *La crisi finanziaria non è stata causata dal capitalismo*
> «La bolla dei prezzi immobiliari negli Stati Uniti e la crisi dell'Eurozona non hanno avuto niente a che fare con un "fallimento del mercato" o una crisi del capitalismo. Al contrario, entrambe sono state provocate dai politici e dei banchieri centrali. I politici hanno provocato distorsioni nel mercato per perseguire progetti politici come l'aumento del tasso di proprietà delle abitazioni tra le minoranze, e hanno aumentato il debito pubblico in maniera irresponsabile. I governatori della Fed e della Bce hanno praticato politiche di continua riduzione dei tassi d'interesse annullando i naturali meccanismi del mercato ... Naturalmente, i politici e i banchieri centrali non accettano di essere ritenuti responsabili per la crisi finanziaria e dell'eurozona. Come uno scippatore che urla "Al ladro!" per distogliere l'attenzione su di sé, costoro incolpano il "fallimento del mercato" o "il capitalismo sfrenato" ... Poiché la diagnosi delle cause è sbagliata, anche le terapie proposte sono errate. Se la crisi finanziaria è stata causata dai tassi d'interesse troppo bassi, dagli interventi nel mercato e dall'eccessivo indebitamento, come si può pensare che la giusta terapia consista in un'ulteriore riduzione dei tassi, più regolamentazioni del mercato e più deficit? ... Il settore finanziario è il più regolamentato di tutti, con l'esclusione forse solo della sanità. Il fatto che proprio le due aree dell'economia più regolamentate siano anche le più instabili dovrebbe far pensare gli anticapitalisti.» (p. 144, 146, 147)

British Airways, British Petroleum, la Rolls Royce, la Jaguar, i cantieri navali, le case popolari e numerose aziende locali fornitrici di servizi. La produttività delle aziende privatizzate aumentò considerevolmente, con un conseguente calo dei prezzi: dieci anni dopo la privatizzazione, i prezzi delle telecomunicazioni si erano dimezzati. Queste riforme ebbero un tale successo da essere imitate da oltre cento paesi nel mondo, e proseguite negli anni '90 dal laburista Tony Blair.

Anche negli Stati Uniti l'economia si era deteriorata durante gli anni '70 a causa degli alti livelli d'inflazione e disoccupazione, anche se non in maniera così grave come in Inghilterra. Nel novembre 1980 il repubblicano Ronald Reagan vinse a valanga le elezioni contro l'ex presidente democratico Jimmy Carter, e nel suo messaggio inaugurale presentò il suo programma con una frase molto chiara: "*Il governo non è la soluzione dei nostri problemi, ma è il problema*". Anche Reagan abbassò le aliquote fiscali e adottò una politica disinflazionistica. I risultati non si fecero attendere.

Tra il 1983 e il 1989 la crescita economica fu mediamente del 3,8% all'anno, e alla fine del secondo mandato l'economia americana era più grande di un terzo rispetto all'inizio. Nello stesso periodo furono creati 17 milioni di nuovi posti di lavoro e il reddito medio aumentò di 4000 dollari a famiglia, dopo aver ristagnato negli otto anni precedenti. La entrate fiscali, malgrado il taglio delle aliquote (o meglio, grazie ad esse) aumentarono del 59% tra il 1981 e il 1989. Il sogno americano della mobilità sociale si avverò negli anni di Reagan: l'86% delle famiglie che nel 1981 facevano parte del quintile più povero salì nel 1990 al quintile più ricco. Grazie alle riforme reaganiane l'America tornò forte e fiduciosa di sé, in grado di vincere la Guerra fredda.

Perché i cileni sono più ricchi dei venezuelani?

Il tenore di vita dei cileni è oggi molto più alto di quello dei venezuelani. Non a caso, il Cile si trova al 20° posto su 180 paesi nella classifica 2018 delle libertà economiche, mentre il Venezuela è al penultimo posto, davanti solo alla Corea del nord e alle spalle perfino di Cuba. Mentre i cileni non sono mai stati così prosperi, i venezuelani soffrono per l'inflazione, il declino economico e l'oppressione politica. Eppure nei primi anni '70 la situazione era opposta. I cileni si dibattevano in una terribile crisi economica mentre i venezuelani erano i più prosperi dell'America Latina: nel 1970 il Venezuela era il 20° Paese più ricco del mondo con un pil pro-capite poco inferiore a quello del Regno Unito.

Il 1998, con l'elezione a presidente di Hugo Chavez, può essere considerato l'anno dell'inizio della rovina. In quel periodo la sinistra mondiale aveva bisogno di una nuova figura di riferimento dopo la fine dei regimi comunisti, e per molti intellettuali occidentali Chavez divenne il messia del "socialismo del XXI secolo". Poiché la sua presidenza coincise con il picco del prezzo del petrolio di cui il Venezuela è ricchissimo, l'esperimento socialista partì in condizioni favorevoli. Ma oltre a distribuire le rendite petrolifere per acquisire il consenso, Chavez nazionalizzò buona parte dell'economia, preparando così le condizioni per il disastro economico.

I nodi vennero al pettine dopo la sua morte nel 2013, sotto il successore Nicolas Maduro, che accelerò la statalizzazione delle attività economiche, i controlli dei prezzi e l'inflazione monetaria. La produzione crollò o si arrestò completamente, proprio mentre i prezzi del petrolio cominciarono a scendere. Gli effetti fatali delle politiche socialiste di Chavez divennero evidenti. I beni di consumo scomparvero dai negozi, e nel maggio del 2018 l'inflazione arrivò al 14.000%. Tra il 2015 e il 2016 la mortalità infantile è cresciuta del 33%, e il 73% della popolazione ha perso mediamente 8,7 chili di peso a causa della denutrizione. Per fronteggiare le crescenti proteste popolari, Maduro ha assunto poteri dittatoriali e abolito la libertà di stampa. Tra il 2013 e il 2017 il suo regime ha ucciso più 120 persone nella repressione delle manifestazioni anti-governative. Il "socialismo del XXI secolo" non sembra molto diverso, negli esiti, dai socialismi del secolo scorso.

Nel 1970 anche il Cile aveva preso questa china disastrosa. Il neoeletto Salvador Allende aveva instaurato un sistema marxista, nazionalizzando l'80% dell'economia, fissando i prezzi dei generi alimentari di base, collettivizzando l'agricoltura e aumentando la spesa pubblica e l'inflazione. L'economia collassò completamente, e vasti scioperi e proteste si diffusero in tutto il Cile. Nel settembre del 1973 l'esercito depose Allende, che si suicidò. Negli anni successivi la dittatura militare guidata dal generale Augusto Pinochet, pur essendo antidemocratica e fortemente repressiva nei confronti degli oppositori, adottò una politica economica sorprendentemente liberale consigliata da alcuni economisti dell'università di Chicago, i cosiddetti "Chicago boys".

Le aziende nazionalizzate furono riprivatizzate, le tasse abbassate, l'inflazione crollò dal 600% nel 1973 al 9,5% del 1981, il tasso di crescita economica passò nello stesso periodo da −4,3% a +5,5% e le esportazioni triplicarono. I salari reali, che nel 1973 erano calati del 25%, nel 1981 erano aumentati del 9%. Negli ultimi trent'anni l'economia cilena è cresciuta a un tasso medio annuo vicino al 5%. Oggi il Cile vanta un pil pro-capite doppio di quello del Brasile ed è uno dei Paesi con l'economia più aperta e competitiva nel mondo.

Svezia: il mito del socialismo nordico

La Svezia viene indicata spesso come un modello di socialismo di successo, ma non è corretto considerarla un Paese socialista. Grazie alle riforme liberali iniziate negli anni '90, la sua economia è una delle più orientate al mercato che vi siano al mondo: nella classifica mondiale 2018 delle libertà economiche si piazza al 15° posto, precedendo di molto la Corea del sud (27°) o la Germania (25°). È vero che le imposte sul reddito sono ancora alte, malgrado siano state ridotte rispetto ai picchi dei decenni passati, ma le tasse sulle successioni, sui patrimoni e sui guadagni di capitale sono state abolite.

La Svezia era diventata un Paese prospero tra il 1870 e il 1936 grazie alla libertà economica e a una ridotta tassazione, che gli aveva assicurato una crescita media più elevata di qualsiasi altro Paese europeo. Nei decenni successivi il partito Socialdemocratico introdusse alcune politiche assistenziali, ma la vera e propria espansione vertiginosa del welfare state si ebbe negli anni '70 e '80. In questo periodo la crescita economica della Svezia si ridusse notevolmente. Il programma socialdemocratico soffocò l'economia svedese, inducendo i suoi migliori imprenditori a emigrare all'estero, come il fondatore dell'Ikea Ingvar Kamprad, che furioso per la tassazione confiscatoria nel 1974 si trasferì in Svizzera, per ritornare in patria solo nel 2013. Anche la scrittrice Astrid Lindgren e il regista Ingmar Bergman subirono gravi soprusi dal fisco svedese.

A partire dal 1991 ci fu però una reazione agli eccessi del welfare state, che portò a una serie di riforme liberali. Le imposte sulle imprese furono ridotte dal 57% al 30%, e la percentuale della spesa pubblica sul pil scese, tra il 1990 e il 2012, dal 61,3% al 43,2%. Come risultato, dopo il 1991 la crescita economica svedese è stata più alta di quella della Germania, della Francia o dell'Italia, e oggi la Svezia è uno dei pochi

Paesi al mondo che rispetterebbe i parametri di Maastricht. Non è più, se mai lo è stata, un modello socialista.

Perché agli intellettuali non piace il capitalismo

A dispetto di questi dati di fatto, l'avversione per il capitalismo rimane diffusissima tra gli intellettuali. Un fattore chiave di questa ostilità è l'incapacità di comprendere e accettare l'idea di ordine spontaneo. Il capitalismo infatti evolve spontaneamente dal basso, un po' come il linguaggio, invece di essere decretato dall'alto. Il socialismo, essendo un costrutto teorico creato dalla mente e successivamente calato nella realtà, è molto più affine al modo di pensare degli intellettuali, per i quali è difficile immaginare che l'economia e la società possano funzionare senza essere progettate e guidate dagli esperti.

Vi è poi, da sempre, un elemento di invidia e di rivalità nei confronti degli uomini d'affari. Gli intellettuali non riescono ad accettare l'idea che il mercato possa retribuire più lautamente delle persone meno colte o meno eloquenti di loro. Ma la ragione principale del rifiuto del capitalismo è probabilmente un'altra: gli intellettuali sopravvalutano la conoscenza acquisita rispetto alla conoscenza implicita. Vi sono infatti due tipi di conoscenza: la prima è il risultato di un'acquisizione conscia e sistematica attraverso lo studio formale; la seconda è una conoscenza che si impara sul campo, ed è spesso difficilmente comunicabile. A questo tipo di conoscenza appartengono le abilità imprenditoriali, che non si possono imparare frequentando dei corsi accademici.

L'anticapitalismo rimane quindi il pilastro della religione secolare della grande maggioranza degli intellettuali. Si potrebbe dire che l'avversione per il mercato è l'atteggiamento che identifica il loro status di gruppo: nella critica al capitalismo si riconoscono l'un l'altro come membri della stessa comunità. Questo atteggiamento rivela l'elevato grado di conformismo del ceto intellettuale.

Appello urgente per riforme capitaliste

Esistono molti libri che spiegano perché il capitalismo funziona. Per quanto siano interessanti, queste spiegazioni teoriche hanno giocato un ruolo minore in questo libro. La risposta alla domanda "Perché il capitalismo?" è molto semplice: perché funziona meglio degli altri sistemi economici. Naturalmente, vi sono delle ragioni dietro questo successo, ma sapere *che* qualcosa funziona è più importante di sapere *perché* funziona. In fin dei conti, siete felici di guidare la macchina o usare uno smartphone anche se non comprendete la tecnologia coinvolta.

Allo stesso modo, la gente può trarre beneficio del capitalismo anche se non ha mai sentito parlare di Smith, Mises, Hayek o Friedman. Non avete bisogno di leggere tanta teoria economica per decidere qual è il sistema migliore. È sufficiente che osserviate la storia economica, come fa questo libro. Da nessuna parte l'eccesso di libertà economica sta creando problemi, ma ci sono molti posti in cui è vero il contrario. Il mondo ha bisogno urgente di riforme capitaliste.

Punti da Ricordare

• Il risentimento anticapitalista è ricomparso dopo la crisi finanziaria del 2008
• L'esperienza degli ultimi ottant'anni dimostra però, senza eccezioni, la schiacciante superiorità del capitalismo sul socialismo
• Aprendosi al mercato, la Cina è passata dalle carestie di massa alla potenza industriale
• Gli aiuti occidentali all'Africa hanno generato corruzione, sottosviluppo e dipendenza
• Nel continente nero sta emergendo però una nuova classe media di imprenditori
• Le politiche favorevoli al mercato di Ludwig Erhard furono alla base del miracolo economico tedesco
• Le differenze abissali tra le due Germanie e le due Coree costituiscono dei test empirici indiscutibili
• Le riforme liberiste della Thatcher e di Reagan hanno rivitalizzato l'economia del Regno Unito e degli Stati Uniti dopo la crisi degli anni '70
• Il Venezuela è stato portato alla fame dal socialismo dittatoriale di Chavez e Maduro
• Nel 1970 anche il Cile era stato ridotto in rovina dal marxista Allende
• Le riforme economiche suggerite dai Chicago Boys fecero poi del Cile il Paese più ricco dell'America Latina
• La Svezia non è un esempio di socialismo, perché la sua economia è una delle più libere del mondo
• L'anticapitalismo è il pilastro della religione secolare degli intellettuali
• Il mondo ha bisogno urgente di riforme capitaliste

L'autore

Rainer Zitelmann è nato a Francoforte sul Meno, in Germania, nel 1957. Da giovane militò nell'estrema sinistra e studiò con impegno i testi canonici del socialismo, ma durante gli anni universitari abbandonò queste posizioni. Furono soprattutto i suoi studi di dottorato sul nazionalsocialismo a fargli cambiare idea. «*Secondo la teoria marxista* — ricorda Zitelmann – *il fascismo era un'espressione reazionaria della dittatura dell'economia capitalista, l'ultimo tentativo, per così dire, di salvare il sistema capitalista dalla distruzione. Ho iniziato a mettere in discussione questa teoria quando ho cominciato a studiare da vicino il periodo più oscuro della storia tedesca. Ho concluso che la teoria marxista non poteva spiegare il fenomeno del nazionalsocialismo, un'intuizione che mi ha portato ad allontanarmi dal marxismo*». Egli infatti, dopo aver analizzato attentamente tutte le dichiarazioni registrate di Hitler, arrivò alla conclusione che nei ragionamenti del dittatore le ideologie anticapitaliste e socialiste avevano giocato un ruolo molto più grande di quanto si fosse ipotizzato in precedenza. A differenza di altri storici, Zitelmann mise chiaramente in luce la natura socialista del regime hitleriano nella sua biografia di Hitler, pubblicata nel 1991 in Italia dalla casa editrice Laterza. Successivamente ha seguito un percorso professionale molto insolito per un accademico. Nel 2000 ha deciso di dedicarsi all'attività imprenditoriale nel settore degli investimenti immobiliari, fondando una compagnia di successo che poi ha venduto con profitto nel 2016. Nel corso di questi anni i suoi interessi culturali si sono spostati nel campo economico e finanziario. Nel 2017 ha scritto un libro, tradotto in varie lingue, sulla psicologia dei super-ricchi (*The Wealth Elite: A Groundbreaking Study of the Psychology of the Super Rich*), mentre nel 2018 ha pubblicato *The Power of Capitalism: A Journey Through Recent History Across Five Continents* (*La forza del capitalismo: un viaggio nella storia recente di cinque continenti*).

Nota Bibliografica

Rainer Zitelmann, *La forza del capitalismo. Un viaggio nella storia recente di cinque continenti*, IBL Libri, Torino, 2020, p. 331, traduzione di Guglielmo Piombini. Titolo dell'edizione originale tedesca: *Kapitalismus ist nicht das Problem, sondern die Lösung: Eine Zeitreise durch 5 Kontinente.* Titolo dell'edizione originale inglese: *The Power of Capitalism. A Journey Through Recent History Across Five Continents.*

DAL LIBERALISMO AL LIBERTARISMO
1870-2020

Parallelamente al pensiero liberale si è sviluppato, negli ultimi 150 anni, il pensiero libertario, che del primo rappresenta la sua versione più coerente e integrale. Il libertarismo, infatti, porta alle estreme conseguenze logiche le premesse del liberalismo classico introducendo i principi della libera concorrenza e della proprietà privata anche in quei campi che i liberali classici affidavano al monopolio pubblico, come la difesa militare, la polizia, i tribunali, la costruzione e la gestione delle strade.[1]

Nella loro radicalità, i libertari cercano di correggere i difetti teorici che hanno determinato la sconfitta del liberalismo sul piano storico. Non c'è dubbio, infatti, che – malgrado alcune fasi di liberalizzazione vissute dai paesi occidentali dopo la seconda guerra mondiale, e dai paesi dell'est Europa dopo la fine del comunismo – nel complesso gli apparati statali non hanno fatto che crescere, e che il mondo sia andato verso il socialismo. Oggi infatti tutti gli Stati sono molto più estesi ed interventisti di quanto i liberali avrebbero desiderato. I libertari considerano quindi sostanzialmente fallito il lodevole tentativo dei liberali classici di impedire la crescita dello Stato attraverso meccanismi come le costituzioni rigide, la divisione dei poteri, lo Stato di diritto, lo Stato federale, la sussidiarietà.[2]

Perché i liberali non sono mai riusciti, nemmeno nelle condizioni politiche più favorevoli (ad esempio, durante i governi della Thatcher e di Reagan), a riportare gli

---

1 Per uno sguardo panoramico sulla letteratura libertaria, si legga questa accurata esposizione di Nicola Iannello: "Il *libertarianism*: saggio bibliografico", *Etica & Politica / Ethics & Politics*, 2003, 2 (http://www.units.it/etica/2003_2/IANNELLO.htm). Un'approfondita presentazione delle idee libertarie si trova nel volume di Piero Vernaglione, *Il libertarismo. La teoria, gli autori, le politiche*, Rubbettino, Soveria Mannelli [CZ], 2003. Una riflessione che mette in luce i pregi della teoria libertaria è: Carlo Lottieri, *Il pensiero libertario contemporaneo*, Liberilibri, Macerata, 2012.

2 Scrive uno dei maggiori teorici viventi dell'anarco-capitalismo, Hans-Hermann Hoppe: «Da più di un secolo il liberalismo classico è in declino. Da quando, ad un certo punto della seconda metà del diciannovesimo secolo, negli Stati Uniti come in Europa occidentale gli affari pubblici sono stati sempre più regolati secondo le idee socialiste. Infatti il ventesimo secolo potrebbe essere ben descritto come il secolo del socialismo *par excellence*: del comunismo, del fascismo, del nazionalsocialismo e, più durevolmente, della socialdemocrazia» (Hans-Hermann Hoppe, "Il futuro del liberalismo. Argomenti per un nuovo radicalismo", in *Abbasso lo Stato e la democrazia, Scritti sui sistemi istituzionali moderni e il libertarismo*, Leonardo Facco Editore-goWare, Bologna-Firenze, 2018, p. 179).

Stati alle loro dimensioni minime di "guardiani notturni", o anche solo a frenare la crescita della burocrazia, della spesa pubblica e del *welfare state*? Questo insuccesso, secondo i teorici libertari, ha a che fare con un "vizio originale" presente nella dottrina liberale classica: l'accettazione dell'indispensabilità del monopolio statale della forza.[3] Purtroppo, data la natura umana, una volta che il monopolio statale è stato istituito, non esistono più forze esterne capaci di impedirne l'espansione, e ogni Stato minimo tende per le sue dinamiche interne a diventare uno Stato massimo.[4] Il pensiero anarco-capitalista, scrive l'economista spagnolo Jesús Huerta de Soto, rappresenta quindi l'aggiornamento della dottrina liberale alla luce degli ultimi passi avanti nella scienza economica e dell'esperienza che i più recenti avvenimenti storici ci hanno fornito.[5]

La selezione delle dieci opere più rappresentative del pensiero libertario presenti in questo libro ha inizio con le riflessioni di due anarco-individualisti americani del XIX secolo: *La Costituzione senza autorità* (1870) di **Lysander Spooner** e *Instead of a Book* (1893) di **Benjamin R. Tucker**. L'anarchismo americano, infatti, fin dalle sue origini mostrò spiccati caratteri individualistici, molto diversi dalle concezioni collettiviste o comuniste dell'anarchismo europeo.[6] Segue il brillante *Il nostro nemico, lo Stato* (1935) di **Albert Jay Nock**, esponente della *Old Right*, la "Vecchia Destra" americana.

La virtù dell'egoismo (1961) raccoglie i saggi teorici di **Ayn Rand**, popolarissima romanziera libertaria americana, mentre *L'ingranaggio della libertà* (1973) di **David D. Friedman**, figlio del celebre Milton Friedman, spiega come potrebbe funzionare una società capitalista priva di un apparato statale. Su un piano più filosofico **Robert**

---

3   «L'errore grave e centrale del liberalismo sta nella sua *teoria del governo* ... Una volta che il principio di governo – come monopolio giuridico del potere di tassazione – sia ammesso, inesattamente, come giusto, qualsiasi progetto o intenzione di restringere il potere di questo, e di salvaguardare la libertà e la proprietà individuale, risulterà fallace e illusoria ... Una volta che la premessa del governo è stata accettata, i liberali sono rimasti senza argomenti quando i socialisti hanno sviluppato questa premessa fino al suo logico fine» (Hans-Hermann Hoppe, "Il futuro del liberalismo", p. 179, 184, 188).

4   Di diversa opinione è un autorevolissimo esponente del liberalismo italiano come il professor Lorenzo Infantino, secondo il quale il potere politico è un fenomeno connaturato a ogni esperienza sociale, e la teoria anarco-capitalista deve pertanto ritenersi utopistica (Lorenzo Infantino, *Potere. La dimensione politica dell'azione umana*, Rubbettino, Soveria Mannelli [CZ], 2013).

5   Jesús Huerta de Soto, "Liberalismo classico contro Anarco-capitalismo", in *La teoria dell'efficienza dinamica*, Rubbettino, Soveria Mannelli [CZ], 2014, p. 413. Anche secondo Hans-Hermann Hoppe, «Se il liberalismo deve avere un futuro, deve allora riparare al suo errore fondamentale. I liberali debbono cioè riconoscere che nessun governo può essere contrattualmente giustificato, che ogni governo è distruttivo di ciò che essi vogliono preservare, e che la protezione e la fornitura di sicurezza possono essere assicurati di diritto, e in maniera effettiva, solo da un sistema di agenzie-fornitrici commerciali. Questo è quanto: il liberalismo dovrà essere trasformato nella teoria di un sistema anarchico di proprietà privata (anarco-capitalismo), come per primo sottolineava circa centocinquant'anni fa Gustave de Molinari e come ai nostri tempi è stato pienamente elaborato da Murray N. Rothbard» (Hans-Hermann Hoppe, "Il futuro del liberalismo", p. 189).

6   Punto sottolineato dal professor Antonio Donno: si veda *La sovranità dell'individuo. Tre saggi sull'anarchismo negli Stati Uniti*, Lacaita, Manduria, 1987 e *America anarchica (1850-1930)*, Lacaita, Manduria, 1990. Dello stesso parere è Giampietro Berti, il quale scrive che «Con l'anarchismo individualistico di Benjamin Tucker la linea di confine tra liberalismo e anarchismo sembra quasi dissolversi attraverso un gioco delle parti: il liberalismo è portato ad alcune sue ultime conseguenze, l'anarchismo ad alcune sue prime radici» (Giampietro Berti, *Il pensiero anarchico dal Settecento al Novecento*, Lacaita, Manduria, 1998, p. 731).

Nozick espone le ragioni a favore di uno Stato minimo in un testo che ha avuto un grande impatto a livello accademico, *Anarchia, Stato e Utopia* (1974).

Il testo successivo, *Difendere l'indifendibile* (1976) di **Walter Block**, argomenta in maniera brillante la liceità, da un punto di vista libertario, di tante attività non aggressive oggi vietate o disprezzate. Segue *L'etica della libertà* (1982), l'opera filosofica del maggior teorico libertario del XX secolo, **Murray N. Rothbard**, il quale pone alla base del libertarismo la dottrina dei diritti naturali. Il suo allievo **Hans-Hermann Hoppe** svolge invece in *Democrazia: il dio che ha fallito* (2001), un libro tanto originale quanto provocatorio, una critica devastante alla democrazia da un punto di vista libertario. Infine il filosofo americano **Michael Huemer** spiega nel libro *Il problema dell'autorità politica* (2013) perché nessuna delle ragioni comunemente addotte per giustificare l'autorità dei governi statali abbia alcuna plausibilità filosofica.

41

Lysander Spooner

La Costituzione senza autorità
1870

*'La Costituzione degli Stati Uniti d'America non possiede
alcuna autorità e non produce alcun obbligo'*

Lysander Spooner è stato uno dei più noti pensatori individualisti americani dell'800. I suoi scritti esprimono una fedeltà assoluta nei principi della Dichiarazione d'Indipendenza su cui sono stati fondati gli Stati Uniti d'America, a partire dal consenso dei governati come unica fonte di legittimità dei governi. Grazie alla sua profonda competenza giuridica, Spooner sviluppa una critica devastante alla credenza nella natura vincolante della Costituzione americana e di ogni altra Carta costituzionale. In quest'opera sconfigge con le loro stesse armi i sostenitori della natura contrattuale della Costituzione dimostrando, attraverso impeccabili ragionamenti logico-giuridici, che patti di questo genere non sono mai stati stipulati da nessuno perché "nessuno sarebbe mai così pazzo o delinquente da firmarli". Uomo coraggioso e combattivo, Spooner ingaggiò numerose sfide legali all'autorità pagando alti costi personali. Nel 1844 fondò una compagnia postale privata di successo per sfidare il monopolio statale, che fu costretta alla chiusura dal governo. Si impegnò inoltre a fondo nel movimento abolizionista contro la schiavitù.

Riassunto

La Costituzione americana non può obbligare nessuno

Il Presidente e i membri del Congresso degli Stati Uniti sostengono che il loro potere di disporre della vita, libertà e proprietà di quaranta milioni di americani sia fondato sulla Costituzione. Tuttavia, ribatte Lysander Spooner, analizzando questo documento alla luce dei principi generali del diritto e della ragione si arriva necessariamente alla conclusione che la Costituzione degli Stati Uniti d'America non ha alcuna autorità e non produce alcun obbligo. La Costituzione potrebbe avere autorità e costituire obblighi solo se intesa come contratto tra uomo e uomo, ma le persone che diedero formalmente il proprio consenso oggi sono tutte morte. La Costituzione quindi, come contratto stipulato tra quelle persone, è morto con loro.

Gli artefici della Costituzione, infatti, non avevano alcun potere di renderla obbligatoria per i posteri. Se degli uomini dicono di costruire una casa per se stessi e per i propri posteri, non significa che vogliano *obbligare* i figli e nipoti ad abitarci. Se avessero inteso vincolarli a vivere sotto di essa, non avrebbero dovuto dire, come i costituenti, che il loro obiettivo era quello di "assicurare loro i benefici della libertà", ma quello di farne i propri schiavi.

Votare non significa dare il proprio assenso al sistema

Né si può sostenere, continua Spooner nella sua arringa, che i posteri si siano vincolati da soli votando o pagando le tasse. Vediamo la prima questione. Innanzitutto, l'atto di votare alle elezioni potrebbe vincolare al massimo i votanti effettivi, cioè non più di un sesto della popolazione attuale che attualmente ha il diritto di votare, della quale probabilmente non più di due terzi esercita effettivamente questo diritto. Ma il punto fondamentale è che non si può considerare l'atto di votare come una forma di consenso volontario al sistema.

Una persona infatti può aver votato per legittima difesa, allo scopo di difendersi dalla tirannia che gli altri possono esercitare nei suoi confronti con il loro voto. Nelle battaglie che si fanno a suon di voti, che sono meri sostituti delle pallottole, non si può inferire, dal fatto che uno usi il voto come unico mezzo per salvarsi, che si sia buttato nella mischia volontariamente. Non si può ragionare come se avesse scelto volontariamente di partecipare a un gioco in cui i suoi diritti e quelli altrui sono vinti o persi a suon di maggioranze.

> *Soldi e potere*
> «Tutto il potere politico, o ciò che va sotto tale nome, si basa di fatto su questa faccenda dei soldi. Qualsiasi banda di farabutti, se ha abbastanza soldi con cui cominciare, può autoproclamarsi "governo"; coi soldi, infatti, può ingaggiare dei soldati, e con questi può estorcere ancora più soldi, e costringere anche tutti quanti ad obbedire alla sua volontà. Come affermò Cesare a proposito della guerra, è per mezzo del governo che i soldi e i soldati si danno manforte a vicenda; col denaro si possono ingaggiare dei soldati, e coi soldati si può estorcere denaro» (p. 48).

Il governo dice: "O la borsa o la vita!"

Il pagamento delle tasse, essendo obbligatorio, naturalmente non fornisce alcuna prova di adesione volontaria alla Costituzione. È vero che, secondo la teoria, le tasse sono pagate volontariamente in cambio dei servizi di protezione che il governo fornisce. Ma questa teoria del governo, afferma Spooner in un celebre passaggio, è completamente diversa dalla realtà. Il fatto è che il governo, come un bandito, dice ad un uomo: *O la borsa o la vita!* Ma la sua rapina è di gran lunga più vile e vergognosa.

Il brigante assume solo su di sé la responsabilità e il rischio del suo atto criminoso. Egli non pretende di avere qualche giusta pretesa al vostro denaro, o di avere intenzione di usarlo a vostro beneficio. Il brigante è un uomo troppo sensato per fare dichiarazioni di questo tipo. Inoltre, una volta che ha preso il vostro denaro, egli vi lascia, come voi desiderate che egli faccia. Non insiste a seguirvi per strada, contro la vostra volontà, pretendendo di essere il vostro legittimo sovrano in virtù della protezione che vi offre, e marchiandovi come un ribelle, un traditore o un nemico della patria, e schiacciandovi senza pietà, se voi contestate la sua autorità, o fate resistenza alle sue richieste. Il brigante è troppo gentiluomo per rendersi colpevole di simili imposture, ingiurie e scelleratezze. In breve, egli non tenta, oltre ad avervi rapinato, di fare di voi il suo zimbello o il suo schiavo.

Una banda segreta di ladri e assassini

Al contrario dei banditi di strada, scrive Spooner, i mandanti degli esattori non fanno sapere chi sono, e di conseguenza non assumono personalmente la responsabilità dei propri atti. Attraverso una votazione segreta delegano alcuni di loro a commettere rapine in loro vece, rimanendosene bellamente nascosti. Chi paga le tasse non sa quindi a chi le sta pagando. Tutto quello che sa è che gli fa visita uno che si presenta come mandatario del "governo" ed egli, per salvare la pelle, gli consegna il denaro. Ma non potrà mai sapere chi sono i mandatari, cioè gli individui particolari che compongono il "governo", in nome dei quali l'incaricato dichiara di agire.

In pratica, essi hanno detto al loro delegato: "*Vai da Caio e digli che il governo ha bisogno di soldi per pagare le spese di protezione della tua persona e della tua proprietà. Se costui afferma di non aver mai concluso un contratto con noi e di non desiderare la nostra protezione, tu spiegagli che la cosa non ci riguarda: noi abbiamo deciso di proteggerlo sia che lo desideri sia che non lo desideri, e ci deve pagare per questo. Se chiede chi sono gli individui che hanno deciso tutto questo, digli di essere stato delegato segretamente (con voto segreto) da persone che non conosci. Se non ci sta, confisca e vendi la sua proprietà. Se oppone resistenza e chiede aiuto ad altre persone, dichiarali tutti ribelli, traditori e nemici della patria. Chiama il comandante dei nostri assassini affinché domi la ribellione costi quel che costi. Digli di ammazzare tutti quelli che oppongono resistenza, anche se fossero centinaia di migliaia, in modo da terrorizzare tutti quelli che hanno idee simili. Una volta che questi traditori hanno ben appreso la lezione della nostra forza e della nostra determinazione, diventeranno buoni e leali cittadini, e pagheranno le tasse senza chiedere né perché né per che cosa*".

Le vere ragioni della segretezza del voto

Le persone che si impegnano sinceramente a realizzare la giustizia sulla terra non hanno ragione di agire in segreto, o di nominare dei rappresentanti affinché compiano degli atti di cui essi, pur essendone i mandanti, non sono disposti a rispondere. Qual è allora, si chiede Spooner, il motivo del voto segreto? Solo questo: al pari di coloro che si associano a scopo criminoso, quelli che fanno uso del voto non sono amici tra loro, ma nemici; essi non hanno nessuna fiducia e nessuna amicizia reciproca, e hanno paura che gli altri del gruppo sappiano chi sono e per cosa hanno votato.

Coloro che partecipano alle elezioni politiche sono in verità occupati in complotti per farsi le scarpe a vicenda. Sanno che i più forti sarebbero disposti ad ammazzare centinaia di migliaia di avversari (come hanno fatto nella guerra recente) per portare a compimento i loro disegni. Perciò ci tengono a non essere identificati. È questa, chiaramente, l'unica ragione per avere il voto segreto.

Ma con le elezioni segrete si fa un governo segreto, cioè una banda segreta di ladri e assassini. Eppure siamo così folli da chiamare tutto questo libertà! Meglio allora il dispotismo manifesto. Il singolo despota si presenta di fronte a tutti e dichiara: "*Io sono lo Stato. La mia volontà è legge. Io sono il vostro padrone e mi assumo la responsabilità dei miei atti. Il solo arbitro che conosco è la spada. Se qualcuno nega il mio diritto, che si misuri con me*". In un governo segreto, invece, uno non sa chi siano i propri tiranni finché non hanno colpito, e a volte neppure allora.

Chi ha mai firmato il "contratto" costituzionale?

La Costituzione è sempre stata un atto privo di effetti giuridici anche perché nessuno ha mai dato il proprio consenso vincolante in base ai principi generali del diritto e della ragione, secondo cui un atto scritto crea degli obblighi solo se viene firmato. Questo principio risalente al diritto inglese, scrive Spooner, è presente in tutte le raccolte di leggi degli Stati americani che ho consultato. Per gli atti più importanti è richiesta non solo la forma scritta e la firma, ma anche l'autenticazione e la stipula in presenza di testimoni.

Qui abbiamo invece un atto, la Costituzione, che proclama di essere un contratto, e che è stato stipulato ottant'anni fa da individui che ora sono tutti morti: un "contratto" che nessuno ha mai firmato, sigillato, fatto alla presenza di testimoni, notificato all'altra parte, e che ben pochi individui hanno mai letto o persino visto. E di tutti quelli che l'hanno mai letto o visto, o che dovessero mai farlo in futuro, ce ne saranno un paio, a voler esagerare, che darebbero il proprio consenso al suo contenuto.

> **Chi compone la banda segreta che ci governa?**
> «da chi è veramente composto il governo del paese? Chi sono gli individui ... che ci derubano della nostra proprietà, ci privano della libertà, ci assoggettano al loro potere arbitrario, devastano le nostre case e, se opponiamo resistenza, ci ammazzano a centinaia di migliaia? Dove li si deve cercare? Come si fa a distinguerli da resto della gente? Come si può difendere se stessi e i propri beni? Chi, fra quelli che conosciamo, fa parte di questa banda segreta di ladri e assassini? ... La risposta a queste domande è che solo quelli che hanno la volontà e il potere di far secco il prossimo sono al governo di questo paese, come di tutti gli altri paesi (cosiddetti) civili» (p. 86).

Infatti, chi mai autorizzerebbe a consegnare per sempre la propria vita, libertà e proprietà nelle mani di un piccolo gruppo di individui che, come dispone la Costituzione stessa, non possono essere chiamati a rispondere di nessun uso che vogliano farne? Eppure si pretende che un contratto del genere, che nessun tribunale ammetterebbe nemmeno come prova di un debito di cinque dollari fra due persone, vincoli milioni di individui, e che continuerà a obbligarne altri milioni in avvenire!

Gli eletti non sono rappresentanti di nessuno

A questa descrizione dei fatti non si può neppure replicare che gli individui particolari che detengono questo potere possono esser sostituiti dopo qualche anno. Essi infatti vengono semplicemente sostituiti da altri individui il cui potere è ugualmente assoluto e irresponsabile. Costoro non hanno nemmeno il coraggio di essere coerenti, e di proclamare di essere i nostri padroni o di averci in proprietà. Dicono di essere i nostri servi, i nostri mandatari, i nostri procuratori e i nostri rappresentanti, ma questa loro affermazione è assurda e contraddittoria.

Nessun individuo, osserva il pensatore americano, può mai essere il mio servo, il mio mandatario, il mio procuratore o il mio rappresentante ed essere allo stesso tempo completamente al di fuori del mio controllo, non dovendo rispondere di fronte a me delle sue azioni. Se è immune al mio controllo e non posso limitargli o revocargli la procura in ogni momento, egli non è il mio procuratore o il mio rappresentante, ma il mio padrone, e io sono il suo schiavo.

Inoltre, se fosse realmente quello che dice di essere, io sarei necessariamente responsabile di tutti gli atti che compie nell'esercizio dei poteri che gli ho delegato. Ma nessuno, fra quanti dovessero essere danneggiati nelle loro persone o nelle loro proprietà da un qualche atto del Congresso, può presentarsi ai singoli elettori e fare in modo che rispondano degli atti compiuti da questi presunti mandatari o rappresentanti.

I membri del Congresso infatti non sono in grado di esibire una procura scritta debitamente firmata dai loro mandanti, e pertanto non si può presumere che siano procuratori o rappresentanti di altre persone. Nessun presunto rappresentante sa di chi siano i voti coi quali è stato eletto, e di conseguenza chi siano i suoi mandanti. Al massimo egli può affermare soltanto di essere l'emissario di una banda segreta di ladri e assassini, ma non sapendo chi siano concretamente i suoi mandanti, non ha il diritto di affermare di averne. Ciò dimostra, al di là di ogni dubbio, che questi presunti rappresentanti del popolo in realtà non rappresentano proprio nessuno.

Ma se i membri del Congresso non rappresentano nessuno, allora sono responsabili in prima persona delle loro azioni, così come delle azioni dei loro sottoposti. L'autorità che essi esercitano non è altro che la loro autorità personale; e in base alla suprema legge di natura, chiunque sia danneggiato dai loro atti, chiunque sia da essi privato della proprietà o della libertà, ha diritto a difendersi da essi allo stesso modo in cui ha diritto a difendersi da chiunque altro violi i suoi diritti.

La Costituzione non è un contratto

Quindi, in base ai principi generali del diritto e della ragione, ossia in base ai principi sui quali facciamo tutti affidamento sia nelle corti di giustizia sia nella vita di tutti i giorni, risulta chiaro che la Costituzione non è un contratto; che essa non vincola, né ha mai vincolato nessuno; che tutti coloro che pretendono di agire in quanto da essa autorizzati operano in realtà senza alcuna autorità legittima. Costoro sono quindi dei semplici usurpatori, che chiunque ha non solo il diritto, ma anche l'obbligo morale, di trattare come tali.

Se la gente di questo paese desidera mantenere un governo come quello descritto dalla Costituzione, osserva l'autore, non c'è ragione al mondo per cui non dovrebbero firmare il documento stesso e appalesare così la propria volontà in maniera aperta e indubitabile. Ma al popolo non è mai stato richiesto di firmare tale atto. E l'unica ragione per cui non glielo si è mai chiesto è che si sapeva che non lo avrebbe mai firmato, dato che le persone non erano così delinquenti o pazze da firmarlo di propria spontanea volontà.

Da un punto di vista morale, il "contratto costituzionale" è tanto privo di forza vincolante quanto lo sono i patti che i rapinatori, i ladri e i pirati fanno fra di loro, senza però mai firmarli. Se un numero abbastanza grande di persone ritiene che la Costituzione vada bene, perché non se la firmano, e non si fanno le leggi fra di loro, e non se le applicano a vicenda, lasciando in pace tutti gli altri che non interferiscono con loro? Finché non hanno fatto la prova per proprio conto, con che faccia possono imporre la Costituzione ad altri, o anche solo consigliare di adottarla? Chiaramente il motivo è che essi non vogliono la Costituzione semplicemente in vista di un qualche uso onesto o legittimo che essi possano farne per se stessi o per gli altri, ma la vogliono per via del potere disonesto e illegittimo che essa conferisce loro sulle persone e sulle proprietà altrui.

L'illegalità del debito pubblico

Per gli stessi principi generali del diritto e della ragione, continua Spooner, anche i debiti contratti a nome degli Stati Uniti o del popolo degli Stati Uniti non hanno alcuna validità. È assurdo sostenere che a carico degli americani gravi un debito di 2500 milioni di dollari, quando, a differenza di quanto sarebbe richiesto per provare l'esistenza di un debito privato, non può essere prodotta neppure la minima prova legittima del fatto che essi abbiano mai pattuito di pagare neppure un centesimo. È assolutamente certo che né l'intero popolo degli Stati Uniti, né alcuna porzione di esso, abbiano mai stipulato alcun contratto esplicito al fine di unirsi in un'impresa, una società o un'associazione chiamata "Stati Uniti" o "popolo degli Stati Uniti" e di autorizzare i loro rappresentanti a contrarre debiti a loro nome.

Ma allora chi è che ha creato questi debiti a nome degli Stati Uniti? Solo una manciata di individui che

> *Sei precetti per chi ama la libertà*
> «Perciò, chiunque ami la libertà dovrebbe rendersi conto dei seguenti fatti fondamentali: 1) che chiunque metta del denaro in mano a un cosiddetto "governo", gli mette in mano un'arma che potrà essere usata contro di lui, per estorcergli ancora più denaro, oltre che per tenerlo assoggettato al suo volere arbitrario; 2) ... che chi gli prende i soldi la prima volta senza che egli abbia dato il suo consenso userà tale denaro per continuare a rubare e a fare schiavi; 3) che è del tutto assurdo supporre che il fine per cui un qualsiasi gruppo di individui possa mai prendere dei soldi a qualcuno senza il suo consenso sia veramente quello professato come tale, ossia il fine di proteggere tale individuo; infatti, perché mai dovrebbero volerlo proteggere, se lui non vuole? ... 4) che se uno vuole "protezione", è in grado di procurarsela coi propri mezzi; e nessuno ha motivo di derubarlo per "proteggerlo" contro la sua volontà; 5) che l'unica garanzia di cui gli uomini possano disporre a tutela della loro libertà politica consiste nel tenersi i soldi in tasca ... 6) che non ci si può ragionevolmente fidare di nessun presunto governo, né si può ragionevolmente supporre che si proponga dei fini onesti, se non nella misura in cui esso dipenda da contributi volontari» (p. 49).

si facevano chiamare "membri del Congresso", i quali avevano bisogno di denaro per perpetrare le ruberie e gli omicidi in cui erano impegnati all'epoca. Questi personaggi non hanno niente con cui ripagare i debiti che hanno fatto. Di fatto, si propongono di pagare i propri debiti con il ricavato delle loro ruberie e delle loro stragi future, le quali rappresentano l'unica garanzia su cui facciano veramente affidamento, cosa che all'epoca sapevano anche quelli che hanno prestato loro il denaro.

La complicità dei banchieri nei crimini dei governi

I banchieri come Rothschild, ai quali non viene neppure in mente di prestare uno scellino ai loro vicini di casa affinché possa essere impiegato industriosamente e onestamente, se non dietro le più esose garanzie e ad un tasso d'interesse elevatissimo, sono sempre pronti a prestare denaro in quantità illimitata a quei ladri e assassini che si fanno chiamare governi, perché venga speso per far fuori quelli che non si lasciano passivamente derubare e ridurre in schiavitù.

Quando questi cosiddetti imperatori e re hanno ottenuto i loro prestiti, la prima cosa che fanno è ingaggiare in grandissimo numero degli assassini professionisti chiamati soldati, e impiegarli per far fuori chiunque opponga resistenza alle loro richieste di denaro. E come mai questi usurai prestano così di buon grado del denaro destinato ad ammazzare i loro simili? Per un'unica ragione: questo genere di prestiti è considerato un investimento migliore di quelli destinati ad essere impiegati onestamente e laboriosamente. Fruttano tassi d'interessi più alti, ed è meno difficoltoso recuperarli.

Questo mestiere di finanziatore di omicidi prezzolati, afferma Spooner, è fra i più sordidi, spietati e criminali che siano mai stati praticati su larga scala dagli esseri umani. È come prestare denaro ai mercanti di schiavi, o a dei comuni ladri o pirati, per ricevere in pagamento parte del loro maltolto. Gli individui che prestano denaro ai cosiddetti governi, per metterli in grado di derubare, ridurre in schiavitù e uccidere i loro popoli, sono fra i più grandi farabutti che si siano mai visti al mondo, e meriterebbero di essere catturati e uccisi, se non esiste altro modo per liberarsene, al pari di qualsiasi mercante di schiavi, rapinatore o pirata.

L'America ha tradito i principi della Dichiarazione d'Indipendenza

Ciò che vale per l'Europa vale sostanzialmente anche per gli Stati Uniti, con l'unica e insignificante differenza che in questo paese i ladri e gli assassini che si fanno chiamare "governo" non hanno alcun capo o comandante visibile e permanente. Eppure, ricorda Spooner, molto tempo fa, ai tempi della Dichiarazione d'Indipendenza, professammo di aver imparato che i governi sono legittimi solo in virtù della libera scelta e dell'adesione volontaria. Avevamo capito che il solo fine legittimo del governo era la tutela della libertà e della giustizia, in misura eguale per tutti.

Per circa cento anni abbiamo professato tutte queste cose, e guardavamo con pietà e disprezzo ai popoli europei, che essendo ignoranti, superstiziosi e ridotti in schiavitù, risultavano così facili da tenere in soggezione con le imposture e con la forza dai preti e dai monarchi. Se i nostri governanti fossero stati veramente fedeli a questi principi avrebbero dovuto semplicemente dire: "tutti coloro i quali vogliono godere della protezione di questo governo l'avranno, e quelli che non la vogliono saranno lasciati in pace, finché lasceranno in pace noi".

Sarebbe sorta un'unione volontaria di individui liberi, come quella che ci sarà un giorno fra tutti gli uomini del mondo, se le varie nazioni si libereranno mai degli usurpatori, dei ladri e degli assassini che vanno sotto il nome di governi, e che ora le depredano, le riducono in schiavitù e le annientano. Purtroppo, la sola concezione che abbiano mai espresso di che cosa sia per loro un governo fondato sul consenso è questa: è un governo al quale ciascuno deve dare il proprio consenso, sennò gli sparano. Un fatto è certo, conclude Spooner: o la nostra Costituzione ha autorizzato il governo che abbiamo ora, o non è stata capace di evitarlo. In entrambi i casi non ha ragione di esistere.

Punti da Ricordare

- Alla luce dei principi generali del diritto e della ragione, la Costituzione degli Stati Uniti d'America non possiede alcuna autorità e non produce alcun obbligo
- Votare o pagare le tasse non costituisce un consenso implicito al sistema politico
- Nella riscossione delle tasse, il governo si comporta come un bandito di strada
- Il brigante tuttavia è più onesto e ragionevole del governante, perché non pretende di avere un diritto legittimo sul tuo denaro o di rapinarti per il tuo bene
- Poiché sono stati eletti con voto segreto, i politici sono gli emissari di una banda segreta di ladri e assassini
- Il voto è segreto per nascondere i nomi dei mandanti delle ruberie e degli omicidi
- La Costituzione è un atto privo di valore giuridico perché nessuno l'ha mai sottoscritto in presenza di testimoni
- I politici eletti non rappresentano nessuno, perché non sono in grado di esibire una procura firmata dai mandanti
- La Costituzione ha quindi la stessa forza vincolante dei patti che i rapinatori, i ladri e i pirati fanno fra di loro
- Anche i debiti contratti a nome degli Stati Uniti o del popolo degli Stati Uniti non hanno alcuna validità
- I banchieri che prestano denaro ai governi sono complici dei loro crimini
- Gli americani hanno dimenticato i principi della Dichiarazione d'Indipendenza, secondo cui sono legittimi solo i governi basati sul consenso

L'autore

Lysander Spooner (1808–1887), filosofo e giurista statunitense, nacque il 19 gennaio 1808 ad Athol da una famiglia di modesti possidenti del Massachussets. Dopo gli studi riuscì a farsi assumere come praticante presso uno degli studi legali più prestigiosi dello stato. Qui imparò, oltre alla pratica e alla scienza del diritto, anche il rigore e la logica che avrebbe impiegato negli anni a venire per smantellare con ostinata meticolosità l'ideologia e i principi su cui si basava il sistema politico del suo paese. Uomo combattivo, ingaggiò numerosi scontri legali con l'autorità, ma ne uscì sempre sconfitto. Nel 1844 divenne molto famoso quando con la compagnia postale privata da lui fondata, la *American Letter Mail Company*, si mise in concorrenza con il monopolio statale. Questa sua iniziativa provocò la reazione del governo che portò al suo fallimento, ma allo stesso tempo ottenne un deciso abbassamento delle tariffe postali. Fervente abolizionista, dopo l'approvazione della Legge sugli schiavi fuggitivi offrì gratuitamente la propria assistenza legale nel corso di diversi processi a carico di filantropi che avevano aiutato la causa degli schiavi ribelli. Nel 1858 pubblicò e fece circolare un *Piano per l'abolizione della schiavitù*. I suoi saggi su questo tema furono molto influenti all'epoca, tanto da essere inseriti nello statuto del Liberty Party o da essere spesso menzionati da importanti esponenti abolizionisti dell'epoca come Gerrit Smith e Frederick Douglass. Spooner morì a Boston il 14 maggio 1887. Tra le sue opere si possono ricordare: *Nessun Tradimento n. 1* (1867), *Nessun tradimento n. 2* (1867), *Nessun tradimento n. 6. La Costituzione senza autorità* (1870), *Legge naturale* (1882), *Lettera al senatore Thomas F. Bayard* (1882), *Lettera al presidente Grover Cleveland* (1886).

Nota Bibliografica

Lysander Spooner, *La Costituzione senza autorità. No Treason No. 6*, Il Melangolo, Genova, 1997, p. 149, traduzione e cura di Valeria Ottonelli, postfazione di Flavio Baroncelli. L'opera, col titolo "Nessun tradimento 6. La Costituzione senza autorità", è presente anche in: Lysander Spooner, *I vizi non sono crimini*, Liberilibri, Macerata, 1998, p. 154, traduzione di Cristina Ruffini, prefazione di Angelo M. Petroni. Titolo originale: *No Treason no. 6: the Constitution of No Authority.*

42

Benjamin R. Tucker

Instead of a Book
1893

'Il miglior governo è quello che governa meno,
ma il governo che governa meno è nessun governo'

Con questo curioso titolo, "Al posto di un libro, da parte di un uomo troppo occupato per scriverne uno: esposizione frammentaria della filosofia anarchica", Benjamin Tucker, il più importante esponente dell'originario anarchismo americano, raccolse i suoi migliori saggi e articoli pubblicati sulla rivista *Liberty*, da lui diretta dal 1881 al 1908. Leggere i suoi scritti, argomentati sempre con logica rigorosa, e confrontarli con quelli degli anarchici europei permette di cogliere la grande distanza che separava la cultura politica del Nuovo Mondo da quella del vecchio continente. Tucker lottava in difesa delle classi lavoratrici, ma il suo anarchismo non era rivoluzionario, perchè esprimeva in forma radicale il sogno di libertà individuale in una terra di opportunità sconfinate. Si tratta quindi di una tradizione molto diversa da quella del socialismo anarchico europeo, legato a logiche collettiviste e a pratiche insurrezionaliste o terroristiche. Oggi infatti Tucker viene considerato un precursore del pensiero *libertarian* contemporaneo.

Riassunto

L'uguale libertà per tutti

La concezione anarchica di Benjamin Tucker è tipicamente americana, radicata nei principi della Dichiarazione d'Indipendenza, e quindi molto distante dall'anarco-comunismo di matrice europea, contro il quale Tucker condusse numerose polemiche. Nella tradizione individualista dell'anarchismo americano l'interesse della società coincide sempre e necessariamente con quello dell'individuo, dato che la libertà individuale rappresenta la «condizione prima di ogni umana felicità» (p. 41). Di conseguenza, la società sarà tanto più felice quanto più elevato è il tasso di libertà presente in essa. L'individuo trae vantaggio dall'associarsi con altri esattamente nella misura in cui la società è libera.

Il nostro dovere, spiega Tucker, c'impone di rispettare i diritti altrui, cioè la sfera d'azione di ciascuno limitata dalla libertà di tutti. In questo modo il potere di ognuno si trova ad essere logicamente limitato dalla libertà degli altri. La "legge della libertà eguale per tutti", cioè il massimo di libertà compatibile col fatto che gli individui conviventi in società rispettino reciprocamente i loro rispettivi campi d'azione, rappresenta quindi la condizione per una società stabile e armoniosa.

Non esistono considerazioni politiche o sociali che possano giustificare il sacrificio della libertà degli individui. Ogni attentato contro questa libertà rappresenta per Tucker una "usurpazione", e poco importa che tale usurpazione «sia esercitata da una persona su un'altra, come avviene nel caso di un delinquente comune; oppure da una persona singola su tutte le altre, come succede nel caso del despota; od infine da tutti contro un singolo, come avviene nelle nostre democrazie moderne» (p. 23).

> *L'esito totalitario del programma di Marx*
> «Qualsiasi cosa i socialisti statalisti possano sostenere o negare, il loro sistema, se adottato, è destinato a portare ad una religione di Stato, alle cui spese tutti debbono contribuire ed al cui altare tutti dovranno inginocchiarsi; a una scuola di medicina di Stato, presso i cui medici tutti i malati dovranno curarsi; a un sistema d'igiene di Stato, che prescriverà tutto quello che si può o non si può mangiare, bere, indossare e fare; a un codice morale di Stato, che non si accontenterà di punire il crimine, ma che proibirà anche tutto ciò che la maggioranza considera un vizio; ad un asilo di Stato, in cui tutti i bambini avranno un'educazione comune a spese del pubblico; infine, ad una famiglia di Stato, nel tentativo di allevare le stirpi con accoppiamenti su base scientifica, in cui nessun uomo o nessuna donna potranno avere figli se lo Stato lo proibisce, o rifiutarsi di averne se lo Stato lo ordina. In questo modo l'autorità raggiungerà il suo culmine e il monopolio arriverà alla massima potenza. Questo è l'ideale cui logicamente giunge il socialismo di Stato, questo è l'esito finale della strada imboccata da Karl Marx» (p. 8-9).

Occorre però distinguere molto attentamente tra usurpazione e resistenza, cioè tra aggressione e legittima difesa. Senza questa fondamentale distinzione non vi può essere alcuna filosofia politica duratura. La resistenza a un attacco esterno infatti non costituisce un'usurpazione, ma un atto difensivo. Chi invade l'altrui sfera personale è sempre nel torto più assoluto, e il diritto dell'aggredito di scegliersi i mezzi di difesa più appropriati dev'essere illimitato: «Sia che si tratti di un singolo individuo oppure di un governo, l'usurpatore perde ogni diritto a qualsiasi riguardo da parte della vittima. Il modo in cui l'usurpazione arbitraria dell'altrui libertà è stata commessa non ha alcuna importanza, e la vittima è giustificata a ricorrere a qualsiasi mezzo di cui dispone per insorgere contro la sopraffazione subita» (p. 429).

La legge in una società volontaria

La priorità assegnata da Tucker ai diritti individuali e alla libertà personale lo porta a teorizzare delle norme giuridiche capaci di far rispettare la legge dell'eguale libertà. Queste leggi devono proteggere la proprietà personale basata sul lavoro personale, cioè «il possesso del proprio lavoro e di quello degli altri acquisito senza frode né violenza» (p. 61). Tra la difesa della persona e la difesa della proprietà non vi sono differenze, perché le stesse norme che regolano la protezione dell'una valgono anche per quella dell'altra.

Gli individui che si associano tra loro per garantire la protezione dei diritti non cedono però per sempre la loro libertà naturale alla collettività. Non si tratta quindi di un "contratto sociale", ma di un contratto vero e proprio nel quale ogni singolo individuo valuta se per lui sia vantaggioso o meno aderire a una associazione volontaria stabilita in un certo territorio, dalla quale può sempre decidere di staccarsi. La durata del contratto associativo non può essere illimitata, dato che «la costituzione di un'associazione i cui componenti dichiarassero di rinunciare alla facoltà di ritirarsi dalla società quando lo ritenessero conveniente, equivarrebbe a una formalità priva di senso» (p. 48).

Questa società volontaria impone degli obblighi vincolanti per chi la stipula, ma il suo diritto di esercitare la propria sovranità nel territorio finisce laddove in esso fossero presenti delle associazioni preesistenti o degli individui che non hanno sottoscritto alcun patto preventivo. In tal caso gli associati non hanno alcun diritto di imporre a queste persone il rispetto dei propri regolamenti, né possono costringerli a far parte della società, né infine possono esigere dei compensi o delle tasse per il vantaggio derivante dalla presenza dell'associazione.

Le norme che regolano la società libera immaginata da Tucker devono essere flessibili e adattabili a ogni caso concreto, ma non modificabili arbitrariamente. Per ottenere questo risultato occorre, analogamente al sistema britannico di *Common Law*, dar facoltà alle giurie dei tribunali di decidere non solo sui fatti commessi, ma anche sullo stesso diritto e sull'equità della legge da applicarsi. Le istituzioni che hanno per scopo di modificare il diritto, come i governi o i parlamenti statali, non hanno quindi più ragione di essere.

Lo Stato come usurpazione organizzata

Tucker definisce lo Stato come «il concetto dell'usurpazione incarnato in una sola o più persone che si attribuiscono la facoltà di rappresentare e comandare l'intera popolazione di un territorio» (p. 23). Tutte le istituzioni qualificate con il termine di Stato costituiscono una forma continuata di usurpazione su una certa area e su tutto ciò che vi è contenuto. Questo potere viene esercitato generalmente col doppio intento di opprimere al massimo grado i soggetti ed estendere i confini di detto territorio.

La manifestazione principale di questa imposizione è l'imposta obbligatoria riscossa per mezzo della forza armata. La tassazione costituisce una palese aggressione anche nel caso in cui lo Stato pretenda di offrire in cambio un servizio di protezione. Come si potrebbe infatti conciliare «la libertà uguale per tutti col fatto di togliere all'individuo una parte del prodotto del suo lavoro per pagare una protezione da lui non chiesta né desiderata?» (p. 26).

Il fatto, scrive Tucker, è ancor più grave se ci si rende conto che il più delle volte questo prelievo è destinato a dare alle sue vittime del piombo, anziché del pane; ad opprimerle, invece che a proteggerle. L'azione statale implica inoltre, nella maggior parte delle misure che adotta, delle violazioni indirette, perché invece di limitarsi a prevenire gli attacchi tende a comprimere il popolo nella sua attività commerciale e industriale, nella sua esistenza sociale, domestica, personale.

Per la tassazione volontaria

Per queste ragioni Tucker giudica superficiale la posizione dei pensatori liberali come Herbert Spencer che accettano uno Stato minimo con funzioni di protezione, dato che il prezzo che si è costretti a pagare per essere protetti dalla forza statale è comunque spropositato, se si considera il servizio ricevuto. La difesa infatti è un servizio come un altro, un lavoro utile e richiesto soggetto alla legge della domanda e dell'offerta. In un mercato libero, dove è presente la competizione, le preferenze dei consumatori andrebbero a coloro che forniscono la miglior sicurezza al minor prezzo.

Oggi tuttavia la produzione e la vendita di questo servizio sono monopolizzate dallo Stato, il quale, come quasi ogni altro monopolista, chiede prezzi esorbitanti e fornisce un prodotto di qualità scadente: «così come un monopolista di prodotti alimentari fornisce spesso veleno invece di cibo, allo stesso modo lo Stato approfitta del suo monopolio della difesa per fornire invasione invece di protezione; e proprio come il cliente del primo paga per essere avvelenato, così il cliente dello Stato paga per essere schiavizzato. Ma lo Stato supera in scelleratezza tutti gli altri monopolisti perché esso, solo fra tutti, può imporci, nolenti o volenti, il consumo della sua merce» (p. 33).

> **Fatti gli affari tuoi!**
> «Il progetto anarchico non fornisce neppure un codice morale da imporre agli individui. *Mind Your Own Business!*, ovvero "Fatti gli affari tuoi!", è la sua unica legge morale. L'interferenza con gli affari altrui è l'unico e solo crimine, e come tale è giusto resistervi. In conformità con questa visione gli anarchici considerano i tentativi di sopprimere i vizi come crimini in se stessi. E pensano che la libertà e il benessere sociale risultante siano la miglior cura per tutti i vizi. Ma riconoscono il diritto dell'ubriacone, del giocatore d'azzardo, del libertino e della prostituta di vivere le proprie vite fino a quando non decideranno liberamente di cambiare» (p. 15).

Poiché la difesa costituisce un diritto individuale, i cittadini possono organizzarla come meglio credono, dotandosi di apparati difensivi e pagando tali servizi alla stessa stregua di qualsiasi altro bene ottenuto dai privati. Attualmente, osserva Tucker, negli Stati Uniti o in Inghilterra esistono molte compagnie d'assicurazione presso cui le persone assicurano le proprie vite e i propri beni contro incidenti o incendi. Perché allora non dovrebbero esserci, al posto del governo, numerose compagnie investigative o di vigilanza, presso cui la gente possa assicurare la propria vita e i propri beni contro assassini o furti? In una società libera, conclude Tucker, la tassazione esisterebbe solo su basi rigorosamente volontarie.

La democrazia come dispotismo della maggioranza

Mentre l'anarchismo afferma la sovranità dell'individuo, la democrazia afferma la sovranità del popolo. Tuttavia, il fatto che i governanti siano scelti dalla maggioranza delle persone non elimina il fatto della dominazione. Anche in democrazia vi sono uomini che governano altri uomini e volontà umane che sottomettono altre volontà umane, proprio come nel dispotismo teocratico dei re.

Cos'è infatti, si chiede Tucker, una scheda elettorale? Nulla di più né di meno che la rappresentazione della baionetta, del fucile, della polvere da sparo, tradotta in un pezzo di carta. È un mezzo comodo e poco dispendioso per stabilire qual è il partito che avrà il potere e quale quello che dovrà soggiacere. Il voto della maggioranza ci permette di fare a meno dello spargimento di sangue, ma esso non è meno dispotico del comando proveniente dal monarca più assoluto spalleggiato dal più forte esercito.

Partecipare alle elezioni per stabilire chi deve governare equivale ad abdicare alla ragione per affidarsi alla forza dei numeri. Infatti, nel momento in cui la minoranza diventa maggioranza, cessa di ragionare e di convincere e comincia a comandare, ad obbligare ed a punire. Usare il voto per modificare il governo vuol dire dunque usare la forza per modificare il governo. Ecco perché «ogni governo è un male, anche se è costituito dal dominio di una maggioranza» (p. 159).

La lotta contro i monopoli

Tucker ritiene, sulla base della teoria del valore-lavoro elaborata dagli economisti classici (oggi superata dalla scienza economica), che il valore dei beni sia determinato dalla quantità di lavoro che contengono. Il lavoro, scrive l'anarchico americano, è la «vera misura del valore» (p. 6). La massima creazione di valore, e quindi di benessere individuale e sociale, scaturisce qualora si abbandoni alla libertà più assoluta la produzione e la circolazione delle ricchezze. Per far ciò occorre eliminare ogni monopolio legale, emancipando l'economia dalla presenza soffocante dello Stato e di ogni altra forma di controllo politico.

Lo Stato rappresenta infatti il mezzo con cui le classi privilegiate si garantiscono poteri e profitti monopolistici. Il banchiere, il proprietario terriero e l'industriale sono dunque, nella polemica di Tucker, degli "usurai" quando percepiscono, grazie al monopolio che gli garantisce lo Stato, un plusvalore da qualcosa che non dipende dal loro lavoro. Ne consegue che il solo modo di garantire al lavoro il godimento integrale del prodotto, o salario naturale, è quello di abbattere il monopolio «rendendo universale la concorrenza quale antitesi del monopolio» (p. 9). La concorrenza è infatti è la grande livellatrice che fa scendere i prezzi fin quasi al livello dei costi di produzione.

Tucker individua quattro monopoli principali: il monopolio del credito, della terra, delle tariffe e dei brevetti. I "capitalisti" che controllano le leve dell'apparato di governo impediscono infatti la libera concorrenza nell'attività bancaria e nell'offerta di moneta (il *free-banking*), ostacolano o impongono tributi ai coloni che vogliono occupare e coltivare le terre libere, impongono dazi a favore di alcune industrie, e proteggono illimitatamente gli inventori dalla concorrenza. Come conseguenza, il costo del denaro, degli affitti terrieri e dei prodotti industriali rimane artificialmente alto, a scapito delle classi lavoratrici.

La differenza tra il socialismo di Stato e l'anarchismo

La soluzione per porre rimedio a queste forme di sfruttamento non è però quella proposta dai socialisti di Stato come Marx, i quali vorrebbero rendere universale il monopolio centralizzando tutte le imprese e le risorse nelle mani del governo. Un tale sistema, per Tucker, ha come ideale sociale quello di "una comunità uniforme e miserabile di buoi aggiogati, pacifici e asserviti", e conduce inevitabilmente alla tirannia e alla schiavitù generalizzata. Il socialismo di Stato può essere descritto infatti come la dottrina secondo la quale tutti gli affari umani devono essere gestiti dal governo, senza tener conto delle scelte degli individui.

Ammissibilità della pena capitale

«Dopo l'esecuzione di Kemmler, ho letto ripetutamente sulla stampa, specialmente in quella riformista e persino in quella anarchica, che l'esecuzione è stata un omicidio. Ho letto anche che la pena capitale rappresenta la forma peggiore di omicidio. Mi piacerebbe sapere su quali principi della società umana si basano e si giustificano queste asserzioni ... Se la società ha il diritto di proteggersi da uomini come Kemmler, come si ammette, perché non lo può fare nella maniera che si è dimostrata più efficace? Se si afferma che la pena di morte non costituisce il metodo più efficace, questo argomento, ben sostenuto da fatti, è pertinente e valido. È una posizione che posso comprendere e con la quale, se non affermata in termini troppo assoluti, posso anche simpatizzare. Ma questo non significa che la società che infligge la pena capitale commetta un omicidio. Il termine non può essere applicato legittimamente a un atto difensivo. E la pena di morte è, almeno in teoria, un atto strettamente difensivo. Naturalmente le istituzioni coercitive spesso ne fanno un'arma di offesa, ma questo non rende la pena capitale di per sé diversa da altre forme di pena ... Scrivendo queste parole non sono mosso dal desiderio di difendere gli orrori del patibolo, della ghigliottina o della sedia elettrica ... Questi orrori parlano apertamente contro l'opportunità e l'efficacia della pena di morte, ma nondimeno non la rendono un omicidio. Insisto che non c'è niente di sacro nella vita di un invasore, e che non c'è nessun valido principio della società umana che vieti a chi ha subito un'invasione di proteggersi in qualsiasi maniera possibile» (p. 156-157).

Ogni uomo diventerà un salariato, e lo Stato l'unico datore di lavoro. Chi non lavorerà per lo Stato patirà la fame o, più probabilmente, finirà in prigione. Ogni libertà di commercio dovrà scomparire. La concorrenza dovrà essere completamente spazzata via. Tutte le attività commerciali e industriali dovranno essere centralizzate in un unico, vasto, enorme, onnicomprensivo monopolio. Il rimedio per i *monopoli* è il *monopolio*. Questo è il programma economico del Socialismo di Stato adottato da Karl Marx.

Gli individualisti anarchici, al contrario, innalzano la bandiera dell'assoluta libertà di commercio, sia all'interno che verso i paesi esteri; portano la dottrina manchesteriana alle sue logiche conseguenze; adottano il *laissez-faire* come regola universale. Sotto questa bandiera essi hanno iniziato la loro lotta contro i monopoli, sia il monopolio totale dei socialisti di Stato che i monopoli di vario tipo che esistono oggi. In definitiva, afferma Tucker, gli anarchici americani sono semplicemente dei democratici jeffersoniani imperterriti. Essi credono che "il miglior governo è quello che governa di meno", e che il governo che governa di meno è nessun governo.

Una via pacifica al cambiamento sociale

L'avversione di Tucker per ogni forma di comunismo comporta anche il rifiuto dei metodi della lotta violenta abbracciati da molti socialisti e anarchici europei. Tucker rigetta il rivoluzionarismo sociale, l'insurrezionalismo e più in generale ogni sommossa popolare a carattere armato, affermando che «il tempo delle rivoluzioni armate è finito» (p. 440). Non si dovrà ricorrere alla forza se non nei casi estremi, perché «l'anarchia non si può realizzare con la violenza» (p. 427). Non bisogna servirsi della violenza contro gli oppressori dell'umanità, se non quando questi abbiano reso impossibile ogni agitazione pacifica. Fin tanto che esiste la libertà di stampa e di parola è preferibile non ricorrere ai mezzi violenti per combattere la tirannia. Per questa ragione gli atti terroristici sono forse ammissibili in Russia, ma non in Inghilterra e nemmeno in Germania.

Soltanto la diffusione pacifica delle idee può essere efficace. Occorre pertanto che il popolo sia educato alle dottrine anarchiche, propagandando senza posa la dottrina della libertà eguale per tutti, finché la maggioranza non abbia riconosciuto che le forme politiche attuali si basano sull'usurpazione e l'arbitrio. Un mutamento troppo rapido, non accompagnato dalla persuasione, potrebbe essere controproducente: «Se il governo venisse soppresso da un giorno all'altro, noi assisteremmo probabilmente ad una serie di conflitti violenti per la conquista della terra e delle altre cose, risultandone forse una reazione con un possibile ritorno alla tirannia. Ma se tale abolizione si svolgerà gradatamente, estendendosi da un campo all'altro dell'attività sociale e con una progressiva diffusione fra le masse della verità sociale, nessun serio conflitto ne potrà allora risultare» (p. 329)

> *Libertà contro Uguaglianza*
> «È poco probabile che la disuguaglianza si possa eliminare col tempo in modo assoluto … Poiché non è possibile eliminare con la libertà l'ineguaglianza della capacità produttiva di ogni singolo e per conseguenza la disparità della sua rispettiva condizione economica, v'è chi dice: non vogliamo la libertà perché vogliamo l'eguaglianza assoluta. Non condivido questa opinione. Se mi sarà dato di vivere libero con mezzi abbondanti, non starò certo a rammaricarmi se qualcun altro, essendo ugualmente libero, sarà per caso più ricco di me. La libertà avrà per conseguenza che tutti potranno diventare ricchi col tempo, ma non che tutti lo diventino in modo eguale. Col sistema dell'autorità si potrà forse ottenere più o meno che tutti gli uomini diventino ugualmente ricchi economicamente; ma certo noi saremo allora tutti ugualmente miseri rispetto a ciò che costituisce il pregio maggiore della nostra vita, la libertà» (p. 348).

Resistenza passiva e sciopero fiscale

In linea di principio, osserva l'autore, non ci sono dubbi sul diritto di difendersi con la violenza contro l'oppressione. Tuttavia l'uso di tale diritto non è da esercitarsi finché esiste ancora la possibilità di ricorrere ad altri mezzi, come la non violenza e la resistenza passiva. Quest'ultima costituisce «l'arma più potente dell'uomo nella sua lotta contro la tirannia» (p. 415). La resistenza si esprime con la disobbedienza civile agli istituti statali, rinunciando ad essere elettori e rifiutando la coscrizione militare.

Questo metodo, osserva Tucker, è il solo che possa avere successo in questa nostra epoca di disciplina militare. Non c'è tiranno in tutto il mondo civile che non ritenga di molto preferibile lo scatenarsi di una rivoluzione cruenta al dover fronteggiare una cospicua frazione dei suoi sudditi ben decisi a non obbedire. Un'insurrezione è facilmente sedata; ma non vi è esercito capace di puntare i suoi cannoni contro una popolazione pacifica, che non si riunisce nemmeno sulla pubblica strada, ma rimane tappata in casa, ben determinata a mantenere i propri diritti.

Un altro metodo pacifico che permette di lottare contro il sistema di dominio è il rifiuto di pagare le imposte: «Il potere vive delle proprie rapine; esso muore non appena le sue vittime si rifiutano di farsi spogliare. Non si può sopprimerlo né con la persuasione, né con la scheda elettorale, né con la carabina; ma si può averne ragione affamandolo» (p. 415).

Quando un contingente abbastanza numeroso di uomini ben decisi nella loro determinazione e il cui imprigionamento si dovesse ritenere poco consigliabile, s'intendessero fra loro per chiudere tranquillamente le loro porte in faccia all'esattore delle imposte, e mettessero in circolazione la propria moneta senza curarsi di contravvenire ad ogni proibizione legale, allora, conclude Tucker, il governo, con tutti i privilegi e i monopoli che rappresenta e garantisce, si vedrebbe presto ridotto a scomparire.

Punti da Ricordare

- La libertà individuale rappresenta la condizione prima di ogni umana felicità
- Una società stabile e armoniosa si fonda sulla legge della libertà eguale per tutti
- Ogni attentato alla libertà e alla proprietà dell'individuo rappresenta una usurpazione
- L'aggredito ha il diritto di resistere con ogni mezzo disponibile alla sopraffazione
- Lo Stato è una forma di usurpazione territoriale organizzata
- Una società anarchica si basa su un contratto sempre rescindibile e sulla tassazione volontaria
- La democrazia è una forma di dominio dispotico della maggioranza
- Partecipare alle elezioni equivale ad abdicare alla ragione per affidarsi alla forza bruta del numero
- Il lavoro è la vera misura del valore dei beni
- Lo Stato crea i monopoli del credito, della terra, delle tariffe e dei brevetti
- Il socialismo di Stato vuole accentrare tutti i monopoli in un unico gigantesco monopolio
- Gli anarchici invece vogliono abbattere ogni monopolio rendendo universale il principio della libera concorrenza
- Il miglior governo è quello che governa meno, ma il governo che governa meno è nessun governo
- Non si può realizzare l'anarchia con la violenza rivoluzionaria, ma solo con la persuasione
- La tirannia può essere contrastata con la resistenza passiva e con lo sciopero fiscale

L'autore

Benjamin R. Tucker (1854-1939), nacque a South Dartmouth, nel Massachusetts, il 17 aprile 1854 da un'antica famiglia americana. Fu una sorta di *enfant prodige*: a quattordici anni aveva già studiato Darwin, Spencer e Mill. L'incontro più importante e rivelatore fu quello, del 1872, con Josiah Warren, il capostipite della tradizione dell'individualismo anarchico americano, al quale rimase sempre riconoscente. La vera svolta nella vita di Tucker si ebbe però due anni dopo, nel 1874: tornato da un viaggio in Europa (fece tappa in Inghilterra, Francia ed Italia), il giovane Tucker abbandonò definitivamente gli studi presso il Massachusetts Institute of Technology ("non ero portato per fare l'ingegnere", dirà poi) per apprendere il mestiere di tipografo e, al contempo, dedicarsi con più approfondimento ai temi della filosofia politica.

Quando nel 1877 il direttore del periodico *The World*, l'anarco-individualista Ezra Heywood, andò in carcere, Tucker ne prese il posto. Poco dopo fondò la rivista che lo fece conoscere in una cerchia molto più vasta, *Liberty*. Uscito come quindicinale a New York, ben presto *Liberty* si trasferì a Boston, dove avrebbe continuato le pubblicazioni per ventisette anni. Debuttò nell'agosto del 1881, e una breve dichiarazione programmatica fece subito chiarezza sugli obiettivi del periodico e sulla direzione che il suo fondatore gli avrebbe impresso: «Il grido di *Liberty* è: "Abbasso l'autorità!", e la sua battaglia principale è contro lo stato; lo stato che corrompe i bambini, lo stato che ingabbia la legge; lo stato che soffoca il pensiero, lo stato che monopolizza la terra, lo stato che limita il credito e lo scambio, lo stato che dà al capitale ozioso il potere di espandersi, e che attraverso l'interesse, la rendita, il profitto e le tasse deruba il lavoro industrioso dei suoi prodotti». Foglio di propaganda e discussione, redatto in maniera molto brillante in virtù del talento giornalistico di Tucker, *Liberty* riuscì a riunire attorno a sé i nomi migliori dell'anarchismo contemporaneo. Diffuso in tutti gli Stati Uniti, e capace di fare arrivare qualche eco delle proprie posizioni pure in Europa (seppure Tucker avesse bruscamente rotto con gli anarchici continentali, tanto lontani dalle sue posizioni), *Liberty* beneficiò moltissimo della forza personale, della caparbietà, dello stile al vetriolo del proprio redattore. Quando le leggi Comstock comportarono la censura di *Foglie d'erba* di Walt Whitman, Tucker vi si oppose con incredibile determinazione e fece circolare il libro ovunque fosse possibile. Anni dopo Whitman, che non dimenticò mai quest'episodio, di lui scrisse che "fece delle cose coraggiose, quando le cose coraggiose erano rare… Mi piace molto: è veramente un uomo di fegato". Nel 1893 raccolse i suoi migliori articoli di Liberty in una corposa antologia, *Instead of a Book*, che dedicò al suo primo maestro, Josiah Warren. Nel 1897 uscì una seconda edizione del libro. L'avventura intellettuale di Tucker terminò nel gennaio del 1908, quando un incendio consumò il suo magazzino ed egli, non assicurato, perse tutto quanto vi aveva investito. Il numero di aprile di quell'anno di *Liberty* fu l'ultimo ad uscire. Tucker decise allora di trasferirsi in Europa, convinto di poter riprendere lì le pubblicazioni. Questo rimase però solo un sogno, reso impossibile dalla mancanza di mezzi, forse anche di volontà, e dai contrasti con gli anarchici europei. Dopo un soggiorno in Francia durato sino agli albori della prima guerra mondiale, si spostò nel Principato di Monaco, dove si spense, ad ottantacinque anni, il 22 giugno 1939. La vita ne stemperò gli entusiasmi e ne distrusse i sogni: nato sette anni prima dello scoppio della guerra di secessione, morì con già nell'aria la seconda guerra mondiale.

Nota Bibliografica

Benjamin Ricketson Tucker, *Instead of a Book by a Man Too Busy to Write One: A Fragmentary Exposition of Philosophical Anarchism*, Benj. R. Tucker Publisher, New York, 1893, p. 514.

43

Albert Jay Nock

Il nostro Nemico, lo Stato
1935

'Il potere statale sta fagocitando il potere sociale'

Albert Jay Nock, colto uomo di lettere americano, espresse in questo suo testo del 1935 lo sgomento per l'inarrestabile espansione del potere statale che stava avvenendo sotto i suoi occhi. Il libro, che eserciterà una forte influenza sul pensiero libertario successivo, denunciava l'invadenza degli apparati pubblici, i quali stavano fagocitando un po' alla volta tutte le attività che un tempo erano svolte dai privati, dalle associazioni, dalla società civile. Egli si considerava un sopravvissuto dei tempi d'oro del secolo precedente, quando il libero sfogo dell'iniziativa privata aveva permesso di edificare dal nulla il paese più prospero della storia. Gli effetti maggiormente negativi di questo crescente statalismo erano a suo parere quelli morali, cioè la progressiva perdita della consapevolezza da parte di ogni cittadino di essere un individuo indipendente e sovrano su se stesso. Per Nock non esisteva alcun rimedio a questo stato di cose, perché lo studio della storia passata insegnava che, oltrepassato un certo punto, nulla poteva più arrestare il processo parassitario di autoalimentazione dello Stato a danno della società.

Riassunto

Come il potere statale soffoca il potere sociale

Se guardiamo al di là della superficie dei nostri affari pubblici possiamo notare un fatto fondamentale: una grande redistribuzione di poteri dalla società allo Stato. Tutte le questioni che monopolizzano l'attenzione dell'opinione pubblica, come il livello dei prezzi e dei salari, l'inflazione, il sistema bancario o le politiche agricole, sono espressione di uno stesso fenomeno: l'aumento di potere dello Stato e la corrispondente diminuzione del potere sociale.

Sfortunatamente pochi capiscono che lo Stato, così come non ha denaro suo, tanto meno ha potere proprio. Tutto il potere che ha è quello che gli concede la società, oltre a quello che confisca di tanto in tanto con un pretesto o con un altro. Non esiste alcuna altra fonte da cui scaturisca il potere dello Stato. Pertanto, qualunque assunzione di potere da parte dello Stato diminuisce il potere della società. Non c'è mai stato, e non potrà mai esserci, un rafforzamento del potere dello Stato senza un corrispondente deperimento del potere sociale.

Per di più il potere statale, ogni volta che viene esercitato, tende a decrescere anche la propensione della società ad esercitarlo. Un tempo in Inghilterra e in America i cittadini comuni avevano gli stessi poteri dei poliziotti: potevano ad esempio arrestare un malfattore e condurlo davanti a un magistrato. Oggi i cittadini non sanno più di possedere questo diritto, e in ogni caso non sono più disposti ad esercitarlo. Un altro esempio: dopo l'alluvione di Johnstown il potere sociale si era immediatamente mobilitato ed era stato usato con intelligenza e vigore. La sua forza, misurata in termini monetari, era stata tale che quando tutto era tornato in ordine avanzava ancora un milione di dollari. Se una tale cata-strofe avvenisse ora, l'attitudine ge-nerale sarebbe quella di lasciar fare allo Stato.

Finora in questo paese a disgra-zie improvvise come la povertà o la disoccupazione si era fatto fronte con la mobilitazione del potere so-ciale. Sotto il governo del presidente Roosevelt, tuttavia, lo Stato si è as-sunto questa funzione, annunciando pubblicamente la dottrina, nuova di zecca per la nostra storia, secondo

> *La disonestà dello Stato*
> «Nell'aprile 1933 lo Stato americano, per attrarre l'in-vestimento dei più poveri, ha emesso buoni di piccolo taglio per un valore di mezzo miliardo di dollari. Ha promesso di pagarli in oro, capitale più interesse matu-rato, al valore nominale alla data di emissione. Entro tre mesi lo Stato ha ripudiato questa promessa. Una azio-ne simile da parte di un individuo, come dice Freud, lo disonorerebbe per sempre, e lo segnerebbe come non migliore di un farabutto. Compiuta da un'associazione di individui, li porrebbe nella classe dei criminali di professione» (p. 44).

cui lo Stato deve assicurare ai suoi cittadini i mezzi per vivere. È ovvio quindi che le attività private tenderanno proporzionalmente a diminuire in conseguenza dell'au-mento degli sconfinamenti dello Stato nei loro campi.

Il problema nasce dal fatto che la competizione fra il potere della società e quello dello Stato è sempre iniqua, in quanto quest'ultimo può determinare le regole a pro-prio vantaggio, fino al punto di porre fuorilegge ogni esercizio di potere sociale in qualsiasi settore. Un caso emblematico è quello del monopolio dello Stato nelle po-ste. Al potere sociale viene impedito dal puro arbitrio dello Stato di svolgere questa attività, anche se sarebbe in grado di svolgerla molto più a buon mercato e, almeno in questo paese, molto meglio.

Così lo Stato, sempre a spese del potere sociale, rende ogni occasione uno strumento per accumulare potere, e tramite ciò induce nella gente l'abitudine all'acquiescenza. Le nuove generazioni sono condizionate a nuovi incrementi del potere dello Stato, e tendono a considerare normale il processo di accumulazione continua. Tutte le voci istituzionali dello Stato fanno coro nel confermare questa condizione, presentandola non solo come normale, ma anche salutare e necessaria per il bene pubblico.

Il "colpo di Stato" di Roosevelt del 1932

Questo processo non è stato portato in America a conseguenze così estreme come in Russia, Italia o Germania, tuttavia è andato molto avanti, con un tasso di sviluppo che

di recente è stato enormemente accelerato. Negli Stati Uniti di oggi sono tre i principali indici dell'aumento del potere dello Stato. Il primo è il livello di centralizzazione
dell'autorità dello Stato. Praticamente tutti i diritti e i poteri sovrani delle unità politiche più piccole sono stati assorbiti dall'autorità federale. Per di più, non solo il potere
è stato accentrato a Washington, ma è stato concentrato nelle mani dell'Esecutivo.

Questo regime è stato costituito da un colpo di Stato di tipo nuovo ed insolito,
praticabile solo in un paese ricco. Il nostro Congresso non è stato soppresso con la
forza delle armi, ma è stato pagato con il denaro pubblico per non esercitare più le
sue funzioni, come è apparso evidente nelle elezioni del 1934. Anche i poteri degli
Stati federali sono stati ridotti sotto il controllo dell'Esecutivo con questa variante americana del colpo di Stato.

> *La perdita dell'individualità nell'uomo massificato*
> «Invece di riconoscere lo Stato come "il nemico comune di tutti gli uomini ben disposti, industriosi e onesti", la media delle persone, con rare eccezioni, lo considera non solo una entità irrevocabile ed indispensabile, ma anche, per lo più, benefica. L'uomo massificato, ignaro della storia dello Stato, ne considera il carattere e le intenzioni come sociali anziché antisociali; e con questa fede è disposto a concedergli un ampio credito di furfanteria, mendacia e imbroglio, da cui i suoi amministratori possono attingere a volontà. Questo uomo, invece di giudicare il progressivo assorbimento del potere sociale da parte dello Stato con la ripugnanza ed il risentimento che sentirebbe per natura verso le attività di una organizzazione criminale, tende piuttosto ad incoraggiarlo ed a glorificarlo, nella convinzione di essere in qualche modo identificabile con lo Stato, e convinto pertanto di acconsentire, lasciando che esso si ingigantisca senza fine, a qualcosa di cui è parte – egli, in tal modo, sta glorificando se stesso» (p. 99).

Un secondo indice è la prodigiosa espansione della macchina burocratica, come si vede nel numero di nuove commissioni, uffici e comitati che sono sorti a Washington negli ultimi due anni. Questa centralizzazione burocratica ha trasformato ogni funzionario locale e ogni aspirante politico in un venale e compiacente agente della burocrazia federale.

Un terzo indice è che la povertà e la mendicità sono diventati un bene politico permanente. Due anni fa molta della nostra gente si è trovata in cattive acque. Lo Stato, sempre pronto a far diventare ogni occasione uno strumento per accelerare la conversione del potere sociale in potere statale, fu svelto a trarre vantaggio dalla compassione popolare per i disoccupati. Tutto quello che era necessario per trasformare questi sfortunati in una opportunità politica inestimabile era dichiarare la dottrina che lo Stato deve ai suoi cittadini i mezzi per vivere, cosa che prontamente fu fatta. Ciò ha immediatamente aggregato una enorme massa di capitale elettorale sussidiato, una grande energia per fortificare lo Stato a spese della società.

Vi è l'impressione che l'aumento del potere dello Stato che ha avuto luogo fin dal 1932 sia provvisorio e temporaneo, e che la corrispondente diminuzione del potere sociale sia una specie di prestito d'emergenza. Con ogni probabilità questa convinzione è priva di fondamento. È nella natura delle cose, infatti, che l'esercizio del governo personale, il controllo di una gigantesca burocrazia, e la gestione di una enorme massa di potere elettorale sussidiato siano ben accetti ad entrambi i partiti politici.

Qualsiasi aspettativa di un cambiamento sostanziale di regime per mezzo di un cambiamento del partito al potere è quindi illusoria. Al contrario, è chiaro che qualsiasi competizione partitica vedremo in futuro sarà negli stessi termini visti finora. Sarà una competizione per il controllo e la gestione dello Stato, e si risolverà naturalmente in una centralizzazione ancora più accentuata, un'ulteriore estensione della burocrazia e concessioni ancora maggiore agli elettori sussidiati. Questa parabola degli eventi è rigorosamente storica, e per di più mi sembra essere nella natura delle cose.

Le origini dello Stato e della classe

La inequivocabile testimonianza della storia ha mostrato che lo Stato ha sempre avuto origine dalla conquista e dalla confisca. Nessuno Stato primitivo noto alla storia ha avuto origine in altro modo. La sua caratteristica invariabile è lo sfruttamento economico di una classe da parte di un'altra. In questo senso, ogni Stato noto nella storia è uno Stato di classe.

Il sociologo Franz Oppenheimer definisce lo Stato, riguardo alla sua origine, come un'istituzione imposta ad un gruppo sconfitto da parte di un gruppo conquistatore, con il solo fine di sistematizzare il dominio sui conquistati e salvarsi contro l'insurrezione dall'interno e l'attacco dall'esterno. Il dominio non aveva alcun altro fine che lo sfruttamento economico del gruppo conquistato da parte del gruppo vittorioso.

La tecnica primitiva era quella del saccheggio e dello sterminio. Molto presto, tuttavia, si capì che sarebbe stato di maggior profitto soggiogare i vinti ed usarli come forza lavoro, e di conseguenza la tecnica primitiva fu modificata. L'apparire di questa nuova tecnica, lo sfruttamento del lavoro dei conquistati attraverso la schiavitù o l'imposizione di un tributo, segna ovunque l'origine dello Stato.

Stato e governo non sono sinonimi

In tutti casi in cui lo sfruttamento economico sia stato per qualsiasi motivo impraticabile o non proficuo, lo Stato non è mai venuto alla luce. Ci poteva essere un governo, ma mai lo Stato. Stato e governo, infatti, non sono sinonimi. Il governo è sempre esistito, mentre lo Stato esiste solo quando vi è la possibilità di sfruttamento di una classe su un'altra.

Le tribù americane di cacciatori, ad esempio, non hanno mai formato uno Stato perché non esiste un modo per costringere un cacciatore a cacciare per un altro. Per ragioni simili i contadini primitivi non hanno mai formato uno Stato, dato che l'accumulazione economica dei loro vicini era troppo misera e troppo deperibile per essere interessante; inoltre, per l'abbondanza di terre libere nei dintorni, l'asservimento dei propri vicini sarebbe stato impraticabile, non fosse altro per i problemi di polizia connessi.

Il governo, così come inteso da Thomas Paine e dalla Dichiarazione d'Indipendenza, è quindi del tutto differente dallo Stato. Il primo è un'istituzione sociale che nasce per difendere i diritti naturali dell'individuo e rendere giustizia, mentre lo Stato, sia nella sua genesi che nel suo fine primario, è puramente antisociale. Non si fonda sul diritto naturale, ma sull'idea che l'individuo non ha diritti tranne quelli che lo Stato può provvisoriamente concedergli. Lo Stato infatti si è invariabilmente ritenuto al di sopra della giustizia e della morale comune tutte le volte che ne poteva trarre vantaggio.

Non si può neanche dire che lo Stato abbia mai mostrato una qualsivoglia disposizione a sopprimere il crimine, ma solo a salvaguardare il proprio monopolio del crimine: «Prendendo lo Stato ovunque si trovi, entrando nella storia in un momento qualsiasi, non si vede alcun modo per distinguere le attività dei suoi fondatori, amministratori e beneficiari da quelle di una classe di criminali di professione» (p. 33).

Mezzi politici e mezzi economici

La fede nel potere sovrano della macchina politica è una grossolana illusione, ma è principalmente un effetto dell'immenso prestigio che lo Stato si è costruito da quando la dottrina del potere per diritto divino è stata abbandonata. Il repubblicanesimo permette all'individuo di persuadersi che lo Stato è una sua creazione, che l'azione dello Stato è la sua azione, che quando lo Stato si esprime è la sua espressione, e che quando si celebra è lui a essere celebrato. Lo Stato repubblicano incoraggia questa convinzione, consapevole che si tratta dello strumento più efficiente per innalzare il suo prestigio. Se lasciamo che lo Stato confischi tutto il potere sociale, dicono i collettivisti, i suoi interessi diventeranno identici a quelli della società, si fonderà con la società e ne diventerà l'organo efficiente e disinteressato. È questa idea che ha reso l'esperimento russo tanto attraente.

Un più attento esame dell'attività dello Stato mostra tuttavia che questa idea cozza contro la legge ferrea dei fondamenti dell'economia, cioè che l'uomo tende sempre a soddisfare i propri bisogni ed i propri desideri con il minimo sforzo possibile. Esistono due e solo due metodi tramite i quali possono essere soddisfatti: uno è la produzione e lo scambio di ricchezza, cioè i *mezzi economici*. L'altro è l'appropriazione senza compenso della ricchezza prodotta da altri: questi sono i *mezzi politici*.

Lo Stato, che sia primitivo, feudale o mercantile, è *l'organizzazione dei mezzi politici*. Ora, poiché l'uomo tende sempre a soddisfare i suoi desideri e le sue necessità con il minimo sforzo possibile, egli impiegherà i mezzi politici ovunque possa farlo. Nella situazione attuale, ad esempio, egli farà ricorso al moderno apparato coercitivo dello Stato per ottenere tariffe, concessioni, rendite monopolistiche e simili. Quindi, finché sarà disponibile l'organizzazione dei mezzi politici, finché lo Stato burocratico altamente centralizzato si ergerà come distributore di vantaggio economico e come arbitro dello sfruttamento, quell'impulso verrà soddisfatto.

Non ci sono ragioni per presumere che uno Stato collettivista sarebbe in un qualsiasi aspetto essenziale diverso dai suoi predecessori. Come stiamo cominciando a vedere, l'esperimento russo si è risolto nell'edificazione di uno Stato burocratico estremamente centralizzato sulle rovine di un altro, lasciando intatto e pronto all'uso

> *Lo Stato ingannatore*
> «Lo Stato appare profondamente e disinteressatamente motivato da grandi principi di azione; e quindi, in aggiunta al suo prestigio come istituzione pseudo-sociale, esso si ammanta di una sorta di autorità morale, potendosi così sbarazzare delle ultime vestigia della dottrina dei diritti naturali, cospargendola copiosamente della calce viva del legalismo; tutto ciò che è approvato dallo Stato diventa giusto. Questo doppio prestigio viene assiduamente gonfiato da molte istituzioni: da un sistema di istruzione controllato dallo Stato, da una stampa mercenaria, dalla continua caleidoscopica esibizione della pompa, dello sfarzo e della cerimonia statale, e da tutti gli innumerevoli marchingegni elettorali» (p. 114).

l'intero apparato di sfruttamento. Lo Stato non è una istituzione sociale amministrata in modo antisociale. È un'istituzione antisociale, amministrata nell'unico modo in cui un'istituzione antisociale può essere amministrata, e dal tipo di persone più adatte a svolgere tale servizio.

Nascita e formazione dello Stato di classe in America

Anche gli Stati puritani del periodo coloniale (1606-1776) erano Stati di classe, nei quali il controllo dei mezzi politici era nelle mani degli uomini d'affari anziché della nobiltà feudale. Dal primo insediamento fino alla rivoluzione, non si nota mai nella pratica politica americana la filosofia dei diritti naturali e della sovranità popolare. La struttura politica era sempre quella dello Stato mercantile.

Anche dopo la vittoriosa rivoluzione gli americani non istituirono il governo di cui parlava la Dichiarazione d'Indipendenza, cioè quell'istituzione sociale che dovrebbe limitarsi a garantire i diritti naturali dell'individuo, ma perpetuarono lo Stato. Nessuno conosceva infatti alcun altro tipo di organizzazione politica, e nessuno poneva l'accento sulla natura essenzialmente antisociale dell'istituzione statale. C'era una violenta antipatia per la sua forma monarchica, ma nessuna sfiducia o sospetto riguardo la sua natura. La sostanza dello Stato non era messa in dubbio. Quando fu conquistata l'indipendenza politica, la pura e semplice dottrina della Dichiarazione entrò in quiescenza, e solo un simulacro distorto dei suoi principi sopravvisse.

Infatti quando Thomas Jefferson tornò da Parigi fu enormemente depresso dalla scoperta che i principi della Dichiarazione erano stati buttati a mare. Nessuno parlava di diritti naturali e di sovranità popolare. Al contrario, tutti discutevano della necessità di una forte autorità centrale coercitiva. Sotto gli Articoli della Confederazione, in vigore dal 1781 al 1789, le condizioni generali del paese erano buone. La confederazione però veniva criticata perché l'Assemblea federale non aveva capacità coercitive e nessun potere di tassare. Alla fine fu convocata un'as-

> *La fiducia irrazionale nelle capacità dello Stato*
> «Il potere statale si è dimostrato sempre incapace di fare alcunché in modo efficiente, economico, disinteressato od onesto; e tuttavia quando nasce la minima insoddisfazione nei confronti di un qualsiasi esercizio del potere sociale, viene immediatamente richiesto l'aiuto dell'agente meno qualificato a prestare soccorso. È accaduto che il potere sociale abbia gestito male qualche banca? – Allora facciamo intervenire lo Stato per "supervisionare" o "regolamentare" l'intero mondo delle istituzioni creditizie, o perfino per assumerne il controllo diretto e totale; lo Stato che non si è mai mostrato capace di impedire alle proprie finanze di affondare repentinamente nel pantano degli abusi di potere, dello spreco e della corruzione. Forse che in qualche caso il potere sociale si è macchiato di colpe nella gestione delle ferrovie? – E allora facciamo intervenire lo Stato al fine di "regolamentare" il funzionamento delle ferrovie, lo Stato che si è dimostrato incapace in ogni affare che abbia mai intrapreso» (p. 127).

semblea costituente con la chiara intesa che non avrebbe dovuto fare niente di più che rivedere gli Articoli per renderli adeguati alle esigenze della nazione, e con l'ulteriore intesa che tutte le tredici unità avrebbero dovuto dare il loro assenso a tutti gli emendamenti prima che entrassero in vigore.

Nessuna delle due intese fu rispettata. I costituenti pianificarono ed eseguirono un colpo di Stato, semplicemente gettando nel cestino gli Articoli della Confederazione e stilando una costituzione *ex novo* dotata di un governo federale molto più forte e centralizzato, con la sfacciata disposizione che entrasse in vigore se ratificata da nove unità invece che da tutte e tredici. Per di più, con altrettanta faccia tosta, disposero che il documento non venisse sottoposto né al Congresso né alle assemblee legislative locali ma che andasse direttamente al voto popolare.

La nuova macchina politica creata dalla Costituzione americana era una replica fedele del vecchio modello britannico, ma tanto migliorata e rafforzata da essere incomparabilmente più funzionale ed efficiente e quindi con possibilità molto più attraenti per chi volesse impadronirsene e controllarla. Era sorto un ente onnipotente ed irresponsabile, sempre pronto ad essere messo al servizio di un interesse economico a danno di un altro.

Il Residuo

Tenendo conto della forza fisica dello Stato e della forza delle potenti influenze ideali dietro di essa, cosa si può fare contro il processo di autoesaltazione dello Stato? Semplicemente nulla. Ben lungi dall'incoraggiare qualsivoglia anelito verso obiettivi irraggiungibili, chi studia attentamente la società non può offrire altra soluzione se non quella che non vi è nulla da fare. Il prosciugamento del potere sociale da parte dello Stato, una volta oltrepassato un certo punto di sviluppo, non può più essere controllato. La storia non mostra un solo caso in cui, una volta superato tale punto, lo svuotamento non sia terminato con un crollo completo e permanente.

Quello che vedremo noi e i nostri più immediati discendenti sarà quindi un continuo progredire verso il collettivismo che degenererà in un dispotismo militare molto duro. Una centralizzazione più stretta, una burocrazia costantemente crescente, l'aumento del potere dello Stato e della fede nello Stato, la diminuzione del potere sociale e della fede in esso, lo Stato che assorbirà una proporzione sempre più grande della ricchezza nazionale, la produzione che languirà e di conseguenza lo Stato che assumerà il controllo di una "industria essenziale" dopo l'altra, gestendole con corruzione, inefficienza e dissipazione sempre crescenti, ed infine a un sistema di lavoro forzato: ecco cosa ci aspetta.

Qualcuno a questo punto potrebbe chiedersi legittimamente: se noi ed il resto del mondo occidentale abbiamo progredito tanto nello statalismo da rendere inevitabile questa fine, che senso ha un libro che non fa altro che mostrare l'inevitabilità di tutto ciò? Certamente non mi aspetto che questo libro cambi l'opinione politica di nessuno, perché non mira a questo scopo. Anche se il mio libro fosse cento volte più persuasivo, non potrà minimamente ritardare il processo di autoesaltazione dello Stato.

Esistono però due ragioni, una generale e una particolare, per le quali è giustificata la pubblicazione di questo libro. La ragione generale è che quando una persona vuole far conoscere la sua opinione su qualcosa, è giusto che lo faccia a prescindere dagli effetti che ne potrebbero conseguire.

La ragione particolare è che in ogni società esistono sempre degli spiriti alieni che, mentre si conformano esternamente ai dettami della civiltà che li circonda, hanno una curiosità intellettuale e mantengono un'attenzione disinteressata verso la chiara e comprensibile realtà delle cose, al di là di ogni finalità pratica. Vogliono saperne sempre di più anche quando le circostanze vanno contro le loro speranze e i loro desideri. Per coloro che fanno parte di questo "residuo", un'opera come questa, anche se poco pratica, non è del tutto inutile. Leggendola, capiranno che è stata scritta per loro e solo per loro.

Punti da Ricordare

- Dappertutto sta avvenendo una grande redistribuzione di poteri dalla società allo Stato
- Lo Stato non ha potere o denaro suo, ma solo quello che gli concede la società
- Ogni volta che viene esercitato il potere statale, decresce la propensione della società ad esercitare il proprio
- Lo Stato approfitta di ogni occasione per accumulare potere a danno della società
- Roosevelt ha concentrato il potere nell'Esecutivo con un colpo di Stato soft
- Questo stato di cose soddisfa entrambi i partiti, quindi non verrà modificato
- Lo Stato ha sempre avuto origine dalla conquista e dalla confisca
- Tutti gli Stati della storia sono Stati di classe
- Il governo è l'istituzione sociale che protegge i diritti naturali, lo Stato è un'istituzione antisociale finalizzata allo sfruttamento
- Esistono solo due metodi per ottenere ricchezze: i mezzi economici (la produzione e lo scambio) e i mezzi politici (l'appropriazione della ricchezza prodotta da altri)
- Lo Stato è l'organizzazione dei mezzi politici
- La Costituzione americana ha creato illegalmente un forte governo centralizzato
- In America i principi della Dichiarazione d'Indipendenza sono rimasti in larga misura lettera morta
- Il processo di espansione dello Stato non può più essere fermato

L'autore

Albert Jay Nock (1870-1945) nacque a Scranton, negli Stati Uniti, il 13 ottobre 1870. Da autodidatta divenne un erudito classicista, editore di riviste, saggista, studioso di scienze sociali ed esperto di letteratura e lingua francese. Fu tra i primi a designarsi espressamente come *libertarian*, e Insieme a Henry Mencken costituì per quasi un trentennio la coppia libertaria più autorevole degli Stati Uniti d'America, criticando duramente l'interventismo statale del New Deal e preservando i tradizionali valori dell'individualismo americano. Scrisse una biografia su Thomas Jefferson (1926), ma fu il trattato *Il nostro Nemico, lo Stato* (1935) che gli diede la maggior fama, diventando con gli anni un punto di riferimento per il pensiero conservatore e libertario americano. Pubblicò anche un libro di memorie dal *titolo Memoirs of a Superfluous Man* (1943). Morì il 19 agosto 1945

Nota Bibliografica

Albert Jay Nock, *Il nostro Nemico, lo Stato*, Liberilibri, Macerata, 1994, p. 141, traduzione e introduzione di Luigi Marco Bassani. Titolo originale: *Our Enemy, the State*.

44

Ayn Rand

La virtù dell'egoismo
1964

*'L'attacco all'egoismo è un attacco
alla stima che l'uomo ha di sé'*

Ayn Rand è una scrittrice ancora popolarissima negli Stati Uniti. I romanzi nei quali esalta gli individui creativi in lotta contro le forze burocratiche del male, come *La rivolta di Atlante*, sono dei *best-seller* divenuti oggetto di culto negli ambienti libertari e imprenditoriali. *La virtù dell'egoismo* è una raccolta di saggi che presentano nella maniera più sistematica l'etica randiana basata sulla celebrazione dell'individuo come fine in sé. L'unico sistema politico compatibile con queste premesse filosofiche è il puro capitalismo americano delle origini, dove il governo ha l'unico compito di proteggere la vita, la libertà e la proprietà degli individui. In un'epoca in cui le ideologie collettiviste stavano dilagando in tutto il mondo, il contrattacco culturale della combattiva Ayn Rand, fuggita da sola appena ventenne dalla Russia comunista, riuscì ad esprimere con grande forza evocativa lo spirito individualista del suo paese d'adozione, l'America.

Riassunto

Rivalutare l'egoismo

Nel linguaggio comune il termine "egoismo" ha una connotazione negativa e irritante. Questa parola evoca l'immagine di un assassino che non si cura di alcun essere vivente e calpesta mucchi di cadaveri allo scopo di raggiungere i propri fini. Perché allora questo libro celebra la virtù dell'egoismo? Non si tratta di una provocazione, spiega Ayn Rand. Occorre invece correggere un'errata percezione popolare del concetto di egoismo, che è responsabile di gravi conseguenze morali, politiche e sociali. L'egoismo, in realtà, non è altro che la legittima preoccupazione per i propri interessi.

L'immagine del bruto egoista viene utilizzata allo scopo di rendere accettabile l'opposta *etica dell'altruismo*, in base alla quale ogni azione fatta a beneficio degli altri è buona, e ogni azione fatta per il proprio vantaggio è cattiva. In base a questa concezione, il solo criterio per stabilire la moralità o l'immoralità di un'azione è rappresentato dal beneficiario: qualsiasi azione è accettabile, purché avvantaggi qualcun altro. La maggior parte delle ingiustizie e delle contraddizioni morali delle società umane nascono da questa etica altruistica, che in una forma o nell'altra è sempre stata dominante.

Ecco alcuni assurdi giudizi morali che scaturiscono dall'applicazione dell'etica altruistica: un industriale che produce una fortuna e un rapinatore di banca sono considerati ugualmente immorali, perché entrambi ricercano la ricchezza per il proprio "egoistico" beneficio; un dittatore è considerato morale, poiché le indicibili atrocità che ha commesso miravano al beneficio del popolo e non al suo; un giovane che abbandona gli studi allo scopo di mantenere i genitori è considerato moralmente superiore al giovane che sostiene una lotta impegnativa e realizza le proprie ambizioni.

Prestando fede a questa concezione altruistica della morale, la prima cosa che un individuo impara è che la moralità è sua nemica, perché egli non ha nulla da guadagnare da essa, ma può ricavarne solo svantag-

> *I grattacieli, specchio dello spirito americano*
> «In America, le energie umane e le risorse materiali non sono state espropriate allo scopo di edificare monumenti e progetti pubblici, ma sono state spese per promuovere il benessere privato, personale e individuale dei singoli cittadini. La grandezza americana sta nel fatto che i suoi veri monumenti *non sono pubblici*. Il profilo di New York rappresenta un monumento di uno splendore che nessuna piramide né alcun palazzo potranno mai raggiungere. Eppure i grattacieli di New York non sono stati costruiti con fondi pubblici, né per la pubblica utilità, ma sono stati eretti dall'energia, dall'iniziativa e dalla ricchezza di singoli individui a fini di profitto privato» (p. 95).

gi. Può sperare che gli altri occasionalmente sacrifichino se stessi per il suo beneficio, così come lui si sacrifica a malincuore per loro, ma sa che ciò causerà il mutuo risentimento, non il piacere. L'altruismo quindi non concepisce una benevola coesistenza tra gli uomini basata sulla giustizia. Vede gli uomini solo come animali sacrificali o profittatori del sacrificio altrui: vittime o parassiti.

La dottrina che condanna la preoccupazione per i propri interessi afferma, in ultima analisi, che il desiderio dell'uomo di mantenersi in vita con i propri sforzi è un male. Nessuna dottrina potrebbe essere più perniciosa di questa. Per ribellarsi contro una piaga così devastante è necessario ribellarsi contro la sua premessa fondamentale. Per redimere sia l'uomo che la moralità occorre dunque riabilitare il concetto di egoismo.

L'egoismo razionale

All'opposto di quanto sostiene l'etica altruistica, dobbiamo considerare la preoccupazione per i propri interessi come l'essenza di un'esistenza morale. L'attore deve sempre essere il beneficiario della sua azione, e agire per il proprio auto-interesse *razionale*. Questo non significa che può fare tutto ciò che vuole. L'egoista razionale non ha niente a che fare con "l'egoista nietzschiano" che valuta ogni azione buona se tende al suo beneficio, a prescindere dalla sua natura.

Gli uomini infatti non possono sopravvivere usando il metodo degli animali predatori, rifiutando la ragione e facendo assegnamento, come prede, sugli uomini produttivi: «Questi razziatori possono raggiungere momentaneamente i loro scopi, ma a prezzo della distruzione delle loro vittime e la loro propria. Come prova, vi basti l'esempio di un qualunque criminale o di un qualunque dittatore» (p. 24).

Anche un individuo motivato da emozioni, sentimenti o pulsioni irrazionali non sta perseguendo il proprio interesse razionale. Proprio come l'uomo non può sopravvivere con mezzi casuali qualsiasi, ma deve scoprire e mettere in pratica i principi necessari alla sua sopravvivenza, così l'auto-interesse dell'uomo non può essere determinato da ciechi desideri o capricci casuali, ma dev'essere scoperto e raggiunto grazie alla guida di principi razionali.

Per l'uomo il mezzo fondamentale di sopravvivenza è la ragione. L'uomo non può sopravvivere, come l'animale, guidato dai meri istinti. Egli non può provvedere ai suoi più semplici bisogni fisici senza pensare, perché nessun istinto gli dirà come accendere un fuoco, tessere un abito, forgiare gli attrezzi, costruire una ruota o progettare un aeroplano. Per guidare il corso e la realizzazione della propria vita l'uomo ha dunque bisogno di un codice morale fondato non sull'altruismo e nemmeno sull'egoismo puro e semplice, ma sull'*auto-interesse razionale*.

L'etica oggettivista

L'etica è la scienza che ha per oggetto la scoperta e la definizione di questo codice di valori per guidare le scelte e le azioni umane. L'etica non è l'espressione di desideri soggettivi individuali, di emozioni personali, di rivelazioni mistiche, di editti o convenzioni sociali, ma è una *necessità oggettiva* per la sopravvivenza dell'uomo: «La norma di valore dell'etica oggettivista – la norma in base alla quale si giudica ciò che è bene e ciò che è male – è la vita dell'uomo, ossia ciò che è necessario per la sopravvivenza dell'uomo in quanto uomo» (p. 23).

La maggior parte dei filosofi non si è interessata alla giustificazione oggettiva dell'etica. I mistici di un tempo consideravano l'inesplicabile e arbitraria "volontà di Dio" come la norma del bene e come la giustificazione della loro etica. I mistici di oggi hanno sostituito la volontà divina con "il bene della società". In questo modo hanno messo la società al di sopra di ogni principio morale, dato che essa è diventata la fonte e il criterio dell'etica. Se il bene è, per definizione, tutto ciò che la società di volta in volta desidera, allora la società può fare tutto ciò che le piace.

Ma dato che concretamente quell'entità detta società non esiste, in quanto la società è solo una moltitudine di singoli individui, ciò significa che alcuni uomini (la maggioranza o un qualunque gruppo che asserisca di esserne il portavoce) hanno eticamente il diritto di perseguire qualsiasi capriccio o atrocità, mentre altri uomini sono eticamente obbligati a trascorrere la vita al servizio dei desideri di quel gruppo.

Ogni essere umano, invece, è un fine in sé, non un mezzo per i fini o il benessere degli altri. L'uomo deve vivere per il proprio interesse, senza sacrificare se stesso agli altri né sacrificando gli altri a se stesso: «Vivere per il proprio interesse significa che *il raggiungimento della propria felicità è il più alto scopo morale dell'uomo*» (p. 29).

Il principio di non aggressione

L'etica randiana, quindi, sostiene che il bene dell'uomo non può essere raggiunto per mezzo del sacrificio di qualcuno a vantaggio di chicchessia, e che gli interessi razionali degli uomini non confliggono. Tra uomini che non desiderano ciò che non è guadagnato, che non fanno sacrifici né li accettano, che si comportano l'un l'altro come *soggetti che scambiano*, dando valore per valore, non può esistere nessun conflitto di interessi.

Chi scambia non tratta gli uomini né come padroni né come schiavi, ma come eguali indipendenti. Uno scambio libero, volontario e non forzato arreca beneficio a entrambe le parti in base al loro indipendente giudizio. Il principio dello scambio è dunque il solo principio etico razionale per tutte le relazioni umane, e coincide con il principio della giustizia.

Dall'idea secondo cui tutte le relazioni fra gli uomini devono basarsi su scambi volontari reciprocamente vantaggiosi la Rand deduce il principio politico fondamentale del suo sistema filosofico: l'assioma di non aggressione, in base al quale nessun uomo o gruppo di uomini, nemmeno la società o il governo, ha il diritto di *dare inizio* all'uso della forza fisica contro un individuo pacifico. Gli uomini possono usare la forza solo per rappresaglia e solo contro coloro che ne hanno fatto uso per primi.

Questo principio etico è semplice, chiaro e netto, perché tutti comprendono la differenza tra l'aggressione e l'autodifesa. Un rapinatore cerca di guadagnare un valore, la ricchezza, minacciando di uccidere la sua vittima; la vittima invece non diventa più ricca uccidendo il rapinatore. Il principio si può esprimere allora anche in questo modo: non è mai permesso ottenere valore dagli altri facendo ricorso alla forza fisica.

Celebrazione del capitalismo puro

L'unico sistema politico ed economico basato su questi principi etici è quello che oggi è in corso di distruzione in tutto il mondo perché mancante di una difesa filosofica e morale: il capitalismo, il sistema originale americano. «Quando dico "capitalismo" – spiega la Rand – intendo dire un pieno, puro, non controllato né regolato capitalismo del *laissez-faire*, in cui Stato ed economia siano pienamente separati, nello stesso modo e per la stessa ragione della separazione fra Stato e Chiesa» (p. 37).

Non può esservi alcun compromesso tra la libertà e il controllo statale: accettare "solo pochi controlli" significa abbandonare il principio dei diritti individuali inalienabili, per sostituirgli il principio dell'illimitato, arbitrario potere statale e consegnarsi in tal modo a una graduale schiavitù. L'economia mista, infatti, non è altro che l'amorale guerra condotta da gruppi di pressione, privi di principi, di valori o di qualsivoglia riferimento alla giustizia, una guerra nella quale l'arma definitiva è il potere della forza bruta, ma che assume la forma esteriore di un gioco di compromessi.

Cosa accadrà ai poveri?

Il capitalismo rappresenta l'unico sistema in cui gli individui sono liberi di operare e in cui il progresso non è accompagnato dall'imposizione di privazioni, ma da una costante crescita nel livello generale di prosperità, di consumo e di godimento della vita. Malgrado ciò, i suoi sostenitori devono spesso replicare a questa domanda: cosa avverrà ai poveri e ai deboli in una società libera? Questa domanda dà per scontata la premessa altruista-collettivista, secondo cui ogni uomo è guardiano dell'altro e la sventura che si abbatte su uno di essi deve pesare su tutti gli altri. La risposta giusta allora è: in una società libera, se vuoi aiutare i poveri nessuno te lo impedirà.

Solo i singoli uomini hanno il diritto di decidere se e quando aiutare il prossimo: la società – intesa come sistema politico organizzato – non ha alcun diritto di intervenire in materia. Se cominciamo a immaginare quello che la società può fare per i poveri, accettiamo implicitamente la premessa collettivistica secondo cui la vita degli uomini appartiene alla società. Di qui la sconvolgente facilità con cui gli uomini propongono, discutono e accettano progetti "umanitari" da imporre con mezzi politici, cioè con la forza, a un numero illimitato di persone.

> **Guerra alle dittature**
>
> «Le nazioni rette da una dittatura sono fuorilegge. Qualsiasi nazione libera aveva il diritto di invadere la Germania nazista e, oggi, ha il diritto di invadere la Russia sovietica, Cuba o qualsiasi gabbia di schiavi … esistono quattro caratteristiche che etichettano inconfondibilmente un paese come dittatura: il partito unico, le esecuzioni senza processo (o con un processo-farsa) per reati politici, la nazionalizzazione o la espropriazione della proprietà privata e la censura. Un paese macchiato da questi abomini perde qualsiasi prerogativa morale, qualsiasi titolo a diritti nazionali o alla sovranità, e diviene un fuorilegge» (p. 116, 117).

Se escludiamo un piccolo gruppo di criminali, gli uomini approssimativamente rispettano i diritti individuali nei loro rapporti reciproci. Invece nella sfera della politica, dove prevale ancora l'etica collettivizzata dell'altruismo, questo rispetto manca del tutto. Ma tra la rapina di un criminale e quella di un governo non esiste alcuna differenza morale, dato che il numero dei beneficiari non muta la natura dell'azione, ma semplicemente accresce il numero delle vittime. A ben vedere il delinquente privato ha addirittura un leggero vantaggio morale, dato che egli non ha il potere di devastare un'intera nazione e le sue vittime non sono disarmate dalla legge.

«La prossima volta che uno di questi sognatori "animati dallo spirito di servizio pubblico" vi dirà amaramente che "un obiettivo del tutto desiderabile non potrà essere realizzato senza la partecipazione *di tutti*"», scrive la Rand, «rispondetegli che, se non è in grado di ottenere la partecipazione *volontaria* di tutti, sarà bene che i suoi obiettivi non vengano realizzati e che la vita degli uomini non è cosa di cui egli possa liberamente disporre» (p. 87,88).

L'immoralità del socialismo

La caratteristica essenziale del socialismo è la negazione dei diritti individuali di proprietà. Sotto il socialismo il diritto alla proprietà, vale a dire il diritto a disporre di beni e di usarli, viene attribuito alla collettività. Ma nessun diritto umano può esistere in assenza di diritti di proprietà. I beni materiali infatti vengono prodotti grazie all'opera della mente e delle braccia di singoli uomini; per tale motivo, se il produttore non può possedere il frutto della propria opera, egli non possiede neppure la propria vita. Negare il diritto di proprietà significa trasformare gli uomini in proprietà dello Stato.

Il socialismo è stato messo alla prova in ogni continente del globo, e alla luce dei suoi risultati è ora di porre in dubbio le motivazioni dei suoi sostenitori. Quando si osserva l'incubo dei disperati sforzi di centinaia di migliaia di persone che tentano di fuggire dai paesi socialisti dell'Europa, attraversando le barriere di filo spinato e sfidando il fuoco delle mitragliatrici, non si può più credere che il socialismo, sotto qualsiasi forma, sia motivato dalla benevolenza di realizzare il benessere dell'umanità.

Nel nome della promessa della prosperità, in Unione Sovietica due generazioni di esseri umani hanno vissuto e sono morti in condizioni di povertà subumana. Eppure i sostenitori odierni del socialismo non sono minimamente toccati da questo fatto. Ma nessun uomo mosso da sentimenti di benevolenza per il prossimo potrebbe ignorare un orrore tanto grande e perpetrato su scala tanto immensa. In verità il socialismo non è un movimento di popolo. Si tratta invece di un movimento nato, guidato e controllato da intellettuali motivati dalla brama di potere e dal desiderio di ottenere ciò che non si è meritato.

Gli Stati Uniti, la prima società morale della storia

L'etica dominante nella storia umana è sempre stata una variante della dottrina collettivista che subordina l'individuo a un'autorità superiore, mistica o sociale. Di conseguenza, la maggioranza dei sistemi politici non è che una variante della stessa tirannia statalista, nella quale la società è posta *al di fuori* della legge morale. Il prodotto più profondamente rivoluzionario degli Stati Uniti d'America è stato quello di sottomettere la società alla legge morale attraverso la limitazione del potere dello Stato, la protezione dell'individuo dalla forza bruta della collettività, la subordinazione della forza al diritto.

Tutti i sistemi precedenti avevano considerato l'uomo alla stregua di un mezzo sacrificabile ai fini altrui e la società come un fine per se stessa. Gli Stati Uniti considerarono l'uomo come un fine in sé e la società come un mezzo che permettesse la coesistenza pacifica, ordinata e volontaria degli individui. Gli Stati Uniti furono pertanto la prima società morale della storia.

La Dichiarazione d'Indipendenza fornì l'unica giustificazione valida per un governo e ne definì il solo scopo corretto: proteggere i diritti dell'uomo dalla violenza fisica. Il governo venne costituito per proteggere l'uomo dai criminali, mentre la Costituzione venne scritta per

> *Collettivismo, sinonimo di statalismo*
> «Il collettivismo sostiene che l'individuo non ha diritti, che la sua vita e il suo lavoro appartengono al gruppo (che si tratti della "società", della tribù, dello Stato o della nazione) e che il gruppo può sacrificarlo a piacimento per i propri interessi. L'unico modo per applicare una dottrina di tal fatta è per mezzo della forza bruta, e infatti lo statalismo è sempre stato il corollario politico del collettivismo» (p. 140)

proteggere l'uomo dal governo. La Dichiarazione dei Diritti (*Bill of Rights*) inclusa nella Costituzione non era diretta contro i privati cittadini, bensì contro il governo, come esplicita dichiarazione del fatto che i diritti individuali prevalgono su qualsiasi potere pubblico o sociale. In tal modo il ruolo del governo venne cambiato da quello di padrone a quello di servitore.

Veri e falsi diritti umani

Se si auspica una società libera, occorre comprendere che il suo fondamento indispensabile è rappresentato dai diritti individuali. I progressisti *liberal* sono incoerenti quando sostengono il sacrificio di tutti i diritti individuali all'illimitato potere della maggioranza, atteggiandosi nello stesso tempo a difensori dei diritti delle minoranze. La più piccola minoranza sulla terra, infatti, è l'individuo. Chi nega i diritti individuali non può affermare di difendere le minoranze. L'uomo che produce mentre gli altri dispongono del frutto della sua fatica, infatti, è uno schiavo.

Per questa ragione tutti i nuovi "diritti" che vengono solennemente annunciati, come il diritto al lavoro, alla casa, alle cure mediche, all'istruzione, sono in verità falsi diritti finalizzati a espropriare qualcuno a vantaggio di qualcun altro. Per rendere maggiormente chiaro il problema, sarebbe sufficiente chiedersi: a spese di chi vengono attribuiti questi "diritti"? Posti di lavoro, vitto, abiti, divertimenti, alloggi, cure mediche e istruzione non esistono in natura; sono invece beni o servizi prodotti dall'uomo. Chi li dovrebbe fornire?

> *Il capitalismo, antidoto contro il razzismo*
> «Il razzismo è la più bassa, la più rozza e primitiva forma di collettivismo. Si tratta dell'idea di attribuire un rilievo morale, sociale o politico alla discendenza genetica dell'uomo, l'idea che i tratti intellettuali e caratteriali dell'uomo siano prodotti e trasmessi fisiologicamente; ciò significa in pratica che un uomo non dev'essere giudicato in base al suo carattere e alle sue azioni, bensì in base al carattere e alle azioni della collettività dei suoi antenati ... C'è un solo antidoto al razzismo: la filosofia dell'individualismo e il suo corollario politico-economico, il capitalismo del *laissez-faire* ... È il capitalismo che, grazie al libero scambio, ha frantumato le barriere nazionali e razziali. È il capitalismo che ha abolito la servitù e la schiavitù in tutti i paesi civili del mondo» (p. 137, 141, 142).

Se alcuni uomini hanno diritto ai prodotti o all'opera di altri, ciò significa che questi altri ne vengono privati e sono pertanto condannati alla schiavitù. Tutte le volte in cui un uomo vanta un presunto "diritto" che rende necessaria la violazione di un diritto di un altro, non si può parlare in nessun senso di diritto. Nessun uomo può avere il diritto d'imporre un obbligo non scelto, un dovere non ricompensato o una servitù involontaria su di un altro. Non può esistere un concetto quale "il diritto di ridurre qualcuno in schiavitù".

Il solo scopo del governo

Per obbligare l'individuo ad agire in modo contrario al proprio giudizio o per espropriare le ricchezze che ha prodotto vi è un unico modo: ricorrere alla forza fisica. Esistono pertanto solo due potenziali violatori dei diritti umani in grado di usare la violenza: i criminali e il governo. In ogni epoca e in ogni paese i criminali rappresentano una esigua minoranza e i danni da essi arrecati all'umanità sono infinitesimali se confrontati con gli orrori (lo spargimento di sangue, le guerre, le persecuzioni, le confische, le carestie, l'asservimento, la distruzione) perpetrati dagli Stati. Potenzialmente, un governo è la minaccia più pericolosa per i diritti umani perché detiene il monopolio legale dell'uso della forza fisica ai danni di vittime legalmente disarmate. Quando è privo di limiti e non è tenuto a freno dai diritti individuali, un governo è il più mortale nemico degli uomini.

Consapevoli di ciò, alcuni adombrano la possibilità che il governo sia per sua stessa natura un male e che il sistema sociale ideale sia rappresentato dall'anarchia oppure da un sistema basato su "governi in concorrenza" scelti volontariamente. Come concetto politico, tuttavia, l'anarchia è un'ingenua astrazione, perché una società priva di governo si troverebbe alla mercé del primo criminale avido di potere, finendo con il precipitare nel caos della guerra tra bande rivali.

Ma anche una società di persone del tutto razionali e assolutamente morali non potrebbe conservarsi in una condizione d'anarchia. Ciò che rende necessaria la costituzione di un governo è il bisogno di *leggi oggettive* e di un arbitro che risolva le dispute che insorgono in buona fede tra gli uomini.

Per una tassazione volontaria

Affinché una società possa dirsi libera, il suo governo dev'essere controllato e limitato. Le sue uniche funzioni corrette rientrano in tre categorie generali, tutte relative al problema della forza fisica e della protezione dei diritti delle persone. Tali funzioni sono: la polizia, per proteggere le persone dai criminali; le forze armate, per proteggerle dagli invasori stranieri; i tribunali, per risolvere le dispute tra gli uomini grazie alla guida di leggi oggettive.

Ma come dovrebbe finanziarsi il governo? A rigore di logica, l'imposizione di tasse richiede l'uso iniziale della forza fisica, quindi non può essere moralmente ammissibile in una società libera. Il pagamento dei servizi del governo dovrebbe essere volontaria. Ad esempio, la protezione degli accordi contrattuali tra i cittadini è un servizio governativo che le persone richiedono, usano, su cui fanno affidamento e per il quale dovrebbero pagare.

Se il finanziamento del governo avviene su basi volontarie da coloro che decidono di utilizzare suoi servizi, scompare ogni possibilità di redistribuire la ricchezza e di arricchire alcuni grazie al lavoro forzato e al reddito estorto di altri. Per queste ragioni i soli sostenitori dei diritti umani sono coloro i quali sostengono il capitalismo del *laissez-faire*. Un sistema capitalistico veramente libero tuttavia non è mai esistito, neanche in America, perché vari gradi di controllo governativo l'hanno minato e distorto fin dall'inizio. Il capitalismo, conclude la scrittrice americana, non è il sistema del passato. È il sistema del futuro, se il genere umano vorrà avere un futuro.

Punti da Ricordare

- Ogni essere umano è un fine in sé, non un mezzo per i fini o il benessere degli altri
- L'etica dell'altruismo serve a giustificare l'oppressione sociale ai danni dell'individuo
- Il codice morale dell'uomo deve basarsi sul perseguimento dell'auto-interesse razionale
- L'etica non scaturisce da un'arbitraria volontà divina o sociale, ma dalle oggettive necessità di sopravvivenza dell'uomo
- Non esistono conflitti tra gli interessi razionali degli individui
- Il principio di giustizia nelle relazioni umane è rappresentato dallo scambio volontario
- In base al principio di non aggressione, nessun uomo o gruppo di uomini può dare inizio all'uso della forza contro qualcun altro
- La forza si può usare solo in risposta a una precedente aggressione

- Solo il capitalismo nella sua forma più pura è compatibile con questi principi morali
- I socialisti non sono motivati dalla benevolenza verso il prossimo
- Gli Stati Uniti sono stati la prima società morale della storia
- Non si possono difendere le minoranze se non si tutela quella più piccola di tutte: l'individuo
- Senza diritti di proprietà non esistono diritti umani
- Le richieste di assistenza sociale non sono diritti perché impongono la schiavizzazione di altri individui
- Il governo è necessario solo per la protezione dei diritti di proprietà individuali
- In una società libera il governo dovrebbe finanziarsi su base volontaria

L'autrice

Ayn Rand, nome d'arte di Alissa Rosenbaum, nacque a San Pietroburgo, nella Russia zarista, il 2 febbraio 1905, maggiore di tre figlie di una famiglia ebrea non osservante. Quando i bolscevichi presero il potere nel novembre del 1917 sequestrarono la farmacia del padre, e la famiglia Rosenbaum dovette trasferirsi per breve tempo in Crimea. Nel 1925 fuggì da sola negli Stati Uniti inseguendo l'aspirazione a diventare scrittrice e decise di non tornare mai più nell'Urss. Si trasferì a Los Angeles per diventare una sceneggiatrice e cambiò il nome in Ayn Rand, forse per evitare ritorsioni verso la famiglia. Qui conobbe un aspirante giovane attore, Frank O'Connor, che sposò nel 1929. Nel 1931 la Rand ottenne la cittadinanza statunitense. Nel 1934 scrisse il dramma teatrale *La notte del 16 gennaio*, che ebbe un buon successo di pubblico. I primi romanzi, *Noi vivi* (*We the Living*, 1936) e *Antifona (Anthem*, 1938), passarono invece inosservati. Senza che la Rand lo sapesse, *We the Living* fu oggetto in Italia di un paio di trasposizioni cinematografiche, *Noi vivi* e *Addio Kira!*, interpretati da Alida Valli, Fosco Giachetti e Rossano Brazzi. I film, che furono inizialmente approvati dalla censura fascista in quanto anticomunisti, incontrarono un enorme successo, diventando nel 1942 i campioni di incasso tra le pellicole italiane. Il Ministero della Cultura Popolare comprese però ben presto che i contenuti erano tanto antifascisti quanto anticomunisti, e fece ritirare le pellicole. I due film furono realizzati senza l'approvazione di Ayn Rand, ma sono stati in seguito oggetto di una revisione da lei approvata nel 1980, pubblicata come unico lungometraggio col titolo *We the Living* nel 1986. Negli Stati Uniti la fama arrivò con *La fonte meravigliosa* (*The Fountainhead*, 1943), dal quale venne tratto un film hollywoodiano diretto da King Vidor, con Gary Cooper e Patricia Neal. La carica libertaria delle opere della Rand attirò nella sua orbita molti giovani intellettuali avversi alla mentalità statalista dell'America post-rooseveltiana. La consacrazione del suo ruolo di punto di riferimento per i sostenitori della libertà e del capitalismo arrivò nel 1957 con *La rivolta di Atlante* (*Atlas Shrugged*). Della sua produzione saggistica si possono ricordare *For the New Intellectual* (1961), *La virtù dell'egoismo* (*The Virtue of Selfishness*, 1964), *Capitalism: The Unknown Ideal* (1966), *The New Left: The Anti-Industrial Revolution* (1971), *Introduction to Objectivist Epistemology* (1979). Ayn Rand Morì a New York il 6 marzo 1982.

Nota Bibliografica

Ayn Rand, *La virtù dell'egoismo*, Liberilibri, Macerata, 1999, p. 176, traduzione e prefazione di Nicola Iannello. Titolo originale: *The Virtu of Selfishness. A New Concept of Egoism*.

45

David Friedman

L'ingranaggio della libertà
1973

'Una società capitalista senza Stato
sarebbe più giusta ed efficiente'

L'ingranaggio della libertà è l'opera più nota di David Friedman, figlio del premio Nobel per l'economia Milton Friedman. Sostenendo una posizione molto più liberista di quella della del padre, David Friedman cerca di spiegare in modo convincente perché sarebbe desiderabile, e come potrebbe funzionare, una società anarco-capitalista in cui tutte le funzioni dello Stato vengono svolte da privati o imprese in concorrenza tra loro. Nel libro arriva a toccare ogni sorta di questione, dalla scuola, alla sanità, dalla previdenza, alla giustizia, dai trasporti, alla sicurezza, dalla tutela ambientale, ai mass media, dalla difesa nazionale ai tribunali, ed altro ancora. Ciò che Friedman comunica al lettore non è tanto l'idea precisa e definita di una società anarco-capitalista – e come potrebbe? – ma quante possibilità, opportunità e soluzioni, ci sarebbero in questo tipo di società, rispetto a quella attuale. E con tono colloquiale, aperto, riflessivo e ricco di spunti, espone alcune delle proposte più radicali che vi sarà mai capitato di leggere.

Riassunto

In difesa della proprietà privata

La proprietà, osserva David Friedman, è un'istituzione economica fondamentale di qualsiasi società, e la proprietà privata è l'istituzione focale di una società libera. I diritti di proprietà vengono generalmente contrapposti ai diritti umani, con una retorica che insiste sul fatto che i diritti degli esseri umani sono molto più importanti dei diritti delle cose. Ma questa rappresentazione è ingannevole. I diritti di proprietà, infatti, non sono i diritti della proprietà; sono diritti degli esseri umani riguardo alla proprietà: diritti *umani* sull'uso delle cose.

   Ciò che rende necessaria la proprietà è il desiderio di molti di usare le stesse risorse per fini differenti. Questa situazione di conflitto può essere risolta con la forza, ma la violenza è una soluzione così inefficace come soluzione al problema della limitatezza delle risorse che in genere vi ricorrono solo i bambini e le grandi nazioni. La soluzione più comune è l'adozione di una serie di regole che stabiliscano chi ha il diritto di decidere sull'uso di una determinata risorsa. In regime di proprietà, privata o pubblica, chi vuole usare una determinata risorsa che non possiede deve persuadere chi la possiede a dargli il permesso di usarla.

In regime di proprietà privata ciò di solito avviene con lo scambio: io offro a te qualcosa di mio, che ti aiuterà a realizzare i tuoi obbiettivi, e in cambio tu concedi a me la possibilità di usare qualcosa di tuo, per realizzare i miei obbiettivi. Con la proprietà pubblica invece, sono le istituzioni politiche a detenere la proprietà che viene impiegata per realizzare gli obbiettivi di queste istituzioni. Poiché la funzione della politica è quella di ridurre la diversità dei fini individuali a una serie di "obbiettivi comuni" (i fini della maggioranza, del dittatore, del partito politico al potere, o di qualunque individuo o gruppo che ha il controllo effettivo sulle istituzioni politiche), la proprietà pubblica impone quegli "obbiettivi comuni" all'individuo.

Dato che in una società basata sulla proprietà pubblica le risorse sono in comune, scrive Friedman, le mie decisioni virtuose o meno non ricadono solo su di me. Se decido di lavorare sodo, o al contrario di ridurre al minimo il mio orario di lavoro, il risultato sarà un accrescimento o una diminuzione della ricchezza totale disponibile per tutti. Se mi rifiuto di produrre quanto posso, un altro membro di quella società può denunciare, giustamente, che la mia pigrizia costituisce un sabotaggio per i fini della collettività. Al contrario, in una società basata sulla proprietà privata, se lavoro sodo mi arricchisco e se non lavoro mi impoverisco, in prima persona. Sono insomma io a riscuotere i benefici o a pagare i costi per le mie scelte.

> *La creazione di ricchezza richiede tempo*
> «Per molti è sufficiente aver conosciuto, tramite la lettura, i lunghi orari di lavoro e i bassi salari dell'Inghilterra e dell'America dell'Ottocento per pensare di avere già prove sufficienti contro il capitalismo e l'industrializzazione. Costoro dimenticano che queste condizioni ci appaiono intollerabili solo perché viviamo in una società enormemente più ricca, e che la nostra società è diventata così ricca grazie ai progressi dell'Ottocento, verificatisi in un capitalismo *laissez-faire* relativamente libero da controlli. Stanti le condizioni economiche del diciannovesimo secolo, nessuna istituzione, socialista, capitalista, o anarco capitalista, avrebbe potuto produrre rapidamente quello che possiamo considerare un livello di benessere che possiamo considerare decente. La prosperità semplicemente non c'era. Se un socialista avesse confiscato il reddito di tutti i miliardari capitalisti, per darlo ai lavoratori, questi ultimi non avrebbero visto migliorare di molto la loro condizione. I miliardari guadagnavano molto più dei lavoratori, ma questi erano in numero molto superiore. È stato necessario un lungo periodo di progresso per veder realizzata una società abbastanza ricca da considerare miserrime le condizioni di vita dell'Ottocento.» (p. 53)

L'amore non basta

Un'abituale critica mossa alla proprietà privata è che essa sia un sistema immorale, perché basato sull'egoismo, quell'atteggiamento per cui una persona pensa solo a sé stessa e non si cura del benessere altrui. Tuttavia l'essere a favore della proprietà privata non significa sostenere un tale atteggiamento; significa solamente essere consapevoli del fatto che individui differenti hanno e perseguono fini differenti. Ma l'obiezione è sbagliata anche perché pone una falsa alternativa tra dono disinteressato e commercio.

Sotto qualsiasi istituzione, ci sono tre modi per convincere gli altri ad aiutarci a perseguire i nostri obbiettivi: l'amore, lo scambio volontario e la forza. Il primo resta possibile in regime di proprietà privata, infatti possiamo donare tutto ciò che vogliamo, ma è un metodo che per sua natura funziona solo in un numero limitato di casi, in genere all'interno di piccoli gruppi come la famiglia, oppure tra gruppi numerosi per obiettivi assai semplici. Per un fine complesso che coinvolge un gran numero di persone, ad esempio la realizzazione di questo libro, l'amore non può funzionare: non posso pretendere che tutti coloro la cui collaborazione mi è necessaria – correttori, editori, librai, taglialegna, proprietari di cartiere e mille altri ancora – mi conoscano e mi amino tanto da voler pubblicare questo libro per il mio bene.

Allora, là dove non arriva l'amore, ci si serve del commercio. E in questo modo si dà una valida alternativa alla violenza, che altrimenti resterebbe il solo modo di coprire tutte le eventualità non soddisfatte dall'amore. Purtroppo coloro che deplorano l'egoismo di solito chiedono l'intervento coercitivo dello Stato. In questo modo, invece di avere "egoisti" che svolgono un'attività perché lo desiderano, avremo "generosi" che si daranno da fare sotto la minaccia della pistola.

Altre obiezioni sbagliate alla proprietà privata

Una seconda obiezione spesso sollevata contro un sistema di proprietà privata è che le risorse possono essere mal distribuite: un uomo può morire di fame mentre un altro ha più cibo del necessario. Questo è vero, ma si verifica in qualsiasi sistema di distribuzione delle risorse. Se affidiamo allo Stato il compito di nutrire gli affamati, significa che i politici e i burocrati avranno il potere di decidere a chi andrà e a chi non andrà l'aiuto. I ministeri e la burocrazia, tuttavia, seguono i propri obiettivi quanto gli uomini d'affari seguono i propri, e non c'è modo di dare a un uomo politico un potere da usare esclusivamente per fare del bene. Se decide di dar da mangiare a qualcuno, deve negarlo a qualcun altro, perché il cibo è limitato e non nasce dal nulla.

Si può citare soltanto un'occasione, nel corso della storia moderna in tempo di pace, in cui molte persone sono morte di fame nonostante l'abbondanza di cibo. È successo in un sistema economico nel quale la decisione riguardante chi avesse bisogno di aiuti era in mano al governo. A Stalin spettava decidere quanto cibo fosse necessario agli abitanti dell'Ucraina. Ciò che "eccedeva" veniva requisito dal governo sovietico ed esportato. Nel corso degli anni 1932 e 1933 alcuni milioni di Ucraini sono morti di fame. Durante quei due anni, secondo dati sovietici, l'Urss ha esportato circa un milione e ottocentomila tonnellate di grano. Se supponiamo un numero elevato di affamati, diciamo 8 milioni, quel grano avrebbe fornito circa 2000 calorie al giorno a ciascuno di essi.

Una terza obiezione sollevata alla proprietà privata è che gli individui non sono veramente liberi se per vivere sono costretti a fare quello che gli ordina il loro datore di lavoro. Questo, tuttavia, vale anche in un sistema dominato dalla proprietà pubblica. Se lo Stato possiede tutta la proprietà, questo significa che esiste un solo proprietario, il quale può costringermi a fare qualsiasi cosa. Se invece la proprietà è divisa tra migliaia o milioni di uomini, nessuno può costringermi a lavorare troppo per mangiare; se qualcuno ci prova, posso trovare altrove ciò che voglio.

Lo Stato non aiuta i poveri

Molti respingono il libero mercato perché credono che porti a una distribuzione ingiusta della ricchezza, e pensano che lo Stato dovrebbe intervenire per redistribuire i redditi. Ma a coloro che ritengono che le istituzioni democratiche possono essere usate per trasferire soldi ai poveri, si può rispondere: «I poveri che voi volete aiutare sono una piccola minoranza della popolazione. Se le persone benestanti non sono così generose da fare la carità ai poveri volontariamente, perché pensi che voterebbero per essere costrette a fare l'elemosina?».

La maggior parte dei programmi statali, infatti, produce il risultato opposto: danneggia i poveri per aiutare i ricchi. Quasi sicuramente chi si trova in stato di indigenza starebbe meglio se venissero abolite sia l'assistenza che riceve adesso sia la tassazione, diretta e indiretta. Consideriamo ad esempio la previdenza sociale. Chi ha i redditi più alti ha una prospettiva di vita più lunga e percepisce per più anni la pensione pubblica; inoltre i giovani di ceto sociale medio-alto iniziano a lavorare e a versare i contributi più tardi. Questi due fattori rendono la previdenza pubblica tendenzialmente molto più conveniente per i benestanti che peri bisognosi.

> *Fin dove si può spingere la proprietà privata?*
> «Esistono compiti che per natura non possono in alcun modo essere svolti da privati, e che quindi lo Stato deve continuare a portare avanti? Io credo di no. Esistono, è vero, compiti importanti che, per speciali ragioni, sono difficili da realizzare privatamente, ma queste sono difficoltà risolvibili in linea di principio, ma che potrebbero esserlo anche sul piano pratico. Ritengo che non ci siano funzioni proprie dello Stato. In questo senso sono un anarchico. Le attività svolte da un governo possono essere divise in due categorie – quelle che potrebbero essere privatizzate oggi stesso e quelle che si spera di poter privatizzare domani. La maggior parte delle attività svolte dallo Stato appartiene alla prima categoria. Il sistema di istituzioni che vorrei vedere realizzato dovrebbe essere interamente privato – quello che qualche volta viene chiamato "anarco-capitalismo" o "anarchia libertaria".» (p. 41)

Un secondo esempio sono i programmi a favore delle aziende agricole, che consistono in una serie di interventi per mantenere a un certo livello il prezzo del raccolto, finanziati in pare dalla fiscalità in parte da un rincaro dei generi alimentari. L'aumento dei prezzi alimentari equivale a una tassazione regressiva dal momento che chi ha un basso reddito spende una percentuale del proprio reddito molto più alta in alimenti. I benefici per gli agricoltori poi sono in proporzione alla dimensione delle proprietà che questi hanno, quindi sono maggiori per i grandi proprietari. Questo sussidio ha dunque l'effetto di redistribuire ricchezza dai più poveri ai più ricchi.

Il libero mercato non porta al monopolio

Una delle obiezioni più ripetute al *laissez-faire* è che esso conduca inevitabilmente al monopolio. Questa è di solito la logica che giustifica le leggi antitrust e i vari organismi di controllo. In realtà a fine Ottocento tutti i tentativi delle grandi aziende di controllare il mercato attraverso conglomerati e cartelli si rivelarono quasi sempre fallimentari, ottenendo solo profitti più bassi rispetto a concorrenti di minori dimensioni. È probabile che le stesse commissioni statali di controllo non siano state create per fermare i monopoli, ma su richiesta dei monopolisti in crisi per arginare la concorrenza che aveva vanificato i loro sforzi.

Nel libero mercato, infatti, i cartelli sono fragili e l'efficienza tende a diminuire oltre una certa dimensione, perché la concorrenza continua potenzialmente ad operare anche quando qualcuno raggiunge una posizione dominante in un settore. Quale che sia la quota di mercato che una grande azienda è riuscita a raggiungere, se tenta di alzare considerevolmente i prezzi la manovra gli si ritorce contro portando all'emergere di concorrenti e alla riduzione della sua quota di mercato, quando non alla sua autodistruzione. È quanto emerge dall'analisi storica dei tentativi di creare dei monopoli in America.

Sfruttamento capitalista?

Un'obiezione tipicamente avanzata dai marxisti è quella riguardante lo sfruttamento del lavoratore ad opera del capitalista. A loro avviso il lavoratore, pur producendo concretamente i beni sui quali il capitalista guadagna senza far nulla, percepisce solo a una piccola parte del valore che crea. Questa osservazione non tiene conto del fatto che il capitalista rivede i soldi che ha investito solo dopo molti mesi o anni, ma nel frattempo anticipa gli stipendi agli operai.

Senza il capitalista, i lavoratori avrebbero dovuto costruire la fabbrica da soli, lavorando gratis per molti anni, fino alla vendita dei prodotti finali. Il capitalista sostiene un costo perché anche lui preferirebbe spendere i suoi soldi subito, invece che vincolarli e vederseli restituire, se va bene, nel corso degli anni. La teoria marxista dunque sbaglia quando considera denaro rubato l'interesse ricevuto dal capitalista. Questo, in realtà, è il corrispettivo per un servizio ricevuto.

Lo stesso errore viene compiuto da chi considera ingiusta l'eredità, perché rappresenta una forma di disuguaglianza. Non ho simpatia per

> *Pallettoni per un amico socialista*
> «Nello Stato socialista ideale, non si abuserà del potere. Le persone preposte alla guida delle nazioni non saranno minimamente influenzate dagli interessi personali. Uomini intelligenti non piegheranno le istituzioni al servizio dei propri interessi. E i fiumi scorreranno in salita.» (p. 161)

questo punto di vista. Non vedo altra ragione che l'avidità per pretendere di "meritare" parte della ricchezza di qualcun altro al momento della sua morte, ricchezza che non ho contribuito a produrre. Non vedo più nobile ragione dell'invidia per condannare la buona sorte di qualcuno che riceve in eredità una fortuna "non guadagnata".

Come liberarsi dello Stato: scuole e università

La scuola pubblica, proprio come le poste, si assomigliano nell'inefficienza, nel fatto di costare ogni anno di più e nell'essere sempre oggetto di lamentele, senza che si trovi mai una soluzione. La scuola pubblica è infatti un tipico esempio di monopolio pubblico sovvenzionato dallo Stato. La scuola privata per competere non deve solo essere migliore, ma talmente superiore che i suoi utenti siano disposti a rinunciare alla loro parte della sovvenzione statale. Come passare quindi a un sistema scolastico privato? Una soluzione semplice sarebbe che il governo finanziasse l'istruzione anziché la scuola: ogni studente potrebbe ricevere un bonus per la scolarizzazione da spendere in qualsiasi scuola desideri, pubblica, privata, religiosa o altro. Il sistema scolastico diverrebbe in questo modo davvero concorrenziale. Un imprenditore privato sarebbe stimolato a migliorare il servizio, e le altre scuole ad adeguarsi per non rimetterci. Ci sarebbe una competizione per i migliori insegnanti. E una forte dose di sperimentazione di nuovi modelli. Si svilupperebbero ogni sorta di corsi integrativi.

Anche nel caso delle università sarebbe fondamentale portare avanti l'obbiettivo del decentramento accademico, per permette dibattiti e diversificazione. Spesso studenti e intellettuali, specialmente di sinistra, deplorano la mancanza di potere degli studenti e il modo in cui vengono trattati. Ma non hanno afferrato che questa è il risultato del successo di uno degli schemi favoriti dalla sinistra stessa: un sistema di scolarizzazione finanziato in modo massiccio dallo Stato.

Dal momento che gli studenti non pagano l'intero ammontare per la loro istruzione, il loro potere è ridotto. Se le università ottenessero i finanziamenti dai propri allievi, esse dovrebbe trattare in modo ben diversi gli studenti suoi clienti, e dovrebbe fornire loro ciò che desiderano. Gli studenti potrebbero valutare, come fanno i clienti sul mercato, in base ai propri desideri, ai prezzi e alla reputazione. Come già in altri settori ci potrebbero essere gruppi di valutazione degli istituti, degli insegnanti e dei corsi, e di comparazione dei prezzi, per assistere i consumatori con tutte le informazioni necessarie. E anche in questo caso la concorrenza e il libero mercato porterebbero a sperimentare modelli innovativi: vedremmo cambiare molto le università rispetto a come oggi le concepiamo.

Apriamo le frontiere, ma senza welfare

Anche la gestione statale delle frontiere dovrebbe essere abolita, ritornando a quella che era la situazione americana originaria. Fino alla metà degli anni Venti l'America aveva seguito una politica generale di immigrazione senza restrizioni, fatta salva qualche limitazione per gli orientali. Tra il 1905 e il 1914 arrivarono in America oltre un milione di immigrati all'anno. Queste persone contribuirono grandemente alla sua ricchezza materiale e culturale. Eppure oggi sarebbe difficile trovare un politico favorevole a tornare ad una simile politica, da tempo abbandonata.

Un possibile pericolo di questa politica è quello di permettere agli immigrati più poveri di arrivare in America con il solo intento di beneficiare dell'assistenza sociale. Perciò io includo, nella mia proposta, la condizione che i nuovi immigrati dovrebbero avere quindici anni di residenza prima di poter beneficiare dell'assistenza sanitaria. Anche le leggi sullo stipendio minimo non dovrebbero applicarsi ai nuovi immigrati. A patto che gli immigrati paghino per ciò che usano, non rendono il resto della società più povera.

Una politica di immigrazione senza restrizioni, nota l'autore, ci porterebbe non solo una forza-lavoro non specializzata a basso costo, ma anche molte nuove competenze, tra cui l'abilità imprenditoriale che ha fatto degli emigrati indiani e cinesi la classe mercantile dell'Asia e dell'Africa. Una volta che i nuovi cittadini avranno preso familiarità con la lingua e la cultura della loro nazione adottiva, si introdurranno all'interno della classe media americana con la stessa rapidità dei loro predecessori di un secolo fa. I limiti all'immigrazione andrebbero quindi cancellati per riprendere la vincente lotta alla povertà di cui l'America è il simbolo e l'esempio unico nella storia. La nostra ricchezza è sempre stata nelle persone, non nelle cose.

Vendiamo le strade

Lo slogan "vendiamo le strade" è spesso usato per mettere in ridicolo i libertari. Certamente esistono difficoltà pratiche non indifferenti a trasferire il sistema stradale attualmente in mano pubblica ai privati, anche se le difficoltà sono molto ridotte per i nuovi quartieri, alcuni dei quali vengono già oggi costruiti con un sistema stradale privato. L'attuale gestione socialista ha finora mantenuto alti i costi, senza migliorare molto il servizio. La gestione privata porterebbe a grandi miglioramenti nella gestione del traffico, nella pianificazione dei lavori di manutenzione, e sotto molti altri aspetti.

Per evitare gli ingorghi nelle ore di punta, ad esempio, una ditta privata potrebbe far pagare pedaggi a tariffa variabile. Usando la tecnologia moderna, come i sistemi di registrazione elettronica e gli ingressi controllati da computer, sarebbe possibile, e relativamente poco costoso, elaborare un sistema di tariffe più dettagliate, che variassero a seconda di dove e quando si circola. Una compagnia privata, inoltre, non intralcerebbe mai le proprie autostrade con squadre di operai durante l'ora di punta.

Protezione dell'ambiente e del consumatore

Non solo le strade, ma anche la terra, l'aria e il mare potrebbero essere privatizzati. Il problema dell'inquinamento esiste perché alcuni beni, come questi, non hanno proprietari. Chiunque desideri usarli per scaricarvi dei rifiuti è libero di farlo. Se si inquinassero delle aree private il proprietario lo permetterebbe soltanto se ottenesse in cambio un risarcimento proporzionalmente maggiore al danno. E se chi inquina dovesse scaricare i rifiuti nelle sue proprietà, per lo più smetterebbe di farlo: poche persone vorrebbero scaricare i propri rifiuti nel giardino davanti casa. La soluzione migliore sarebbe dunque quella di privatizzare le risorse naturali che non appartengono a nessuno.

Anche i controlli sui cibi e sui farmaci potrebbero essere lasciati al mercato. La FDA (Food and Drug Amministration) ha il potere di dettare le etichette che devono essere messe sui prodotti alimentari e farmaceutici, ma anche quello di dare o non dare il permesso di commercializzare certe medicine, secondo che siano ritenute pericolose o meno. Quasi tutti approvano questo potere e ritengono che il governo dovrebbe impedire la vendita di nuovi medicinali finché non sia provato che sono innocui.

Quello che molti non colgono è che se un nuovo, utile, farmaco, viene tenuto fuori dal mercato, la gente che si sarebbe potuta salvare con esso muore. Quante morti in meno ci sarebbero se fosse introdotto il nuovo farmaco nessuno lo sa e può saperlo.

Sono morti molto meno evidenti di quelle che si avrebbero a causa della commercializzazione di un farmaco nocivo, e per questo politicamente preferibili. Il costo della politica prudente attualmente praticata potrebbe essere ben più alto di quello che si correrebbe lasciando le ditte farmaceutiche libere di vendere e i clienti liberi di comprare.

Anarchia non significa caos

Perfino le funzioni fondamentali dello Stato, come polizia, tribunali e difesa, possono essere fornite in maniera più efficiente da imprenditori privati in concorrenza tra loro. Gli anarco-capitalisti infatti, salvo che nella propaganda dei loro nemici, non desiderano il caos, ma sono persone come tutte le altre che desiderano essere protette da ladri e assassini, e avere a disposizione mezzi per risolvere le controversie. Ma prima di spiegare come potrebbe funzionare una società anarco-capitalista, occorre spiegare cosa si intende per Stato. *Lo Stato è una agenzia di coercizione legittimata*, nel senso che la maggior parte della gente accetta la coercizione statale come normale e conveniente.

Lo Stato è quindi legittimato a compiere una serie di azioni che se fossero compiute da privati riterremmo criminali. Se io grido "Fermati, ladro!" a un borsaiolo che sta fuggendo con il mio portafogli, tutti riconosceranno che la mia reazione è più che lecita. Se io grido "Fermati, ladro!" a un impiegato del fisco che esce da casa mia dopo avermi informato che il mio conto in banca è stato pignorato, i miei vicini penseranno che sono diventato matto. Tuttavia, oggettivamente, il fisco compie la stessa azione del ladro: confisca le mie risorse senza il mio permesso. È vero che si ritiene che lo Stato mi fornisca servizi in cambio del mio tributo fiscale, ma esso si ostina a pretendere i miei tributi senza domandarsi se io desidero o no i suoi servizi. É difficile decidere se un tale comportamento integri gli estremi della rapina o dell'estorsione. In entrambi i casi, se l'azione venisse compiuta da un privato, tutti saremmo d'accordo nel definirla un crimine.

> *Il capitalismo permette l'esprimersi della diversità*
> «La maggior parte dei diversi tipi di socialismo si basa sul presupposto che ci sia accordo unanime sugli obbiettivi da raggiungere. Ognuno lavora per la gloria della nazione, per il bene comune, o che altro sia, e tutti concordano, almeno in termini generali, sul significato della meta ultima. Il problema economico, tradizionalmente definito come quello di allocare risorse limitate per fini diversi, non esiste; l'economia è ridotta al problema "ingegneristico" di come utilizzare al meglio le risorse disponibili per raggiungere l'obbiettivo comune. L'organizzazione di una società capitalista sottintende implicitamente che persone diverse hanno obbiettivi diversi e che le istituzioni della società devono permettere l'esprimersi di diversità.» (p. 194)

In assenza di un'organizzazione legittimata a compiere crimini (lo Stato), le funzioni di polizia sarebbero svolte da agenzie di protezione private, che venderebbero i loro servizi sul mercato come fanno le attuali compagnie di vigilanza privata. Potrebbero naturalmente sorgere dei conflitti tra diverse agenzie, ognuna a difesa del proprio cliente. È proprio per questo che alcuni rifiutano di arrivare fino all'anarchia, sostenendo che porterebbe alla guerra civile fra agenzie di protezione. Tuttavia le guerre sono molto costose e ben poco convenienti per delle imprese commerciali. Le agenzie potrebbero anticipare tali difficoltà e cautelarsi in via preventiva, prendendo accordi con una compagnia di arbitrato che possa risolvere eventuali conflitti.

In una società anarco-capitalista potrebbero esserci molti tribunali e persino molti sistemi legali. Non creerebbero confusione? Se questo fosse un problema, i tribunali avrebbero un incentivo economico ad adottare un diritto uniforme, proprio come le imprese che producono carta hanno un incentivo a usare misure standard per i formati. Un nuovo diritto sarà introdotto solamente quando l'innovatore riterrà che i vantaggi che ne derivano siano maggiori di quelli prodotti dall'uniformità. La concorrenza tra i diversi tribunali migliorerebbe la qualità della giustizia, perché se un giudice non mantenesse la reputazione di essere onesto perderebbe tutti i clienti.

Il difficile problema della difesa nazionale

La difesa nazionale viene considerata una funzione fondamentale del governo, un bene pubblico che non può essere finanziato se non con mezzi coercitivi. Considerando che un sistema di difesa nazionale deve essere in grado di sostenere un attacco che potrebbe essere anche nucleare, è difficile immaginare che esso possa essere fornito a individui o a piccoli gruppi: dovrà essere dato o non dato a tutti i membri di un gruppo su di un certo territorio abbastanza vasto.

Detto questo, la difesa può essere finanziata senza coercizione? La risposta non è facile. Un contratto all'unanimità tra tutti gli abitanti del territorio è praticamente impossibile. Una possibile soluzione potrebbe essere una rete di istituzioni locali permanenti finalizzate alla difesa e unite fra loro. Ogni comunità metterebbe il suo pezzetto di un sistema più grande. Dovrebbe giocare una parte anche il senso di obbligo morale che scatta quando una persona sa che sta ricevendo qualcosa: la gente dovrebbe sentirsi in obbligo di pagare per finanziare volontariamente la difesa, sentendo di stare ricevendo qualcosa di importante e fondamentale.

Una società libera è imprevedibile

La descrizione fatta finora di una società libera con agenzie protettive e di arbitrato private non deve essere presa come una descrizione fedele di quella che sarebbe una società anarco-capitalista. La società attuale con le sue istituzioni si è sviluppata sotto l'influenza dello Stato, e senza di esso si sarebbe evoluta in altro modo. L'anarchia libertaria è solo una bozza molto schematica basata sui diritti di proprietà individuali e sullo scambio volontario. All'interno di questa cornice possono esistere molti modi diversi di associarsi.

In una società anarco-capitalista non ci sarebbe la garanzia che lo Stato non ritornerebbe e che le leggi della società sarebbero libertarie. Tuttavia questo tipo di organizzazione darebbe molte più garanzie di qualsiasi forma di Stato, anche di uno Stato minimo e costituzionale. L'esistenza dello Stato alla fine si fonda sul consenso. Il compito fondamentale, conclude Friedman, è quindi quello di educare e diffondere questa consapevolezza, mostrando al contempo come una società senza Stato sarebbe preferibile e più vivibile, e come si potrebbe fare per raggiungerla e mantenerla.

Punti da Ricordare

- La proprietà privata permette agli individui di perseguire i propri fini differenti; la proprietà pubblica impone a tutti il medesimo fine
- Il commercio ci permette di realizzare i nostri obiettivi in tutti i casi in cui l'amore altrui non basta; l'alternativa allo scambio è l'uso della forza
- Se lo Stato è il proprietario di tutto il cibo, i governanti hanno il potere insindacabile di stabilire chi può mangiare e chi deve morire di fame
- La maggior parte dei programmi statali di redistribuzione danneggia i poveri per aiutare i ricchi
- È lo Stato, non il libero mercato, che crea i monopoli
- Il capitalista svolge un utile servizio anticipando gli stipendi agli operai prima della vendita del prodotto
- Se la scuola e l'università fossero finanziate esclusivamente dagli studenti, la qualità e la varietà dell'istruzione migliorerebbe incredibilmente
- Se si abolisse il welfare, si potrebbe tornare alla totale libertà di immigrazione che ha reso ricca l'America in passato
- La privatizzazione delle strade permetterebbe, grazie alle tecnologie moderne, un grande miglioramento nella gestione del traffico
- La privatizzazione delle risorse naturali risolverebbe il problema dell'inquinamento
- Anche il controllo statale sui farmaci e sugli alimenti dovrebbe essere abolito
- La scomparsa dello Stato non porterebbe al caos
- Le funzioni di protezione e di giustizia sarebbero svolte in maniera più efficiente da agenzie di protezione e tribunali di arbitrato
- Lo Stato commette abitualmente azioni che sarebbero considerate dei crimini se svolte da privati
- La difesa nazionale è il problema più difficile per una società anarco-capitalista

L'autore

David Friedman è nato a Woodmere, nello Stato di New York (Usa), il 12 febbraio 1945. Figlio degli economisti Rose e Milton Friedman, si è laureato in chimica e fisica con lode alla Harvard University nel 1965. In seguito ha conseguito un master e un dottorato di ricerca in fisica teorica all'Università di Chicago. Sostenitore dell'anarco-capitalismo libertario, nella sua carriera accademica si è dedicato all'economia e al diritto. La sua opera più importante, dove possiamo trovare una sintesi esaustiva del suo pensiero, è sicuramente *The Machinery of Freedom* del 1973 (*L'ingranaggio della libertà*, Liberilibri). In lingua italiana è stato tradotto anche *Law's Order*, uscito nel 2000, con il titolo *L'ordine del diritto. Perché l'analisi economica può servire al diritto* (Il Mulino). Attualmente è professore di diritto all'Università di Santa Clara. Anche suo figlio, Patri Friedman, si occupa di libertarismo, in particolare di *seasteading*, l'idea cioè di costruire città libertarie galleggianti fuori dal controllo degli Stati.

Nota Bibliografica

David Friedman, *L'ingranaggio della libertà. Guida a un capitalismo radicale*, Liberilibri, Macerata, 2005, p. 349, traduzione di Paola Landi e Michael Lacey-Freeman. Titolo originale: *The Machinery of Freedom. Guide to a Radical Capitalism.*

46

Robert Nozick

Anarchia, stato e utopia
1974

'Uno Stato più esteso di quello minimo è illegittimo'

Anarchia, Stato e Utopia è un'opera fondamentale nell'ambito della teoria libertaria, perché l'enorme attenzione che ricevette nell'*establishment* accademico fece uscire questa corrente di pensiero dall'ombra in cui era relegata. A tale esito probabilmente contribuì l'utilizzazione da parte di Nozick di alcuni strumenti concettuali e linguistici della filosofia analitica, all'epoca dominante nel mondo anglosassone. Il grande valore dell'opera va rintracciato soprattutto nella giustificazione teorica di uno Stato minimo all'interno di uno schema di evoluzione socio-economica spontanea, in contrapposizione alle tesi *liberal* di John Rawls. Gli individui hanno il diritto di possedere le loro proprietà e non vi è alcuna legittimità morale negli interventi redistributivi della ricchezza compiuti coercitivamente dai poteri pubblici. L'interesse ricevuto dall'opera presso l'intellettualità *mainstream* ha successivamente, ma erroneamente, generato l'identificazione del libertarismo con la teoria di Nozick. Le altre correnti di pensiero, quando hanno voluto confutare la teoria libertaria o parti di essa, si sono quasi sempre confrontate solo con questo autore, ignorando i più coerenti e articolati edifici teorici delle componenti anarchiche, giusnaturaliste o razionaliste del libertarismo.

Riassunto

Dallo stato di natura alla nascita spontanea dello Stato

Il lavoro di Robert Nozick è suddiviso in tre parti. La prima parte è il tentativo di giustificare l'esistenza di uno Stato minimo contro le tesi anarchico-individualiste. La seconda è volta a confutare gli argomenti che sostengono uno Stato più esteso di quello minimo, in particolare la teoria di John Rawls. Nella terza parte vengono delineate le caratteristiche strutturali dello Stato minimo proposto, in relazione alla sua capacità di incorporare, meglio di altri assetti, le diverse utopie politiche.

    Lo Stato minimo è lo Stato "guardiano notturno" della tradizione liberale classica, il quale si limita a impedire che gli individui si danneggino reciprocamente, rimanendo circoscritto alla funzione di protezione dalle aggressioni e di tutela dei contratti. No-zick parte dalla condizione dello stato di natura nella versione di Locke. In tale stato, la legge di natura richiede che nessuno leda l'integrità fisica, la libertà e la proprietà altrui. Se ciò avviene, la vittima, o anche un terzo, ha di conseguenza anche il diritto di a) praticare la legittima difesa, se ricorre l'urgenza, e b) punire il trasgressore in misura proporzionale al danno subìto, con preminenza attribuita al risarcimento e alla sua esazione.

Tuttavia, ciascun individuo giudica male quando è coinvolto nella disputa, e dun-que potrebbe non essere equo nel difendere i propri diritti o interessi. Inoltre, può non essere in grado di far valere i propri diritti, di conseguenza può chiedere ad altri di aiutarlo, gratuitamente o a pagamento, per far sì che venga garantito il suo diritto. Sulla base della dinamica di aggregazione e divisione del lavoro, si potranno costi-tuire associazioni di mutua protezione, che offrono i propri servizi in cambio di un prezzo, con un'ampia varietà di forme. Alcune si specializzeranno in una delle varie attività giudiziarie: indagine, scoperta, arresto, giudizio, punizione, esazione del risar-cimento. Con molta probabilità diverse associazioni si integreranno verticalmente e svolgeranno più di una funzione o tutte, stabilendo specifiche procedure per risolvere eventuali controversie.

Ciascuna agenzia di protezione agisce secondo la legge naturale di Locke, dunque in modo morale, senza dar luogo ad aggressioni ingiustificate. Inoltre impone ai pro-pri clienti di rinunciare al diritto di rappresaglia privata in caso di aggressione subìta. Le economie di scala e le pressioni di mercato spingono verso l'affermarsi di un'agen-zia di protezione dominante in cia-scuna area. Tale assetto, che Nozick definisce "Stato ultraminimo", è un ordinamento sociale intermedio tra le associazioni protettive private in concorrenza e lo Stato minimo.

In esso 1) alcuni soggetti, gli 'in-dipendenti', possono far valere da soli i propri diritti (difendendosi, punendo o pretendendo risarci-menti; fra di loro si trovano in una condizione di "anarchia naturale"),

> *Stato di natura*
> «Nello stato di natura un individuo può far rispettare da sé i propri diritti, difendersi, esigere risarcimenti e punire (o almeno fare del proprio meglio a questo ri-guardo). Altri possono unirsi a lui in sua difesa, su sua richiesta. Possono unirsi a lui per respingere un assali-tore o inseguire un aggressore perché dotati di spirito civico, o perché sono suoi amici, o perché in passato li ha aiutati, o perché desiderano il suo aiuto in futuro, o in cambio di qualcosa. Gruppi di individui possono formare associazioni per la protezione reciproca» (p. 35).

rifiutandosi di aderire alla compagnia dominante (dunque rispetto allo Stato minimo manca l'elemento monopolistico); 2) la compagnia non protegge tutti gli individui, ma solo chi paga, dunque i suoi clienti (mentre lo Stato protegge tutti coloro che vi-vono entro i suoi confini geografici); 3) l'agenzia dominante ha il diritto di proibire procedure rischiose contro i suoi clienti, cioè può impedire agli indipendenti di in-traprendere azioni (difendersi da sé) quando nella disputa sono coinvolti suoi clienti.

In tale contesto i diritti degli individui, tipicamente "negativi", derivano da vincoli morali, rappresentano criteri morali oggettivi, e prescindono da qualsiasi concezione della natura umana. Contro l'"utilitarismo dei diritti", afferma l'autore, questi devono sorgere come risultato dell'imposizione di "vincoli collaterali" alle azioni.

Dallo Stato ultraminimo allo Stato minimo

Poiché la proibizione impedisce agli indipendenti di punire i clienti dell'agenzia dominante che violano i loro diritti, gli indipendenti non possono proteggersi da danneggiamenti e si vengono a trovare in una posizione di grave svantaggio. La soluzione è rappresentata dal *principio di risarcimento*: chi promulga la proibizione delle azioni rischiose e ne beneficia è moralmente obbligato a indennizzare chi ne è svantaggiato. Ciò significa che la compagnia dominante deve risarcire gli indipendenti. Il modo meno costoso di farlo, secondo Nozick, è quello di garantire loro gratuitamente servizi di protezione che coprano casi di conflitto con i propri clienti.

Verificatasi anche questa seconda condizione, la protezione dei diritti di tutti nel territorio dato, si è approdati allo Stato minimo. Ora

> **Verso un'associazione protettiva dominante**
> «Sotto la spinta di raggruppamenti spontanei, di associazioni per la protezione reciproca, divisione del lavoro, di pressioni del mercato, economie di scala, e dell'interesse personale razionale, dall'anarchia sorge qualcosa che assomiglia molto da vicino a uno stato minimo». [...] Servizi di protezione massimali non possono coesistere in un regime di concorrenza; la natura del servizio porta agenzie differenti non solo a entrare in concorrenza per la protezione degli utenti, ma anche a violenti conflitti reciproci» (p. 39).

infatti sono soddisfatti entrambi i requisiti indispensabili perché si abbia uno Stato: monopolio della forza e protezione di tutti. Dunque lo Stato ultraminimo diventa minimo nel momento in cui fornisce protezione gratuita agli indipendenti o a coloro che si sarebbero rivolti agli indipendenti.

A differenza dello Stato ultraminimo, la modalità di funzionamento dello Stato minimo è tale da qualificarlo come "redistributivo" (dai clienti ai non-clienti); ma tale redistribuzione, a differenza di quella à la Rawls, è a parere dell'autore moralmente legittima in quanto la procedura che l'ha generata non ha violato diritti. Il passaggio alla condizione di Stato ultraminimo si è determinata sulla base di un processo "a mano invisibile", mentre il passaggio alla condizione di Stato minimo sulla base del principio di risarcimento.

Non oltre lo Stato minimo

Uno Stato più esteso di quello minimo, tuttavia, è per Nozick illegittimo. Fra le varie teorie distributive, quella più coerente è la teoria del "titolo valido", che fonda la legittimità della proprietà, e dunque di una data distribuzione di proprietà, su un elemento procedurale, legato ai due momenti dell'acquisizione e del trasferimento. Una distribuzione della proprietà è giusta se è la conseguenza di una corretta acquisizione, senza l'uso della forza o della frode, e di un corretto trasferimento.

Per quanto riguarda il principio di giustizia nell'acquisizione, una persona ha il diritto di diventare proprietario di un bene che sia *res nullius* applicandovi il suo lavoro; e di diventare proprietario di un bene acquistato da un individuo che ne era proprietario a giusto titolo. Relativamente al principio di giustizia nel trasferimento, una persona ha il diritto di dare la sua proprietà ad altri o di scambiarla volontariamente con altri. I due momenti dell'acquisizione e del trasferimento possono essere eventualmente

integrati dalla rettificazione, che è il principio di correzione di un'ingiustizia verificatasi nel passato, come una scorretta acquisizione (ad esempio, il furto). Sono "giuste"
tutte le distribuzioni che nascono dai liberi scambi fra le persone, senza correzioni
coercitive imposte da altri soggetti, in particolare dall'autorità pubblica.

Parafrasando Marx, si può sintetizzare in una massima la concezione del titolo
valido: da ciascuno per come sceglie, a ciascuno secondo come viene scelto (dagli altri). La teoria del titolo valido non ha un pregiudizio favorevole nei confronti di una
particolare distribuzione, tanto meno nei confronti di una distribuzione egualitaria.

Essa tutela solo i diritti individuali, evidenziando la sua matrice deon-
tologica. Il criterio del "titolo valido" è *storico* e *non basato su modelli*. Un
principio opposto a quello storico è il principio *del risultato finale*, o
dello stato finale, secondo cui la giustizia di una distribuzione dipende
dal conseguimento di uno stato finale stabilito *a priori* (ad esempio, in
termini di utilità, o di uguaglianza).

Per quanto riguarda la seconda caratteristica, i principî *basati su un
modello* (*patterned*) sono quelli che fanno variare la distribuzione in
funzione di un qualche fattore naturale, come ad esempio il quozien-

> **Lo Stato minimo**
>
> «Un'agenzia protettiva dominante su un territorio sod-
> disfa davvero le due condizioni fondamentali necessarie
> per essere uno stato. È l'unica munita di efficacia gene-
> rale nell'imporre il divieto contro l'uso da parte di altri
> di procedure inaffidabili per far valere i propri diritti
> (identificandole secondo il suo giudizio) e sovrintende a
> queste procedure. E l'agenzie protegge quei non-clienti
> all'interno del suo territorio a cui vieta di usare verso i
> suoi clienti procedure in prima persona per far valere
> i propri diritti: li protegge nei loro rapporti con i suoi
> clienti. [...] L'agenzia è moralmente tenuta a compor-
> tarsi così per il principio di risarcimento. [...] Abbiamo
> assolto il compito di spiegare come sorge uno stato da
> uno stato di natura senza che siano violati i diritti di
> nessuno. [...] Il monopolio di fatto riesce grazie a un
> processo a mano invisibile e *con mezzi moralmente am-
> missibili*» (p. 129-130)

te intellettivo, l'impegno o il prodotto marginale. Il tentativo di stabilire concezioni
della giustizia *basate su modelli* o su uno *stato finale*, scrive Nozick, condurrebbe alla
distruzione della libertà, perché per indirizzare una distribuzione verso un dato esito è necessario intervenire coercitivamente, violando così i vincoli morali collaterali.

Contro Rawls

La costruzione contenuta in *Una teoria della giustizia* di John Rawls, l'edificio teorico interventista di maggior spessore, è un esempio di modello "a stato finale". Tutto
l'impianto rawlsiano, fa notare Nozick, è fondato su una premessa teoretica di segno
collettivista, da respingere con nettezza. Rawls infatti ritiene che gli uomini non siano proprietari delle loro capacità naturali. Queste si distribuiscono fra gli individui
secondo un processo casuale e arbitrario e quindi nessuno meriterebbe la propria
posizione nell'ordine sociale. Tuttavia, effettuare una distinzione tra una persona e i
suoi attributi e violare la "separatezza delle persone" sono premesse che un liberale (a
maggior ragione se avverso all'utilitarismo) non dovrebbe mai ipotizzare, a pena di
cancellare l'autonomia e la dignità degli uomini, attribuendo tutto ciò che è qualita-
tivamente rilevante in una persona a fattori "esterni".

Usare i più dotati come risorsa per i meno dotati, scrive Nozick, significa sacrificare
il benessere di una persona per avvantaggiarne un'altra. Gli esseri umani diventerebbero

un mezzo e non un fine. Non è necessario che una persona meriti una risorsa, è sufficiente che il titolo sia valido in base al criterio storico, che non violi i diritti lockiani.

L'introduzione della cooperazione sociale a parere di Rawls rende meno chiaro *chi* abbia diritto e *a che cosa* abbia diritto. Ciò avviene perché sarebbe impossibile individuare i contributi dei singoli individui che cooperano: tutto è il prodotto comune di tutti, e dunque, non essendovi alcuna persona che ha un diritto indiscutibilmente maggiore di qualsiasi altra, bisogna decidere come attribuire i diritti. Ma non è vero che i diritti individuali non si possano applicare a parti del prodotto ottenuto con la cooperazione. La cooperazione infatti è basata sulla divisione del lavoro, sulla specializzazione e sullo scambio.

Se ogni persona lavora da sola, separatamente, i prodotti di ciascuna persona sono facilmente identificabili, e gli scambi avvengono in mercati aperti con prezzi determinati dalla concorrenza. I prezzi determinano le quote di ciascuno. Anche se si abbandona l'ipotesi che le persone lavorino in maniera indipendente, e considerando invece produzioni frutto di lavoro comune - ad esem-

> *Violazione dell'autonomia e dignità umane*
> «La linea di argomentazione [di Rawls] può riuscire a bloccare l'introduzione delle scelte e delle azioni autonome di una persona (e i loro risultati) solo attribuendo *tutto* ciò che è degno di nota riguardo alla persona a certi tipi di fattori esterni. Denigrare così l'autonomia e la responsabilità fondamentale di una persona per le sue azioni è una linea rischiosa da adottare per una teoria che altrimenti aspira a rafforzare la dignità e il rispetto di sé di esseri autonomi; pericolosa specialmente per una teoria che si fonda per così tanti aspetti (inclusa una teoria del bene) sulle scelte delle persone» (p. 224).

pio, i lavoratori in una fabbrica -, i rispettivi contributi sono individuabili, grazie alla nozione di produttività marginale. D'altra parte, se il prodotto fosse tutto inestricabilmente in comune e non scomponibile, e non si potessero distinguere i contributi individuali, il principio di differenza rawlsiano non sarebbe applicabile, perché non si potrebbero calcolare gli incrementi di ricchezza generati dalle persone più avvantaggiate, e dunque non si potrebbe sapere *a chi* attribuire gli incentivi.

Per quanto riguarda poi il principio di differenza di Rawls, esso è fallace da vari punti di vista. Il fatto che per una data distribuzione della ricchezza un gruppo stia peggio di un altro non significa che il primo stia peggio *a causa* dell'altro. Inoltre la cooperazione non aumenta solo il benessere dei più avvantaggiati, ma anche dei più svantaggiati, dunque la cooperazione di per sé non dimostra che i meglio dotati non si possono lamentare.

Un'altra serie di obiezioni riguarda la posizione originaria (persone razionali che non sanno nulla di se stesse) e la sua connessione con i principi distributivi proposti da Rawls, tutti "a risultato finale". Innanzi tutto viene presupposta una discutibile metafisica dell'individuo, disincarnato e astratto. Secondariamente, la posizione originaria di Rawls, per la natura stessa del problema decisionale affrontato da persone che si trovano dietro un velo di ignoranza iniziale, impedisce che la gente scelga il principio del titolo valido come principio di distribuzione, perché non può rimanere alcuna traccia di considerazioni di tipo storico.

Inoltre per Rawls i principi da lui formulati vanno applicati solo alla *macro*struttura della società. Tuttavia, in base al criterio di universalità, i principi devono valere sia nei contesti *macro* sia nelle situazioni *micro*. E vi sono diversi controesempi a livello micro, che mettono in discussione i principi rawlsiani. Ad esempio, sarebbe possibile imporre a una persona una redistribuzione di un organo, l'occhio, da trapiantare a un altro individuo peggio dotato, un cieco.

Un'altra critica di Nozick alla costruzione rawlsiana riguarda la natura e le conseguenze delle caratteristiche personali e sociali degli individui. Come detto, il possesso dei fattori naturali e sociali degli individui dipendono dalla fortuna, dunque non sono meritati e di conseguenza ingiusti sul piano morale. Ma perché la premessa, la posizione di riposo del sistema, dev'essere l'uguaglianza? L'argomento assume l'uguaglianza come norma, e dunque non può essere usato per trarre una conclusione sull'uguaglianza. Fra le forze che spingono istintivamente all'uguaglianza si sottovaluta l'invidia. Sia l'uguaglianza dei risultati sia l'uguaglianza delle opportunità implicano l'aggressione alla proprietà di alcuni, proprietà posseduta in base a un titolo valido.

Confutazioni di altre teorie interventiste

Vi sono poi altre concezioni interventiste ed egualitariste erronee, come lo sfruttamento, il diritto dei lavoratori di controllare le imprese, il diritto all'autostima o a un lavoro gratificante. In tema di scambio volontario, le impostazioni interventiste ritengono che, se uno dei contraenti ha di fronte possibilità di scelta molto limitate, la volontarietà manchi. Ma non è così: se i limiti sono posti da fatti naturali o dal rifiuto altrui di intraprendere lo scambio alle condizioni preferite dal soggetto in questione, non si può parlare di involontarietà o di sfruttamento.

Un altro argomento a favore di uno stato più esteso è quello secondo cui la gente ha il diritto di esprimersi quando sono in campo decisioni che incidono notevolmente sulla sua vita. Dunque la decisione collettiva sarebbe un modo per attuare questo diritto. Tuttavia, secondo la teoria del titolo valido alcuni modi di influire sulla vita della gente

> *La teoria del titolo valido*
> «1. Una persona che acquisisce un possesso in conformità al principio di giustizia nelle acquisizioni ha titolo a quel possesso.
> 2. Una persona che acquisisce un possesso in conformità al principio di giustizia nei trasferimenti, da qualcun altro che ha titolo a quel possesso, ha titolo al possesso.
> 3. Nessuno ha titolo a un possesso se non mediante (ripetute) applicazioni di 1 e 2. [...]
> La teoria della giustizia distributiva basata sul titolo valido è *storica*; se una distribuzione è giusta dipende da come si è originata. [...] Riassumendo e semplificando molto: "Da ciascuno per come sceglie, a ciascuno per come viene scelto"» (p. 164,165,167).

sono proibiti perché violano i suoi diritti, e la procedura di scelta collettiva non legittima l'intervento. Se quattro uomini propongono il matrimonio a una donna, la sua decisione su quale sposare influisce notevolmente sulla vita di ciascuno di essi, ma nessuno si sognerebbe di proporre una votazione fra le cinque persone coinvolte per decidere chi la donna debba sposare.

Utopia

Nella terza e ultima parte Nozick fa i conti con l'accusa, rivolta a chi prefigura uno Stato minimo, di non suscitare passioni e utopie. La replica a tale affermazione consente di precisare alcune caratteristiche strutturali dello Stato minimo e di delineare con maggior chiarezza i rapporti fra la/le comunità e lo Stato medesimo. Le utopie delineano delle comunità perfette, nelle quali si trascura il fatto che gli individui sono diversi per interessi, valori, bisogni, capacità, aspirazioni. Inoltre gli individui sono complessi, in evoluzione, e non si può conoscere e definire *a priori* un modello di società.

La soluzione presentata dall'autore propone solo una *struttura*, una cornice che consiste in un ordinamento che rende possibili le utopie, non solo come progetti, ma anche come sperimentazioni (processi-filtro). L'organizzazione sociale è tale per cui è possibile l'attuazione di comunità con leggi proprie all'interno di questa struttura minima. Dunque, ogni utopia è consentita, perché ciascun gruppo di persone può organizzarsi in comunità secondo le affinità, purché non pretenda di imporre ad altri la propria visione.

Si realizza quindi il massimo del pluralismo e della tolleranza. All'interno ciascuna comunità non è costretta a vivere secondo codici libertari, può utilizzare anche criteri illiberali. Un gruppo potrebbe creare un villaggio comunista in cui tutte le risorse sono in comune, un altro potrebbe organizzarsi secondo principî di libero mercato, un terzo potrebbe rinunciare a qualsiasi *comfort* per dedicarsi ad attività culturalmente sofisticate, e così via. All'interno della struttura minima gli individui possono dare vita a sotto-stati di vario genere. L'importante è che l'appartenenza a una comunità non sia coercitiva. Gli individui probabilmente si trasferiranno da una comunità all'altra, perché gli individui (come le comunità) cambiano nel tempo.

> *Stato minimo e utopia*
> «Lo stato minimo [...] trattandoci con riguardo, rispettando i nostri diritti, ci permette, individualmente o con chi vogliamo, di scegliere la nostra vita e di realizzare le nostre aspirazioni e la concezione che abbiamo di noi stessi, tanto quanto possiamo, con l'aiuto della cooperazione volontaria di altri individui dotati della stessa dignità. Come potrebbe uno stato o un gruppo di persone *osare* fare di più? O di meno?» (p. 337).

La struttura equivale allo Stato minimo: la discussione svolta in questa terza parte converge sullo stesso risultato delle discussioni svolte nelle parti I e II, ma in maniera indipendente, non ricorrendo all'analisi degli sviluppi delle compagnie di protezione o di uno Stato più esteso di quello minimo. Lo Stato minimo, conclude Nozick, è l'organizzazione che permette il massimo sviluppo dei diritti e delle possibilità di scelta individuali.

Punti da Ricordare

- I diritti legittimi sono soltanto i diritti "negativi" e derivano dall'imposizione di vincoli alle azioni degli individui
- Da una condizione di stato di natura à la Locke sorgerebbe una compagnia di protezione dominante
- La compagnia dominante ha il diritto di impedire le procedure rischiose contro i suoi clienti
- Gli indipendenti devono essere risarciti per tale divieto, e l'indennizzo è l'offerta gratuita dei servizi di protezione da parte dell'agenzia dominante: nasce lo Stato minimo

- Qualsiasi stato più esteso di quello minimo è illegittimo
- Sono legittimi tutti e solo gli scambi volontari di titoli validi in base al mero criterio storico
- Una distribuzione della proprietà è giusta se è la conseguenza di una corretta acquisizione, senza l'uso della forza o della frode, e di un corretto trasferimento
- Tutti i tentativi di stabilire delle concezioni di giustizia basate su modelli o su uno stato finale conducono alla distruzione della libertà
- La teoria interventista di Rawls viola l'autoproprietà degli individui e presuppone l'uguaglianza senza dimostrarne la fondatezza
- Lo Stato minimo nozickiano è una cornice che consente un ampio pluralismo socioistituzionale

L'autore

Robert Nozick (1938-2002) nasce il 16 novembre 1938 a New York, unico figlio di Max Nozick, immigrato dalla Russia, e Sophie Cohen. Dopo aver frequentato il liceo a Brooklyn, studia alla Columbia, dove consegue la laurea in filosofia nel 1959. Successivamente, nel 1963, ottiene un dottorato in filosofia all'università di Princeton, con tesi sulla teoria delle decisioni, relatore il matematico e filosofo tedesco Carl Hempel. Insegna a Princeton dal 1962 al 1965, ad Harvard dal 1965 al 1967, alla Rockefeller University dal 1967 al 1969 e poi di nuovo ad Harvard. Negli anni del liceo e dell'università è vicino alla nuova sinistra e al socialismo. La lettura delle opere di Mises, Hayek e Rothbard provoca la sua adesione al libertarismo, che culmina nella pubblicazione di *Anarchia, stato e utopia* nel 1974. Negli anni seguenti mostra un interesse via via minore per le tematiche più strettamente connesse con la filosofia politica. Abbandona la difesa delle posizioni libertarie contenute in *Anarchia, stato e utopia*, in parte per ripensamenti di natura teorica e in parte per disinteresse verso la controversia, e si dedica ad altri rami della filosofia, come l'etica, l'epistemologia e la metafisica, nell'ambito della tradizione di ricerca analitica. Sotto questo profilo l'opera più importante è *Spiegazioni filosofiche*, del 1981. Nel 1987 sposa la poetessa statunitense di origine norvegese Gjertrud Schnackenberg, con la quale avrà due figli. Torna su alcuni dei temi discussi in *Anarchia, Stato e Utopia* nel 1989, ne *La vita pensata*, in cui afferma di aver mutato il suo punto di vista, di ritenere inadeguate alcune delle idee esposte nella sua prima opera e di considerarsi ancora un libertario ma molto meno intransigente rispetto all'epoca in cui scrisse il libro. Ne *La natura della razionalità*, del 1993, cerca di presentare in maniera più sofisticata la teoria delle decisioni. *Puzzle socratici* (1997) è una raccolta di saggi che affrontano i paradossi sollevati dalla logica, dall'etica e dalla politica. La sua ultima opera, *Invarianze* (2001), è uno sforzo ambizioso di trattare varie questioni filosofiche spaziando dalla teoria della relatività alla teoria dei quanti, dalla cosmologia alla logica modale, dalla topologia alla biologia, dalle neuroscienze alla psicologia cognitiva, dalla teoria dei giochi alla teoria delle decisioni. Muore il 23 gennaio 2002 per un cancro allo stomaco.

Nota Bibliografica

Robert Nozick, *Anarchia, stato e utopia*, il Saggiatore, Milano, 2008 (1974), traduzione di Giampaolo Ferranti, p. 384. Titolo originale: *Anarchy, State, and Utopia*.

47

Walter Block

Difendere l'indifendibile
1976

*'Molte figure disprezzate dalla società svolgono
attività utili senza danneggiare nessuno'*

Difendere l'indifendibile di Walter Block è un classico del pensiero libertario, tradotto con successo in più di dieci lingue. L'economista americano restituisce dignità a tutta una serie di figure oggetto di universale disprezzo e relegate tra i reietti della società, come lo speculatore, il bagarino, l'avaro, l'usuraio, il tassista abusivo, lo sporco capitalista sfruttatore di manodopera, colui che si rifiuta di fare beneficenza, il crumiro, l'affitta-tuguri, la prostituta, il ruffiano, lo spacciatore, il ricattatore e tante altre. Si tratta di un'opera oltraggiosa ma divertente, che ci sfida a superare i nostri pregiudizi infondati e a migliorare la nostra comprensione della teoria economica. Talvolta il lettore potrà avere l'impressione che l'autore stia esagerando ma, superata la sorpresa iniziale, finirà per apprezzare la logica ferrea delle argomentazioni. John Stossel, un noto giornalista americano di Fox Channel, ha affermato: "*Difendere l'indifendibile* ha aperto i miei occhi sulle meraviglie del libertarismo. Dimostra che non tutto ciò che sembra cattivo lo è veramente".

Riassunto

Perché difendere queste figure calunniate

I protagonisti di questo libro sono spesso considerati infami e dannosi dalla società. Perché difenderli, allora? Per tre ragioni: 1) perché non sono colpevoli di trasgressioni di natura violenta; 2) quasi sempre giovano addirittura alla società; 3) se vietiamo le loro attività, ci rimettiamo noi. Le argomentazioni di questo libro si basano sulla filosofia morale libertaria, che parte da una premessa condivisa praticamente da tutti: è illegittimo intraprendere aggressioni contro dei non-aggressori.

Ciò che si intende per aggressione non è l'antagonismo o lo spirito polemico, ma l'uso della violenza fisica, come un assassinio, uno stupro, una rapina o un sequestro. Il libertarismo non implica il pacifismo, perché non vieta l'uso della forza nella difesa o perfino nella rappresaglia contro la violenza. La filosofia libertaria condanna solo *il dar inizio alla violenza* contro una persona non-violenta o la sua proprietà. Non c'è nulla di disdicevole o di controverso in questo punto di vista. La maggioranza delle persone lo sostiene pienamente. Infatti questo sentimento è parte integrante della civiltà occidentale, sancito dalla legge positiva, dalla Costituzione e dalla legge naturale.

La singolarità del libertarismo non sta nel suo principio, ma nel modo rigorosamente coerente in cui questo principio viene applicato. Per esempio, molti non vedono alcuna contraddizione tra questo principio e il nostro sistema di tassazione. I libertari invece sì. Il regime fiscale è contrario al principio libertario perché compie un'aggressione contro quei cittadini pacifici che si rifiutano di pagare. Non fa la benché minima differenza che lo Stato offra beni e servizi in cambio delle imposte. Quel che conta è che lo "scambio" non è volontario, dato che l'individuo non può rifiutare l'offerta. E non fa alcuna differenza il fatto che la maggior parte dei cittadini sostenga questa tassazione coatta. Dare inizio ad un'aggressione, anche se sottoscritta da una maggioranza, non è legittimo. Il libertarismo la condanna in questo campo così come la condanna ovunque essa si manifesti.

> *Meglio un ricattatore di un pettegolo*
> «L'unica differenza tra un pettegolo e un ricattatore è che il ricattatore si tratterrà dal parlare… dietro compenso. In un certo senso, il pettegolo è assai peggio di un ricattatore, perché il ricattatore dà al ricattato la possibilità di ottenere il suo silenzio. Il pettegolo rivela il segreto senza preavviso. Per chi abbia un segreto, non è meglio finire nelle mani di un ricattatore piuttosto che in quelle di un pettegolo? Con il pettegolo, tutto è perduto; con il ricattatore, invece, si può solo guadagnare, o quanto meno non peggiorare la propria situazione. Se la cifra chiesta dal ricattatore, infatti, è inferiore al valore del segreto, il ricattato pagherà… scegliendo il minore fra i due mali» (p. 34-35).

Una conseguenza logica di questo ragionamento è che non sono un male, e quindi non dovrebbero essere vietate o punite, tutte quelle azioni in cui non si dà inizio alla violenza. Ecco chiarito perché molti dei cosiddetti "mascalzoni" difesi in questo libro in verità non lo sono affatto: *perché non danno inizio alla violenza contro dei non-aggressori.* Non agiscono in maniera violenta su nessuno, e se gli altri componenti della società hanno qualche rapporto con loro, queste relazioni sono sempre consensuali. Gli individui però intraprendono rapporti consensuali perché sentono di poterne trarre qualche beneficio: i "mascalzoni" forniscono quindi inevitabilmente un giovamento al resto della società.

Solo gli atti di violenza aggressiva violano i diritti umani. L'astenersi dalla violenza deve essere considerata una legge fondamentale della società. I soggetti trattati in questo libro, per quanto vituperati dai media ed istintivamente condannati da quasi tutti, non violano i diritti di nessuno, e dunque non dovrebbero essere sottoposti a sanzioni giudiziarie. È la mia convinzione che essi siano dei capri espiatori. Sono visibili, sono attaccabili, ma devono essere difesi perché la giustizia prevalga.

Con questo intendo dire solo che queste attività non andrebbero punite con pene detentive o altre forme di violenza, ma non intendo affatto affermare che tali attività siano morali, convenienti o buone. Il libertarismo è una filosofia politica, non una filosofia di vita. Non pretende di indicare all'umanità come meglio vivere, ma solo rispondere alla domanda: quali sono le condizioni che giustificano la violenza dell'uomo sull'uomo? E risponde: la violenza è giustificata solo a scopo di difesa, o per rispondere a una precedente aggressione come rappresaglia. Questo significa che il governo non è giustificato quando multa, punisce, incarcera, condanna a morte persone che agiscono in modo immorale, fintanto che esse si astengano dal minacciare o dal dare inizio a violenze verso la persona o la proprietà di altri.

Tossicodipendenti e spacciatori

La droga è responsabile di morti strazianti, criminalità, rapine, prostituzione coatta e spesso omicidi. Tuttavia, i mali che solitamente vengono attribuiti alla tossicodipendenza sono in realtà da attribuirsi alla proibizione della droga, e non alla tossicodipendenza stessa. La proibizione dell'eroina infatti produce l'effetto devastante di alzarne il prezzo fino a un livello astronomico. Se non fosse per i costi aggiuntivi causati dal proibizionismo (i costi dell'evasione della legge e il rischio delle pene), il prezzo dell'eroina non si distaccherebbe in modo significativo da quello del grano, del tabacco o della soia. Invece di doversi procurare 100 dollari al giorno, commettendo numerosi reati, il drogato potrebbe procurarsi la sua dose al costo di una pagnotta.

Lo spacciatore di droga, entrando nel mercato, tiene basso il prezzo della droga alleviando in qualche misura questa tragedia. Al contrario, le azioni dell'agente antidroga provocano il rialzo dei prezzi e contribuiscono ad esacerbare il problema. Come sarebbe la vita dei drogati, se non ci fosse la proibizione? Possiamo prendere come esempio quei pochi individui, come i medici, che hanno la possibilità di procurarsi un sicuro rifornimento costante di eroina a basso costo. Le prove fornite da questo piccolo campione, seppur limitate, sembrano indicare che un tossicodipendente, libero dalle coercizioni indotte dalla proibizione dell'eroina, riesce a condurre una vita normale.

Il pubblicitario

La pubblicità gode da tanto tempo di cattiva stampa. La si accusa di sedurre e approfittare delle debolezze psicologiche della gente, costringendola a comprare prodotti che altrimenti non comprerebbe; di essere fuorviante e sciocca, con i suoi slogan e i suoi motivetti; di essere costosa: se si vietasse la pubblicità, si afferma, si risparmierebbero un sacco di soldi, che potrebbero essere destinati a migliorare il mondo o ad abbassare il prezzo dei beni. Alcuni sostengono che l'intera industria pubblicitaria dovrebbe essere sostituita da una commissione statale che presenti descrizioni e valutazioni obiettive dei prodotti. In questo modo i pubblicitari, esseri non produttivi ed essenzialmente parassitari, dovrebbero cercarsi un altro lavoro.

C'è molto che non va in questo modo di vedere. In primo luogo, è innegabile che la pubblicità abbia un contenuto informativo. Senza la pubblicità sarebbe difficilissimo venire a conoscenza dell'arrivo di un nuovo prodotto o di una nuova azienda sul mercato. Se la propaganda commerciale fosse vietata, le grandi aziende ben avviate avrebbero un vantaggio enorme. La pubblicità quindi, concedendo un'occasione ai nuovi arrivati, stimola la concorrenza e diminuisce il grado di concentrazione dell'economia.

Ma è sbagliata soprattutto l'idea che i costi pubblicitari siano inutili. In verità non sono diversi dai costi per il trasporto o per l'involucro di un prodotto: sono tutti indispensabili se si vuole mettere la merce a disposizione del consumatore. Se la pubblicità venisse vietata i consumatori dovrebbero sobbarcarsi dei costi di informazione molto elevati, perché ignorerebbero l'esistenza della maggior parte dei prodotti. Solo dopo lunghe ed estenuanti ricerche riuscirebbero a scovare quelli che fanno al caso loro.

Del tutto assurda, alla luce dell'esperienza, è poi l'idea di affidarsi allo Stato per proteggere il consumatore dalle sirene della pubblicità. Sembra quasi che gli americani, così sprovveduti da farsi ipnotizzare dagli spot commerciali, siano acutissimi nello scegliere dei leader politici in grado di proteggerli. La verità è esattamente l'opposto. La propaganda statale e politica, oltre a essere fatta con i soldi della tassazione forzata, per cui la gente è obbligata a pagarla anche se non desidera acquistare il "prodotto", è quasi sempre menzognera. Figuratevi cosa accadrebbe se un uomo d'affari privato facesse pubblicità fraudolenta, anche solo l'1% di quella perpetrata da Roosevelt, Johnson o Nixon, i quali fecero campagna elettorale pubblicizzando programmi imperniati sulla pace e poi coinvolsero la nazione in guerre nei paesi stranieri. Come possiamo affidare la punizione della pubblicità ingannevole al massimo colpevole di pubblicità fraudolenta di tutti i tempi, lo Stato?

L'avaro

L'avaro non si è mai ripreso dall'attacco che Charles Dickens ha sferrato contro di lui in *Un canto di Natale*. L'avaraccio alla Ebenezer Scrooge viene incolpato perfino nei libri di testo del primo anno di economia, come responsabile della disoccupazione e delle depressioni. La prevalente dottrina keynesiana, nel suo famoso o meglio infame "paradosso del risparmio", sostiene che più vi è risparmio in un'economia, meno si spende per i consumi, e che meno si spende, meno saranno i posti lavoro.

In verità sono molti, e di vario tipo, i benefici che derivano dal risparmio. Fin dal giorno in cui il primo cavernicolo ha messo da parte delle semenze di grano per poterle utilizzare in futuro, la razza umana ha un debito di gratitudine verso gli avari e i risparmiatori. È a questi individui, che si sono rifiutati di consumare subito tutte le riserve di ricchezza, e che hanno deciso di metterle da parte per un momento di maggior bisogno, che noi dobbiamo i capitali d'investimento che ci permettono di aspirare a un tenore di vita avanzato. La ragione principale per cui un lavoratore statunitense guadagna di più di un lavoratore boliviano è la quantità maggiore di capitale immagazzinato dai datori di lavoro statunitensi rispetto a quelli boliviani.

Anche se l'avaro non investe il suo denaro ma si limita a tesoreggiarlo, rende comunque un servizio utile alla società provocando una diminuzione dei prezzi. Poiché c'è meno denaro in circolazione, quello che abbiamo in tasca aumenta di valore, dandoci il vantaggio di poter acquistare più beni e servizi con la stessa somma. Lungi dall'essere nocivo alla società, l'avaro è un suo benefattore, perché fa aumentare il nostro potere d'acquisto ogni qualvolta intraprenda il suo accaparramento di denaro.

Lo speculatore

"Uccidete gli speculatori!" è un grido che risuona durante tutte le carestie della storia. Pronunciato dai demagoghi che ritengono che lo speculatore provochi la morte per inedia alzando i prezzi del cibo, questo grido viene poi ardentemente sostenuto dalle masse degli analfabeti economici. Eppure la verità è che, lungi dall'essere la causa della fame e delle carestie, lo speculatore le previene. E lungi dal tutelare la vita della popolazione, il politico che emana leggi draconiane contro i commercianti di generi alimentari che chiedono prezzi alti, è il vero responsabile della carestia. L'odio diffuso per lo speculatore è dunque il più grande pervertimento della giustizia che si possa immaginare.

Lo speculatore intende solo impegnare il proprio capitale in modo che renda il massimo del valore, e non ha intenzione di favorire l'interesse pubblico. Acquista e mette via il cibo per il giorno in cui questo scarseggerà, permettendogli di venderlo a un prezzo maggiore. In questa sua attività, tuttavia, egli è mosso come da una mano invisibile a favorire l'interesse della società più efficacemente di chi cerca di farlo di proposito. Provocando il rialzo dei prezzi in tempi di abbondanza, spinge i consumatori a mangiare di meno e a metter da parte di più, gli importatori a importarne di più, gli agricoltori a produrne di più e così via.

Negli anni magri che seguono, i viveri precedentemente immagazzinati vengono rimessi sul mercato, provocando un calo dei prezzi. Naturalmente il cibo costerà caro durante la carestia, e lo speculatore

> *L'eroismo dei tassisti abusivi*
> «Alcuni anni fa, in risposta ai limiti loro imposti sia come consumatori che come produttori, i poveri e i membri dei gruppi minoritari cominciarono ad entrare nel settore dei taxi, seguendo un'antica ed onorata tradizione americana, che risale all'epoca della Guerra Rivoluzionaria del 1776 – la disubbidienza civile ... Con questi taxi "abusivi" percorrevano le strade dei ghetti in cerca di clienti, in quegli stessi quartieri che vengono accuratamente evitati dai tassisti con regolare licenza, e cominciarono a guadagnarsi da vivere onestamente sia pure non legalmente ... La soluzione giusta alla crisi dei taxi non è quella di cooptare il movimento dei tassisti abusivi, offrendo di accoglierli nel sistema, ma piuttosto quella di distruggere il sistema delle licenze a numero chiuso» (p. 64-65, 67).

lo venderà a prezzi superiori a quelli dell'acquisto. Ma non saranno comunque più costosi di quanto lo sarebbero stati senza il suo intervento. L'effetto generale dell'attività di speculazione è dunque quello di stabilizzare i prezzi e ridurne le eccessive oscillazioni. Il bravo speculatore, in definitiva, immagazzinando cibo in tempi di abbondanza diminuisce gli effetti della carestia.

E se sbaglia le sue previsioni? Lo speculatore che calcola male subirà severe perdite economiche, e se persiste nei suoi errori perderà il suo capitale di investimento e non potrà continuare a indirizzare erroneamente l'economia. Nel libero mercato sono dunque in azione potenti forze che tendono a eliminare gli speculatori incompetenti. In conclusione, vietare la speculazione sui generi alimentari ottiene lo stesso effetto sulla società di quello che si avrebbe impedendo agli scoiattoli di immagazzinare le nocciole per l'inverno: la morte per fame.

Lo sporco capitalista sfruttatore di manodopera

"Se non fosse per la legge sul salario minimo sindacale e altre legislazioni progressiste, i datori di lavoro, quegli sporchi sfruttatori capitalisti, abbasserebbero gli stipendi a loro piacimento, e verremmo ricacciati ai tempi della rivoluzione industriale". Ecco la saggezza convenzionale sui meriti della legge sul minimo salariale. Questa visione, tuttavia, è tragicamente sbagliata. Essa dà per scontata l'esistenza di un cattivo, quando questo cattivo non esiste.

La legge sul salario minimo, infatti, non può alzare i salari sopra il livello del mercato. L'unico suo effetto è quello di costringere il lavoratore, a prescindere dai suoi desideri, di non accettare un lavoro ad un livello di salario inferiore a quello minimo. Di fronte ad una scelta tra un posto a paga bassa e la disoccupazione, la legge lo obbliga a scegliere la disoccupazione. Infatti, proviamo a immaginare cosa succederebbe se entrasse in vigore una legge sul salario minimo fissato a 100 dollari l'ora. Tutti i lavoratori diventerebbero immediatamente ricchi? Ovvio che no. Il risultato sarebbe la disoccupazione di massa. Solo i pochi lavoratori che già guadagnano più di 100 dollari l'ora conserverebbero il loro posto di lavoro.

In un mercato del lavoro libero, con molti offerenti e richiedenti di manodopera, il livello dei salari è determinato dalla "produttività marginale" del lavoratore, cioè dalla quantità di entrate supplementari che un datore di lavoro ottiene assumendo un dato lavoratore. La concorrenza tra datori di lavoro fa sì che l'ammontare del salario pagato al lavoratore tenda ad essere pari alla produttività del lavoratore stesso: né di più né di meno. Infatti, se esistesse un forte dislivello tra l'elevata produttività di un lavoratore e il basso salario che riceve, converrebbe ad un altro datore di lavoro assumerlo guadagnando la differenza. L'interesse personale dei datori di lavoro li porta dunque, come guidati da una mano invisibile, a stanare i lavoratori a salario basso, offrire loro salari più alti, e ad aggiudicarseli. L'intero processo tende a far salire i salari al livello di produttività marginale.

Non è dunque la legge sul salario minimo a trattenere la civiltà occidentale da un ritorno all'età della pietra. Le leggi del mercato, infatti, impediscono che i salari scendano al di sotto del livello di produttività. Ed il livello di produttività è determinato dalla tecnologia, dall'istruzione e dalla quantità di capitale investito, non certo dalle leggi "socialmente progressiste" varate. In definitiva, gli effetti della legge sul salario minimo sono disastrosi. Essa colpisce duramente i poveri, i non qualificati e i membri dei gruppi minoritari, cioè quelle persone per le quali, teoricamente, era stata ideata.

Il bagarino

È facile capire il motivo del biasimo generalizzato verso i bagarini. Immaginiamo un frequentatore di teatri o un tifoso alla vigilia di un grande evento, che arriva e trova, con grande costernazione, che deve pagare 50 dollari per un posto di 10 dollari. Penserà che questi prezzi esorbitanti siano stabiliti dai bagarini, i quali comprano i biglietti al prezzo normale e poi li trattengono fin quando la gente è talmente disperata che è disposta a pagare qualsiasi prezzo. Un'analisi economica, però, dimostra che la condanna del bagarino è ingiusta.

Perché esiste il bagarinaggio? La prima condizione necessaria per la sua esistenza è un'offerta di biglietti a numero chiuso. Se l'offerta potesse aumentare insieme alla domanda, il bagarinaggio verrebbe cancellato. Una seconda condizione necessaria è che il prezzo regolare compaia sul biglietto: se i biglietti non avessero il prezzo stampato, come le azioni scambiate a Wall Street, potrebbero essere comprati e rivenduti a qualsiasi cifra, ma non "bagarinati". La terza condizione è che il prezzo del biglietto deciso dalla direzione sia inferiore al prezzo di equilibrio tra domanda e offerta. Questo fa sì che i clienti disposti a comprare il biglietto siano più numerosi dei biglietti disponibili. Si pone quindi il problema di razionare quei pochi biglietti tra i molti che lo reclamano. È proprio nella soluzione di questo problema che il bagarino gioca il suo ruolo.

Supponiamo che per la grande partita di fine stagione vi siano 30.000 persone disposte ad acquistare il biglietto da 5 dollari per i 20.000 posti rimasti. Con quali criteri li assegnerà la direzione? Potrà stabilire una serie di precedenze: vendere solo a parenti e amici, oppure solo a chi appartiene a certe associazioni. Queste tecniche di razionamento sono però tutte discriminatorie, perché privilegiano arbitrariamente certi gruppi a discapito di altri. Il sistema più diffuso, e solitamente considerato più equo, è quello del "chi prima arriva meglio alloggia". Il risultato è che si formano lunghe file molto prima dell'apertura del botteghino. Alcuni si mettono in fila all'alba, altri addirittura la notte precedente.

Questo criterio, quindi, discrimina tutti coloro che trovano particolarmente oneroso fare la fila, o che non possono permettersi camerieri o autisti che facciano la fila al posto loro. Per queste persone diventa

> *Mea culpa (postfazione del 1993)*
> «In passato, quando argomentavo a favore della legalizzazione di certe pratiche sessuali e delle droghe, ne ho scritto da posizioni ad esse molto più favorevoli di quelle che ho attualmente ... Il matrimonio, i figli, due decenni passati e non poca riflessione hanno drammaticamente modificato le mie opinioni su alcune difficili questioni affrontate in questo libro. La mia attuale posizione riguardo alle "perversioni sociali e sessuali" è che sebbene nessuna andrebbe proibita per legge, esse sono riprovevoli, degradanti, disgustose, immorali, malvagie, peccaminose e depravate. Il mio consiglio è di evitarle del tutto ... Ora mi appare chiaro che l'errore commesso nei miei scritti precedenti è che io non sono soltanto un libertario, ma sono anche un conservatore culturale. Non mi sta a cuore soltanto ciò che la legge dovrebbe essere, perché sono anche una persona che vive in una dimensione morale e culturale. All'epoca ero talmente folgorato dal genio della visione libertaria (e lo sono ancora), che non ho riconosciuto il fatto che sono qualcosa di più di un semplice libertario. Come libertario e come conservatore culturale non vedo incompatibilità tra le mie convinzioni che fanno parte di questi due universi diversissimi del discorso» (p. 247-248).

molto più conveniente comprare il biglietto dal bagarino a 45 dollari piuttosto che fare la fila e perdere molto di più non andando a lavorare. Il bagarinaggio permette così a persone con reddito basso di fare da agenti pagati per quelle di ceto medio, troppo impegnate per fare una lunga fila alla ricerca di biglietti più economici. Il bagarinaggio quindi fornisce un'opportunità di occupazione e di guadagno a persone con redditi bassi e con un'occupazione precaria, che hanno più tempo e occasioni per stare in fila.

Altre figure dileggiate

Ci sono molte altre figure denigrate dalla società che svolgono servizi utili senza usare né la violenza né la frode contro nessuno, come le *prostitute* e i *ruffiani*. La teoria economica, inoltre, ha chiaramente messo in luce l'utilità di quelle figure spesso soggette a pregiudizi popolari come *l'importatore*, *il mediatore*, *il profittatore* o l'*usuraio*, il quale presta denaro a tutte quelle persone che non offrono garanzie di restituzione, e per questo motivo chiede alti interessi. Vietando l'usura si toglie del tutto la possibilità, ai poveri e alle persone in gravi difficoltà finanziarie, di chiedere denaro in prestito. Anche gli *affitta-tuguri* e gli esosi *commercianti del ghetto* prestano importanti servizi alle fasce più povere della popolazione, che altrimenti nessuno offrirebbe.

Non dobbiamo condannare nemmeno *colui che si rifiuta di fare beneficenza*. Egli infatti è consapevole delle conseguenze dannose e moralmente corruttive degli eccessi della carità a fondo perduto, che favoriscono il parassitismo sociale: il suo comportamento è quindi responsabile e socialmente benefico. Anche *il vecchio bisbetico* che si rifiuta di vendere, a qualsiasi prezzo, il proprio terreno impedendo la costruzione di un grande opera edile non sta "ostacolando l'interesse pubblico", ma sta difendendo il più importante principio della civiltà: l'inviolabilità della proprietà privata. Lo stesso si può dire per gli *ereditieri*, spesso descritti come persone irresponsabili, pigre, oziose, che si godono un lusso immeritato. In verità l'eredità è semplicemente una forma di dono fatto al momento della morte, e non si può essere contrari all'eredità e nello stesso tempo approvare altri generi di regali.

I *crumiri* e gli *operai ultra-produttivi*, spesso condannati dalla letteratura e dai film di orientamento socialista, non fanno altro che esercitare il loro sacrosanto diritto di lavorare, aumentando così la produttività generale e quindi il benessere di tutti. Che dire però degli *industriali dell'estrazione a cielo aperto* e *degli spreca-risorse*? In realtà solo il calcolo economico basato sui prezzi che si formano in un libero mercato può stabilire se l'utilizzo di una determinata risorsa naturale costituisca o meno uno spreco. Tutte le altre illazioni sono pregiudizi infondati.

Punti da Ricordare

- In base alla filosofia morale libertaria è illegittimo intraprendere aggressioni contro dei non-aggressori
- Esistono molte figure disprezzate della nostra società che non aggrediscono né imbrogliano nessuno, e la legge non dovrebbe punirli
- Per di più, questi personaggi denigrati offrono spesso dei servizi utili
- I mali che solitamente vengono attribuiti alla tossicodipendenza sono in realtà da attribuirsi alla proibizione della droga
- I pubblicitari offrono un indispensabile servizio d'informazione ai consumatori
- Gli avari contribuiscono all'accumulazione dei capitali e, diminuendo il denaro in circolazione, ne aumentano il potere d'acquisto
- Gli speculatori di generi alimentari stabilizzano i prezzi e prevengono le carestie
- I politici che emanano leggi draconiane contro gli speculatori sono i veri responsabili della scarsità di cibo
- Nel libero mercato i salari offerti dai datori di lavoro tendono a eguagliare la produttività del lavoratore
- Le leggi che impongono minimi salariali provocano disoccupazione tra i lavoratori meno qualificati
- I bagarini riequilibrano l'offerta e la domanda dei biglietti, evitando lunghe file agli spettatori paganti

- Vietando l'usura si toglie alle persone in gravi difficoltà finanziarie la possibilità di chiedere denaro in prestito
- Le prostitute e i ruffiani offrono dei servizi richiesti senza usare la violenza o la frode contro nessuno
- La teoria economica ha messo in luce l'utilità di altre figure spesso soggette a pregiudizi popolari come l'importatore, il mediatore, il profittatore, il tassista abusivo, l'affitta-tuguri, il commerciante del ghetto, colui che si rifiuta di fare la beneficenza, l'ereditiero, il crumiro, l'operaio ultra-produttivo, l'industriale dell'estrazione a cielo aperto, il cosiddetto spreca-risorse

L'autore

Walter Block (New York, 21 agosto 1941) è un economista statunitense, esponente della scuola austriaca e filosofo politico libertario. Nasce a Brooklyn, New York, da genitori ebrei di idee progressiste. Ai tempi della scuola superiore Block è "uno dei tanti comunisti di Brooklyn", come ha dichiarato egli stesso in un'intervista. Fondamentale per la sua conversione al libertarismo è l'incontro con la scrittrice libertaria Ayn Rand all'epoca degli studi universitari. Si laurea con lode in filosofia al Brooklyn College, e ottiene il suo Ph.D. in Economia alla Columbia University. Nel 1976 pubblica la sua opera principale, *Defending the Undefendable*, che rimane ancora oggi un classico del pensiero libertario. Oggi Block insegna economia alla Loyola University di New Orleans. In merito al ruolo di Block nel mondo libertario, Lew Rockwell ha scritto: «Murray N. Rothbard nella sua vita è stato conosciuto come *Mr. Libertarian*. Noi oggi possiamo certamente attribuire questo appellativo a Walter Block, uno dei maggiori studiosi del lavoro di Rothbard. Ogni opera da lui scritta che parla di teoria economica, etica, secessione politica, droghe, strade, educazione, politica monetaria, teoria sociale, unioni, linguaggio politico, o qualsiasi altro argomento, brucia di passione per questa singola idea: se i problemi umani sono davvero risolvibili, le soluzioni vanno trovate nella libertà».

Nota Bibliografica

Walter Block, *Difendere l'indifendibile*, Liberilibri, Macerata, 1995 (settima ristampa 2018), p. XXII-266, Nota introduttiva di Murray N. Rothbard, traduzione di Anselma Dall'Olio. Titolo originale: *Defending the Undefendable*.

48

Murray N. Rothbard

L'etica della libertà
1982

'In una società libera nessuno può violare gli
altrui diritti naturali di proprietà'

L'etica della libertà è probabilmente l'opera più importante di Murray N. Rothbard, uno dei più grandi pensatori del ventesimo secolo e maggior teorico del libertarismo. Secondo l'economista americano un'analisi priva di giudizi di valore, ad esempio esclusivamente economica, non è sufficiente a fondare l'argomento a favore della libertà. Per poter difendere la causa della libertà individuale occorre una valutazione etica. Quest'opera di filosofia politica cerca quindi di fondare una teoria sistematica della libertà basata sul diritto naturale. Rothbard propone una società nella quale sia abolito ogni monopolio statale, e dove tutte le relazioni tra gli individui siano volontarie e contrattuali. In questo sistema "anarco-capitalista" tutti i servizi, compresi la sicurezza e la giustizia, sono offerti da imprese private in libera concorrenza sul mercato, in maniera più efficiente e senza costrizione alcuna. Secondo Rothbard lo Stato, in quanto detentore degli strumenti di coercizione, è sempre stato e sempre sarà il nemico naturale della libertà dell'uomo.

Riassunto

Si può fondare il diritto naturale sulla ragione

Nel Novecento molti filosofi hanno criticato l'idea di diritto naturale asserendo che il concetto di "natura umana" non è scientifico ma teologico. In realtà San Tommaso, gli Scolastici, Grozio, Pufendorf e altri pensatori avevano difeso l'indipendenza della filosofia dalla teologia, proclamando la capacità della ragione umana di comprendere e di scoprire le leggi, fisiche ed etiche, dell'ordine naturale. Tale posizione è assolutamente indipendente dall'esistenza di Dio. Anche se Dio non esistesse, sarebbe ugualmente possibile scoprire attraverso l'osservazione e l'uso della ragione le inclinazioni della natura umana, e dunque costruire un sistema di leggi naturali.

I critici fanno notare che i teorici del diritto naturale non sono concordi fra loro, e per questo tutte le teorie giusnaturalistiche dovrebbero essere abbandonate. Ma la diversità di opinioni non è mai stata un argomento per dichiarare priva di fondamento un'intera disciplina. Anche le scienze naturali come la fisica o la chimica hanno proceduto attraverso errori e aspre discussioni, ma ciò non significa che non si possa giungere al conseguimento di verità.

Il diritto di natura stabilisce che, per tutte le creature viventi, il bene è ciò che permette di realizzare ciò che è meglio per quel tipo di creatura, mentre il male è ciò che glielo impedisce. Il diritto naturale spiega quindi quel che è meglio per l'uomo e quali scopi in armonia con la sua natura egli dovrebbe perseguire. Alcuni fini umani sono buoni o cattivi in maniera *oggettiva*, non soggettiva. Tali valori, riconosciuti come buoni o cattivi, sono stati scoperti nel corso della storia ma sono fissi e immutabili, perché l'uomo possiede una costituzione biologica e psicologica immutabile. Ad esempio, l'omicidio immotivato di una persona è un male assoluto, scoperto migliaia di anni fa appena gli uomini hanno cominciato a vivere in società.

Le inclinazioni fondamentali della natura umana sono immutabili e di validità universale; ne consegue che il diritto naturale fornisce un insieme obiettivo di norme etiche per mezzo delle quali, in ogni tempo e in ogni luogo, possono essere valutate le azioni umane. Il giusnaturalismo dunque sottopone alla luce

> **L'importanza fondamentale dell'imprenditore capitalista**
> «La funzione indispensabile ed enormemente importante [del] capitalista del nostro esempio di economia di mercato è quella di risparmiare ai lavoratori la necessità di limitare il proprio consumo per accumulare il capitale, nonché quella di aspettare la loro paga finché il prodotto non viene (sperabilmente) venduto con profitto a valle della catena di produzione. Il capitalista quindi, ben lungi dal privare in qualche modo il lavoratore del legittimo titolo di proprietà sul prodotto, rende possibile il pagamento al lavoratore molto *prima* della vendita del prodotto. Inoltre il capitalista, nella sua funzione di *imprenditore*, risparmia al lavoratore il rischio che il prodotto non possa essere venduto con profitto, o addirittura di subire una perdita.» (p. 75)

inflessibile della ragione lo status quo esistente. Rendendo indipendenti le norme dalla tradizione o dall'autorità, esso è una potente forza a favore del cambiamento radicale.

Nel Seicento i Livellatori e John Locke fecero del giusnaturalismo una teoria fondata sull'individualismo, ponendo decisamente l'accento sui *diritti* naturali di ciascun individuo. Secondo questa visione, sviluppata nell'Ottocento da autori come Lysander Spooner e Herbert Spencer, ognuno ha la proprietà della sua persona e dei beni che con il suo lavoro ha prodotto, e nessuno può accampare diritti su di essi. I diritti di proprietà, tra cui la proprietà di se stessi, sono dunque i veri diritti naturali.

Nascita della proprietà privata e dello scambio

Il modello "Robinson Crusoe" permette l'analisi di un uomo isolato di fronte alla natura, trascurando inizialmente le relazioni interpersonali e rendendo così le cose più chiare. Supponiamo che dopo il naufragio Crusoe abbia un'amnesia, e che non ricordi più nulla del suo passato. La prima cosa che scopre è il fatto naturale del dominio della mente sul proprio corpo e sulle sue azioni, cioè la naturale proprietà di se stesso. Egli inoltre si rende conto che per soddisfare i suoi bisogni deve trasformare le risorse naturali, appropriandosi della terra e dei suoi frutti. L'uomo isolato quindi possiede ciò che usa e trasforma. Se Crusoe proclamasse il possesso di un intero continente per il solo fatto di averlo scoperto sarebbe in errore, perché la sua vera proprietà si estende solo alla zona di cui ha il reale controllo, quella su cui è intervenuto con il suo lavoro.

Bisogna ora introdurre l'interazione delle persone. L'economia ha evidenziato che per la prosperità umana non basta la produzione, ma è indispensabile anche lo scambio. La divisione del lavoro e lo scambio producono infatti vantaggi enormi, aumentando la produttività e il livello di vita. Due individui possono specializzarsi e concludere scambi reciprocamente vantaggiosi anche se uno dei due è superiore all'altro in entrambi i prodotti. Questa comprensione dei vantaggi dello scambio, descritta da David Ricardo come legge dei costi comparati, significa che, contrariamente al luogo comune, nel libero mercato i "forti" non divorano e non schiacciano i "deboli. Al contrario è proprio nel libero mercato che il "debole" raccoglie i frutti della produttività, perché è vantaggioso per il "forte" concludere scambi con lui.

La società degli scambi liberi e contrattuali ora descritta si fonda sui dati naturali della vita dell'uomo: il possesso della propria persona, del proprio lavoro e delle risorse naturali che scopre e trasforma. Il regime di pura libertà, la società libertaria, è una società in cui nessuno può interferire con la proprietà altrui. Non esiste la "libertà" di aggredire un'altra persona, perché questo sarebbe un esercizio di potere, non di libertà. La libertà è *assenza di violazione* della persona o della proprietà di un uomo da parte di un altro.

Il parassitismo come aggressione alla proprietà

L'esatto opposto della relazione volontaria è l'aggressione violenta. Essa si verifica quando qualcuno viola la proprietà del corpo o dei beni di un altro senza il suo consenso. L'espropriazione dei beni altrui è moralmente inaccettabile perché in contraddizione con la natura umana. L'uomo infatti può vivere e prosperare soltanto per mezzo della produzione e dello scambio, ma l'aggressore non è affatto un produttore, bensì un predatore che vive *parassitariamente* del lavoro e dei prodotti altrui.

Invece di vivere in accordo con la natura umana, l'aggressore è un parassita che si alimenta sfruttando il lavoro e l'energia degli altri uomini. Questa spogliazione viola chiaramente qualsiasi tipo di etica universale, perché è impossibile che tutti gli uomini possano vivere alle spalle degli altri. I parassiti devono necessariamente avere degli ospiti, dei produttori, dai quali trarre il proprio nutrimento. I parassiti non solo non accrescono il totale dei beni e dei servizi presenti nella società, ma con il loro comportamento riducono via via i produttori dai quali essi stessi traggono il nutrimento, fino all'estinzione dei produttori e con essi dei parassiti.

La proprietà pubblica è sempre illegittima

La grande regola morale della società libertaria è la protezione dei diritti di proprietà *giusti*, non dei diritti di proprietà in quanto tali, in qualsiasi modo siano stati conseguiti. Se non fosse così, si rischierebbe di difendere i diritti di proprietà di un aggressore, dunque di un criminale. Nei casi concreti dobbiamo quindi decidere se un particolare atto di violenza è aggressivo o difensivo, ovvero se si tratta del caso di un criminale che deruba una vittima o di una vittima che cerca di rientrare in possesso del maltolto.

In particolare, la proprietà in mano allo Stato è sempre una proprietà ingiusta perché non è stata acquisita con i mezzi economici della produzione o dello scambio, ma con i mezzi politici coercitivi della tassazione o dell'esproprio. In fondo, l'entità chiamata "Stato" non esiste: esistono soltanto persone che si fanno chiamare "Stato" e agiscono in maniera statuale. Di conseguenza anche la proprietà pubblica non esiste: ogni proprietà è sempre "privata". I governanti sono, di fatto, i privati possessori, illegittimi e criminali, delle proprietà denominate "pubbliche".

Autodifesa e punizione dei criminali

Il titolare di un diritto di proprietà ha anche il diritto di conservarla, difendendola con la forza contro l'intrusione violenta, cioè contro l'aggressione fisica, l'intimidazione e la frode. Fino a che punto può spingersi il diritto di difesa? Il pericolo deve essere immediato ed esplicito. Secondariamente, la difesa deve essere proporzionata all'entità dell'aggressione: non può bastare una qualsiasi violazione della proprietà, anche minima, per giustificare una reazione massima.

Da questo principio deriva la teoria della proporzionalità della punizione, che deve essere adeguata alla colpa. Infatti il criminale perde i suoi diritti nello stesso grado in cui egli ha privato qualcun altro dei suoi. La pena capitale può quindi essere inflitta solo ad un omicida. Questa è la punizione massima applicabile, ma non necessariamente quella che gli verrà inflitta. Infatti nel diritto libertario il querelante, che è libero di scegliere se presentare o no l'accusa in tribunale (non vi è alcun procuratore che agisce in nome di una indefinita "società"), non avrebbe alcun obbligo di esigere il massimo della pena; egli, o i suoi eredi, potrebbero condonare l'intera pena o parte di essa, o commutarla in un'ammenda in denaro.

Lo Stato è un monopolio imposto con la forza

Che dire dello Stato? Qual è, se esiste, il suo giusto ruolo? Gran parte delle persone sono convinte che, una volta ammessa l'importanza, perfino il vitale bisogno, di una *particolare* attività dello Stato – come ad esempio, la produzione di un codice giuridico – si riconosce *ipso facto* la necessità dello Stato in quanto tale. Lo Stato, effettivamente, svolge molte funzioni importanti e necessarie: provvede alla legge, mantiene polizia e vigili del fuoco, costruisce le strade e ne cura la manutenzione, consegna la posta. Ma questo non dimostra in alcun modo che *soltanto* lo Stato possa svolgere queste funzioni, o che riesca a svolgerle in modo passabilmente efficace.

Supponiamo, ad esempio, che in un quartiere vi siano molti negozi di meloni in concorrenza tra loro. Smith, uno dei venditori, scaccia dal quartiere con la violenza tutti i suoi concorrenti; in altri termini, egli fa uso della violenza per costituire un monopolio forzoso sulla vendita dei meloni in una particolare area. Ciò significa forse che l'uso della forza da parte di Smith per costituire e conservare il proprio monopolio era *essenziale* per la fornitura di meloni nel quartiere? Certamente no. Infatti esistevano altri venditori, pronti a competere con Smith non appena questi avesse cessato di usare la forza o di minacciarne l'impiego.

Per di più, lo studio dell'economia dimostra che il servizio fornito da Smith, il monopolista coercitivo, tenderà ad essere scadente, sia sotto il profilo della qualità, sia sotto quello dell'efficienza. Protetto dalla concorrenza grazie all'uso della forza, Smith potrà permettersi di fornire un servizio costoso e inefficiente, essendo i consumatori privi di alternative. Vi è da aggiungere che, se un gruppo di persone chiedesse l'abolizione del monopolio imposto da Smith, ben pochi avrebbero la faccia tosta di accusare questi "abolizionisti" di voler privare i consumatori degli agognati meloni.

Ebbene, lo Stato non è altro che il nostro Smith, con la differenza che esso opera su scala gigantesca ed è onnipresente. Per tutto il corso della storia umana, gruppi di uomini che si facevano chiamare "il governo" o "lo Stato" hanno cercato, solitamente riuscendovi, di ottenere un monopolio forzoso sui servizi di polizia e sulle forze armate, sulla produzione normativa, sull'attività giudiziaria, sulla creazione di moneta, sulle terre inutilizzate (il "demanio pubblico"), sulle strade, sui fiumi, sulle acque costiere, sulla consegna della posta e tante altre cose.

La tassazione è un furto su scala colossale

Il monopolio d'importanza cruciale è però quello riguardante l'uso della forza, perché permette di reclamare con la coercizione le proprie entrate. Questo potere è connaturato all'apparato dello Stato. Infatti tutte le persone e tutti i gruppi presenti nella società, se escludiamo i ladri e i rapinatori, ricavano il proprio reddito per mezzo di accordi volontari: vendendo beni e servizi ai consumatori, oppure tramite cessioni volontarie (ad esempio, per donazione o in eredità). *Soltanto* lo Stato realizza le proprie entrate con la coercizione, minacciando pene severe qualora esse non si dovessero materializzare. Questa coercizione, che va sotto il nome di "tassazione", costituisce un furto puro e semplice, anche se su scala grandiosa e colossale, che nessun criminale comune potrebbe mai sperare di compiere. Si tratta di un sequestro forzoso della proprietà degli abitanti, ovvero dei sudditi, dello Stato.

Come il rapinatore, lo Stato esige denaro con l'equivalente della minaccia delle armi: se il contribuente si rifiutasse di pagare, i suoi beni verrebbero sequestrati con la forza e, qualora egli si opponesse a questa rapina, verrebbe arrestato; se continuasse a opporre resistenza si arriverebbe perfino a spargli. È vero che gli apologeti dello Stato sostengono che la tassazione, in realtà, è volontaria; ma una semplice confutazione di questa affermazione consiste nel riflettere su cosa accadrebbe se il governo abolisse la tassazione obbligatoria e si limitasse a semplici richieste di contributi volontari. *Davvero* qualcuno crede che continuerebbero a riversarsi nei forzieri dello Stato entrate anche solo lontanamente comparabili con quelle attuali?

La democrazia non scusa nulla

Alcuni affermano che, in un regime democratico, l'atto di *votare* rende effettivamente "volontario" il governo e tutti i suoi atti e i suoi poteri. Questa argomentazione presenta numerosi difetti. In primo luogo, anche se la maggioranza della popolazione approvasse specificamente ogni singola azione del governo, questo non rappresenterebbe altro che la tirannia della maggioranza, e non un'azione volontaria intrapresa da ciascun abitante: l'omicidio resta omicidio, il furto resta furto, a prescindere da quante persone l'approvino o lo condannino. Il fatto che una maggioranza possa appoggiare o condonare un omicidio o un furto non diminuisce la natura criminale di questi atti, né li rende meno ingiusti. Se le cose non stessero così, potremmo dire che gli Ebrei assassinati dal governo nazista democraticamente eletto *non* furono assassinati, ma "si suicidarono"!

In secondo luogo in una democrazia rappresentativa, a differenza di quanto avviene nella democrazia diretta, le persone non votano su misure specifiche, ma per eleggere "rappresentanti" che possono dar libero corso alla propria volontà per tutto il periodo in cui sono in carica. Naturalmente, essi non sono realmente "rappresentanti" in senso giuridico, perché secondo le regole della procura o del mandato il principale assume il proprio agente su base individuale e lo può *licenziare* quando vuole.

Si aggiunge che, anche secondo il punto di vista interno alla logica democratica, il voto non può certo costituire un governo della maggioranza, né tanto meno un'approvazione volontaria dello Stato. Negli Stati Uniti, ad esempio, meno del 40 per cento degli aventi diritto si prende il disturbo di andare a votare; di questi, il 21 per cento potrebbe votare per un candidato e il 19 per l'altro. Il 21 per cento non può certamente costituire un governo della maggioranza, tanto meno un assenso volontario. Infine, come mai le tasse vengono imposte a tutti, a prescindere dal fatto che abbiano votato o, in particolare, che abbiano votato per il candidato vincitore? Come può l'astensione dal voto, o il voto a favore del candidato perdente, indicare una qualsiasi sorta di approvazione delle azioni del governo eletto?

> **Non esiste un monopolio naturale della protezione**
> «*Perché* nel settore della protezione esisterebbero "economie di scala" tali da far ritenere a Nozick che si giungerebbe inevitabilmente a un quasi monopolio naturale in ogni data area? La verità di questa affermazione non è chiaramente evidente. Al contrario, tutti i dati di cui disponiamo ... indicano proprio la soluzione opposta. Come abbiamo già detto, negli Stati Uniti esistono decine di migliaia di arbitri professionisti; vi sono probabilmente anche decine di migliaia di avvocati e giudici e un gran numero di agenzie di protezione, senza che vi sia il minimo segno della presenza di un monopolio naturale geografico in nessuno di questi settori. Perché, allora, questo dovrebbe verificarsi nel caso delle agenzie di protezione in una società anarchica?» (p. 366-367)

Per di più, il voto non costituisce una sorta di assenso volontario neanche da parte di chi ha eletto il governo. Egli infatti può aver votato solo per legittima difesa, allo scopo di difendersi dalla tirannia esercitata su di lui dagli altri uomini per mezzo del voto. L'elettore si trova in una situazione analoga a quella di un soldato in guerra costretto a uccidere per non essere ucciso. Egli può esercitare il proprio voto per diventare un padrone, oppure non esercitarlo rischiando di diventare uno schiavo. Anche se non vuole dare il proprio assenso a nessun governo, è costretto per autodifesa a scegliere la prima alternativa.

Lo Stato come vasta organizzazione criminale

Dal fatto che la tassazione non è volontaria ed è perciò indistinguibile dal furto, ne consegue logicamente che lo Stato, che prospera grazie ad essa, è una vasta organizzazione criminale, di gran lunga più fortunata e formidabile di qualsiasi mafia privata apparsa nella storia. Ma lo Stato, a differenza di quanto accade con una banda di malfattori, non è considerato una organizzazione criminale; anzi, solitamente i suoi tirapiedi rivestono le posizioni più elevate nella società. Questa situazione permette allo Stato di cibarsi delle proprie vittime e, al tempo stesso, di raccogliere il sostegno, o almeno l'acquiescenza, di gran parte di esse a questo processo di sfruttamento. Com'è possibile?

Entrano qui in gioco quei fabbricanti di ideologie che sono gli intellettuali, i quali hanno il compito di spiegare alla popolazione che, mentre il furto commesso da una persona o da un gruppo di persone è un male, se è lo Stato a compiere tali azioni, allora non si tratta più di un furto, bensì dell'atto legittimo, e perfino consacrato, detto "tassazione". Gli ideologi spiegano che l'omicidio commesso da una o più persone è un male e deve essere punito, ma che quando è lo *Stato* a uccidere, allora non si deve parlare di omicidio, ma di una pratica glorificata detta "guerra" o "repressione della sovversione interna". Essi spiegano che, mentre il sequestro di persona o la schiavitù sono un male se vengono commessi da privati, quando è lo *Stato* l'autore di queste azioni, allora non si tratta più di sequestro o schiavitù, bensì di "coscrizione", di un atto necessario per il bene pubblico e perfino per le necessità della stessa moralità.

La funzione degli ideologi di Stato

In definitiva, la funzione dell'ideologo statalista è quella di indurre la popolazione ad accettare due pesi e due misure: quando lo Stato commette i più gravi delitti capitali, in realtà *non* si macchia di alcun crimine, ma sta facendo qualcos'altro, qualcosa di necessario, giusto, importante e, nelle epoche passate, persino divinamente stabilito. Il successo consolidato nel tempo degli ideologi dello Stato è probabilmente la più colossale frode nella storia dell'umanità. Il *contenuto* specifico dell'ideologia, naturalmente, è cambiato nel corso del tempo, adattandosi al mutare delle condizioni e delle culture. Ma lo *scopo* è sempre lo stesso: convincere la popolazione che lo Stato non è, come si potrebbe pensare, criminalità su scala grandissima, ma qualcosa di necessario e di importante che dev'essere sostenuto e riverito.

L'ideologia ha dunque per lo Stato un'importanza fondamentale, e nel mondo moderno è particolarmente importante che lo Stato assuma il controllo dell'istruzione, delle radio e delle televisioni per plasmare le menti dei propri sudditi. Lo Stato dunque ha bisogno degli intellettuali; ma perché questi hanno bisogno dello Stato? La ragione è che gli intellettuali, i cui servizi spesso non sono particolarmente desiderati dalla massa dei consumatori, possono trovare nelle braccia dello Stato un "mercato" assai più sicuro per le loro capacità. Lo Stato può concedere loro quel potere, quella condizione sociale e quella ricchezza che raramente possono ottenere tramite lo scambio volontario.

Le contraddizioni dello Stato

L'esistenza e il dominio dello Stato dipendono dalla forza dell'abitudine, dal fatto che lo Stato esiste da secoli, ed è considerato un dato naturale ineludibile. Una tipica argomentazione a favore dello Stato è la seguente: se a ciascun individuo viene permesso il diritto all'autodifesa, presto ci sarà la guerra di tutti contro tutti; è necessario quindi cedere il potere di utilizzo legittimo della forza a una sola persona, mettiamo a Jones. Ma chi ci proteggerà da Jones? Questa ovvia obiezione viene solitamente ignorata, mentre accettiamo ciecamente il ragionamento precedente.

Anche la teoria dello "Stato minimo" sostenuta dai liberali classici è una chimera. Non vi è nessuna ragione per cui il monopolio della forza si limiti alla protezione delle persone e della proprietà; anzi, storicamente nessun governo è rimasto limitato per lungo tempo. I governanti hanno interesse a estendere la sfera di intervento per accumulare potere e denaro, e non esistono meccanismi istituzionali per far sì che lo Stato resti entro determinati limiti. Inoltre lo Stato non può mai essere neutrale. L'esistenza stessa della tassazione, infatti, divide la società in due classi antagoniste, chi paga le imposte e chi trae beneficio dalle imposte.

Moralità delle relazioni con lo Stato

Se lo Stato è un apparato dedito alla criminalità e all'aggressione istituzionalizzata, allora la disobbedienza nei confronti dello Stato è giusta e morale. Inoltre, poiché tutte le sue entrate e tutti i suoi beni derivano dal crimine della tassazione, lo Stato non può avere alcuna giusta proprietà. Ciò significa che non pagare le tasse, impossessarsi dei beni dello Stato, rifiutarsi di obbedire ai suoi ordini o disertare sono atti moralmente leciti. Solo la prudenza ci sconsiglia dal farlo, in considerazione della maggiore forza dispiegata dall'apparato statale.

Non bisogna confondere la necessità della società, cioè il grande vantaggio del vivere in società e della divisione del lavoro, con la necessità dello Stato: il fatto che l'uomo sia un "animale sociale" non comporta affatto l'esistenza dello Stato. Al contrario, lo Stato è uno strumento antisociale. La storia umana è sostanzialmente una lotta tra potere statale e potere sociale, tra i benefici frutti della produzione volontaria e della creatività da una parte, e dal malefico influsso paralizzante e parassitario del potere statale dall'altra.

Tutti i servizi per la cui fornitura si ritiene comunemente che sia necessario lo Stato, dall'emissione della moneta, alla protezione di polizia, alla produzione normativa, possono essere forniti, e lo sono stati, in modo di gran lunga più efficiente e certamente più morale dagli individui privati. In nessun senso la necessità dello Stato si evince dalla natura umana; se mai, è vero proprio il contrario.

> *Il libertarismo non è irrealistico*
> «Gli obiettivi libertari, compresa l'abolizione immediata delle violazioni della libertà, sono "realistici" nel senso che *potrebbero* essere raggiunti se un numero sufficiente di persone li accettasse e nel senso che, se venissero realizzati, il sistema libertario che ne risulterebbe funzionerebbe. L'obiettivo della libertà immediata non è irrealistico o "utopico" perché – a differenza di obiettivi quali "l'eliminazione della povertà" – la sua realizzazione dipende interamente dalla volontà umana. Se, ad esempio, *tutti* fossero improvvisamente e immediatamente d'accordo sull'assoluta desiderabilità della libertà, in tal caso la libertà totale *verrebbe* immediatamente realizzata.» (p. 408)

La guerra è la salute dello Stato

Ammessa l'esistenza degli Stati, quali sono i principi morali che il libertarismo può indicare come criteri per la politica estera? Gli stessi della politica interna, dunque la riduzione del livello di coercizione esercitato dagli Stati sui cittadini. Ciò si traduce in uno Stato "astensionista". La guerra infatti, in quanto omicidio di massa, è il peggior crimine che esista. Tutte le guerre fra Stati comportano un'intensificazione dell'aggressione ai contribuenti, e il massimo dell'aggressione contro i civili innocenti governati da un altro Stato.

La guerra, come disse Randolph Bourne, "è la salute dello Stato". È in guerra che lo Stato si realizza pienamente: ingigantisce il proprio potere, il suo orgoglio, il suo dominio assoluto sull'economia e sulla società. In guerra lo Stato mobilita affannosamente la popolazione per combattere *per sé* contro un altro Stato, con il pretesto di combattere *per la popolazione*. La società diventa militarizzata e statizzata, un gregge che sopprime ogni dissenso.

Una strategia della libertà

Da quanto si è affermato in quest'opera, dovrebbe risultare chiaro che la libertà, in quanto fine politico supremo, è un *principio morale*, radicato nella natura umana. Più precisamente si tratta di un principio di *giustizia*: l'abolizione della violenza aggressiva negli affari degli uomini. Se si vuole raggiungere la libertà, la forza motivante dev'essere la giustizia, e non il perseguimento di qualche vantaggio. Ciò significa che il libertario dev'essere un abolizionista, cioè deve desiderare di raggiungere la libertà il più rapidamente possibile. Se potesse, abolirebbe istantaneamente qualsiasi violazione della libertà. Perseguire conquiste graduali è ammissibile, purché la libertà rimanga l'obiettivo ultimo e non si usino mezzi che contraddicono l'obiettivo. Ad esempio, riguardo le imposte la strategia libertaria consisterà nell'accontentarsi di una riduzione provvisoria, continuando però a esigere la totale soppressione.

A differenza del conservatorismo, che non riesce ad andare più in là dello scoramento causato dal continuo declino del "valori occidentali" del passato, il libertarismo è un credo decisamente ottimistico, almeno per il futuro. La ragione è che, con la rivoluzione industriale di fine '700, l'umanità ha superato per sempre la penuria del passato, ma solo la libertà economica può conservare i frutti della civiltà industriale per una popolazione mondiale crescente. Le forze del mercato stanno prevalendo sia nel mondo socialista sia in Occidente, portando in piena luce il conflitto tra lo Stato e l'aspirazione al benessere.

Punti da Ricordare

- La ragione umana può comprendere e scoprire le leggi dell'ordine naturale
- Il giusnaturalismo sottopone alla luce della ragione lo status quo esistente, ed è quindi una potente forza a favore del cambiamento radicale
- Ogni individuo ha la proprietà naturale del proprio corpo, e delle risorse naturali che scopre e trasforma, e dei frutti del proprio lavoro
- In una società libertaria tutte le relazioni tra gli individui sono volontarie
- Ogni violazione della proprietà di un altro senza il suo consenso costituisce un'aggressione

- L'aggressore non è un produttore, ma un predatore che vive parassitariamente del lavoro e dei prodotti altrui
- La proprietà "pubblica" in mano allo Stato è sempre ingiusta perché acquisita tramite mezzi politici
- Lo Stato è un monopolio imposto con la forza
- La tassazione, in quanto obbligatoria e non volontaria, è un furto su scala colossale
- La democrazia non giustifica nessuna azione dello Stato
- Lo Stato è una vasta organizzazione criminale, di gran lunga più fortunata e formidabile di qualsiasi mafia privata apparsa nella storia
- Gli ideologi statalisti hanno il compito di convincere la popolazione che le malefatte dello Stato sono necessarie e benefiche, e vanno quindi perdonate
- Lo Stato minimo dei liberali classici è un'illusione, perché nessun potere si autolimita
- Tutti i servizi statali possono essere forniti in maniera molto più morale ed efficiente dai privati nel libero mercato
- La guerra rappresenta il massimo crimine dello Stato contro gli individui
- Il libertarismo è destinato ad affermarsi perché solo la libertà economica può far progredire la civiltà industriale

L'autore

Murray N. Rothbard (1926–1995) è stato il più grande teorico dell'anarco–capitalismo e uno dei maggiori filosofi sociali del Novecento. Economista di scuola austriaca allievo di Ludwig von Mises, filosofo politico, epistemologo e storico, ha offerto un contributo decisivo all'elaborazione del libertarismo, che rappresenta uno sviluppo del liberalismo classico. Nasce a New York il 2 marzo 1926, da due genitori ebrei dell'Europa orientale. Nel 1942 entra alla Columbia University, dove nel 1945 si laurea in Statistica matematica e nel 1946 consegue il Master in Economia. Nei primi anni '70 si dedica alla fondazione di un movimento libertario, favorevole a ogni libertà individuale tanto nel campo economico che in quello civile. Nel 1982 accetta la vice–presidenza del Ludwig von Mises Institute di Auburn, in Alabama, fondato da Llewellyn H. Rockwell Jr. L'istituto favorisce il grande revival delle idee della scuola austriaca dell'economia attraverso seminari, corsi accademici e riviste. Nel 1985 ottiene la cattedra di Economia presso l'Università del Nevada, a Las Vegas. Muore per infarto a New York il 7 gennaio 1995.

Nota Bibliografica

Murray N. Rothbard, *L'etica della libertà*, Liberilibri, Macerata, 1996, p. 430, traduzione e introduzione di Luigi Marco Bassani. Titolo originale: *The Ethics of Liberty*.

Hans-Hermann Hoppe

Democrazia: il dio che ha fallito
2001

*'La democrazia ha portato all'espansione
inarrestabile dello statalismo'*

Hans-Hermann Hoppe è uno dei più originali teorici dell'anarco-capitalismo. Nel libro *Democrazia: Il dio che ha fallito* svolge un'analisi economica e sociologica degli effetti della trasformazione delle monarchie in democrazie durante gli ultimi secoli, e giunge alla conclusione, decisamente revisionistica, che l'avvento della democrazia ha rappresentato, rispetto alla monarchia, un arretramento nel processo di civilizzazione umana perché ha favorito la crescita inarrestabile dello Stato. Hoppe difende il tradizionalismo culturale, critica lo Stato assistenziale e la libertà d'immigrazione, sostiene il diritto di secessione delle comunità e mette in luce i difetti della dottrina liberale classica. Le sue tesi possono sembrare a volte volutamente provocatorie, ma sono sempre argomentate con coerenza e profondità.

Riassunto

Dalla monarchia alla democrazia

Hoppe descrive il periodo storico che si apre con la Rivoluzione francese e che si chiude con la prima guerra mondiale, l'evento epocale che sancisce la definitiva delegittimazione dei vecchi regimi monarchici, come il momento cruciale del passaggio dalla proprietà privata alla proprietà pubblica del monopolio legale della forza. Al governo personale del re, che legifera a proprio nome e incamera nel proprio patrimonio i proventi ottenuti con la tassazione, si sostituisce infatti un governo impersonale di rappresentanti, i quali agiscono come custodi in nome e per conto di un soggetto astratto, il popolo.

Quali sono le conseguenze del passaggio dal governo privato del monarca al governo pubblico della democrazia? In linea generale, spiega Hoppe, entrambi i governi cercano di massimizzare il proprio potere e le proprie entrate, sfruttando i cittadini per mezzo della tassazione, delle regolamentazioni o dell'inflazione. È probabile tuttavia che l'azione di un governante privato sia ispirata a maggior moderazione rispetto a quella di un governante pubblico, in quanto il primo ha un più lungo orizzonte temporale. Un sovrano, in quanto proprietario del regno, ha interesse a mantenerlo prospero, perché così facendo aumenta le proprie entrate e può trasmetterlo in buone condizioni alla propria discendenza. Egli si rende conto che, nel lungo periodo, una politica di moderazione fiscale che favorisce una relativa libertà negli affari può arricchire e aumentare il numero dei propri contribuenti, incrementando così la ricchezza della propria famiglia.

Il custode democratico, invece, possiede il valore corrente dell'attività di governo, ma non il valore capitale. Il suo orizzonte temporale, dunque, è notevolmente più corto di quello di un monarca, perché difficilmente possano interessarlo "investimenti" che diano frutti in un tempo successivo alla scadenza della carica. Al governante democratico conviene sfruttare il bene pubblico affidato alla sua tutela nella maniera più veloce e irresponsabile possibile, prima che altri gestori della cosa pubblica prendano il suo posto.

A conferma di questa tesi, argomentata per via logico-deduttiva, Hoppe presenta numerosi dati statistici, i quali dimostrano che le tasse, le spese statali, il debito pubblico, la burocrazia, le leggi, le regolamentazioni, l'inflazione, i tassi d'interesse, e perfino le guerre, i tassi di criminalità e i tassi di denatalità sono aumentati in maniera esponenziale nel periodo democratico. Durante tutta la secolare epoca monarchica, e fino alla seconda metà del XIX secolo, il potere statale non gestì mai più del 5-8 percento del reddito nazionale, mentre con l'inizio dell'era democratica le spese pubbliche sul Pil sono ovunque aumentate inarrestabilmente, fino a raggiungere e superare il 50 percento del Pil. Gli impiegati pubblici sono passati, mediamente, da circa il 3 percento della forza-lavoro a oltre il 15 per cento.

Anche l'inflazione è un fenomeno che si è manifestato in maniera cronica durante l'era democratica, una volta che i governi hanno sganciato le monete dalla base aurea: per tutto il XIX secolo, invece, la ten-

> *La proprietà privata, non la democrazia, è la fonte della civiltà*
> «Non è la democrazia ma sono la proprietà privata, la produzione e lo scambio volontario le vere fonti della civilizzazione e della prosperità umana. In particolare, e contrariamente a certi miti popolari, bisogna sottolineare che l'assenza di democrazia non ha praticamente nulla a che vedere con la bancarotta del socialismo sovietico. Non erano le modalità di selezione dei politici che costituivano il problema del socialismo. Era la politica e la politicizzazione delle decisioni in quanto tali» (p. 58).

denza dei prezzi era stata verso la stabilità o il ribasso. Lo stesso è accaduto per il debito pubblico, dato che i re solitamente contraevano debiti durante i periodi di guerra, ma li riducevano durante i periodi di pace; al contrario, durante l'epoca democratica in tutti i paesi il debito pubblico è letteralmente esploso, in pace come in guerra.

Ordine naturale ed élite naturali

Per Hoppe la democrazia non ha nulla a che vedere con l'autogoverno, che è possibile solo in comunità volontarie di dimensioni ridotte. La democrazia rappresentativa, semplicemente, si limita a sostituire il proprietario privato del governo con una proprietà pubblica gestita da fiduciari, senza annullare, ma occultando, la permanente distinzione tra governanti e governati. Diffondendo l'idea infondata che in democrazia "lo Stato siamo noi", l'ideologia democratica ha fornito al potere uno strumento di legittimazione formidabile, dato che qualsiasi cosa i governanti decidano si ritiene automaticamente voluto anche dal popolo stesso.

Sotto il regime monarchico, invece, l'espansione statale era limitata dalla resistenza dei sudditi, i quali generalmente si opponevano alle pretese eccessive del sovrano. In democrazia questa dinamica di bilanciamento tra lo Stato e la società civile salta, perché l'obiettivo principale di tutti i partecipanti diventa quello di accedere alle stanze dei bottoni e utilizzare le leve del potere a danno delle minoranze escluse. In questo modo si è aperta la strada ad una avanzata inarrestabile dello statalismo.

Pur sostenendo la superiorità della proprietà privata del governo rispetto alla proprietà pubblica, Hoppe non nega che anche i re sfruttassero i propri sudditi. Il vero obiettivo, infatti, dovrebbe essere quello di abolire il monopolio dell'apparato coercitivo, invece che rimanere intrappolati nell'alternativa di privatizzarlo o collettivizzarlo: «un ritorno all'*ancien régime* è un'ipotesi del tutto improbabile. La legittimità del regime monarchico pare per sempre perduta. Né un tale ritorno rappresenterebbe una buona soluzione, poiché le monarchie, quali che siano i loro relativi meriti, *praticano* lo sfruttamento» (p. 111-112). La difesa della monarchia di Hoppe è dunque una difesa limitata, dato che nel migliore dei casi essa rappresenta il meno peggio rispetto ad un ordine naturale senza monopoli, con molteplici giurisdizioni in competizione tra loro.

> *La civiltà del futuro*
> «Un mondo composto da decine di migliaia di diversi paesi, regioni e cantoni e da centinaia di libere città indipendenti come le "stranezze" rappresentate oggi da Monaco, Andorra, San Marino, Liechtenstein, Hong Kong, Singapore, con il conseguente aumento delle opportunità di migrazioni per ragioni economiche, sarebbe un mondo di governi liberali economicamente integrati attraverso il libero mercato e una valuta internazionale rappresentata dall'oro, con crescita economica, prosperità e progresso culturale senza precedenti» (p. 177).

È infatti della massima importanza, ai fini della salvaguardia di un ordine liberale, la possibilità dei cittadini di scegliere tra diversi governi alternativi, come avviene nei sistemi pluricentrici o autenticamente federali, o tra diverse agenzie private di protezione, come nel modello puro anarco-capitalista. In base a tali considerazioni, Hoppe finisce col rivalutare quelle istituzioni politiche premoderne che più si avvicinano alla sua idea di "ordine naturale" pluralistico e competitivo come i comuni medievali o le leghe anseatiche.

I liberali e i libertari di oggi, scrive Hoppe, dovrebbero prendere a modello l'Europa del Medio Evo quando, dal XII fino al XVII secolo (fino cioè all'emergere dello Stato moderno), il vecchio continente era caratterizzato dall'esistenza di centinaia di città libere e indipendenti, disseminate nella predominante struttura sociale feudale. Oggi i liberali devono quindi favorire tutti i processi secessionistici capaci di ridimensionare territorialmente gli Stati nazionali, in modo che si formi una sorta di mercato di governi, costretti a competere abbassando le imposte e ampliando gli spazi di libertà individuale.

Più piccole saranno le unità territoriali, più possibilità vi saranno che ristretti gruppi di persone, una volta ottenuto il riconoscimento da parte del popolo della loro indipendenza economica, dell'eccezionale competenza professionale, della vita personale moralmente impeccabile, della superiorità del loro buonsenso, coraggio e gusto, si elevino al rango di élites naturali, volontariamente riconosciute. Queste aristocrazie naturali «presteranno la loro capacità di giudizio a un ordine naturale di pacificatori, di giudici in concorrenza, cioè non monopolisti, e di conseguenza volontariamente finanziati, di giurisdizioni parallele, come ne esistono già oggi nel campo del commercio e degli scambi internazionali – una società di diritto puramente privato – come risposta alla democrazia e ad ogni altro regime politico (coercitivo)» (p. 160).

Conservatorismo culturale e limiti all'immigrazione

Secondo Hoppe una società fondata sull'economia di mercato esprime una cultura conservatrice, mentre il progressismo culturale va di pari passo con l'edificazione dello Stato assistenziale. I sistemi di sicurezza sociale, alleggerendo gli individui dell'obbligo a provvedere da sé al proprio reddito, alla propria salute, vecchiaia, educazione dei figli, hanno infatti ridotto il valore del matrimonio, della famiglia, dei figli e delle relazioni famigliari. Si promuovono così stili di vita decadenti, edonistici, imprevidenti e irresponsabili, mentre vengono disincentivate la responsabilità, l'affidabilità, la previdenza, la prudenza e l'etica del lavoro. In particolare i sistemi pensionistici pubblici hanno favorito il crollo della natalità, perché gli anziani non dipendono più dal sostegno dei figli per la propria vecchiaia.

Per Hoppe sono dunque incoerenti sia i *left-libertarian*, liberisti in economia ma progressisti sul piano culturale, sia i conservatori populisti che difendono lo stato sociale. Mantenere le istituzioni centrali dell'attuale stato assistenziale e pretendere il ritorno alle norme e condotte tradizionali sono obiettivi incompatibili. Si può avere l'uno (il socialismo del *welfare*) o l'altro (i valori tradizionali), ma non entrambi, perché i pilastri del corrente Stato sociale sono la causa delle attuali anomalie sociali e culturali.

Anche sull'immigrazione Hoppe assume una posizione particolare. Molti liberali e libertari si dichiarano favorevoli alla completa libertà di movimento degli individui in analogia con la libera circolazione dei beni e dei capitali, ma Hoppe fa notare che esiste una differenza fondamentale tra una merce e una persona: la seconda cammina con le proprie gambe, mentre la prima no. Se una merce viene spedita dalla Cina all'Italia, vuol dire che esiste un accordo tra due persone: una che sta in Cina che vuole vendere un certo bene, e una che sta in Italia che vuole riceverlo. Un prodotto che si sposta dalla Cina all'Italia interessa soltanto coloro che l'acquistano e lo vendono, e sarebbe quindi illegittimo, in una prospettiva liberale, impedirne il movimento. Il libero scambio delle merci, in altre parole, è sempre consensuale.

Il caso della circolazione di uomini è diverso: qui non è affatto detto che ci sia il mutuo consenso fra chi parte e chi accoglie. Mentre la merce proveniente dalla Cina è stata ordinata da qualcuno, il clandestino che arriva dalla Cina o dall'Africa non è stato invitato da nessuno. L'immigrato inoltre inizia ad usare strade, ospedali, scuole e altri beni pubblici che non ha in alcun modo contribuito a finanziare.

Per questa semplice ragione è del tutto ragionevole il comportamento di quanti chiedono restrizioni all'immigrazione. Ognuno di noi ha il diritto di accogliere, ma anche quello di non accogliere, ovvero di non essere costretto ad una coabitazione forzata e ad un'integrazione non voluta. In concreto le decisioni sull'immigrazione dovrebbero essere prese al livello più decentralizzato possibile dai contribuenti che hanno finanziato le aree pubbliche. Il sistema svizzero, in cui sono le assemblee locali e non il governo centrale a stabilire chi può diventare cittadino, rappresenta secondo Hoppe il miglior modello di regolamentazione dell'immigrazione. In ogni caso, spiega Hoppe, «ciò significherebbe adottare una politica di rigidissima discriminazione a favore delle qualità umane desunte da capacità personali, carattere e compatibilità culturale» (p. 216).

L'errore dello Stato minimo e il futuro del liberalismo

La storia degli ultimi secoli dimostra inequivocabilmente che il liberalismo classico, pur con tutte le sue buone intenzioni, ha fallito nel suo tentativo di contenere e vincolare il potere statale attraverso una costituzione scritta o altri meccanismi come la divisione dei poteri. Lo Stato minimo liberale, limitato alla sola protezione dei diritti di proprietà degli individui, si è rivelato una chimera irraggiungibile, e tutti gli Stati nazionali del mondo si sono trasformati in socialdemocrazie fortemente interventiste.

> *L'etica libertaria è anche conservatrice*
> «I conservatori sono convinti che il "naturale" e il "normale" siano antichi e diffusi (e quindi possono essere individuati sempre e ovunque). Analogamente, i libertari sono convinti che i principi di giustizia siano validi eternamente ed universalmente (e dunque, devono essere stati necessariamente noti alla razza umana sin dai primordi della storia). Ovvero, l'etica libertaria non è nuova e rivoluzionaria, ma antica e conservatrice. Persino i primitivi e i bambini sono in grado di intuire la validità del principio di appropriazione originaria, e la maggior parte della gente lo riconosce come un indiscutibile dato di fatto» (p. 283).

La vittoria del socialismo, in questo senso, è stata completa. Com'è potuto succedere? Dove hanno sbagliato i liberali classici? Secondo Hoppe, l'errore grave e centrale del liberalismo sta nella sua teoria del governo. La soluzione liberale all'eterno problema umano della sicurezza, il governo costituzionalmente limitato, è un'idea contraddittoria e impossibile, perché ogni Stato minimo ha un'inerente tendenza a divenire uno Stato massimo.

Il governo infatti non è una ditta specializzata nella fornitura di protezione, ma possiede due caratteristiche uniche: il monopolio territoriale della giurisdizione e il diritto di tassare. Entrambe queste caratteristiche non sono conformi ai principi liberali di libertà contrattuale e di acquisizione volontaria della proprietà privata: «un'agenzia di protezione fondata sulla tassazione è una contraddizione in termini bella e buona – un protettore che diviene all'occorrenza espropriatore dei diritti dei protetti – e porterà inevitabilmente a più tasse e meno protezione» (p. 319).

Aver accettato un'istituzione intrinsecamente illiberale come il governo all'interno della propria teoria ha portato il liberalismo classico all'autodistruzione. Anche l'idea del contratto sociale è assurda: è inconcepibile che una moltitudine di individui stipulino un contratto che consegni a un solo individuo il monopolio legale della forza.

Nessuna persona sana di mente metterebbe per sempre la sua vita, libertà e proprietà alla mercé di qualcun altro.

Non c'è alcun dubbio, comunque, che gli Stati assistenziali delle democrazie occidentali collasseranno come è successo agli Stati socialisti dell'Est Europa alla fine degli anni Ottanta. Se i liberali vogliono impedire che il declino del processo di civilizzazione continui la sua corsa fino alla catastrofe sociale ed economica devono ripulirsi dalle proprie scorie stataliste, riconoscendo che la protezione e la fornitura di sicurezza possono essere assicurate legittimamente ed efficacemente solo da un sistema di agenzie in concorrenza tra loro, probabilmente di tipo assicurativo.

Questa transizione rappresenta un piccolo ma decisivo passaggio intellettuale, dato che «l'anarco-capitalismo è semplicemente un liberalismo coerente; il liberalismo pensato attraverso la sua definitiva conclusione, o anche il liberalismo riportato al suo intento originario» (p. 325). Politicamente, con questo passo i liberali tornerebbero ai veri albori del liberalismo come credo politico rivoluzionario.

Punti da Ricordare

- La democrazia ha rappresentato un regresso rispetto alla monarchia
- Il governo privato del monarca ha un orizzonte temporale più lungo del governo pubblico democratico
- Una società libera esprime una cultura conservatrice, mentre lo Stato assistenziale è un prodotto della cultura progressista
- Il libero scambio non implica la libertà d'immigrazione
- Il secessionismo è la migliore strategia libertaria
- Un mondo ideale sarebbe composto da migliaia e migliaia di piccole unità politiche indipendenti
- Il costituzionalismo e il liberalismo classico non sono riusciti a limitare il potere dello Stato
- L'errore dei liberali è stato quello di accettare il monopolio statale della forza
- In una società libera senza monopoli emergerebbero le aristocrazie naturali
- L'ordine naturale anarco-capitalista rappresenta il futuro del liberalismo

L'autore

Hans-Hermann Hoppe (1949-) nasce a Peine, in Germania, il 2 settembre 1949. Studia filosofia, sociologia, storia ed economia alle università di Saarbrücken e Francoforte. Nel 1986 lascia la Germania per gli Stati Uniti, dove studia sotto la guida di Murray N. Rothbard fino 1995, anno della morte del grande economista. Gli succede nella cattedra di economia all'università del Nevada, a Las Vegas. Oggi Hoppe è considerato da molti il miglior erede di Rothbard e il maggior teorico vivente del libertarismo.

Nota Bibliografica

Hans-Hermann Hoppe, *Democrazia: il dio che ha fallito*, Liberilibri, Macerata, 2005, prefazione di Raimondo Cubeddu, traduzione di Alberto Mingardi. Titolo originale: *Democracy: The God That Failed*.

Michael Huemer

Il problema dell'autorità politica
2013

'L'autorità politica degli Stati è priva di
solide giustificazioni razionali'

Quest'opera di Michael Huemer è un brillante testo di filosofia politica destinato a diventare un classico del pensiero libertario. L'autore insegna filosofia all'Università del Colorado e si definisce un "estremista ragionevole". Le sue riflessioni, infatti, prendono l'avvio da premesse condivise da tutti, ma giungono a conclusioni radicali. Con uno stile chiaro e pacato Huemer dimostra che solo una società anarchica è compatibile con le convinzioni morali più comuni. Il problema centrale affrontato nel libro è quello della giustificazione dell'autorità politica. Per quale motivo, si chiede Huemer, qualche centinaio di persone riunite in una capitale hanno il diritto di dare ordini a centinaia di milioni di altre persone? E perché gli altri devono obbedire? Secondo Huemer nessuna filosofia politica, tra quelle più accreditate, riesce a dare una risposta soddisfacente a queste domande. Una società senza Stato, al contrario, non è un'utopia.

Riassunto

L'illusione dell'autorità

Michael Huemer comincia la sua dissertazione con una storia ipotetica, supponendo che un vicino si presenti a casa vostra e, con tono perentorio, vi intimi l'acquisto di un servizio di protezione costoso e obbligatorio. Nel caso rifiutaste l'offerta vi verranno recapitate delle lettere intimidatorie e, nel caso perseveraste nel vostro comportamento omissivo, seguiranno, di lì a poco, delle visite poco gradite. Il vicino minaccia, infatti, di farvi perseguitare da alcuni suoi scagnozzi, energumeni grandi e grossi in divisa, che non esiterebbero certo a neutralizzarvi pur di spillare i quattrini necessari alla copertura del preteso servizio di protezione, che obbligatoriamente vi si vuole imporre.

Cosa si dovrebbe pensare di una siffatta situazione? La risposta è sin troppo banale e scontata. Il vostro vicino, senza mezzi termini, sta integrando una serie di reati, aventi tutti rilevanza penale: essi vanno dall'estorsione alla rapina; dalla minaccia al sequestro di persona per scopo di estorsione, passando – nei casi più gravi – per la lesione personale.

Ed è a questo punto che l'autore ci pone di fronte ad un bivio, proponendoci un affascinante esperimento mentale: sostituite la parola "vicino" con la parola "Stato"; il concetto di "intimazione d'acquisto" con quello di "tassazione"; e la nozione di "minaccia di perseguire" con quella di "caccia agli evasori". Ed il gioco è fatto. Ci ritroveremo al cospetto dell'unica agenzia monopolistica coercitiva che la stragrande maggioranza delle persone ritiene buona e giusta. Le stesse azioni che vengono universalmente giudicate come inique ed immorali quando compiute da un individuo vengono ritenute, quasi universalmente, legittime se effettuate da un agente dello Stato.

Perché? Quali sono i reali motivi e le ipotizzabili leve psicologiche sottesi a questa bizzarra logica? Come può razionalmente spiegarsi una simile paradossale antinomia? È a questi interrogativi che cerca di fornire una risposta plausibile e pertinente l'autore.

La questione della legittimità

Da quanto esposto in premessa emerge che l'atteggiamento tenuto dalla stragrande maggioranza degli

> *Lo Stato non ha una vera autorità legittima*
> «A una lettura molto rigorosa delle condizioni di onnicomprensività e di indipendenza dai contenuti, anche l'esistenza di poche leggi che lo Stato non è autorizzato a promulgare gli precluderebbe il fatto di avere reale autorità. Una versione più modesta delle condizioni di onnicomprensività e di indipendenza dai contenuti sosterrebbe che lo Stato non ha reale autorità salvo che almeno la maggioranza delle cose che di solito fa e che generalmente si considera sia autorizzato a fare risulti in effetti moralmente ammissibile. Se la gamma di azioni coercitive che lo Stato è in effetti autorizzato a compiere è solo una piccola frazione di ciò che effettivamente fa, allora penso che lo Stato non ha una vera autorità legittima» (p. 174).

individui nei confronti dell'autorità può essere così sintetizzato: 1) ai governi sarebbe consentito, sul piano etico, commettere delle azioni che a nessun agente o organizzazione non governativi sarebbe consentito fare; 2) ai cittadini spettano, nei confronti dei loro governi, degli obblighi che non sono dovuti nei confronti di qualsiasi agente o organizzazione non governativi, anche se questi ultimi si comportano in modo simile a un governo.

In cosa si sostanzierebbe allora l'elemento che distingue l'azione dello Stato da quella di una qualsiasi organizzazione criminale che, in forza del ricorso alla violenza, alle minacce e al ricatto, cerca di imporre coercitivamente la fornitura dei propri "servizi" al resto dei consociati?

Per l'autore, la risposta è semplice e si esprime con un concetto ben preciso: "legittimità". È proprio in virtù di questo specifico fattore, capace di innescare nelle masse un invincibile convincimento fideistico, che lo Stato viene universalmente considerato come un ente eticamente accettabile ed ontologicamente necessario: a differenza, ad esempio, della mafia.

Non esiste alcun contratto sociale

Una delle formule di legittimazione politica più accreditate, cui gli Stati da secoli ricorrono per propiziare e cementare quel convincimento, è la concezione "contrattualistica" del consenso dei governati, in base alla quale gli uomini avrebbero concluso tra loro un patto per costituire un governo provvisto dei giusti poteri, attraverso la fissazione di obblighi e limiti ben precisi tra le parti coinvolte, con l'intento di porre fine ad un malsicuro ed incerto "stato di natura". La teoria del contratto sociale, nel corso del tempo, è stata oggetto di un graduale processo evolutivo, che ne ha decretato, via via, una sua declinazione sempre più sofisticata e "progressiva", in linea con i mutamenti di sensibilità nel frattempo intervenuti nell'opinione pubblica.

Si passa così da una prima versione del contrattualismo, che postula l'esistenza di un contratto sociale originario, realmente ed esplicitamente siglato tra governanti e governati (teoria del contratto sociale esplicito), ad una serie di costrutti teorici che rimandano all'idea di una sua accettazione implicita da parte dei governati (teoria del contratto sociale implicito), per finire alla teoria del contratto sociale ipotetico, proposta da John Rawls, secondo cui la legittimazione delle istituzioni politiche andrebbe individuata nei principi associativi fondamentali che le persone libere e razionali accetterebbero in una ipotetica posizione iniziale di eguaglianza.

In qualunque modo si voglia prospettare la questione, a giudizio di Huemer la teoria del contratto sociale non riesce a rendere conto dell'autorità politica. Tutte le versioni della teoria infatti prestano il fianco a numerose critiche e riserve. La teoria del contratto esplicito è sin troppo facilmente attaccabile, manifestando essa «uno spudorato disprezzo per la realtà» (p. 70). Di fatto, chi ha mai firmato un contratto sociale? E come potrebbe esso vincolare l'esistenza di tutte le persone nate successivamente e a cui non è stato richiesto il consenso?

Ma anche la teoria del contratto implicito e quella del contratto ipotetico non sono certo immuni da tare costitutive. Per un verso, affinché un contratto sia valido, vi è necessità di alcuni indefettibili requisiti formali e sostanziali, che si concretizzano in una proposta, in una accettazione, e in un oggetto possibile e determinato, o quantomeno determinabile.

Ciò premesso, data l'estrema vaghezza dei termini che regolano il contratto sociale, la indeterminatezza delle prestazioni che devono essere adempiute da una delle parti contraenti (i governanti), la crescente onerosità del corrispettivo richiesto alla controparte (i governati), nonché la mancata previsione di un adeguato diritto di recesso, il patto implicito tra Stato e cittadini, in base al quale il primo si impegnerebbe a fornire beni e servizi pubblici ed i secondi a rispettare le leggi e a pagare le tasse, sarebbe viziato *ab origine*.

I sostenitori della teoria del contratto sociale ipotetico, dal canto loro, non hanno spiegato le ragioni per cui tutti coloro che partecipano all'accordo iniziale dovrebbero essere favorevoli alla creazione di un governo statale con le caratteristiche a loro gradite. Niente, ad esempio, autorizza Rawls a escludere, tra le persone ragionevoli che si trovano a discutere nella posizione originaria, coloro che non vogliono sottostare a

> *Lo Stato non va idealizzato*
> «Lo Stato viene trattato come se fosse al di sopra del mondo umano empirico, trascendendo non solo i limiti morali ma anche le forze psicologiche che si applicano agli esseri umani individuali. Qualsiasi sistema sociale, sia esso anarchico o statalista, deve essere giudicato per come si comporterebbe quando abitato da persone reali, come quelle che troviamo nel mondo reale» (p. 313).

nessun governo, come gli anarchici. È perfettamente naturale che le persone ragionevoli vantino punti di vista propri e spesso del tutto inconciliabili. Ma anche se alcune
di loro fossero irragionevoli a rifiutare l'accordo originario, questo fatto non genera
l'obbligo di rispettare il contratto sociale stipulato da altri.

E se Hobbes avesse torto?

Un argomento di tipo più utilitarista afferma che se molti cittadini si rifiutassero di
obbedire alle leggi e di pagare le tasse, lo Stato crollerebbe lasciando la società nel caos
più completo. Il risultato, secondo
la spaventosa descrizione dello stato di natura fatta da Thomas Hobbes nella sua celeberrima opera *Il
Leviatano* (1651), sarebbe la guerra
costante di tutti contro tutti. Non
ci sarebbero industria, commercio o
cultura, perché ognuno cercherebbe
di depredare il prossimo e vivrebbe
con la paura costante di una morte

> *Perché gli Stati non fanno firmare il contratto sociale?*
> «Tanto per cominciare, i cittadini di un determinato
> paese, in linea di massima, non sono né incoscienti né
> mentalmente inabili né altrimenti incapaci ad acconsen-
> tire o dissentire al contratto sociale, né è irrealizzabile,
> per lo Stato, sollecitare il loro consenso. Una ragione
> per la quale gli Stati moderni evitano di sollecitare tale
> consenso può essere che non sono preparati a esentare
> dalla tassazione e da altre pretese legali chi negherebbe
> il proprio consenso» (p. 94).

violenta. L'autorità politica è dunque giustificata dalla necessità di impedire le terribili
conseguenze derivanti dall'assenza di un governo.

Questo scenario catastrofico sembra però poco realistico, anche perché non è facile
portare degli esempi storici a suo sostegno. Le famiglie e gli individui che convivono
in aree isolate, lontane dalle istituzioni governative, normalmente non si comportano nel modo ipotizzato da Hobbes. In tali circostanze aggredire i propri vicini per
rapinarli sarebbe un comportamento veramente illogico. I rischi di attaccare qualcuno dotato di una forza analoga alla propria superano di gran lunga i benefici, perché l'aggredito o i suoi famigliari potrebbero difendersi o reagire in ritorsione. Gli
atteggiamenti violenti inoltre suscitano la diffidenza degli altri abitanti, che adotte-
rebbero misure preventive.

La verità è che, con buona pace di Hobbes, la maggior parte degli esseri umani
non è sociopatica, ma desidera vivere in pace col prossimo. La grande maggioranza
delle persone ha forti obiezioni morali e forti sentimenti negativi nei confronti della
violenza e del furto, e quando la prudenza e la morale puntano verso la stessa direzione, osserva Huemer, praticamente tutti sceglieranno quel percorso. La stragrande
maggioranza degli individui preferisce vivere in pace con il suo prossimo, trova più
vantaggioso e profittevole collaborare e cooperare con gli altri, e reputa che la strategia migliore sia quella di produrre, comprare, vendere, scambiare con mutuo profitto
beni, informazioni e risorse, anziché ricorrere a soluzioni violente e conflittuali.

Il principio strategico generale, spiega Huemer, è che l'uguaglianza di potere genera
il rispetto. Nessuna persona razionale ha interesse a entrare in un conflitto violento
con avversari che hanno la stessa forza. Le probabilità di perdere il conflitto sono
troppo alte. Anche il vincitore apparente, probabilmente, starà peggio che all'inizio
del conflitto, perché il danno causato dal combattimento è quasi sempre maggiore del

valore delle risorse che vengono contese. Per queste ragioni gli individui ragionevoli, se non sono costretti, combattono solo battaglie difensive.

L'esistenza dello Stato crea invece un grande squilibrio di potere a favore di alcuni individui, eccitandone i desideri predatori. La presenza all'interno alla società di un'organizzazione enormemente più forte di tutte le altre toglie a coloro che ne fanno parte ogni timore dettato dalla prudenza. I membri dello Stato sanno di non correre alcun rischio di ritorsione, e possono quindi opprimere le proprie vittime in totale sicurezza. All'opposto di quanto pensava Hobbes, è la concentrazione di potere che genera l'abuso.

La psicologia dell'autorità

Vi sono una miriade di esempi storici nei più svariati ambiti del vivere civile che testimoniano come moltissime persone sono state vittime inconsapevoli di convinzioni diffuse e del tutto erronee: in forma di sistematiche illusioni percettive (per secoli, prima di Copernico e Galileo, era scontato pensare che fosse il sole a ruotare attorno alla terra); di illusioni cognitive (quasi tutti sono concordi nel ritenere che una procedura medica che presenta una possibilità di successo del 80 per cento sia superiore a quella che presenta il 20 per cento di insuccesso); di illusioni morali (fino a non molto tempo fa, era invalsa l'idea che la donna fosse inferiore all'uomo, e che gli uomini bianchi fossero la razza eletta, di gran lunga superiore alle altre).

Anche le intuizioni comuni sul concetto di autorità e la benevola propensione psicologica che si riscontra nei confronti di ogni schema di "comando-obbedienza" non si sottraggono al funzionamento di questa regola aurea: a prescindere dai costrutti ideologici che ne stanno alla base, o dalle teorizzazioni concettuali che sono funzionali alla sua razionalizzazione, «quando diviene sufficientemente radicato, il potere viene percepito come autorità» (p. 215). È un comportamento istintivo, una sorta di riflesso condizionato, comprovato peraltro da una nutrita serie di esperimenti analitici,

> *I giusti incentivi contro l'utopismo*
> «Se si deve scegliere tra un sistema in cui gli uomini servono l'interesse personale in nome della giustizia e un sistema in cui essi servono la giustizia in nome dell'interesse personale, sicuramente dobbiamo preferire quest'ultimo. Preferire un sistema che consegna alle persone gli strumenti per sfruttare gli altri per scopi egoistici rassicurandole che si suppone che essi servano la giustizia a un sistema che rende la giustizia profittevole e permette alle persone di scegliere il proprio cammino sarebbe riporre una fiducia utopistica nel potere della supposizione» (pp. 378-379).

e avvalorato dalla quantità degli studi scientifici che sono stati condotti, nel corso degli anni, al fine di sondare le dinamiche psicologiche e sociologiche che promuovono certi atteggiamenti di totale sudditanza.

In alcuni casi, nota Huemer, i cittadini sono soggetti a sviluppare nei confronti dello Stato gli stessi sintomi delle persone colpite dalla Sindrome di Stoccolma, quello sconcertante meccanismo psicologico, osservato numerose volte e dettato forse dall'istinto di sopravvivenza, che porta gli ostaggi a solidarizzare con i rapitori. Infatti, quando una persona è completamente assoggettata a un'altra e non ha alcuna possibilità di fuga, l'unica sua speranza di salvezza consiste nel creare un rapporto di amicizia con il proprio sequestratore. Inconsapevolmente la vittima del sequestro finisce per sviluppare un sentimento di simpatia verso il proprio carnefice, e si illude di vedere in lui dei segni di gentilezza, anche solo sotto forma di mancanza di abusi.

In maniera del tutto analoga, molte persone tartassate, maltrattate o angariate dallo Stato continuano a pensare, a dispetto dell'evidenza contraria, che il proprio Stato sia fondamentalmente buono perché offre qualche servizio, per quanto scadente, o perché non abusa del proprio potere quanto altri Stati nella storia: «proprio come le vittime di Stoccolma tendono a negare o a minimizzare gli atti di coercizione dei propri sequestratori, molti cittadini tendono a negare o a minimizzare la coercizione del proprio governo» (p. 215).

Un altro mondo è possibile

Nella seconda metà del libro, dedicata alla *pars construens*, l'autore immagina e propone, con un incalzare di ragionamenti tanto estremi quanto ragionevoli, che vi possano essere ben altri modi, economicamente più efficienti, finanziariamente più sostenibili e moralmente più desiderabili, per organizzare una società, rispetto agli attuali modelli monolitici e monopolistici, incardinati sul culto dello Stato e dell'inerente schema di "comando-obbedienza".

Di fatto, una delle presunzioni più forti ed invincibili con cui, nonostante tutto, viene perorata l'imprescindibilità della presenza dello Stato e l'indispensabilità del suo ruolo, è il dovere di assolvere a funzioni ritenute universalmente essenziali per lo svolgimento della vita sociale. Secondo l'opinione dominante solo lo Stato può fornire beni e servizi basilari per il consorzio civile, come la sicurezza, la giustizia, la protezione contro le aggressioni esterne, la realizzazione di infrastrutture indispensabili, l'assistenza e la tutela delle persone più deboli e indifese.

Nessun sostenitore dell'anarchismo dubita che le suddette funzioni debbano assolutamente continuare ad essere svolte, se una società civile intende ancora qualificarsi come tale. Il punto è un altro. Non vi sono ragioni fondate, secondo il filosofo

> *Perché obbediamo?*
> «Come spiegarci il perché obbediamo? Potremmo spiegare il nostro comportamento citando la paura della pena, l'abitudine, l'impulso verso la conformità sociale, o un generico impulso emotivo a obbedire a chiunque detenga il potere. Ma nessuna di queste spiegazioni è emotivamente soddisfacente. Molto più gradevole è la spiegazione secondo cui obbediamo perché siamo cittadini coscienziosi e premurosi, e facciamo pertanto grandi sacrifici per compiere il nostro dovere e servire la nostra società» (pp. 196-197).

americano, per sostenere che tali attività debbano per forza essere svolti dagli Stati, nel momento in cui si dimostra che l'intima natura degli Stati conduce ad un fisiologico processo di centralizzazione del potere coercitivo, il quale genera abusi ed amplifica le sperequazioni sociali, mentre la loro struttura degli incentivi promuove un'esaltazione delle logiche predatorie e delle dinamiche parassitarie.

Il meccanismo funzionale di ogni Stato è irriducibilmente configurabile come un sistema monopolistico e coercitivo per la fornitura di una gamma, sempre più vasta, di beni e servizi. Posto che, in economia, tutti ormai concordano sul fatto che il monopolio costituisca una forma di produzione inefficiente (in quanto preclude ogni tentativo di concorrenza, tanto effettiva quanto potenziale) e dispendiosa (l'allocazione inefficiente delle risorse conduce ad una perdita netta di benessere sociale), perché mai, allora, il monopolio esercitato dai governi e dagli Stati dovrebbe essere salutato come un fattore positivo, in grado di generare valore e di favorire lo sviluppo?

Utilizzando teorie, argomenti ed esempi pratici che presentano delle indubbie affinità con quanto avanzato da precedenti esponenti del pensiero anarco-capitalista - come Murray Newton Rothbard, Hans-Hermann Hoppe o, risalendo ancor più a ritroso, Gustave de Molinari - Huemer sviluppa delle soluzioni in cui siano degli operatori privati, in concorrenza fra di loro, ad esercitare tutte le funzioni attualmente svolte dagli Stati, con il consenso degli utenti che hanno optato, in maniera volontaria e responsabile, per l'acquisto dei loro beni e servizi.

I servizi di protezione e polizia potrebbero essere erogati da agenzie di sicurezza private, in regime di concorrenza; la risoluzione delle controversie potrebbe essere affidata al giudizio di un arbitro terzo, scelto di comune fiducia tra le parti; le strade e le altre infrastrutture potrebbero essere gestite e mantenute da gruppi e/o da associazioni di proprietari locali, come spesso accade in alcune "privatopie" statunitensi; le leggi potrebbero essere prodotte e generate nell'ambito della conduzione della stessa attività di arbitraggio, sulla falsariga di quanto già ora accade nei sistemi di *common law*. È evidente che simili soluzioni condurrebbero «a maggior qualità, costi minori e meno probabilità di abuso rispetto a quanto si riscontra nei sistemi monopolistici coercitivi» (p. 506).

Huemer contesta l'idea che l'abolizione dello Stato sia utopistica. La distinzione tra utopismo e realismo, infatti, non dipende da quanto una proposta sia lontana dallo status quo o dalle tendenze dominanti del pensiero politico. La distinzione tra utopismo e realismo riguarda principalmente se un'idea politica o sociale richiede delle violazioni della natura umana. Per questa ragione sono il socialismo e lo statalismo, e non l'anarco-capitalismo proposto da Huemer, che presentano dei caratteri utopistici, a partire dall'eccessivo affidamento sull'altruismo dei governanti.

A giudizio dell'autore, il passaggio a una nuova organizzazione sociale che potremmo definire di anarchismo realistico potrà nascere e svilupparsi a tempo debito. «Il modello di transizione più plausibile è quello in cui le società democratiche si muovano gradualmente verso l'anarco-capitalismo con il progressivo appalto esterno delle funzioni statali a società concorrenti. Non esistono altri ostacoli salvo l'opinione pubblica e l'inerzia degli Stati medesimi» (p. 507).

Punti da Ricordare

- Tutte le più accreditate teorie sulla giustificazione dell'autorità politica non sono solidamente fondate
- La teoria del contratto sociale, nelle sue diverse varianti, è criticabile sotto diversi aspetti
- Le persone tendono istintivamente ad obbedire a chi viene percepito come autorità
- Contrariamente alla tesi di Hobbes, la diffusione del potere conduce alla cooperazione e non allo scontro
- La concentrazione del potere è invece fonte di conflitti e di abusi

• Gli individui sottomessi a un governo tendono a presentare dei sintomi analoghi alla Sindrome di Stoccolma

• In una società senza Stato tutti i servizi sarebbero forniti privatamente in maniera più efficiente e rispettosa dei diritti individuali

• Il progresso morale dell'umanità porterà prima o poi alla convinzione generale dell'immoralità dello Stato

L'autore

Michael Huemer (1969) si è laureato presso l'Università della California, Berkeley nel 1992 e ha conseguito un dottorato in filosofia presso la Rutgers University, in New Jersey, sei anni più tardi. Nel 2005 ha ottenuto la cattedra presso il Dipartimento di filosofia dell'Università del Colorado, dove attualmente presta servizio. Si è occupato di una moltitudine di ambiti disciplinari ed applicativi, che spaziano dall'etica alla filosofia sociale, dalla logica alla epistemologia, dalla filosofia della scienza alla metafisica. È un sostenitore dell'intuizionismo morale, nonché fervido assertore dei principi del libertarismo e dell'anarchismo filosofico. Autore di svariati saggi scientifici, tra le sue opere principali si ricordano: *Skepticism and the Veil of Perception* (2001), *Ethical Intuitionism* (2005), e *The Problem of Political Authority* (2013) *[Il problema dell'autorità politica. Un esame del diritto di obbligare e del dovere di obbedire]*.

Nota Bibliografia

Michael Huemer, *Il problema dell'autorità politica. Un esame del diritto di obbligare e del dovere di obbedire*, Liberilibri, Macerata, 2015, p. 542, traduzione di Cristina Ruffini. Titolo originale: *The Problem of Political Authority. An Examination of the Right to Coerce and the Duty to Obey*.

www.ingramcontent.com/pod-product-compliance
Lightning Source LLC
Chambersburg PA
CBHW080603270326
41928CB00016B/2906